VORLESUNGEN ÜBER
ETHIK UND WERTLEHRE
1908–1914

HUSSERLIANA

EDMUND HUSSERL

GESAMMELTE WERKE

BAND XXVIII

VORLESUNGEN ÜBER ETHIK UND WERTLEHRE 1908–1914

AUF GRUND DES NACHLASSES VERÖFFENTLICHT VOM
HUSSERL-ARCHIV (LEUVEN) IN VERBINDUNG MIT
RUDOLF BOEHM UNTER LEITUNG VON

SAMUEL IJSSELING

EDMUND HUSSERL

VORLESUNGEN ÜBER ETHIK UND WERTLEHRE 1908–1914

HERAUSGEGEBEN VON

ULLRICH MELLE

KLUWER ACADEMIC PUBLISHERS

DORDRECHT / BOSTON / LONDON

Library of Congress Cataloging in Publication Data

Husserl, Edmund, 1859-1938.
    Vorlesungen über Ethik und Wertlehre, 1908-1914 / Edmund Husserl ;
herausgegeben von Ullrich Melle.
        p.   cm. -- (Husserliana ; Bd. 28)
    "Der vorliegende Band enthält die weitgehend vollständigen Texte
der zweistündigen Vorlesungen über Ethik und Wertlehre, die Husserl
im Wintersemester 1908/09 und in den Sommersemestern 1911 und 1914
in Göttingen gehalten hat"--Introd.
    Includes indexes.
    Contents: Vorlesungen über Grundfragen zur Ethik und Wertlehre,
1914 -- Einleitung und Schluszstück der Vorlesungen über
Grundprobleme der Ethik und Wertlehre, 1911 -- II. Teil der
Vorlesungen über Grundprobleme der Ethik, 1908/09 -- Ergänzende
Texte. Ethische Skepsis und die Notwendigkeit der wissenschaftlichen
Beantwortung der ethischen Prinzipienfragen ; Die Gefühlsgrundlage
der Moral ; Kritik der Kantischen Ethik ; Fragen zur Grundlegung der
Ethik ; Geigers Einwand gegen den Summationsimperativ ; Ethik und
Moralphilosophie ; Verschiedene Arten von Wertabsorption ; Logik,
Ethik (Praktik), Axiologie--Analogien -- Textkritischer Anhang.
    ISBN 9024737087
    1. Husserl, Edmund, 1859-1938--Ethics. 2. Ethics. 3. Values.
I. Melle, Ullrich. II. Title. III. Series: Husserl, Edmund,
1859-1938. Works. 1950 ; Bd. 28.
B3279.H9 1950 Bd. 28
[B3279.H94]
193 s--dc19
[170]   88-9057
                                                                CIP

ISBN 90-247-3708-7

Published by Kluwer Academic Publishers,
P.O. Box 17, 3300 AA Dordrecht, The Netherlands

Kluwer Academic Publishers incorporates
the publishing programmes of
Martinus Nijhoff, Dr W. Junk, D. Reidel and MTP Press

Sold and distributed in the U.S.A. and Canada
by Kluwer Academic Publishers,
101 Philip Drive, Norwell, MA 02061, U.S.A.

In all other countries sold and distributed
by Kluwer Academic Publishers Group,
P.O. Box 322, 3300 AH Dordrecht, The Netherlands

Printed in the Netherlands

INHALT

VORLESUNGEN ÜBER ETHIK UND WERTLEHRE
1908-1914

A. Vorlesungen über Grundfragen zur Ethik und Wertlehre 1914

B. Einleitung und Schlußstück der Vorlesungen über Grundprobleme der Ethik und Wertlehre 1911

C. Zweiter Teil der Vorlesungen über Grundprobleme der Ethik 1908/09

ERGÄNZENDE TEXTE

TEXTKRITISCHER ANHANG

EINLEITUNG DES HERAUSGEBERS

Der vorliegende Band enthält die weitgehend vollständigen Texte der zweistündigen Vorlesungen über Ethik und Wertlehre, die Husserl im Wintersemester 1908/09 und in den Sommersemestern 1911 und 1914 in Göttingen gehalten hat. In umgekehrt chronologischer Reihenfolge wird im Teil A des Bandes der Vorlesungstext von 1914 veröffentlicht, im Teil B der Einleitungs- und Schlußteil der Vorlesung von 1911; im Teil C wird der zweite Teil der Vorlesung von 1908/09 wiedergegeben. Für diese ungewöhnliche Textanordnung waren die folgenden Gründe maßgebend: Das Kernstück der drei ethischen Vorlesungen ist der erste Teil der Vorlesung von 1908/09. Die im Teil A wiedergegebene Vorlesung von 1914 stellt die letzte und umfangreichste Fassung dieses ersten Teiles der Vorlesung von 1908/09 dar.[1] In der Vorlesung von 1911 trug Husserl den erstmals überarbeiteten und erweiterten ersten Teil der Vorlesung von 1908/09 im Anschluß an die im Teil B wiedergegebene umfangreiche Einleitung zur Idee der Philosophie vor. Die Vorlesung von 1914 besteht dann nur noch aus dem gegenüber 1911 nochmals überarbeiteten und erweiterten ursprünglichen ersten Teil der Vorlesung von 1908/09. Den zweiten, im Teil C veröffentlichten Teil der Vorlesung von 1908/09, den Teil, den er nach Weihnachten 1908 gelesen hat, hat Husserl sowohl 1911 wie 1914 wohl vor allem aus Zeitmangel[2] weggelassen.

---

[1] Die ursprüngliche Fassung von 1908/09 — es handelt sich um den Teil, den Husserl vor Weihnachten 1908 gelesen hat —, ist im Nachlaß nicht mehr vollständig erhalten. Vor allem konnten von den ersten zwölf Blättern des Vorlesungsmanuskripts im Nachlaß nur die zwei als Beilage VIII wiedergegebenen Blätter zurückgefunden werden.

[2] Zum einen hatte Husserl ja jeweils den ersten Teil erweitert bzw. ihm 1911 eine längere Einleitung vorangehen lassen, zum anderen waren die Sommersemester kürzer als das Wintersemester. In der Vorlesung von 1914 kündigt Husserl an, daß er das

Die Überarbeitungen und Erweiterungen des ersten Teiles der Vorlesung von 1908/09 in den Vorlesungen von 1911 und 1914 beschränken sich weitgehend auf Verdeutlichungen, Fortführungen und Rekapitulationen des ursprünglichen Textes. Eine gewisse Ausnahme bildet das Schlußstück, das deshalb auch in seinen früheren Fassungen von 1908[1] und 1911[2] aufgenommen wurde. Ansonsten übernehmen die späteren Fassungen den Aufbau und Inhalt der ursprünglichen Fassung von 1908/09 im wesentlichen unverändert. Inhaltlich ganz neu sind 1911 eigentlich nur die Ausführungen zum Unterschied zwischen Wertsummation und Wertproduktion in § 12b. 1914 hat Husserl die Vorlesung gegenüber 1908 und 1911 um die willensphänomenologischen Ausführungen im III. Abschnitt erweitert. Der Vorlesungstext von S. 99, Z. 34 bis zum Schluß auf S. 153 stammt zwar aus 1914; wie aber einige, im Textkritischen Anhang wiedergegebene, ausgeschiedene Blätter aus dem ursprünglichen Vorlesungsmanuskript von 1908[3] sowie das Schlußstück von 1908 zeigen, stimmen auch Husserls Ausführungen zur formalen Praktik von 1908 in den Grundgedanken mit der späteren erweiterten Fassung von 1914 überein.

Aufgrund der großen sachlichen Übereinstimmung zwischen dem ersten Teil der Vorlesung von 1908/09, dem Hauptteil der Vorlesung von 1911 und der Vorlesung von 1914 wird im vorliegenden Band die Vorlesung von 1914 als letztgültiger Text an erster Stelle veröffentlicht. Im Textkritischen Anhang wird versucht, so weit wie möglich die früheren Textfassungen der Vorlesungen von 1911 und 1908/09 zu rekonstruieren. Teil B des Bandes enthält dann die Vorlesungsstücke, die Husserl allein in der Vorlesung von 1911 vorgetragen hat. Der Haupttext von Teil C ist der zweite Teil der Vorlesung von 1908/09, auf den als Beilagen VIII und IX die im Nachlaß erhaltenen Anfangsblätter der Vorlesung und das Schlußstück des ersten Teiles der Vorlesung folgen. Mit der jetzigen Textanordnung und unter Einbeziehung des Textkritischen Anhangs erhält der Leser

---

Verhältnis zwischen logischen und Gemütsakten — das zentrale Problem des zweiten Teiles der Vorlesung von 1908/09 — im Rahmen einer „letztaufklärenden Phänomenologie der Vernunftstrukturen" noch behandeln werde, „wenn die Zeit es zuläßt". (Siehe unten S. 69.)

[1] Siehe unten Beilage IX, S. 348–355.
[2] Siehe unten S. 213–224.
[3] Siehe unten S. 458–464.

Kenntnis vom gesamten Umfang von Husserls drei axiologischen und ethischen Vorlesungen aus den Jahren 1908/09, 1911 und 1914.

Die Ergänzenden Texte sind chronologisch angeordnet. Auf drei Fragmente aus früheren ethischen Vorlesungen von 1897 und 1902 und einem kurzen Nachlaßtext zur ethischen Vorlesung von 1902 folgen vier kürzere Nachlaßtexte aus den Jahren 1909 bis 1914. Die Ergänzenden Texte Nr. 5-7 sind drei wichtige Überlegungen zum Problem der Wertabsorption und des kategorischen Imperativs. Der Ergänzende Text Nr. 8 gibt eine ausführliche Strukturgliederung der Analogie zwischen logischer, axiologischer und praktischer Sphäre.

*

Husserl hat bereits als Privatdozent in Halle regelmäßig Vorlesungen über Ethik gehalten.[1]

Von diesen frühen ethischen Vorlesungen sind im Nachlaß nur wenige Manuskriptblätter erhalten.[2] Es handelt sich dabei um zumindest drei Fragmente aus den Anfangsstücken verschiedener früher ethischer Vorlesungen. Eines dieser Fragmente stammt aus dem Einleitungteil der Vorlesungen über „Ethik und Rechtsphilosophie" vom Sommersemester 1897. Es ist unten als Ergänzender Text Nr. 1 veröffentlicht. Aus diesem kurzen Text wird bereits die Husserls Ethik bestimmende Grundintention deutlich: Widerlegung der ethischen Skepsis durch eine wissenschaftlich begründete Ethik.

In den Osterferien 1902 schreibt Husserl an A. Meinong, daß er an einer völligen Neugestaltung seiner ethischen Vorlesungen arbeite.[3] Von Husserls zweistündiger Vorlesung über „Grundfragen der Ethik" vom Sommersemester 1902 sind im Nachlaß zwei umfang-

---

[1] So in den Sommersemestern 1891, 1893, 1894, 1895 und 1897. Vgl. Karl Schuhmann, *Husserl-Chronik: Denk- und Lebensweg Edmund Husserls,* Husserliana-Dokumente I (Den Haag: Nijhoff, 1977), S. 30, 35, 41, 45 und 51. Seine erste Vorlesung über Ethik wollte Husserl im Wintersemester 1889/90 halten. Da sich nur zwei Hörer einfanden, sagte er die Vorlesung ab. (Siehe *Husserl-Chronik,* S. 24.)

[2] Ms. F I 20, 18–32.

[3] Siehe *Husserl-Chronik,* S. 70. Es läßt sich leider aufgrund der fragmentarisch erhaltenen Manuskripte nicht ausmachen, worauf sich diese „völlige Neugestaltung" bezog.

reiche Fragmente erhalten, die sich ausschließlich mit Hume als
Vertreter der Gefühlsmoral und Kant als Vertreter der Verstandesmoral befassen. In der Behandlung beider Philosophen läßt sich
deutlich ein darstellender von einem kritischen Teil unterscheiden.[1]
Die kritischen Auseinandersetzungen mit Hume und Kant sind in
den vorliegenden Band als Ergänzende Texte Nr. 2 und 3 aufgenommen worden.

Am Ende des Konvoluts, in dem sich unter anderem das Manuskript der ethischen Vorlesung von 1914 befindet, liegen eine Reihe
von Blättern mit historischen Darstellungen zur klassischen englischen Moralphilosophie, die möglicherweise ebenfalls aus der Vorlesung von 1902 stammen.[2]

*

Aufgrund des im Nachlaß erhaltenen Manuskriptmaterials von
Husserls frühen ethischen Vorlesungen kann man vermuten, daß
Husserl sich in seinen Vorlesungen, was Aufbau, Problemstellung
und Inhalt betrifft, an *Franz Brentanos* Vorlesungen über praktische
Philosophie orientierte.[3]

Wie die Fragmente aus den Anfangsstücken von Husserls ethischen Vorlesungen aus den neunziger Jahren zeigen, begann Husserl
seine frühen ethischen Vorlesungen wie Brentano mit der Aristotelischen Bestimmung der Ethik als praktische Wissenschaft von den
höchsten Zwecken und der Frage nach der Erkenntnis der richtigen
Endzwecke. Von da ging Husserl ebenso wie Brentano in seinen
Vorlesungen über zur Frage nach den ethischen Grundwahrheiten,
den Prinzipien. Es folgen bei Husserl wie bei Brentano Ausführungen über die Unbeweisbarkeit der Prinzipien und über Evidenz.

---

[1] Für nähere Angaben zu den darstellenden Teilen siehe die Textkritischen Anmerkungen unten S. 514 und 516.

[2] Ms. F I 24, 225–233.

[3] In den vier Semestern, die Husserl 1884/85–1886 bei Brentano studierte, hörte er
zwei große fünfstündige Vorlesungen über praktische Philosophie. (Siehe *Husserl-Chronik,* S. 13 und 15.) Von der Vorlesung über praktische Philosophie vom Winter 1884/85
befindet sich eine ausgearbeitete Nachschrift in Husserls Nachlaß. Diese Nachschrift
wird im Husserl-Archiv in Leuven unter der Signatur „Y Brentano 4 und 5" aufbewahrt. Die Nachschrift stimmt weitgehend überein mit dem in der Brentano-Ausgabe
erschienenen Band *Grundlegung und Aufbau der Ethik,* nach den Vorlesungen über
‚Praktische Philosophie' aus dem Nachlaß herausgegeben von Franziska Mayer-Hille-
brand (Bern: Francke, 1952).

Brentano wendet sich dann der Frage nach dem Ursprung der ethischen Prinzipien zu, wobei es um die Frage geht, ob die Prinzipien der Ethik Erkenntnisse oder Gefühle sind. Im Zusammenhang damit geht Brentano sowohl auf den Gegensatz zwischen rationalistischer und empiristischer Ethik in der klassischen englischen Moralphilosophie wie vor allem auf den Gegensatz zwischen Hume und Kant ein. Im Anschluß an die historisch-kritischen Ausführungen folgt Brentanos eigener Grundlegungsversuch der Ethik.

Ganz ähnlich kündigt Husserl im ersten der Einleitungsfragmente an, daß er zwei Wege einschlagen wolle, einen positiv-systematischen und einen negativ-kritischen, wobei er naturgemäß mit dem letzteren beginnen werde;[1] und zwar will er zuerst die Theorien des neueren Utilitarismus behandeln.[2] Aus Hinweisen in seinen Darstellungen von Vertretern der klassischen englischen Moralphilosophie kann man schließen, daß Husserl erst den Utilitarismus darstellte und kritisierte, um danach auf den Gegensatz zwischen Verstandes- und Gefühlsmoral in der englischen Moralphilosophie einzugehen.[3] Das vorliegende Manuskriptmaterial gibt leider keine Aufschlüsse über den positiv-systematischen Teil in Husserls frühen ethischen Vorlesungen.

Auch in den erhaltenen Stücken der Vorlesung von 1902 zeigt sich eine große sachliche Übereinstimmung mit Brentano. Husserls Auseinandersetzung mit und Kritik an Hume und Kant erfolgt im Licht der Brentanoschen Problemstellung, wie eine Beteiligung des Gefühls an der Grundlegung der Ethik möglich ist, ohne in ethischen Relativismus und Skeptizismus zu verfallen.[4]

Brentano hatte in seinen Vorlesungen Kant scharf kritisiert: Der kategorische Imperativ ist für Brentano eine Fiktion; er ist weder unmittelbar evident noch lassen sich aus ihm ethische Gebote ableiten. Hume ist im Recht gegenüber Kant, wenn er den Gefühlen bei der Grundlegung der Ethik eine wesentliche Rolle zuerkennt. Die letzten ethischen Einsichten können keine reinen Verstandeser-

---

[1] Ms. F I 20, 20a.

[2] Ms. F I 20, 21b.

[3] In seinen historischen Darstellungen behandelt Husserl Clarke und More als Vertreter der rationalistischen Ethik, stellt dann Lockes Einfluß auf die Entstehung der Gefühlsmoral dar, um sich danach Shaftesbury, Butler und Hutcheson als Vertretern der Gefühlsmoral zuzuwenden.

[4] Siehe unten S. 390 f.

kenntnisse sein: „*Apriori,* d. h. mit dem bloßen Verstand, aber kann man es einer Handlung nicht ansehen, daß sie wohlgefällig ist. "[1] Was Hume, Brentano zufolge, übersieht, ist, daß Gefühle selbst keine Prinzipien sein können. Gefühle sind, so Brentano, der Gegenstand der ethischen Prinzipienerkenntnis. „Die Prinzipien der Ethik müssen, wie bei allen Wissenschaften, Erkenntnisse sein, Gefühle können es nicht sein. Wenn Gefühle dabei beteiligt sind, so nur als Gegenstände der Erkenntnis. M.a.W. Gefühle sind die Vorbedingungen der ethischen Prinzipien. "[2]

Ganz im Sinne von Brentano besteht für Husserl in seiner Vorlesung von 1902 die wesentliche Einsicht Humes in seiner Moralphilosophie darin, daß das Gefühl am Zustandekommen der ethischen Unterscheidungen wesentlich beteiligt ist.[3] Aber, so bemerkt Husserl wie schon Brentano: Gefühle können keine Prinzipien sein, da Prinzipien Urteile, Erkenntnisse sind.[4]

Wie sind dann Gefühle an der Grundlegung der Ethik beteiligt? Husserl unterscheidet eine doppelte Fragestellung, die nach dem Ursprung der moralischen Begriffe und die nach dem erkenntnistheoretischen Charakter der moralischen Gesetze. Die Gefühlsmoral hat Husserl zufolge gezeigt, daß der Ursprung der moralischen Begriffe, d.i. die Anschauungsquelle, in der die Begriffe ihre evidente Berechtigung ausweisen und in welcher der Sinn der Worte evident realisiert werden kann, zumindest teilweise Gefühlserlebnisse sind. Husserl spricht davon, daß moralische Urteile und Begriffe in Reflexion auf Gefühle erwachsen. Bei Brentano heißt es: „Es muß also wohl der Begriff des Guten aus der inneren Anschauung oder Wahrnehmung abstrahiert sein. "[5] In einer späteren Randbemerkung[6] weist Husserl jedoch unter direkter Bezugnahme auf Brentano darauf hin, daß die genannte Reflexion nicht als innere Wahrnehmung verstanden werden darf, weil wir dann nicht über bloße Wahrnehmungsurteile und damit induktive Verallgemeinerungen hinauskämen. Werden die moralischen Gesetze aber als induktive Verallgemeinerungen von Gefühlstatsachen aufgefaßt, geht ihre strenge All-

---

[1] *Grundlegung und Aufbau der Ethik,* S. 55.
[2] Ebd., S. 56.
[3] Siehe unten S. 391.
[4] Siehe unten S. 392.
[5] *Grundlegung und Aufbau der Ethik,* S. 136.
[6] Siehe unten S. 392, Anm. 3.

gemeingültigkeit und Notwendigkeit verloren. Für Husserl liegt der Ursprung der moralischen Begriffe zwar in gewissen Gemütsakten, aber die moralischen Gesetze sind mehr als bloß zusammenfassende Induktionen, sie sind apriorische Gesetze, „die im begrifflichen Wesen der betreffenden Gemütsakte gründen".

Bei der Bestimmung des Gegenstands und erkenntnistheoretischen Charakters der moralischen Gesetze läßt sich Husserl von der Analogie mit dem Wesen der logischen und mathematischen Gesetze, so wie er dieses in seinen kurz zuvor erschienenen *Logischen Untersuchungen* bestimmt hat, leiten. Wie im begrifflichen Wesen der Denkakte die rein logischen Gesetze gründen, so könnten im begrifflichen Wesen der wertenden Gefühle apriorische Wertgesetze gründen. In seiner kritischen Auseinandersetzung mit Kant versucht Husserl, zwischen formalen und materialen apriorischen Gemütsgesetzen zu unterscheiden.[1] Die formalen Gemütsgesetze würden „rein in der Form, im allgemeinen Wesen der betreffenden Arten von Gemütsakten" gründen, sie entsprächen den formal-logischen Gesetzen im Bereich des Intellekts; die materialen Gemütsgesetze nähmen Rücksicht auf bestimmte Gemütsmaterien, so wie die materialen Wahrheitsgesetze sich auf bestimmte Erkenntnismaterien beziehen und deren apriorischen Gehalt bestimmen.[2] Husserls vorsichtige, vermutend-fragende Formulierungen bestätigen seine späteren Aussagen, daß er hier zum erstenmal den Leitgedanken seiner späteren ethischen Vorlesungen, den Gedanken einer Analogie zwischen Logik und Ethik, in erster Linie zwischen logischen und axiologischen Gesetzen, entwickelt hat.[3]

---

[1] Siehe unten S. 406 und 411.

[2] An anderen Stellen in den Vorlesungsfragmenten von 1902 (siehe unten S. 398, 402 f., 405) hat Husserl allerdings die Möglichkeit apriorischer praktischer Gesetze überhaupt durch Verweis auf die material-apriorischen Wahrheiten zu rechtfertigen versucht. Darin deutet sich bereits eine bleibende Schwierigkeit für die Durchführung des Analogiegedankens zwischen Logik und Ethik an: Sind die formal-ethischen Gesetze nicht gegenüber den formal-logischen Gesetzen bereits materiale Gesetze? (Vgl. hierzu besonders unten S. 405 f. sowie auch unten S. XLII.)

[3] Siehe *Ideen zu einer reinen Phänomenologie und phänomenologischen Philosophie, Erstes Buch: Allgemeine Einführung in die reine Phänomenologie,* neu herausgegeben von Karl Schuhmann, Husserliana III, 1 (Den Haag: Nijhoff, 1976), S. 279, Anm. 1 und *Formale und transzendentale Logik,* hrsg. von Paul Janssen, Husserliana XVII (Den Haag: Nijhoff, 1974), S. 142, Anm. 1. Siehe demgegenüber unten S. 38, wo Husserl davon spricht, daß er „schon vor seinen *Logischen Untersuchungen* zum Problem einer

Husserl steht in der Vorlesung von 1902 Kant sehr ablehnend gegenüber; auch hierin stimmt er mit Brentano überein. Husserl spricht vom „extremen und fast absurden Rationalismus" Kants, und die Lehre vom kategorischen Imperativ nennt er einen „abstrusen Formalismus", der in seiner Anwendung zu unsinnigen und selbst unmoralischen Konsequenzen führt. Mit seiner Lehre von der Achtung vor dem praktischen Gesetz habe Kant zudem der Gefühlsethik ein wesentliches Zugeständnis gemacht. Gleichwohl, im Gegensatz zu Brentano sieht Husserl doch einen richtigen Kern in Kants Ethik: Die sittlichen Forderungen können nur dann objektive Gültigkeit haben, wenn sie unter Prinzipien stehen.

*

In den Jahren zwischen seinen ethischen Vorlesungen von 1902 und 1908/09 arbeitet Husserl vor allem an der Grundlegung einer phänomenologischen Kritik der theoretisch-logischen, also der vorstellenden und urteilend-aussagenden Vernunft.[1] In einer phänomenologischen Vernunfttheorie sind Husserl zufolge zwei Stufen zu unterscheiden: Den Überbau bildet die Prinzipienlehre, den begründenden Unterbau die phänomenologische Beschreibung und Analyse der Aktarten und ihrer Fundierungszusammenhänge mit ihren gegenständlichen Korrelaten. So gibt die Logik in einem weitesten Sinn genommen die Prinzipien des vernünftigen, d. h. richtigen Denkens und der gültigen, d. h. wahren Urteile sowie korrelativ die Prinzipien des objektiv gültigen Seins. Die Logik in diesem umfassenden Sinn wird in ihrer Geltung vernunftkritisch bzw. erkenntnistheoretisch aufgeklärt durch eine phänomenologische Beschreibung der Aktarten und der Zusammenhänge zwischen den Aktarten des Intellekts sowie der Arten und Zusammenhänge der idealen Bedeu-

---

formalen Praktik geführt wurde" und daß er in seinen Göttinger Vorlesungen seit 1902 versucht habe zu zeigen, daß hier ein fundamentales Desiderat vorliege. „Schon vor meinen *Logischen Untersuchungen*", „Göttingen" und „seit 1902" sind Einfügungen von 1914!

[1] Eine Gesamtskizze einer solchen phänomenologischen Vernunftkritik für die theoretisch-logische Vernunft hat Husserl in seiner Vorlesung „Einleitung in die Logik und Erkenntnistheorie" von 1906/07 gegeben. Die Vorlesung ist in der Husserliana als Band XXIV herausgegeben von Ullrich Melle (Den Haag: Nijhoff, 1984).

tungsgehalte, mittels deren sich die intellektiven Akte auf Gegenstände beziehen.[1]

Husserls philosophisches Projekt beschränkte sich jedoch nicht auf eine phänomenologische Kritik der theoretischen Vernunft, sondern zielte auf eine umfassende Vernunfttheorie.[2] Parallel mit und in Analogie zur Kritik der theoretischen Vernunft galt es, Husserl zufolge, eine Kritik der axiologischen und praktischen Vernunft auszuarbeiten. Deutlich zum Ausdruck kommt die Parallelität zwischen den vernunftkritischen Disziplinen in einem nicht-datierten Text, der im Konvolut des Manuskripts von Husserls erkenntnistheoretischer Vorlesung von 1902/03[3] liegt und der wahrscheinlich zwischen 1903 und seiner Vorlesung „Einleitung in die Logik und Erkenntnistheorie" von 1906/07 entstanden ist. Husserl bemerkt in diesem Text: „Ersetzen wir die reine Logik durch reine Ethik, reine Ästhetik, reine Wertlehre überhaupt, Disziplinen, deren Begriffe nach Analogie der reinen Logik streng und von aller empirischen und materialen Moral usw. unterschieden definiert werden müßten, dann entspricht der Erkenntnistheorie oder Kritik der theoretischen Vernunft die Kritik der praktischen, der ästhetischen, der wertenden Vernunft überhaupt, mit analogen Problemen und Schwierigkeiten wie die Erkenntnistheorie. ... Und endlich entspricht der reinen Wertlehre und der Wertungskritik die Phänomenologie der ethi-

---

[1] In der vernunfttheoretischen Vorlesung von 1906/07 (siehe vorige Anm.) steht zwischen dem ersten Teil, in dem Husserl den Aufbau und die Gliederung der Prinzipienlehre der theoretischen Vernunft behandelt, und dem dritten Teil, in dem er eine phänomenologische Beschreibung der verschiedenen „theoretischen" Objektivationsformen gibt, ein umfangreicher erkenntnistheoretisch-methodologischer Teil, in dem er für die Möglichkeit und Notwendigkeit einer reinen, phänomenologischen Bewußtseinswissenschaft und ihre Grundlegungsfunktion für die Prinzipienwissenschaften argumentiert. Husserl verwendet hier zum erstenmal explizit die Methode der phänomenologischen Reduktion. (Siehe Husserliana XXIV, S. 116–243.)

[2] In einer Tagebuchaufzeichnung vom 15.9.1906, in der Husserl sich auf seine philosophischen Möglichkeiten und Ziele besinnt, bezeichnet er „eine Kritik der Vernunft, eine Kritik der logischen und praktischen Vernunft, der wertenden überhaupt" als seine oberste Aufgabe, „die ich für mich lösen muß, wenn ich mich soll einen Philosophen nennen können". (Husserliana XXIV, S. 445.) Zu Husserls Idee einer Kritik der Vernunft und damit verbundenen Publikationsplänen siehe auch Karl Schuhmann, *Die Dialektik der Phänomenologie II; Reine Phänomenologie und phänomenologische Philosophie, Historisch-analytische Monographie über Husserls „Ideen I"*; Phaenomenologica 57 (Den Haag: Nijhoff, 1973), S. 6–35.

[3] Ms. F I 26.

schen, ästhetischen und sonstigen Wertungserlebnisse, die Voraussetzung und das Fundament der Auflösung der wertungskritischen
Schwierigkeiten."[1]

Von einer Kritik der theoretischen und praktischen Vernunft ist
auch in dem folgenden, nicht datierten Werkplan Husserls, der in
einem Brief von W. Hocking an Husserl vom 11.10.1903 lag, die
Rede.[2]

„Psychologie und Philosophie

Einleitung

1. Philosophie als Weltanschauung und wissenschaftliche Philosophie. Die Hauptdisziplinen der wissenschaftlichen Philosophie.
Der Streit um das Verhältnis der Psychologie zur Philosophie. Der
Psychologismus und seine Hauptargumente. Die fundamentale Bedeutung der Streitfrage für die wissenschaftliche Philosophie.

A. Der Psychologismus in der Logik und der Kritik der
theoretischen Vernunft.

2. Skeptische und extrem relativistische Konsequenzen des Psychologismus. David Humes psychologistische Skepsis. Versuche ihrer Überwindung durch Kant.

3. Skeptischer Anthropologismus in Kants Erkenntniskritik. Neu-
Humeanismus und Neu-Kantianismus. Das Problem der Versöh-
nung von Hume und Kant. Konsequenter Idealismus. Richtlinien
für eine endgültige Lösung der Fundamentalfragen der Kritik der
theoretischen Philosophie.

B. Der Psychologismus in der Ethik und der Kritik der
praktischen Vernunft.

4. Verstandesmoral und Gefühlsmoral. Humes relativistische und
Kants absolutistische Ethik.

---

[1] Husserliana XXIV, S. 381.

[2] Der Werkplan wird im Husserl-Archiv unter der Signatur R II Hocking aufbewahrt.
Schuhmann vermutet, daß der Plan im Zusammenhang mit Husserls Äußerungen in
einem Brief an Brentano vom August 1906 steht. In diesem Brief an Brentano spricht
Husserl davon, daß er „eine kleine Schrift" ausarbeiten wolle, „in welcher ich mit der
größten mir möglichen Klarheit und Schärfe die methodischen Gedanken zu einer
nicht-psychologischen (obschon nicht psychologiefeindlichen) Erkenntnis- und Willens-
kritik zeichnen will". (Siehe *Husserl-Chronik,* S. 97.)

5. Fortsetzung. Der moderne ethische Skeptizismus. Stirner und Nietzsche. Moderne Werttheorien. Überwindung des ethischen Skeptizismus. "

Dieser Plan knüpft, was den Abschnitt zur Kritik der praktischen Vernunft betrifft, offensichtlich an die Vorlesungen von 1902, und zwar ihren historisch-kritischen Teil an. Was den Psychologismus in der Ethik betrifft, verweist der Werkplan seinem Inhalt nach eher auf die Vorlesungen von 1908/09, 1911 und 1914, in denen Husserl, von der Analogie zwischen logischem und ethischem Psychologismus ausgehend, den ethischen Psychologismus zu widerlegen versucht.

Unmittelbar vor Beginn seiner ethischen Vorlesungen von 1908/09 hat Husserl sich in einem Brief an Jonas Cohn[1] nochmals mit großer Deutlichkeit über sein philosophisches Projekt einer Kritik der Vernunft ausgesprochen. Husserl bemerkt zunächst: „Ich arbeite seit vielen Jahren (und seit dem Erscheinen meiner *Logischen Untersuchungen*) mit gesteigerter Energie an einer Kritik der Vernunft, und einer wirklich vom Grund aus bauenden, die strengsten Anforderungen genügen möchte." Im Folgenden stellt Husserl fest: „Das Thema der Vernunftkritik kann, nach meinen Studien, nur auf dem Wege der transzendental-phänomenologischen Methode behandelt werden, der Methode einer rein immanenten Wesenslehre der Intentionalität hinsichtlich ihrer beiden Evidenzseiten, der Bewußtseinsseite und der Gegenstandsseite (,phänologisch' — ,ontologisch')." Und etwas weiter heißt es: „In der phänomenologischen ,Ideation' kommen die Essenzen der Grundgestaltungen der Erkenntnis zur absoluten Gegebenheit, hier legt sich die Korrelation von Erkenntnis und Gegenständlichkeit (sofern wir den Wesenszusammenhängen nachgehen) letztlich auseinander, hier erfassen wir auch den letzten Sinn der in weitester Bedeutung ,rein' logischen Gesetze (nicht bloß der formal-logischen): als immanenter Wesensgesetze, d. i. rein zum ,Wesen' (dem Apriori) der Erkenntnis gehörend. Ebenso für alle reinen (ethischen etc.) Gesetze in Beziehung auf die Wesen der entsprechenden ,konstituierenden' Akte. "

*

---

[1] Dieser Brief vom 15.10.1908 wird im Husserl-Archiv in Leuven unter der Signatur R I Cohn aufbewahrt.

Ein äußerer Anlaß dafür, daß Husserl im Wintersemester 1908/09 Vorlesungen über Ethik und Wertlehre hielt, könnte die „Lessing-Affäre" vom vorangegangenen Frühjahr 1908 gewesen sein. *Theodor Lessing* hatte im Sommersemester 1906 und im Wintersemester 1906/07 bei Husserl studiert. Im Frühjahr erschien Lessings zweiteiliger Artikel *Studien zur Wertaxiomatik*.[1] Husserl sah sich durch diese Veröffentlichung um die Früchte seiner unveröffentlichten Forschungsarbeit betrogen. Das galt besonders für den Analogiegedanken, wonach es in Analogie zur formalen Logik eine formale Axiologie und Praktik als formale Prinzipienlehren des Wertens und Wollens geben müsse. In der Vorlesung von 1908/09 bezeichnet Husserl den systematischen Ausbau der formalen Axiologie und Praktik als eines der wichtigsten Desiderate seiner Zeit. Husserl selbst hielt die Entdeckung dieser neuen formalen Disziplinen, die, wie er zu Beginn der Vorlesung von 1914 bemerkt, „in der philosophischen Tradition nie zur Konzeption kamen", für seinen wichtigsten Beitrag zur Ethik.[2] Husserl reagierte deshalb mit größter Empörung auf Lessings Versuch, in seinem Artikel eine reine Wertlehre im Sinne einer Wertarithmetik als „dem Pendant zur reinen formalen Logik im Bereich der Praxis" zu entwickeln, ohne im ersten Heft des Artikels seine Abhängigkeit von Husserls Denken zu erwähnen. Lessing nennt seinen Versuch vielmehr „tastende Schritte eines Anfängers" in „unbetretenem Neuland"[3] und spricht davon, daß

---

[1] *Studien zur Wertaxiomatik*, Archiv für systematische Philosophie, XIV. Band, 1. und 2. Heft (1908). Dieser Artikel bildete nach Lessings Aussage eine ursprüngliche Einheit mit der ebenfalls 1908 in Bern erschienenen Abhandlung *Der Bruch in der Ethik Kants: Wert- und willenstheoretische Prolegomena*.

[2] Dies läßt sich indirekt auch ersehen aus einem im Nachlaß auf zwei Blättern (Ms. F I 21, 48 und 49) erhaltenen Studentenscherz, in dem die Studenten sich über die formale Axiologie und Praktik, die Husserl in seinen ethischen Vorlesungen von 1908/09, 1911 und 1914 mit dem Anspruch auf große historische Bedeutung vortrug, lustig machen. Die Parodie beginnt so: „Dank der unermüdlichen Bemühungen unseres ,magna voce'-Mitarbeiters ist es uns gelungen, allen Schwierigkeiten zum trotz, den kondensierten Extrakt aus der berühmten Ethik-Vorlesung des Prof. Lressuh zu veröffentlichen." Darauf folgen mehr als eine Seite von formelhaften Definitionen und Ableitungen, eine Parodie auf Husserls in den Vorlesungen gebrauchte Formeln für axiologische und praktische Gesetze. Der Ulk schließt mit der „Preisaufgabe: Konstruktion einer bestmöglichen Welt. Lösung folgt in nächster Nummer." Der Inhalt der Preisaufgabe läßt vermuten, daß dieser Scherz zur ethischen Vorlesung von 1911 entstand. (Siehe unten S. 172 ff.)

[3] Ebd., S. 71; „unbetretenes Neuland" ist von Husserl unterstrichen.

auch die anerkannt besten Arbeiten auf diesem Gebiet — wobei er Meinong und von Ehrenfels nennt — primitiv seien.[1]

Von besonderem Interesse ist Husserls Entwurf einer Erklärung zu Lessings *Studien zur Wertaxiomatik* vom April 1908, die er offensichtlich im „Archiv für systematische Philosophie", in der Lessings Artikel erschienen war, veröffentlichen wollte.[2] Husserl schreibt darin, daß Lessing in seinem Artikel „die prinzipielle Notwendigkeit der Konstituierung einer solchen Disziplin ⟨d. h. einer reinen Wertlehre⟩, ihre Stellung zur normativen Praktik (einschließlich Ethik), zur Wert- und Werthaltungsphänomenologie, zur Wert- und Willenspsychologie, zur materialen (‚aktuellen') Wertlehre entwickelt ⟨hat⟩. Er hat sich dabei leiten lassen von der notwendigen

---

[1] Ebd. — Husserl hat an mehreren Stellen in Lessings Artikel sein Eigentumsrecht an den Ausführungen Lessings durch ein an den Rand geschriebenes „H" beansprucht. In einem Briefwechsel mit Lessing — dieser Briefwechsel wird im Husserl-Archiv unter den Signaturen R I und R II Lessing aufbewahrt — hat er diesen zu Erklärung und öffentlicher Klarstellung aufgefordert. Husserl war aber weder mit Lessings Erklärung noch der Art und Weise der öffentlichen Klarstellung zufrieden. Lessing gibt in einer Anmerkung zu Anfang des zweiten Heftes seines Artikels folgende Erklärung ab: „Es sei hier ausdrücklich betont, daß die in Nr. 1 und 2 veröffentlichten *Wertaxiomatischen Studien* durchweg auf die von Herrn Prof. Dr. Eduard ⟨!⟩ Husserl in Göttingen inaugurierte erkenntnistheoretische Richtung rekurrieren. In leitenden Ideen nicht minder wie in zahlreichen Einzelheiten können und wollen sie nichts sein, als ein Fortspinnen der in Übungen und Vorlesungen des Göttinger Denkers empfangenen entscheidenden Anregungen. Der Zweck solcher akademischen Schülerarbeit ist vollauf erfüllt, wenn sie auf eine neue Richtung der Philosophie verweist und in dieser Richtung selbstverantwortliches Streben bekundet." (Ebd., S. 94) In seinen späteren Erinnerungen gibt Lessing eine andere Version der Affäre: „Ihren Kerngedanken ⟨den der Wertaxiomatik⟩ hatte ich in der Schule Husserls gewonnen. Dort aber wurde ich behandelt wie ein Fremdling und Schöngeist, der zufällig auf eine ‚exakte' Sternwarte kommt und durch das vom besten Techniker der Zeit bereitgestellte Fernrohr blickend, einen bisher übersehenen schönen Stern (eben die *Wertaxiomatik*) entdeckt. Er wird nun aufs liebenswürdigste und höflichste von der Sternwarte ins norddeutsche Flachland hinunterkomplimentiert, und der schöne Stern bezieht seine ‚wissenschaftliche Behandlung' künftig allein von dem Erbauer des großen Rohres." (*Einmal und nie wieder,* Unveränderter Nachdruck der Erstausgabe von 1935 (Gütersloh: Bertelsmann, 1979), S. 403 f.)

Als der Verlag F. Meiner 1914 Lessings Artikel neu herausgeben wollte, intervenierte Husserl bei Meiner (siehe den im Husserl-Archiv unter den Signaturen R I und R II Meiner aufbewahrten Briefwechsel zwischen Husserl und Meiner), und noch in der *Formalen und Transzendentalen Logik* weist Husserl in einer Fußnote darauf hin, daß Lessings Wertaxiomatik ganz unmittelbar auf seine Göttinger Vorlesungen und Seminare zurückgeht (Siehe Husserliana XVII, S. 142, Anm. 1.)

[2] Dieser Entwurf wird im Archiv unter der Signatur R I Lessing aufbewahrt.

und weitreichenden Analogie, die hinsichtlich der ganzen Problematik in der (im weitesten Sinne) logischen und axiologisch-praktischen
Sphäre besteht und hat demgemäß hingeblickt auf die parallelen,
unter dem weitesten Titel ‚ Logik‘ zu scheidenden und doch wesentlich aufeinander bezogenen Disziplinen, die ich in meinen Vorlesungen prinzipiell zu umgrenzen versucht habe. " Husserl schreibt weiter, daß er über „ diese Fragen in thematisch zusammenhängender
Form" in seinen Vorlesungen von 1902 gesprochen habe. Husserl
erwähnt dann, daß Lessing seine zweistündigen philosophischen
Übungen über Kants *Grundlegung zur Metaphysik der Sitten* und
Kritik der praktischen Vernunft im Sommersemester 1906 und desgleichen die für Lessings analogische Übertragungen wesentlichen
Vorlesungen über Logik sowie die gleichzeitigen philosophischen
Übungen besucht habe.[1] Husserl bestreitet Lessings Anspruch auf
Originalität, indem er feststellt, daß dieser in all seinen Ausführungen „ was die Grundgedanken, die durchgehenden allgemeinen Gesichtspunkte anlangt (zumal auch in all dem, was sich auf die Prägung und relative Charakteristik der Idee einer reinen Axiologie
bezieht) von meinen Vorlesungen abhängig ist".

Entsprechend dieser Erklärung hätte Husserl bereits in seinen
Vorlesungen von 1902 die Grundgedanken seiner späteren ethischen
Vorlesungen in systematischer Weise entwickelt. Darüberhinaus las-
sen Husserls Äußerungen erkennen, daß die „ Philosophischen
Übungen über Kants Prinzipienlehre nach der Grundlegung zur
Metaphysik der Sitten und der Kritik der praktischen Vernunft"[2]
ein wichtiges Verbindungsglied zwischen der Vorlesung von 1902
und der Vorlesungsreihe von 1908/09, 1911 und 1914 gewesen sein

---

[1] Bei den Vorlesungen über Logik handelt es sich um die in Husserliana XXIV her-
ausgegebene *Einleitung in die Logik und Erkenntnistheorie* vom Wintersemester
1906/07.

[2] *Husserl-Chronik*, S. 95. Im Nachlaß findet sich kein Manuskript zur Vorbereitung
dieser Übungen. Auf dem Titelblatt einer umfangreichen Zusammenstellung von Manuskripten zur Phänomenologie des Fühlens, Begehrens und Wollens vor allem aus dem
Winter 1909/10 bemerkt Husserl, daß es sich bei diesen Manuskripten „ zu einem Teil
⟨ um⟩ neue Bearbeitungen der ziemlich umfangreichen Untersuchungen von Ostern
1902 und überhaupt aus der Zeit der ersten Vorlesungen über Grundzüge der Ethik,
ferner der gesammelten Materialien aus den Übungen über Kants Ethik ⟨ handelt⟩".
(Siehe *Husserl-Chronik*, S. 136.) Nur ein einziges Blatt (Ms. A VI 7, 69) in dieser
Manuskriptsammlung hat Husserl direkt den Kant-Übungen zugeschrieben. Das Blatt
handelt über Lustarten und Befriedigung.

dürften.[1] Schließlich deutet sich im Hinweis auf die logisch-erkenntnistheoretischen Vorlesungen von 1906/07 die wissenschafts- bzw. vernunfttheoretische Dimension von Husserls Entdeckung der formalen Axiologie und Praktik an.

*

Nachdem Husserl in seinen Vorlesungen von 1902 bis 1908[2] sowie in den Forschungsmanuskripten die Kritik der theoretischen Vernunft in verschiedenen Aspekten ausgebaut und vor allem nach ihrem methodischen Selbstverständnis geklärt und vertieft hat, wendet er sich in seinen ethischen Vorlesungen von 1908/09, 1911 und 1914 sowie in zahlreichen Forschungsmanuskripten zur Phänomenologie des Gemüts und des Willens[3] der Grundlegung einer Kritik der axiologischen und praktischen Vernunft zu.[4]

---

[1] Auf die Übungen von 1906 weist auch Husserls erster Promovend K. Neuhaus im Vorwort zu seiner Dissertation über „Humes Lehre von den Prinzipien der Ethik, ihre Grundlagen, ihre historische Stellung und philosophische Bedeutung" — der erste Teil mit dem Titel *Die Grundlagen der praktischen Philosophie Humes* erschien 1908 in Leipzig — als für ihn „besonders wertvoll und lehrreich" hin. Im veröffentlichten Teil der Dissertation spricht Neuhaus nur am Ende davon, daß es für Hume keine praktische Vernunft gebe und daß Hume sich nicht gefragt habe, ob es nicht bezüglich des Wollens und Handelns auch „Relationen zwischen Ideen" geben könne. Als Beispiel für eine solche praktische Vernunftnotwendigkeit erwähnt er dann den Zusammenhang zwischen dem Mittel-Zweck-Wollen.

[2] Siehe hierzu Husserliana XXIV, S. XX-XXIV.

[3] Siehe unten S. XXXVIII.

[4] Zur gleichen Zeit arbeitet Husserl jedoch in seinen Veröffentlichungen, in Vorlesungen und Forschungsmanuskripten sowohl an der deskriptiven Erforschung des intellektiven Bewußtseins wie an der Klärung der methodischen Grundlagen seiner phänomenologischen Philosophie fort. So hält Husserl parallel zur Vorlesung „Grundprobleme der Ethik" von 1908/09 noch eine vierstündige Vorlesung über „Alte und neue Logik" (Ms. F I 1). Sowohl die ethische wie die logische Vorlesung arbeitet Husserl neu und vollständig aus, so daß es nicht verwundert, wenn Malvine Husserl am 16.12.1908 an eine Freundin schreibt: „Jetzt ist er furchtbar abgehetzt, soviel wie in diesem Semester hat er sich noch nie aufgeladen, ..." (Brief an Elli Albrecht, im Husserl-Archiv aufbewahrt unter der Signatur R I Albrecht.) Auf das Semester zurückblickend schreibt Husserl am 18.3.1909 an P. Natorp: „Die völlige Umarbeitung bzw. Neuausarbeitung meiner vierstündigen Logikvorlesungen und der zweistündigen über die Grundprobleme der Ethik absorbierte meine Kräfte bis auf den letzten Rest." (*Husserl-Chronik,* S. 121.) Die Jahre von 1908 bis 1914 gehören wohl zu Husserls fruchtbarsten Jahren. Vor allem hat Husserl wohl zu keiner anderen Zeit mehr mit solcher Intensität und in solchem Umfang versucht, die komplexen Strukturen des Bewußtseins, die Aktarten und Fundierungszusammenhänge, genauestens zu beschreiben.

Die Grundfrage in den drei ethischen Vorlesungen ist die Frage nach der Vernunft im Werten, Wollen und Handeln.[1] Vernunftakte sind für Husserl Akte, die unter apriorischen Prinzipien der Gültigkeit stehen. Die Ethik im weitesten Sinn genommen hat die Prinzipienlehre des vernünftigen Wertens, Wollens und Handels zu sein ganz so, wie die Logik die Prinzipienlehre des vernünftigen Urteilens und Schließens ist.

Im ersten, durch die Texterweiterungen von 1911 und 1914 etwas breit anmutenden Abschnitt der Vorlesung von 1914 versucht Husserl, ausgehend von der Parallele zwischen logischem und ethischem Skeptizismus eine „radikale und durchgehende Analogie" zwischen Logik und Ethik herauszustellen. Von grundlegender Bedeutung dafür ist, daß man auch in der Sphäre des Wertens und Wollens zwischen formalen und materialen Prinzipien unterscheiden kann und muß. Diese Unterscheidung zwischen Form und Materie ist konstitutiv für Vernunft überhaupt; von wertender und praktischer Vernunft kann so nur gesprochen werden, wenn sich eine analytisch-formale Axiologie und Praktik von einer materialen unterscheiden läßt. Ein prägnantes Beispiel für solch einen formal-praktischen Satz ist der formal-hypothetische Imperativ: Wer den Zweck will, soll auch das dazu unentbehrliche Mittel wollen. Dieser Imperativ ist die normative Wendung des rein praktischen Prinzips: Es ist praktisch unvernünftig, den Zweck zu wollen, aber nicht das dazu unentbehrliche Mittel (es sei denn natürlich, daß gegen den Gebrauch des Mittels moralische Gründe sprechen). Es besteht Husserl zufolge kein logischer Widerspruch darin, den Zweck zu wollen, aber nicht das dazu unentbehrliche Mittel, aber es besteht ein Widerspruch im Wollen, ein formaler Widerspruch im rein praktischen Sinn.

Aufmerksamkeit in diesem ersten Abschnitt der Vorlesung von 1914 verdient der § 5d, in dem Husserl von der Unterscheidung

---

[1] Husserl unterscheidet schon in seiner Vorlesung von 1902 zwischen Ethik und Moral. (Siehe unten S. 414.) Die Ethik reicht demnach weiter als die Moral, die es nur mit einem eingeschränkten Bereich des Handelns zu tun haben soll. Wie ich mich zwischen einem hohen geistigen Genuß und einem banalen Vergnügen entscheiden soll, ist Husserl zufolge keine moralische Frage, sondern nur die Frage nach dem, was in diesem Fall das vernünftig zu Tuende ist. (Siehe unten S. 27.)

zwischen Akt, Inhalt und Gegenstand bei den axiologischen und praktischen Akten handelt. Bei genauer Lektüre deuten sich hier gewisse Probleme an, was die Durchführung des Analogiegedankens hinsichtlich der Unterscheidung zwischen Aktinhalt und Aktgegenstand betrifft.[1]

In den §§ 6–8 kommt Husserl auf das zentrale Problem des zweiten Teiles seiner Vorlesung von 1908/09 zu sprechen: Wie läßt sich der Parallelismus der Vernunftarten mit der Vorherrschaft der logischen Vernunft vereinbaren?

Nach dem durch die Ausführlichkeit der Darstellung und durch Wiederholungen verlangsamten Gedankengang im ersten, beinahe die Hälfte der Vorlesung ausmachenden Abschnitt sind Husserls Ausführungen in den folgenden drei Abschnitten wesentlich konzentrierter. Im zweiten Abschnitt entwirft Husserl den Grundriß einer formalen Axiologie. Zunächst handelt er von apriorischen Motivationsgesetzen, von vernünftiger Konsequenz innerhalb einer Aktsphäre und zwischen verschiedenen Aktsphären. Von da kommt Husserl auf die Wertableitungen und die axiologischen Konsequenzgesetze zu sprechen. Am Schluß von § 10 stellt Husserl fest, daß „die Klarstellung der axiologischen Vernunft in Form der axiologischen Konsequenz" nur „ein erstes und wichtiges Gebiet" der formalen Axiologie darstellt.

Der folgende § 11 ist von besonderem Interesse, da Husserl hier auf „wesentliche Unterschiede zwischen dem Gebiet der theoretischen Wahrheit und dem der sozusagen axiologischen Wahrheit, axiologischen Geltung" stößt. Zwischen dem Satz vom Widerspruch für die theoretische und dem für die axiologische Sphäre besteht Husserl zufolge „eine fundamentale Differenz". Wertungen sind in ihrer Gültigkeit relativ auf eine Motivationslage, und positive und negative Wertprädikate schließen sich nur bei gleicher Motivationslage aus. Also zwei scheinbar entgegengesetzte Wertungen können miteinander verträglich sein, wenn ihnen unterschiedliche Motivationslagen zugrundeliegen. Ein weiterer wesentlicher Unterschied gegenüber dem theoretischen Gebiet besteht darin, daß es im axiologischen Gebiet kein direktes Analogon des Satzes vom ausgeschlossenen Dritten gibt, weil es hier zwischen positivem und negativem Wert noch die Wertneutralität, die Adiaphorie, gibt. Statt vom ausgeschlossenen Dritten muß man im axiologischen Gebiet

---

[1] Siehe hierzu auch die wichtige Anmerkung auf S. 89f.

vom ausgeschlossenen Vierten sprechen. Für Husserl gefährden diese wesentlichen Unterschiede zwischen theoretischer und axiologischer Wahrheit jedoch nicht den „Standpunkt des Objektivismus"
bezüglich der axiologischen Geltung. „Wert löst sich nicht in die
Subjektivität und in diesem Sinn in die Relativität des Wertens
auf." Da der Satz vom Widerspruch und der Satz vom ausgeschlossenen Dritten die Grundgesetze objektiver Geltung sind, muß es
Analoga dieser Grundgesetze in der axiologischen Sphäre geben,
wenn Wertungen objektive Gültigkeit zukommen soll, wenn es also
objektive Wertprädikate geben soll. Die teilweise schwierigen Überlegungen des § 11 sind somit von grundlegender Bedeutung für Husserls Rechtfertigung des axiologischen Objektivismus.

Kein Analogon in der formal-logischen Sphäre haben die Gesetze,
die sich auf die Rang- und Steigerungsverhältnisse von Werten
beziehen. Diesen Gesetzen wendet sich Husserl im folgenden § 12
zu. Husserl knüpft, was diese Gesetze betrifft, wie er selbst bemerkt,
an Brentano an. Diese formal-axiologischen Gesetze sind die wesentliche Grundlage für die Formulierung des obersten Prinzips der
formalen Praktik im Schlußabschnitt der Vorlesung.

In der Vorlesung von 1914 hat Husserl zwischen die Abschnitte
zur formalen Axiologie und zur formalen Praktik einen längeren
willensphänomenologischen Exkurs eingeschoben. Mehr als die
Hälfte dieses Exkurses ist den Parallelitäten zwischen Urteils- und
Willensmodalitäten gewidmet. Vor allem die Darlegungen zur Willensfrage und zur praktischen Überlegung können als erste Stücke
einer phänomenologischen Grundlegung der formalen Praktik gelten.

Husserls Ausführungen zur Willensphänomenologie in der Vorlesung von 1914 sind in seinen drei ethischen Vorlesungen die einzigen umfangreicheren und systematischen phänomenologischen Beschreibungen einer der beiden Aktsphären, in denen die Axiologie
und Praktik gründen. Diese deskriptiven Analysen stehen in Zusammenhang mit Forschungsmanuskripten zur Willensphänomenologie,
zu denen Husserl durch Alexander Pfänders 1911 erschienenen Artikel „Motive und Motivation" angeregt wurde.[1]

---

[1] „Motive und Motivation", in: *Münchener Philosophische Abhandlungen: Theodor
Lipps zu seinem sechzigsten Geburtstag gewidmet* (Leipzig, 1911). (Siehe hierzu Karl
Schuhmann, *Die Dialektik der Phänomenologie I: Husserl über Pfänder*, Phaenomeno-
logica 56 (Den Haag: Nijhoff, 1973), S. 94 ff.)
Husserl hat, vielleicht im Spätsommer 1911, ein sehr umfangreiches Exzerpt dieses

Den Schlußstein im Gebäude der formalen Ethik bildet die Bestimmung des höchsten praktischen Gutes und des kategorischen
Imperativs. Wie Husserl im Schlußstück der Vorlesung von 1911
bemerkt, bedarf es „ sorgfältiger und tiefdringender Überlegungen,
um Sinn, Grenzen und formale Voraussetzungen" dieses obersten
formal-praktischen Prinzips zu bestimmen. Es handelt sich dabei
um das „ Grundstück einer systematischen Erforschung des Wesens
der praktischen Vernunft, und näher der formalen Vernunft".

Die Steigerungsverhältnisse zwischen Werten und das Absorptionsgesetz, wonach ein isoliert genommen positiver Wert zu einem
negativen Wert wird, wenn er einem höheren Wert vorgezogen wird,
führen zu einem kategorischen Imperativ, der uns auffordert, das
Beste unter dem jeweils Erreichbaren zu wollen und zu realisieren.
Das Beste unter den möglichen praktischen Gütern ist das einzig
praktisch Geforderte, das absolut Gesollte. Soweit besteht Übereinstimmung zwischen Husserls Ausführungen zur formalen Praktik in
den drei Vorlesungen.

Während Husserl aber in den Vorlesungen von 1911 und 1914
über das Bestehen einer kategorisch-absoluten Forderung „ auf dem
Boden der formalen Ethik" und einer formalen Bestimmung der
Willensrichtigkeit entscheiden will,[1] stellt er demgegenüber im
Schlußstück der Vorlesung von 1908/09 und dessen Rekapitulation
zu Beginn des zweiten Teiles fest, daß der formal abgeleitete kategorische Imperativ noch von einer hypothetischen Voraussetzung abhängt; er ist also noch gar keine unbedingte thetische Forderung,
sondern nur eine Forderung vernünftiger Konsequenz. Innerhalb der

---

Artikels, in dem Pfänder eine Wesensanalyse des Willensaktes und der Willensbegründung gibt, angefertigt (Ms. A VI 13, 47–56) und sich in einer Reihe von Forschungsmanuskripten mit Willensbegründung im Unterschied und in Parallelität zu Urteilsbegründung, mit dem Unterschied zwischen Willensrezeptivität und Willensspontaneität, mit
den Willensmodalitäten usw. befaßt. Im Sommer 1914 hat Husserl diese Manuskripte
zum Konvolut „ Pf" zusammengestellt. Dabei hat er nach eigener Angabe auch das
Vorlesungsstück zur Willensphänomenologie aus dem Vorlesungsmanuskript herausgenommen und in das Konvolut „ Pf" gelegt.
Zum Pfänder-Konvolut siehe *Die Dialektik der Phänomenologie I*, S. 98–112. Die
Edition der Manuskripte des Konvolutes „ Pf" im Rahmen der Edition von Husserls
Gemüts- und Willensanalysen ist in Vorbereitung.
[1] Siehe auch unten S. 217.

formalen Ethik allein läßt sich, so Husserl in der Vorlesung von 1908/09, keine thetische Forderung begründen; denn so wie die formale Logik nur die formalen Konsequenzgesetze für das Denken gibt, so gibt die formale Ethik im umfassenden Sinn nur die formalen Konsequenzgesetze für das Werten, Wollen und Handeln. Um von einer bloßen Konsequenzforderung zu einer absoluten Forderung eines Wertens, Wollens und Handelns kommen zu können, muß somit die formale Ethik überschritten werden. Der Übergang vom hypothetischen in das kategorische Gebiet wird Husserl zufolge vermittelt durch den positiven Wert „konvenienter" Gemüts- und Willensakte und den höheren, absoluten Wert „einsichtiger" Akte sowie die ideale Möglichkeit solcher Akte.

Im vorgetragenen Schlußstück von 1911[1] ist von einem Problem des Übergangs vom hypothetischen ins thetische Gebiet keine Rede mehr.[2] Das Bestehen eines kategorischen Imperativs, einer absoluten Forderung, und korrelativ eines höchsten praktischen Gutes wird hier damit begründet, „daß jeder Wille als Entscheidung einer Wahl angesehen werden kann", und zwar *apriori,* daß er also immer einen praktischen Bereich mit praktischen Realisierbarkeiten hat. Nach „dem Gesetz der Wertabsorption der Minderwerte durch die Höherwerte" und den anderen zugehörigen axiologischen und praktischen Gesetzen ergibt sich dann unter diesen Realisierbarkeiten ein höchstes Gut, „das den praktischen Wert aller übrigen absorbiert und selbst nicht absorbiert ist".

Im gegenüber 1908/09 und 1911 umfangreicheren und weiter ausgearbeiteten Schlußabschnitt der Vorlesung von 1914 steht wie 1911 die formale Bestimmung der objektiven Willensgültigkeit, korrelativ die formale Bestimmung des höchsten praktischen Gutes, im Vordergrund. Gegen Ende des § 18b kommt Husserl auf die Willenskonvenienz und ihren positiven Wert zu sprechen, um damit ähnlich wie in seiner Deduktion von 1908/09 die Rede von der Forderung

---

[1] Die Manuskripte der Schlußstücke von 1911 und 1908/09 liegen im selben Konvolut hintereinander. Auf dem ersten Blatt des Schlußstücks von 1908/09 hat Husserl bemerkt: „Aus 1908/09; 1911 nicht gelesen". Wie oben dargestellt, sind die Ausführungen in den beiden Schlußstücken sachlich nicht ohne weiteres vereinbar.

[2] Siehe allerdings Husserls Fragen am Ende des ersten Abschnitt des Schlußstücks von 1911 (unten S. 215). Zwischen den beiden Abschnitten des Schlußstücks fehlen im Manuskript leider mindestens zwei Blätter. (Siehe unten *Textkritische Anmerkungen* S. 478.)

und vom Sein-Sollen einer erwogenen Handlung zu definieren.[1] Wohl im Zusammenhang mit seiner Einsicht im Schlußparagraphen, daß ein konvenienter Wille als ein Wille, der auf ein praktisch Gutes gerichtet ist, noch kein Wille ist, „der im höchsten Sinn Richtigkeit hat", hat Husserl diese Definition in einer Randbemerkung nachträglich abgelehnt.[2] Unmittelbar im Anschluß an seine Ausführungen über den Wert der Willenskonvenienz faßt Husserl das Problem, wie wir von einem „Sollen unter Vorbehalt" zu einem kategorischen Imperativ gelangen, als Frage nach der Abgeschlossenheit des praktischen Bereichs: Woher wissen wir, daß sich nicht bei Erweiterung des praktischen Bereichs ein das bisherige Beste absorbierendes Besseres ergibt?[3] Im letzten Paragraphen stellt Husserl dementsprechend fest, daß nur das Beste im praktischen Gesamtbereich des gegebenen Moments ein schlechthin Gesolltes ist; nur der Wille, der darauf gerichtet ist, hat Richtigkeit im höchsten Sinn.

Im § 20 und nochmals ganz am Ende der Vorlesung von 1914 kommt Husserl ausführlich auf den Wertunterschied zwischen nur richtigem Wollen einerseits und einsichtigem, vernünftigem Wollen andererseits zu sprechen. Die Frage ist, ob der kategorische Imperativ nicht auf den besten Willen geht, wobei dieser beste Wille der einsichtige Wille des Besten unter dem Erreichbaren ist. Die bisherige formale Bestimmung der Willensrichtigkeit hatte aber keine Rücksicht genommen auf die Einsichtigkeit des Willens. Husserl spricht in diesem Zusammenhang von einer Antinomie, „die sich aufdrängt, wenn man von der formalen Ethik in die Noetik ⟨übergeht⟩". Das Beste des praktischen Bereichs scheint gar nicht mehr das Beste zu sein, das Beste wäre vielmehr das einsichtige Wollen des Besten. Die Antinomie löst sich Husserl zufolge auf, wenn man bedenkt, daß die Wollungen selbst zum Willensbereich des Wollenden gehören, daß „ich im Jetzt meinen Willen auf künftiges Wollen richten kann". Der Wert meines künftigen einsichtigen Wollens zählt also in der Güterabwägung mit. Die Einsichtigkeit meines Wollens erhöht den Wert des zu Realisierenden, so daß dieses ohne die Einsichtigkeit des Wollens nicht das Beste des Erreichbaren

---

[1] Siehe unten S. 134 f.
[2] Siehe unten S. 135, Anm. 1.
[3] Dieses Problem hatte Husserl auch schon im Schlußstück von 1911 angesprochen. (Siehe unten S. 220 f.)

wäre. Der kategorische Imperativ „Tue das Beste unter dem Erreichbaren!" fordert so von mir, willentlich nach Einsichtigkeit zu streben.

Husserls Überlegungen stimmen hier weitgehend überein mit denen im Text der Beilage X, der vielleicht 1909 mit bezug auf das Schlußstück der Vorlesung von 1908/09 entstanden ist. In Beilage X ist jedoch „der Wert des Willens kein Bestandstück des höchsten praktischen Gutes", sondern letzteres soll nur das Geltungskorrelat, der gegenständliche Inhalt, des thetischen Willens sein.

Die Ausführungen zur formalen Praktik in der Vorlesung von 1914 schließen einerseits bei den Analysen zur formalen Bestimmung der objektiven Willensrichtigkeit in der Vorlesung von 1911 an und führen sie weiter. Indem Husserl aber andererseits den Wert des einsichtigen Wollens in seiner Bedeutung für die Bestimmung des höchsten praktischen Gutes und korrelativ des kategorischen Imperativs berücksichtigt, können die Ausführungen in der Vorlesung von 1914 gewissermaßen als eine Synthese seiner beiden Ableitungen des obersten formal-praktischen Prinzips in den Vorlesungen von 1908/09 und 1911 gelten. In der Vorlesung von 1914 geht Husserl allerdings nicht auf die Frage ein, ob die Einbeziehung des Wertes des einsichtigen Wertens und Wollens den Rahmen der rein formalen Betrachtungen sprengt.

Die formale Axiologie und Praktik ist die erste und fundamentale Stufe einer wissenschaftlichen Ethik. Die nächsthöhere und für den praktischen Zweck der Handlungsanleitung wesentlich wichtigere Stufe ist „eine systematische Herausstellung des gesamten materialen Apriori" im axiologischen und praktischen Bereich, in erster Linie wohl in Form einer material-apriorischen Wert- und Güterlehre. Diesen materalen Teil der axiologischen und praktischen Prinzipienlehre hat Husserl in seinen drei ethischen Vorlesungen nicht behandelt.[1]

*

---

[1] Auch in der ethischen Vorlesung von 1920 und in seinen anderen Manuskripten, sei es zur Ethik und Wertlehre, sei es zur Gemüts- und Willensphänomenologie, finden sich kaum mehr als Ansätze zu einer materialen Wert- und Güterlehre. Husserl unterscheidet in diesen verstreuten Ansätzen zwischen sinnlichen Werten, den Lustwerten, und den geistigen Werten. Hinsichtlich der geistig-idealen Werte unterscheidet er wiederum in der Regel drei große Wertgebiete: das der Wissenschaft und Erkenntnis, das der Kunst und das der vernünftigen Selbst- und Nächstenliebe. Manchmal tritt noch das

Die formale und materiale Ethik ebenso wie alle anderen Prinzipienlehren sind solange keine eigentlich philosophischen Disziplinen, wie sie nicht phänomenologisch begründet sind. Im zweiten
Teil der Vorlesung von 1908/09 will Husserl „in die eigentlich philosophische Problemschicht", die der phänomenologischen Erkenntnistheorie und Vernunftkritik, übergehen. Das Leitthema sind
die Unterscheidung und das Verhältnis zwischen logisch-theoreti-
scher und axiologisch-praktischer Vernunft, korrelativ zwischen lo-
gisch-theoretischen und axiologisch-praktischen Prädikaten bzw.
Gegenständlichkeiten. Im Zusammenhang mit dem „Ringen um die
Unterscheidung zwischen objektivierenden und wertenden Akten"
stehen grundlegende Ausführungen Husserls zu den Aufgaben der
Vernunftkritik sowie zur systematischen Gliederung und zum Aufbau der vernunftkritischen Disziplinen.

Die Analogie zwischen Logik und Ethik soll im Parallelismus der
Vernunftarten, der logischen, axiologischen und praktischen Vernunft, begründet sein. Die Frage ist aber, ob sich überhaupt sinnvoll
von einer eigenständigen axiologisch-praktischen Vernunft sprechen
läßt. Die wertenden Gemütsakte und die Willensakte sind Husserl
zufolge nicht-objektivierende Akte. Solche Akte sind in zweifacher
Hinsicht auf objektivierende Akte, d. s. Akte des Vorstellens in
Form von Wahrnehmungen und Vergegenwärtigungen sowie Akte
des Urteilens, angewiesen: Sie sind zum einen notwendig fundiert in
objektivierenden Akten — erst muß mir ein Gegenstand bzw. Sach-

---

Wertgebiet der Religion hinzu. Was die Werthierarchie betrifft, so besteht zwar zwischen den sinnlichen und geistigen Werten eine eindeutige Rangordnung — die sinnlichen Werte haben eigentlich nur Mittelwert für die Ermöglichung geistiger Werte —,
aber zwischen den geistigen Wertarten läßt sich wie schon für Brentano auch nach
Husserl keine eindeutige und bleibende Rangordnung festlegen. „Für keinen, geschweige denn überhaupt nach einem apriorischen Gesetz, fordert der kategorische Imperativ,
ausschließlich Güter einer einzigen Sphäre zu verwirklichen. Es ist keineswegs so, als ob
ein Gesetz der Rangordnung zwischen diesen Güterklassen waltet, welche denen der
einen Klasse oder besonderen Art unter allen Umständen und für alle Personen einen
unbedingten Vorzug gäbe, etwa den Gütern der Nächstenliebe, der Frömmigkeit. Wäre
dem so, dann wären praktische Güter aller dieser anderen Klassen trotz ihrer Güte an
sich ein für allemal negativwertig. Aber so ist es eben nicht. In unser aller Leben sind je
nach Lage der Umstände bald Güter der einen, bald der anderen Klassen die absolut
Gesollten." (Vorlesung „Einleitung in die Philosophie" 1919/20, Ms. F I 40, 143 a.)
Ausführungen zur materialen Wertlehre finden sich unter anderem in den Manuskripten
F I 24, A VI 30 und B I 21.

verhalt vorstellend bzw. urteilend vorgegeben sein, bevor ich mich wertend oder wollend auf ihn beziehen kann —, zum anderen bedarf es objektivierender Akte, um das wertende Gefallen in eine den Wert gegenständlich setzende und prädizierende Werterkenntnis zu verwandeln. In der Vorlesung von 1914 spricht Husserl davon, daß die axiologische Vernunft sich selbst verborgen ist,[1] und noch paradoxaler, daß die wertende und praktische Vernunft „sozusagen stumm und in gewisser Weise blind"[2] sei. „Bloß wertende Vernunft sieht nicht, begreift nicht, expliziert nicht, prädiziert nicht."[3] Die logische Vernunft muß der praktischen und axiologischen Vernunft „das Auge des Intellekts" geben, denn nur logische Akte machen Gegenstände sichtbar, nur sie sind gegenstandgebend, d. h. eben objektivierend im eigentlichen Sinn. Die Allwirksamkeit und Allherrschaft der logischen Vernunft duldet scheinbar keinerlei Einschränkung durch parallele und eigenständige Vernunftarten.

Nun sind aber die axiologisch-praktischen Gegenstandsbestimmungen, die Werte und Güter, nicht in rein theoretischer Erkenntnis zugänglich. Ohne wertendes Gefallen gibt es für uns keine Wertgegenstände und Wertbestimmungen. Für Husserl sind Wertgegenstände und Wertbestimmungen die gegenständlichen Korrelate wertender Gefallensakte; sie sind keine bloßen Reflexionsbestimmungen, die aus einer Abstraktion aufgrund der inneren Wahrnehmung von Akten des Gefallens hervorgehen. Für die wertenden Akte stellt sich demnach Husserl zufolge ein analoges Erkenntnisproblem wie für die intellektiven Akte, nämlich das Problem der gültigen, sich ausweisenden Gegenstandsbeziehung. Auch bei den wertenden Akten gibt es den Unterschied zwischen bloßer Meinung und Erfüllung sowie die entsprechenden teleologischen Zusammenhänge.[4] Husserl verweist in diesem Zusammenhang auf Brentano, der als erster gese-

---

[1] Siehe unten S. 63.

[2] Siehe unten S. 68.

[3] Siehe unter S. 69. Ganz ähnlich spricht Husserl in seiner Vorlesung „Logik als Theorie der Erkenntnis" von 1910/11 vom „Dunkel des Gemüts- und Willenslebens", das der Verstand „mit seinem Licht durchleuchtet". (Ms. F I 15, 5b.)

[4] In § 7b fragt Husserl nach der anschaulichen Wertgegebenheit, ob es so etwas wie eine Wahrnehmung von Werten gibt. Es ist bemerkenswert, daß der Terminus der Wertnehmung, mit dem Husserl gewöhnlich die Wertanschauung als Parallele der sinnlichen Wahrnehmung bezeichnet, nur in der als Beilage XII wiedergegebenen „Analyse des Gedankengangs" des zweiten Teiles der Vorlesung einmal vorkommt, nicht aber in der Vorlesung selbst. (Siehe unten S. 370.)

hen habe, daß es bei den nicht-objektivierenden Akten ein Analogon der Evidenz gibt.

Die Frage bleibt, wie sich der Unterschied zwischen objektivierenden und nicht-objektivierenden Akten aufrechterhalten läßt, wenn auch die nicht-objektivierenden Akte gegenstandsgebende Akte sind. Sie richten sich zwar nicht auf Objekte im Sinne von theoretischen Gegenständen, sondern eben auf Werte und Güter, aber in ihnen ist etwas gegeben, was sich in erfüllender Evidenz als objektiv seiende Gegenständlichkeit ausweist.

Besondere Beachtung verdient § 12b, in dem Husserl „eine tiefe Kluft" und „einen grundwesentlichen Unterschied" in der Art der Intentionalität bei den objektivierenden und nicht-objektivierenden Akten feststellt. Durch diese „tiefe Kluft" wird sogar die Einheit des Aktbegriffs in Frage gestellt. Der „grundwesentliche Unterschied in der Art der Intentionalität" besteht Husserl zufolge darin, daß Intentionalität bei den objektivierenden Akten nicht etwas zum einzelnen Akt Gehöriges meint. Ein einzelner Urteilsakt ist nicht in sich selbst intentional auf einen Sachverhalt bezogen, sondern nur im Zusammenhang mit anderen Urteilen, in dem sich ein Identisches, ein identischer Sachverhalt, durchhält und ausweist.[1] Anders bei den nicht-objektivierenden Gemütsakten. Ein solcher Gemütsakt enthält in sich Gerichtetheit auf einen Gegenstand, weil er durch seine Fundierung in einem objektivierenden Akt in sich einen Gegenstand bewußt hat, auf den er sich dann intentional richten kann. Husserl hält so schließlich am Unterschied zwischen objektivierenden und nicht-objektivierenden Akten fest. Das Werten selbst ist kein Objektivieren, aber es kann sich ein Objektivieren auf es selbst wie auf sein gegenständliches Korrelat, den Wert, richten.[2]

---

[1] In seinen „Vorlesungen über Bedeutungslehre" vom vorangegangenen Sommersemester 1908 hatte Husserl bereits davon gesprochen, daß „die eigentlichen objektivierenden Funktionen diejenigen sind, in denen Gegenständliches als mit sich Identisches bewußt wird". Akte heißen vorstellende Akte „wegen ihrer Fähigkeit, im Selbigkeitsbewußtsein mit ihresgleichen sich zu verschmelzen oder zu verbinden und so ein Selbiges bewußt zu machen." (Vorlesungen über Bedeutungslehre. Sommersemester 1908, hrsg. von Ursula Panzer, Husserliana XXVI (Den Haag: Nijhoff, 1987), S. 64.) Und an anderer Stelle heißt es: „Eine Anschauung haben, das ist noch nicht einen Gegenstand haben, und Gegenstand ist auch hier Identisches der Vorstellungen." (Ebd., S. 60 f. Siehe hierzu das ganze 4. Kapitel in Husserliana XXVI.)

[2] Vgl. damit Husserls terminologisch veränderten Standpunkt in den Ideen I: „Nach all dem ergibt es sich, daß alle Akte überhaupt — auch die Gemüts- und Willensakte —

Damit sind allerdings für Husserl selbst die so eindringlich darge-
stellten „ allerschwierigsten Probleme " in diesem „ dunkelsten Weltteil der Erkenntnis " keineswegs abschließend gelöst.

   Schon im Herbst 1909 beschäftigt Husserl sich erneut in Forschungsmanuskripten intensiv mit dem Unterschied zwischen „ objektivierenden und Gemütsakten und ihrer Beziehungsweise auf Objekte ".[1] Diese Manuskripte stehen in Zusammenhang mit den ziemlich umfangreichen phänomenologischen Analysen der Gemüts- und
Willensakte, der Wertkonstitution sowie des Unterschieds und Verhältnisses zwischen Intellekt und Gemüt, die Husserl vor allem zwischen 1909 und 1911 sowie 1914 ebenfalls ausschließlich in Forschungsmanuskripten durchführte. Diese Gemüts- und Willensanalysen wiederum gehören zu den umfassenden Bewußtseinsforschun-
gen aus den Jahren 1908-1914, in denen Husserl versucht hat, das
ganze Bewußtsein in all seinen Aktarten, Fundierungszusammen-
hängen, Vollzugsweisen etc. und den zugehörigen Korrelaten systematisch zu beschreiben.[2]

, objektivierende' sind, Gegenstände ursprünglich , konstituierend', notwendige Quellen
verschiedener Seinsregionen und damit auch zugehöriger Ontologien. Zum Beispiel:
Das wertende Bewußtsein konstituiert die gegenüber der bloßen Sachenwelt neuartige
, axiologische' Gegenständlichkeit, ein , Seiendes' neuer Region, sofern eben durch das
Wesen des wertenden Bewußtseins überhaupt aktuelle doxische Thesen als ideale Möglichkeiten vorgezeichnet sind, welche Gegenständlichkeiten eines neuartigen Gehaltes —
Werte — als im wertenden Bewußtsein , vermeinte' zur Heraushebung bringen. Im
Gemütsakt sind sie gemütsmäßig vermeint, sie kommen durch Aktualisierung des doxischen Gehalts dieser Akte zu doxischem und weiter zu logisch-ausdrücklichem Ge-
meintsein.
   Jedes nicht-doxisch vollzogene Aktbewußtsein ist in dieser Art potentiell objektivierend, das doxische cogito allein vollzieht aktuelle Objektivierung. " (Husserliana III, 1,
S. 272.)
   [1] So der Titel für das Konvolut „ K ", zu dem diese Manuskripte von Husserl zusammengestellt wurden. Das Konvolut umfaßte annähernd 100 Blätter, von denen im
Nachlaß noch etwa die Hälfte erhalten sind. (Siehe Husserl-Chronik, S. 131.) Sachlich
schließen diese Texte deutlich an bei den Ausführungen der Vorlesungen von 1908/09,
und Husserl verweist auch auf einem Blatt (A VI 8 II, 66a) explizit auf die Vorlesung. Es
wäre so durchaus gerechtfertigt gewesen, sie als Beilagen zum zweiten Teil der Vorlesung zu stellen. Da diese Manuskripte aber andererseits auch zum Komplex der im
Folgenden erwähnten Gemüts- und Willensanalysen gehören und mit anderen Forschungsmanuskripten zu diesem Thema in einem Zusammenhang stehen, entschied sich
der Herausgeber dafür, sie in die Edition der Gemüts- und Willensanalysen aufzuneh-
men. Die Edition der entsprechenden Forschungsmanuskripte ist in Vorbereitung.
   [2] L. Landgrebe hat als Husserls Assistent 1926/27 aus den entsprechenden Forschungsmanuskripten einen umfangreichen Schreibmaschinentext mit dem Titel „ Stu-

In seinen Gemüts- und Willensanalysen sowie den Analysen zur Wertkonstitution ist Husserl nicht über das Forschungsstadium hinausgelangt. Auch wenn es gewiß kein Zufall ist, daß diese Analysen in den Jahren entstanden, in denen Husserl seine ethischen Vorlesungen hielt — einige ältere Blätter und Abschriften von älteren Blättern zeigen, daß Husserl auch 1902 das Gemüts- und Willensbewußtsein deskriptiv erforschte, und zur Zeit seiner großen ethischen Vorlesung von 1920 entstanden erneut Gemüts- und Willensbeschreibungen —, dennoch hat Husserl nirgendwo den systematischen Zusammenhang zwischen diesen z. T. sehr detaillierten Beschreibungen und Analysen und seinen ethischen Vorlesungen entwickelt. Husserls Konzeption einer phänomenologischen Vernunftkritik zufolge gehören jedoch diese Strukturbeschreibungen des fühlend-wertenden und des wollend-handelnden Bewußtseins zum begründenden Fundament einer phänomenologischen Kritik der axiologischen und praktischen Vernunft.

*

Im Zusammenhang mit dem Problem der Unterscheidung und des Verhältnisses zwischen theoretischer und axiologischer Vernunft, zwischen wertfreiem und axiologischem Sein finden sich im zweiten Teil der Vorlesung von 1908/09 auch wichtige wissenschaftstheoretische Ausführungen zur Teilung der Gegenstandsgebiete und der korrelativen Gliederung der vernunfttheoretischen Prinzipienwissenschaften sowie der sie begründenden vernunftkritischen Disziplinen. In dieser Hinsicht ist dieser Vorlesungsteil ein Verbindungsglied zwischen Husserls logisch-erkenntnistheoretischen Vorlesungen von 1906/07[1] und 1910/11.[2]

„Die Austeilung und exakte Begrenzung" der vernunftkritischen Problemgruppen setzt die Beantwortung der Frage nach den „urwesentlich verschiedenen Regionen von Gegenständlichkeiten" voraus, denn jeder solchen Region entspricht eine urwesentlich eigene

---

dien zur Struktur des Bewußtseins" zusammengestellt. (Landgrebes Schreibmaschinentext wird im Husserl-Archiv unter der Signatur M III 3 I-III aufbewahrt.) Die zweite der drei Studien mit dem Titel „Wertkonstitution, Gemüt und Wille" beruht auf den genannten Gemüts- und Willensanalysen.

[1] Siehe oben S. XX, Anm. 1.

[2] Es handelt sich um die Vorlesung „Logik als Theorie der Erkenntnis". (Mss. F I 15, F I 2, F IV 1, F I 12.) Eine Edition dieser Vorlesung ist in Vorbereitung.

Art der phänomenologischen Konstitution und vernünftigen Ausweisung, die dann unter urwesentlich eigenen Vernunftprinzipien
steht. Was die Stufen der Allgemeinheit betrifft, so steht an erster
Stelle „die Wissenschaft von der analytischen oder formal-logischen
oder mathematischen Vernunft" korrelativ „vom allgemeinsten
Wesen von Gegenständlichkeit überhaupt bzw. Wahrheit und Theorie überhaupt". Diese reine und allgemeinste Wissenschaftslehre
entspricht der Idee der theoretischen Vernunft, der zufolge theoretische Vernunft urteilende Vernunft ist.

Von der Wissenschaft vom formalen Apriori geht Husserl zur allgemeinen Ousiologie als allgemeinster Realitätslogik über. Sie enthält die Prinzipien für Realität überhaupt, gleichgültig welcher regionalen Besonderung. Husserl unterscheidet physisch-naturhaftes und
psychisch-phanseologisches Sein als die beiden Regionen der Realität. Die diesen Regionen entsprechenden Prinzipienwissenschaften
sind die Ontologie der Natur — Kants reine Naturwissenschaft —
und die Phanseologie. All diesen Prinzipienwissenschaften müssen
Husserl zufolge transzendentale[1], d. h. vernunftkritische Disziplinen
entsprechen.

Was nun die Werte betrifft, so fallen sie Husserl zufolge „nicht
unter die prinzipielle Hauptregion ‚Realität'". Werte sind „sekundäre Gegenstände", die nur in sekundärem Sinn real oder auch irreal sind, je nachdem der fundierende Gegenstand real oder irreal ist.
Werte scheinen so eine eigene, vom realen wie vom irrealen Sein
unterschiedene eigene Seinssphäre zu bilden.

Die Phänomenologie schließlich gilt Husserl als die „allumfassende Transzendentalphilosophie" und „absolute Seinswissenschaft",
„in der alles Gegenständliche in seine Korrelationen aufgelöst
wird".[2] Das gilt selbst für die „spezifisch phänomenologischen Gegenstände", die Erscheinungen, Meinungen und Bedeutungen, die
durch Rückgang auf das letztkonstituierende absolute Bewußtsein
transzendental aufgeklärt werden.

Bereits in seiner Vorlesung „Einleitung in die Logik und Erkenntnistheorie" von 1906/07 hatte Husserl die formale Logik von einer

---

[1] Die Verweise auf Kant, die Anklänge an Kantische Terminologie und Problemstel-
lungen, vor allem die häufige Verwendung des Wortes „transzendental" sind Anzeichen
der intensiven Auseinandersetzung Husserls mit Kant in diesen Jahren. (Siehe hierzu
Iso Kern, *Husserl und Kant*, Phaenomenologica 16 (Den Haag: Nijhoff, 1964),
S. 28 ff.)

[2] Siehe unten S. 330f.

realen Logik sowie eine logisch-formale Ontologie von einer apriorischen Ontologie der Realität unterschieden, ohne aber die grund-
sätzliche Frage nach der prinzipiellen Austeilung der Seinsregionen
zu stellen. Systematisch behandelt Husserl diese Frage zum erstenmal im zweiten Teil der Vorlesung von 1908/09.

In der Vorlesung „Logik als Theorie der Erkenntnis" von
1910/11 wendet Husserl sich erneut der Frage nach der Bestimmung
der obersten Seinsregionen zu.[1] Wichtig sind hier unter anderem
seine gegenüber 1908/09 weiterentwickelten Ausführungen zur Region des psychisch-geistigen Seins. Husserl unterscheidet in diesem
Zusammenhang zwischen einer Ontologie des Einzelgeistes und der
Ontologie des Gemeingeistes als apriorischer Wesensanalyse des ge-
meingeistlichen Lebens und seiner objektiven Korrelate.[2]

Im Anschluß an seine Behandlung von Natur und Geist und der
ihnen zugehörigen ontologischen Prinzipienwissenschaften spricht
Husserl in der Vorlesung von 1910/11 ausführlich über das axiologische und praktische Sein als „eine neue Domäne von Gegenständlichkeiten".[3] Dieser vor allem ontologisch orientierte und gegenüber
1908/09 mehr dogmatisch formulierte Abschnitt zur Axiologie und
Praktik enthält wichtige neue und zum Teil bis auf Husserls Spät-
werk vorausweisende Gedanken.[4]

Es gibt, so Husserl in der Vorlesung von 1910/11, nicht nur
Daseins- und Naturgegenstände, bloße Sachen, sondern auch Werte
bzw. Sachen mit Werteigenschaften. Diese Wertprädikate gehören
gegenüber den Daseinsprädikaten in „eine total neue Dimension".
Insofern werthaftes Sein eine radikal neue Seinsdomäne darstellt,

---

[1] Es geht um „eine Untersuchung, welche von der Idee erkennbarer Gegenständlichkeiten überhaupt ausgeht und nun fragt, in welche Domänen sie *apriori* sich verteilen
müßten, welche Kategorien zu ihnen als Formen, vermöge des die Domänen bestimmenden regionalen Begriffs gehören müßten. Und weiter, welche formalen Ontologien
dann zu konstruieren wären, bestimmt durch eben diese Begriffe, näher durch die regionalen". (Ms. F I 12, 28b.) Husserl spricht im Folgenden davon, daß es sich um eine
bisher ungelöste und überaus schwierige Aufgabe handelt — „ihre Lösung übersteigt
unsere Kräfte". (Ms F I 12, 29a.)

[2] Ms. F I 12, 35 ff.

[3] Ms. F I 12, 39a–57a.

[4] Von einer Aufnahme dieses sachlich und historisch in die vorliegende Ausgabe
passenden Abschnitts wurde abgesehen, um nicht den Gesamtzusammenhang der Vorlesung von 1910/11, deren Edition in Vorbereitung ist, zu zerstören. Die Grundgedanken dieses Abschnitts werden im Folgenden ausführlich referiert.

untersteht es eigenen Seinsprinzipien.[1] Husserl erwähnt unter aus-
drücklichem Hinweis auf Brentano und seine eigenen ethischen Vorlesungen die Analogie zwischen formaler Wertlehre und formaler
Logik bzw. formaler Ontologie. Nun sollen die Werte eine eigenständige Seinsdomäne neben der Realität sein. Die formale Logik bzw.
Ontologie enthalten aber nur die allgemeinsten Prinzipien des Etwas
überhaupt unangesehen seiner Besonderung in Seinsdomänen. Von
daher wird die Analogie zwischen formaler Logik und formaler
Axiologie problematisch. Gegenüber der formalen Logik bzw. Ontologie wäre die formale Axiologie nämlich bereits eine materiale Disziplin.[2] Ihr formaler Charakter besteht darin, daß sie keine Rücksicht auf die Wertmaterien nimmt; sie ist Husserl zufolge formale
Ontologie der Werte. Synthetisch-apriorische, materiale Axiologien
kommen zustande durch Einbeziehung der verschiedenen Regionen
der Daseinssphäre, sei es der Natur, sei es der Menschen und der
menschlichen Gemeinschaften, d. h. des individuellen und gemein-
schaftlichen seelisch-geistigen Seins.

Der Abschnitt zur Axiologie und Praktik in der Vorlesung von
1910/11 schließt mit Ausführungen über axiologische Konstruktion
und zum universalen Vernunftauftrag des Menschen. „Alle Ethik
und Politik verfährt", so Husserl, „konstruktiv", insofern sie die
Wirklichkeit nach Idealen beurteilt. In Analogie mit dem konstruktiven Verfahren der Mannigfaltigkeitslehre können wir, aufbauend
auf einer bestimmten Ontologie, die konstruktiven Möglichkeiten in
der betreffenden Seinssphäre entwerfen und diese dann axiologisch
auswerten. So können wir z. B. nach den *apriori* möglichen Kultur-
formen jeder Art und ihrer möglichen Hierarchie, was ihren Wert
betrifft, fragen. Eine wissenschaftliche Ethik erfordert, daß die Konstruktionen der axiologischen Möglichkeiten und Ideale wissen-

---

[1] „Bildet Wert einen prinzipiellen Grundbegriff für Seinsgestaltungen, begrenzt er
eine radikal neue Domäne gegenüber den wertfreien Sachen, so muß es doch eine ihm
entsprechende Ontologie geben." (Ms. F I 12, 43a.)

[2] „Die formale Wertlehre hat einerseits und zunächst Analogie mit der synthetisch-
formalen Seinslehre der Natur, mit der Ontologie der Natur nach Raum, Zeit, Bewegung, Substanzialität, Kausalität, andererseits aber auch Analogie mit der analytisch-
formalen Ontologie, der analytischen Logik." (Ms. F I 12, 43b.) Husserl führt als Grund
für die letztere Analogie an, daß das Werten wie das Denken ein fundierter Akt ist, ohne
das Problem aber weiter zu behandeln: „Doch kann dem hier nicht weiter nachgegangen werden." (Ebd.)

schaftlich begründet sind. Dazu bedarf es nicht nur einer wissenschaftlichen Axiologie und Praktik, sondern auch der wissenschaftlich ausgearbeiteten Ontologien.[1]

Husserl stellt abschließend fest, daß sich echte und strenge Wissenschaft bisher nur in der Sphäre des wertfreien Seins etablieren konnte. Nachdem aber die Herrschaft der wissenschaftlichen Vernunft einmal begonnen hat, „liegt es in ihrem Wesen, daß sie zur Allherrschaft werden will und werden muß".[2] Es vollzieht sich im Leben der Menschheit eine notwendige Entwicklung von der Stufe der Natur und organisch-natürlichen Entwicklung zur Stufe der wissenschaftlichen Vernunft. Der Mensch als Vernunftwesen ist zu wissenschaftlich objektiver Einsicht in das wahrhaft Seiende der verschiedenen Seinsdomänen fähig. Er kann und soll sich in der Praxis durch solche Einsichten motivieren lassen. Er ist zu vernünftiger Selbstleitung, Selbstgestaltung und Weltgestaltung aufgerufen. „Die wertvolle Persönlichkeit darf nicht bloß schlechthin sein und werden, sondern sie muß sich selbst zum Objekt werden, zum Objekt eines schöpferischen Gestaltens im Sinne praktischer Vernunft. ... Wie Selbstbildung und Gemeinschaftsbildung gemäß höchster Vernunftideen zu vollziehen sei, welche idealen Möglichkeiten hier überhaupt bestehen, und wie es mit ihrer Wertordnung und ihrer praktischen Realisierbarkeit sich verhält, das zu erforschen, das ist Sache strenger Wissenschaft, zuhöchst jener höchsten konstruktiven Normenlehren, von denen wir vorhin gesprochen haben, und den an sie angelehnten empirisch-praktischen Kunstlehren."[3]

Diese kurzen Ausführungen zur Vernunftbestimmung und zum Vernunftauftrag des Menschen in der Vorlesung von 1910/11 enthalten keimhaft Grundgedanken, die Husserls Ethik sowie Kultur- und Geschichtsphilosophie in den zwanziger und dreißiger Jahren bis

---

[1] „Alle Ethik und Politik verfährt in der Tat konstruktiv. Aber eine wissenschaftliche Ethik und wissenschaftliche Praktik der Gemeinschaft erfordert Wissenschaftlichkeit solcher Konstruktionen und dazu bedarf es, wie wir mit Evidenz sehen, einer wissenschaftlichen Axiologie und Praktik, ja noch weitergehend des ganzen Systems wissenschaftlicher Ontologien. Davon haben wir freilich noch so gut wie nichts. Daß es sich aber hier um durchaus notwendige Ziele unserer Erkenntnis handelt und um Ziele, von deren Stellung und schrittweiser Realisierung die höchsten Interessen der Menschheit betroffen sind, brauche ich nicht zu sagen." (Ms. F I 12, 53a.)

[2] Ms. F I 12, 53b.

[3] Ms. F I 12, 54a.

hin zur Abhandlung über *Die Krisis der europäischen Wissenschaften*[1] bestimmen werden. So spielt der Gedanke der Selbstgestaltung und Selbstvervollkommnung eine wichtige Rolle in Husserls späterer Ethik. Ebenso kündigen sich hier Husserls spätere Reflexionen und Einsichten an zum Verhältnis zwischen Wissenschaft und Praxis, zur weltverändernden Kraft des historischen Übergangs von einer vorphilosophisch-mythischen zu einer theoretisch-wissenschaftlichen Weltauffassung und zum teleologischen Sinn der Menschheitsgeschichte.

*

Husserl beginnt seine Vorlesung über „ Grundprobleme der Ethik und Wertlehre" im folgenden Sommersemester 1911 mit einer umfangreichen Einleitung zur Idee der Philosophie. In dieser in Teil B des vorliegenden Bandes wiedergegebenen Einleitung hat Husserl zum großen Teil die Ergebnisse seiner Vorlesungen und Forschungen zur Bestimmung von Wissenschaft und Philosophie, zum Gegensatz von natürlicher und phänomenologischer Forschungsrichtung und zum Aufbau der philosophischen und vernunftkritischen Disziplinen zusammengefaßt.[2]

Von besonderem Interesse sind Husserls teleologisch-theologische Überlegungen. Sein Ausgangspunkt sind dabei die konstruktiven Disziplinen, von denen er bereits in der Vorlesung von 1910/11 gesprochen hatte. Diese Disziplinen sollen die korrelativen Ideen des allervollkommensten Bewußtseinslebens und der allervollkommensten Welt entfalten und uns damit zum „theologischen Ideal der Gottheit" führen.

---

[1] *Die Krisis der europäischen Wissenschaften und die transzendentale Phänomenologie*, hrsg. von Walter Biemel, Husserliana VI (Den Haag: Nijhoff, 1962).

[2] Dieser Text ist so ein ergänzendes Seitenstück zu Husserls im Frühjahr 1911 erschienenen Artikel „Philosophie als strenge Wissenschaft" (Siehe *Aufsätze und Vorträge 1911-1921*, hrsg. von Thomas Nenon und Hans Rainer Sepp, Husserliana XXV (Den Haag: Nijhoff, 1986), S. XI-XIV und 3-62.) In thematischem Zusammenhang mit der Einleitung und dem genannten Artikel steht auch der etwa zur gleichen Zeit entstandene Text „Zur Installierung der Idee der Philosophie", der von Rudolf Boehm als Beilage II in den von ihm herausgegebenen Band *Erste Philosophie (1923/24). Erster Teil. Kritische Ideengeschichte*, Husserliana VII (Den Haag: Nijhoff, 1956) aufgenommen wurde; siehe dort S. 305-310.

„Ein letztes Seinsproblem" ist dann für Husserl die Frage nach „der realen Bedeutung der Gottesidee" bzw. „der realisierenden Kraft absoluter Ideale".[1] In einer wichtigen Beilage zur Einleitung präzisiert Husserl diese Frage so: Kann diese absolute Gottesidee als absoluter Punkt, als absolutes Ziel im Sinne eines ruhenden Seins real sein oder nur in Form einer wertsteigernden Selbstentwicklung?[2]

*

Husserl hält seine die ethischen Vorlesungen von 1914 abschließende Vorlesungsstunde am 1. August 1914, dem Tag der Erklärung des Kriegszustandes, wie er selbst am Rand des Manuskripts notierte. Wie viele Deutsche wendet sich Husserl während des Krieges Fichtes populären politischen, ethischen und religiösen Schriften zu, um aus ihnen Widerstandswillen und Hoffnung auf geistige Erneuerung zu schöpfen. Im November 1917 und in Wiederholungen im Januar und November 1918 hält Husserl vor Kriegsteilnehmern drei Vorlesungen über *Fichtes Menschheitsideal*.[3] Die Beschäftigung mit Fichte während der Kriegsjahre ist von großem Einfluß auf Husserls spätere Ethik.

Im Sommersemester 1920 hält Husserl eine neu ausgearbeitete vierstündige, also gegenüber seinen Vorlesungen von 1902, 1911 und 1914 doppelt so umfangreiche Vorlesung „Einleitung in die Ethik".[4] Schon im vorangegangenen Wintersemester hatte Husserl in seiner Vorlesung „Einleitung in die Philosophie"[5] der Ethik und Axiologie ein größeres Stück gewidmet. In der Vorlesung von 1920 geht Husserl teilweise wie in seiner frühen ethischen Vorlesung von 1902 den Weg der historisch-kritischen Auseinandersetzung, wobei er ebenso wie 1902 ausführlich auf den Streit zwischen Gefühls- und Verstandesmoral eingeht.[6]

---

[1] Siehe unten S. 180f.

[2] Siehe Beilage IV, unten S. 225 f.

[3] Siehe Husserliana XXV, S. XXVIII-XXXIII und 267–293. In den Sommersemestern 1915 und 1918 gibt Husserl zudem Seminare über Fichtes *Bestimmung des Menschen*. (Siehe *Husserl-Chronik*, S. 194 u. 225.)

[4] Ms. F I 28. Die Edition dieser Vorlesung ist in Vorbereitung.

[5] Ms. F I 40.

[6] Am Ende des Vorlesungsmanuskripts bemerkt Husserl: „Nicht erwähnt leider die Verwandtschaft mit der Fichteschen Ethik." (Ms. F I 28, 201a.)

Einen Grundgedanken seiner späteren Ethik, den Gedanken der individuellen und gemeinschaftlich-kulturellen Erneuerung, hat Husserl in zwei Artikeln, die er zusammen mit einem dritten Artikel über Wesensschau im Herbst und Winter 1922/23 für die japanische Zeitschrift *The Kaizo* schrieb, programmatisch ausgearbeitet.[1] Kürzere Ausführungen zur Ethik finden sich nochmals in der Vorlesung „Einleitung in die Philosophie" von 1922/23.[2] Im Sommersemester 1924 hat Husserl seine ethische Vorlesung von 1920 wiederholt. Im Nachlaß befindet sich auch noch eine Anzahl von Forschungsmanuskripten aus den zwanziger und dreißiger Jahren zu ethischen und werttheoretischen Fragen.[3]

Ein wichtiger Gedanke in Husserls späterer Ethik, der eine gewisse Kritik an seiner Lehre vom formal-kategorischen Imperativ als dem obersten praktischen Gesetz beinhaltet, deutet sich bereits in den drei kurzen Texten von 1909 und 1914 an, die unten als Ergänzende Texte Nr. 5–7 aufgenommen wurden. Im Vorlesungsmanuskript der „Einleitung in die Philosophie" von 1919/20 findet sich auf einem unpaginierten beigelegten Blatt folgende Bemerkung Husserls: „Es ist klar, daß eine nach dem bloßen kategorischen Imperativ, wie er hier im Anschluß an Brentano zugrundegelegt worden ist, durchgeführte Ethik keine Ethik ist. Ich bin doch ganz wieder in meine alten Gedankengänge zurückgefallen und doch hat mir schon 1907 Geiger den berechtigten Einwand gemacht, daß es lächerlich wäre, an eine Mutter die Forderung zu stellen, sie solle erst erwägen, ob die Förderung ihres Kindes das Beste in ihrem praktischen Bereich sei.[4]

---

[1] Siehe *Aufsätze und Vorträge 1922–1937,* hrsg. von Thomas Nenon und Hans Rainer Sepp, Husserliana XXVII (Den Haag: Nijhoff, 1988), S. X–XVII, 3–13 und 20–59. Ähnliche Gedanken wie in den *Kaizo*-Artikeln finden sich in Husserls ebenfalls 1922 verfaßtem Artikel „Die Idee einer philosophischen Kultur". (Siehe Husserliana VII, S. 203–207.)

[2] Mss. B I 37 und F I 29 (das Vorlesungsstück zur Ethik: B I 37, 28–34 und F I 29, 3–6). Die Edition dieser Vorlesung ist in Vorbereitung.

[3] Diese Forschungsmanuskripte liegen vor allem in den Konvoluten F I 24, B I 21, A V 21, A V 22, A VI 30 sowie in den Konvoluten der E III-Gruppe. Zu Husserls späterer Ethik siehe auch Husserliana XIV: *Zur Phänomenologie der Intersubjektivität, Zweiter Teil: 1921–1928,* hrsg. von Iso Kern (Den Haag: Nijhoff, 1973), S. 165–184 und Husserliana VIII: *Erste Philosophie, Zweiter Teil: Theorie der phänomenologischen Reduktion,* hrsg. von Rudolf Boehm (Den Haag: Nijhoff, 1959), S. 193–202 und S. 336–355.

[4] Ms. F I 49, 144a.

Geiger hatte Husserl im Juli 1909 besucht. Der Ergänzende Text Nr. 5 dürfte wahrscheinlich im unmittelbaren Anschluß an diesen Besuch entstanden sein,[1] so daß sich Husserl in der zitierten Bemerkung wohl in der Jahreszahl irrt. In seiner Note vom Juli 1909 scheint Husserl noch nicht genau ermessen zu können, wie weit Geigers Ansicht, daß nicht alle Werte miteinander vergleichbar sind, als Einwand gegen seine und Brentanos Lehre von der Wertsummation und -absorption zu verstehen ist.

Das Beispiel von der Mutter und ihren besonderen Pflichten gegenüber ihrem Kind kommt in etwas abgewandelter Form im Ergänzenden Text Nr. 7 vor, zu dem Husserl nach eigener Angabe durch ein Gespräch mit Fritz Kaufmann angeregt wurde. Aber auch in diesem Text hält Husserl noch an der Summations- und Absorptionslehre vom höchsten praktischen Gut fest. Das Problem des Opfers und seiner Tragik, das im Ergänzenden Text Nr. 6 angesprochen wird, hat Husserl später mehrfach beschäftigt. Im ausgezeichneten, d. h. tragischen Sinn ist für Husserl später von Opfer die Rede, wo wir zwischen zwei absoluten Werten und Pflichten entscheiden müssen.

Husserls spätere Kritik an der „Ethik des höchsten praktischen Gutes" kommt deutlich zum Ausdruck im folgenden Textstück aus einem Forschungsmanuskript der zwanziger Jahre: „So ist die Brentanosche Regel unzureichend. Jeder hat sein absolutes Sollen, und seine Wahl vollzieht sich in der Frage, was soll ich, und wo ich mehreres soll, welches ist jetzt mein Notwendiges — nicht einfach, welches ist das in der Gütervergleichung Bessere. Das Spielen einer Mozartschen Sonate ist schöner als das Waschen des Kindes, aber das letztere ist Pflicht, wenn es jetzt eben an der Zeit ist. Alle praktischen Güter stehen für mich nicht in einer Ebene, auch nicht alle, die ich verwirklichen könnte. Die Stimme des Gewissens, des absoluten Sollens, kann von mir etwas fordern, was ich keineswegs als das in der Wertvergleichung Beste erkennen würde. Was für den

---

[1] Siehe hierzu A. Métraux, „Edmund Husserl und Moritz Geiger", in: *Die Münchener Phänomenologie: Vorträge des internationalen Kongresses in München 13.-18. April 1971,* hrsg. von H. Kuhn, E. Avé-Lallemant und R. Gladiator, Phaenomenologica 65 (Den Haag: Nijhoff, 1975), S. 141 f.

wertvergleichenden Verstand Torheit ist, wird gebilligt als ethisch und kann zum Gegenstand größter Verehrung werden. "[1]

In Husserls späterer Ethik spielen die Begriffe „Ruf", „Berufung", „Selbsterhaltung", „wahres Selbst", „absoluter bzw. Liebeswert" und „absolutes Sollen" eine wesentliche Rolle. Die ethische Entscheidung ist, so Husserl, eine sich auf das Ganze des Lebens erstreckende Entscheidung, seiner persönlichen Berufung zu folgen und nach Selbsterhaltung in seinem wahren Ich zu streben. Der Ruf des Gewissens fordert mich auf, Werte eines bestimmten Wertbereichs zu meinem Lebensinhalt zu machen. Ich muß diesem Ruf folgen, wenn ich mir nicht untreu werden will. In einem Text aus der Mitte der zwanziger Jahre heißt es: „Alle Personen haben objektiven Wert vor allem dadurch, daß sie ihrem individuellen Sollen folgen. Individuelle Werte, Werte für ein Ich als ethische Person, sind also maßgebend für die wahre objektive Bewertung von Personen, nämlich ob sie das für sie ausgezeichnete persönlich Gute (wozu sie berufen sind) zur Lebensaufgabe machen. "[2]

Daß jede Person ein eigenes individuelles Lebensideal als eine individuelle Lebensnorm besitzt, steht für Husserl in keinem Widerspruch zu seinem teleologisch-ethischen Rationalismus. Das umfassende, im Unendlichen liegende Telos und Ideal des menschlichen und menschheitlichen Wollens und Handelns ist ein vollkommenes Vernunftmenschentum.

*

Wie üblich möchte ich diese Einleitung mit einem Wort des Dankes schließen. Den Leitern der Ausgabe Prof. Dr. S. IJsseling und

---

[1] Ms. A V 21, 122a/b. Ähnlich argumentiert Husserl in einem anderen Text, der ebenfalls aus den zwanziger Jahren stammt: „Die Mutter sollte solche Betrachtungen des höchsten praktischen Gutes anstellen und erst überlegen? Diese ganze Ethik des höchsten praktischen Gutes, so wie sie von Brentano abgeleitet wurde und von mir in wesentlichen Zügen angenommen, kann nicht das letzte Wort sein. Es bedarf wesentlicher Begrenzungen! Beruf und innerer Ruf kommen dabei nicht zu ihrem wirklichen Recht.

Es gibt ein unbedingtes ‚Du sollst und mußt', das sich an die Person wendet und das für den, der diese absolute Affektion erfährt, einer rationalen Begründung nicht unterliegt und in der rechtmäßigen Bindung von ihr nicht abhängig ist. Diese geht aller rationalen Auseinandersetzung, selbst wo sie möglich ist, vorher." (Ms. B I 21, 65a.)

[2] Ms. B I 21, 57a.

Prof. Dr. R. Boehm gilt mein Dank für ihr Vertrauen und ihre Unterstützung. Prof. Dr. R. Bernet danke ich herzlich für seine kritische Lektüre der Einleitung. Mein besonderer Dank gilt Marc Michiels, Steven Spileers und Marianne Ryckeboer-Gieffers. Marc Michiels hat mir beim Kollationieren der Texte geholfen. Steven Spileers war mir beim Kollationieren, bei der Textabfassung und Textkontrolle sowie bei der Korrektur der Druckproben behilflich. Marianne Ryckeboer-Gieffers hat mit Umsicht und großer Sorgfalt maßgeblich zur Herstellung des Druckermanuskripts beigetragen und hat bei der Korrektur der Druckproben geholfen.

Ullrich Melle

A. VORLESUNGEN ÜBER GRUNDFRAGEN DER ETHIK UND WERTLEHRE 1914

DER PARALLELISMUS ZWISCHEN LOGIK UND ETHIK⟩

⟨§ 1. Die Logik als Kunstlehre und die reine Logik⟩

Traditionell werden Wahrheit, Güte und Schönheit als koordinier-
5 te philosophische Ideen hingestellt und ihnen entsprechende parallele normative philosophische Disziplinen angenommen: Logik,
Ethik, Ästhetik. Diese Parallelisierung hat ihre tiefliegenden und
nicht hinreichend geklärten Motive, sie birgt in sich große philosophische Probleme, denen wir im Interesse einer wissenschaftlichen
10 Begründung der Ethik, aber auch in allgemeinerem philosophischem
Interesse nachgehen wollen.

Für die Begründung einer wissenschaftlichen Philosophie erweist
es sich als eine Angelegenheit von großer Wichtigkeit, daß die alte
Idee einer formalen Logik in naturgemäßer Weise oder, wie wir
15 genauer sagen, durch Aufweisung *apriori* vorgezeichneter Demarkationen bestimmt werde und dann weiter, daß eine solche Logik
selbst in ihrer apriorischen Reinheit zu wirklicher Ausbildung komme. Davon werden wir zuerst zu sprechen haben. Im wesentlichen
haben wir dabei kurz an die Ausführungen zu erinnern, die ich
20 schon im ersten Band meiner *Logischen Untersuchungen*, in den
Prolegomena zur reinen Logik gegeben und im *Ersten Buch* meiner
Ideen zu einer reinen Phänomenologie weiter ausgeführt habe.

Geht man nun den Parallelen von Logik und Ethik nach bzw. der
Parallele der Akt- und Vernunftarten, auf welche diese Disziplinen
25 wesentlich zurückbezogen sind, der urteilenden Vernunft auf der
einen Seite, der praktischen Vernunft auf der anderen, so drängt sich
der Gedanke auf, daß nun auch der Logik in dem bestimmt und eng
begrenzten Sinn einer formalen Logik als Parallele entsprechen muß
eine in analogem Sinn formale und ebenfalls apriorische Praktik.
30 Ähnliches gilt für die Parallele mit der wertenden Vernunft, und

zwar der wertenden im weitesten Sinn und nicht etwa der bloß ästhetisch wertenden. Das führt auf die Idee einer aus Wesensgründen
mit der formalen Praktik innig verflochtenen formalen Axiologie als
apriorisch formaler Disziplin von Werten bzw. Wertinhalten und
5 Wertbedeutungen. Diese Ideen von neuen formalen Disziplinen, die
in der philosophischen Tradition nie zur Konzeption kamen, zu
begrenzen und in Stücken wirklich zu realisieren, das ist das Haupt-
thema dieser Vorlesungen. Soweit Zeit übrig bleibt, soll dann auf die
großen Problemgruppen der Phänomenologie und Kritik der Ver-
10 nunft eingegangen werden, die sich nach diesen radikalen formalen
Disziplinen orientieren. Wie der formalen Logik ein System fundamentaler Strukturen des Glaubensbewußtseins (des doxischen, wie
ich zu sagen pflege) entspricht und somit eine Phänomenologie und
Theorie der formalen Erkenntnis, so ähnlich verhält es sich mit der
15 formalen Axiologie und Praktik hinsichtlich der ihnen prinzipiell
zugehörigen Disziplin der Phänomenologie bzw. der Wertungs- und
Willenstheorie (wobei diese Worte in analogem Sinn gebraucht sind
wie das Wort „Erkenntnistheorie"). Gehen wir nun an die Sachen!
   Was die Logik anbelangt, so ist sie bekanntlich aus praktischen
20 Bedürfnissen des Urteilslebens und seiner Normierung im Sinne der
Ideen der Richtigkeit bzw. Wahrheit hervorgegangen. Historisch ist
sie erwachsen aus dem Kampf gegen die Skepsis, welche die neu
erwachsene griechische Wissenschaft durch ihre subjektivistischen
und skeptischen Exzesse bedrohte. Von Aristoteles, dem Vater der
25 Logik, ist sie als Methodologie der wissenschaftlichen Erkenntnis
begründet worden. Sie gilt ihm, können wir angemessen sagen, als
Kunstlehre von der wissenschaftlichen Erkenntnis, und dieser Gesichtspunkt der Kunstlehre beherrschte die Tradition der Jahrtausende. Bis zum heutigen Tag ist die Mehrheit der Philosophen der
30 Ansicht, daß die unter dem Titel „Logik" seit dem Altertum behandelten Materien gegenüber den besonderen Wissenschaften nur dadurch Einheit gewinnen und rechtmäßigen Zusammenschluß zu einer eigenen wissenschaftlichen Disziplin, daß sie als Kunstlehre von
der Erkenntnis alle für die praktische Erkenntnisleitung und insbe-
35 sondere für die Leitung des wissenschaftlichen Erkennens förderli-
chen Normen und praktischen Vorschriften zu gewinnen sucht. Mit
der Entwicklung immer neuer strenger Wissenschaften hat sich das
Feld dieser methodologischen Logik immer mehr erweitert. Als ihr
Ziel wird gegenwärtig mit Vorliebe bezeichnet, die Idee einer allgemei-

nen Methodologie wissenschaftlicher Erkenntnis überhaupt zu realisieren und dann weiter besondere Methodologien für die besonderen Wissenschaftsgruppen bis in die einzelnen Wissenschaften hinein zu entwerfen. Selbstverständlich ist diese logische Kunstlehre,
5 was ihre theoretischen Grundlagen anlangt, abhängig von der Psychologie.

Sicher ist die Idee einer allgemeinen, psychologisch fundierten
logischen Kunstlehre und sind ebenso spezielle Kunstlehren, ange-
lehnt an Wissenschaftsgruppen und einzelne Wissenschaften, voll
10 berechtigt. Andererseits ist es oft und mit Grund bestritten worden,
daß der Gesichtspunkt einer Kunstlehre, einer Methodologie der
Erkenntnis, der einzige sei, der den unter dem Titel „Logik" behandelten Wahrheiten gegenüber denjenigen aller besonderen Wissenschaften Einheit gebe. Das ist aber korrekter so auszudrücken und so
15 gemeint: Der Zweck der Normierung menschlicher Erkenntnis und
der praktischen Erkenntnisförderung im Sinne der Normen einigt
freilich vielerlei theoretisch Nicht-Zusammengehöriges, wie das bei
Kunstlehren überhaupt der Fall ist, bei Disziplinen, die nicht der
Erforschung eines sachlich einheitlichen Gebiets, sondern der mög-
20 lichst vollkommenen Realisierung eines allgemein leitenden Zwek-
kes dienen wollen. Aber sehen wir auf den Inhalt der traditionellen
Logik hin, und zwar der allgemeinen und „formalen", so können
wir alles, was Sache praktischer Abzweckung, nämlich in Hinsicht
auf eine Förderung vollkommener Erkenntnis, ist, ausschalten und
25 damit auch alles Empirisch-Psychologische ausschalten, und wir behalten sachlich zusammengehörige Erkenntnisgruppen, die über diejenigen aller besonderen Wissenschaften hinausgreifen und sich zu
einer eigenen Wissenschaft zusammmenschließen, die das wesentlichste theoretische Fundament der praktischen Kunstlehre ausmacht.
30 Sieht man auf den wesentlichen Bestand der Wahrheiten der Aristotelischen Analytik, auf die sogenannten logischen Prinzipien, den
Satz des Widerspruchs und ausgeschlossenen Dritten und auf ähnliche Sätze, die allenfalls später in gleicher prinzipieller Absicht formuliert worden sind, wie den Satz der doppelten Verneinung, sieht
35 man hin auf die Aristotelische Syllogistik, auch in allen ihren späteren Ausgestaltungen bis herab zur mathematisierenden Logik der
neuesten Zeit, so zeigen alle diese Wahrheiten und Theorien einen
eigenen und in sich geschlossenen Charakter und in gewissem Sinn
einen theoretischen Charakter, nämlich insofern, als der Gedanke

einer empirisch praktischen Normierung menschlicher Erkenntnis-
funktionen, einer praktischen Erkenntnisregelung ihnen fremd ⟨ist⟩
oder ihnen als ein äußerliches Gewand anhängt, das jederzeit und
apriori abzutun ist. Es verhält sich mit diesen Wahrheiten ganz ähn-
5 lich wie mit den arithmetischen, die uns zwar öfter in normativem
Gewand entgegentreten, während wir doch sehr wohl wissen, daß es
sich um theoretische Sätze einer theoretischen Wissenschaft handelt,
die wir nur für die praktischen Zwecke des Rechnens in eine normative Form bringen. In der theoretischen Einstellung der Arithmetik
10 heißt es: $(a+b) \times (a-b) = a^2 - b^2$. In der praktischen Einstellung
aber sagen wir: Um Summe mit Differenz zu multiplizieren, bilde
man die Differenz der Quadrate. Das ist eine bloß normative Wendung des theoretischen Satzes, eine Wendung, die wir schließlich bei
jedem in praktischer Anwendung vollziehen können. Ebenso können
15 wir sagen: Entweder A ist b oder es ist nicht A b, ein Drittes gibt es
nicht. Und normativ gewendet: Man darf nicht zwei kontradiktorischen Sätzen zugleich zustimmen; stimmt man dem einen zu, so
muß man den anderen ablehnen. Ebenso bei allen syllogistischen
Sätzen. Es ist ein theoretischer Satz, der nichts von einer Normie-
20 rung und praktischen Regelung enthält, wenn wir das Prinzip aussprechen: Aus zwei Sätzen der Form „Alle A sind B " und „Alle B
sind C" folgt der Satz entsprechender Form „Alle A sind C". Bei
allen diesen Sätzen kann man sich durch nähere Analyse auch überzeugen, daß jedes Hineinziehen psychologischer Gedanken in ihren
25 Inhalt sie verfälscht, wie ich das im einzelnen in meinen *Prolegome-*
na nachgewiesen habe.

Geht man von solchen Sätzen der traditionellen Logik aus bzw.
nimmt man alle mit solchen Sätzen wesentlich verwandten Sätze,
wie diejenigen der gesamten Syllogistik, gleich in eins zusammen, so
30 sieht man sogleich, sofern man sich nicht durch psychologistische
Vorurteile bestimmen läßt, daß sich hier ein eigenartiges wissenschaftliches Gebiet eröffnet, dessen natürliche Umgrenzung nun eine
wichtige, und insbesondere eine philosophisch wichtige Aufgabe ist.
Auf diese Weise erhebt man sich zur Idee einer reinen, und zwar
35 formalen Logik, einer ganz eigenartigen apriorischen Disziplin, die
von allen anderen wirklichen und möglichen Wissenschaften scharf
gesondert und doch wieder auf alle bezogen ist, sofern *apriori* jede
mögliche Wissenschaft ein mögliches Anwendungsfeld dieser formalen Logik ist.

Man kommt zunächst zu einer beschränkten Idee, nämlich einer
Logik der Apophansis oder, wie wir auch sagen können, einer Wissenschaft von Sätzen überhaupt, Urteilen überhaupt. Ich habe hier
Sätze und Urteile gleichgestellt. Satz besagt hier nicht grammatischer
5 Satz, sondern ideal-identische Bedeutung grammatischer Aussagesätze, möge sie in den zufälligen deutschen, chinesischen und sonstigen Sprachlauten so oder so zu empirisch-sprachlicher Fassung
kommen. In diesem Sinn sprechen wir alle von dem Pythagorä-
ischen Lehrsatz, der der eine und selbe ist, wie immer er deutsch
10 oder französisch usw. lauten mag. Satz in diesem Sinn ist aber auch
eine ideal-identische Einheit, die unempfindlich ist gegen die zufällig
Urteilenden und ihre Urteilsakte und dagegen, ob es Menschen oder
Engel oder sonstige Wesen sind, die so urteilen mögen. Wenn die
Logik statt von Sätzen von Urteilen spricht, so ist es klar, daß sie
15 nicht Urteilserlebnisse in psychologischem Sinn meint, wie sie erfahrungsmäßig bei animalischen Wesen der Spezies *homo* auftreten.
Und offenbar ist es auch, daß Urteil oder Satz hier nicht ein allgemeiner Begriff ist, der sich in Urteilsakten, im urteilenden Verhalten
individualisiert, sondern in dem geurteilten Was, d. i. in den betref-
20 fenden Bedeutungen der Aussagesätze. Was ich urteilend meine, was
ich aussagend aussage, ist der Satz, die Bedeutung der Aussage.

Auf Satz oder logisches Urteil in diesem idealen Sinn
bezieht sich also die apophantische Logik; sie kann gefaßt
werden als eine Wissenschaft von idealen Bedeutungen, und zwar
25 zunächst in ihrer Unterstufe als eine Wissenschaft, welche die zur
Idee der Bedeutung oder, wie wir dafür auch hier sagen können,
der Idee des Satzes *apriori* gehörigen möglichen Satzformen aufstellt,
gleichgültig, ob die Sätze Wahrheiten sind oder nicht. Das ergibt die
Idee einer reinen Formenlehre der Sätze (der Bedeutungen über-
30 haupt), auf welche sich aufbaut als die höhere Stufe die Idee einer
Geltungslehre, einer Disziplin also, welche die *apriori* in den *apriori*
möglichen Satzformen gründenden Geltungsgesetze erforscht. Diese
eigentlich apophantische Logik handelt also von der Wahrheit und
Falschheit der Sätze, aber aufgrund ihrer bloßen Form. Daran
35 schließt sich die Lehre von den Modalisierungen der Wahrheit: die
formale Möglichkeits- und Wahrscheinlichkeitslehre usw. Die „formale" Allgemeinheit dieser Logik besteht darin, daß in ihr von
irgendeiner bestimmten Sachsphäre, auf welche sich gegebenenfalls
wirkliche Sätze beziehen, gar keine Rede ist. Was für bestimmte

Sachen, für individuelle Gegenstände, und was in Allgemeinheit für
Gegenstände bestimmter Sachgebiete überhaupt gilt, das zu erforschen ist die Aufgabe der materialen Wissenschaften, z. B. der As-
tronomie, der Philologie, der allgemeinen Physik, der Geologie etc.
5 Und ebenso gehören in diese Wissenschaften alle Behauptungen hinein, die über geologische, philologische, physikalische, kurz, über
material bestimmte Sätze gelten. Die Logik spricht aber über Sätze
überhaupt, und die formale Allgemeinheit sagt, sie läßt die Termini
der Sätze, durch welche sich Sätze eben auf ihre bestimmten Sach-
10 sphären beziehen, in unbestimmter Allgemeinheit, genau so, wie die
Arithmetik die Einheiten der Zählung unbestimmt läßt oder wie die
Algebra Sätze über Zahlen überhaupt ausspricht, wobei die Zahlen
in unbestimmter Allgemeinheit gedachte, demgemäß durch Buchstaben bezeichnete Zahlen sind. In der Anwendung algebraischer Ge-
15 setze werden die Buchstaben dem Anwendungsfall gemäß durch die
bestimmten Zahlen ersetzt. Die apophantische Logik ist also gleichsam eine Algebra der Sätze, und wie jede Algebra ist für sie das
Bestimmende die bloße Bildungsform, hier die Bildungsform der
Sätze. Eben damit wird auch die Universalität der Beziehung der
20 formalen Logik auf jede wirkliche und mögliche bestimmte Wissenschaft verständlich. Die bestimmte Wissenschaft spricht bestimmte
Sätze aus und sucht bestimmte Wahrheiten zu fixieren. In jedem
Schritt steht sie also unter den formalen Gesetzen, welche die Logik
für Sätze überhaupt und Wahrheiten überhaupt aufgrund ihrer blo-
25 ßen Form ausspricht. Nennen wir die Grundbegriffe der formalen
Logik, diejenigen, welche in ⟨den⟩ unmittelbaren Grundwahrheiten
oder Axiomen derselben als bestimmende Begriffe figurieren, die
Bedeutungskategorien, so ist die formale Logik auch zu bezeichnen als die in den formalen Bedeutungskategorien gründende aprio-
30 rische Disziplin, die in sich ganz und gar nichts Psychologisches
enthält.

Nun sind, wie wir weiter uns bald überzeugen, die formalen
Bedeutungskategorien wesentlich verflochten mit den formalen
gegenständlichen Kategorien. Zum Beispiel ist es *apriori* klar,
35 daß jeder Satz sich auf Gegenstände bezieht und daß jeder mögliche
Gegenstand Gegenstand möglicher wahrer Sätze ist. Da haben wir
also in Beziehung gesetzt, und offenbar in eine Wesensbeziehung,
die Kategorie Satz und die Kategorie Gegenstand. Ebenso sind Prä-
dikatsbedeutung, Beziehungsbedeutung, Verknüpfungsbedeutung

usw. formale Bedeutungskategorien, die wesentlich zusammenhängen mit Begriffen wie Eigenschaft, Beziehung usf. Und die Wesensverflechtung ist eine solche, daß jeder gültige Satz über Wahrheiten, also jeder apophantisch-logische Satz, auch angesehen
5 werden kann als, oder umgewandelt werden kann in einen formal-ontologischen Satz.

Gehen wir dieser Andeutung nach, so sehen wir, daß es nicht gut wäre, formale Logik und formale Ontologie zu trennen. Hat man den Gedanken der formalen Ontologie erfaßt, so wird man natürlich
10 alle durch ihn umspannten Sätze als wesenseins mit den logischen anerkennen müssen. Damit gewinnt man aber eine außerordentliche Erweiterung der Idee einer formalen Logik. Man kommt dann schließlich zur Erkenntnis, daß alle unter den sehr wenig passenden Titeln Analysis, Zahlentheorie, Mannigfaltigkeitslehre ⟨stehenden
15 Disziplinen⟩, kurz, die gesamte Mathematik, sofern sie jedwede material bestimmten Begriffe ausschließt, hierhergehören und sich mit gewissen Urbeständen der traditionellen Logik zu einem wesentlich einheitlichen Wissenschaftsbestand zusammenschließen, zu einer Wissenschaft, die sich nur in vielerlei Sonderdisziplinen entfal-
20 tet. Die Rede von einer „formalen" Ontologie ist dabei ebenso zu verstehen wie vorhin die Rede von einer formalen Satzlehre. Wie diese von Sätzen überhaupt und ihrer Geltung handelt, so jene von Gegenständen überhaupt, wobei Gegenstand überhaupt der Korrelation zur Bedeutungskategorie Satz gemäß zu definieren ist als alles,
25 was als Subjekt einer wahren Aussage auftreten kann. Aus der formalen Urkategorie „Gegenstand" leiten sich weitere formale Kategorien ab, wie Sachverhalt, Beschaffenheit, Beziehung, Verknüpfung, Vielheit oder Menge, Anzahl, Reihe, Ordinalzahl, Größe usw. Und alle in solchen formalen Gegenstandsbegriffen *apriori* gründenden
30 Wahrheiten machen den Inhalt der formalen Ontologie aus.

Aber wie gesagt, vermöge der Korrelation von (formalen) Bedeutungskategorien und formalen gegenständlichen Kategorien ist es dann unerläßlich, so wie es schon in meinen *Logischen Untersuchungen* geschehen ist, die Idee einer formalen Logik so weit zu
35 fassen, daß sie das gesamte in den beiderlei Kategorien gründende Apriori umspannt. Es scheint, daß Leibniz in seinen verstreuten Gedanken über eine *mathesis universalis* dieselbe, hier nur wissenschaftlich tiefer bestimmte Disziplin im Auge hatte, weshalb ich selbst es liebe, für diese Disziplin diesen Leibnizschen Ausdruck zu

gebrauchen. Die Beziehung auf alle möglichen Wissenschaften ergibt
sich auch für die formal-ontologischen Sätze von selbst: Jede Wissenschaft hat ein Gebiet, hat ihre Gegenstände; jede materiale Wissenschaft hat ihre durch einen materialen (also nicht formal-ontolo-
5 gischen) Begriff umgrenzte Sphäre von Gegenständen. Die formale
Ontologie aber, sofern sie das Apriori erforscht, das in der formalen
Idee „Gegenstand überhaupt" liegt, also unangesehen aller materialen Besonderheit, findet mögliche Anwendung in jeder erdenklichen
Wissenschaft. So kann es z. B. keine Wissenschaft geben, wo nicht
10 Gegenstände in Gruppen zusammengefaßt und gezählt werden
könnten, so daß die formal-ontologische Mengen- und Zahlenlehre
notwendigerweise in jeder Wissenschaftssphäre anwendbar sein
muß.
    Trotz dieser Wesensvereinigung, die sich für die apophantische
15 Logik und die formale Ontologie herausstellt und die eine umfassende Wissenschaft fordert, in welche beide einbezogen werden müssen,
ist es doch klar, daß eine apophantische Logik als eine Wissenschaft
von den Formen möglicher Sätze und von den Gesetzen möglicher
Wahrheiten (wahrer Sätze) aufgrund der bloßen und reinen Form für
20 sich gefaßt und in ihrer eigentümlichen Idee rein abgegrenzt werden
kann. Für unsere weiteren Betrachtungen wird diese Disziplin besonders in Frage kommen. Zu beachten ist noch, daß vermöge der
Korrelation von Urteilen und Urteil (als dem im Urteilen „gefällten
Urteil") jeder apophantisch logische Satz in einen formalen noeti-
25 schen Satz umzuwenden ist, d. h. in einen Satz, der über formale
Richtigkeit oder Unrichtigkeit des Urteilens eine apriorische Aussage macht.

⟨§ 2. Der Gegensatz zwischen ethischem Empirismus
und Absolutismus⟩

30   Gehen wir nun zur Ethik über! Auch sie ist historisch als normative und praktische Disziplin entstanden. Der praktische Gesichtspunkt für die Behandlung der ethischen Probleme ist auch weiterhin
der vorherrschende geblieben. Das begreift sich aus den praktischen
Motiven, die zu ethischen Reflexionen allzeit Anlaß gegeben haben
35 und die Ausbildung einer ethischen Disziplin immer wieder als ein
wichtiges praktisches Desiderat erscheinen lassen.

Unser eigenes Handeln sowie dasjenige unserer Nebenmenschen begleiten wir mit beständigen Beurteilungen über „ recht " und „ unrecht ", „ zweckmäßig " and „ unzweckmäßig ", „ vernünftig " und „ unvernünftig ", „ moralisch " und „ unmoralisch ". Wie auf theoretischem Gebiet so gibt es auch hier öfter Streit und Gegensätze der Beurteilung. Wir werden öfter mit uns selbst uneinig, mißbilligen, was wir vordem gebilligt, oder billigen, was wir vordem mißbilligt haben, oder finden uns mit anderen in peinlichem Widerstreit oder werden als Richter aufgerufen, um fremden Streit zu schlichten. Der Widerstreit dieser Beurteilungen erregt im allgemeinen kein theoretisches Interesse, bewegt aber desto mehr das Gemüt. Unser ganzes Wohl und Wehe hängt oft an solchen Stellungnahmen und ihren Zusammenstimmungen oder Nicht-Zusammenstimmungen; es handelt sich ja um Erhaltung eigener Selbstachtung oder der Achtung unserer Mitmenschen. So wird dann für jeden Höherstrebenden die Frage brennend: Wie soll ich mein Leben und Streben vernünftig ordnen, wie dem quälenden Zwiespalt mit mir selbst entgehen, wie dem berechtigten Tadel der Mitmenschen? Wie kann ich mein ganzes Leben zu einem schönen und guten gestalten und, wie der traditionelle Ausdruck lautet, wie die echte Eudaimonie, die wahre Glückseligkeit, erlangen?

Diese Fragen, sowie sie zum Brennpunkt des Nachdenkens geworden sind, führen naturgemäß zunächst zu einer Ethik als praktischer Disziplin. Ich sage zunächst, denn obschon noch nicht so sehr im Altertum, so tritt doch in der Neuzeit immer dringender das Bestreben hervor, dieser praktischen ethischen Disziplin, die ihren empirisch-anthropologischen Charakter nicht verleugnet, eine apriorische Ethik zur Seite zu stellen, ein System absoluter und reiner Prinzipien praktischer Vernunft abzugrenzen, die, von aller Beziehung auf den empirischen Menschen und seine empirischen Verhältnisse frei, doch die Funktion übernehmen sollen, für alles menschliche Handeln, sei es nur formal oder auch material, absolut normative Richtmaße anzugeben. Also die Analogie mit der Sachlage in der Logik springt in die Augen. Und auch hier, auch in der Ethik, wird man die Nützlichkeit, ja Notwendigkeit einer Kunstlehre, derjenigen also des vernünftigen Handelns, nicht leugnen, aber wohl dafür eintreten, daß die wesentlichsten theoretischen Fundamente der Kunstlehre anstatt in der Psychologie der Erkenntnis- und Gemütsfunktionen vielmehr in gewissen apriorischen Gesetzen und

Theorien liegen, die ihrem eigentümlichen Sinn gemäß dazu berufen sind, als Vernunftnormen für alle ethischen wie logischen Beurteilungen zu fungieren und als die Leitsterne für jedwede Vernunftpraxis.

Der Idealist wird sagen: So wie die Idee der Wahrheit nicht aus
5 der Psychologie der Erkenntnis, so könne die Idee der moralischen Güte und der praktischen Triftigkeit überhaupt nicht aus der Psychologie der Gemütsfunktionen und praktischen Funktionen entnommen werden. Aus Tatsachen sind keine Ideen herauszupressen. Sowie wir aber beiderseits die Ideen ausschalten, verlieren die nor-
10 mativen und praktischen Disziplinen, die traditionell Logik und Ethik heißen, ihren eigentümlichen Kernbestand und Sinn. Bemerkenswert ist, daß die Idee einer apriorischen ethischen Prinzipienlehre in den Anfängen der Neuzeit im Zusammenhang mit der Wiedererneuerung des Platonismus auftritt, nämlich in der Cambridge-
15 Schule, und daß der Strom der Verstandesethik, der von da ausgeht, es liebt, Ethik und reine Mathematik zu parallelisieren, eine Parallelisierung, die wir noch bei Locke anerkannt finden.

Gegen den ethischen Apriorismus nun (den in seiner Weise auch Kant in der kritischen Periode seiner Entwicklung vertritt) wendet
20 sich bekanntlich die empiristische Ethik. Daß der Gegensatz zwischen reiner und empirischer Ethik sich historisch in der beirrenden Form eines Gegensatzes zwischen Verstandes- und Gefühlsethik ausgeprägt hat, das sei hier nur zu dem Zweck erwähnt, um ausdrücklich hervorzuheben, daß es gut ist, zunächst die Frage nach
25 dem Ursprung der ethischen Begriffe, ob sie in der Verstandes- oder Gemütssphäre entspringen, auszuschalten und den Gegensatz ausschließlich zu fassen als den zwischen apriorischer und emp⟨iristischer⟩ Ethik. Dabei sei unter dem Titel apriorische Ethik an eine Disziplin gedacht, die in der Weise der reinen Mathematik aller
30 Erfahrung vorhergeht und ihr doch die Norm vorschreibt. Wie die reine Arithmetik die im reinen Wesen der Zahl gründenden und somit in unbedingter Allgemeinheit gültigen Gestze fixiert, die nicht verletzt werden dürfen, wenn die im empirisch faktischen Zählen angesetzten und ausgerechneten Zahlen wirklich Zahlen sein können
35 sollen, wie also diese Gesetze allem empirischen Zählen Vernunftnormen vorschreiben, so soll es sich mit den rein ethischen Gesetzen verhalten mit bezug auf die reinen Korrelate der ethischen Begriffe, mit bezug auf die Vernunftentschlüsse und -handlungen. Wie die reine Arithmetik das wesentliche Fundament der prakti-

schen Zählkunst, so müßte also eine reine Ethik das wesentliche
Fundament einer Kunst oder Kunstlehre vom vernünftigen menschlichen Handeln sein. So bietet sich also in Analogie mit reiner Logik
und reiner Arithmetik die Idee einer reinen Ethik zunächst dar. Auf
5 der Gegenseite aber steht der ethische Empirismus, als Psychologismus oder Biologismus, der alles, was der Apriorist als reines
Prinzip in Anspruch nimmt, auf die Besonderheit der menschlichen
Natur und des menschlichen Gefühls- und Willenslebens bezieht
und in weiterer Folge die Ethik nur als eine an Psychologie und
10 Biologie angelehnte Technologie ansieht und gelten läßt.

Dieser Streit berührt wie die Parallele in der Logik offenbar höchste philosophische Interessen. Wie die Konsequenz des logischen
Psychologismus und Anthropologismus überhaupt zum theoretischen Skeptizismus, so führt die Konsequenz des ethischen Anthro-
15 pologismus zum ethischen Skeptizismus. Das aber besagt die Dahingabe der wahrhaft unbedingten Geltung ethischer Anforderungen,
die Leugnung jeder sozusagen wirklich verpflichtenden Pflicht. Begriffe wie „gut" und „böse", „praktisch vernünftig" und „unvernünftig" werden zu bloßen Ausdrücken empirisch-psychologischer
20 Fakta der menschlichen Natur, wie sie nun einmal ist, wie sie sich
kulturgeschichtlich unter den zufälligen Umständen menschlicher
Kulturentwicklung, und weiter zurückgehend, biologisch in der Entwicklung der menschlichen Spezies im Kampf ums Dasein und
dergl. ausgebildet hat. Sie drücken, wenn der Empirist recht hat,
25 keine absoluten Ideen aus, die ihren allgemeinen Sollenssinn für
jedes wollende und fühlende Wesen haben, mag es welcher Welt
immer, welcher wirklichen oder einstimmig denkbaren, angehören.
Dementsprechend sind alle ethischen Normen, wie sie aus den ethischen Prinzipien als Konsequenz zu ziehen sind, von bloß faktischer
30 Geltung. „Ethische Normen gelten", das heißt, Menschen fühlen
sich faktisch so und so verpflichtet, sie fühlen aus psychologisch
kausalen Gründen einen gewissen inneren Drang und Zwang, sich
praktisch in gewisser Weise zu verhalten und so einem sonst psychologisch unvermeidlichen Mißbehagen zu entgehen. Es ist eine Sache
35 biologischer Nützlichkeit, daß sich bei den Menschen so etwas wie
eine Gewissensfunktion entwickelt hat, eine gewisse Beurtei-
lungsart, Handlungen, Gesinnungen, Charaktere nach den Kategorien „gut" und „böse" ethisch zu billigen, ethisch zu mißbilligen.
Wie die weitere Entwicklung laufen wird, wissen wir nicht, es mag

sein, daß sich dereinst diese Funktion als biologisch überflüssig
erweist, daß sie verkümmert, daß an ihre Stelle eine andere tritt, die
bei aller Gemeinsamkeit der Form ihre abweichenden Prinzipien
hat, so daß etwa gut und böse ihre Stellung gegeneinander vertauschen.
5   Natürlich verlieren damit diese wie alle absoluten Ideen und Ideale ihre ihnen von seiten der Idealisten zugeschriebene metaphysische
Bedeutung für die Gesamtwirklichkeit. Seine zufällig und temporär
erwachsenen Ideen und Ideale projiziert der Mensch in das unendliche Weltall hinein, fingiert sich eine absolute Vernunft als letztes
10   teleologisches Seinsprinzip und fühlt sich nun in seiner Gotteskind-
schaft geborgen. Diese Hypostasierung und Verabsolutierung der für
ihn biologisch nützlichen Ideen mag selbst einen biologischen Wert
haben, vielleicht sogar eine biologische Nützlichkeit von besonders
hoher Dignität sein; aber die Hypostasierung ernst nehmen, das hie-
15   ße Begriffsmythologie treiben. Hier wie überall sei, mit Vaihinger zu
reden, die wahre Philosophie die Philosophie des „Als-ob". Es ist
gut, praktisch so zu verfahren, als ob diese Fiktionen absolute Geltung hätten, theoretisch aber muß man sich klar machen, daß alles
nur relativ, alles nur anthropologisch, denkökonomisch, erhaltungs-
20   ökonomisch gültig, alles nur relativ nützlich ist.

⟨§ 3. Die anti-ethischen Konsequenzen des ethischen Empirismus⟩

Offenbar berührt dieser Streit auch die höchsten praktischen
Interessen. Die skeptische Theorie fordert eine skeptische Praxis, und das besagt eine anti-ethische Praxis. Wie eifrig
25   die ethischen Pragmatisten beflissen sind, gerade das zu leugnen, sie
können es doch nur, wenn sie von der wirklichen Konsequenz ablas-
sen. Sollte es, eine strenge Konsequenz in Theorie und Praxis vorausgesetzt, wirklich keinen Unterschied ausmachen, ob man sich als
Empirist zum skeptischen Relativismus bekennt oder als Idealist
30   zum ethischen Absolutismus?
1) Nehmen wir an, der Handelnde stehe auf dem Boden des ethischen Absolutismus; er glaube also an ein Gutes an sich, als ein
absolut Geltendes, das im jeweils vorliegenden Fall gilt, weil es einer
apriori (unabhängig von aller Faktizität der Wollenden und Han-
35   delnden, von ihrer zufälligen psychophysischen Konstitution usw.)
gültigen Idee gemäß ist. Nehmen wir an, diese Idee mit all ihren

Komponenten sei einsichtig in ihrer absoluten Geltung erkennbar, und ebenso erkennbar seien die in ihrem reinen Wesen gründenden, absoluten Prinzipien; und desgleichen für den empirischen Einzelfall, inwiefern eine Handlung etwa diesen Prinzipien gemäß sei oder
5 ihrem reinen Sinn zuwider. Nun, dann weiß der Handelnde, daß er absolut gebunden ist; er weiß, daß er in seinem praktischen Verhalten an die ethischen Prinzipien ebenso fest gebunden ist wie rechnend an arithmetische Prinzipien. Wie er sich rechnend sagt, solange der Sinn von 2 und 4 festgehalten bleibt, der ist, was ⟨er⟩ ist, ob es
10 biologisch nützlich ist, ihn zu denken oder nicht, solange bleibt $2 \times 2 = 4$. Es mag biologisch nützlich sein, falsch zu rechnen, aber falsch rechnen bleibt falsch rechnen und wird durch keine biologische Nützlichkeit zum Wahren. Der identische Sinn schreibt das Gesetz vor. Genau so schreibt der Sinn der ethischen und prakti-
15 schen Ideen (falls es hier dergleichen, wie der Absolutist eben überzeugt ist, gibt) Prinzipien vor. Gut bleibt gut, schlecht bleibt schlecht. Solange der Sinn solcher Begriffe festgehalten ist, gilt alles, was rein zu diesem Sinn gehört und was nur preisgegeben werden kann, indem man den Sinn preisgibt. Und diese Geltung ist nicht
20 theoretische, sondern praktische. Wie zur Wahrheit und darunter auch zur ethischen Wahrheit theoretische Anerkennung im Glauben gehört, so zum Guten wertende Billigung und gegebenenfalls Wollung, praktische Realisierung; andererseits zum Schlechten Mißbilligung, das aber beiderseits in idealem und nicht empirischem Sinn.
25 Ein Urteilen, das Nicht-Wahres als wahr anerkennt, ist unrichtig und zugleich wertlos; ein Handeln, das Nicht-Gutes realisiert, ist unrichtig, unvernünftig und zugleich wertlos. Was dergleichen Überzeugungen und Ansichten praktisch bedeuten, ist klar. Das Wahre einsehen ist, mindestens in dem Moment der Einsicht, es als wahr
30 setzen und somit richtig urteilen. Das praktisch Gute voll und ganz einsehen, es als gegebenenfalls Gebotenes klar vor Augen haben, das heißt, mindestens im Moment der Einsicht wollend sich hinwenden. Und allgemein einsehen, ja auch nur fest überzeugt sein, daß in allem Handeln eine absolute Norm Richterin ist, nach der es sich
35 eben richten soll, heißt schon in allgemeiner Weise den Willen dahin tendieren, die allgemeine Richtung auf das Gute nehmen ⟨zu⟩ wollen. Das sagt freilich nicht, daß es zu wirklicher und durchgehender Ausführung kommt.

2) Ganz anders steht die Sache für den, der die Konsequenzen des

skeptischen Anthropologismus zieht. Für ihn ist die Rede von einem
Guten an sich und Schlechten an sich ein bloßes Vorurteil. Warum
sollen wir uns nun, wenn wir dieser Überzeugung sind, eigentlich
durch die so pretentiösen Wertungsweisen bestimmen lassen, die
5 unter den Titeln „gut" und „böse" soviel Wesens von sich machen
und die doch nur Zufälligkeiten menschlicher Bildung und Entwicklung ausdrücken? Warum sollen wir uns, wenn wir gerade dazu Lust
haben, nicht den aus diesen Quellen herstammenden Gefühlen ent-
gegenstemmen und dem viel gepriesenen Gewissen, das doch nur
10 eine Stimme historischer Instinkte ist, nicht unsere subjektive Über-
macht zeigen? Wozu uns dadurch an die Kette legen lassen? Tun
wir einmal, was uns paßt, und erweisen wir uns so als Freie!
Reagiert die Umwelt dagegen, so mag die Furcht vor solchen Reak-
tionen uns faktisch zwingen, aber vielleicht paßt es uns, einer Welt
15 von Leiden zu trotzen. Sagt man, das sei töricht, so antworten wir,
es gebe hier keine absolute Idee von Torheit, ebensowenig als von
Vernunft; sonst stände man ja inkonsequent an diesem Punkt auf
dem Boden des Absolutismus. Zudem mag uns die Verborgenheit
unseres Handelns gegebenenfalls vor Gefahren schützen. Spricht
20 man von biologischer Nützlichkeit, so mag der Skeptiker antworten,
gewiß, das sei ja gerade sein Prinzip, das Gute sei das biologisch
Nützliche, darum habe sich diese Wertungsweise durchgesetzt und
im Gefühl sich Schutzwehre geschaffen. Aber wenn es nun einmal
paßte, biologisch Unnützes, ja Schädliches zu tun? Uns liegt viel-
25 leicht nicht an unserem Leben und liegt gar nichts an der ganzen
Biologie, an der Existenz der Tier- und Menschenwelt usw. Nun,
dann steht es uns frei zu tun, wie wir mögen. Man wird doch nicht
wieder mit dem Einwand kommen, das Schädliche zu tun sei unvernünftig, seiner Selbsterhaltung zuwiderhandeln und derjenigen der
30 ganzen Menschengemeinschaft sei töricht, sei tadelnswert und
dergl.? Was heißt da „töricht", „unvernünftig" usw.?
    Es ist also klar, die empiristische gleich anti-ethische Theorie for-
dert eine anti-ethische Praxis so, wie die idealistische Theorie eine
wirklich ethische Praxis fordert. Auf der einen Seite kann der
35 ethische Idealist (Absolutist), wenn er konsequent ist, nicht anders, als seiner Vernunft Folge zu leisten, er kann nicht umhin, vollbewußt danach zu streben, sein Leben nach ethischen[1] Richtmaßen

---

[1] „ethischen" Verbesserung für „moralischen"; dazu die Randbemerkung: „ ‚nach
ethischen' — das muß wohl weiter gefaßt werden!" — Anm. des Hrsg.

zu ordnen. Damit wählt er, was nach seiner Überzeugung eine praktische Vernunft von ihm fordert, als das eine und absolut Richtige.
Der ethische Subjektivist dagegen lehnt gerade jede praktische
Vernunft ab und damit jede mit Vernunftprätention auftretende
5 Verpflichtung. Man kann nicht eigentlich sagen, daß er unmoralisch
handeln muß, nämlich in der Weise des moralisch und überhaupt
ethisch Bösen. Denn wer eine echte, und das ist absolute Gültigkeit
moralischer Forderungen nicht erkennt und anerkennt, kann auch
kein Bewußtsein davon haben, daß er sich versündige. Das „ *scio*
10 *meliora ...* " kann bei ihm nicht vorkommen. Vom Standpunkt des
ethischen Absolutismus wäre also zu sagen: Der ethische Empirist
kann nur ethisch irrig, aber nicht böse handeln, aber freilich auch
nicht ethisch gut im Sinne des Gegensatzes zu böse. Zu beidem
gehört Einsicht und praktische Tendenz zum Guten. Der Böse han-
15 delt dieser Einsicht zu Trotz, vergewaltigt die mit der Einsicht gegebene praktische Tendenz zum Guten. Der Gute, wo er moralisch
handelt, handelt bewußt nachgebend dieser Tendenz. Und für die
Einsicht kann dann auch die Überzeugung supponieren. Eben darum
sprach ich vorhin von anti-ethisch. In weiterer Folge ändert sich die
20 ganze Schätzungsweise der Nebenmenschen und der sogenannten
Menschheitsideale. Was soll Verehrung, Bewunderung für den Skeptiker besagen, was die Rede von den höchsten Persönlichkeitswerten
usw.?
     Sein Analogon hat dieser Streit in der logischen Sphäre. Der Frage
25 nach der objektiven und absoluten Geltung der ethischen Normen
entspricht diejenige nach der absoluten Geltung der logischen Normen. Der Streit um die Idee eines Guten an sich hat seine Parallele
im Streit um die Idee der Wahrheit an sich, der Streit um das Verhältnis der ethischen Kunstlehre zur Psychologie seine Parallele im
30 Streit ⟨um das⟩ Verhältnis der logischen Kunstlehre ebenfalls zur
Psychologie.
     Der Psychologismus zieht immer neue Kraft beiderseits aus den-
selben, im ersten Moment uns als selbstverständlich dünkenden
Argumenten, dem ersten Anschein nach durchaus zwingend und
35 unwidersprechlich. Wissenschaftlich begründete Normen für eine
psychische Tätigkeit setzen die wissenschaftliche Erkenntnis dieser
Tätigkeit voraus, also Regeln des Denkens, Regeln des Wollens
beruhen ganz selbstverständlich auf einer Psychologie des Denkens,
einer Psychologie des Wollens. Die wesentlichen Fundamente der

Ethik liegen also in der Psychologie. Und ebenso kräftig erscheint das Argument aus dem Ursprung der beiderseitigen normativen Grundbegriffe. Alle Begriffe, sagt man, entspringen durch Abstraktion aus Anschauungen konkreter Einzelfälle. Offenbar entspringen
5 die logischen Grundbegriffe wie Wahrheit und Falschheit und so alle anderen wesentlich logischen Begriffe („Begriff", „Urteil", „Schluß", „Beweis" etc.) im Urteilsgebiet, im Gebiet der Psychologie des Intellekts. Will ich verstehen und mir voll klar machen, was Wahrheit heißt, so muß ich auf Urteile zurückgehen, will ich
10 verstehen, was Schluß heißt, so muß ich mich in ein Schließen hineinversetzen usw. Ebenso muß ich bei den Begriffen „gut" und „schlecht" zurückgehen auf gewisse Gemütsbetätigungen, auf gewisse Billigungen und Mißbilligungen, die sich auf Wollungen oder Gesinnungen beziehen. Tugend und Laster sind offenbar Namen für psychi-
15 sche Dispositionen, kurzum, beiderseits werde ich auf Psychisches geführt. Die Psychologie ist also das Fundament für Logik und Ethik.
    Der Absolutismus andererseits, der die absolute, die unbedingt objektive Geltung des Logischen und Ethischen vertritt, blickt auf die Konsequenzen der psychologistischen Lehre hin und sucht in
20 ihren Unzuträglichkeiten kräftige Argumente für seinen eigenen Standpunkt. In ethischer Beziehung geschieht das in Betrachtungen der Art, wie wir sie oben durchlaufen haben. Es wird gezeigt, daß eine anti-ethische Theorie eine anti-ethische Praxis zur Folge hätte. Man kann auch in ähnlicher Weise zu zeigen versuchen, daß die
25 parallele Leugnung der absoluten Geltung des Logischen eine antilogische Praxis fordern würde. Ist der logische Relativist (der Psychologist und Biologist) konsequent, so müßte er alle Wissenschaften preisgeben, das wissenschaftliche Streben verlöre sein eigentliches Ziel.
30   Besagt logische Triftigkeit oder Geltung nichts weiter, als daß unsere menschliche Natur faktisch so geartet ist und unter den gegebenen biologischen Verhältnissen so erwachsen ist, daß wir Menschen gewisse Grundsätze, Lehrsätze, Beweise usw. als sogenannte wissenschaftliche billigen, andere unter dem Titel „unwissenschaft-
35 lich" mißbilligen müssen, so mag die weitere Entwicklung die Änderungen bringen, es mag sein, daß die Menschen sich in ihren logischen Wertungen dann gerade umgekehrt verhalten als jetzt. Von einer wirklich objektiv gültigen Wahrheit zu sprechen, hätte dann keinen Sinn, sich ihre Entdeckung als Ziel ⟨zu⟩ setzen, die Erkennt-

nis ⟨zu⟩ erstreben, wie die Dinge in Wahrheit sind, das wäre ein chimärisches, ein praktisch sinnloses Ziel.

Indessen, man kann und muß die Argumentationen aus den Konsequenzen noch in anderer Weise und dabei schärfer und tiefer fas-
5 sen. Es hat ein erhebliches Interesse, bis zum letzten, wurzelhaften Widersinn zurückzugehen, der dem Skeptizismus anhaftet. Insbesondere hat es ein großes Interesse zuzusehen, ob und inwieweit, was in dieser Hinsicht für den logischen Skeptizismus schon im Altertum geleistet worden ist, wirklich mit gleicher zwingender Kraft
10 auch für den ethischen Skeptizismus zu leisten ist. Wer die Platonischen und Aristotelischen Analysen des sophistischen Subjektivismus und Skeptizismus kennt, kommt zur Einsicht, daß jeder logische Negativismus sich durch Widersinn aufhebt, und das abgesehen von aller Praxis.

15 Man möchte nun zweifeln, ob eine Argumentation aus den praktischen Konsequenzen, ein Herleiten einer anti-ethischen Praxis aus einem ethischen Negativismus eine ebenso kräftige Widerlegung besage oder dabei so etwas wie ein Widersinn hervorgehe. Etwa ein praktischer Widersinn? Aber was ist das, praktischer Widersinn? Ist
20 nicht Widersinn etwas Theoretisches, ein Widerspruch, eine sachliche Unverträglichkeit? Handelt es sich beim „praktischen Widersinn" am Ende bloß um unangenehme, fatale Konsequenzen, vor denen wir zurückschrecken, wogegen sich unser Gefühl aufbäumt? Aber Gefühle können doch nichts beweisen. Und wer sagt, daß nicht
25 andere Lebewesen mit anderen Gefühlen ausgestattet sind, so daß ihnen dieselben Konsequenzen recht liebsam erscheinen möchten? Jedenfalls erfordert es die Methode der Analogie, der wir folgen wollten, daß man zunächst hier einsetzt und durch genaue Analyse festzustellen sucht, ob und inwieweit das eigentümliche Sich-Aufhe-
30 ben des logischen Skeptizismus wirklich ein Analogon besitze in einem Sich-Aufheben des Ethischen und worin dieses Sich-Aufheben bestehe.

⟨§ 4. Die Widerlegung von Skeptizismus und Psychologismus⟩
⟨a) Die Aufhebung des logischen Skeptizismus durch
35 seinen formalen Widersinn⟩

Machen wir uns die Situation zunächst auf logischem Gebiet völlig klar! Auf die verschiedenen besonderen Formen des relativisti-

schen Anthropologismus und des ihm gleichwertigen Skeptizismus
kommt es zunächst nicht an. Knüpfen wir an die einfachsten und
ältesten Formen an! Bekanntlich sagt Protagoras: „Aller Dinge Maß
ist der Mensch, der individuelle mit seinem individuellen Zustand;
5 wahr ist für einen jeden, was ihm als wahr erscheint, somit ist alles
wahr, nämlich alles, was irgend jemand als ihm Erscheinendes aussagt". Andererseits, Gorgias sagt: „Nichts ist wahr; gäbe es eine
Wahrheit, so wäre sie jedenfalls nicht erkennbar".

Nehmen wir solche Behauptungen völlig extrem, so extrem wie sie
10 Platon und Aristoteles genommen und zu widerlegen versucht haben, so gestaltet sich die Widerlegung in der bekannten und völlig
befriedigenden Weise. Der Subjektivist und Skeptiker stellt eine
These auf und begründet diese These. Also er erhebt den Anspruch,
daß ⟨das⟩, was er mit ihr aussage, wirklich gelte und daß die
15 Begründung, die er für sie hinstellt, wirklich begründe. Darin liegt:
Das so Ausgesagte will die anderweitigen, entgegengesetzten Meinungen über die Erkenntnissachlage ausschließen. Mag der Skeptiker
auch persönlich erklären, er erhebe keinen Anspruch; es hilft nichts.
Denn wir sehen, im Wesen seiner und so offenbar jeder Behauptung
20 und Begründung überhaupt ist beschlossen als etwas unabtrennbar
zu ihrem Sinn Gehöriges, daß es objektive Wahrheit und Erkenntnis
objektiver Wahrheit gibt und daß nicht wahr ist, was einem jeden
als wahr erscheint. Aber das gerade Gegenteil macht den Inhalt der
Thesen und Begründungen beim Skeptiker aus. Es liegt also ein
25 Widerstreit vor, wir sehen es in voller Evidenz ein, zwischen dem,
was der Skeptiker im Inhalt seiner These aufstellt und angeblich
begründet, und andererseits dem, was jede These und jede Begründung als solche, mag ihr Inhalt sein welcher immer, ihrem allgemeinen Sinn nach voraussetzt. Darin besteht, wie schon Platon erkannt
30 hat, der charakteristische Widersinn des Skeptizismus.

Der Typus dieses Widersinns ist, wenn wir passende Verallgemeinerung vollziehen, auch charakteristisch für eine ganze Klasse im
weiteren Sinn skeptischer Theorien, wie ⟨Sie⟩ sie im ersten Band
meiner *Logischen Untersuchungen* ausgeführt finden. Wenn nämlich
35 eine These durch eine Theorie von einem gewissen logischen Typus
begründet wird und wenn die Sachlage nun die ist, daß die Gültigkeit dieser Theorie als Theorie eines solchen logischen Typus ihrem
wesentlichen Sinn gemäß gerade das voraussetzt, was die These
leugnet und was diese Theorie ihrem Inhalt nach angeblich begrün-

det, so hebt sich die Theorie durch Widersinn ganz ähnlich auf wie
die des extremen Skeptizismus. Also: Skeptisch sind ⟨alle⟩ Thesen
und Theorien, welche irgendwelche Bedingungen sinnvoller Möglichkeit von Wahrheit überhaupt, von Theorie überhaupt leugnen,
5 skeptisch sind deduktive Theorien für Thesen, die solches leugnen,
ohne welches deduktive Theorie überhaupt sinnlos wäre; aber auch
induktive Theorien für Thesen, die solches leugnen, ohne welches
induktive Theorien überhaupt sinnlos wären, und so dann überhaupt beliebige Theorien für Thesen, die solches leugnen, ohne wel-
10 ches Theorien eines solchen allgemeinen logischen Typus überhaupt
sinnlos wären. Alle solchen Thesen und Theorien, sage ich, sind im
weiteren Sinn skeptische und heben sich durch Widersinn auf.

So haben z. B. die psychologistischen Erfahrungstheorien der
Schule Humes folgenden Typus: Die Prinzipien, unter denen die
15 Geltung aller Erfahrungsschlüsse steht, von deren Geltung also die
Geltung aller Erfahrungstheorien und Erfahrungswissenschaften abhängt, entbehren der Rationalität. Sie lassen sich nicht als Notwendigkeiten einsehen, sondern nur psychologisch begründen. Sie sind
bloß Anzeigen für gewisse, durch die bekannten Gesetze der Asso-
20 ziation und Gewohnheit sich ausdrückende Eigentümlichkeiten der
menschlichen Natur, wie sie faktisch ist. Es wird dabei im einzelnen
zu zeigen versucht, wie im Spiel psychischer Kräfte der Assoziation
gewohnheitsmäßige Urteilstendenzen erwachsen und schließlich ein
blinder Urteilszwang in Richtung auf den Inhalt jener Erfahrungs-
25 prinzipien, und wie dieser blinde Zwang verwechselt werden muß
mit der echten rationalen Notwendigkeit, die hier durchaus fehle.

Alle Theorien dieser Art sind in meinem Sinn skeptische, und
darin liegt, sie heben sich durch den Widersinn des angegebenen
Typus auf. Denn im Bau solcher Theorien stützt sich der Empirist
30 auf die Psychologie und behandelt sie dabei als wirklich geltende
Wissenschaft. Gilt Psychologie, dann muß sie selbst rational begründet sein; ist sie nicht rational zu begründen, dann kann sie nicht
gelten und nicht als Unterlage einer geltenden Theorie dienen. Was
ist nun aber die These, welche die empiristische Theorie begründen
35 will? Nun gerade dies, daß Erfahrungsprinzipien und damit Erfahrungswissenschaften überhaupt irrational sind, daß sie allgemein-
vernünftiger Geltung entbehren. Vorausgesetzt wird aber die vernünftige Geltung der Psychologie, die selbst eine Erfahrungswissenschaft ist.

Man kann auch formulieren: Die Humesche Theorie stützt sich auf Psychologie. Ist Psychologie ohne vernünftig einzusehende Gründe, so auch die Humesche Theorie. Beansprucht die Theorie aber, vernünftig zu sein, vernünftig zu begründen, daß keine Erfah-
5 rungswissenschaft rational sei, so setzt sie voraus, daß im besonderen Fall der Psychologie nicht gelte, was in unbedingter Allgemeinheit als gültig zu erweisen ihr Ziel ist, worin eben der pure Widersinn liegt.

Nun könnte man denken, daß es sich hier um eine Besonderheit
10 gerade dieser Humeschen Theorien handle, um die spezielle, ausdrückliche Zurückführung der Erfahrungsprinzipien, wie z. B. des Kausalgesetzes, auf Gewohnheit. Indessen, solcher Widersinn liegt, wie wenig die meisten Psychologisten sich dessen bewußt sind, in jeder psychologistischen Interpretation des Logischen und zumal in
15 jeder allgemein gehaltenen Auflösung von Logik in Psychologie, wie sie vorliegt in der seit Mill und Beneke so beliebten Lehre, daß die Psychologie das wesentliche theoretische Fundament der Logik hergebe, daß logische Gesetze *au fond* nichts anderes seien als psychologische Gesetze. Der Nachweis des skeptischen Widersinns ist hier
20 aus folgendem Grund relativ leicht. Werden im Sinn der psychologistischen Auffassung die logischen Gesetze überhaupt und darunter die Gesetze der Aristotelischen Analytik wesentlich auf die menschliche Natur bezogen, drücken sie also Besonderheiten der menschlichen Seelenausstattung aus, so kommt ihnen nur temporäre Geltung
25 zu, sie geraten selbst in den Fluß der Entwicklung. Extreme Psychologisten, die den rühmlichen Mut der Konsequenz hatten, haben dies auch ausdrücklich anerkannt. Überlegen wir aber, daß jede Behauptung, sofern sie den Anspruch auf Wahrheit erhebt, den Satz vom Widerspruch voraussetzt. Sie will Wahres aussagen, sie sagt
30 „So ist es" und selbstverständlich gehört es zu ihrem Sinn, daß damit ausgeschlossen sei, daß es „so nicht ist". Daß ein „So ist es" das entsprechende „So ist es nicht" ausschließt, dies und nicht mehr sagt der Satz vom Widerspruch aus; und somit verliert ohne seine Geltung jede auf Wahrheit Anspruch erhebende Behauptung
35 ihren Sinn. Wir erkennen so die Widersinnigkeit der psychologistischen Auffassung. Wenn sie sagt, es besteht die Möglichkeit, daß der Satz vom Widerspruch dereinst nicht mehr gilt und unsere ganze Logik nicht gilt, so kann sie ebensogut den Satz aussprechen: Es besteht die Möglichkeit, daß der Satz vom Widerspruch überhaupt

nicht gilt; aber dieser und jeder Ähnliches behauptende Satz ist widersinnig, weil jeder solche Satz seinem Sinn nach das Gesetz vom Widerspruch voraussetzt. Alle die Wahrheiten, auf die die bio-logistische Theorie sich stützt, alle naturwissenschaftlichen und alle
5 Wahrheiten überhaupt sind nur Wahrheiten, sofern der Satz vom Widerspruch gilt, denn dieser sagt überhaupt gar nichts ⟨anderes⟩ aus, als was zum Sinn von Wahrheit als solcher gehört. Eine Theorie aber bauen, die aus welchen prätendierten Wahrheiten immer als Wahrheit erschließen will, daß ein Satz nicht gilt oder nicht gelten
10 müßte, der den puren Wortsinn von Wahrheit auseinanderlegt, hebt sich skeptisch durch Widersinn auf.

So kann man also die Platonische Widerlegung des extremen sophistischen Skeptizismus passend umgestaltet auf die sämtlichen Formen des Empirismus und Psychologismus übertragen. Sie möge
15 uns noch so sehr durch den imponierenden Apparat neuester Psy-chologie, Biologie, Soziologie und was es immer an modernen Theo-rien sei, blenden wollen, es nützt nichts; der Widersinn hebt sie auf. Auf logischem Gebiet kann man also die Notwendigkeit eines Abso-lutismus und dann bald auch die Notwendigkeit des Idealismus in
20 der kräftigsten Form zur Evidenz bringen: Man kann es evident machen, daß jede entgegengesetzte Auffassung sich durch Widersinn aufhebt, und durch den universellsten Widersinn, den formalen.

⟨b) Das Analogen des skeptischen Widersinns in der
praktischen Sphäre: der praktische Widersinn⟩

25   Kann man auch in der Ethik so verfahren? Kann man den ethi-schen Skeptizismus zunächst in seinen gröberen, dann aber auch in seinen feineren Formen in dieser Weise diskreditieren? Es gibt eine sehr kräftige Form, ihn aus den Konsequenzen zu bekämpfen, wir haben davon gesprochen. Sie stellt nicht einen theoretischen Wider-
30 sinn heraus, sondern erwägt die unannehmbaren praktischen Konse-quenzen. Man möchte nun sagen: Eben damit wendet sie sich viel-mehr an das Gemüt. Sie setzt voraus, daß uns an der Moral etwas gelegen ist, und im Grunde, daß wir selbst davon überzeugt sind, daß eine praktische Vernunft uns den Unterschied von Recht und
35 Unrecht, Pflicht und Sünde einsichtig macht und das rechte Han-deln von uns einsichtig fordere. Zeigt man uns dann, daß der extre-me ethische Skeptizismus, aber auch der feinere psychologi-

stische Skeptizismus praktisch zu einem absoluten Amoralismus hinführe, so erscheint uns das als unzulässig. Wir erschrecken vor der Konsequenz.

Eine Theorie, die den Menschen so verwirrt, daß er die Stimme
5 des Gewissens nicht mehr versteht und das Interesse daran verliert, all die hohen Werte zu verwirklichen, die zu verwirklichen er berufen ist, ist eine traurige Theorie. Sie ist völlig unannehmbar. Die Theorie mag nun aber unser Gemüt vermöge ihrer praktischen Konsequenzen gegen sich einnehmen und sie mag uns zugleich als falsch
10 erscheinen, aber formal widersinnig ist sie darum noch nicht. Ein formaler Widersinn, wie er in Theorien steckt, die *in thesi* irgendwelche Bedingungen der Möglichkeit von Wahrheit oder von Theorie überhaupt leugnen, kann hier nicht zutage treten, weil eben in der ethisch-skeptischen Negation solche Bedingungen nicht geleugnet
15 werden.

Münsterberg in seinem geistreichen Werk über *Philosophie der Werte*[1] (und vordem schon in seiner *Grundlegung der Psychologie*[2]) hat allerdings versucht, eine der platonischen Argumentation parallellaufende ethische zu konstruieren. Gegen die Theorie eines extre-
20 men ethischen Skeptizismus gewendet sagt er nämlich: Wer da behauptet, daß es keine Pflicht gibt, die ihn unbedingt bindet, will mit dieser Behauptung, die eine Handlung ist, ein Ziel erreichen, nämlich Anerkennung der sittlichen Leugnung beim Hörer. Aber der Hörer, der dem Skeptiker trauen wollte, müßte ja dann von vorn-
25 herein zweifeln, ob jener sich überhaupt verpflichtet fühle, seine wirkliche Überzeugung zum Ausdruck zu bringen. Der Skeptiker könnte also keinen Glauben für seine Behauptung erwarten. Er unternimmt eine Handlung, deren Ziel er durch seine eigene Tat, durch seine eigene Behauptung unerreichbar macht.
30 Ich kann diese Argumentation nicht anerkennen. Der Skeptiker sagt aus, und der Zuhörer mag sich nun fragen, ob er dem Aussagenden hinsichtlich der Wahrhaftigkeit trauen kann. Hier wie sonst wird er dem Redenden vernünftigerweise in dieser Hinsicht vertrauen, wenn er entweder keine Motive zu supponieren Anlaß findet, die
35 eine Unwahrhaftigkeit des Redenden wahrscheinlich machen könnten, oder wenn er umgekehrt Anlaß findet, andere Motive zu suppo-

---

[1] Hugo Münsterberg, *Philosophie der Werte*, (Leipzig, 1908) — Anm. des Hrsg.
[2] Hugo Münsterberg, *Grundzüge der Psychologie*, Band 1. Allgemeiner Teil, Die Prinzipien der Psychologie, (Leipzig, 1900) — Anm. des Hrsg.

nieren, welche positiv für die Wahrhaftigkeit des Redenden im gegebenen Fall sprechen. Es ist nun nicht abzusehen, warum solche Gründe des Vertrauens ausgeschlossen sein sollen, wenn der Redende erklärt, seiner Überzeugung nach gebe es keine unbedingte
5 Pflicht, und warum andererseits der Skeptiker bei solcher Aussage Vertrauen von seiten des Hörenden vernünftigerweise nicht erwarten dürfte. Wir glauben doch selbst notorischen Lügnern, wir glauben Menschen, die wir für ganz schlecht halten und für bereit, wann immer es ihr Vorteil erfordert, unwahrhaftig zu reden. Wir brauchen
10 nur in der gegebenen Sachlage Gründe ⟨zu⟩ finden für die Annahme, daß es dem Lügner jetzt sehr passen müßte, wahr zu reden. Der Skeptiker ist aber noch lange kein Lügner. Er hat die theoretische Überzeugung, daß es keine Pflicht im echten Sinn gebe. Die will er mitteilen, und nicht notwendig gerade darum, weil er damit
15 seine Pflicht erfüllen will. Und sicherlich liegt im Faktum der Mitteilung nichts davon, daß der Mitteilende als solcher einer Pflicht folgte und folgen müßte. Es macht ihm vielleicht Vergnügen sich auszusprechen, zu belehren, anderen seine Überlegenheit zu zeigen usw.
20 Die Münsterbergsche Argumentation ist mißglückt. Sollte es aber nicht doch einen Weg geben, die ethisch-skeptische These durch Nachweisung eines Widersinns in analoger Weise zu widerlegen, wie es sich bei den logisch-skeptischen Thesen hat einleuchtend machen lassen? In der Tat gibt es hier parallelen Widersinn und
25 parallele Widerlegung. Sie zu gewinnen, nehmen wir anstatt theoretischer Sätze vielmehr Forderungen, Sollenssätze; Sätze wie die: „Es gibt kein an sich Gutes", „Es gibt keine unbedingte Pflicht", „Es gibt keine Vernunft im Handeln" sind Aussagesätze, theoretische Sätze. Eine Forderung aber sagt: So sollst du handeln, tue deine
30 Pflicht, handle vernünftig und dergl. Solche Sätze, nicht bloß theoretische Behauptungen, sondern praktische Forderungen spricht die Ethik aus, soweit sie praktische Disziplin sein, soweit sie uns eben Normen des praktischen Handelns bieten will. Der ethische Skeptiker kann den formalen Widersinn vermeiden, wenn er theoretisch
35 aussagt: Es gibt keine Pflicht. Gefährlicher wird für ihn die Situation, wenn er Forderungen ausspricht, wenn er die Ethik oder irgendwelche wesentlichen Bedingungen der Möglichkeit einer Ethik (als regelnder Kunst des Handelns) leugnet und zugleich dabei bleibt, praktischer Ethiker zu sein, also Forderungen, Regeln des Handelns, auszusprechen. Hierbei braucht kein Widerspruch und

kein theoretischer oder praktischer Widersinn hervorzutreten, wenn
die Skepsis keine unbedingte und allgemeine ist, vielmehr nur beschränkt ⟨ist⟩ auf eine besondere Sphäre der Praxis. Wer Ethik
als Moral versteht und unter moralischem Handeln eine besondere
5 Gruppe von Handlungen befaßt, etwa diejenigen, die sich auf ange-
nommene ursprüngliche Motive der Nächstenliebe beziehen, der
braucht in keinen formalen Widersinn zu verfallen, wenn er in Hinsicht auf sie ethische Pflichten leugnet, wenn er irgendwelche mit der
Prätention absoluter Gültigkeit auftretenden und als moralisch hoch
10 bewerteten Forderungen ablehnt, während er doch dabei bleibt, Forderungen auszusprechen.

Es verhält sich hier ganz ähnlich wie in der Sphäre des Logischen.
Ein Skeptiker, z. B. hinsichtlich der Möglichkeiten der Erfahrungser-
kenntnis als Erkenntnis der äußeren Wirklichkeit, kann allen Wider-
15 sinn vermeiden, sofern er nur nicht Skeptiker hinsichtlich der Erkenntnis überhaupt ist. Hume verfiel nicht in Widersinn, weil er die
Möglichkeit einer rationalen Rechtfertigung der erfahrungswissenschaftlichen Erkenntnis bestritt, sondern weil er dabei zugleich eine
psychologische Theorie dieser Erkenntnis gab, die als erfahrungswis-
20 senschaftliche die Möglichkeit erfahrungswissenschaftlicher Erkenntnis voraussetzte. An der objektiven Geltung und unbedingt
objektiven Geltung der analytischen Logik und der ihr entsprechenden analytischen Erkenntnis, ja allgemeiner, an der objektiven Gültigkeit ⟨der⟩ Erkenntnis im Sinne der „Relation zwischen Ideen"
25 hielt er fest und unterschied sich dadurch sogar vorteilhaft von den
späteren Empiristen à la Mill. Freilich, wer das analytische Denken
und seine Geltungsprinzipien psychologistisch auflöst und in dieser
Sphäre Skeptiker wird, der kann den Widersinn nicht vermeiden.
Das liegt daran, daß die analytischen Denkprinzipien, wie der Satz
30 vom Widerspruch, allerallgemeinste Bedingungen der Möglichkeit
gültigen Denkens überhaupt implizieren. Ob wir analytisch denken
oder empirisch, sofern wir dabei aussagen, sofern wir Behauptungs-
sätze aussprechen, Sätze, die überhaupt auf Wahrheit Anspruch
erheben, sind wir an die selbstverständlichen Gesetze gebunden, die
35 unaufhebbar zum Sinn der Wahrheit überhaupt gehören. Obwohl
das analytische Denken ein Spezialgebiet des Denkens ist, so sind
doch die Prinzipien, unter denen es steht, Bedingungen der Möglichkeit jedes gültigen Denkens überhaupt, auch des erfahrungswissen-

schaftlichen Denkens, sofern eben auch dieses sich schließlich in Prädikationen bewegen muß.

Ähnlich verhält es sich nun in der Ethik. Wir mögen an einer Moral in irgendeinem beschränkten Sinn besonders interessiert sein,
5 aber das müssen wir beachten, daß moralisches Wollen und Handeln zunächst eben Wollen und Handeln ist und daß, wenn zur moralischen Sphäre Unterschiede vernünftiger Rechtfertigung gehören, doch zunächst in der allgemeinsten Sphäre diese Unterschiede zu verfolgen sind. Mit anderen Worten, wissenschaftliche Ethik kön-
10 nen wir nicht treiben, ohne vorher die allgemeinste Frage nach der Vernunft im Praktischen aufgeworfen und die Prinzipien praktischer Vernunft überhaupt als formale Vernunftprinzipien in der Praxis aufgesucht zu haben. Was ist überhaupt vernünftiges Handeln und welches sind die Prinzipien, unter denen vernünftiges Handeln über-
15 haupt steht, mag es nun als moralisches beurteilt sein oder nicht? Nicht überall ist ja von Moralischem die Rede. Schwanke ich, ob ich eine seichte Posse mir abends anhören soll oder die erhabene Eroica von Beethoven, so mag ich mich vernunftgemäß für das Letztere entscheiden, aber eine Gewissensfrage im moralischen Sinn liegt
20 hier nicht vor. Geben wir also einer Ethik die natürlichen Grenzen, so müssen wir sie fassen als Kunstlehre von dem der Form wie der Materie nach vernünftigen Handeln überhaupt. Diese wird dann von selbst nicht nur der Form nach das zum allgemeinen Sinn der Vernünftigkeit Gehörige erforschen, sondern auch der Materie nach
25 den verschiedenen Ordnungen oder Stufen der praktischen Werte nachgehen und das im höchsten Maß Vernünftige und die zugehörigen Regeln zu bestimmen suchen. Haben wir nun die Analogie mit der Logik passend hergestellt, so ist es leicht zu sehen, daß sich dann auch der Unterschied zwischen formaler und materialer Ethik finden
30 muß, daß der echte skeptische Widersinn in der praktischen Sphäre sich herausstellt bei Forderungen, die sich aussprechen mit dem Sinn vernünftiger Forderung und die zugleich in ihrem Inhalt generell eben die Vernünftigkeit preisgeben.

Erkenne dies als Regel an! Was sagt das? Folge dieser Regel, das
35 heißt nicht, handle immer so, daß dein Handeln der Regel gemäß ist, daß also eine vergleichende Betrachtung deiner Handlungen herausstellt, daß sie alle den und den allgemeinen Typus haben, etwa so, wie Naturvorgänge unter einem Naturgesetz stehen, sondern handle so, daß du dich von der Regel leiten läßt, daß du ihr Folge leistest.

Das kann nun sozusagen suggestiv gemeint sein, wie wenn der Hypnotiseur zu seinem Medium eine allgemeine Forderung als Regel ausspricht, oder wie der Herr zum Sklaven spricht, der, in blindem Gehorsam erzogen, die allgemeine Forderung (den allgemeinen
5 Befehl) blind, suggestiv auf sich wirken läßt. (Ebenso beim noch unvernünftigen Kind.) Sage ich aber „Erkenne diese Regel an!", so ist doch mehr als das gemeint, nämlich: „Erkenne die vernünftige Gültigkeit dieser praktischen Regel, erkenne, daß so ⟨zu⟩ handeln richtiges Handeln ist, erkenne, daß demgemäß sich von dieser Regel
10 willentlich leiten zu lassen vernünftig ist!", und noch mehr: „Lasse dich wirklich so leiten!" So wie der Befehlende denjenigen, der unter seinem Befehlswillen steht, als solchen auffaßt, der den Befehl in die Tat umsetzen wird, und zwar um des Befehls willen, also daß die Aufforderung des Befehlenden zur anbefohlenen Tat werde beim
15 Dienenden, von diesem in solchem Sinn übernommen und ausgeführt, so liegt im Sinn jeder praktischen Aufforderung die Erwartung, daß die Aufforderung motivierend wirken werde für die entsprechende Handlung des Aufgeforderten dadurch, daß der Aufgeforderte eben die Aufforderung verstanden habe.
20 Sage ich nun „Erkenne keine Regel als gültig für dein Handeln ⟨an⟩!", wie steht es da? Sage ich „Erkenne eine gewisse, die und die Regel nicht an!", so liegt darin: Erkenne, daß sie vernünftig nicht bindend ist, lasse dich von ihr positiv nicht bestimmen, nimm sie nicht als Regel! Darin liegt aber auch eine Regel, nämlich einer-
25 seits einzusehen, daß so ⟨zu⟩ handeln, wie jene Regel fordert, nicht vernünftiges Handeln sei, und andererseits einzusehen, daß der kontradiktorisch entgegengesetzte Wille, in den fraglichen Handlungsgruppen sich nicht an jene Regel zu binden, ein vernünftiger sei und daß demgemäß auch vernunftgemäß die negative Willensregel anzu-
30 erkennen sei, nach der ursprünglichen Regel nicht zu verfahren. Heißt es nun „Erkenne keine praktische Regel an!", so liegt darin die Regel, die als vernünftig anerkannt werden soll, daß keine praktische Regel überhaupt vernünftig sei, daß jeder durch irgendwelche Regeln gebundene Wille unvernünftig sei bzw. daß der Wille, keiner
35 Regel zu folgen, vernünftig sei. Andererseits, sage ich „Erkenne keine praktische Regel an!", so spreche ich eine praktische Regel aus, und zwar eine Regel, die anzuerkennen vernünftig und der praktisch zu folgen richtig wäre. Das liegt im Sinn jeder Regel dieser Form, jeder mehr als bloß suggestiven Regel. Andererseits wird im Inhalt

dieser Regel das als praktisch unvernünftig hingestellt, was die Regel
ihrem Sinn nach als vernünftig voraussetzt. Also da haben wir das
genaue Analogon des skeptischen Widersinns.

Welcher Art ist der Widersinn der Regel „Erkenne keine logische
5 Regel als bindend für deine Urteilstätigkeit an!"; wobei zu ergänzen
ist: „Sofern du mit ihr das Ziel der Wahrheit erreichen willst".
Also: Erkenne keine logische Regel als bindend für dein „Wahr-
denken-Wollen", für dein Wahrheit-Erstreben an! Man kann hier
nicht argumentieren: Jede Regel enthält ein Aussagen über ein Sol-
10 len, jede Aussage, wenn sie wahr sein soll, setzt den Satz vom
Widerspruch als gültig voraus, also hebt jene Regel sich selbst auf.
Die Regel leugnet ja keine logische Regel, nämlich als logische
Wahrheit (ebensowenig, wie sie etwas darüber behauptet). Sie sagt
nur, daß, *scilicet* vernunftgemäß, keine logische Wahrheit normativ
15 als Regel das Wahrheitsstreben bestimmen soll.

Es ist also zu ergänzen: Gilt der Satz vom Widerspruch (als zum
Sinn wie jeder Aussage so auch der Sollensaussage gehörig), so wäre
es unvernünftig, ihn nicht als Urteilsregel praktisch anzuerkennen.
Die Regel „Binde dich nicht an ihn!" hieße ja „Mißachte ihn!",
20 und das wäre evident verkehrt, da damit widersprechendes Urteilen
vom Willensziel nicht ausgeschlossen wäre, während dies ja darauf
geht, wahres Urteilen ausschließlich als Ziel anzuerkennen. Rein
logisch kann sich keine praktische Regel aufheben, eine solche hebt
sich auf durch praktischen Widersinn, der allerdings mit logischem
25 zusammenhängen kann; aber nicht mehr.

⟨c) Rekapitulation. Die Analogie zwischen skeptischer Behauptung
und skeptischer Forderung⟩

Versetzen wir uns nach der langen Pause, zu der ⟨uns⟩ Pfingstfest
und *dies academicae* verurteilt haben, in den Zusammenhang der
30 Überlegungen, bei denen wir vor den Ferien stehen geblieben waren.
Es handelte sich um die Durchführung der Analogien zwischen reiner Ethik und reiner Logik, zwischen ethischem und logischem Idealismus oder Absolutismus. Der Streit um die Idee eines Guten an
sich, von Werten an sich hat dem Allgemeinen nach sein Analogon
35 im Streit um eine Wahrheit an sich; dem ethischen Psychologismus
entspricht der logisch-theoretische Psychologismus.

Geht man diesen Analogien nach, so fragt es sich, ob die Wider-

legung des Psychologismus sich auf dem ethisch-axiologischen Gebiet wirklich ebenso radikal gestalten läßt wie auf dem logisch-theo-
retischen Gebiet. Auf dem letzteren sind die nötigen kritischen
Betrachtungen hinreichend weit durchgeführt; es ist der wurzelhafte
5 Widersinn aufzuweisen und schon aufgewiesen, der den Psychologismus in der Sphäre der Wahrheit bzw. in der rein logischen Sphäre
aus letztem Grund widerlegt. Was die ethische Sphäre anlangt, so
hatten wir in früheren Vorlesungen unannehmbare praktische Konsequenzen des Psychologismus und des skeptischen Relativismus
10 überhaupt besprochen, aber es bestand der Zweifel, ob wir damit
auslangen möchten. Hebt sich auch der ethische und axiologische
Psychologismus durch so etwas wie einen Widersinn auf? Etwa
durch einen praktischen Widersinn? Aber was ist das, fragen wir, ein
praktischer Widersinn? Handelt es sich etwa nur um praktische
15 Konsequenzen, vor denen wir gefühlsmäßig zurückschrecken, gegen
die sich unser Gefühl aufbäumt? Aber Gefühle widerlegen doch
nichts. Eine Widerlegung ist doch eine theoretische Sache und muß
sich theoretisch als theoretischer Widersinn bekunden.

Wir machten uns nun, um tiefer einzudringen, zunächst die Situa-
20 tion auf dem logischen Gebiet völlig klar, die Art, wie der extreme
Relativismus und Skeptizismus sich aufhebt und wie sich der Begriff
einer sei es offen oder verborgen skeptischen Theorie bestimmen
lasse durch einen allgemeinsten Typus von Widersinn. Thesen und
zugehörige Theorien heißen extrem skeptisch, wenn sie Bedingungen
25 sinnvoller Möglichkeit von Wahrheit überhaupt, von Theorien
überhaupt leugnen, also damit implizit das leugnen, was sie selbst
als Thesen, als Theorien sinngemäß voraussetzen. Wieder heißen in
einem erweiterten Sinn Theorien skeptisch, wenn sie Thesen beweisen wollen, die ihrerseits irgend etwas leugnen, ohne welches Theo-
30 rien des betreffenden allgemeinen Typus, unter den die gegebene
Theorie fällt, überhaupt sinnlos wären. Sowie uns die reflektive
Betrachtung einer Theorie dies evident macht, daß ihre These das
leugnet, ohne daß sie selbst ihren Sinn verlieren würde, sind wir mit
ihr fertig, sie ist für uns endgültig abgetan. So steht es mit allen
35 psychologischen oder biologischen Theorien, welche z. B. die Möglichkeit begründen sollen, daß die Prinzipien der formalen Logik nur
faktisch-menschliche Bedeutung haben und sich mit der Menschheitsentwicklung ändern usw.

Hinsichtlich der Logik haben wir also festen Boden. Wie immer wir die Idee der Logik begrenzen, sofern wir nur die Aristotelische Analytik, die sogenannte formale Logik, mit dem Satz vom Widerspruch und den syllogistischen Prinzipien als ihr grundwesentliches Kernstück anerkennen, sind wir der objektivistischen, absolutisti-

5 schen, idealistischen Position sicher, zum mindesten eben für den Gesamtbereich der formalen Logik und dann alsbald für den der *mathesis universalis*. Die Frage ist nun: Kann man auch in der ethischen Sphäre so verfahren? Kann man auch den ethischen Relativismus, Anthropologismus, Psychologismus in seinen gröberen und

10 feineren Formen in ebenso kräftiger Weise widerlegen und ihm das Brandmal eines im echten Sinn skeptischen Widersinns aufprägen?

Wir hörten, daß Münsterberg in seiner *Philosophie der Werte* einen verfehlten Versuch machte, einen dem logischen Widersinn parallelen Widersinn für den ethischen Skeptizismus nachzuweisen.

15 Er argumentierte: Wer da behauptet, daß es keine Pflicht gibt, die ihn unbedingt bindet, will mit dieser Behauptung, die eine Handlung ist, ein Ziel erreichen, nämlich Anerkennung der sittlichen Leugnung beim Hörer. Aber der Hörer, der dem Skeptiker trauen wollte, müßte ja dann von vornherein zweifeln, ob der Behauptende sich über-

20 haupt verpflichtet fühle, seine wirkliche Überzeugung zum Ausdruck zu bringen. Der Skeptiker könnte also keinen Glauben für seine Behauptung erwarten. Er unternimmt eine Handlung, deren Ziel er durch seine eigene Tat, durch seine eigene Behauptung unerreichbar macht. Eine flüchtige Analyse der psychologischen Motive, die auf

25 seiten des Hörers Vertrauen oder Mißtrauen hinsichtlich der Wahrhaftigkeit des Redenden bestimmen, zeigte die Unstichhaltigkeit der Argumentation und vor allem, daß hier weder ein Widersinn in Frage ist auf seiten des Sprechenden, der Vertrauen voraussetzt, ⟨noch⟩ auf seiten des Hörenden, der ⟨es⟩ übt.

30 Um nun zu einem besseren Ergebnis zu kommen, haben wir Doppeltes zu überlegen. Fürs erste, um eine psychologistische Logik zu widerlegen, muß allem voran der radikale, völlig extreme Skeptizismus und Subjektivismus widerlegt werden, der die Objektivität der Wahrheit überhaupt leugnet oder implizit aufhebt. Das ist ein erster

35 Schritt, der unbedingt getan werden muß. Er verbindet sich sogleich mit der Feststellung der Psychologie-Reinheit, also der reinen Idealität der analytischen Logik. Die Prinzipien der analytischen Logik sind evident ausweisbar als unaufhebbare Bedingungen der Möglichkeit einer Wahrheit überhaupt und einer deduktiven Theorie über-

haupt, und das überträgt sich auf alle syllogistischen Gesetze, kurzum, auf den ganzen Inhalt der formalen Logik, selbst bis zur Erweiterung der formalen Mathesis. Und man sieht dann ohne weiteres ein, daß die Psychologisierung der analytischen Gesetze ihren
5 Charakter der Idealität und damit ihrer unbedingten Objektivität aufhebt und daß somit, Psychologist hinsichtlich der formalen Logik ⟨zu⟩ sein, völlig äquivalent ist damit, ein extremer Skeptiker zu sein, das ist, die Objektivität der Wahrheit überhaupt preiszugeben.
10   Die analytisch logische Gesetzessphäre ist die einzige Sphäre von Gesetzen einer absolut universellen Allgemeingültigkeit für alle erdenklichen Seinssphären bzw. Erkenntnissphären. Gesetze, z. B. wie dasjenige vom Widerspruch, drücken nichts anderes aus als Wahrheiten, die unaufhebbar zum Sinn von wahren Sätzen als solchen
15 gehören. Sofern wir also überhaupt aussagen, über was immer Sätze aussprechen, die den Anspruch erheben zu gelten, sind wir selbstverständlich an Gesetze gebunden, die nichts weiter tun, als den Sinn von geltenden Sätzen als solchen, den Sinn von Wahrheit überhaupt auseinander⟨zu⟩legen. Also, obschon analytisches Denken ein Spe-
20 zialgebiet des Denkens ist, so sind doch die Prinzipien, unter denen seine Geltung steht, Bedingungen der Möglichkeit gültigen Denkens überhaupt, z. B. auch des erfahrungswissenschaftlichen Denkens, sofern sich dieses eben auch in Prädikationen bewegen muß. Die radikale Widerlegung des logischen Psychologismus fordert ⟨in⟩ klarer
25 natürlicher Ordnung zunächst seine Widerlegung in der allgemeinsten Form, in der des extremen Skeptizismus. Erst wenn sie geleistet ist, wird man darangehen, beschränkte Formen des Psychologismus zu entwurzeln, z. B. den Psychologismus der Erfahrungslogik, der die Prinzipien, an denen die Möglichkeit erfahrungswissenschaft-
30 licher Erkenntnis überhaupt hängt, durch Psychologie, also selbst durch eine besondere Erfahrungswissenschaft begründen will.
    Trägt nun die Analogie wirklich so weit, wie wir vermuten, so müssen wir annehmen, daß dem radikalen logischen Skeptizismus ein radikaler ethischer entsprechen wird und daß sein Radikalismus
35 darin bestehen wird, in der denkbar weitesten Sphäre objektive Gültigkeit des Ethischen und die eventuell sie umgrenzenden Prinzipien und in ihnen beschlossenen reinen Folgerungen zu leugnen. Ferner hätten wir anzunehmen, daß ein universeller ethischer Psychologismus darin bestehen wird, alle ethische Gültigkeit in dieser

allerweitesten Sphäre aus psychologischen Quellen abzuleiten und
weiter, daß der Widersinn, der etwa den extremen ethischen Skeptizismus als solchen betrifft, sich *eo ipso* mit dem Psychologismus
verknüpfen wird, sofern sich, der Parallele entsprechend, zeigen las-
5 sen wird, daß universeller Psychologismus und extremer Skeptizismus in der weitesten ethischen Sphäre äquivalent sind.

Die weiteren Schritte, die dann zu machen wären, beständen darin, innerhalb enger umgrenzter Sphären des Ethischen, und natürlich
nicht willkürlich, sondern aus prinzipiellen Motiven umgrenzter,
10 nachzuweisen, daß auch hier psychologistische und anthropologisti-
sche Theorien der Geltung widersinnig sind. Vielleicht, daß sich hier
wie in der logischen Sphäre zeigen läßt, daß schon die Erwägung der
allgemeinsten Ideen von logischer und praktischer Geltung es herauszustellen vermag, daß Idealität und Objektivität untrennbar ver-
15 bunden und somit beide in gleicher Weise nicht preiszugeben sind
und daß es somit einer speziellen Analyse psychologistischer und
anthropologistischer Theorien nicht bedürfe, wenigstens nicht, um
sie zu widerlegen, sondern allenfalls, um die Motive der psychologistischen Versuchungen herauszustellen. Von da aus ginge dann bei-
20 derseits die Untersuchung weiter zu den radikalen Problemen des
Bewußtseins, zu den erkenntnistheoretischen und willenstheoretischen Problemen, die aber hier zunächst noch nicht sichtlich sind.

Wenn wir diesen Analogien in dieser Art nachgehen, müssen wir
fragen: Was ist denn das Ethische in dem denkbar weitesten Sinn,
25 das dem Logischen im weitesten Sinn korrespondiert? Es ist offenbar eine Einschränkung, wenn wir Ethik als Moral fassen. In jedem
Sinn bezieht sich die Ethik auf das Handeln so, wie sich die Logik
auf das Denken bezieht, wie diese auf das richtige oder vernünftige
Denken geht jene auf das richtige oder vernünftige Handeln. Das
30 moralische Handeln, wie immer wir es näher bestimmen, ist eine
beschränkte Sphäre des Handelns überhaupt; also die Ethik muß,
wenn wir den umfassendsten Begriff gewinnen wollen, der Vernunft
in der Praxis überhaupt zugeordnet werden. Extremer ethischer
Skeptizismus muß in weiterer Folge zunächst besagen Leugnung
35 einer praktischen Vernunft überhaupt, Leugnung jedweder unbedingt objektiven Geltung in dem ganzen Feld der Praxis. Hier finden
wir die Analogie. Skeptische Behauptungen hätten das Charakteristische, daß sie in ihrem Inhalt generell das negierten, was sie als
Behauptungen sinnvoll voraussetzten. Skeptische Forderungen

wären danach und in genauer Parallele solche Forderungen, die in ihrem Inhalt generell das negierten, was sie ihrem Sinn nach als Forderungen vernunftgemäß voraussetzten. Auch Forderungen, und nicht bloß Aussagen, können negativ sein; dem „Es ist nicht." ent-
5 spricht ein „Tue das nicht!". Wenn nun ein generelles „Tue nicht!" das verwehren will, was Voraussetzung jeder vernünftigen Forderung als solcher ist, so wäre das ein skeptischer Widersinn.

In dieser Art wäre es nun ⟨ein Widersinn⟩, wenn der Skeptiker sagte — wie das ja der Sinn des bekannten Protagoräischen Satzes
10 „Gut ist, was einem jeden für gut erscheint" sein wollte —: Laß dir nicht vorreden, daß es so etwas wie ein Handeln gibt, das gegenüber einem anderen Handeln den Vorzug angeblicher Vernünftigkeit hat; handle so, daß du nie in deinem Handeln einen Vorzug der Vernünftigkeit anerkennst; oder vielleicht noch besser: Handle nie so,
15 daß du irgendeinem möglichen Handeln den Vorzug der Vernünftigkeit zuerkennst und dich davon praktisch bestimmen läßt. Das geforderte „nie so handeln" ist selbst Forderung eines Handelns, und diese Forderung tritt auf mit dem Anspruch der Vernünftigkeit. Es ist, als ob der Skeptiker theoretisch sagte: Das einzig vernünftige
20 Handeln ist, keine Vernunft im Handeln anzuerkennen. Sagt der Skeptiker theoretisch aus: Im Handeln Unterschiede zwischen vernünftig und unvernünftig anzuerkennen (theoretisch anzuerkennen), ist unvernünftig (nämlich theoretisch unvernünftig), so ist das kein skeptischer Widersinn *in forma*. Spricht er aber praktisch, sagt er, es
25 sei praktisch vernünftig, im Handeln keiner praktischen Vernunft Raum zu geben, und faßt er dies in die Form der Regel: Handle so, daß du nie Unterschiede praktischer Vernunft wirksam werden läßt, so ist der skeptische Widersinn da. Offenbar wäre es ebenso, wenn man ganz allgemein die Forderung ausspräche: Erkenne keine For-
30 derung als gültig an. Das Ausgesprochene ist eben selbst eine Forderung, die ihrem Sinn nach den Anspruch auf Anerkennung, auf Gültigkeit erhebt im Widerstreit mit ihrem unbedingt allgemeinen Inhalt.

Selbstverständlich betrifft all das die normativen Sätze, die mit
35 dem Sinn der Vernunftgeltung ausgesprochen werden. Anders steht es mit Befehlssätzen, die suggestive Forderungen aussprechen. Der Redende erwartet, daß der Ausspruch des Befehls psychologisch wirksam sein werde, aber nicht erhebt er den Anspruch auf vernünftige Geltung und ihre Anerkennung.

Nach dieser Untersuchung können wir also sagen: Es gibt extreme skeptische praktische Forderungen, praktische Normen, die sich in einer streng analogen Weise als „formal widersinnig" aufheben wie extreme skeptische „theoretische" Aussagen. Die einen tun es durch
5 einen praktischen Widerspruch, einen Widerspruch zwischen dem Inhalt der praktischen Forderung und dem, was der formale Sinn einer praktischen Forderung als solcher voraussetzt; die anderen durch einen theoretischen Widerspruch zwischen dem Inhalt der Aussage und dem, was die logische Form einer Aussage als solcher
10 sinngemäß voraussetzt. Haben wir eine echte Analogie in einem Punkt gefunden, der doch ein radikaler ist, so werden wir sie auch in weiterer und weitester Sphäre suchen. Es fällt uns aber auf, daß im traditionellen Streit zwischen ethischem Skeptizismus und ethischem Absolutismus oder Idealismus die ganze Schicht der Diskus-
15 sionen fehlt, welche die strenge Parallele bieten würden mit dem Streit zwischen theoretischem Skeptizismus und dem theoretischen Idealismus, und das betrifft nicht nur die Parallele des extremen ethischen Skeptizismus zum extremen theoretischen Skeptizismus. Es fehlen auch alle Diskussionen, die sich als genau parallel zu den
20 psychologistischen Interpretationen des Gehalts der traditionellen Logik darbieten müßten.

Die radikale Widerlegung des Psychologismus und seine Nachweisung als ein Skeptizismus erweiterten Sinnes, der sich *apriori* eben als widersinnig in sich aufhebt und somit den Bau einer logischen
25 Normenlehre auf empirisch psychologischem Grund als Verkehrtheit erscheinen läßt, erfolgt durch Rekurs auf die Sinnesanalyse der formal-logischen Prinzipien. Diese waren durch die Tradition vorgegeben und so ließ sich leicht an sie ⟨an⟩knüpfen und mit Evidenz eben durch einfachen Appell an ihren Sinn die skeptische Verkehrt-
30 heit des Psychologismus reinlich dartun. Nicht in dieser günstigen Situation sind wir aber in der Ethik mit dem ethischen Psychologismus. Wir empfinden hier ein großes Manko. Überlegen wir uns genauer die allgemeine Situation in sorgsamer parallelistischer Erwägung!

⟨§ 5. Formale Praktik und Axiologie als Analoga
der formalen Logik⟩

⟨a⟩ Das Desiderat einer formalen Praktik für die
Widerlegung des ethischen Empirismus.
5   Der Sinn der logischen Prinzipien⟩

Wie in der Logik, so kämpft man in der Ethik um die Möglichkeit
absoluter Begründung der beiderseits leitenden Vernunft- und
Normbegriffe und der zu ihnen gehörigen Prinzipien. Relativismus
und Absolutismus, Empirismus und Idealismus stehen einander
10 feindlich gegenüber, und beiderseits hat der Relativismus die bekannten Formen des Psychologismus, Biologismus, Anthropologismus. Man kann beiderseits den Streit bezeichnen als den um die
Abwehr des Skeptizismus. In der logischen Sphäre trat der Skeptizismus zunächst als offener Negativismus auf mit der offenen Leug-
15 nung der Möglichkeit einer objektiv gültigen Erkenntnis und des
Bestands einer Wahrheit an sich. Sein Widersinn wurde klargelegt
durch die bekannte platonisch-aristotelische Widerlegung. Auf logischem Gebiet war es nun möglich, die verschiedenen Formen des
versteckten Skeptizismus, der sich von dem offenen Skeptizismus
20 der Sophistik so fern dünkt, als gleichwertig mit diesem sophistischen zu erweisen, und das traf alle die modernen Versuche des
Empirismus, die logischen Prinzipien zu psychologisieren. Was die
Ethik anbelangt, so fanden wir nun zwar die Möglichkeit, zu dem
offenen ethischen Skeptizismus eine der platonischen parallellaufen-
25 de Widerlegung zu finden, in ihm einen genau analogen Widersinn
aufzuweisen wie für den extremen theoretischen Skeptizismus. Aber
nun sahen wir, daß die Situation für die weitere Widerlegung des
⟨all⟩gemein üblichen ethischen Empirismus, der sich selbst gar
nicht als einen Skeptizismus ansieht, keineswegs so günstig lag wie
30 für die des logischen Empirismus.

Die Psychologisierung der Logik, ihre Verwandlung in eine psychologische Disziplin, die Interpretation der logischen Gesetze und
Normen als psychologischer ließ sich reinlich und radikal als ein
widersinniges Unternehmen erweisen. Es bedurfte dazu nur der rei-
35 nen Aussonderung der apophantischen Prinzipien und Theorien, die
schon seit Aristoteles formuliert waren und das Kernstück aller
Logik ausmachten und die der neuere Empirismus mit seiner Bevorzugung der Idee einer Kunstlehre von der menschlichen Erkenntnis

mit allerlei empirisch-psychologischen Doktrinen ineinandermengte.
Es bedurfte nur der Konstitution einer rein formalen Logik und
einer bloßen Sinnesanalyse ihrer Prinzipien. Man brauchte nur auf
den reinen und klaren Sinn derselben hinzublicken, und mit voll-
5 kommener Evidenz sprang der ideale und absolute Charakter dieser
Gesetze hervor und damit der Widersinn ihrer psychologischen
Interpretationen. Das genügte, um zu völliger Evidenz zu bringen,
daß Logik und Psychologie scharf zu trennende Disziplinen sind, in
weiterer Folge, daß es so etwas wie eine absolut erkennende Ver-
10 nunft gibt als Idee, deren Wesen durch rein ideale Gesetze zu
umschreiben ist; womit allem logischen Empirismus der Stempel
des Widersinns anzuheften ist.

In der Ethik steht die Sache darum schlimm, weil wir uns, so wie
sie traditionell und schon seit dem Altertum ausgebildet ist, vergeb-
15 lich nach dem Analogon der formalen Logik umsehen. Aristoteles
war der Vater der Logik, weil er eigentlich der Schöpfer der logischen Analytik, dessen, was wir auch formale Logik nennen, gewesen ist; mochte bei ihm auch die Reinheit der Interpretation der von
ihm jedenfalls formulierten Prinzipien und Gesetze manches zu
20 wünschen übrig lassen. Durch seine Nikomachische Ethik, so viel
Schönes sie bieten mag, ist er nicht im gleichen Sinn Vater der Ethik
geworden. Ist die uns in unseren analogisierenden Betrachtungen leitende Vermutung richtig, so müßte es auch in der ethischen Sphäre,
in der Sphäre der vernünftigen Praxis, so etwas wie eine Analytik, so
25 etwas wie eine formale Praktik geben, einen Komplex von Prinzipien und Gesetzen, die in analogem Sinn von der „Materie" der
Praxis abstrahieren und Gesetzmäßigkeiten der reinen Form aussprechen, wie es die formal-logischen Gesetze hinsichtlich der Erkenntnis tun und wie sie von der sogenannten Materie der Erkennt-
30 nis abstrahieren.

Man möchte vermuten, daß theoretische Vernunft ihr Analogon
haben müsse in einer praktischen Vernunft und daß zum Wesen
jeder Vernunftart bzw. ihrer Korrelate in analogem Sinn Unterschiede zwischen Form und Materie gehören müßten und daß, wie auf
35 der einen Seite in der logischen Form möglicher Urteilsinhalte
apriorische Bedingungen der Möglichkeit der Wahrheit liegen, so in
der praktischen Form, in der Form möglicher Willensinhalte, Bedingungen der Möglichkeit des Analogons der auf Urteilsinhalte bezogenen Wahrheit, also Bedingungen der Möglichkeit praktischer Gül-

tigkeit, praktischer Güte. Man möchte auch vermuten, daß die
Begründung der analytischen Logik, daß die Hinwendung des Interesses auf die rein logische Form und ihre Gesetzmäßigkeiten dadurch begünstigt war, daß schon zu Aristoteles' Zeiten Stücke theo-
5 retischer Wissenschaften vorlagen, insbesondere rein mathematischer Wissenschaft, an deren festen Beweisen und Theorien sich die
Gleichmäßigkeiten der Form geradezu aufdrängten, daß es aber
andererseits der Ethik nicht so gut ging, weil es für die Sphäre der
Praxis an analogen festen Gestalten objektiver Gültigkeit fehlte, also
10 fehlte an einem Analogon theoretischer Wissenschaft.

Diese analogisierenden Betrachtungen haben mich schon vor vielen Jahren, schon vor meinen *Logischen Untersuchungen,* zum Problem der Konstitution einer formalen Praktik geführt und ich habe
in meinen Göttinger Vorlesungen seit 1902 zu zeigen versucht, daß
15 hier in der Tat ein ernst zu nehmendes, wirklich fundamentales
Desiderat vorliegt, dessen Erfüllung keinesweg aussichtslos ist.

Um sich die Sachlage in der Ethik klarzumachen, ist zu beachten,
daß zwar von alters her in der Ethik beständig die Rede ist von
ethischen Prinzipien, daß aber, was hier ethisches Prinzip heißt,
20 nichts weniger als das echte Analogon dessen ist, was in der Logik
unter dem Titel logisches Prinzip steht. Und wie die Prinzipien, so
haben beiderseits die abhängigen Theorien keine echte Analogie.
Was man traditionell logische Prinzipien heißt, sind formale Gesetze, was man ethische Prinzipien nennt, sind nicht-formale. Überle-
25 gen wir uns zunächst den Sinn der logischen Prinzipien und der
Logik selbst näher, inwiefern sie formale sei.

In der analytischen apophantischen Logik treten unter dem Titel
Prinzipien allgemeine Sätze auf, welche aussagen, was unmittelbar
im Sinn von Wahrheit überhaupt liegt; und die ganze apophantisch-
30 analytische Logik will nichts weiter, als prinzipielle Gesetze und von
ihnen abhängige Gesetze und Theorien aufstellen, die im Wesen der
Aussage hinsichtlich ihrer Bedeutung liegen. Nennen wir die Bedeutung der Aussage Satz im logischen Sinn, so handelt die analytische
Logik von Sätzen, und zwar in formaler Allgemeinheit; einerseits
35 morphologisch, sofern sie eine Formenlehre der möglichen Sätze
gibt, unangesehen der besonderen Gegenständlichkeiten, auf welche
sich die Sätze beziehen. Die Frage ist hier bloß die: Aus welchen
Kategorien von Elementen bauen sich Sätze überhaupt auf, welches
sind mit Beziehung darauf die Grundformen von Sätzen, die ele-

mentaren Satzformen und die Formen ihrer möglichen Komplikationen? Andererseits, und das ist die eigentlich logische Aufgabe:
Welche Bedingungen sind für Wahrheiten überhaupt zu erfüllen?
Formale Bedingungen sind Bedingungen, die in der bloßen Form
5 gründen: Ein Widerspruch verletzt formale Bedingungen möglicher
Wahrheit, sofern es da auf den Sachgehalt der Aussage sonst gar
nicht ankommt.

Ein geometrischer Satz kann falsch sein, weil er sich gegen spezifisch geometrische Sachverhalte versündigt, gegen Wahrheiten, die
10 in der besonderen Natur des Raumes gründen. Ein geometrischer
Satz kann aber auch falsch sein aus Gründen, die mit dem Raum gar
nichts zu tun haben, die in jedem Gebiet in gleicher Weise walten
und zu jedem in gleicher Weise beziehungslos sind, z. B. eben der
Widerspruch: Hat ein Satz die Form „A ist B" und sehe ich im B
15 eingeschlossen das Nicht-A, so daß ich habe „A ist nicht A", so ist
der Satz falsch aus formalen Gründen. Ich brauche mir das A nicht
näher anzusehen, und bedeutet es etwas Geometrisches, so brauche
ich nicht in spezifisch geometrische Erwägungen einzutreten. Ein
widersprechender Satz ist als solcher falsch. Ebenso verhält es sich
20 bei Satzkomplexen, die als Ganzes selbst wieder den Anspruch auf
Wahrheit erheben, also als Sätze anzusprechen sind. Ein Schluß, ein
Beweis kann verfehlt sein, weil er sachlich Unzulässiges in Anspruch
genommen hat. Er kann aber auch verfehlt sein, weil er in einer
Form verläuft, die überhaupt, unangesehen der Besonderheit des
25 Gebiets, Wahrheit, d. i. Gültigkeit des Schlusses, ausschließt. Dann
heißt der Schluß in spezifisch logischem Sinn falsch oder deutlicher:
formal-logisch falsch.

Nun ist es nach dieser kurzen Verständigung doch klar, daß die
formale Logik hinsichtlich keiner sachhaltigen Sphäre bestimmt,
30 was wahr ist. Sie sagt ja nur, welche Bedingungen Sätze überhaupt,
einfache Sätze wie auch komplexe Sätze, z. B. Beweise, Theorien
und dergl., in ihrer Form erfüllen müssen, damit sie überhaupt wahr
sein können. Die universelle Bedeutung solcher Sätze liegt darin,
daß alle und jede Wissenschaft natürlich Wahrheiten aufstellen will,
35 und Wahrheiten eben wahre Sätze sind.

Gehen wir nun in die praktische Sphäre über, so hat man immer
unter dem Titel von „ethischen Prinzipien" und weiterhin von
ethischen Gesetzen gerade Sätze, und zwar Normen zu formulieren gesucht, die sagen, und zwar in einer für alle Fälle passenden

Weise, was gut, nämlich was vernünftigerweise anzustreben ist. Und
da wir im Gebiet der praktischen Güter, wie der Werte überhaupt,
den Unterschied zwischen „gut" und „besser" haben und wieder
den Unterschied zwischen „in sich gut" und „um anderer willen
5 gut", so wollten die Prinzipien sagen, welches die höchsten Güter
seien oder welches das höchste Gut sei; sie suchten dasjenige festzustellen, was als höchstes vernünftiges Ziel menschlichen Handelns
vernünftig anzustreben sei.

⟨b) Der traditionelle Sinn der ethischen Prinzipien.
10   Die formale Richtigkeit gemäß Kants kategorischem
Imperativ gegenüber logisch-formaler Richtigkeit⟩

Wir haben uns in der letzten Vorlesung über den Sinn der „logischen Prinzipien" und „logischen Gesetze" verständigt. Es sind auf
die bloßen Bedeutungsformen (Satzformen, Begriffsformen, Schluß-
15 und Beweisformen) bezogene Gesetze, welche eben die in der bloßen
Form gründenden Bedingungen der Möglichkeit der Wahrheit aussprechen, ebenso modalisiert dann für die Unwahrheit, für die Möglichkeit, für die Wahrscheinlichkeit usw. Wir können auch sagen:
Apriori so geartet ist das in einem möglichen Denken Gedachte als
20 solches, in einem möglichen Urteilen Geurteilte als solches, daß
unangesehen der materialen Besonderheit des Geurteilten in der
bloß kategorialen Form der geurteilten Gegenständlichkeiten Bedingungen der Möglichkeit der Wahrheit liegen bzw. der Richtigkeit des
bezüglichen Urteilens. Worüber ich immer urteilen möge, das Urteil
25 kann nur gültig sein, wenn kein offener oder versteckter Widerspruch *in forma* darin liegt. Die Form des Widerspruchs in seinen
verschiedenen möglichen Gestaltungen schließt das „wahr" aus und
schreibt unangesehen der Urteilsmaterie das „falsch" vor. Syllogis-
men mögen in welchem materialen Erkenntnisgebiet immer auftre-
30 ten, und sie können in jedem und ⟨in⟩ allen Formen auftreten. Soll
aber der Schluß ein gültiger sein, dann darf er z. B. nicht die Form
haben „Alle A sind B und alle B sind C, also sind alle A nicht C".
An gewissen Schlußformen hängt gesetzmäßig die mögliche Wahrheit. Die Möglichkeit der Wahrheit vollzieht sozusagen eine Aus-
35 wahl innerhalb der Gesamtheit möglicher Schlußformen. Die ausge-
schiedenen fordern gesetzmäßig die Zuerkennung der Falschheit; so
überall.

Was in einer sachhaltigen Sphäre wahr und falsch ist, das präjudiziert die formale Logik nur in Form analytischer Notwendigkeiten. Natürlich läßt sich ja die Allgemeinheit der formalen logischen Gesetze dadurch besondern, daß man die algebraischen Termini der
5 Gesetze *materialiter* bestimmt, also genau so, wie der rein arithmetische Satz $3+3 = 6$ in der Anwendung auf Äpfel die Gestalt annimmt: 3 Äpfel und 3 Äpfel sind 6 Äpfel. Ich kann also z. B. analytisch sagen, von zwei chemischen, optischen, philologischen Sätzen, von denen der eine bejaht, was der andere verneint, ist der eine
10 wahr und der andere falsch und dergl. Aber niemand wird glauben, daß mit diesen selbstverständlichen Übertragungen der formal-logischen Gesetze auf die Chemie, Physik und so auf sonstige materiale Erkenntnisgebiete so etwas wie Chemie, Physik usw. selbst geleistet wäre. Die analytischen Notwendigkeiten ergeben sich aus dem For-
15 mal-Logischen von selbst durch bloße Übertragung, durch bloße Einführung materialer Termini. Was aber materiale Erkenntnis will, insbesondere in Form der Wissenschaft, etwa Physik, Chemie, Philologie etc. herausstellen will, das sind die spezifisch materialen Wahrheiten, Wahrheiten, die für das Materiale nicht wahr sind auf-
20 grund seiner bloß kategorialen Form, sondern die gerade für dieses Materiale wahr sind oder wahr sind für das Materiale aufgrund seiner allgemeinen materialen Gattungen und Artungen. Es lassen also die analytischen Notwendigkeiten unendliche Wahrheitsfelder unberührt, die im Kontrast zu ihnen synthetisch genannten, und dies sind
25 die Felder der außerlogischen Wissenschaften. Nur als Hilfsmittel, als Kette in der Methode, wie Kant sich ausdrückt, treten in die materialen Wissenschaften logische Gesetze und analytische Notwendigkeiten ein. So hat es also einen guten Sinn, wenn man sagt, was wahr ist in irgendeiner bestimmten Erkenntnissphäre (die analy-
30 tische natürlich ausgenommen), können wir den logischen Gesetzen nicht ablesen. Sie geben uns nur Schutzwehre gegen die formale Falschheit, also nicht gegen jede Falschheit, sondern nur gegen diejenige, die an der bloß logischen Form hängt.

Gehen wir nun in die praktische Sphäre über. Hier hat man unter
35 ethischen Prinzipien und in weiterer Folge unter ethischen Gesetzen gerade normative Gesetze zu formulieren gesucht, die in allgemein gültiger Weise positiv vorzeichnen, was das Gute ist, was das vernünftig Anzustrebende. Da im Gebiet der praktischen Güter (so wie analog der Werte überhaupt) Unterschiede auftreten zwischen „gut"

und „besser" und abermals Unterschiede zwischen an sich Gutem
und um eines anderen willen Gutem, so wollten die „Prinzipien"
sagen, welches die höchsten Güter seien oder welches das höchste
Gut sei. Mit ihnen suchte man also positiv herauszustellen, was im
5 Gesamtbereich praktisch erreichbarer Güter dasjenige Gute sei, das
vernünftigerweise um seiner selbst willen und nicht bloß um eines
anderen willen erstrebt zu werden verdiene und das eine so bevorzugte Stellung zu allen anderen erreichbaren Gütern besitze, daß alle
diese anderen Güter, wenn überhaupt, so nur als dienende Mittel für
10 jenes als das höchste ausgezeichnete Gute in Ansatz kommen könnten. Die Sachlage ist hier also eine andere als in der Logik. Diese mit
ihren logischen Prinzipien (in denen alle anderen logischen Gesetze
analytisch beschlossen sind) will und kann durchaus nicht positiv
entscheiden, was in jeder möglichen Erkenntnissphäre das Wahre
15 ist. Nur analytische, nicht synthetische Wahrheit kann sie in ihren
Gesetzmäßigkeiten präjudizieren.

Die Ethik aber, und in Sonderheit die ethische Prinzipienlehre,
versucht, ob mit Recht oder Unrecht, für jede mögliche praktische
Sphäre und für jeden Einzelfall positiv vorzuzeichnen, was das prak-
20 tisch Gute und Beste ist, und das, ⟨obwohl⟩ die prinzipielle Allgemeinheit nichts von den Besonderheiten der Einzelfälle in sich
schließt. Doch da bedarf es der Erläuterung. Die Ethik in der Höhe
ihrer wissenschaftlichen Allgemeinheiten spricht natürlich nicht von
dem konkreten Einzelfall, in dem ich als Handelnder mich *hic et*
25 *nunc* entscheiden soll. Aber unter dem Titel allgemeiner „Prinzipien" suchte sie nach überall anwendbaren Kriterien, an denen man
gleichwohl ethische Güte oder Schlechtigkeit des jeweiligen Einzelfalls ablesen bzw. vor der praktischen Entscheidung positiv bestimmen könnte, wann die Entscheidung eine ethisch richtige sein würde
30 und wann nicht. Die Analyse des Einzelfalls und die richtige Ausführung der Subsumption mag ihre besonderen und noch so großen
Schwierigkeiten haben, die Hauptsache ist, daß es auf eine bloße
Subsumption ankommen soll; daß keinerlei Bewertung dem Prinzip
vorausgehen, sondern erst aus dem Prinzip geschöpft sein soll, oder
35 zum mindesten, daß im Prinzip in eben prinzipiell allgemeiner Weise der volle und ganze Rechtsgrund der Bewertung beschlossen sei,
so daß das praktisch Vernünftige des gegebenen Falles durch bloße
Subsumption unter das Prinzip gewonnen werden könnte.

Beachten Sie, daß es in dieser Hinsicht keinen Unterschied aus-

macht, ob in der historischen Tradition ethische Prinzipien als sogenannte materiale oder als sogenannte formale gesucht und für möglich erachtet werden. Ob in den ethischen Prinzipien Lust, allgemeine Wohlfahrt, Vollkommenheit und dergl. als die obersten prakti-
5 schen Ziele hingestellt werden oder ob man mit Kant alle solchen Prinzipien als „ materiale " ablehnt und einen kategorischen Imperativ als ein „ rein formales Prinzip " für allein zulässig erklärt: es ist einerlei. Inwieweit ein solcher Gegensatz von „ material " und „ formal " mit dem gleich benannten logischen Gegensatz Analogie hat,
10 ist die Frage und bedarf näherer Untersuchung. Aber von vornherein ist es für den Kenner der Kantischen Ethik und der an sie geknüpften Streitigkeiten klar, daß bei der Art, wie der Gegensatz eingeführt und wie vom formalen Prinzip in der Kantischen Ethik Gebrauch gemacht wird, die Analogie in dem wesentlichen, uns
15 interessierenden Punkt versagt. Denn Kant wollte mit dem kategorischen Imperativ das eine einzige und nicht bloß notwendige, sondern zureichende Kriterium der Sittlichkeit geben. Er leitet uns selbst an, wie wir mit dem kategorischen Imperativ im gegebenen Fall zu verfahren haben, um das in ihm sittlich Gute, das wahrhaft
20 Pflichtmäßige zu bestimmen bzw. das schon vollzogene Wollen und Handeln ethisch zu beurteilen. Rein und ausschließlich die allgemeine Wertung, aus der die Forderung des kategorischen Imperativs entquillt, bestimmt den Wert des Einzelfalls. Wie „ formal " das Prinzip auch ist, wie sehr es das im Kantischen Sinn Materiale aus-
25 schließen mag, es ist ein Prinzip positiver Entscheidung, für den gegebenen und in seiner vollen Konkretion und Individualität genommenen Fall vollkommen zureichend. Diese formale Richtigkeit gemäß dem kategorischen Imperativ läßt also keinen Raum für eine materiale Unrichtigkeit. Ganz im Gegenteil dazu hörten wir: Es prä-
30 judiziert in der Erkenntnissphäre die logisch formale Richtigkeit ganz und gar nicht die materiale Richtigkeit. Da scheidet sich Erkenntnisform oder, sagen wir, Urteilsform, Satzform und andererseits Satzmaterie, repräsentiert durch die sachhaltigen Begriffe des jeweiligen Satzes. Und wir haben doppelte Wahrheiten und speziell
35 auch doppelte apriorische Wahrheiten, die einen formal oder analytisch, die anderen material oder synthetisch. Und eben darum scheiden sich hier in der Erkenntnissphäre reine und formale Logik und die mannigfaltigen materialen Wissenschaften.
Durch diese Kontrastierung ergibt sich aber die Frage oder die

folgende Kette von Fragen: Ist die bisherige Scheidung zwischen
materialer und formaler Ethik und die Begründung einer formalen
Ethik durch Kant eine zureichende oder eventuell die einzig mögliche? Ist die historische Parallelisierung von Logik und Ethik, der
5 doch nicht bloß historische, sondern auch sachliche Motive zugrunde liegen werden, nicht weiter und tiefer auszuführen oder in anderer Weise auszuführen, als es historisch geschehen ist derart, daß
sich nicht nur eine oberflächliche, sondern eine radikale und
durchgehende Analogie herausstellt? Dafür spricht ja von vorn-
10 herein der Fortschritt, den wir machen konnten durch Aufweisung
der genauen Parallele zwischen formal-logischem und ethischem
Skeptizismus.

⟨c⟩ Über die Möglichkeit formal-praktischer und formal-axiologischer Prinzipien⟩

15   Die Überlegungen, die wir eben vollzogen haben, leiten uns aber
zu bestimmteren Fragestellungen. Wir werden nämlich fragen müssen: Muß nicht die Scheidung zwischen Logik und materialer Wissenschaft oder auch zwischen bloß analytischen und synthetischen
Wahrheiten auch in der praktischen Sphäre ihr strenges Analogon
20 haben? Muß es demnach nicht auch in der Sphäre der Praxis ein
strenges Analogon geben zu ⟨dem⟩, was in der theoretischen Sphäre
reine oder analytische Logik heißt? Da hatten wir das Verhältnis
zwischen bestimmten Urteilen und der allgemeinsten Idee des Urteilens überhaupt. Wir hatten ferner *apriori* zu unterscheiden zwischen
25 Urteilen und dem Was des Urteilens, dem Satz oder dem geurteilten
Urteil. In der äußersten und reinen Allgemeinheit ließen sich da
erwägen die in der Idee des Satzes generell vorgezeichneten möglichen Satzformen überhaupt; dann weiter, mit Rücksicht auf die
apriori zur Idee des Satzes gehörigen logischen Prädikate der Wahr-
30 heit und Falschheit, ⟨ließen sich⟩ die apriorischen Gesetze ⟨erwä-
gen⟩, welche Bedingungen der Möglichkeit der Wahrheit, die zu den
möglichen Urteilsformen gehören, aussprechen. Sind nicht zu all
dem die Parallelen in der praktischen Sphäre aufzuweisen? Also, die
bestimmten praktischen Akte, sagen wir bestimmte Wollungen und
35 Handlungen, stehen unter einer Idee des Wollens und Handelns
überhaupt, die sich in der Weise einer Idee nach apriorischen Beständen und Gesetzen erforschen lassen wird. Dann hätten wir zu

überlegen, ob nicht zum Wollen als solchem *apriori* ein gewolltes
Was in ähnlichem Sinn gehört wie ⟨zum⟩ Urteilen das geurteilte
Was, das gefällte Urteil. Wir hätten dann z. B. dem Akt des Sich-
Entschließens als Korrelat zuzuordnen den Entschluß, dem Urteils-
5 satz „So ist es!" den Willenssatz „So soll es sein!", „Das soll
geschehen!". Und wie Urteilssätze, Sätze in theoretischem Sinn,
ihre schätzenden Prädikate wahr und falsch haben, Prädikate des
theoretischen Rechts haben (abgesehen von den Modalitäten wahrscheinlich, möglich und dergl.), so die praktischen Sätze parallele
10 Prädikate, die der praktischen Rechtmäßigkeit und Unrechtmäßigkeit (gleichsam praktische Wahrheit und Falschheit). Wie in noetischer Hinsicht das Urteilen als richtiges und unrichtiges Urteilen, so
würde das Wollen korrelativ zu schätzen sein als richtiges und
unrichtiges Wollen. Wie die theoretischen Sätze, die Sätze der Gat-
15 tung „So ist es!" ihre wechselnden Formen haben und andererseits
ihre in ganz anderer Richtung variierenden Materien, nämlich die
Termini, so hätten wir auch Formen für die Sollenssätze, für Sätze
der Form des praktischen „Es geschehe!", „Es soll A werden!",
„Es soll A B werden!", „Wenn A ist, so soll B werden!" etc. Die
20 Buchstaben vertreten auch hier Termini.

Ferner, wenn die Analogie fortdauernd durchführbar ist: So wie
zur reinen „Urteilsform", zu der *apriori* nach seinen möglichen
Reingestalten zu erforschenden Form theoretischer Sätze, Bedingungen der Möglichkeit theoretischer Wahrheit (bzw. Falschheit) gehö-
25 ren (die rein logischen Gesetze), so würden zu den doch wohl auch
apriori zu erwägenden Formen praktischer Sätze parallele Bedingungen der Möglichkeit praktischer Rechtmäßigkeit gehören, die als
apriorische sich wiederum in Gesetzesform aussprechen würden,
und das wären die **formalen praktischen Gesetze**. Wie die rein
30 logischen Gesetze auch bezeichnet werden können als Bedingungen
der Möglichkeit der Urteilsvernünftigkeit — noetisch: formale Normen der Vernünftigkeit des urteilenden Verhaltens —, so die rein
praktischen Gesetze als formale Normen der praktischen Vernunft,
der formalen Vernunft im Wollen. Das sagt also: Es wäre jedes Wol-
35 len und in weiterer Folge jedes Handeln *apriori* und *formaliter*
unvernünftig (unvernünftig ohne Ansehung der Willensmaterie bzw.
in bloßer Ansehung der praktischen Form), das die eben durch die
Form vorgezeichneten Rechtmäßigkeits- oder Geltungsgesetze verletzte.

In der Domäne der theoretischen Vernunft, der urteilenden, schließen sich die formalen Gesetze und ihre reinen Konsequenzen zur Einheit der formalen Logik, der Analytik, zusammen. Die bloße Übertragung auf beliebig vorgegebene Materien ergibt das Reich der
5 analytischen Wahrheiten, der Wahrheiten, die abgesehen von der Ausweisung des Seins der Anwendungsgegenstände durch bloße Subsumption unter formal-logische Gesetze einsehbar sind. Daneben hatten wir in der theoretischen Sphäre das unendliche Reich der in die verschiedenen Forschungsgebiete sich verteilenden, der nicht-
10 analytischen, wenn Sie wollen, synthetischen Wahrheiten, und zwar apriorischer oder empirisch existenzialer, deren Begründung nur durch Vertiefung in das Sachhaltige der Urteilsbedeutungen erfolgen kann.

Ebenso müßte es in der praktischen Sphäre einerseits eine prak-
15 tische Analytik geben, der entsprechen würde eine Sphäre analytischer Praxis, also ein geschlossenes Willensgebiet, in welchem die Vernünftigkeit rein formal zu begründen wäre, und dann müßte sich weiter ein eigentlich sachhaltiges Wollensgebiet daran anschließen, eine Willenssphäre, in der die Vernünftigkeit nur aus der besonderen
20 Materie des Wollens heraus begründet werden kann, sei es immanent und *apriori* aus seinen Wesenszusammenhängen, sei es empirisch-existenzial in bezug auf den umfassenden Wirklichkeitszusammenhang, sofern er das Feld wirklicher und möglicher Wollungen bzw. Handlungen ist.

25 Ließe sich das durchführen, dann hätten wir also genaue Parallelen; ⟨es⟩ stände dann der formalen oder analytischen Logik als genaue Parallele gegenüber eine formale Praktik. Auch der Ausdruck „ethische Analytik" oder „analytische Ethik" wäre passend. Ihre Prinzipien wären von alleruniversellster praktischer Bedeutung inso-
30 fern, als keine vernünftige Wollung und Handlung sie verletzen könnte, nämlich hinsichtlich ihrer Form. Andererseits wäre damit, wenn die Analogie wirklich eine vollkommene wäre, gar nichts in der eigentlichen sachhaltigen Sphäre ausgesagt, in die alles spezifisch Moralische hineingehört, ⟨über⟩ den Wert des wirklichen Wollens
35 hinsichtlich seiner Ziele und über die Stufenordnung der Güter und zuletzt über den Inhalt des höchsten praktischen Gutes, das allem Wollen als Ziel vorleuchten soll.

Diese ganze Betrachtung, die eben vollzogen worden ⟨ist⟩, fordert eine naheliegende und mit wenigen Worten zu gebende Erweiterung.

Offenbar kann, was wir zur Idee einer Ethik oder Praktik im weitesten Sinn (also über die spezifisch moralische Sphäre hinausgehend)
in betreff der Abscheidung einer analytischen oder bloß formalen
und einer materialen Ethik ausgeführt haben, ohne weiteres übertra-
5 gen werden auf das Gebiet der Axiologie, und es ist vorauszusehen, daß, wenn es eine formale Praktik gibt, sie wesentlich verflochten sein müßte mit einer formalen Axiologie überhaupt. Soweit
mit Recht von einer Vernunft gesprochen wird, soweit wird sich die
Frage nach der Scheidung zwischen analytisch-formaler und mate-
10 rialer Vernunftsphäre aufwerfen lassen, und somit also auch von
einer analytischen oder formalen Axiologie gegenüber einer materialen. Daß übrigens dieses Gebiet mit dem formal-praktischen innig
vereint ist, also eine höhere Einheit besteht, welche neben der Ethik
noch andere Teilgebiete wie z. B. die Ästhetik umspannt, ist leicht
15 zu sehen, und die Art dieser Einheit legt sogar die Möglichkeit einer
formalen Axiologie in einem erweiterten Sinn nahe.

Scheiden wir, das Gebiet des Begehrens und Wollens zunächst
ausschließend, ein Gebiet nicht-existenzialer Werte als ein Gebiet von Schönheitswerten im weitesten Sinn ab; befassen wir
20 damit also die Werte, bei welchen Existenz oder Nicht-Existenz des
wertgebenden Objekts für Sinn und Geltung der Wertprädikation
irrelevant ist; stellen wir dem gegenüber die Sphäre existenzialer
Wertungen, in denen es sich umgekehrt verhält, und nennen wir
die Werte, welche das Korrelat vernunftgemäßer existenzialer Wer-
25 tungen der Gattung Freude bilden, Güter, die entsprechenden negativen Werte Übel.[1] Dies vorausgesetzt ist es klar, daß jeder schöne
Gegenstand zugleich ein guter ist; das heißt, was sich in vernünftiger
ästhetischer Wertung als schön ausweist, das muß sich notwendig
bei vernünftiger existenzialer Wertung als gut ausweisen; das heißt,
30 existiert es bzw. steht es als existierend in der Überzeugung da, so ist
es notwendig, d. h. allgemein vernunftgemäß, Gegenstand einer berechtigten Freude; ebenso im umgekehrten Fall der Nicht-Existenz
⟨ist es⟩ Gegenstand berechtigter Trauer. Wieder: Nehmen wir an,
es fehlt für das Bewußtsein der Charakter der Existenz des Gegen-
35 stands, aber es begründet die Assumption der Existenz vernunftgemäß ein assumptives Gefallen — wir denken uns also in die Exi-

---

[1] Vgl. Beilage I: Schiefheiten in meiner Lehre vom Werten in der Vorlesung über
formale Axiologie und Praktik, S. 154 ff. — Anm. des Hrsg.

stenz hinein und in diesem Gedanken des „Gesetzt, er wäre" grün-
dete eine vernünftig zu rechtfertigende Quasi-Freude, nämlich derart: Das wäre eine rechte Freude! —; es ist dann klar, daß derselbe
Gegenstand bzw. derselbe Sachverhalt berechtigter Träger eines ver-
5 nünftigen Wunsches wäre, und wenn er als realisierbar dasteht, eines
berechtigten Willens. Nennen wir die Wertkorrelate des vernünftigen Wunsches Begehrungswerte, diejenigen des vernünftigen Willens
Willenswerte oder praktische Werte, so ist es danach klar, daß alle
diese Werte *apriori* zusammenhängen. *Apriori* gilt: Das Schöne ist
10 zugleich ein Gutes; jedes Gute ist, wenn es nicht existiert, ein Begeh-
rungswertes; jedes Begehrungswerte ist, wenn es realisierbar ist, Willenswert, so daß sich der Begriff des Guten in der Regel erweitert.
Auch das mit Recht Begehrbare heißt gut, und der praktische Wert
ist praktisch gut.
15   Gelten diese Zusammenhänge in unbedingter Allgemeinheit, so
scheinen sie doch schon formaler Natur zu sein. Denn die Allgemeinheit ist eine solche, daß es auf die „Materie" der Schönheit
und Güte nicht ankommt, somit scheinen sich in den ausgesprochenen Sätzen so etwas wie formale Gesetze auszusprechen. Jedenfalls
20 ist es sicher, daß Prinzipien, die von dieser Materie des Wertens
(d.h. von der Besonderheit der Objekte, die da gewertet werden)
unabhängig, sich auf die Wertkategorien, auf die bloße „Form"
beziehen, eine große universelle axiologische Bedeutung beanspruchen; vor allem aber gilt das für die Sätze, die sich auf die allge-
25 meinste Kategorie „Wert überhaupt" beziehen, unangesehen der
Besonderheit der Wertgebiete nach ihren kategorialen Unterscheidungen. Jedenfalls eröffnet sich der Gedanke an eine mögliche formale Axiologie in Analogie mit einer formalen Logik.

⟨d⟩ Die Unterscheidung zwischen Akt und Inhalt
30   in der praktischen und axiologischen Sphäre.
Die normative Wendung der praktischen
und axiologischen Gesetze⟩

Schließlich ist noch ein nicht unwichtiger Punkt zur möglichen
Durchführung der Analogie nachzutragen. In der formalen Logik,
35 wenn sie so rein und theoretisch gefaßt wird, wie ich nachgewiesen
habe, daß sie gefaßt werden muß, haben wir es zu tun mit Bedeutungen, insbesondere mit Satzbedeutungen hinsichtlich ihrer Form

und den von der Form abhängigen Geltungsgesetzen. Jedes solche
Gesetz kann normativ gewendet werden; das heißt, jedem entspricht äquivalent eine Norm des richtigen Urteilens überhaupt,
eine Norm von allgemeinster Gültigkeit, das heißt, in welcher Er-
5 kenntnissphäre Urteilen sich auch betätigen mag. Zum Beispiel, der
Satz vom Widerspruch besagt theoretisch, daß von je zwei Sätzen
kontradiktorischen Inhalts einer wahr und der andere falsch ist.
Dem entspricht normativ die Urteilsregel: Wer geurteilt hat, es sei
A, darf nicht urteilen, es sei nicht A, und umgekehrt. Ebenso ent-
10 spricht jedem in der formalen Logik theoretisch hingestellten
Schlußgesetz, daß aus zwei Prämissensätzen der und der Form folgt
ein Satz der und der zugehörigen Form, ich sage, solchem Gesetz
entspricht die Urteilsnorm: Wer immer Prämissenurteile der und
der Form fällt, der darf daraus vernünftig schließen, es gelte das
15 Urteil der und der Form. Die theoretischen Gesetze sprechen von
Sätzen, aber ⟨sagen⟩ gar nichts von irgend jemandes Urteilen und
Urteilen-Sollen. Die normativen Wendungen der Gesetze hingegen
wollen eben gerade Normen für den Urteilenden sein und sagen aus,
wie er urteilen soll, um vernünftig zu urteilen.
20 Diese Sachlage, wonach in evidenter Äquivalenz jedem theoretisch analytischen Gesetz eine allgemein gültige, d. h. in jeder möglichen Betätigungssphäre des Urteilens überhaupt gültige Norm entspricht, beruht darauf, daß jedes Urteil einen idealen Urteilsinhalt
hat, nämlich das, was man den Satz im logischen Sinn nennt, und
25 daß nun im Allgemeinsten des Urteilsinhalts überhaupt ideale ge-
setzliche Bedingungen der Möglichkeit der Urteilsrichtigkeit bzw.
der Möglichkeit einsichtigen Urteilens gründen.
Gehen wir nun der leitenden Analogie nach, so müßte es sich
auch in der praktischen und axiologischen Sphäre ebenso verhalten.
30 Es müßte auch da apriorische formale Gesetze geben und ihnen
parallellaufend mit ihnen evident gleichwertige apriorische Normen:
jetzt nicht Normen des vernünftigen Urteilens, sondern Normen des
vernünftigen Wertens, des vernünftigen Wünschens oder Wollens.
Die Analogie würde dann erfordern, daß wir entsprechend der
35 Scheidung zwischen Urteilen und Urteilsinhalt (zwischen Denken
und Bedeutungsgehalt des Denkens) in der praktischen Sphäre unterscheiden dürften und müßten zwischen Wollen als Akt und
dem Willensinhalt, sozusagen als Willensbedeutung, praktischer
Satz. Zur Form des Willensinhalts, d. h. zu den Grundgestaltungen,

die im Wesen solchen Inhalts überhaupt liegen, müßten die theoretischen Gesetze gehören, die den formal-logischen, den analytischen
Gesetzen parallellaufen würden; und die normative Wendung dieser
Gesetze müßte äquivalente Regeln vernünftigen Wollens überhaupt
5 ⟨er⟩geben, nämlich Normen, die nicht verletzt werden dürfen, wenn
das Wollen nicht aus dem radikalsten Grund unvernünftig sein soll,
nämlich unvernünftig, weil es gegen den „Sinn" des Wollens überhaupt, gegen das, was sein „Bedeutungsgehalt" überhaupt fordert, ver-
stoßen würde. Doch das Wollen ordnet sich in eine weitere Sphäre
10 ein, und vielmehr für die weiteste Sphäre des Axiologischen wäre all
das zu unterscheiden oder müßte solche Unterscheidung möglich sein.

Um den Sinn der Forderung etwas klarer zu machen, verweilen
wir noch einen Moment. Urteilen ist Meinen, im Sinn von Überzeugtsein. Die Urteilsmeinung hat notwendig einen Bedeutungsge-
15 halt oder, wie man auch sagte, einen Inhalt: den logischen Satz.
Wenn man gegenüberstellt das Urteilen und das Urteil, so ist letzteres nichts anderes als der logisch selbständige Satz. Urteilen ist Meinung des Inhalts „Dieses S ist P", „S überhaupt ist P" und dergl.
Andererseits ist das Wunsch- oder Willensbewußtsein gleichsam
20 Wunsch- oder Willensmeinung, und diese praktische Meinung hat
auch einen „Inhalt"; nicht den Inhalt „Dieses S ist P", sondern
den Inhalt „Dieses S soll P sein" oder „Ein S überhaupt soll P
sein" und dergl. In dieser Weise drücken wir beim Willen den Entschluß aus, aber nicht als Ausdruck des flüchtigen Entschließens, des
25 Willensaktes, sondern des Inhalts; ebenso Handeln und Handlung,
Wünschen und Wunsch.

Desgleichen ist das Werten als Gefallen und Mißfallen ein Wertvermeinen und hat seinen Inhalt, den wir sprachlich allerdings nicht
deutlich bezeichnen können: Wir können auch nur die Sollensaus-
30 drücke gebrauchen. So wie dem Urteilsinhalt Wahrheit und Falschheit zukommt und korrelativ dem Urteilsakt logische Vernünftigkeit
und Unvernünftigkeit, so kommen im axiologischen Gebiet den
Wertungsinhalten die Prädikate Wert- und Unwertsein zu oder
Güte, Schlechtigkeit. Den Akten aber kommt zu axiologische Ver-
35 nünftigkeit oder Unvernünftigkeit. Also der Entschluß ist gut oder
schlecht, aber das Entschließen, der Wille ist ein praktisch vernünftiger (eventuell moralisch vernünftiger) oder unvernünftiger; ebenso
das Wünschen vernünftig oder unvernünftig, der Wunsch ein guter
oder das Gegenteil.

Auf intellektiver Seite heißt es: Logisch bezieht sich die Bedeutung auf eine bedeutete Gegenständlichkeit. Jedes Urteilen hat einen Urteilsinhalt, das geurteilte Was, seine Bedeutung, aber nicht immer entspricht dem ein Gegenstand. Der Gegenstand, heißt es, sei in
5 Wahrheit, wenn das Urteil richtig, vernünftig ist. Ebenso etwa auf ethischer Seite: Zur Willensmeinung gehört immer ein Sinn, zum Entschließen der Entschluß, zum Handeln die Handlung. Aber nur, wenn der Wille ein vernünftiger ist bzw. der Entschluß ein guter ist, hat der Entschluß praktische Gültigkeit und der praktische Wert
10 ethische Realität, axiologische Realität, wobei der Begriff der Realität natürlich ein übertragener ist.

⟨§ 6. Das formale Verhältnis zwischen Mittel
und Zweck ist kein logisches Verhältnis.
Die Allherrschaft der logischen Vernunft⟩

15 Suchen wir nun für das, was als formale Logik wohlbekannt ist, einen Fonds paralleler Sätze in der axiologisch-praktischen Sphäre wirklich nachzuweisen, so werden wir am ehesten wohl an die formalen Verhältnisse denken, welche zwischen Mitteln und Zwecken und so auch zwischen mittelbaren und unmittelbaren Werten bestehen.
20 Merkwürdigerweise hat auch Kant gelegentlich diese Analogie gefühlt. Schlagen Sie die *Grundlegung zur Metaphysik der Sitten* ⟨Kants Werke, Akademie Textausgabe IV, S. 417⟩ auf, so finden Sie folgende Bemerkung: „Der Satz ‚Wer den Zweck will, will auch das dazu unentbehrlich notwendige Mittel‘ ist, was das Wollen anbe-
25 trifft, analytisch. Denn in dem Wollen eines Objekts als meiner Wirkung ist schon meine Kausalität als handelnde Ursache, das ist der Gebrauch der Mittel, gedacht." Demgegenüber sei, führt er ⟨S. 420⟩ aus, der kategorische Imperativ ein synthetisch-praktisches Apriori. Es sei ein „praktischer Satz", „der das Wollen einer Handlung
30 nicht aus einem anderen, schon vorausgesetzten Wollen analytisch ableitet, sondern mit dem Begriff des Wollens (desjenigen als eines vernünftigen Wesens) unmittelbar, als etwas, was nicht in ihm enthalten ist, verknüpft."
Freilich kann ich, was Kant da sagt, nicht in jeder Hinsicht billi-
35 gen. Das Wollen des Zweckes ist im eigentlichen Sinn (und das könnte doch nur der psychologische oder phänomenologische Sinn

sein) nicht ein Komplexes, das reell das Wollen des einzig notwendigen Mittels impliziert; und wenn nicht im eigentlichen Sinn, so würden wir zu fragen haben, in welchem Sinn sonst. Das bedürfte doch der Bestimmung. Das Wollen des Mittels ist „mitgedacht".
5 Eigentlich mitgedacht? Doch wohl nicht. Es mag sein, daß wir einen Zweck wollen, ohne uns im geringsten über die Mittel klar zu sein, also auch nicht über das etwa „einzig notwendige" Mittel. Selbstverständlich, das Wollen ist unmöglich ohne eine gewisse Überzeugung von Erreichbarkeit, obschon es sehr die Frage wäre, wie diese
10 Überzeugung aussieht. Ein jedes Wollen, können wir zumindest sagen, geht auf ein Ziel, und in der Vorstellung des Zieles ist mitgegeben und notwendig mitgegeben, Ende eines Weges zu ihm hin zu sein. Der Wille zum Ziel ist notwendig Wille zum Ziel durch den Weg. Aber damit ist nicht gesagt, daß der Weg als ein bestimmter
15 vorgestellt ist. Es gibt bestimmte und unbestimmte Vorstellungen, und dem Willen können beiderlei Vorstellungen zugrundeliegen. Also auch die Vorstellung eines Zieles als eines „irgend⟨wie⟩" zu erreichenden kann ein Wollen fundieren, und das „irgend⟨wie⟩" bleibt dabei eventuell sehr unbestimmt. Die nachträgliche Erkennt-
20 nis eines bestimmten Weges, und sogar als zur Zeit einzig möglichen Weges, mag späterhin Willensunterlage werden. Der frühere Wille, jetzt reproduziert, geht, sich näher „bestimmend", über in den neuen Willen: Die im Entschluß gesetzte unbestimmte Handlung geht über in die nun in Bestimmtheit des Weges gesetzte Handlung. Nun
25 mag man sagen: Es sei der Wille „derselbe", nur näher bestimmt, und der Wille des Zieles habe notwendig einen zu führenden Weg „impliziert", also auch den einzig zu führenden „impliziert". Aber all das ist uneigentlich zu nehmen.
Es ist in der Tat genau so wie beim analytischen Schluß: Die
30 Prämissenurteile sollen, wie man sagt, das Schlußurteil „analytisch" in sich schließen. Es wäre aber grundverkehrt, wollte man glauben, in den Prämissenurteilen als Erlebnissen oder Erlebniskorrelaten phänomenologisch oder psychologisch das Schlußurteil reell zu finden. Das Verhältnis ist kein psychologisches, sondern ein
35 logisches. Vernunftgemäß kann man die Prämissen nicht urteilen und den Schlußsatz leugnen, denn der liegt „logisch" in den Prämissen, d. h. rein in den Sätzen; in den Prämissenbedeutungen gründet, diese als geltende Bedeutungen angesetzt, die Geltung des Schlußsatzes. Ich brauche mich nur in den Sinn des Ausgesagten zu

vertiefen und finde es. Und darum sage ich bildlich: Es liegt das
Urteilen des Schlusses darin. Ganz so auch in der Willenssphäre. Im
Sinn des Zielwollens gründet vernunftgemäß das Wollen des Mittels. Aber nicht liegt im Wollen des Zieles explizit oder implizit reell
5 beschlossen das Wollen des Mittels.

Doch wir müssen hier ein wenig genauer sein. Was zunächst die
logische Sphäre anbelangt, so ist das Schließen nicht immer ein vernünftiges, wir schließen ja oft falsch; nicht immer „liegt" also das
Schlußurteil wirklich vernunftgemäß oder logisch in den Prämissen-
10 urteilen. Andererseits meinen wir doch, die Prämissen urteilend, es
läge in ihnen das Schlußurteil, das im Schlußurteilen Geurteilte, darin. Wir meinen natürlich nicht, daß unsere psychischen Akte des
Urteilens der Prämissensätze den psychischen Akt des Schlußurteils
psychologisch-reell einschließen. Wir sind, wenn wir schließen, kei-
15 ne Psychologen; wir betrachten und analysieren nicht unsere psychischen Phänomene. Wir urteilen und urteilend sagen wir aus: Alle
Menschen sind sterblich, und Sokrates ist ein Mensch, „darin liegt",
daß Sokrates sterblich ist. Und weil wir dieses Darinliegen sehen,
das offenbar in Richtung der Urteilsinhalte gesehen worden ist,
20 sagen wir reflektierend, wenn jemand Urteile vom Inhalt der Prämissensätze fällen wollte und nicht anerkennen ⟨wollte⟩ das, was
der Schlußsatz sagt, so wäre das unvernünftig. Das alles gehört zum
Sinn des Schließens, zu seiner Meinung als dem in ihm Vermeinten
als solchen, und auch, wenn das Schließen ein falsches ist. Auch im
25 falschen Schließen, wenn ich nur wirklich schließe, „sehe" ich das
Enthaltensein der Folge im Grund, nur ist dieses Sehen ein bloßer
Schein, ähnlich wie wir oft genug sinnlich wahrnehmen und nachher
erkennen, die Wahrnehmung sei Trugwahrnehmung, Illusion gewesen.
30 Nun, das überträgt sich selbstverständlich ganz und gar auf die
Willenssphäre. Wir wollen ein Ziel und meinen, ein Mittel sei zur
Erreichung desselben nötig, ja ganz unentbehrlich. Wir wollen nun
dieses Mittel. Im Wesen eines Willensziels als solchen liegt es, sagte
ich schon, Ende eines Weges zu ihm hin zu sein; also ist das zum
35 Weg notwendig Gehörige, somit jedes notwendige Mittel, mit dem
Ziel gesetzt und in ihm gewissermaßen mitbeschlossen. Und dementsprechend ist das Wollen des Mittels vernunftgemäß gefordert
durch das Wollen des Zieles, und das Ziel-Wollen „impliziert im
Sinne der Vernunft" das Mittel-Wollen. Das gehört zum Sinn jeder

Willenssachlage als solcher und jedes Willensinhalts, gleichgültig ob, was da gesetzt ist oder nicht, das heißt, ob das vermeinte Mittel wirklich zum Weg gehört, wirklich geeignetes und gar einzig geeignetes Mittel ist oder nicht.

5   Dabei ist es von besonderer Wichtigkeit, sich zur Einsicht zu bringen, daß die Willenssachlage nicht etwa ein bloßer Sonderfall der intellektuellen, der logischen Sachlage ist, also die Willensvernunft ein Sonderfall der logischen Vernunft im Schließen. Vor allem ist es einleuchtend, daß es sich beim vernunftgemä-
10 ßen Eingeschlossensein des Mittels im Zweck bzw. der Mittelwollung in der Zweckwollung nicht um ein „analytisches" Verhältnis handelt, um so etwas wie ein logisches Schlußverhältnis. Das tritt hervor, wenn wir prädikativ die Willenslage zum Ausdruck bringen. Aus dem Satz „Ich will den Zweck Z" und aus dem Satz
15 „M ist ein notwendiges Mittel zu Z" kann niemand nach formallogischen Prinzipien schließen „Ich muß M wollen, das heißt, ich soll vernünftig M wollen", es sei denn, daß er den allgemeinen Satz einschiebt: Wer überhaupt einen Zweck will, „muß" das notwendige Mittel dazu wollen. Aber eben dieser Satz spricht das Prinzip der
20 Schlußweise allgemein aus und ist also in Frage. Es ist offenbar kein logisch-analytischer Satz, kein aus dem Wesen des Urteils überhaupt einleuchtender, keiner, der unangesehen seiner besonderen Urteilsmaterie aus der Form des Urteils überhaupt gültig wäre. Analysieren wir, was dieser Satz besagt, also zunächst, was das sagt „Mittel und
25 Zweck", so werden wir geführt auf ein Kausalverhältnis: Das Realwerden der Tatsache M zieht nach sich oder würde nach sich ziehen das Realwerden der Tatsache Z. Dazu kommt (für die fragliche Schlußweise), daß der Handelnde unmittelbar nicht Z, wohl aber einen kausalen Weg zu Z unmittelbar realisieren und daß er ande-
30 rerseits keine andere zureichende Ursache für Z realisieren kann als eine solche, die M als notwendiges Glied impliziert. Wo all das vorliegt, da können wir allerdings schließen: In solchen Fällen müssen wir das M wollen. Wir „müssen", das sagt dabei keine psychologische Notwendigkeit, sondern eine Vernunftnotwendigkeit, ein ver-
35 nünftiges Sollen. Aber nach dieser Analyse sehen wir erst recht und ganz klar, daß diese Schlußweise vom Wollen des Z auf das vernünftige Wollen-Sollen des M keine analytische ist, keine in der bloßen Urteilsform gründende. Denn dann müßte sie gültig bleiben, wenn wir all die hier auftretenden Begriffe Ursache, Wirkung, Wille, kurz,

alle nicht rein logischen Begriffe durch unbestimmte ersetzen würden. Davon ist natürlich keine Rede. Es ist gar kein logischer Widerspruch, trotz aller Unvernunft, den Zweck zu wollen und das Mittel
nicht zu wollen.

5   Wenn nun der Schluß kein analytisch-logischer ist, die in ihm
waltende Vernunft nicht analytische Vernunft, ist sie nicht im weiteren Sinn logische Vernunft, etwa erfahrungslogische Vernunft, also
die Vernunft, die sich in der Erkenntnis, von „Tatsachen", in naturwissenschaftlicher und psychologischer Erkenntnis, betätigt? Nun,
10 daß das nicht der Fall ist, ist klar. Gewiß ist auch diese Vernunft in
der praktisch vernünftigen Schlußweise beteiligt. Zwischen Zweck
und Mittel liegt ja nach Überzeugung des Sich-Entschließenden oder
einen Willensschluß Erwägenden ein Kausalverhältnis vor. Er hat
über empirische Tatsachen zu urteilen und über ihre kausalen Bezie-
15 hungen. Aber natürlich, das allein macht es nicht. Ich habe z. B.
einem Freund eine wichtige persönliche Mitteilung zu machen.
Dazu muß ich ihn aufsuchen. Erwäge ich diesen realen Vorgang an
sich, die und die Leibesbewegungen, die und die psychischen Phänomene des Mitteilens, die und die kausalen Verhältnisse, so mögen
20 sie reale Eigenheiten haben, die bei der Rede von vernünftigen Mitteln zu dem Zweck vorausgesetzt sind; aber in sich enthalten reale
Eigenheiten nichts von Mittel und Zweck und von Vernunft. Auch
mit dem speziellen Hinblick auf die betreffenden Willensakte ist
noch wenig geleistet, wenn es sich darum handelt, dem vernünftigen
25 Sollen des Mittel-Wollens um des Zweck-Wollens willen gerecht zu
werden. Unter dem bloßen Aspekt der erfahrungslogischen Betrachtung, d. i. der psychologischen, physischen und psychophysischen,
haben wir durch Hinzunahme der Willensakte die Sphäre der Tatsächlichkeiten erweitert, aber die Willensvernunft finden wir darin
30 nicht. Die physischen Tatsachen, die Beinbewegungen, die Bewegungen ⟨im⟩ Stimmorgan und dergl. ordnen sich in die physische Natur
nach physischen Gesetzen, die psychischen Vorgänge des Mitteilens
und Mitteilen-Wollens, des Gehen-Wollens und dergl. in die Sphäre
der psychischen und beides zusammen in die der psychophysischen
35 Natur. Was hier Wahrheit ist, das bestimmt die erfahrungslogische
Vernunft. Daß aber der Mitteilungswille, das Wollen des Mittels,
das Wollen des Zum-Freund-Hingehens usw., fordert, daß, wenn ich
jenes will, ich dieses vernünftigerweise wollen müßte, das kann mir
die erfahrungslogische Vernunft nicht sagen. Das vernunftgemäße

Sollen ist kein Faktum der Erfahrung; der faktische Wille, der im psychologischen Zusammenhang auftritt, ist kein Wollen-Sollen.

Auch das in der Zweckerwägung auftretende Bewußtsein des Wollen-Sollens kann uns nicht helfen, es ist nicht selbst ein Wollen-
5 Sollen. Allgemeiner, Wert und Bewußtsein von einem Wert ist ebenso verschieden wie Wahrheit und Für-Wahrhalten, Urteilen. Das Entstehen oder Vergehen von Urteilen im Bewußtseinszusammenhang, die kausal begründende Feststellung, daß gegebenenfalls im Bewußtsein gerade dieses Urteil, dieses Wahrheitsbewußtsein (ja
10 selbst Evidenzbewußtsein) auftreten muß, ist nicht die Vernunftbegründung der Wahrheit. Genauso hier: Die erfahrungslogische Erwägung kann nur feststellen, daß das Willensbewußtsein und das Sollensbewußtsein auftreten, kann feststellen, daß es unter diesen Umständen nach empirischer Notwendigkeit auftreten muß, eben
15 als kausal-reales Faktum. Aber nicht kann es feststellen, daß dieses Mittel-Wollen ein solches ist, das in Hinblick auf den gewollten Zweck vernünftig gefordert ist. Die Vernünftigkeit dieser Forderung hat ihre Gründe in einer ganz anderen Dimension als in der der Fakta. Die Begründung des Faktums, daß so gewollt wird, daß ein
20 solches Forderungsbewußtsein erlebt wird, diese *matter-of-fact*-Begründung ist etwas total anderes als die Begründung der Forderung selbst als einer vernünftigen, als einer solchen, die vernünftig auch wäre, wenn sie der Handelnde mißachten würde, wenn sie als Faktum nicht aufträte. In der Tat ist es ja klar, daß das Sollensgesetz
25 „Wer den Zweck will, muß vernünftigerweise das notwendige Mittel wollen" *apriori* ist, daß es evidenterweise in unbedingter Allgemeinheit und Notwendigkeit gilt, während alle erfahrungsmäßigen Feststellungen und erfahrungsmäßig zu findenden Gesetze eben empirische sind.

30   Nun möchte man aber gerade hier anknüpfen, um darzutun, daß alle Vernunft nur eine, nämlich logische Vernunft ist, und daß somit praktische Vernunft und axiologische überhaupt nur ein besonderes Anwendungsgebiet der logischen sind. Gewiß, möchte man sagen, erfahrungslogische, also im weitesten Sinn
35 naturwissenschaftliche Erwägung ergibt nicht das vernunftgemäße Sollen und das Sollensgesetz. Aber sagten wir nicht Gesetz? Sprechen wir nicht von seiner apriorischen Gültigkeit und von seiner Begründung, die allerdings in ganz anderer Linie liegen mag als eine naturwissenschaftliche? Nun, ein Gesetz ist eine Aussage und somit

etwas Logisches; und die logische Vernunft ist es, welche ihre Wahrheit feststellt, welche ihre apriorische Geltung ausweist, welche begründet. Wie sich das logische Denken auf andere Gebiete bezieht,
so auch auf das Gebiet des Wertens und Wollens; und wie sie sonst,
5 sei es analytische Wahrheiten, sei es empirische, sei es synthetisch-
apriorische Wahrheiten entdeckt und begründet, so auch auf diesem
Gebiet. Das ist doch schlagend. Nun, schlagend beweist es in der Tat
das Selbstverständliche, daß, sofern irgendetwas erkannt wird, es
eben erkannt wird, daß, sofern irgendwo Gegenstände gesetzt, ihnen
10 Prädikate beigemessen, allgemeine Gesetze festgestellt werden, eben
in all dem Erkenntnistätigkeiten im Sinne logischer Vernunft von-
statten gehen. Also reden wir über axiologische Forderungen und
Forderungsgesetze, und reden wir vernünftig darüber, so reden, urteilen wir logisch vernünftig, und begründen wir, so begründen wir
15 durch logische Vernunft. Diese u n i v e r s e l l e   H e r r s c h a f t   d e r   l o -
g i s c h e n   V e r n u n f t kann niemand leugnen. Muß das aber besagen,
daß eine praktische und axiologische Vernunft in Analogie zur logischen keinen Sinn habe?

Logisch denkend, erkennend beziehen wir uns einmal auf die
20 E r k e n n t n i s s p h ä r e   s e l b s t und stellen dabei gegenüber Urteil und
Wahrheit, Urteilen als psychologisches Faktum und Urteilen, sofern
es gleichsam auf ein ideales Ziel gerichtet ist, auf das Ziel der Wahrheit. In allgemeinster formaler Allgemeinheit erwägen wir Urteilen
überhaupt und Urteilen, das zielgerichtet ist, das dem Urteilsziel,
25 der Urteilsnorm der Wahrheit gemäß ist. Erkennend stellen wir
dabei formale Gesetze für diese ideale Zielrichtigkeit auf, Gesetze
für vernunftgemäße Urteile überhaupt bzw. wir stellen formale Gesetze für die Wahrheit als solche und ihre wesentlichen Konstituen-
tien auf.

30 Logisch denkend und erkennend beziehen wir uns zweitens aber
auch auf die S p h ä r e n   d e s   W e r t e s   i m   p r ä g n a n t e n   S i n n , auf
die Sphären des Gefallens und Mißfallens, des Wünschens, des Wol-
lens. Und wieder stellen wir hier gegenüber das Werten als psychologisches Faktum und den Wert, gleichsam das ideale Ziel, auf das
35 das Werten sich richtet. Wir stellen gegenüber faktisches Werten und
normgemäßes Werten, Werten, das so wertet, wie gewertet werden
soll. Und dabei stellen wir allgemeinste ideale Gesetze für dieses
Sollen auf bzw. Gesetze für Wert als solchen, nicht für Gewertetes,
sondern für vernunftgemäß Wertes als solches.

Sollte aber trotz der Allwirksamkeit der logischen Vernunft, deren Feld eben das All des Erkennbaren überhaupt ist, sich
nicht herausstellen können, daß es zweierlei oder mehrerlei Sollen
oder Gelten gibt, bezogen auf mehrerlei Aktgattungen, die ebenso
5 viele verschiedene Formen des Vernunftbewußtseins ergeben? Und
sollte sich nicht herausstellen, daß, wie Urteilen, Gefallen, Wünschen und Wollen wesensverschieden sind der Gattung nach, so
auch die in ihnen bewußtwerdenden Sollungen oder Geltungen es
sind, also gattungsmäßig verschieden? Und wiederum: Wenn über-
10 all Begründung nötig ist, um den Sollensanspruch auszuweisen, und
Begründung sozusagen Erfüllung ist der betreffenden Arten von „Intentionen", von „Meinungen" (Urteilsmeinungen, Gefallensmei-
nungen, Wunsch- und Willensmeinungen), sollte sich nicht herausstellen, daß diese begründenden Erfüllungen grundwesentlich ver-
15 schieden sind, den Gattungsunterschieden entsprechend? So versteht es sich ja, daß man mitunter es versucht hat, geradezu anzunehmen, das Urteilen gehöre als Art in den Umfang des Wertens im
gewöhnlichen Sinn (während wir nur analogisch beim Urteilen von
Werten sprechen), es handle sich da um ein Willens- oder Gefühls-
20 artiges. Oder auch, daß man versucht hat anzunehmen, das, was in
das Urteilsgebiet die Idee von Wahrheit hineintrage und was den
Unterschied zwischen eigentlicher Erkenntnis und sonstigem Urteil
ausmache, in dem Hinzutreten eines wertenden Gefühls bestehe, in
einem hinzutretenden Notwendigkeits- oder Sollensbewußtsein, das
25 die Wertunterschiede konstituiere. Da wird also das eigentlich Intellektive, die spezifisch logische Vernunft, umgedeutet in eine Spezies
der im engeren Sinn wertenden Vernunft.

⟨§ 7. Die Analogien für die urteilende Stellungnahme des
Glaubens in den Klassen der Gemüts- und Willensakte
30   als Grund für den Parallelismus der Vernunftarten⟩

Am Schluß der letzten Vorlesung beschäftigte uns eine prinzipielle
Schwierigkeit, die mit der Parallelisierung der axiologischen und
praktischen Vernunft mit der logischen verknüpft ist. Dieser Parallelismus soll sich auswirken in parallelen Gesetzen: Den formalen
35 Seinsgesetzen sollen parallellaufen die formalen Sollensgesetze, den
formalen Geltungsgesetzen für Urteilstätigkeiten und Urteilssätze

parallellaufen formale Geltungsgesetze für Gemüts- und Willenstätigkeiten und für ihnen zugehörige Satzanaloga. Die formale Logik und Ontologie soll ihre genaue Analogie haben in einer formalen Axiologie und Praktik. Aber nun kann man Anstoß daran nehmen,
5 daß all diese Gesetze doch Gesetze, all diese Disziplinen doch Disziplinen sind und als solche unter den formal-logischen Gesetzen stehen, daß sich somit alle Gebiete, und ganz selbstverständlich, in den Rahmen der logischen Vernunft einordnen. Eigentlich gebe es also nur eine Vernunft, sie urteilt und begründet Urteile. Der Unter-
10 schied von verschiedenen Vernunftarten kann sich nur auf materiale Besonderungen verschiedener Urteilssphären beziehen.

Diese Allherrschaft der logischen Vernunft ist unleugbar. Sie liegt darin, daß alle die Ideen, die wir unter den Titeln Vernunft befassen, eben Ideen sind, also logische Faßbarkeiten, Domänen für
15 mögliche Urteile bezeichnend, Urteile, die ihrerseits wieder unter Vernunftprinzipien, unter denen der Logik, stehen. Erforschung der Vernunft und jeder Vernunft überhaupt ist natürlich logische Betätigung. Ist damit aber gesagt, daß jede Vernunft selbst logische Vernunft ist?

20 Der Parallelismus der Vernunftarten hat seine Wurzel im Parallelismus der Grundarten von Akten, und in jeder Grundart von solchen finden wir eine Grundart von Meinungen, in gewissem weitestem Sinn von Stellungnahmen. Die Erkenntnissphäre, die Vorstellungssphäre in weitestem Sinn, ist charakterisiert dadurch, daß die zu
25 ihr gehörigen Akte sich alle gruppieren um die Akte des *belief*. Das sagt: Die dieser Klasse zugehörigen Stellungnahmen oder fundamentalen Stellungnahmen sind Stellungnahmen des „Glaubens", des Für-seiend- bzw. Für-wahr-Haltens. Erkennen ist ein Vermeinen, vermeinen, es sei etwas oder es sei so und so beschaffen usw.
30 Die Glaubensakte, die doxischen, wie ich sie zu nennen pflege, haben hier die zentrale Stellung. Alle anderen Akte sind bloße Modalitäten der Glaubensakte, so als Akte der Negation oder in anderer Richtung als Akte des Vermutens, des Für-möglich-Haltens usw. Es gibt also hier zwar noch mancherlei andere Stellungnahmen,
35 aber diese sind ihrem Wesen nach als Abwandlungen von Akten des ursprünglichen Glaubens, der Glaubensgewißheit charakterisiert.

Der Klasse der Erkenntnisakte steht gegenüber als eine wesentlich neue die Klasse der Gemütsakte, der Akte des Fühlens, des Begehrens und des Wollens, die offenbar selbst wieder in nahe zusammen-

hängende Gattungen zerfällt.[1] Hier treten neue Grundarten von Stellungnahmen auf, neue Arten des Vermeinens, des Dafürhaltens. Im ästhetischen Gefallen ist uns etwas als schön bewußt. Dabei ist zu beachten: Es ist etwas anderes, über Schönheit ⟨zu⟩ urtei-
5 len und am Schönen Gefallen ⟨zu⟩ haben. Im Genuß des Schönen lebend, vollziehen wir gefallendes Vermeinen — vom Unschönen abgestoßen, vollziehen wir ein mißfallendes Vermeinen —, und dieses ist als vermeinendes Verhalten das Analogon zum urteilenden Vermeinen, allgemeiner, zum Seinsvermeinen der Art des
10 Glaubens. Ebenso ist jedes Wünschen, Begehren eine Art des Vermeinens, in ihm selbst liegt ein Für-gut-Halten bzw. ein Für-schlecht-Halten im Fall negativen Begehrens. Also dieses Dafürhalten, das rein im Gemütsakt liegt, ist das Analogon des urteilenden Für-seiend- oder Für-so-seiend-Haltens. Erst aufgrund der schön
15 oder gut wertenden Gemütsakte baut sich eventuell ein Urteilen auf; eine Stellungnahme des Glaubens wird vollzogen, Begriffe und Worte werden hereingezogen, und es erwachsen prädikative Urteile über Werten und Werte, und darunter Gesetzesurteile.

Erkenntnisakte, Akte schlichter Wahrnehmung und Erfahrung
20 oder Akte ideativer Intuition, in höherer Stufe Akte der unter Begriffe fassenden und logisch beziehenden Prädikation können sich natürlich auf jede Bewußtseinssphäre richten. Wir können uns also logisch denkend auf das logische Bewußtsein selbst richten; wir können wissenschaftlich erkennend die Bewußtseinssphäre der Erkennt-
25 nis selbst zur wissenschaftlichen Domäne machen. Wir können diese Sphäre sowohl nach seiten der Akte als nach seiten ihrer „Inhalte" und „Gegenstände" einer Wesenserforschung unterziehen. Wir treiben dann Phänomenologie des Erkenntnisbewußtseins in all seinen niederen und höheren Stufen, darunter der spezifisch logischen Stu-
30 fen, und andererseits, in Hinsicht auf die Bedeutungsgehalte dieses Bewußtseins und seine Gegenstände überhaupt, dieselben in formaler Allgemeinheit genommen, treiben wir reine Logik, in weitestem Umfang apophantische Logik und formale Ontologie.

Wir können unsere Erkenntnis aber statt auf das Erkenntnisbe-
35 wußtsein und seine Korrelate auch richten auf die allgemeinen Ge-

---

[1] Vgl. Beilage I: Schiefheiten in meiner Lehre vom Werten in der Vorlesung über formale Axiologie und Praktik, S. 154 ff. — Anm. des Hrsg.

staltungen des Gemüts- und Willensbewußtseins, und hier ist nun
die alleinige Frage die, ob man sich analytisch klargemacht hat, was
die früheren Ethiker sich klarzumachen versäumt hatten, daß nämlich in den Akten selbst als Stellungnahmen jene radikale
5 Analogie wirklich bestehe, die wir vorhin kurz aufgewiesen
haben; daß also auch Werten ein Dafürhalten ist, ein Vermeinen,
und zwar das Werten als Gemütsbewußtsein in sich selbst und vor
allem hinzutretenden Urteilen. Wie zu den Urteilsakten, allgemeiner, den Akten des Glaubens ideale Schätzungen nach Ideen der
10 Gültigkeit und Ungültigkeit gehören und wie denen korrelativ zuge-
hören die Ideen wahrhaften Seins und Nicht-Seins, so gehören zu
den Gemütsakten als Stellungnahmen ideale Schätzungen nach
Ideen der Gültigkeit und Ungültigkeit und korrelativ Ideen des im
Geltungssinn Schönen und Guten bzw. Unschönen und Unguten.
15 Wie in der Urteilssphäre das Urteilen als psychologisches Faktum
in Zusammenhängen psychophysischer Realität betrachtet werden
kann, so natürlich auch das Fühlen, Begehren, Wollen mit den ihm
eigenen Stellungnahmen. Beiderseits ist die real-kausale Erwägung
etwas in einer total anderen Richtung Gelegenes als die Erwägung
20 idealer Schätzung, die in den verschiedenen Sphären verschiedene
Zusammenhänge des Apriori erforscht. *Apriori* scheidet sich das
Urteilen als Für-wahr-Halten überhaupt vom richtigen Urteilen,
von dem Urteilen, das sozusagen das ideale Ziel der Wahrheit
erreicht. Daß jedes Urteilen überhaupt, in unbedingter Allgemein-
25 heit gesprochen (also *apriori*), unter die normativen Ideen Richtigkeit oder Unrichtigkeit gehört, ist axiomatisch einzusehen. Und das
genau Parallele gilt für die vermeinenden Akte des Gemüts. Sie stehen unter Ideen von Richtigkeit und Unrichtigkeit. *Apriori* scheidet
sich also ein beliebiges Für-schön-und-gut-Halten von einem sol-
30 chen, das eben richtiges ist, das sein ideales Ziel erreicht, das so
wertet, wie gewertet werden soll. Und dabei können wir in apriorischer Erwägung allgemeinste ideale Gesetze für dieses Sollen aufstellen und korrelativ ideale Gesetze für mögliche Werte als solche ihrer
Form nach in Analogie zu den logischen Gesetzen.
35 Die Allwirksamkeit der logischen Vernunft besteht darin,
daß sie das gesamte Feld des Erkennbaren überhaupt umspannt, also
auch des Erkennbaren, das wir als Wesen der Vernunftarten bezeichnen. Sie erkennt dann eben, daß es *apriori* wesensverschiedene Gattungen von vermeinenden Akten, von Stellungnahmen, gibt und zu

ihnen gehörig, wie wir zu sehen glauben, Grundarten von Geltungen
oder, wie wir auch sagen können, Grundarten von Normierungen,
von Sollungen mit Grundarten von normativen Korrelaten, gültigen
Sätzen bzw. Gegenständen, Werten. Den Philosophen haben sich die
5 hier bestehenden wesentlichen Analogien immer wieder aufgedrängt,
aber es fehlte an der tiefer dringenden Analyse, welche bis zu den
letzten Quellen der Analogien vorgedrungen wäre und die parallelen
Strukturen der Akte und Aktkorrelate wirklich nachgewiesen hätte.
So verstehen sich die in unserer Zeit so beliebten Vermengungen
10 von urteilender und wertender Vernunft. Man liebt es, das Urteilen
geradezu als eine Art des Wertens anzusehen, des Wertens im Sinne
eines Gemütsaktes.

In gewissem weitestem Sinn kann man freilich sagen, alle Vermeinungen, alle intentionalen Stellungnahmen sind als „Werthaltun-
15 gen" zu bezeichnen, alle stehen unter Ideen des Sollens; es ist eben
an sie alle, sofern sie eben vermeinen, die Frage der Richtigkeit oder
Unrichtigkeit, also wenn man will, die Wertfrage zu stellen. Aber
anstatt radikal nach Grundarten zu unterscheiden und sich davon zu
überzeugen, daß es innerhalb der obersten Gattung „Akt" irredu-
20 zible Gattungen gebe, denen irreduzible Gattungen von Stellungnahmen, demgemäß von Sollungen oder Geltungen entsprechen, mit
anderen Worten, statt sich davon zu überzeugen, daß unter dem
Titel „Wert" jetzt ein über das Gewöhnliche ⟨hinaus⟩ erweiterter
Allgemeinbegriff gewonnen ist, der sich in irreduzible Grundgattun-
25 gen scheidet, mengt man alles verworren durcheinander. Man verwechselt den verallgemeinerten Wertbegriff mit dem üblichen engeren, auf die Gemütssphäre bezogenen. Man faßt das Urteilen selbst
als etwas Gemütsartiges, oder auch: Man sucht uns glauben zu
machen, daß ⟨das⟩, was in das Urteilsgebiet den sogenannten Wert-
30 unterschied der Wahrheit und Falschheit hineintrage, in dem Hinzutreten von wertenden Gefühlen bestehe, in Gefühlen eines transzendentalen Sollens, in hinzutretenden Gefühlen der Denknotwendigkeit. Da wird also die spezifisch logische Vernunft umgedeutet in
eine sich ausschließlich in Gefühlen bekundende wertende Vernunft.
35 Während der Intellektualismus geneigt ist, alle Vernunft in der emo-
tionalen Sphäre wegzudeuten und in Betätigungen logischer Vernunft aufzulösen, verfährt dieser Emotionalismus umgekehrt: Die
logische Vernunft wird umgedeutet in eine emotionale; vernünftige
Bewertung, Bewertung überhaupt ist bloße Sache des Gefühls,

wobei es freilich an allen näheren Analysen fehlt, die es ihrerseits
verständlich machen könnten, wie Gefühl überhaupt objektive Gültigkeit konstituieren könne.

5 Natürlich richtet sich diese Kritik gegen die in unserer Zeit so
beliebten Theorien Rickerts und Windelbands. Die von der Tradition mißachtete axiologische Vernunft bricht in diesen Theorien in
gewisser Weise durch. Gerade ihre Eigenheit wird den bezeichneten,
an Fichte sich anlehnenden Forschern besonders stark fühlbar, so
daß sie in die Übertreibung verfallen, die logische Vernunft selbst
10 axiologisch umzudeuten. Andererseits, und um wieder zu unserem
Ausgang zurückzukehren, braucht die Allherrschaft der logischen
Vernunft uns nicht am Parallelismus der Vernunftarten irre zu machen. In ihr drückt sich eine gewisse Wesensverflechtung des doxischen Bewußtseins mit dem Gemütsbewußtsein und so jedem Be-
15 wußtsein überhaupt aus, dergemäß jedes Stellungnehmen, jedes
Schön- oder Gut-Werten *apriori* in ein urteilendes Stellungnehmen
umgewandelt werden kann. So wird aber nicht nur die Mannigfaltigkeit der Gemütsakte als phänomenologischer Data oder in empirisch-psychologischer Einstellung als Tatsachen der psychophysi-
20 schen Natur zu Objekten von Urteilstätigkeiten und speziell zu
Objekten wissenschaftlicher Tätigkeiten, sondern auch Recht und
Unrecht der Gemütsstellungnahmen und die ihnen korrelativ zugehörigen Rechtseinheiten, die Werte und Wertzusammenhänge, die
materialen und formalen Wertgesetze werden zu Feldern ⟨in⟩ logi-
25 schen Akten sich vollziehender Feststellungen. Das Herausstellen,
Feststellen, Bestimmen, das Objektivieren im spezifischen Sinn ist
Sache der logischen Vernunft. Die axiologische Vernunft mit ihren
Beständen ist sozusagen sich selbst verborgen. Sie wird erst
offenbar durch die auf dem Grund der Gemütsakte sich vollziehen-
30 de Erkenntnis. Erkenntnis erfindet aber nicht, sie holt nur heraus,
was in gewisser Weise schon da ist. Wäre nicht das Gemüt eine
Domäne von Vermeinungen, würde es nicht in sich schon, aber eben
in der Weise des Gemüts, Entscheidungen treffen, ihr Votum abgeben, so fände die Erkenntnis nichts von Werten und Wertinhalten
35 vor, sie fände dann nur blinde Erlebnisse vor, wie etwa Erlebnisse
des Rot- und Blauempfindens. Ein bloßes Empfinden, ein bloßes
Erleben eines sinnlichen Datums vermeint nichts; aber ein Gefallen
vermeint, ein Wünschen vermeint usw. Vermeinen ist nicht immer

Urteilen (im gewöhnlichen Sinn), eine Weise des glaubend Für-etwas-Haltens, aber ein Analogon des Urteilens ist es.

Beispielsweise der Wille urteilt sicherlich nicht — Wollen als solches ist nicht Glauben, nicht Erkennen —, er nimmt nicht wahr, er
5 prädiziert nicht, er vollzieht kein Deduzieren und Induzieren usw. Gleichwohl, in gewissem Sinn und im Gleichnis gesprochen urteilt er doch. Nämlich er ist nicht bloß da als ein psychologisches Faktum wie irgendein anderes, über das eventuell die logische Vernunft urteilt, das sie in den Naturzusammenhang einreiht, sondern ob
10 über ihn logisch geurteilt wird oder nicht, er selbst spricht, er gibt gleichsam ein Votum, er ist ein Werten und Sich-Entscheiden. Wir nennen auch das Urteilen ein Sich-Entscheiden.

Es gibt also verschiedene Arten des Sich-Entscheidens, des Votierens. Das Urteil ist Bewußtsein des „So ist es", der Wille Bewußt-
15 sein eines gewissen „So soll es sein". Aber freilich, aussprechen, aussagen kann der Wille allein das, was ihm in seiner Weise bewußt ist, nicht; das ist seine Unselbständigkeit. Er bedarf logischer Akte, um zu Wort kommen zu können, und das Resultat ist das Sollensurteil, das ein Urteil und kein Wille ist. Die logische
20 Vernunft muß also gleichsam auf das Feld der praktischen hinblikken, muß dieser das Auge des Intellekts geben, und erst dann kann objektiv heraustreten, was der Vernunftwille fordert und was im Sinn seiner Forderungen notwendig liegt. Es erwachsen dann Normen und Normgesetze, welche einerseits ihre logische Wahrheit
25 haben, sofern sie eben zu getreuem Ausdruck bringen, was praktische Vernunft meint und was zum Sinn dieser Meinung gehört, und welche andererseits in Form ihrer logischen Vernünftigkeit sich auf etwas beziehen, das nicht logische Vernünftigkeit ist, während es doch mit dieser etwas gemein hat, was eben in einem neuen Sinn
30 Vernunft genannt werden kann.

Freilich, das sind keine völlig hinreichenden Begründungen. Es sind klar erschaute Möglichkeiten und ⟨sie⟩ bedürfen noch tiefer bewährender Analysen. Sie genügen, um unsere parallelistische Auffassung nicht von vornherein als unzulässig erscheinen zu lassen. Wir sind
35 zugleich so weit gekommen, daß uns die Probleme, die hier zu lösen sind, in greifbare Nähe gerückt sind. Wir sehen die Grundschwierigkeit, die hier besteht, die Verflechtung zwischen der logischen Vernunft mit der prätendierten praktischen und axiologischen. Und das Grundproblem ist, in dieser Verflechtung die Komponenten zu scheiden.

⟨§ 8. Rekapitulation. Die formale Logik als Leitfaden
zur Entdeckung der Parallelstrukturen in der Gemütssphäre.
Der Vorzug der logisch-prädikativen Vernunft⟩

Rekapitulieren wir die Betrachtungen, die uns in den letzten Wo-
5 chen vor den Ferien beschäftigt hatten. Von alters her parallelisiert
man den theoretischen Skeptizismus mit dem ethischen, wie man
Ethik und Logik selbst parallelisiert. Wir gingen diesen Analogien
nach; wir forschten nach ihren tiefsten Quellen; wir suchten nach
ihrer echtesten und prägnantesten Formulierung; wir schieden un-
10 echte von echten Analogien und fanden solche echten Analogien
wirklich. In diesen Betrachtungen lagen schon tiefe Motive für die
Annahme, daß es eine der rein formalen Logik parallele Disziplin,
eine apriorische formale Ethik, allgemein, eine formale Axiologie
und Praktik, geben müsse. Denn die Auseinandersetzungen mit dem
15 logischen Skeptizismus bezogen uns speziell auf das Wissenschafts-
gebiet der Logik in einem engen und fest umgrenzten Sinn, eben auf
die analytische Logik, die sogenannte formale; und so wies uns der
ethische Skeptizismus, sofern er als genaues Analogon des logischen
konstruiert wurde, auf eine in entsprechendem Sinn formale Ethik hin.
20 Hatte man auch von alters her Logik und Ethik als parallele philosophische Disziplinen angesehen, es fehlte viel, daß der Parallelismus wirklich streng wissenschaftlich durchgeführt worden wäre. Die
Scheidung, die sich historisch in der logischen Sphäre vollzogen hatte, die Scheidung zwischen apriorischer und aposteriorischer Logik,
25 zwischen formaler und materialer, eine Scheidung, die allerdings
von den empiristischen Philosophien immer wieder verwischt wurde, diese fundamentalen Scheidungen, sage ich, waren für die Ethik
nie vollkommen, nie in der wissenschaftlich geforderten Weise vollzogen worden. Zwar hatte Kant, der hier die bedeutsamsten Impulse
30 gegeben und wie kein anderer die grundlegende Bedeutung der zu
vollziehenden radikalen Scheidungen erkannt hatte, eine apriorische
formale Ethik zu begründen versucht. Wir überzeugten uns aber,
daß diese Kantische formalistische Ethik nicht als das Analogon der
formalen Logik gelten konnte. Hatte Kant recht, dann ging vielmehr
35 die Analogie zwischen theoretischem (erkennendem) Bewußtsein
und praktischem Bewußtsein, zwischen Logischem überhaupt und
Ethischem überhaupt in die Brüche und damit auch die Analogie
zwischen Formal-Logischem und Formal-Praktischem. Die materia-

le Ethik war ja preisgegeben, das Analogon der materialen Logik; und die formale Ethik reduzierte sich auf ein formales Prinzip, den kategorischen Imperativ, der, obschon er alle Materie des Wertens und Wollens ausgeschieden hatte, doch geeignet sein sollte, für jeden
5 konkret gegebenen, material bestimmten Fall des Handelns vorzuzeichnen, was für ihn das pflichtmäßig Gute, das ethisch Geforderte sei. Ein logisches Prinzip im Sinne der formalen Logik ist aber gänzlich unfähig, für jeden konkret vorzulegenden Erkenntnisfall durch bloße Subsumption zu entscheiden, was für ihn das positiv Wahre sei.
10   Nun war aber Kants formale Ethik gar nicht entworfen worden als ein Analogon der formalen, der analytischen Logik. Obschon der Gegensatz zwischen Form und Materie beiderseits analog sein sollte, so ließ sich Kant doch nicht von dem Gedanken eines durchgehenden Parallelismus zwischen theoretischem und praktischem Ver-
15 nunftbewußtsein in radikaler Weise leiten und von dem Gedanken einer der analytischen Logik analogen Disziplin, bezogen auf Werten und Wollen hinsichtlich der reinen Formen.
     Wir unsererseits machten uns nun energisch daran, dem nachzuspüren, was in der Sphäre des Gemütsbewußtseins und seiner Kor-
20 relate aufweisbar sein müßte, wenn ein echtes Analogon ⟨in Form⟩ einer formalen Axiologie und Praktik bestehen müßte. Wir hatten versucht, uns eine vertiefte Vorstellung vom Wesen der formalen Logik zu verschaffen und benutzten sie als parallelistischen Leitfaden zur eventuellen Entdeckung der von uns vermuteten Parallel-
25 strukturen, Formen, formalen Gesetze in der Gemütssphäre. Die Logik bezog sich auf das Bewußtsein, das wir Glauben nannten, deutlicher: doxisches Bewußtsein. Es charakterisiert sich als ein Vermeinen, es sei etwas. Spezieller bezieht sie sich auf die prädikative Doxa, deren Korrelat der prädikative Satz ist. Wenn wir die sprach-
30 liche Form abtun, ist es das gefällte Urteil. Dieses aber hat sein gegenständliches Korrelat im Sachverhalt. Es unterscheidet sich hier also dreierlei: der Akt des Urteilens gleich das urteilende Vermeinen, welcher der Rechtsprechung der doxischen Vernünftigkeit oder Unvernünftigkeit untersteht; das Urteil selbst, *apophansis,* der Satz,
35 der das eigentliche Thema der traditionellen formalen Logik war, die wir darum apophantische Logik nannten, den Aristotelischen Terminus aufnehmend; ⟨der Sachverhalt⟩.
     Sätze sind wahr und falsch, und formale Wahrheitsgesetze auszusprechen ist das Ziel der formalen Logik. Diese Gesetze lassen sich

umwenden in Gesetze für Gegenstände und Sachverhalte überhaupt, die ebenso wie die apophantischen Gesetze und in korrelativem Sinn alle „Materie" in unbestimmter Allgemeinheit belassen. Bei dieser Umwendung treten wir ein in die formale Ontologie. Wir
5 haben hier also eigentlich eine Kette durch Korrelationen aufeinander bezogener formaler Disziplinen, formale Noetik, formale Apophantik, formale Ontologie.

Wir suchten nun in all diesen Beziehungen nach den Parallelen und fanden sie auch. Wir fanden das wertende Bewußtsein, mag es
10 schön oder gut wertendes oder praktisches sein, so sehr analog dem urteilenden, daß wir in einem allgemeineren Sinn überall von einem Vermeinen sprechen konnten, und es schien auch, daß die Parallelen auf der Seite der Aktkorrelate nicht fehlten, die Analoga der Sätze und die Analoga der Sachverhalte (hier als Wertverhalte, praktische
15 Verhalte). Freilich, zu einer genauen und tiefgehenden Ausführung dieser Parallelen ließen wir uns nicht die Zeit; wir strebten sogleich weiter. Nachdem wir genug gesehen hatten, um einer weitgehenden Analogie versichert zu sein, blickten wir uns um nach Parallelen der formal-logischen Gesetze. Da half uns Kant weiter mit einer gele-
20 gentlichen Bemerkung in der *Grundlegung*. Sie betraf „analytische" Willensverhältnisse, wobei herangezogen wurde das Gesetz, daß, wer den Zweck will, das einzig dazuführende Mittel wollen muß.

Hier käme es zunächst darauf an, den rechtmäßigen Sinn dieser Rede von „analytisch" nicht zu verfehlen und sich klar zu machen,
25 daß dieses „analytisch" nicht, wie Kant es meinte, identisch dasselbe besage wie das „analytisch" im formal-logischen Sinn, daß vielmehr hier ein bloßes Analogon des Logisch-Analytischen vorliege. Und da war nun ein Punkt, an dem wir die echte und gesuchte Parallelsphäre zur formal-logischen betraten. Die axiomatisch ein-
30 leuchtenden Gesetze, welche die Verhältnisse von Zwecken und Mitteln regeln, sind offenbar im echten Wortsinn apriorische, auf die Sphäre des Willens und seiner Wesenskorrelate bezogene Gesetze. Sie gelten offenbar in unbedingter Notwendigkeit und Allgemeinheit, und sie sind formale Gesetze, sofern sie von der Materie des
35 Gewollten nicht das mindeste einschließen. Nur die Form, und zwar als Willensform, kommt in Frage. Worauf der Wille immer sich beziehen mag, es gehören zu seinem Wesen als Wille mögliche Unterschiede von Ziel-Wollen und Mittel-Wollen, und dem entsprechen auf seiten der Korrelate, der Gewolltheiten als solcher, gewisse

nur in dieser Korrelation verständliche Formen, die die Worte
Zweck und Mittel andeuten. Auf diese reinen Formen beziehen sich
nun Gesetze der Willensvernünftigkeit, welche offenbar Parallelen
sind zu formalen Gesetzen der Vernünftigkeit des Urteilens in
5 bloßem Anbetracht der Urteilsformen.

Freilich, eine ernste Schwierigkeit trat uns hier in den Weg, eine
Schwierigkeit, deren vollständige Aufklärung in sehr tiefe phänomenologische Untersuchungen verwickelt. Es ist, kurz gesagt, die
Schwierigkeit der Allherrschaft der logischen Vernunft. An sich und
10 von oben her gesprochen ist es ganz selbstverständlich, daß logisches
Denken in Aktion ist, wo immer Sätze bzw. Gesetze aufgestellt werden. Verfahren wir dabei vernünftig, so natürlich logisch vernünftig.
Wir dürfen da aber nicht den Schluß ziehen, daß es nur eine einzige,
die logische Vernunft gibt, die Vernunft, die sich im Glauben und
15 den höheren Betätigungen des begrifflichen Bestimmens, des Prädi-
zierens bekundet.

Der Deutlichkeit halber bemerke ich, daß das Wort Vernunft hier
nicht im Sinne eines menschlichen Seelenvermögens, also psychologisch im gewöhnlichen Sinn verstanden ist, sondern einen Titel für
20 die wesensmäßig geschlossene Klasse von Akten und ihren zugehörigen Aktkorrelaten befaßt, die unter Ideen der Rechtmäßigkeit und
Unrechtmäßigkeit, korrelativ der Wahrheit und Falschheit, des Bestehens und Nichtbestehens usw. stehen. Soviel Grundarten von
Akten wir scheiden können, für welche dies gilt, soviel Grundarten
25 der Vernunft. In erster Linie kommen hier in Frage die doxischen
Akte, die Akte der Glaubensgewißheit mit ihren Modalitäten. Aber
dann müssen wir weitergehen. Jederlei Akt, der den Charakter eines
Vermeinens, Dafürhaltens im weitesten Wortsinn hat (und wir sehen
ja, daß diese Verallgemeinerung ihren guten Sinn hat), steht ⟨unter⟩
30 solchen normativen Ideen, die entsprechende Verallgemeinerungen
der in der logischen Sphäre auftretenden sind. Die logische Vernunft
hat nun aber den einzigartigen Vorzug, daß sie nicht nur in ihrem
eigenen Feld, sondern im Feld jeder anderen Gattung des Vermeinens, also in jeder anderen Vernunftsphäre Recht formuliert, Recht-
35 mäßigkeit bestimmt, Rechtsgesetze als Gesetze prädiziert und ausspricht. Wertende und praktische Vernunft sind sozusagen stumm
und in gewisser Weise blind. Schon das Sehen im engeren und weiteren Sinn, also auch im Sinne des „Einsehens" ist ein doxischer
Akt. Ein Recht kann da sein, ohne gesehen zu sein, es kann da sein,

ohne unter Rechtsbegriffe gebracht, in Urteilsform expliziert und gedacht, in Aussageform als Gesetz ausgesprochen zu sein. Es ist da als Recht wertender Vernunft, wenn wertende Akte gewisser Wesensartung und -formung vollzogen bzw. vollziehbar sind. Aber bloß
5 wertende Vernunft sieht nicht, begreift nicht, expliziert nicht, prädiziert nicht. Mit ihr müssen sich also Akte der im weitesten Wortsinn logischen, der doxischen Sphäre verflechten. Nur im Vollzug solcher Akte können uns Akte überhaupt und ⟨das⟩, was sie vermeinen, zur gegenständlichen Gegebenheit kommen und können ⟨wir⟩ dann
10 einsehen, daß wertende Akte „vermeinende", für schön, für gut haltende sind, dann weiter, daß sie unter idealen Prädikaten der Rechtheit und Unrechtheit stehen usw. Also die Fackel der logischen Vernunft muß aufgesteckt werden, damit, was an Formen und Normen in der Gemüts- und Willenssphäre verborgen ist, an das
15 helle Licht treten kann. Die logischen Akte leuchten aber nur hinein und machen nur sichtbar, was da ist. Sie konstituieren nur die logischen Formen, nicht aber die in den Formen gefaßten eigentümlichen Vernunftgehalte der parallelen Vernunftsphären. Freilich muß ich wiederholen: Um aus tiefsten Gründen zu verstehen, wie doxi-
20 sche Akte und die höheren logischen Akte das leisten können, was ihnen hier zugemutet ist, und auf der anderen Seite, um aus tiefsten Gründen zu verstehen, was das heißt, daß Gemütsakte originäre Quellen für ihnen eigentümliche Vernunftwerte sind, die hinterher logische Fassung und Bestimmung erfahren können, das erfordert
25 sehr schwierige Nachweisungen im Gebiet der allgemeinen Wesensstrukturen des Bewußtseins. Wenn die Zeit es zuläßt, werden wir später noch versuchen, ein Stück dieser letztaufklärenden Phänomenologie der Vernunftstrukturen zu behandeln. Jetzt gehen wir zum Hauptzug unserer Erörterungen zurück.

FORMALE AXIOLOGIE⟩

⟨§ 9. Apriorische Motivationsgesetze als Gesetze
vernünftiger Konsequenz. Motivationszusammenhänge
5   zwischen logischer und axiologischer Sphäre⟩

Bestimmte Analogien ergaben sich uns zwischen analytisch-logi-
schem Denken, wie es im syllogistischen Schließen waltet, und dem
gleichsam analytisch-praktischen Wollen, wie es waltet in allem Wil-
lensverhalten nach Zwecken und Mitteln. So wie wir auf logischem
10 Gebiet und speziell in den Verhältnissen mittelbaren Denkens von
analytischem Grund und analytischer Folge sprachen, so hätten wir
hier zu sprechen von analytisch-praktischen Gründen und analytisch-praktischen Folgen. Dann läge im Ziel der praktische
„Grund" für die Mittel. Der Zielentschluß, der Zielvorsatz wäre zu
15 bezeichnen als Willens-Grundsatz, Willens-Prämisse für den auf das
Mittel bezüglichen Entschluß als Willens-Folge-Satz.
Normativ logisch heißt es hinsichtlich der Urteilsakte: Das Urteilen des Schlußsatzes ist vernünftig motiviert durch das Urteilen der
Prämissen, *notabene*, wenn der Schluß eben ein vernünftig vollzoge-
20 ner ist. Oder allgemeiner gesprochen: Das Urteilen eines Schlusses
ist theoretisch motiviert durch das Urteilen der Prämissen, und diese Motivation ist entweder eine vernünftige oder nicht. Sie unterliegt
der theoretischen Rechtsfrage. Bei dieser Rechtsbeurteilung gelten
die in der Form der Urteilsinhalte (der logischen Sätze) gründenden
25 formal-logischen Gesetze, sie fungieren normativ in Ansehung vernünftigen Urteilens überhaupt, soweit es eben durch die Form der
Urteilsinhalte in seiner Vernünftigkeit bestimmt ist.
Parallel heißt es in der praktischen Sphäre hinsichtlich der
Zusammenhänge der Wollensakte: Das Wollen des Mittels ist
30 praktisch motiviert durch das Wollen der Prämissen. Der Urteils-

motivation entspricht hier die Willensmotivation, die ebenfalls die Rechtsbeurteilung über sich ergehen lassen muß und unter Regeln praktischer Vernünftigkeit steht. Auch diese Normen müssen in einem „Inhalt" liegen, im Analogon des Urteilsinhalts oder logi-
5 schen Satzes. Wenn der logische Akt der Rechtsprädikation hier Rechtsgründe herausholt, so holt er sie eben nur heraus, sie liegen im Willensgebiet als das ihm eigentümliche Willensrecht.

Und all das gilt offenbar für die allgemeinste axiologische Sphäre: Soweit irgendwie von Werten und Wert gesprochen wer-
10 den kann, soweit reicht auch der Unterschied zwischen Wertgründen und Wertfolgen, von vorausgesetzten Werten und daraufhin gesetzten oder abgeleiteten Werten. Die letzteren sind Wert um anderer Werte willen, die ersteren sind sozusagen Prämissenwerte oder Grundwerte. Die Gründe sind hier überall nicht logische Grün-
15 de, sondern Wertgründe. Und was die Zusammenhänge der Wertungsakte anlangt, so bestehen in allen Sphären Zusammenhänge der Motivation: Das Grundwerten motiviert das Werten für die abgeleiteten Werte. Und Motivation in all ihren Arten untersteht der Rechtsbeurteilung; sie ist vernünftig oder unvernünftig und unter-
20 steht Normgesetzen, insbesondere aber formalen Normgesetzen, die von der Materie der jeweiligen Endwerte und Mittelwerte abstrahieren. Überall können wir hierbei von Gesetzen der Konsequenz sprechen, das sind eben überall Gesetze vernünftiger Motivation und korrelativ ist überall das Wort Motiv am Platz.
25 Hierbei greifen Motivationszusammenhänge auch vielfältig in die verschiedenen Sphären hinüber und herüber. So schon auf intellektivem Gebiet. Dahin rechnet man in der Regel nicht bloß Urteile im Sinne von gewissen Überzeugungen, sondern auch Vermutungen, aber auch Fragen und Zweifel. Jedenfalls handelt es sich
30 um verschiedene modale Artungen von intellektiven Urakten, denen des gewissen Glaubens. Motivationsgesetze verknüpfen aber nicht bloß gewissen Glauben mit Glauben, Sicher-überzeugt-Sein mit Überzeugt-Sein. Zunächst Beispiele dafür: Glaube ich, daß wenn A gilt, auch B gilt, und glaube ich, daß B nicht gilt, so darf ich ver-
35 nünftigerweise nicht glauben, daß A gilt; und so für die normativen Wendungen aller anderen formal-logischen Gesetze. Wir haben aber auch, sage ich, verschiedene Sphären verbindende Motivationen: Wer überzeugt ist, daß A gilt, kann vernünftigerweise nicht zweifeln, ob A gilt. Wer gewiß überzeugt ist, daß A nicht gilt, kann

vernünftigerweise nicht vermuten, daß A gilt. Wer sicher ist, daß A
ist, kann vernünftigerweise nicht die Frage stellen, ob A ist oder
nicht ist usw. Das alles ist Sache der vernünftigen „Konsequenz". Aber solche Konsequenz verbindet auch das in-
5 tellektive Gebiet mit den Gemütsgebieten; theoretische und
wertende Vernunft sind miteinander überall verflochten. Hierbei ist
die theoretische viel freier und unabhängiger. Denn die wertende
Vernunft ist notwendig mit der theoretischen verflochten. Es hängt
das schon damit zusammen, daß jedem wertenden Akt not-
10 wendig zugrundeliegen intellektive Akte, „objektivierende"
(vorstellende oder urteilende oder vermutende Akte), in denen die
bewerteten Gegenständlichkeiten vorstellig werden und eventuell als
seiend oder nichtseiend in Gewißheit oder Wahrscheinlichkeit dastehen. Und dieses Fundiertsein ist nicht ein bloß psychologisches.
15 Vielmehr ist der wertende Akt wesensmäßig gerade insofern, als er
die Werterscheinung konstituiert, in dem intellektiven Akt fundiert.

Diese Verflechtung führt leicht in die Irre, da sie nahelegt zu
sagen, daß die wertenden Akte nur in dem Sinn intentionale sind,
daß sie auf die vorgestellten Gegenständlichkeiten gerichtet sind.
20 Aber wir werden noch ausführen müssen, daß im eigentlichen Sinn
nur objektivierende Akte auf Gegenständliches, auf Seiendes oder
Nichtseiendes gerichtet sind, wertende Akte aber auf Werte, und
näher, auf positive und negative Werte. Freilich, eins und das andere
ist sachlich bzw. in den Akten wesentlich verschmolzen: Werte
25 haben ihre Gegenstandsseite und zugleich ihre spezifische Wertseite,
die erstere für die letztere fundierend, und wenn Werte selbst zu
Gegenständen der urteilenden Erkenntnis werden, so wird die Wertseite selbst objektiviert. Doch wie immer: Mit diesen etwas schwierigen Verhältnissen hängt eine Vernunftmotivation zusammen, die
30 Intellektives und Axiologisches verknüpft. Zum Beispiel, wer sicher
überzeugt ist, daß A ist, kann nicht A wollen; wer überzeugt ist, daß
A nicht ist, kann nicht, daß nicht A ist, wollen; ebenso wenn wir,
statt „wer überzeugt ist" sagen „wer mit überzeugender Wahrscheinlichkeit vermutet". Die Rede ist hier natürlich nicht von
35 einem psychologischen Können oder Nichtkönnen, sondern von
einem Apriori der Vernunft.

Sprechen wir noch andere Beispiele durch, stellen wir uns überhaupt möglichst viele solcher apriorischen Sätze vor Augen, damit
wir die Natur des Apriori in der Motivation oder, wie wir auch

sagen können, der Konsequenz und ein wenig auch seine Ausdehnung kennenlernen. Knüpfen wir an den Unterschied zwischen existenzialem und nicht-existenzialem Gefallen, Schön-Werten und Gut-Werten an. Wer an einem A nicht-existenziales Gefallen (ein

5　Schön-Werten) hat, der muß sich vernünftigerweise freuen im Fall der Gewißheit, daß dieses „Schöne" ist; und er muß trauern im Fall der Gewißheit, daß es nicht ist. Freude und Trauer sind hier vernünftig motivierte Akte. In solchen Fällen sich zu freuen bzw. zu trauern, das fordert gleichsam die vernünftige Konsequenz; es ist

10　eine Gefühlsselbstverständlichkeit, und zwar eine vernünftige, von der abzuweichen Gefühlswidersinn wäre. Natürlich, kein normaler Mensch wird sich anders verhalten, aber das Faktum geht uns nichts an; ein gegenteiliges Faktum, etwa bei einem Wahnsinnigen, würde so wenig bedeuten wie etwa das Vorkommen der Überzeugung, daß

15　$1 + 1 = 3$ sei in irgendeinem anomalen Intellekt. Freude und Trauer, sagte ich, sind hier motiviert, sie sind es nämlich einerseits durch die vorausgesetzte Schönheitswertung (sie ist die Wertungsvoraussetzung) und andererseits und in eins damit durch die Überzeugung, das Urteil, daß das Schöne sei. In ähnlicher Weise kann eine Ver-

20　mutung (eventuell ein Wahrscheinlichkeitsurteil) unter gleicher Wertungsvoraussetzung motivierend fungieren, die Freude geht dann in Hoffnung über. *Apriori* gilt dann: Die Grade der Wahrscheinlichkeit „bestimmen" dabei vernunftgemäß die Fülle der Hoffnungsfreudigkeit; und ähnlich im entgegengesetzten Fall der Furcht.

25　　Ersetzen wir jetzt die Vermutung durch ein zweifelndes Schwanken in Hinsicht auf Sein oder Nicht-Sein des Schönen. Dieses intellektuelle Schwanken motiviert dann vernünftig das gefühlsmäßige Schwanken zwischen Hoffnung und Furcht. Bestimmen wir näher: Ersetzen wir das intellektuelle Schwanken durch völlige Unentschie-

30　denheit im Gleichgewicht der für und gegen das Sein des Schönen sprechenden Vermutungsgewichte, so motiviert dieses intellektuelle Gleichgewicht ein entsprechendes Gemütsgleichgewicht.

　　Ferner: Wo immer unter gleicher Wertungsvoraussetzung die Gewißheit für das Sein des Schönen mangelt oder vielmehr das Be-

35　wußtsein ⟨der⟩ Ungewißheit besteht, da motiviert sie vernünftig den Wunsch, es möge das Schöne sein; und ebenso, wenn es sich um ein Mißfälliges handelt, den negativen Wunsch, es möge nicht sein. Weitere Motivationssätze wären: Wenn ein positives Urteil

Freude motiviert, so motiviert das entsprechende negative Urteil
Unfreude, und umgekehrt. Und so ähnlich für andere Wertungsakte.

⟨§ 10. Wertgesetze als objektiver Ausdruck der Motivationsgesetze.
5   Die formal-axiologischen Gesetze der Konsequenz⟩

Wir haben in der letzten Vorlesung begonnen, eine Reihe von
Motivationsgesetzen, Gesetzen vernünftiger Konsequenz, durchzu-
sprechen, und zwar wies ich dabei darauf hin, wie sich intellektive
und axiologische Motivation miteinander verbinden, einheitlich als
10   Prämissen eines axiologischen Motivats fungieren. Von vornherein
ist nun auch in all diesen Beispielen darauf zu achten, daß der jeweiligen Norm für die Innehaltung der Konsequenz, welche Norm für
das vernünftige Werten (Werten) sein will, ein idealer und objektiver Ausdruck parallel geht, der auf axiologische Sätze bzw. auf die
15   Werte geht oder auf das, was der Sinn der jeweiligen Wertungsart
rein ideal fordert.

Wir sprachen in subjektiver Hinsicht aus: Wer überzeugt ist, daß
A ist, kann A nicht wollen, es wäre unvernünftig. Wer überzeugt ist,
daß A nicht ist, kann vernünftigerweise nicht A fliehen. Dem ent-
20   spricht objektiv der Satz, daß es zum Sinn eines Entschlusses gehört,
daß nur ein Noch-nicht-Seiendes sein Ziel sein kann. Wir sagten: Wer aufgrund bloßer Vorstellung in nicht-existenzialer Weise
wertet, wem (wie wir es in außerordentlicher Extension des Ausdrucks sagten) A als Schönes dasteht, der müsse sich vernünftiger-
25   weise in der Gewißheit, daß dieses Schöne wirklich sei, freuen und
trauern in der Gewißheit, daß es nicht sei. Überwiegende Wahrscheinlichkeit im Vermuten, daß das Schöne sei, motiviert die Hoffnung; dabei ist die Fülle der vernünftigen Hoffnungsfreudigkeit bestimmt durch die Kraft der Vermutung.

30   Solchen Sätzen entsprechen objektive Sätze, die auf die entsprechenden Korrelate eingehen und sich nicht an das Subjekt und seine
einzelnen Akte wenden. Objektiv heißt es: Ist A ein Schönes und ist
es in Wirklichkeit, so ist es ein Gutes bzw. es ist gut, daß A ist, wenn
A ein Schönes ist und wirklich ist. Jetzt ist von den Akten und ihrer
35   Normierung keine Rede mehr. „Gut" ist hier verstanden als das
axiologische Korrelat der vernünftigen Freude, also das der Freude

Werte. Ebenso: Wenn ein Unschönes (das Korrelat einer nicht-existenzialen negativen Wertung) in Wirklichkeit ist, so ist es ein Übel, und daß es wirklich ist, ist schlimm, ist „von Übel" (gleich ein Trauerwert).[1]

5 Wieder: Das Nichtsein eines Unschönen ist gut (erfreulich), das Sein eines Unschönen ist von Übel. Das Möglichsein und wieder das Wahrscheinlichsein eines Schönen ist gut, sein Unwahrscheinlichsein ist un-gut. Das Schöne, sofern es wahrscheinlich ist, ist hoffenswert und im entgegengesetzten Fall bedauernswert. Ist ein Unschö-

10 nes Wahrscheinlichseiendes, so ist es bedauerlich, ein Trauernswertes usw. Freilich fehlen da hinreichend objektiv geprägte Ausdrücke. Weiter: Der objektive Grad der berechtigten Hoffnung ist bestimmt durch den Grad der Wahrscheinlichkeit des Schönen; und ebenso für berechtigte Furcht (der objektive Unwert, der das Korrelat des

15 Fürchtens, wenn es vernünftig ist, ausmacht): ⟨Ihr⟩ objektiver Grad ist vernünftig bestimmt durch die Grade der Wahrscheinlichkeit des Unschönen. Weiter: Das Nichtsein eines Schönen begründet den objektiven Wunschwert „Das Schöne möge sein" bzw. die Richtigkeit des Wunschsatzes; das ⟨Sein⟩ eines Unschönen den

20 objektiv bestehenden negativen Wunschwert „Es möge nicht sein" bzw. den negativen Wunschsatz usw.[2]

Ziehen wir jetzt in Betracht die hypothetischen (und kausalen) Modifikationen der Gemütsakte, die Parallelen sind der hypothetischen Modifikationen der intellektiven Akte.[3] Ein neues Gesetz:

25 Freut sich jemand hypothetisch, nämlich in Gedanken, es sei W, und nimmt er Rücksicht darauf, daß W wäre, wenn A wäre, dann überträgt sich vernünftigerweise die Freude auf A, A gewinnt für ihn Wert. Der hypothetische Gedanke, es sei A, motiviert dann auch hypothetische Freude, nämlich mit Rücksicht darauf, daß dann eben

30 auch W wäre. Auch das ist eine Vernunftgesetzmäßigkeit. So überträgt sich die Freude hypothetisch und dann auch thetisch. Freut man sich über W wirklich und weiß man, daß weil A ist, auch W ist, so überträgt sich vernünftigerweise die Freude auf A. Konsequenterweise soll man so fühlen, wenn man so und so geurteilt und gefühlt hat.

---

[1] Vgl. Beilage I: Schiefheiten in meiner Lehre von Werten in der Vorlesung über formale Axiologie und Praktik, S. 154 ff. — Anm. des Hrsg.

[2] Auch hier „Grade".

[3] Überhaupt kategorisch — hypothetisch — disjunktiv: „Relation". Positiv — negativ: „Qualität"; auch Bejahen, Zustimmen, Billigen, Verneinen als Mißbilligen.

Dem Motivationsgesetz, sehen wir, steht gegenüber die objektive
Gesetzmäßigkeit: Ist ein W ein Wertes und gilt, daß wenn A ist, auch W
ist, so ist mit Rücksicht darauf auch ein A ein Wertes. Dabei sind die
Wertvorzeichen entsprechend bei A und bei W dieselben. Die Wertei-
5 genschaft überträgt sich in fortgesetzter Anwendung des Satzes in aufsteigender Linie immerfort, wenn wir existenziale Verkettungen haben: wenn M, so N, wenn N, so P, wenn P, so Q etc. Schließlich,
wenn Q, so W. All das gilt *apriori*. Wir haben hier einen Wertschluß, wobei die eine Prämisse eine Werttatsache und die andere
10 eine intellektuelle Sachlage ist. Die beiden Prämissen sind im
Wertschluß zusammengenommen; durch die Form des „Zusammen" eben, des „und": Ist W ein Wertes und gilt, daß wenn A, so
W.
Man muß dieses axiologische „und" wohl unterscheiden von
15 dem bloß logischen, das die Prämissen eines intellektuellen Schlusses vereint. Gehen wir auf das beiderseitige Bewußtsein im Schließen, im Vollzug der Konsequenz zurück, so steht uns beim theoretischen Schlußbewußtsein im Zusammen der Prämissen ein verei-
nigter theoretischer Bestand vor Augen. Im Fall des Wertens aber
20 liegt vor einmal ein Werten des W und andererseits das Urteilen:
Wenn A gilt, gilt W. Das gibt in sich noch keine Einheit. Es liegt eine
intellektuelle Einheitslage vor, wenn wir das Urteil „W ist ein
Wert" und wenn wir das Urteil „Wenn A gilt, gilt W" intellektuell
einigten; aber wir machen ja gar keinen intellektuellen Schluß. Die
25 Einheit zwischen dem Akt des Wertens und dem Urteilen kommt
zustande durch das, was wir ausdrücken als „in axiologische
Erwägung ziehen". Wir werten W und wir ziehen in Erwägung,
daß W wäre, wenn A wäre. Diese „Erwägung" ist kein theoretischer
Akt. Wir ziehen in axiologische Erwägung, und das ist eben: Die
30 theoretische Überzeugung gewinnt eine Gemütsfunktion und wird
gemütsmotivierend, nicht theoretisch motivierend. Der Schluß also
lautet: Ist B ein Wert, so ist in Erwägung der Sachlage, wenn A wäre,
so wäre B, auch A ein Wert. Statt „in Erwägung" sagen wir auch
„in bezug darauf" oder einfach: Wenn B ein Wert „und" wenn
35 dazukommt, daß wenn A wäre, B wäre. Es ist also keineswegs ein
einfaches „und" und kein logisches „in bezug auf", „in Erwägung,
daß". Dies ist bei allen ähnlichen Fällen in gleicher Weise zu
berücksichtigen; so bei Disjunktivis.
Das ausgesprochene Wertgesetz läßt noch nähere Begrenzungen
bzw. Besonderungen zu. Wir sagten: Wenn W ein Wertes ist und

wenn es gilt, daß wenn A ist, auch W ist, so ist A, im Sinn von
abgeleitet, relativer Wert zu˚W, derivierter Wert. Die Prämisse
„Wenn A ist, ist W" ist hier diejenige, die der Begrenzung bedarf.
Die Existenz von W soll notwendig verbunden sein mit der Existenz
5 von A, nämlich so, daß das Sein von A das von W nach sich zieht.
Jedenfalls stimmt das, wenn A ein Ganzes ist, das W als reellen Teil
in sich schließt. Wir hätten dann das Gesetz, daß der Wert eines
Teiles dem Ganzen relativen Wert verleiht, ihm also selbst Wert
verleiht um des primär werten Teiles willen.
10 Dabei ist Folgendes zu beachten. Ein Ganzes kann einen Teil enthalten, der eigentlich nur Wert ist, das ist, seine Werteigenschaften
erst entfaltet, wenn er nicht im Ganzen ist, sondern für sich und
vom Ganzen getrennt ist und eventuell dann in den und den neuen
Zusammenhängen fungiert. Dann hat das Ganze nur Wert mit bezug
15 darauf, daß aus ihm der Teil eventuell abgetrennt werden kann, und
es hat einen übertragenen Wert nicht mehr, wenn der Teil schlechthin unablösbar ist. Zum Beispiel, das Gold auf der Sonne gibt der
Sonne keinen Nutzwert, es ist nicht ablösbar und zu den Zwecken
nicht verwendbar, um derentwillen Gold wert ist. Anders ist es,
20 wenn ein Ganzes Teile enthält, die schon in der Einflechtung in das
Ganze ihre Werteigenschaften entfalten. Also jeder Teil, der im
Ganzen wirklicher Wert ist, verleiht dem Ganzen selbst einen Ableitungswert; und das sagt das Gesetz. Andererseits gewinnt das Ganze
auch abgeleiteten Wert mit bezug auf mögliche Kausalprozesse der
25 Abspaltung wertvoller Teile. Aber dann konkurriert noch ein anderes Wertgesetz, von dem wir sogleich sprechen werden.
Unter Teilen verstanden wir hier konkrete Teile. Gewöhnlich
denkt man dabei in der Tat nicht an unselbständige Momente bzw.
Eigenschaften. Nun sind aber konkrete Gegenstände wert um gewis-
30 ser Eigenschaften willen, die ihnen Wert „verleihen", mit anderen
Worten, Eigenschaften wie eine schöne Farbe, eine wohlgefällige
Gestalt, die unselbständig im Gegenstand ihr Sein haben, sind primär wert, und sind sie wert, so ist auch das Ganze übertragen wert.
Es gilt das allgemeine Wertgesetz: Ist eine Eigenschaft wertvoll, so
35 ist jedes sie habende Objekt um ihretwillen wertvoll. In Verbindung
mit dem vorigen Gesetz ergibt sich als Folgesatz, daß Wertbeschaf-
fenheiten von Teilen eines Ganzen dem Ganzen selbst abgeleiteten
Wert verleihen. Eine weitere Folge ist, daß aus solchen Gründen
derivierte Wertganze ihren derivierten Wert verlieren, wenn die

wertbegründenden Eigenschaften oder Teile ihren wertbegründenden
Charakter durch Veränderung verloren haben. Wie dabei auf den
Unterschied von positivem und negativem Wert Rücksicht zu neh-
men ist, braucht nicht gesagt zu werden.

5   Fassen wir in der allgemeinen Formel die existenziale Abhängigkeit speziell als real-kausale Folge, so gewinnen wir das Gesetz:
Ist W ein Wertobjekt bzw. ein wertvoller Sachverhalt und ist A eine
Ursache von W (bzw. der Sachverhalt W eine reale Folge des Sachverhalts A), so überträgt sich der Wert von W auf A, von der Wir-
10   kung auf die Ursache, von der realen Folge auf den realen Grund.
Also das einen Wert Verursachende (sei es auch nur Mitverur-
sachende) ist vermöge dieser Relation selbst ein derivierter Wert und
natürlich hier wie bei den vorigen Verhältnissen ein gleich bezeich-
neter Wert. In ständiger Anwendung des Gesetzes ergibt es sich
15   dann, daß der Wert einer Wirkung sich auf die ganze Reihe der
Ursachen in aufsteigender Linie überträgt, wobei aber gar nichts
gesagt ist über Wertgrößen, über Verhältnisse der Wertsteigerung
oder Wertminderung, auf die wir bisher überhaupt gar keine Rücksicht genommen haben.

20   Wir können das allgemeine Wertgesetz auch modifizieren und
dann folgendes neues Gesetz erhalten: Wenn W ein Wertes ist und es
gilt, daß wenn A ist, W nicht ist, so ist A ein relativ Unwertes. Da
ergibt sich z. B.: Ist A nicht eine positive, sondern negative, nicht
eine erzeugende, sondern verhindernde Ursache für W, so ist A zwar
25   auch in bezug auf W ein Ableitungswert, aber ein Wert mit entgegengesetztem Vorzeichen. Natürlich können wir auch so sagen: Ist
W ein Wert, so ist unter der Voraussetzung, daß nur eines von W
und A sein kann, A ein Unwert. Wir halten dabei fest, daß wenn A,
W nicht. Ist W ein Wert, so ist unter der Voraussetzung, daß nur
30   beides, W und A zusammen, auftreten kann in der Existenz (daß
beide notwendig miteinander verbunden sind in der Existenz), auch
ein A ein abgeleiteter Wert gleichen Vorzeichens. Doch enthalten die
Gesetze dann offenbar überschüssige Bestandteile.

Natürlich können wir, abgesehen von der Kausalität, auch folgen-
35   de Anwendung der beiden allgemeinen Gesetze aussprechen: Ist es
wert, daß S P ist, so ist es unwert, daß S nicht P ist. Ist ein Sachverhalt wert, so ist ein damit unverträglicher, ihn ausschließender,
gar ihn logisch ausschließender unwert. Ebenso: Ist ein Sachverhalt
wert, so ist jeder äquivalente Sachverhalt auch wert mit gleichem

Vorzeichen. Doch können wir nicht sagen, daß jeder analytisch darin enthaltene Sachverhalt wert sei, da nicht jeder die wertbegründenden Momente überhaupt enthalten muß.

Wir finden hier also formale Gesetze, die im Wesen des Wertes
5 gründen. Zumindest von den allgemeinsten Formeln, in denen nur
allgemein ohne Heranziehung realer Dinglichkeit von Wert und
Unwert, von Bedingtsein, Verträglichsein, Unverträglichsein und
dergl. die Rede ist, können wir sagen, daß sie rein formale Gesetze
sind, rein in der allgemeinsten Idee von Wert und Wertsach-
10 lichkeit gegründet; und zwar handeln die ausgesprochenen Gesetze
in solcher Allgemeinheit von derivierten Werten, die Werte sind
vermöge anderer Werte, die Werte sind aufgrund der Voraussetzung,
es sei etwas schon Wert. Es gibt also evidente Gesetze der
Wertfolgerung, evidente Gesetze für Wertschlüsse, und korre-
15 lativ entsprechen ihnen Normen für das wertende Schließen,
Normen, die sagen: Hat man ein W schon für Wert gehalten und
zieht man die und die existenzialen Zusammenhänge in Erwägung,
so hat man sich konsequenterweise weiter wertend so und so zu
verhalten. Hierbei treten immer unter den axiologischen Vorausset-
20 zungen auch motivierende Urteile auf, motivierende Überzeugungen
oder Vermutungen; eventuell andere intellektive Akte.

Zu diesen Gesetzen gehört dann auch dieses, daß jeder Motiva-
tionszusammmenhang bzw. jeder Zusammenhang zwischen
Grundwerten und abgeleiteten Werten ein endlicher ist. Die Wert-
25 begründung kann nicht in einen unendlichen Regreß ausarten, ge-
nauso⟨wenig⟩ wie in der Sphäre der theoretischen Schlüsse. Die
Prämissen eines Schlusses können wieder erschlossen sein, die Prämissen des neuen Schlusses wieder. Aber *in infinitum* kann das nicht
fortgehen. Wir müssen auf erste Gründe kommen, die nicht selbst
30 wieder deduzierte Gründe sind. So muß auch alles Wertbegründen
auf erste Wertgründe führen, die nicht mehr sozusagen „erschlosse-
ne" Werte sind, also auf Werte, die nicht wieder Werte sind um
anderer vorausgesetzter Werte willen.

Es muß aber gleich hinzugefügt werden, daß man zweifeln kann,
35 ob mit der Notwendigkeit der Annahme nicht-derivierter Werte
auch schon die Frage der unbedingten Objektivität solcher Werte
entschieden ist. Wer sich durch uns hat überzeugen lassen, daß Konsequenz im Werten nicht nur eine empirische Eigentümlichkeit der
Wertungserlebnisse ist, sondern daß sie genau so wie die Konse-

quenz im Urteilen unter apriorischen Normen steht, denen apriorische Gesetze für die idealen Wertverhalte entsprechen, wer, sage ich,
davon sich hat überzeugen lassen, kann vielleicht noch folgenden
Standpunkt zu vertreten versuchen: Wenn ich, mag er sagen, A wer-
5 te, dann habe ich unter den gegebenen Motivationslagen in abstei-
gender Richtung B C ... zu werten, das fordert die Vernunft in der
Konsequenz, das fordern die formalen Gesetze der Konsequenz;
und gewiß muß ich dabei, wenn A nicht schon in sich selbst wert ist,
sondern nur abgeleitet, schließlich auf ein erstes, in sich wertes A
10 kommen. Aber damit ist nicht gesagt, daß A in sich wert sei im
Sinne der echten Objektivität, der Unabhängigkeit vom zufällig wertenden Subjekt und seiner zufälligen Stimmung. Es gibt eben jeweils
unmotivierte Wertungen und es muß solche geben; aber einmal werte ich unmotiviert A und das andere Mal non-A; und ebenso wertet
15 der eine A und der andere non-A. Es könnte einer in theoretischer
Beziehung den Skeptizismus ablehnen und doch in der axiologischen
⟨Beziehung⟩ Skeptiker sein, und das, trotzdem er die Konsequenz-
axiologie anerkennen mag. Und daß ich mich auch in dem Sinn konsequent verhalten müßte, daß ich immer wieder dasselbe A in alle
20 Ewigkeit werten müßte und werten sollte, das, würde er sagen,
schreibe keine Vernunft vor. Worauf es hier ankommt, ist, daß die
bisherigen Axiome den axiologischen Skeptizismus nicht ausschließen. Mit der Klarstellung der axiologischen Vernunft in Form der
axiologischen Konsequenz sind wir aber auch nicht zu Ende. Jeden-
25 falls ist das ein erstes und wichtiges Gebiet. Wir werden schon
sehen, wie wir weiterkommen.

⟨§ 11. Der Satz vom Widerspruch in der axiologischen Sphäre⟩

⟨a) Die Beziehung auf die Motivationslage beim Analogon
des Satzes vom Widerspruch in der Gemütssphäre.
30   Die Wertfreiheit und die zugehörigen Axiome⟩

Scheiden wir nun gemäß den Gesetzen, die wir kennengelernt
⟨haben⟩, nicht-abgeleitete und abgeleitete ⟨Werte⟩, so ist zu beachten, daß ein und dasselbe A je nach den Wertableitungen, in denen
es steht (und subjektiv: je nach den Motivationszusammenhängen,
35 in denen sein Werten steht), bald positiven, bald negativen Wert
annehmen kann. Es ist auf dem Wertgebiet die fundamentale Tatsa-

che zu beachten, daß Werte in Kollision miteinander treten können,
z. B., ist A ein Wert, so ist relativ dazu jedes die Existenz von A
Ausschließende ein Unwert. Dieses Ausschließende kann aber aus
anderen Gründen ein Wert sein. Überall, wo zwei Werte in der Exi-
5 stenz kollidieren, ist der eine relativ zum anderen, als ihn existenzial
aufhebend, unwert. Andererseits ist er in sich selbst wert. Den Aus-
gleich geben hier die Gesetze der Wertverknüpfung und Wertabwägung, auf die wir bisher noch nicht gestoßen sind.

Zunächst muß aber ein Grundgesetz ausgesprochen werden, das
10 einigermaßen dem Satz vom Widerspruch ähnelt, zumal, wenn wir
ihn roh so aussprechen: Ist A ein positiver Wert, so ist es nicht ein
negativer Wert. Ist es ein negativer Wert, so ist es nicht ein positiver
Wert: auf dieselbe Wertungsart (Wertqualität) bezogen. Im axiologischen Gebiet bezieht sich das Gesetz aber auf die jeweilige und
15 beiderseits identisch festzuhaltende Motivationslage.

Wir können so sagen: Bei gleicher Wertungsmaterie schließen sich
positive und negative Wertungen derselben Qualitätsgattung zwar
nicht aus, aber wohl gilt, daß sie sich bei gleicher Wertungsmaterie
und gleicher Motivationslage ausschließen. Um alles zu befassen,
20 nehmen wir den Fall, daß eine Sache als in sich selbst werte dasteht
(und eventuell vor der Vernunft als das auszuweisen ist), mit hinzu.
Wir sagen dann, das Werten sei in sich selbst motiviert, was also ein
Ausdruck dafür ist, daß es nicht durch ein zweites Werten motiviert
ist, mit anderen Worten, daß korrelativ der vermeinte Wert nicht
25 bewußt ist als abgeleiteter Wert, als Wert um eines anderen vermeinten Wertes willen. In dem weiten Sinn also nehmen wir das
Gesetz: Gleiche Wertungsmaterie und gleiche Motivationslage vorausgesetzt, gilt es, daß wenn das positive Werten vernünftig ist, das
negative derselben Wertungsgattung unvernünftig ist und umge-
30 kehrt. Korrelativ: Bei gleichen Wertvoraussetzungen (Wertprämis-
sen) schließen sich „kontradiktorisch" entgegengesetzte Werte im
selben Inhalt aus, z. B. daß — im selben Inhalt „S ist p" — es
erfreulich sei und unerfreulich sei. Es wäre unvernünftig, ein axiologischer Widersinn, sich zu freuen, daß S p ist, und unter gleichen
35 Motiven zu trauern, daß S p ist.

In der Urteilssphäre ist hier das Analogon folgendes: Bei gleicher
Materie, sagen wir „S ist p" (in Anführungszeichen, also als bloße
Materie genommen), schließen sich vernünftigerweise das urteilende
Setzen „Es ist so!" und das urteilende Negieren „Es ist nicht so!"

aus. Aber hier sagen wir nicht beschränkend: mit Beziehung auf dieselbe Motivationslage, obschon es richtig ist, daß aufgrund derselben Prämissen folgernd zu urteilen „Es ist so!" und „Es ist nicht so!" unvernünftig wäre. Hier sagt uns ergänzend der Satz vom aus-
5 geschlossenen Dritten, daß zu jeder propositionalen Materie eines von beiden wirklich und notwendig statthat: entweder das „Es ist so" oder das „Es ist nicht so" und daß, wenn das eine, so nicht das andere, und umgekehrt. Das deduzierte „Es ist so" hat zugleich den Wert des „Es ist so schlechthin".
10   Ist aber die Sachlage in der Gemütssphäre dieselbe, gilt hier ein Analogon des Satzes vom ausgeschlossenen Dritten und in einem Sinn, der dafür sorgt, daß abgeleitete Geltung und Geltung schlecht- hin gleichwertig sind?[1] Hier muß die Beziehung auf die Motiva- tionslage beschränkend hinzugefügt sein, und es ist klar, daß wenn
15 sich wirklich so etwas wie ein Analogon des Satzes vom Wider- spruch aufweisen läßt, die Funktion desselben nicht dieselbe sein kann. Hier vertragen sich entgegengesetzte Geltungsprädikate bei gleichem Inhalt sehr wohl, nämlich mit Beziehung auf verschiedene Wertungsprämissen.
20   Also, wie groß beiderseits die Analogie auch insofern ist, als wir in der Tat beiderseits Verhältnisse der Konsequenz, Verhältnisse zwi- schen Grund und Folge fanden, so ist es doch jedenfalls eine funda- mentale Differenz, daß wir auf logischem Gebiet wissen, daß wenn wir aus verschiedenen Prämissensystemen eine entgegengesetzte
25 Konsequenz ableiten, entweder das eine oder das andere Prämissen- system Falsches enthalten müsse. Wir wissen das eben aus dem Prinzip vom Widerspruch und ausgeschlossenen Dritten. Es gibt nicht aufgrund gültiger Prämissen eine relative Wahrheit, daß S p ist, die verträglich wäre mit einer relativen Wahrheit, daß S p nicht
30 ist. Andererseits aber, wo aufgrund verschiedener Wertvorausset- zungen entgegengesetzte relative Wertgeltungen erschlossen werden, ist nicht zu sagen, es muß nun entweder das eine oder das andere System der Wertvoraussetzungen ungültig sein. Schönheitsgeltung oder Gutgeltung in der einen Hinsicht vertragen sich mit Unschön-
35 heitsgeltung und Schlechtgeltung in der anderen. Im Zusammenhang damit steht: Urteilen wir, es sei S p, so kann sich herausstellen, daß das Urteilen irrig ist, aber wir wissen dann, daß das entgegengesetzte

---

[1] Nein.

Urteilen richtig ist, es kann sich nicht vernünftig herausstellen, daß
keine urteilende Stellungnahme gefordert sei.

Anders im Gemütsgebiet. Es kann sich da herausstellen, daß das
auf das p-Sein des S bezogene Werten nicht nur in der bestimmten
5 Wertungsqualität unvernünftig ist, sondern in jeder Qualität unvernünftig ist, nämlich sofern ein Wert des Inhalts „S ist p" überhaupt
nicht besteht, weder als Wert in sich noch als abgeleiteter Wert.
Jedem urteilenden Vermeinen entspricht ein wahres Urteil, entweder ein gleichsinniges oder ⟨ein Urteil⟩ entgegengesetzten Sinnes,
10 und das unabhängig von aller Beziehung auf Prämissen. Aber nicht
so für jedes wertende Vermeinen. Hier können wir zwar auch ein
Gesetz aussprechen, aber nur des Inhalts, daß jede mögliche Wertungsmaterie oder deutlicher, jeder wertungsfähige Inhalt wenn
positiv, so nicht negativ zu werten ist, oder genauer, daß für jede
15 Wertungskategorie es gilt, daß wenn eine unter einer gegebenen
Motivationslage positive Wertung vernünftig oder gültig ist, die
negative ungültig ist und umgekehrt. Zudem hätten wir nur noch das
Gesetz auszusprechen, daß zum Wesen des Wertens eben der Unterschied der Positivität und Negativität gehört, daß wenn ein Inhalt
20 überhaupt vernünftig wertbar ist, er eben positiv oder negativ wertbar und wert ist gemäß der betreffenden Wertkategorie, wobei aber
nur bei gleicher Motivationslage die positiven und negativen Wertprädikate sich ausschließen.

Das sind also wesentliche Unterschiede zwischen dem Gebiet der
25 theoretischen Wahrheit und dem der sozusagen axiologischen Wahrheit, axiologischen Geltung. Sie sprechen sich in verschiedener Weise aus, vor allem dahin, daß im letzteren Gebiet das Analogon des
Satzes vom ausgeschlossenen ⟨Dritten⟩, wonach es zwischen Ja und
Nein kein Drittes gibt, fehlt, bzw. umgekehrt, daß es im Gebiet der
30 theoretischen Wahrheit keine Neutralität gibt, während es solche in
dem der axiologischen gibt; oder auch so: daß jede vorstellbare
Sachlage in bezug auf Sein und Nichtsein objektiv entschieden ist,
während nicht jede wertbare Sachlage entschieden ist hinsichtlich
positiv Wertsein und Unwertsein. Der Wilde, der in abergläubischer
35 Weise einen Fetisch verehrt, mag etwas werten, was nicht nur
⟨nicht⟩ in der Hinsicht wert ist und nicht nur nicht in dem Sinn
positiv wert ist, den er bewußt hat, sondern was überhaupt „wertlos" ist. Nun mag es empirische Möglichkeiten geben, um derentwillen das wertlose Ding, das ihm als Fetisch dient, irgendwelchen

relativen Wert annimmt; aber einerseits ist es fraglich, ob *apriori* von jeder Sache gesagt werden kann, daß es Relationen geben muß, in welchen sie in abgeleiteter Weise, durch Übertragung Wert annimmt, und andererseits ist es ja nicht ausgeschlossen, daß dieselbe
5 Sache je nach der Beziehung positiv wertvoll, negativ wertvoll oder völlig wertlos ist.

Nach diesen Feststellungen ist nun aber zu betonen, daß wir mit Beziehung auf das dem Wertungsgebiet eigentümliche Vorkommen von Adiaphora eigene Axiome aussprechen müssen. Es ist zu beach-
10 ten, daß die Adiaphorie ein Vorkommnis ist, das wertende Vernunft als solche festzustellen hat. Ob eine vorgegebene Sachlage spezifische Wertprädikate hat oder ob sie wertfrei ist, das ist nur durch vernünftige Werterwägungen festzustellen, und andererseits ist bei jeder axiologischen Kritik der Fall möglicher Wertfreiheit notwendig in
15 Rechnung zu ziehen: Immer kann, und *apriori*, Kritik vollzogener Wertungen zweierlei Ergebnisse liefern: 1) Die Sachlage ist überhaupt keine Wertlage; 2) sie ist eine solche, und dann ist erst die Frage, ob das betreffende positive oder negative Prädikat das richtige ist. So offenbar für jede axiologische Region, also innerhalb jeder
20 Kategorie von Wertung.

Wir formulieren nun, da der Fall der Wertfreiheit durch wertende Vernunft entschieden wird, zugehörige Axiome. Freilich setzen sie diffizile Begriffsbildungen voraus, um völlig exakt und hinreichend allgemein zu sein, vor allem den Begriff der Materie. Im intellekti-
25 ven Gebiet unterschieden wir noetisch wie ontisch Materie und Qualität; im spezifisch logischen Gebiet, in dem der möglichen Ausdrücklichkeit, in dem der logischen Urteile, der Aussagen, gibt das den Unterschied zwischen logischem Satz (d.i. logisches Urteil selbst) und Satzmaterie, Satzinhalt, d.i. das abstrakt Identische, das
30 als Inhalt der Position „S ist p!" und der Negation als der Ablehnung, als Inhalt des Nein, bewußt ist. Der Inhalt ist in der intellektiven Sphäre notwendig Inhalt eines positiven oder negativen Wahrheitssatzes, d. i. eines gültigen positiven oder negativen Urteils, eines Ja oder Nein, und zwar eines gültigen.

35 Eventuell kann nun dasselbe, was da als Inhalt eines gültigen Ja oder Nein, einer Wahrheit oder Falschheit fungiert, auch ⟨als⟩ Inhalt eines axiologischen Ja oder Nein fungieren, ⟨Inhalt⟩ eines axiologischen Satzes sein und eventuell einer axiologischen Geltung oder „Wahrheit". Wir hätten dann das Gesetz, daß jede axiologi-

sche Materie entweder Materie einer axiologischen Wahrheit ist, eines gültigen axiologischen Satzes oder einer axiologischen Gleichgültigkeit oder, was gleichwertig ⟨ist⟩: Der durch den betreffenden Inhalt vorstellige Gegenstand oder Sachverhalt als so vorstelliger ist
5 entweder überhaupt wert im Sinne einer zugrundezulegenden Wertkategorie, oder er ist wertfrei, ein Adiaphoron, z. B. der Inhalt kommt überhaupt als Wunschinhalt in Frage, oder aber er ist in dieser Hinsicht gleichgültig; er kommt für Schönheitswertung in Frage oder nicht, er geht die Idee der Schönheit sozusagen gar nichts
10 an, und nun sagt ergänzend das früher schon ausgesprochene Gesetz: Wenn der Inhalt im engeren Sinn wertbar ist, wenn er das Werten in dieser Kategorie etwas angeht, so ist er Inhalt eines positiven oder negativen Wertinhalts; ein Drittes gibt es nicht. Also soweit hätten wir doch eine Art Analogon des Satzes vom ausge-
15 schlossenen Dritten. Wir brauchen eben im axiologischen Gebiet einen eigenen Begriff „Wert", der das Allgemeine von positivem und negativem Wert ist, und einen eigenen Begriff für axiologisches Verhalten und axiologische Geltung, das gegenübersteht dem Verhalten der Gleichgültigkeit bzw. der Privation von axiologischer
20 Geltung, während doch im weiteren Sinn auch die Gleichgültigkeit etwas ist, was objektiv durch wertendes Verhalten und Werterwägen entschieden ist. Für eine vollständige Axiomatik der Wertungssphäre würde man dann natürlich auch das Axiom aussprechen müssen, daß, gleiche Motivationslage vorausgesetzt, Werthaftigkeit über-
25 haupt und Gleichgültigkeit sich ausschließen: Ist A ein Wert, so ist es nicht nicht ein Wert gleich so ist es kein Adiophoron. (Identitätssatz)

In bezug auf unsere Gesetze muß man sich hüten, sie für analytisch-logische Selbstverständlichkeiten zu halten. Zum Beispiel
30 könnte man meinen, daß ein A unter gewissen Voraussetzungen gut sei und daß es unter denselben Voraussetzungen nicht gut sei, das sei analytisch logisch selbstverständlich ⟨unmöglich⟩. Darauf aber ist zweierlei zu entgegnen. Fürs erste: Wenn in unseren Axiomen von positivem und negativem Wert, von gut und schlecht die Rede ist,
35 so ist das keineswegs dasselbe, als ob die Rede sei von gut und nicht-gut. In gewöhnlicher Rede wird allerdings „ungut" und „nicht-gut" auch für „übel", für „schlecht" gebraucht. Aber das ist eine äquivoke Unterscheidung. Analytisch-logisch schließen sich Prädikate wie „gut" und „nicht-gut" in demselben Sinn aus wie a und non-a überhaupt als beliebige Prädikate, das heißt, wie Zuspre-

chen des a (des „gut") und Absprechen des „gut". Aber analytisch-
logisch kann ebensowenig dem „nicht-gut" das „übel" unterschoben werden wie dem „nicht-weiß" das „schwarz" ⟨statt⟩ das
irgendeine andere visuelle Qualität Habende.

5   Fürs zweite ist zu beachten, daß die Übertragung irgendwelcher
rein logischen Sätze auf Wertprädikate, und zunächst auf das allgemeine Prädikat „wert", axiologische Gesetze zur Voraussetzung
hat, nämlich diejenigen, welche feststellen, daß Wert als Prädikat
behandelt werden könne. Erst Axiome der vorhin festgestellten Art
10   machen es, daß so etwas wie „wert" objektiv als Prädikat definiert
werden kann. Das Faktum des Wertens, des Gefallens, Mißfallens,
Wünschens usw. besagt zunächst nichts weiter als daß ⟨wir⟩ uns
von Gegenständen so und so angemutet, von ihnen so bewegt fühlen
und dergl. Wir objektivieren nun insofern, als uns das Vorgestellte
15   sozusagen gefühlsgefärbt erscheint. Das Gefallende erscheint im ro-
sigen Licht, das Mißfallende in trübem Licht und dergl. Daß wir
aber dementsprechend weitergehen können und den bewerteten
Sachlichkeiten ein Prädikat zumessen, das ihnen abgesehen von dem
zufälligen Werten zukommt, das ist etwas Neues und das ist dasje-
20   nige, was die wertende Vernunft beibringt mit ihren Gesetzlichkeiten. So ist es z. B. gewiß eine Tatsache, daß Gemütsakte sich auf
allgemeine Vorstellungen gründen können. Mißfallen haben wir
nicht bloß am Einzelnen, sondern auch im Allgemeinheitsbewußtsein, wie z. B. Gemeinheit überhaupt mißfällt. Aber das Mißfallen,
25   das wir dabei empfinden, ist doch ein einzelnes Phänomen und
ebenso das Allgemeinheitsbewußtsein, das es fundiert. Daß nun aber
das Gemütsbewußtsein, indem ihm das intellektive Allgemeinheitsbewußtsein zugrundeliegt, selbst seine Gemütsallgemeinheit hat und
daß dieser Akt des allgemein wertenden Bewußtseins (intellektiv,
30   d. i. objektivierend gefaßt) den Charakter der Gegebenheit und
eventuell der evidenten Gegebenheit eines allgemeinen Wertes oder
Unwertes hat, das ist etwas völlig Neues. Es ist vorausgesetzt, wenn
allgemeine Wertgesetze sollen ausgesprochen werden können.

⟨b⟩ Das Gesetz vom ausgeschlossenen Vierten für die
35   Grundwerte. Die Objektivität der Werte⟩

Wir haben in der letzten Vorlesung über die Analoga des Satzes
vom Widerspruch und ausgeschlossenen Dritten in der axiologi-

schen Sphäre gesprochen. Sie bestehen darin, daß gesetzmäßig bei gleicher Wertungsmaterie und mit Beziehung auf eine und dieselbe axiologische Kategorie sich unter denselben Wertvoraussetzungen positive und negative Wertungsqualität und zugleich beides mit dem
5 Fall der Adiaphorie in der Geltung ausschließen, daß man aber nicht sagen kann, bei gleicher Materie gelte entweder positive oder negative Qualität, sondern nur dann, wenn überhaupt eine Qualität statthat. Hier haben wir dreierlei Möglichkeiten *apriori*: positive oder negative Qualität oder auch Wertfreiheit.
10   Betrachten wir nun, statt Wertungssetzungen auf Wertvoraussetzungen zu beziehen, also statt uns in der Sphäre der Wertableitungen zu bewegen und darin eventuell die unabgeleiteten Werte als Grenzfälle mitzubefassen, vielmehr diese Grenzfälle selbst; also beschränken wir uns jetzt so, daß wir Wertableitungen ausschalten. Dann
15 können wir sagen: Ist M in sich wert, so ist es nicht in sich ein Unwert und ist es nicht in sich ein Adiaphoron und umgekehrt, nach allen disjunktiven Kombinationen. Das „In-sich-wert-Sein" verstehen wir dabei nach dem Gesagten in dem Sinn, daß das Wertsein nicht abgeleitet ist von einem anderen Wertsein, so daß also
20 keine Werte vorausgesetzt sind, um erst die betreffenden Werte zu setzen. Das schließt nicht aus, daß das Wertsein an Voraussetzungen hängt, nur daß diese Voraussetzungen nicht axiologische sind, also etwa bloß bestehen in einem Sein oder Nichtsein.
   Wir haben früher schon gesagt, daß alle Wertableitung auf letzte
25 Grundwerte führt, die nicht selbst abgeleitet sind. Es ist nun aber nicht bloß so, daß wenn das Werten eines A nun einmal faktisch vollzogen ist, es in Konsequenz davon vernünftig ist, das B zu werten, und daß B somit relativ wert ist, wenn man das A eben voraussetzt und gelten läßt. Vielmehr ist es als eine Evidenz in Anspruch
30 zu nehmen, daß man dies zunächst objektiv so ausdrücken kann: „Wenn A ein Wert ist, so ist B ein Wert"; und weiter, daß man sagen kann: „Jede Wertvoraussetzung ist objektiv nach Geltung und Nichtgeltung zu entscheiden". Dazu aber gehört fürs erste, daß wenn M die Materie der Wertsetzung A ist, *apriori* gesagt werden
35 kann: Ist M Materie einer positiven Wertsetzung, so ist, wenn diese Setzung gültig ist, die entsprechende negative Setzung oder adiaphorische Setzung ungültig und umgekehrt nach allen disjunktiven Kombinationen. Eben das haben wir gesetzmäßig ausgesprochen, und zwar als gültig für jede beliebige Materie.

Parallel dazu stellen wir das Axiom auf: Ist M eine beliebige
Materie, so ist (und immer innerhalb einer beliebigen axiologischen
Region) einer der drei Fälle wahr, entweder M ist Materie eines
positiven Wertes in sich oder eines negativen oder ist in sich wert-
5 frei. Also für die Sphäre der An-sich-Werte und Wertfreiheiten
haben wir hier ein Analogon des Satzes vom Widerspruch und vom
ausgeschlossenen Dritten, nur daß letzteres hier ein Gesetz vom ausgeschlossenen Vierten ist, das sich dann, wie wir gleich hören werden, auf die abgeleiteten Werte überträgt, die damit zu objektiven
10 Werten werden.

Mit diesen Sätzen ist die Strenge und eigentliche Objektivität der
Geltung für die axiologische Sphäre ausgesprochen. Es ist gesagt, daß
wenn ein M eine beliebige Materie ist, sie nicht bloß überhaupt
Inhalt eines wertenden Verhaltens sein kann, eines Verhaltens posi-
15 tiven oder negativen oder gleichgültigen Wertens, sondern daß dem
Für-Wert-gehalten-Werden ein objektives Wertsein entspricht, ein
im engeren Sinn objektives positives oder negatives Wertsein oder
ein objektives Wertlossein. Denn mit Beziehung darauf gewinnt
dann jeder abgeleitete Wert und jede abgeleitete Wertfreiheit, wie
20 wir hinzufügen können, seine Objektivität und seine nicht bloß
hypothetische Geltung. Jeder Grundwert in sich hat dann Mitbezie-
hung auf wertableitende Verhältnisse, wie z. B. die zwischen Gan-
zem und Teil, seine Wertkonsequenzen, und sie gelten als Konsequenzen (objektiv, an sich, von der Subjektivität unabhängig) wirk-
25 lich, wenn der Grundwert wirklich gültig ist, also wenn er in sich
wirklich wert ist.

Es bleibt aber bestehen, was wir über die Möglichkeiten von
Wertkonflikten gesagt haben, sofern es nicht ausgeschlossen ist, daß
etwas zugleich wert in sich sei und zugleich relativ unwert in Hin-
30 sicht auf eine Wertableitung in Relation zu anderen positiven oder
negativen Werten. Was aber feststeht, wenn die Axiome richtig sind,
ist, daß „Wert" sich nicht in die Subjektivität und in diesem Sinn
in die Relativität des Wertens auflöst, als ob, was für den einen wert
ist, für den anderen nicht wert ist und für den Dritten gleichgül-
35 tig.   So wenig es ein Wahr und Falsch für jemanden gibt, aber wohl
ein Von-jemandem-für-wahr-und-falsch-Gehaltensein, so wenig gibt
es, und in gleichem Sinn, ein Schön und Häßlich, ein Gut und
Schlecht, ein Wünschenswert oder Fliehenswert für jemanden.
Selbstverständlich muß aber immer gefragt werden, was die voll-

ständige Materie ist und was die Wertungskategorie; und wieder
muß gefragt werden, ob die Materie in sich gewertet wird oder in
welcher Wertableitung sie betrachtet wird und unter welchen Voraussetzungen überhaupt. Was unter gewissen Voraussetzungen ein
5 Wunschwert ist (wünschenswert, wie wir sagen), kann unter anderen
gleichgültig oder fliehenswert sein. Aber, die Voraussetzungen festgehalten, ist alles objektiv bestimmt.

Man muß hier auch beachten den Sinn des „für den einen wert,
für den anderen unwert“, „für den einen gut, für den anderen
10 schlecht“. Es handelt sich hier um die Relation des vermeinten
Wertes zum Akt des Vermeinens und der Person, die da vermeint.
Etwas ganz anderes ist aber die Relation zwischen Person und Per-
sonwert oder zwischen Personen und den auf sie bezogenen Nützlichkeiten und dergl. Natürlich kann das Werten sich auf die Person,
15 auf ihre Taten, auf das, was für sie unter den für sie speziell bestehenden Voraussetzungen gut und schlecht ist, beziehen. Aber dann
ist es eben an sich bestimmt, was für diese Person in ihrer Lage
nützlich und gut ist und was nicht. Hier gehört die Person zur wertbaren Sachlage, auf sie bezieht sich die Wertungsmaterie. Man wird
20 ja auch nicht daraus die Relativität, nämlich verstanden als Subjektivität der Wahrheit ableiten wollen, daß was für die eine Person
wahr ist, für die andere falsch ist, weil nämlich die eine Person
blind, die andere nicht blind sein kann. Wie hier die Person „Gegenstand worüber“ ist, auf welche sich die Urteilsmaterie bzw.
25 Wahrheitsmaterie bezieht, so ähnlich kann es sich hinsichtlich der
Person im Verhältnis zur axiologischen Materie verhalten.

Natürlich muß der Standpunkt des Objektivismus, was zugleich
Idealismus besagt, hier wie in der intellektiven Sphäre durchge-
kämpft werden gegenüber den Angriffen des relativistischen, bald
30 psychologistischen, bald anthropologistischen und biologistischen
Skeptizismus. Das ist ein Kapitel für sich. Wir wollen hierauf nicht
eingehen und den Kampf wie einen entschiedenen behandeln.[1]

---

[1] Wir haben hier leider keine Worte, die genau den Worten Wahrheit und Falschheit
entsprechen. Das Wort „wert“ ist vieldeutig; es verschiebt seine Bedeutung, je nachdem wir Gegenstände wert nennen und je nachdem wir Materien so bezeichnen. Auf
intellektivem Gebiet beziehen wir Wahrheit auf die Materie und sagen von den Gegenständen, daß sie sind, von den Sachverhalten, daß sie bestehen. Auf axiologischem
Gebiet haben wir die Komplikation, daß zu unterscheiden sind die Gegenstände, die
Wert haben und die eventuell als seiende oder nichtseiende gesetzt sind, andererseits die

⟨§ 12. Die Gesetze der Wertvergleichung⟩

⟨a) Gesetze für Wertsteigerungsverhältnisse
und für Wertkollektionen⟩

Wir gehen nun zu einer Reihe weiterer formaler Gesetze über, die
5 in der engeren apophantisch-logischen Sphäre kein Analogon haben
(eher schon in der Sphäre der formalen Logik der Wahrscheinlichkeiten). Ich meine die Gesetze, die sich auf Rangverhältnisse
von Werten beziehen. Hier können wir an Brentanos geniale
Schrift *Vom Ursprung sittlicher Erkenntnis* (1889) anknüpfen, der
10 zuerst solche Gesetze formuliert hat, wie denn diese Schrift überhaupt den Anstoß für all meine Versuche einer formalen Axiologie
gegeben hat. Brentano steht freilich auf psychologischem Boden und
hat, ebensowenig wie in der logischen Sphäre die Möglichkeit und
Notwendigkeit einer formalen Bedeutungslogik, so hier nicht dieje-
15 nige einer idealen und formalen Ethik und Axiologie erkannt. Aber
das hindert nicht, daß bei Brentano die fruchtbaren Keime liegen,
die zu Weiterbildungen berufen sind.

Zwischen Werten können Steigerungsverhältnisse bestehen, und
zu diesen wie zu allen solchen Verhältnissen gehören drei exklusive
20 Möglichkeiten, die Relationstypen „gleich", „mehr", „minder".
Von vornherein ist aber zu sagen, daß wir nicht verlangen können,
daß Werte im weitesten Sinn und in jeder Hinsicht in diesen Stei-
gerungsbeziehungen vergleichbar seien, daß wir uns vielmehr auf
Werte einer Wertregion (oder wenn Sie wollen, Wertkategorie)
25 beschränken. Es scheint mir keinen rechten Sinn zu haben, einen
Wunschwert mit einem Gefallenswert und einen existenzialen Wert
mit einem nicht-existenzialen (einen Gutwert mit einem Schönheitswert) zu vergleichen und zu sagen, das eine sei wünschenswerter als

---

Werte selbst. Weiter haben wir die Materien als die axiologischen Inhalte und ihre
axiologische Qualität. Beides vereint ergibt den axiologischen Satz, der einerseits geltend
oder nicht-geltend (axiologische Wahrheit oder Falschheit) sein kann. So wie wir auf
intellektivem Gebiet Satz und Sachverhalt (bzw. Gegenstand) unterscheiden, so müssen
wir auf den parallelen Gebieten axiologischen Satz und axiologischen Verhalt bzw. Wert
unterscheiden. Auf diese Unterschiede muß hingewiesen werden, damit hier nicht ⟨der⟩
Verdacht besteht, als ob, wenn wir öfter der Bequemlichkeit und natürlichen Aus-
drucksweise halber die vieldeutigen Ausdrücke „positiver und negativer Wert" bevorzugen, Verwechslungen begangen worden sein könnten. Wir werden schon darauf achten, daß solche durchaus vermieden bleiben.

das andere gefallenswert sei und dergl. Halten wir uns an die Schranken einer Kategorie, so bestehen allgemeine Steigerungsverhältnisse,
und jedenfalls soweit sie bestehen, gelten die zum Wesen aller Stei-
gerungsformen gehörigen Axiome überhaupt. Also z. B. $(a = b) \neq$
5 $(b = a)$; ebenso für $>$ und $<$. $a \gtreqless b$, $b \gtreqless c$, $\neq a \gtreqless c$. Gleiches für
Gleiches substituiert gibt Gleiches, aber nur in den Verhältnissen
der Summation (der summatorischen Ganzen). Somit kann das
„gleich" im allgemeinen nicht als eine Gleichheit wirklich angesehen werden, sondern eben als weder größer noch kleiner.
10 Diese Gesetze müssen also auch für Wertsteigerungsverhältnisse
ausgesprochen werden. Dazu kommen die dem Wertgebiet eigentümlichen Gesetze. Bei Brentano finden wir da zunächst den Satz
ausgesprochen: „Ein Gutes und als gut Erkanntes ist einem Schlechten und als schlecht Erkannten vorzuziehen."[1] Ich würde hier noe-
15 tische und ontische Gesetze wie überall unterscheiden. Noetisch
kann man sagen, zunächst allgemeiner, als es Brentano tut: „Es ist
vernünftig, ein Für-gut-Gehaltenes einem Für-schlecht-Gehaltenen
vorzuziehen." Aber das fordert Begrenzung. Ist das Für-gut-Gehal-
tene (bzw. Für-schlecht⟨-Gehaltene⟩) in Wahrheit nicht gut (bzw.
20 nicht schlecht), so ist die Bevorzugung objektiv nicht richtig. Wie
lösen wir die Antinomie, die offenbar für jede Art von Werten
besteht? Wenn ich schon für gut bzw. für schlecht gehalten habe,
dann ist es Forderung der vernünftigen Konsequenz, das Für-gut-
Gehaltene dem Für-schlecht-Gehaltenen ⟨vorzuziehen⟩. Eine Ver-
25 nunft der Bevorzugung ist motiviert durch die guthaltenden und
schlechthaltenden Akte als solche. Diese Vernunft bleibt bestehen,
auch wenn die Guthaltungen und Schlechthaltungen selbst unvernünftig sind. Damit streitet nicht, daß der Wert der Bevorzugung
durch die Werte dieser Guthaltungen etc. bedingt ist.
30 Wir können auch so sagen: Die Bevorzugung des Für-besser-
Gehaltenen ist an sich betrachtet ein Wert, aber dieser Wert wird
aufgehoben, wenn die Werthaltungen der motivierenden Akte falsch
sind. Nur wenn wir von der Wertfrage auf seiten der Motivate

---

[1] Vgl. F. Brentano, *Vom Ursprung sittlicher Erkenntnis*, Zweite Auflage, Nebst klei-
neren Abhandlungen zur ethischen Erkenntnistheorie und Lebensweisheit, hrsg. und
eingeleitet von O. Kraus (Leipzig, 1921), S. 24 — Anm. des Hrsg.

abstrahieren, erteilen wir der Bevorzugung einen Wert schlechthin;
z. B. in der praktischen Sphäre: Kauf eines gefälschten Madonnen-
bildes ⟨von⟩ Raffael — echtes Bild eines Malers dritten Ranges.
Wir sagen, der Mann hat unvernünftig gewählt und gekauft. Es ist
5   also, wie wir im logischen Schließen sagen: Da der Urteilende an die
Wahrheit der Prämissen geglaubt hat, so war es ganz vernünftig, daß
er an den korrekt abgeleiteten Schlußsatz geglaubt hat. Das „Schließen war vernünftig", das Urteilen des Schlußsatzes war vernünftig
motiviert, aber diese Vernunft erfährt eine Entwertung durch die
10   Unvernunft in den Prämissenbeurteilungen. So ist auch in der axiologischen Sphäre die Vernunft in der Konsequenz zwar eine Vernunft, der Wert zwar ein Wert, aber ein solcher, der entweder
Bekräftigung oder Entkräftigung erfahren kann, und im letzteren Fall
eine Vernichtung erfahren kann durch die Ausweisung des Unwertes
15   der vorausgesetzten Werte bzw. die Umkehrung der Werte, die in
den Prämissen zur Setzung kamen. Wir hätten etwa das Gesetz: Die
Vernünftigkeit einer Konsequenz erfährt eine Wertsteigerung durch
Einsicht in die Vernünftigkeit der Prämissen. Sie erfährt nicht nur
eine Minderung, sondern eine Entwertung durch die Einsicht, daß
20   die Prämissen ihre Wertprädikate umkehren müssen.

Gehen wir speziell an die Fälle praktischen Vorziehens, so hätten
wir also zu sagen: Es ist vernünftig im Sinne der Konsequenz, ein
Für-praktisch-gut-Gehaltenes einem Für-praktisch-schlecht-Gehal-
tenen vorzuziehen. Es ⟨ist⟩ nicht bloß konsequent, sondern unbe-
25   dingt vernünftig, ⟨ein⟩ vernunftgemäß Für-gut-Gehaltenes ⟨einem⟩
vernunftgemäß Für-schlecht-Gehaltenen wollend und handelnd vorzuziehen. Dem entspricht korrelativ das ontische Gesetz, daß jedes
an und für sich betrachtet praktisch Gute praktisch besser ist als
jedes an sich praktisch Schlechte. Es ist aber klar, daß wir auch in
30   der allgemeineren Sphäre bleiben und das Gesetz aussprechen können für Werte überhaupt in Verhältnissen der Wertvergleichung
bzw. Bevorzugung: Jedes in sich Werte ist innerhalb seiner Kategorie wertvoller als jedes in sich Unwerte (jedes in sich Schöne wertvoller als jedes in sich Unschöne etc.). Wir werden dann auch in
35   Hinsicht auf eine bestimmte Wertableitung, bezogen auf einen identisch festzuhaltenden Grundwert, sagen können: Das abgeleitet
Schöne ist besser als das abgeleitet Häßliche usw. Überall ist das
Schöne als solches (unter Festhaltung seiner Voraussetzungen) wertvoller als das Häßliche.

Ein anderes Gesetz, das Brentano ausgesprochen hat, ist dieses,
daß die Existenz eines Guten besser ist als die Existenz eines Übels
und umgekehrt mit der Nicht-Existenz. Etwas verallgemeinert würde ich das Gesetz aussprechen: Ist ein Schönheitswert wertvoller als
5 ein anderer solcher Wert (gleichgültig, wie die Vorzeichen sind), so
ist die Existenz des ersteren Wertes wertvoller als die des anderen:
$S_1 > S_2 \nLeftarrow (E(S_1) > E(S_2))$ und umgekehrt die Nicht-Existenz von
$S_2 > N(S_1)$.

Brentano stellt ferner das Gesetz auf: Ein Gutes allein ist besser
10 als dasselbe Gute in Beimischung mit einem Schlechten $G > G + S$.[1]
Ich ziehe es vor, genauer zu sein und zunächst die eigentliche
Mischung, nämlich die Zusammensetzung auszuschalten. Ich setze
ein: Die Existenz eines Guten allein ist besser als zugleich die
Existenz dieses Guten und dazu die eines Übels. Ebenso: Die Exi-
15 stenz zweier beliebiger Güter zusammen ist besser als die Existenz
eines von ihnen allein. Weiter: Die Existenz eines Guten und eines
Übels zugleich ist besser als die des Übels allein. Also: $E(G) > E(G$
$+ U)$; $E(G+U) > E(U)$; $E(G+G_1) > E(G)$; $E(G+G_1) > E(G_1)$. Da
ergibt sich deduktiv die Folge auf eine beliebige Anzahl von Glie-
20 dern; ihre Summe sozusagen ist besser als die einer beliebigen Teil-
summe, der Summenwert nimmt ab, wenn ein Übel in die Summe
eintritt usw.

Wir könnten weiter das Gesetz aufstellen: Ist $\propto$ ein Adiaphoron,
so ist $G = G + \propto$. Da ergibt sich die Folge, daß $E(G) = E(G + \propto)$.
25 Ferner die Folge, daß eine beliebige Summe ihren Wert gleich erhält,
wenn irgendwelche Glieder durch Adiaphora „vermehrt" werden;
also das Adiaphoron spielt die Rolle der Null.

Treten in eine Summe durchaus gleichwertige Güter, so verhalten
sich die gebildeten Summen wie Größen. Man kann dann sagen:
30 Die Existenzsumme zweier solcher Güter ist doppelt so ⟨viel⟩ wert
als die Existenz eines von ihnen allein, die kollektive Existenz von
vier gleichwertigen Gütern doppelt so gut wie die von zweien
usw.

Endlich ist noch zu bemerken, daß in Existenzsummen „gleiche"
35 Werte für einander substituiert werden dürfen, daß also in solchen
Summen Güter, die zu einer Gruppe gehören, zu denen mögliche
Steigerungsverhältnisse gehören, so fungieren, daß der Fall, wo zwei

---

[1] Vgl. ebd. — Anm. des Hrsg.

Güter weder größer noch kleiner in bezug auf einander sind, wie eine Gleichheit zu behandeln ist. Denn nicht ohne weiteres können wir behaupten, daß das „ steigerungsgleich " die vollen Eigenschaften der Gleichheit, also Substituierbarkeit in jeder Hinsicht besitzt.

5   Die Summationsgesetze haben wir gefaßt als Gesetze für Summation von Gütern und Übeln in der Koexistenz; wir erwogen das Zusammen, das Zugleich-Existieren. Koexistenz ist eher einfach kollektiv zu verstehen und kann sich übrigens auf Zusammensein im selben Zeitpunkt oder in verschiedenen beziehen. Es gibt aber noch
10   eine andere Form der Verknüpfung von Existenz mit Existenz, welche analytische Wertgesetze begründet. Nämlich an ein Gut oder Übel können sich wiederum gute und üble Folgen knüpfen, und man kann diese Verknüpfung analogisch als summatorische bezeichnen, denn es gelten dann wieder der Form nach die Summationsgesetze,
15   die jetzt natürlich als neue Gesetze auszusprechen sind. Nämlich: Ist G ein Existenzialwert und ist F_g eine gute existenziale Folge desselben, so erhöht dies den Wert von G. Das G ist besser mit solch einer Folge als ohne solch eine Folge. Und jede neue solche Folge schafft einen neuen und höheren Wert für G.

20   Ebenso drückt eine üble Folge den Wert von G herab und jede weitere üble Folge von neuem. Beiderseits kommen dabei in gleicher Weise unmittelbare und mittelbare Wertfolgen in Betracht. In diesen Verbindungen verhalten sich gute und üble Folgen, die ja bei demselben Gut sich ergeben können, so wie in den Wertsummen sonst,
25   also ähnlich wie positive und negative Größen. Natürlich können wir anstatt eines positiven existenzialen Wertes G auch als Ausgangspunkt nehmen einen existenzialen Unwert; er wird durch eine gute Folge verringert, durch eine schlechte im negativen Sinn erhöht.

30   In dieser Art bestehen also gesetzmäßige Relativitäten im Wertgebiet. Ist eine Sachlichkeit wert, so kann das Wertsein mehrfach bestimmt sein mit Rücksicht auf ihre eigenen wertgründenden Momente und wieder mit Rücksicht auf ihren ·Zusammenhang mit anderen Dingen, mit Wertfolgen. Und sofern Sachen derartige Zu-
35   sammenhänge haben, die wertbestimmend werden, haben wir hier schon Fälle von Wertkompositionen, von axiologischen Ganzen. Wir wollen nun jederlei axiologische Ganze betrachten und die für sie maßgebenden Verhältnisse erwägen.

⟨b) Die unterschiedlichen Verhältnisse zwischen Wertganzem und Wertkomponenten: Wertsummation und Wertproduktion. Die Bedeutung der Zeiterstreckung und der Intensität für die Wertbestimmung⟩

5   Die Verhältnisse von Ganzen und Teilen geben in axiologischer Beziehung zu folgenden Unterscheidungen Anlaß. Ist das Ganze ein Wert, so kann bei den Teilen in verschiedenem Sinn von Wert die Rede sein, und in dieser Hinsicht bedürfen unsere früheren Ausführungen wesentlicher Ergänzungen. Hat ein Teil an und für sich Wert, 10 und jedenfalls hat er einen Wert, der nicht gerade an das Teilsein in diesem Ganzen gebunden ist und doch in diesem Teilsein wirksam ist, so ist er *apriori* für den Wert des Ganzen „relevant". Jede Modifikation, die ihn selbst in seinem Wertcharakter verändert, beeinflußt auch den Wert des Ganzen; wobei wir unter den Titel 15 „Modifikation" auch die eventuell mögliche Abstückung und Wegnahme mitbefassen. Wir nennen solche Teile axiologische Komponenten des Wertganzen. Gehen wir umgekehrt von dem Ganzen aus, so können wir auch sagen, sein Wert kann abhängig sein vom eigenen Wert irgendwelcher seiner Teile. Diese eigenen Werte, sofern sie 20 den Wert des Ganzen bestimmen, bilden seine axiologischen Komponenten oder Wertkomponenten.

Andererseits kann das Ganze auch und wird im allgemeinen Teile haben, die nicht selbst Wert haben, aber vorbedingend sind für seine Konstitution oder für die Konstitution eigenwertiger Teile. Sofern 25 sie für Werte vorbedingend sind, haben sie auch einen Wert, nämlich einen Konsequenzwert, aber sie sind keine Wertkomponenten. Wir sagen etwa, sie haben „bloß Vorbedingungswert". Wertkomponenten, so wie wir sie definiert haben, könnten selbst wieder Ganze sein, deren Wert von Wertkomponenten abhängt und könnten daneben 30 andere Komponenten enthalten, die in sich eigentlich keinen Wert haben. In der Sphäre der Werte in sich kommen wir offenbar auf reine Wertkomponenten, auf eigentliche und rein wertgründende Eigenschaften.

Betrachten wir die Verhältnisse zwischen Wertganzen und ihren 35 Wertkomponenten, so ist zweierlei zu unterscheiden. Es kann sein, daß das Ganze nur mit axiologischer Rücksicht darauf Wert hat, als es eben jene wertkomponierenden Teile besitzt, und zwar so, daß das bloß allgemeine Besitzen dieser Teile ausschließlich in der Weise der Wertübertragung den Wert des Ganzen bestimmt. Also, die Verbindung der wertfundierenden Teile soll weiter keine axiologische Bedeutung darüber hinaus haben, daß sie eben verbunden sind; es soll durch die Verbindung als Verbindung gerade solcher Artung

5 kein eigenartiges axiologisches Produkt erwachsen.

Das zweite ist, daß eben dieses Ausgeschlossene statthat. Durch die eigenartige Verbindung der Teile zu einem Ganzen dieser Art und durch die Weise, wie die eigenen Werte der Teile axiologisch zusammenwirken, soll eine Werteinheit entstehen, die mehr ist als

10 die kollektive Einheit der Wertkomponenten, eine Einheit, die nicht wie im vorigen Fall die Werte der Teile einfach in sich hat und diese Werte bloß verknüpft, sondern die aufgrund der Wechselbeeinflussung dieser Werte ein Neues schafft, das von ihnen zwar abhängig ist, sie also nicht im eigentlichen Sinn komponiert, sondern kompo-

15 niert etwa in der Weise, wie wir in der Musik von Komposition sprechen. In der Tat bildet jede Tonharmonie und ebenso eine Harmonie von Farben ein passendes Beispiel. Die sinnlichen und Gefühlswerte der einzelnen Elemente tragen zum Gesamtwert in gewissem Sinn bei, aber sie setzen ihn nicht zusammen, sie fundieren ihn

20 nur als ein ihnen gegenüber wesentlich Neues. Denken wir uns die Elemente beliebig durcheinandergewürfelt, so hat jedes immerfort seinen Inhalt und an sich betrachtet seinen Wertcharakter. Jedes so gebildete Ganze hat, kann man sagen, mit Beziehung auf das Haben dieser Wertelemente relativen, Ableitungswert. Aber demgegenüber

25 begründet jede Kombination ein axiologisches Ganzes mit einem axiologischen Einheitscharakter, der in den Elementen fundiert ist, aber sich keineswegs aus ihnen summatorisch aufbaut. Eine gewisse Kombination ergibt die Schönheit der Harmonie, die sich bei Änderung der Kombination in Disharmonie oder wirres Durcheinander

30 umwandelt. Hierbei kann in sich Schönes und Häßliches, Gutes und Schlechtes eine axiologische Einheit begründen, und zwar eine positiv werte, die nicht etwa durch das Mitgegebensein des Schlechten geschädigt, sondern dadurch erhöht ist. Das Weglassen eines in sich mißfälligen Elements oder Elementenkomplexes kann den positiven

35 Wert der Harmonie erniedrigen statt zu erhöhen, und ebenso kann auch das Weglassen eines in sich Schönen oder ein Ersatz durch in sich minder Schönes den Wert des Ganzen erhöhen statt zu erniedrigen usw. Hier kann also $G+G'<G$, $G+U>G$ statt $<G$ sein etc.

Das gibt also wesentliche Unterschiede der axiologischen Ganzen, je nachdem sie den Charakter von summatorischen Wertganzen haben oder nicht oder, was dasselbe, je nachdem sie Ganze sind aus Wertkomponenten, die in dem Ganzen so Werte sind wie für sich

5 allein, sich also in der Einheit des Ganzen nicht beeinflussen und nicht neue Einheitswerte fundieren, oder je nachdem das eben nicht der Fall ist. Im letzteren Fall ist das Wertganze seinem Wert nach ein bloßer Ableitungswert der wertbegründenden Komponenten, und für diese Art von Ganzen gelten offenbar die Summationsgeset-

10 ze, nämlich formal dieselben Gesetze, die wir vorhin für Wertkollektionen, für Werte kollektiver Existenz von Werten, ausgesprochen haben. Die Koexistenz einer Vielheit von Werten und die Existenz eines Ganzen aus vielen einander nicht beeinflussenden Werten stehen einander gleich. Also ist z. B. für eine summatorische Wertver-

15 knüpfung das Gesetz gültig, daß eine Gütersumme besser ist als ein einzelnes Gut dieser Summe und jede summatorische Verminderung dieser Summe; oder: Das summatorische Teilgut ist weniger wert als das summatorische Ganze aus bloßen Gütern. Ebenso ist die summatorische Einflechtung von Schlechtem immer wertver-

20 mindernd usw. Bei allen Wertbeurteilungen von Ganzen ist natürlich (auch in der Frage der Ableitungswerte) auf diese fundamentalen Unterschiede zwischen Wertsummation und Wertproduktion Rücksicht zu nehmen, und demnach sind auch die Brentanoschen Gesetze durch unsere Unterscheidung wesentlich verbessert;

25 nur in der Einschränkung auf summatorische Werte können sie und müssen sie aufrechterhalten werden.

In dieser Einschränkung ist dann auch hinzuzufügen, daß die Zeiterstreckung eines Gutes oder Übels mit Rücksicht auf die Möglichkeit der Zeitteilung wie eine Summe von Teilwerten zu

30 behandeln ist, die den Zeitteilen entsprechen. Auch Brentano hat schon die Zeiterstreckung im Zusammenhang der Summationsgesetze aufgeführt.[1] Also wenn wir symbolisch zwei Zeitdauern mit t_1 und t_2 bezeichnen und es ist $t_1 > t_2$, so ist das auf die Zeitdauer t_1 erstreckte Gut G_{t_1} größer als das auf die Dauer t_2 bezogene G_{t_2}. Wir

35 können dann auch sagen: $G_{nt} = n\,G_t$, nämlich an sich betrachtet, wenn sonst nichts in Werterwägung kommt, ist ein auf die n-fache

---

[1] Vgl. ebd. — Anm. des Hrsg.

Zeit erstrecktes Gutes in der Existenz n-mal so wert ⟨als⟩ das auf
die einfache Zeit erstreckte und wohl auch gleichwertig mit n gleichen Gütern koexistierend in einer summatorischen Einheit, die
sämtlich auf die einfache Dauer erstreckt wären.

5   Fingieren wir folgenden Fall: Es existierte in der Welt eine edle
Persönlichkeit, deren Wert sich in der Zeit immerfort unverändert
erhält. Im allgemeinen wird sie ein Ausstrahlungspunkt bedeutsamer
Wirkungen für die Umwelt sein, und die von ihr ausgehenden Wert-
ströme werden in gleichen Zeiten im allgemeinen sehr ungleich sein.
10   Mit Rücksicht darauf wird man nicht im allgemeinen sagen können,
daß der Wert der Persönlichkeit als Gutwert in der Welt sich einfach
den Zeiten gemäß summiert. Fingieren wir aber eine Zeitstrecke, in
der solche Ungleichheiten wegfallen, fassen wir den reinen Existenzialwert der Persönlichkeit für sich ins Auge unter Voraussetzung,
15   daß er in gleichen Zeiten gleich bleibe, dann können wir doch sagen,
und wohl mit Evidenz, daß die Zeiterstreckung wie eine Summation
wirkt, daß das doppelt so lange Sein eine Verdoppelung des Wertes
ergibt; ebenso aber auch, daß unter entsprechenden Gleichheitsfik-
tionen die verdoppelte Zeit einer Persönlichkeit gleichwertig ist mit
20   der Existenz zweier Persönlichkeiten gleichen Wertes auf die einfache Zeitdauer bezogen etc. unter Absehung von allen sonstigen
Wertbestimmungen.

Natürlich wird allgemein der ideale Grenzfall, wonach zwei edle
Persönlichkeiten getrennt Edles wirkend im Wert Gleiches wirken,
25   nicht realisiert sein, im allgemeinen wird es für die Welt sehr viel
mehr bedeuten, wenn mehrere Persönlichkeiten nebeneinander wirken, als wenn eine entsprechend länger wirkt. Auch werden die Zeiten durchaus nicht einfach als mathematische Größen für die Summation in Betracht kommen. Unterhalb einer gewissen Zeitdauer
30   lebend kann eine Persönlichkeit nichts Erhebliches leisten, und über
eine Zeit hinaus reicht nicht die Möglichkeit voller und reicher
Wirksamkeit, und so kann man Verschiedenes anführen. Aber nehmen wir die reinen Existenzialwerte in sich unter Abstraktion von
den Folgen oder nehmen wir die Folgen dazu, aber ideal gleich, und
35   die Zeitteilung, soweit sie durch das Wesen des dauernden Gutes
gestattet ist, dann muß man in der Tat sagen, daß die Dauererstrek-
kung den Charakter einer summatorischen Wertgröße begründet,
also daß die Summationsgesetze gelten.

Eine analoge Bedeutung wie der Zeiterstreckung mißt Brentano

der Intensität bei.[1] Wir müssen hier wohl genauer begrenzen, als er es tat. Wir setzen voraus eine im eigentlichen und reinen Sinn wertgründende Eigenschaft und nehmen weiter an, daß ihr so etwas wie Intensität einwohne, sie sei allgemeinst ausgedrückt steigerungs-
5 fähig. Indem wir uns auf das rein Wertgründende beschränkt haben, ist gesagt, daß die Steigerungsfähigkeit sich nicht auf Momente beziehe, die mit dem, worin eigentlich der Wert gründet, bloß ver-flochten sind. Unter diesen Umständen können wir sagen, daß sich mit der Steigerung des Wertgründenden auch der Wert selbst stei-
10 gert, und zwar zunächst der Wert, der primär zur Eigenschaft selbst gehört, und in weiterer Folge der Wert des Ganzen, das das wert-gründende Moment hat, und zwar ausschließlich, sofern es ihn hat und soweit nicht etwa fernere wertbestimmende und wertmodifizie-rende Komplikationen hinzutreten. Intensitäten sind nicht wie Zeit-
15 größen, wohl aber ⟨gibt es⟩ Intensitätsabstände, und diese werden dann die analoge Rolle spielen wie die Zeitstrecken.

Brentano betont, was bei unserer ganzen Einstellung zu betonen kaum noch erforderlich ist, daß nicht verwechselt werden darf In-tensität des Wertes (das ist der zu ihm selbst gehörige Unterschied
20 des mehr oder minder wert) und Intensitätseigenschaft des Wertens, nämlich als ob, wenn ein Steigerungsverhältnis zwischen Werten festgestellt würde, das soviel besagte wie lebhafteres und minder leb-haftes Gefallen, Wünschen, kurzum Werten überhaupt.[2] Zum Bei-spiel, „etwas ist wünschenswerter als ein anderes" besagt nicht, das
25 Wünschen sei lebhafter oder solle lebhafter sein. Natürlich gibt es auch Normen für die Lebhaftigkeit von Wertungen, wie z. B. die, es sei unrichtig, sich über einen höheren Wert minder lebhaft zu freuen als über einen niedrigeren.

Im übrigen möchte ich meinen, daß mit dem Hereinziehen der
30 Zeit und der Intensität die eigentlich analytische Gesetzessphäre überschritten ist. In dieser Sphäre ist von Werten überhaupt die Rede, und ob Zeitliches und Intensives existiert und wertbar ist, das betrifft eben nicht die Sphäre des Wertes überhaupt bzw. schränkt sie ein.

Ein Hauptgesetz ist ferner das folgende: Ist A_1 abgeleiteter Wert in
35 bezug auf W_1 und ist A_2 abgeleiteter Wert in bezug auf W_2, so ist, wenn $W_1 > W_2$, „in Rücksicht darauf" auch $A_1 > A_2$. Darunter fällt,

---

[1] Vgl. ebd., S. 25 — Anm. des Hrsg.
[2] Vgl. ebd., S. 22 — Anm. des Hrsg.

wie man sogleich sieht, das Gesetz der Willenssphäre: Ist M_1 Wert
als Mittel für W_1 und ist M_2 Wert als Mittel für W_2, so ist, wenn das
Willensziel $W_1 > W_2$ mit Beziehung darauf auch das Mittel
$M_1 > M_2$.

5   Man könnte gegen dieses Gesetz einen Einwand erheben, den mir
in früheren Jahren ein Herr wirklich gemacht hat, es müßten, wenn
das Gesetz gültig wäre, alle Ableitungen desselben Wertes gleichwertig sein, was offenbar nicht der Fall sei. Aber diese Konsequenz
ergibt sich bei genauer Überlegung nicht. Zum Beispiel, verschiede-
10 ne Mittel desselben Zweckes sind zwar in der Tat nicht gleich, aber
darum kann man doch sagen, daß, wie immer die Rangstufe der
Werte der Mittel eines und desselben Zweckes auch sein mag, doch
dies gilt, daß wenn sie eben rein als Ableitungswerte ihres Zweckes
betrachtet werden, sie alle einander darin gleichstehen können, daß
15 sie alle minderwertig sind gegenüber allen Mitteln eines wertvolleren
Endzweckes. Daß sie geradezu praktisch verwerflich sind, ergibt sich
dann noch aus einem weiteren Gesetz, das uns bald beschäftigen
wird.

Ehe ich weitergehe, muß ich nun auch darauf hinweisen, daß die
20 Gesetze, die wir ausgesprochen haben, ontisch waren. Sie bezogen
sich als formale Gesetze auf „höher wert" und „minder wert". Die
Wertvergleichung aber vollzieht sich aufgrund eigentümlicher Akte
der Bevorzugung und Hintansetzung, die selbst Gemütsakte sind.
Man muß beachten, daß alle logischen Aussagen, alle Urteile dar-
25 über für ihre Ausweisung des Vollzugs dieser Gemütsakte bedürfen
und mit diesen nicht verwechselt werden dürfen. Wertvergleichung
als gemeinsamen Titel für Bevorzugung und Hintansetzung rechnen
wir also in die Gemütssphäre. Statt Vergleichung sagen wir auch
Wertabwägung. Wenn wir nun auf diese wertabwägenden Akte
30 selbst achten und diese bewerten, so unterstehen sie ebenso wie
schlichte Akte der Vernunftbeurteilung. Wir haben hier also parallel
zu den ontischen Gesetzen noetische, nämlich Gesetze der vernünftigen Bevorzugung und Hintansetzung. So ist es ein Gesetz der Konsequenz im eigentümlichen Sinn, daß wenn man W_1 im wertenden
35 Abwägen bevorzugt hat gegenüber dem W_2, man vernünftigerweise
jeden Ableitungswert von W_1 höher werten müsse als jeden Ableitungswert von W_2 usw. Zu erwähnen ist ferner, daß Bevorzugen und
Hintansetzen sich zueinander verhalten als positive und negative
Gemütsakte, daß für diese wie für jede Positivität und Negativität

das Gesetz besteht, daß wenn das Bevorzugen vernünftig ist, das Hintansetzen derselben Materie unvernünftig ist und umgekehrt; oder korrelativ, daß wenn der Vorzug besteht, die Hintansetzung — der Hintansatz — (ein passendes Wort vermisse ich da) nicht be-
5 steht und umgekehrt. Das alles gehört in eine ausgeführte Noetik der Gemütsakte, die ebenso wie die Noetik der logischen Akte keineswegs mit den entsprechenden ontischen und noematischen Gesetzen erledigt ist, etwa durch bloße Umwendung derselben.

⟨§ 13. Die Willenssphäre im engeren und weiteren Sinn⟩[1]

Wir wollen nun spezieller das Willensgebiet betrachten. Mancher-
5 lei Gesetze haben wir kennengelernt, von denen wir sagten, daß sie
axiologische Bedeutung im erweiterten Sinn, im allgemeinsten, beanspruchen. Aber die verschiedenen Aktsphären bzw. Wertsphären,
die der Titel „Gemüt" befaßt, unterstehen nicht durchaus gleichen
Gesetzmäßigkeiten. Die verschiedenen Vernunftarten haben nur
10 zum Teil formal identische Gesetze. In der Sphäre der begehrenden
Akte und erst recht in der Willenssphäre treten ganz eigenartige
Gesetze auf.

Für ein sicheres Herausarbeiten der Willenslogik (sozusagen) wäre
es meines Erachtens das Beste, systematisch alle Willensgesetze ge-
15 sondert auszusprechen, also nicht etwa sich damit zu begnügen, daß
sich allgemeinere axiologische Gesetze aussprechen lassen, die mancherlei Willensgesetze mit beschließen, um dann eventuell spezielle
Ergänzungsgesetze zu suchen, die eben bloß für die Willenssphäre
gelten und nicht für andere Gemütssphären. Nur wenn man so ver-
20 fährt, hat man eine vollständige und klare Übersicht über das in der
Willenssphäre Vorliegende bzw. noch zu Formulierende. Hier aber
kann ich nicht so verfahren; es würde gar große Umständlichkeiten
mit sich bringen.

Einige allgemeine Punkte müssen im voraus näher besprochen
25 werden. Zunächst ist immer darauf zu achten, daß wir das Willensgebiet in passender Weite fassen derart, wie wir auch das Gebiet des
Glaubens, der Doxa, entsprechend weit fassen. Nicht nur das Ge-

---

[1] Zu den §§ 13–15 vgl. Beilage I: Schiefheiten in meiner Lehre vom Werten in der
Vorlesung über formale Axiologie und Praktik, S.154 ff. — Anm. des Hrsg.

wiß-Glauben haben wir da im Auge, sondern auch mancherlei Modalisierungen desselben: einerseits den Unglauben, die Glaubensablehnung, andererseits auch das Für-möglich-Halten in dem Sinn, in dem sich etwas als seiend anmutet, in dem wir in gewissem Sinn
5 geneigt sind zu glauben, im Bewußtsein, daß „etwas für das Sein spricht", ohne daß wir doch in der Tat glauben; das Gegenständliche steht nicht schlechthin als seiend da (wir sagen also nicht: Wir sind dessen gewiß), es steht als „wohl möglich" da. Freilich ist das Möglichkeit in einem bestimmten Sinn, in dem man z. B. davon
10 spricht, daß man Möglichkeiten und Möglichkeiten abwäge, z. B. in der Lehre von den Wahrscheinlichkeiten. Ebenso gehört hierher das aufgrund einer solchen Erwägung im Glauben sich bevorzugend einem Möglichen unter mehreren sich darbietenden Möglichkeiten „Zuneigen", es vermuten, oder statt dessen disjunktiv in fragender
15 oder zweifelnder Einstellung sein usw. Dieses Überlegen und Erwägen, das hier auftritt, ist selbst mit zum Glaubensgebiet zu rechnen, wenn wir nur alles absichtliche Tun, alles willentliche, ausschließen, wie tief es auch damit verflochten ist.

Ähnlich verstehen wir unter einem Willensakt im weitesten Sinn
20 nicht nur das Wollen im engsten Sinn, sondern vielerlei Modalitäten, und darunter dem Willen eigentümliche. Zum Beispiel haben wir einen Unterschied zu machen zwischen Wollen, das nicht selbst schon handelndes Wollen ist, so jedes Wollen im Sinne des Sich-zu-etwas-Entschließens, und Wollen im Sinne eines handelnden
25 Wollens, z. B. in der Ausführung eines früher gefaßten Entschlusses. Auch andere Modi der Willenssphäre treten uns entgegen, zumeist solche, die ihr Analogon haben in allen anderen Aktsphären.

Wollen im gewöhnlichen engeren Sinn ist positiv und in Willensgewißheit Wollen. Ich bin schlechthin entschlossen, oder ich tue gar,
30 ich handle: Das darin beschlossene Wollen ist immer positiv und Willensgewißheit. Es gibt nun aber auch andere Vorkommnisse der spezifischen Willenssphäre, die sich schon durch die eben gewählten betonenden Ausdrücke kontrastieren.

Zunächst ist es klar, daß wir auch ein negatives Wollen haben und
35 desgleichen Modi der Willensungewißheit. In letzterer Hinsicht wird oft die Scheidung zwischen Wollen und Wünschen, Streben, Begehren unklar. Das bloße Wünschen enthält nichts vom Wollen, es enthält nichts von praktischen Modalitäten und ist nicht selbst ein praktischer Akt, ein Willensakt im weitesten Sinn. Ein bloßes Wün-

schen liegt vor, wo das Gewünschte nicht im mindesten als praktisch Realisierbares bewußt ist, wo es weder in Gewißheit noch in
ganz problematischer Weise als das bewußt ist, also nicht einmal im
Modus des vielleicht Realisierbaren, oder wo es gar als unrealisier-
5 bar bewußt ist. Gewünscht kann sein „alles Mögliche", aber nicht
bloß alles praktisch Mögliche. Ein Kaufmann strebt nach Reichtü-
mern. Man kann nicht sagen, er will sie im engsten Wortsinn. Wollen kann er nur, was als praktisches Ende eines Willensweges dahin
in Gewißheit oder Wahrscheinlichkeit bewußt ist. In jedem Ge-
10 schäft, zu dem er sich entschließt oder das er vollzieht, lebt ein Wille
in diesem bestimmten engen Sinn. Andererseits ist sein Streben
nach Reichtum doch nicht ein bloßer Wunsch, obschon auch ein
Wunsch. Er hält doch das Ziel des Strebens für ein „mögliches". Er
kann sich zwar nicht sagen, daß seine Kräfte ausreichen, daß die
15 dem Zufall unterworfenen Glücksumstände usw. hinreichend günstig sein werden, aber es könnte doch sein, vielleicht glückt es. Wie
unsicher und unbestimmt der Weg zu diesem Ziel und wie unbestimmt auch dieses Ziel selbst gesetzt sein mag: Es ist als Ziel gesetzt
und konnte gesetzt sein. Dieses Reichtumsstreben ist schon ein über
20 den Wunsch hinausgehender Willensmodus, und zwar ein positiver.

⟨§ 14. Wunsch und Wille⟩

Wir begannen uns in der letzten Stunde spezieller in das Willensgebiet zu vertiefen und zunächst der Bestimmung und Klärung der
hier maßgebenden Grundbegriffe einige Mühe zuzuwenden. Wir
25 sprachen am Schluß der Stunde von dem Unterschied zwischen
Wünschen und Wollen. Beides tritt oft in Verflechtung auf, aber das
bloße Wünschen ist, wie lebhaft es auch sein mag, noch kein Wollen.
Das zeigt sich auch darin, daß die Gradualität des Wollens, die ihm
eigenen Unterschiede der Willensanspannung, gar nicht parallel zu
30 gehen braucht mit der Gradualität des Wünschens. Ein leidenschaftlich Gewünschtes kann ohne energische Willensanspannung gewollt
werden, sozusagen in einem schlappen Wollen. Dabei ist freilich
darauf zu achten, daß wir von Gradualitäten im Akt selbst sprechen
und nicht von den habituellen Dispositionen, die ebenfalls ihre Gra-
35 dualitäten haben: Eine Persönlichkeit kann feste, standhaltende Willensrichtungen haben, eine andere hat minder feste, wechselt ihre

Willensrichtungen leichter, und insbesondere sie verhält sich in bezug auf dieselben Willensziele mehr oder minder fest gerichtet. Diese habituelle Festigkeit und ebenso der Habitus, die Ziele mit Energie zu verfolgen, sind natürlich zu sondern von den Abwandlungen
5 der größeren oder geringeren Anspannung, die der einzelne Willensakt zuläßt.

Eine offene Frage ist es, ob jedes Wollen ein Begehren, ein Wünschen einschließt. Jedenfalls sind sie oft miteinander verflochten. Der Wille, eine Reise anzutreten, hebt nicht das Begehren danach
10 auf, und sogar während der realisierenden Ausführung der Reise mag uns immer wieder das Begehren nach dem Weiteren oder nach dem Ziel kommen oder mag als beständige Unterschicht im Bewußtsein liegen. ⟨Man sagt⟩, Wollen ohne Begehren sei undenkbar, nichts kann ich wollen, was mir unerwünscht ist; ist es in sich selbst
15 unliebsam, so muß es erwünscht sein um anderes willen. Aber das ⟨ist⟩ nicht ohne weiteres eine reelle Implikation eines Wünschens im Wollen. Es wäre unvernünftig, etwas zu wollen, was nicht, sei es in sich selbst oder um eines anderen willen, wünschenswert wäre. Es liegt also Implikation im Sinne der Vernunft vor. Darum braucht
20 aber nicht ein aktuelles Wünschen in dem Wollen als Unterlage enthalten zu sein. Es ist erwünscht, heißt nicht immer, es ist aktuell gewünscht, sondern hat vielfach den Sinn von: Es ist wünschenswert.

Andererseits beweist nun aber die Verträglichkeit von Wünschen eines Zieles und Wollen desselben Zieles mit Sicherheit das, daß die
25 qualitativen Eigenheiten der Aktcharaktere Wünschen und Wollen nicht gleichgeordnete Differenzen einer und derselben Gattung sind, da sich solche wesensmäßig ausschließen — wie ⟨sich⟩ zwei Farbenspezies als Bedeckung desselben Flächenstücks und in derselben Dauer ausschließen und dergl.
30 Wunsch und Wille gehen beide in gewisser Weise auf ein Sein, wie denn in gewisser Weise alle Akte auf Sein gehen. Der Glaube ist Vermeinen des Seins, die Modalisierungen des Glaubens sind Vermeinungen eines modalisierten Seins, eines „Möglichseins", „Wahrscheinlichseins" usw. Die Gemütsakte sind ebenfalls als
35 Seinsmodalisierungen, obschon neuer Dimension, zu fassen: Das Wünschen vermeint ein „⟨Es⟩ möge sein", das Wollen ein „Es soll sein", wobei das „Es soll" freilich in bestimmtem Sinn zu nehmen ist.

Der Wille, sagt man, geht auf Verwirklichung. Nur in gewissen Fällen, auf einem gewissen Umweg, geht der Wille, wie wir ergän-

zend freilich beifügen müssen, auf ein im voraus schon Seiendes und
als seiend Bewußtes: nämlich als Wille, daß etwas so bleibe, wie es
ist.

Schließen wir vorläufig diese Fälle aus und halten wir uns an die
5 Willensrichtung auf etwas, was nicht im voraus als wirklich seiend
bewußt ist. Der Wille, sagt man dann, kann nicht auf Ideales gehen,
sondern nur auf Reales, und nicht auf Vergangenes, sondern auf
Künftiges; im Gegensatz zur Freude und zum Wunsch. Jemand
kann sich freuen, daß sich ein ideales mathematisches Verhältnis,
10 daß sich die Geltung eines Satzes und Beweises herausstellt bzw. es
wünschen. Es kann dabei aber Freude und Wunsch statt auf das
reale Sich-Herausstellen auch auf das ideale Sein selbst gehen, das
seinerseits jenseits allen Wollens und Machens liegt. Das Interesse
an der Herausstellung der Wahrheit kann in Übertragung zum Inter-
15 esse am Sein einer prätendierten Wahrheit selbst führen. Es ist schade, kann jemand in sich fühlen, daß das, diese von mir vermeinte
und behauptete Wahrheit, nicht besteht; ich hätte ⟨mir⟩ dann die
Blamage erspart und dergl. Der Wille aber ist hier gebunden. Die
ideale Sphäre ist ihm verschlossen und ebenso die der Vergangen-
20 heit. Diese Einschränkung des Willens ist wohl wieder eine Einschränkung der Vernunft. Ob nicht ein Verrückter schließlich einen
auf Vergangenes oder Ideales bezogenen Willensakt aufbringen mag,
werden wir nicht behaupten können.

⟨§ 15. Handlungswille und auf Künftiges gerichteter
25   Entschlußwille⟩

Geht der Wille auf Künftiges, so tut er das in einer eigenen, von
allen anderen Künftiges betreffenden Akten unterschiedenen Weise.
Zum Beispiel, die Freude über ein Künftiges setzt den Glauben an
30 das künftige Sein voraus, die Erwartung des Künftigen liegt ihm als
Unterlage zugrunde. Die Freudenbewertung bzw. die Gutsetzung
geht auf das schon als künftig Wirkliches Gesetzte, gesetzt in dem
unterliegenden Glauben. Der auf Künftiges gerichtete Wille impliziert in gewisser Weise auch den Glauben an das Künftige, aber er
35 setzt nicht diesen Glauben voraus, impliziert ihn nicht als Unterlage. Wer da will und, sagen wir genauer, positiv will (und im Modus
der Willensgewißheit will), daß etwas geschehen solle, glaubt damit

auch, daß es geschehen werde. Im Entschluß, nach Paris zu reisen, liegt in gewisser Weise natürlich, daß die Reise nach Paris Wirklichkeit sein wird, und erst recht im Handlungswillen, der im handelnden Vollzug der Reise lebt. Aber die künftige Reise bzw. der künf-
5 tige Aufenthalt in Paris ist nicht fürs erste gewißseiend und dazu noch als im voraus Gewisses gewollt, sondern im Gegenteil: Wäre es schon im voraus gewißseiend, dann könnte es gar nicht gewollt werden. Es ist, statt im voraus gewiß seiend, allererst vermöge der Willensgewißheit gewiß. Der Wille als Willensgewißheit setzt das
10 Künftige in einer Weise, die ihm für das Bewußtsein Gewißheit des Seins erst erteilt. Das Bewußtsein sagt gewissermaßen nicht: „Es wird sein, und demgemäß will ich es"; sondern: „Weil ich es will, wird es sein." Mit anderen Worten, der Wille spricht sein schöpferisches „Es werde!". Die Willenssetzung ist Setzung der Verwirkli-
15 chung. Aber Verwirklichung sagt hier nicht bloß Wirklichwerdung, sondern Wirklichmachung, Leistung der Verwirklichung. Das aber ist etwas Ureigenes, das eben in der Eigenheit des Willensbewußtseins seine Quelle hat und sich nur da verstehen läßt.

In bezug auf die Aktseite hätten wir hier zu sagen: Statt daß auf
20 dem Glauben des künftigen Seins das Wollen fundiert wäre, ist vielmehr der Glaube des Künftigen ein aus dem Wollen hervorquellender. Und ist das Wollen ein Handlungswollen, so ist in jeder Phase, in der die Realisierung vollzogen ist (also das Realwerden den Modus des Jetzt-Realseins hat), dieses Jetzt-Reale charakterisiert als
25 originär geschaffen, als gemacht; korrelativ hat die Wahrnehmungserscheinung und die Wahrnehmungsgewißheit den Charakter einer aus dem Wollen heraus geborenen. Während eine sonstige Wahrnehmung den Charakter einer Passivität hat, in der wir etwas, was eben da ist, hinnehmen, einem Daseienden uns zuwenden, hat die hier
30 auftretende Wahrnehmung, diejenige aller aktuellen Handlungsphasen, den Charakter einer aus der schöpferischen Subjektivität entquollenen, deren Objekt infolge des schöpferischen „fiat" ist. Das also ist die unvergleichliche Eigentümlichkeit der Willenssetzung als schaffender Setzung.
35 Doch haben wir hier den selbstverständlichen Unterschied hervorzuheben, den wir letzthin schon berührt, aber nicht tiefer erörtert haben. Das schöpferische „Es werde!", das das Wesen der Willenssetzung ausmacht, kann aktuell schaffendes sein — der Wille ist Handlungswille, ausführender Wille, wirklich machender —, oder er

kann nur auf Schaffen gerichtet sein, auf ein künftiges Schaffen. So ist es bei jedem auf ein künftiges Handeln gerichteten Entschluß. Scharf zu scheiden haben wir da die Beziehung des Willens auf das künftige Geschehen und das auf dasselbe bezogene „Werde!" und
5 die Beziehung des Willens auf das künftige Wollen bzw. künftige Handeln. Das Verwirrende hier ist, daß auch ein Wollen des künftigen Wollens und Handelns möglich ist und daß das „Es werde!", das das künftige Handeln setzt, eben damit, aber nur vermöge eines apriorischen Zusammenhangs, auch das künftige Ereignis setzt, im-
10 plizit auch ihm das „Werde!" erteilt. Geht der Wille in der Tat auf das künftige Handeln, so ist es eben das Handeln selbst, die künftige Wirklichkeit, die im jetzigen Entschluß ihre praktische Setzung erhält, und wäre jedes auf ein Künftiges gerichtete Wollen ein Wollen eines künftigen Handelns, so kämen wir offenbar auf einen unendli-
15 chen Regreß. Es bestehen hier eben Vernunftimplikationen: Wer etwas Künftiges will, näher, etwas, das den Anfang seines Werdens nicht in der Gegenwart hat, könnte es nicht wollen, wenn er nicht die künftige Handlung wollte. Eine zweideutige Rede, die aber besagt, daß das Wollen des Künftigen ausschließt das Nicht-Wollen,
20 das Ablehnen der künftigen Handlung.

Gewiß schließt das auf ein künftiges und nicht mit dem Jetztpunkt anfangendes Ereignis gerichtete Wollen bewußtseinsmäßig auch das künftig realisierende Handeln ein, und zwar reell verstanden ein Gewißheitsbewußtsein vom künftigen Handeln. Die künftige
25 Reise, die ich vorhabe und für die ich jetzt entschlossen bin, ist mir nicht nur überhaupt bewußt als ein Vorgang, sondern als eine Reise eben, d. i. eine Handlung, und das ist durchaus notwendig. Aber der gegenwärtige Wille als Wille, als die eigentümliche Wirklichkeitssetzung des „Es werde!", setzt nicht die künftige Wollung
30 oder auch Handlung, sondern sendet durch sie die Thesis „Es werde!" hindurch; oder, wie wir auch sagen können: Die Willensthesis streckt sich in die künftige Zeitstrecke und fordert da eine ausgefüllte Willensstrecke, durch deren Phasen sie sich hindurch erstreckt, und nun ist, was der künftige Wille in jeder Phase zur Willenssetzung
35 bringt, zur künftigen Schöpfung, auch Willensgesetztes des jetzigen Entschlußwillens; also der zu realisierende Vorgang ist dabei gesetzt und nicht der Wille bzw. die Handlung. Aber freilich haben wir das Eigentümliche, daß auch der künftige Wille in all seinem kontinuierlichen Fortgang und entsprechend der künftigen Handlung cha-

rakterisiert ist als künftig Wirkliches und in seinem künftigen Wirklichsein aus dem jetzigen Entschlußwillen Hervorquellendes. Es ist
demgemäß auch nur durch den Willen Seinwerdendes und hat durch
ihn den Gewißheitscharakter künftigen Seins. Aber darum bleibt es
5 dabei: Die Willensthesis ist nicht darauf gerichtet, sondern eben auf
den gewollten Vorgang, und nur die Reflexion lehrt, daß das Schöpferische des auf eine künftige Zeitstrecke gerichteten Willens notwendig weiter reicht als das eigentliche Willensthema. (Das sind sehr
schwierige Verhältnisse, die man sich immer wieder durchdenken
10 muß.) Der auf die Zukunft gerichtete Wille ist, in gewissem Sinn
gesprochen, schöpferische Intention, und diese „erfüllt" sich in der
ausführenden Handlung.

⟨§ 16. Die Struktur des Handlungswillens⟩

Wir fügen hier zunächst einen wichtigen Punkt ein. Der Wille geht
15 auf Wirklichkeit, nicht ideale, sondern individuelle, reale Wirklichkeit (wobei nicht gerade an Realität im spezifisch substantial-kausa-
len Sinn zu denken ist, obschon die gewöhnlichen Fälle dieser Sphäre angehören). Dabei setzt jeder Wille nicht nur überhaupt Vorstellung des Gewollten voraus, sondern er hat notwendig eine umfassen-
20 de Vorstellungsunterlage und dabei trotz der Voraussetzungslosig-
keit hinsichtlich eines Seinsglaubens an das Gewollte auch eine
Glaubensunterlage bezogen auf reales Sein. Wo nicht schon Realität
gesetzt ist bzw. irgendwie doxisch bewußt ist, kann nicht schöpferische Realisierung anheben. Zum Beispiel, innerhalb dieser dingli-
25 chen Umgebung will ich etwas: etwas, was in ihr noch nicht ist, soll
werden. Der Wille geht auf ein bestimmtes Jetzt als Anfang einer
erfüllten Zeitreihe, und dieses Jetzt in seiner Bestimmtheit weist uns
schon auf ein Wirklichkeitsfeld hin.
Das Handeln ist nun originäres Handeln oder einen Vorsatz aus-
30 führendes Handeln. Der ausführende Wille folgt bewußtseinsmäßig
auf den Entschlußwillen; und seiner Zeitstrecke im Ablauf der Zeit
und innerhalb des Zeitbewußtseins ⟨folgt⟩ das bestimmte Jetzt, auf
das er als Anfangspunkt des zu realisierenden Vorgangs bezogen war.
War in der Zeitstrecke seit dem Entschluß der Wille nicht lebendig
35 durchgehalten, so kann dieser doch als wiederholter und sich mit
dem erinnerungsmäßig wieder vergegenwärtigten früheren Willen in

eins setzender auftreten und so auftreten, wie er hier muß, als erfüllender Handlungswille. Seine erste Phase ist sogleich aktuell schöpferisch; das in ihm als jetzt seiend Gegebene und perzeptiv Konsti-
tuierte tritt auf als aus dem *fiat* heraus geworden, als Geschaffenes.
5 In diesem Zeitpunkt aber ist in eins bewußt ein Zukunftshorizont
des noch zu Realisierenden. Es ist ein Horizont, der schon als Wil-
lenshorizont bewußt ist und bewußt in einer antizipierten Willens-
kontinuität. Die Willensthese geht nicht nur auf das Jetzt mit seinem schöpferischen Anfang, sondern auf die weitere Zeitstrecke und
10 ihren Gehalt. Mit der schöpferischen Gegenwart eins ist eine schöpferische Zukunft, die hier in der Handlung in eigentümlicher Origi-
narität als solche konstituiert ist. Nun geht aber das Jetzt in ein
immer neues Jetzt über, stetig verwandelt sich die vorgesetzte
schöpferische Zukunft in die schöpferische Gegenwart und wird also
15 zu wirklich Geschaffenem. Das soeben Geschaffene erhält den Charakter der schöpferischen Vergangenheit, während andererseits der
Zukunftshorizont weiter fortbesteht, aber sich vermöge der Begrenzung der Zeitstrecke der abgesehenen Leistung immer mehr ver-
kürzt. Endlich ist die Handlung fertig, sie ist am Ende, und als Gan-
20 zes ist sie selbst nur schöpferische Vergangenheit, eventuell übrig
lassend ein bleibendes Resultat als Werk, ein durch solch einen
schöpferischen Prozeß Gewordenes und als das Charakterisiertes.
Während der Handlung haben wir eine eigentümliche Struktur des
Wollens; zu jeder Handlungsphase gehörig einen Punkt des aktuel-
25 len Schaffens, den jeweiligen Jetztpunkt mit seiner aktuellen Jetzt-
Leistung, zu ihr gehörig eine ausgezeichnete Willensphase, in der der
Wille seine schöpferische Originalität zeigt. Zu jedem Punkt gehört
aber auch ein im allgemeinen doppelter Horizont von eigentümlichen Willenswandlungen, in denen sich das schöpferisch Vergangene
30 und das Schöpferische der Zukunft, das Erledigte und noch zu Erle-
digende, bewußtseinsmäßig konstituieren. Zudem die ausgezeichneten zwei Punkte: Anfangspunkt mit dem ersten und gewissermaßen den schöpferischen Uranstoß verleihenden *fiat* und Endpunkt mit dem Charakter „Es ist vollbracht" — beide Punkte
35 durch korrelative Einseitigkeiten in ihren Horizonten ausgezeichnet.
Während des Prozesses entquillt beständig Wollen aus Wollen, was
dann in die Reproduktionen übergeht, so daß überhaupt in den Willenskontinuitäten, die zu jedem Zeitpunkt gehören, die Wollensmo-
mente nicht nebeneinander liegen, sondern in kontinuierlichen

Relationen des Auseinander-Hervorquellens stehen. Dasselbe gilt in etwas anderer Weise nicht minder für die ganzen Willenskontinua in der Reihenfolge der Zeitpunkte: Jedes neue Willenskontinuum im Übergang vom Jetzt zum neuen Jetzt fließt aus dem vorigen nicht
5 bloß so hervor, wie überhaupt im ursprünglichen Zeitbewußtsein das Jetzt aus dem vergangenen Jetzt hervorfließt, vielmehr entquillt es aus ihm vermöge der eigenen Willensschöpfung.

In jedem Jetzt geht die Willensrichtung und das schöpferische „Es werde!" durch die Kontinuität der Willensmomente hindurch; mit
10 jedem neuen aktuellen Schöpfungspunkt erfüllt sich eine vorgängige, auf seinen Gehalt gerichtete Willensintention. Die Wollungen richten sich nicht auf die weiteren Wollungen, sondern jeder Wille richtet sich auf die Sachen, schöpferisch erfüllt auf die jeweilige Jetztphase des Vorgangs und „intendierend" auf den ganzen Rest
15 des Vorgangs als zu realisierenden. Damit bestätigt sich auch die Analyse, die wir letzthin für die Willensrichtungen des vorblickenden Entschlusses gegeben haben. Im Tun tun wir nicht den künftigen Willen, sondern eben das Getane, obschon eben dazu gehört, daß Willenskontinuitäten aus dem Einsatzwillen, aus dem *fiat* her-
20 vorquellen und jede neue Willensphase aus der vorigen.

Ein Handlungswille kann ausführend sein, erfüllend einen früheren Vorsatzwillen. (Obschon jeder Handlungswille gewissermaßen auch Vorsatzstrecken hat, so nennen wir ihn nicht Vorsatz, worunter wir eben den Fall bloß auf künftige Strecken bezogener Willensin-
25 tention verstehen.) Ein Handlungswille braucht aber nicht Ausführung eines Vorsatzes zu sein; er kann als schlichtes Handeln geradewegs anfangen.

Es gibt in der Willenssphäre noch mancherlei Unterschiede zu erörtern. An dieser Stelle wäre etwa noch zu erwähnen der Unter-
30 schied zwischen einem Vorsatzwillen und dem Entschluß. Entschluß im prägnanten Wortsinn weist auf eine Willenserweckung zurück, auf einen Durchgang durch vorgängige Willensanmutung, Willensfragen und dergl. Der Abschluß einer Willenserwägung ist eine Willensstellungnahme als ein Wollen im engeren Sinn, und da sprechen
35 wir von Entschluß, eventuell auch von Sich-Entscheiden, ein Wort, das speziell auf Gegenmöglichkeiten zurückweist: Man entscheidet sich für die eine, gegen die andere. Hier tritt also der Wille auf, und zwar der entschiedene Wille, nachdem andere Akte, die wir als Modalitäten des Willens ansprechen müssen, vorangegangen sind.

Aber nicht jeder Wille ist ein Entschluß, hat den Charakter einer Entscheidung. Hierher gehört jeder Willensakt, der in schlichter Weise einem Reiz folgt, ohne Schwanken und Zweifeln, ohne Überlegung und Parteinahme. Zum Beispiel, ich blicke auf: Da steht
5 mein Frühstück. Unmittelbar sage ich: Ich will jetzt frühstücken. Hier erwächst freilich die Frage nach dem Verhältnis dieser Wollungen, die ohne weiteres einem „Reiz" folgen, zu den triebartigen Betätigungen, die wir als unwillkürliche bezeichnen. Zunächst wollen wir dabei nicht stehen bleiben.

10 〈§ 17. Die Parallelen zwischen Urteilsmodalitäten
und Willensmodalitäten〉

〈a) Das Wollen im ursprünglichen Sinn als Analogon
des gewissen Glaubens. Die problematische, hypothetische
und disjunktive Modifikation des Wollens〉

15 Ich begann am Schluß der letzten Vorlesung, von Willensmodalitäten in Parallele mit Urteilsmodalitäten zu sprechen.[1] Als wir früher ganz im allgemeinen die Parallelen zwischen der Urteilssphäre und der Gemütssphäre überhaupt, der ganz allgemein verstandenen axiologischen Sphäre, hervorhoben, da wurde auch ganz kurz auf die
20 Willensmodalitäten hingewiesen. Es kommt uns jetzt auf einige wichtige nähere Ausführungen an.

Unter dem Titel „Modalitäten" meinen wir hier nicht jederlei Abwandlungen, die Akte irgendeiner Klasse erfahren können. Nehmen wir z. B. einen gewissen Glauben des Inhalts A, etwa ein prä-
25 dikatives Urteil, es sei S p, so ist es keine Modalität des Urteils, wenn wir gegenübersetzen den Akt des Sich-Hineindenkens darin, es sei S p, ohne selbst zu glauben. Das ist eine Art Abwandlung, die wir in allen Aktgebieten finden, wie schon früher erwähnt wurde. Man kann sich z. B. in ein Wollen hineindenken, ohne wirklich ein Wol-
30 len, ohne überhaupt irgendeine praktische Stellungnahme zu vollziehen. Ebenso kann ein Urteil, es sei S p, in sehr verschiedener Weise vollzogen sein, und die Erlebnisse, von denen wir da sagen, es sei „dasselbe" Urteil, sind außerordentlich verschieden. Bald ist das Urteil in lebendiger Spontaneität vollzogen, wir setzen Schritt für

---

[1] Siehe Textkritische Anmerkungen, S. 469 — Anm. des Hrsg.

Schritt das Subjekt, daraufhin das Prädikat usw.; bald taucht uns das Urteil ohne solchen eigentlichen und artikulierten Vollzug, etwa als Einfall, einheitlich auf, und wir nehmen es hin, wir verhalten uns passiv, und doch steht das Auftauchende in der Weise des gewissen
5 Glaubens da. Ebenso ist 〈es〉 ein Unterschied, im spontanen Urteilen vom Sein des Sachverhalts ein Bewußtsein zu haben und, nachdem dieser Urteilsprozeß vorüber ist, das Sein noch im Auge zu haben, den Sachverhalt noch zu glauben und im Sein festzuhalten. Wieder die Unterschiede der Klarheit und Unklarheit, des Urteilens
10 auf klare und gegebene Gründe hin und des Urteilens, das jedweder Begründung entbehrt. Es können auch Gründe bewußtseinsmäßig bestimmend sein, aber in Form bloßer Erinnerung, und eventuell sehr dunkler Erinnerung, an ein früheres Begründen. All das sind sehr verschiedene und näher zu beschreibende Phänomene, und
15 Phänomene, die ihre Analoga in allen Aktklassen haben. So gibt es ein völlig ohne Begründungsunterlage erfolgendes Wollen und ein durch Gründe motiviertes, ein Wollen in Form klarer praktischer Vernunft, und ein Wollen, das Vernunftmotive einschließt, aber unklare usw.
20   Alle solchen Unterschiede, wie außerordentlich wichtig sie auch sein mögen, gehen uns jetzt nicht an, sie haben wir nicht unter dem Titel „Modalitäten" im Auge. Sie können in der Urteilssphäre mannigfach wechseln, während wir in einem gewissen guten Sinn immerfort sagen: Es sei dasselbe Urteil „S ist p" vollzogen, eben bestimmt
25 durch dieselbe Urteilsqualität (Urteilsthesis), nämlich gewissen Glauben, und dieselbe Materie, nämlich dasselbe „S ist p", das da das Geglaubte ist. Und ebenso sprechen wir von demselben Wunsch „S möge p sein" und demselben Willen „S sei p", unangesehen mannigfacher phänomenologischer Wandlungen der besprochenen
30 Arten. Wir haben also jetzt dieselbe Blickrichtung, wie sie der Logiker hat, wenn er eine Formenlehre möglicher Urteile entwirft, dabei aber den Begriff des Urteils weitherzig faßt, so daß als Urteilen auch gilt jene Reihe von Abwandlungen des gewissen Glaubens, die wir Für-möglich-Halten, Für-wahrscheinlich-Halten, Zweifeln, Fragen,
35 Überlegen, Sich-Entscheiden usw. nennen. Dafür haben wir also Parallelen in der Willenssphäre, auch 〈in〉 ihr gibt es eine reine Formenlehre der in einem weiteren Sinn gefaßten Willensgestaltungen, und zwar hinsichtlich der Willensakte und parallel ihrer Korrelate der Willenssätze und Willensinhalte.

Statt schlechthin zu urteilen (d. i. einer Sache gewiß zu sein), kann ich ein Ungewißsein, aber nicht als bloße Privation des Gewißseins, vollziehen. Und zwar: Die Sache mutet sich als seiend an, eventuell aus bestimmten bewußten Gründen, es spricht etwas für das Sein,
5 ohne daß ich doch Gewißheit habe. Eventuell aber mutet es sich an, ohne daß ⟨ich⟩ bestimmte Gründe dafür bewußt habe. Die Sache steht als möglich da, und dieses Möglichkeitsbewußtsein ist eine Modalisierung des Glaubens; es ist eine Abwandlung der Glaubensthese, die selbst den Charakter einer These hat, und einer These, die
10 zum doxischen Gebiet wesentlich gehört.

Ebenso in der praktischen Sphäre: Statt im normalen Wortsinn zu wollen, kann ich ein praktisches Bewußtsein vollziehen, das dem Wollen verwandt und als Abwandlung eines Wollens wesensmäßig charakterisiert ist: Die Willensmaterie mutet sich als praktisch sein-
15 sollend an, eventuell aus bestimmten Willensgründen, eventuell unbestimmt und unklar in dieser Hinsicht. Es liegt nicht ein bloßes Urteil vor: „Das sollte ich vielleicht" (abgesehen davon, daß hier nicht an Pflicht, an eine Norm, an Sein-Sollen in besonderem Sinn zu denken ist). Ich brauche gar nicht zu urteilen, vielmehr der
20 betreffende Sachverhalt steht in einem Wollensbewußtsein als eigentümlich charakterisierter da, er mutet sich eben als zu wollender an.

Nennt man das Möglichkeitsbewußtsein in der Glaubenssphäre ein problematisches (was freilich kein ganz guter Ausdruck ist), so wäre dieses Willensbewußtsein analogisch als problematisches zu
25 bezeichnen. Das Wollen im ursprünglichen Sinn ist das Analogon der Gewißheit, ich setze schlechthin und praktisch als seinsollend: „Es werde!". Im problematischen Verhalten habe ich die bloße Anmutung des „Es werde!". Ich bin nur geneigt zu wollen — wobei freilich der Begriff der Neigung genau nach den Beschreibungen zu
30 orientieren ist.

Weitere Modalitäten sind das hypothetische Ansetzen und auf einen hypothetischen Ansatz hin eine Nachsatzthese Vollziehen. Wenn A b ist, so ist C d. Ebenso praktisch: Statt schlechthin zu wollen, kann ich ein hypothetisches Wollen vollziehen, und wieder-
35 um, ich kann, wenn ich das tue, daraufhin ein Nachsatzwollen vollziehen. Zum Beispiel: Gesetzt, ich ginge diesen Sommer in die Schweiz — dann ginge ich ins Engadin. Das drückt sich als hypothetisches Urteil aus. Aber das Hypothetische und das auf Hypothese Gesetzte vollzieht sich vor allem Urteil im Wollen.

Ebenso verhält es sich mit disjunktiven Modifikationen des Wollens. Ich will A oder B. Ich will entweder an die See oder in die Schweiz. Das sagt nicht, ich will das eine, ich will das andere, und doch ist ein Wille da und für jedes Glied eine Willensmodalität, und
5 danach orientiert sich erst das ausgesprochene disjunktive Urteil. Daß in diesem disjunktiv-willentlichen Verhalten auch ein Wollen im engeren Sinn impliziert ist, das ist eine Sache für sich. Ich will eines von beiden. Aber jedes Disjunktionsglied ist dabei nicht bloß vorgestellt, sondern gewollt, aber nicht schlechthin, sondern in mo-
10 dalisierter Weise.

⟨b⟩ Die Willensfrage als Analogon der Seinsfrage.
Zur Formenlehre der Fragen⟩

Für alle Abwandlungen des Urteilsbewußtseins finden wir so und *apriori* parallele Abwandlungen des Willensbewußtseins, allen Vor-
15 kommnissen in der Formenlehre der Sätze und der modalen Abwandlungen von Sätzen entsprechen Parallelen für die Willenssätze. Wir heben besonders folgendes hervor: Gehen wir der Reihe Für-möglich-Halten, Zweifeln, Fragen, Überlegen, Sich-Entscheiden nach! Es gibt ein praktisches Zweifeln, praktisches Fragen, prakti-
20 sches Überlegen und Sich-Entscheiden, das rein Sache des Willens ist, wie sehr auch bei der Fundierung des Willens in Vorkommnissen der Vorstellungs- und Urteilssphäre auch in der Unterstufe doxisches Fragen, Überlegen etc. seine Rolle spielen mag. So wie ich theoretisch zweifeln kann, ob A ist oder B ist, wobei jedes Glied des
25 Zweifels vorausgesetzt ist als ein Sich-als-seiend-Anmuten, so kann ⟨ich⟩ auch in der Willenssphäre zweifeln.

In einer Willensanmutung ist A bewußt und in einer ebensolchen B. Jedes mutet sich als „gesollt" an, jedes fordert gleichsam das Wollen. Ich schwanke nun im Wollen zwischen A und B. Im Willen
30 selbst vollzieht sich das Unentschieden-auf-das-eine-oder-das-andere-Bezogensein. Die Zwiespältigkeit, die da im Willen selbst liegt, charakterisiert den Willenszweifel als Analogon des theoretischen Zweifels.

Ebenso haben wir als Parallele für das nahverwandte Phänomen
35 der Seinsfrage die praktische Frage, die Willensfrage, wobei freilich der Ausdruck zweideutig insofern ist, als wie überall so auch hier auf den betreffenden Willensvorkommnissen sich doxische Vorkomm-

nisse aufbauen können und sehr oft aufbauen, die sich in doxischen
Fragesätzen aussprechen, bezogen auf das Praktische. Zum Wesen
der Frage gehört es, auf eine Antwort zu zielen, und dieses Zielen
erfüllt sich eben in der aktuellen Antwort. So birgt die Willensfrage
5 in sich die Intention auf eine entsprechende Willensantwort.
    Frage und Zweifel bzw. Frage und bloßes Für-möglich-Halten
sind nahe verwandt, aber nicht einerlei. Fragen können eingliedrig
und mehrgliedrig sein. Es besteht zwar eine Versuchung, die eingliedrige Frage zu leugnen und sie nur ⟨als⟩ sprachliche Verkürzung
10 einer mehrgliedrigen anzusehen — nämlich fragen wir „Ist A?", so
können wir freilich auch hinzufügen „oder ist A nicht?", und es
besteht hier ein Verhältnis vernunftmäßiger Konsequenz bzw. Implikation, sofern die Stellung der einen Frage die Ergänzung zur disjunktiven Frage vernunftgemäß berechtigt —, aber zweifellos bedarf
15 es nicht aktuell solchen Übergangs zur Gegenfrage. Wir können eben
einfach fragend nur auf das A-Sein gerichtet sein: ob es eben ist. Ist
das Fragen echtes Fragen und nicht ein Scheinfragen, so liegt eine
Seinsanmutung zugrunde, und das notwendig. Wofür bewußtseinsmäßig gar nichts spricht, was nicht als seiend sich schon anmutet,
20 kann nicht eben seinem Sein nach fraglich sein. Andererseits ist
offenbar Seinsanmutung noch nicht selbst Frage, es liegt in ihr noch
nicht die Intention auf Antwort, die der Frage eigentümlich ist.
Ebenso verhält es sich bei den mehrgliedrigen Fragen, worunter man
gewöhnlich disjunktive Fragen versteht. Um hier etwas genauer zu
25 sein, werfen wir den Blick in die Formenlehre der Fragen.
    Wie bei den Urteilen (bzw. den Urteilssätzen) haben wir zu schei-
den zwischen einfachen und zusammengesetzten Fragen. Dann ist
eine Frage als zusammengesetzt zu definieren (ähnlich wie ein Urteil
als zusammengesetzt definiert ist), wenn eine Frage vorliegt, in wel-
30 cher eine Mehrheit von Fragen als eingeordnete Glieder unterschieden sind, also ⟨wenn⟩ eine Frage reell zusammengesetzt ⟨ist⟩ aus
Fragen; und dabei nehmen wir Fragen als wirkliche Fragen schlechthin und nicht als Modalisierungen von Fragen. Dabei ist nicht die
Frage, ob die Fragematerie zusammengesetzt oder einfach ist; denn
35 einfache Fragen können zusammengesetzte Materien haben. So
⟨ist⟩ z. B. die Frage mit hypothetischer oder disjunktiver ⟨oder⟩
konjunktiver Materie eine einfache nach den Formen „Ist, wenn A
b ist, C d?", „Ist eins von A, B oder C?"; wie wenn jemand fragt:
Ist von den in dieser Abhandlung proponierten Textbesserungen eine

anzuerkennen? Ebenso bei konjuktiv zusammengesetzten Materien:
Haben die beiden Ereignisse A und B stattgefunden?

Davon zu scheiden sind nun wirklich zusammengesetzte Fragen,
und zwar zusammengesetzt in der Form konjunktiver und zusam-
5 mengesetzt in der Form disjunktiver Fragen. In der konjunktiven
Frage „Ist A und ist B etc.?" sind enthalten zwei selbständig ablös-
bare Fragen, jedem Glied entsprechend, und zugleich ist es eine Frage, die eben die mehreren in sich birgt. Die konjunktiven Fragen
entsprechen genau den konjunktiv zusammengesetzten Urteilen.
10 Ebenso sind die disjunktiven Fragen der Form „Ist A oder ist B
oder ist C usw.?" zusammengesetzt; und jedem Glied entspricht
eine eigene Frage. Es ist nicht etwa gefragt, ob eins von all den
Sachen gilt, A oder B oder C. Davon kann ich im voraus überzeugt
sein. Es ist also dann gar nicht fraglich, und doch frage ich: „Ist A
15 oder ist B etc.?"; oder unbestimmt: „Welches davon ist?" Es tritt
hier, nebenbei bemerkt, ein Unterschied gegenüber dem disjunktiven Urteil hervor: Entweder A ist oder B ist, sofern dieses Urteil
nicht zusammengesetzt ist, während die disjunktive Frage immer
(im definierten Sinn) zusammengesetzt ist. Dagegen wäre es wieder
20 keine zusammengesetzte Frage im definierten Sinn, wenn wir die
Modalisierung hypothetischer Form nehmen würden: Wenn A ist,
wäre dann B?

Zugleich ist hier überall aber zu bemerken, daß der Begriff der
zusammengesetzten Frage ebenso wie der Begriff des zusammenge-
25 setzten Urteils weiterziger gefaßt werden kann, nämlich so, daß
man den Begriff der Zusammensetzung nicht auf das unmodalisierte
Glauben, das Gewißsein, bezieht und so parallel nicht auf die Fragen
schlechthin im gewöhnlichen unmodalisierten Sinn, sondern daß
man überall die Modalisierungen mitbefaßt. Dann wäre ein disjunk-
30 tives Urteil ein zusammengesetztes Urteil (nämlich doxisch zusammengesetzt), ebenso wäre das Phänomen des Fragens unter einer
Hypothese zusammengesetzt aus einer Annahme und einer modalisierten Frage usw.

Betrachten wir nun, um wieder zu unserem Ausgangspunkt zu-
35 rückzukehren, disjunktive Fragen, also ⟨Fragen⟩ der Form „Ist A
oder ist B?", so setzen sie als Grundlage offenbar voraus den Zweifel zwischen A und B. Sie gehen aber über den Zweifel hinaus und
bringen ein Neues hinein in Form der Intention auf Antwort; also
das spezifische Fragen kommt als Neues hinein. Diese Intention

besagt nicht etwa eine Erwartung auf eine Gewißheit, die für ein
Glied des Zweifels entscheidet; denn solche Erwartung braucht keineswegs vorhanden zu sein. Ebensowenig ist es richtig, das spezifische Fragen in einem Wunsch, gerichtet auf solch eine Gewißheit, zu
5 suchen, obschon in eins mit dem Fragen sehr oft ein Wunsch nach
Antwort gegeben ist. Beides in eins, Erwartung und Wunsch, wo
nicht gar Befehl, finden wir vor im gewöhnlichen Fall der an andere
Personen gerichteten Anfragen. Aber das sind eben Komplikationen.
Und vor allem den Wunsch brauchen wir nicht (wie groß die Ver-
10 suchung auch ist) in den Begriff der Frage hineinzuziehen (obschon
das gewöhnlich geschieht). Das Zweifeln und dazu der Wunsch nach
einer Gewißheit, bezogen auf eine der disjunktiven Möglichkeiten,
machen nicht eine Frage, ob A oder B sei. Es liegt eine eigentümliche intentionale Tendenz vor, die wir eben abscheiden und als das
15 eigentümliche Wesen der Frage bezeichnen müssen. Damit allein
konstituiert sich für das Bewußtsein das Fragliche als solches, das
wir als eine Modalisierung des schlichten Seins ansehen müssen, so
wie das Fragen als eine Modalisierung des Glaubens. Ist das Eigentümliche der Frage gegeben, so können sich dann weitere Akte mit-
20 verflechten, und so fassen wir z. B. die Wunschfrage schon als eine
Komplikation auf gegenüber der puren Frage.

Genau besehen wird man übrigens sagen müssen, daß die Fundierung des Fragens im Zweifeln explizit und eigentlich verstanden nur
vorliegt im Fall eben des explizit vollzogenen Fragens: Dann muß
25 zunächst das Zweifeln vollzogen sein, und dann tritt die neuartige
fragende Intention auf, wobei das Zweifeln eine eigentümliche Modifikation erfährt und nicht etwa in der Form fortbesteht, die vorhanden war ohne Frage.

An eine Frage kann sich eventuell der die fragende Intention ent-
30 spannende, in gewissem Sinn erfüllende Prozeß anschließen, termi-
nierend in der Antwort. Der in diesem Zusammenhang als Antwort
auftretende Glaube ist eigentümlich charakterisiert. Was vorliegt, ist
nicht bloß Übergang von Zweifel bzw. Anmutung in Gewißheit,
sondern Erfüllung der fragenden Intention im Glauben, und das cha-
35 rakterisiert ihn als Antwort. Halten wir disjunktive Fragen fest, so
nimmt der beantwortende Prozeß die Form der disjunktiven Überlegung und eventuell Erwägung der Gründe an. Ein speziellster Fall
ist die vernünftige Erwägung, die von Einsicht durchleuchtet ist, von
jener Klarheit, in der die Gründe und Begründungszusammenhänge

zu vollkommener Gegebenheit kommen und damit die Antwort als
die vernünftige Antwort sich ausweist.

Natürlich haben wir diese ganze Betrachtung nur angestellt, um zu
zeigen, daß sich ihr wesentlicher Gehalt auf das Willensgebiet über-
5 trägt. Das Analogon des doxischen Zweifels ist, sagten wir, der Willenszweifel, und zu diesem verhält sich die „Willensfrage" (wenn
wir den analogischen Ausdruck verwenden wollen) ebenso wie die
doxische Frage zum doxischen Zweifel. Die disjunktive Willensfrage
spricht sich mit den Worten aus: „Soll ich das oder jenes?", die
10 eingliedrige Frage in „Soll ich das?". Allerdings drückt dieser Fra-
gesatz auch zugleich und zunächst eine doxische Frage aus, aber
nicht anders, wie überhaupt Aussagen über Wertungen und Werte,
Wollungen und Gesolltheiten eben zunächst Aussagen sind, also
doxische Vorkommnisse. Alle Vorkommnisse der Gemüts- und
15 Willenssphäre sind eben mögliche Gegenstände der theoretischen
Erfassung, Prädikation, der theoretischen Frage usw. Aber worauf es
ankommt, ist, daß vor allem Aussagen in der Gemütssphäre und
speziell der Willenssphäre Analoga der spezifisch doxischen Vorkommnisse auftreten. Was der Vollzug doxischer Akte gegebenen-
20 falls für Strukturen voraussetzt und andererseits neu hereinbringt,
das ist ein Thema eigener schwieriger Analysen.

⟨c) Die Analogien zwischen theoretischem und praktischem
Überlegen, Entscheiden und Vermuten⟩

Offenbar haben wir nun durch unsere Analyse und die eben gege-
25 benen Scheidungen die Analyse der Phänomene vorbereitet, die wir
in der gewöhnlichen Rede Phänomene der Wahl bzw. der praktischen Überlegung zu nennen pflegen. Eine praktische Überlegung ist nichts anderes als Vollzug einer Willensfrage, aber nicht
bloß das, sondern auch darauf folgend der Vollzug derjenigen Ab-
30 wandlungen und Ergänzungen der fragenden Akte, die auf dem Weg
zur Entscheidung der Frage liegen, also von Prozessen der Erfüllung der fragenden Intention: Diese führen günstigenfalls zum *terminus ad quem* des erfüllenden Prozesses, also zur vollzogenen Willensantwort. Das ist aber hier nichts anderes als ⟨das⟩, was wir
35 die praktische Entscheidung, das praktische Jasagen und bei disjunktiven Fragen die Wahl zu nennen pflegen. Das Wort ist freilich zweideutig. Es bedeutet bald den Abschluß des Prozesses, also die prak-

tische Antwort auf die disjunktive praktische Frage; wie wenn es
beim Kauf heißt: Ich wähle dieses Kleid, darauf ist meine Wahl
gefallen. „Wahl" heißt auch der ganze Prozeß der Überlegung,
eventuell mit dem Abschluß in der aktuellen Wahlentscheidung.
5 Der Käufer wählt, heißt es, aber er ist noch nicht entschlossen. Es
heißt dann aber auch gleichwertig: Er überlegt, was er wählen solle.
In der zweiten Rede ist das „Wählen" der Vollzug der abschließenden Entscheidung, in der ersten ist es das Überlegen selbst, das auf
den Abschluß gerichtet ist; und zudem kann, wie gesagt, auch das
10 Überlegen mit dem Abschluß als „Wählen" bezeichnet sein. Es ist
offenbar: Die genauen Analoga haben wir im theoretischen Überlegen oder Erwägen, dessen Ausgang ebenfalls eine Frage ist. Und
selbstverständlich gilt die ganze Analyse für alle Aktarten, denn
überall finden wir die Analoga der Fragen, der Überlegungen, der
15 Antworten, die überall übrigens positiv und negativ sein können.
    Hier ist noch ein zur Ergänzung zu beachtender Punkt. Die Ent-
scheidung für das Disjunktionsglied A gibt eine positive Antwort.
Wesensmäßig gehört aber dazu die Möglichkeit des Hinblicks auf
irgendeines der anderen Disjunktionsglieder, wobei diese charakteri-
20 siert sind als abzulehnende — als theoretisch abzulehnende in der
theoretischen Frage, als praktisch abzulehnende in der praktischen
Frage, und so überall.
    Die Verhältnisse in allen parallelen Gebieten haben aber noch ihre
schwierigen Komplikationen. In der doxischen Sphäre führt die
25 Überlegung, eventuell als vernünftige Überlegung überleitend in
fortgesetzte Vertiefung in die zur Gegebenheit kommenden Gründe,
zu verschiedenen möglichen Abschlüssen; die Entscheidung kann
für die Frage „Ist A oder B oder C?" lauten: Es ist A! Das A-Sein
stellt sich vielleicht in einem einsichtigen Beweis heraus, eventuell
30 in einer wohlmotivierten Erfahrungsbegründung. Es kann natürlich
auch sein, daß in der Überlegung zunächst sich herausstellt: C ist
nicht, B ist nicht, und nun, vermöge der die disjunktive Frage oft
implizit beherrschenden Überzeugung „Eins von A B C ... ist", wird
nun entschieden: A ist.
35   Es kann aber auch ganz anders gehen. In der Überlegung komme
ich nach keinem Glied zur Gewißheit, und doch komme ich zu einer
Entscheidung. Die „Gründe" für A B C haben ein verschiedenes
Gewicht, und das Gewicht, dasjenige für A, überragt diejenigen für
die übrigen Glieder. Ich nehme dafür sozusagen Partei. Vertiefe ich

mich in die Anmutungen und in das, was für das A, für das B, für
das C spricht, lege ich, noetisch gesprochen, die Motivationen auseinander, so treten mehr oder minder klare Unterschiede der Gewichte hervor; die Überlegung nimmt die Form einer „Erwägung "
5 an. Zum Beispiel, in der Erfahrungssphäre erwäge ich die Möglichkeiten, bzw. ich sehe zu, was an Erfahrungsgründen für die eine und
andere spricht, und wäge ab. Nach keiner Seite komme ich zur
Gewißheit, und doch in gewisser Weise entscheide ich mich. Die
Entscheidung lautet hier nicht „A ist schlechthin " — denn ich bin
10 nicht dessen gewiß —, sondern „A ist wahrscheinlich ". Darin liegt
ein Bevorzugen, das wir vermutendes Entscheiden nennen. Jedes
Vermuten ist ein Sich-Entscheiden in einer Erwägung, und das,
wofür die Entscheidung getroffen ist, hat hier den Charakter „wahrscheinlich ". Die Erwägung kann übrigens eine einsichtige oder un-
15 einsichtige sein, die Vermutungsgründe, die Gewichte der Möglichkeiten bleiben im Dunkeln, Vagen; die einen Möglichkeiten muten
sich vage als "besser" an, als solche, für die mehr zu sprechen
scheint, ohne klare Auseinanderlegung.
    In gewissen Gebieten, wo die Gewichte der sogenannten Wahr-
20 scheinlichkeitsgründe wie Größen behandelt werden können, ergeben sich Möglichkeiten, einsichtige, für quantitative Abmessungen
und für ⟨die⟩ Bestimmung der Größe der Wahrscheinlichkeit bzw.
für das Maß des relativen Gewichts des Wahrscheinlichen gegenüber
den unwahrscheinlichen Fällen. Da liegen die Wurzeln für die ma-
25 thematische Wahrscheinlichkeitslehre. Dabei ist zu bemerken, daß
es im phänomenologischen Wesen der Sachlagen gründet, daß das
Überlegen und Erwägen im Anmutungs- und Bevorzugungsbewußt-
sein sich vollzieht, also in den Modalitäten des doxischen Bewußtseins, daß aber auf dem Grund dieser Akte zu vollziehen sind Urtei-
30 le im prägnanten Sinn, Urteile über Wahrscheinlichkeiten, über die
Größenwerte der Wahrscheinlichkeiten usw.
    Gehen wir nun in das Willensgebiet, in das Gebiet der prakti-
schen Akte über, so kann die Entscheidung in einer praktischen
Überlegung entsprechend laufen. Fürs erste führt die Erwägung (die
35 auch hier keineswegs eine vernünftige Erwägung sein muß, aber es
sein kann) dahin, daß wir in einer exklusiven Disjunktion zwischen
A ⟨und⟩ B ⟨und⟩ C B ⟨und⟩ C schlechthin praktisch ablehnen.
Der Wille spricht gewissermaßen sein praktisches Nein, vielleicht
aus vernünftigen Willensmotiven (Willensgründen); es zeigt sich

einsichtig, daß B ⟨und⟩ C Unwerte sind, aber A ein Wert. Wir entscheiden uns dafür. Doch bedarf es keiner Vernunfteinsicht, es
genügt ein Für-wert- oder Für-unwert-Halten. Jedenfalls: Die Entscheidung ist ein entschiedenes Wollen, ein positives oder negati-
5 ves.

Es kann aber auch sein, daß ein Analogon der Vermutung
hier als Entscheidung auftritt. Es ist etwa so, daß wir im kaufenden
Erwägen schon alle negativen Entscheidungen insofern vollzogen
haben, als gewisse, offenbar unterwertige Waren für die Wahl ausge-
10 schieden wurden. Es bleibt die Wahl für A oder B. Vielleicht sind
wir im voraus schon entschieden, überhaupt hier etwas zu kaufen
und somit eins von beiden zu wählen bzw. zu kaufen. Die Willensfrage ist jetzt: Welches? In der Werterwägung mutet sich jedes nicht
nur als Wert an, sondern manche Wertgründe geben dem einen
15 höheren Wert, manche dem anderen. Alles in allem scheint der
Gesamtwert des einen Objekts höher als der andere, er ist nur vermutlich höher als der andere. Demgemäß geben wir mitunter ihm
einen entschiedenen praktischen Vorzug trotz der unvollkommenen
Begründung — ähnlich wie wir bei einer theoretischen Seinserwä-
20 gung mitunter uns trotz der Unvollkommenheit des theoretischen
Vorzugs für die eine Seite, für sie im urteilenden Glauben entschließen. Wir urteilen „Es ist so", obschon nicht mit gutem logischem
Gewissen. Oft aber sind wir gewissenhafter und urteilen nicht „Es
ist so", sondern stellen uns nur vermutend auf diese Seite und urtei-
25 len dann bloß „Das ist das Wahrscheinliche". So in der praktischen
Sphäre. Mitunter gehen wir nicht über zur assertorischen Entscheidung, zum Entscheiden: Das kaufe ich. Stattdessen tritt aber schon
eine Willensmodalität auf, die sich urteilsmäßig audrückt mit den
Worten: Diese Ware scheint praktisch vorzüglicher zu sein, das wer-
30 de ich wohl zu wählen haben. Das aufgrund der eigentümlichen Lage
der Wahl hier auszusprechende Urteil setzt in der Sphäre des Wertens und Wollens Modalitäten der Bevorzugung voraus und moda-
lisierte Stellungnahmen für die eine Seite, die Analoga sind der vermutenden Stellungnahmen und die beim urteilenden Verhalten auf-
35 grund derselben selbst übergehen in doxische Vermutungen bzw. in
Wahrscheinlichkeitsaussagen. Wie es dann weitergeht, ob es schließlich zu einer wirklichen Entscheidung, indem ich wähle, kommt und
vor allem, ob hier objektiv gültige Vernunftgesetze gelten, die eine
Entscheidung fordern, das ist eine Sache für sich.

Zu bemerken ist aber noch, daß durch diese Art der bevorzugen-

den Stellungnahme die theoretische bzw. die Willensfrage zwar in gewissem Sinn ihre Antwort erhält, und dann doch eine unvollkommene, und darum als Frage noch bestehen bleiben kann und vernünftig bestehen bleiben kann. Habe ich mich für Ja oder Nein
5 schlechthin entschieden, dann ist die fragliche Sache für mich nicht mehr eine fragliche, und vernünftigerweise kann ich nicht mehr fragen, wo ich mich so entschieden habe. Wo ich schon weiß, kann ich nicht fragen. Man darf sich hier nicht täuschen lassen durch die Verwechslung echter Fragen und Scheinfragen. Fragen wie sie der
10 Lehrer an den Schüler, der Examinator an den Examinanden stellt, sind Scheinfragen und jedenfalls nicht wirkliche Fragen der Materien, die ihnen unterschoben werden. Die echte Frage im Examen lautet z. B. nicht: Was versteht Platon unter Idee?, sondern: Was wissen Sie in betreff dessen, was Platon unter Idee versteht? Usw.
15 Ein gewisses Glauben, daß A ist, schließt aus ein Fragen, ob A ist, wie es die sonstigen parallelen Modalitäten ausschließt, z. B. das Zweifeln, ob A ist usw. In der Einheit eines Bewußtseins kann die Modalität in die gewisse Doxa zwar übergehen, aber sie erfährt dann durch diese eben eine Umwertung. Also wieder zu unserer Überle-
20 gung zurückkehrend: Es ist klar, daß ein bloßes Vermuten, daß A ist, zwar als Antwort auf die Frage auftreten kann, aber so, daß es dann als unzureichende Antwort auftritt, die es sehr wohl zuläßt, die Frage zu erneuern. Ich weiß zwar, daß A vermutlich ist, aber frage nun doch wieder: Ist es wirklich? Und genau so in der Willenssphä-
25 re. Darum bin ich, wenn ich gern kaufen möchte, nicht fertig mit der vermutenden praktischen Entscheidung, sondern ich stelle von neuem die praktische Frage: Soll ⟨ich⟩ dieses nun kaufen? Und die Erwägung kann fortgehen. Das aber ist nicht nur *realiter* eine Möglichkeit, sondern auch eine vernünftige Möglichkeit.
30 Durch diese Untersuchung haben wir also einige Einsicht in das Wesen der Wahl bzw. der praktischen Überlegung gewonnen, und zwar durch die Parallelisierung mit der theoretischen Frage und Überlegung, die uns selbst dabei klarwurde. Zugleich stoßen wir bei der Vertiefung in solche Verhältnisse überall auf Wesenszusammen-
35 hänge, und darunter auf Gesetze der Vernunft, die wie das theoretische Fragen so das praktische Fragen, das Überlegen und Sich-wählend-Entscheiden und seine Modalitäten, beherrschen. Alle solchen Gesetze müßten natürlich systematisch aufgesucht, formuliert und in richtiger Ordnung dargestellt werden.

⟨d) Bejahung und Verneinung im Glaubens- und im
Willensgebiet⟩

Neben den näher besprochenen Modalisierungen des Wollens im
engeren Sinn, des Urwollens, als des Aktes, auf den alle anderen
5 Akte wesentlich zurückbezogen sind, wären noch manche anderen
einer tieferen Analyse zu unterziehen. Nur in einer Richtung wollen
wir noch vorgehen, und eine Grundform wollen wir noch in näheren
Augenschein nehmen, nämlich die Willensnegativität, die zum Urphänomen als positiver Willenssetzung analog steht wie im doxi-
10 schen Gebiet der Unglaube zum positiven Glauben. Ich füge gleich
eine weitere Parallele bei: Wir haben neben dem Urphänomen des
positiven Glaubens in der doxischen Sphäre die Modalität des im
eigentlichen Sinn affirmativen Glaubens; neben dem positiven Urteil „Es ist so" das bejahende Urteil „Ja, es ist so", so daß hier drei
15 Formen auftreten: die unmodalisierte („Es ist so") und die bejahende und die verneinende („Nein, so ist es nicht").
Dasselbe gilt für das Willensgebiet. Wir haben neben dem schlicht
positiven „Ich will" das „Ja, ich will" und das „Nein, ich will
nicht". Die ältere Logik hat es allerdings nicht erkannt, daß Vernei-
20 nung und Bejahung zwar gleichgeordnete, aber dem Urglauben ge-
genüberzusetzende Phänomene, und zwar Modalisierungen sind. Sie
faßt unter dem Titel „Qualität" in der Regel nur zwei angeblich
gleich geordnete Formen Bejahung und Verneinung und vermengt
dabei Position und Bejahung. Aber man muß es sehen, daß das
25 Bewußtsein des „Es ist nicht" nicht nur sprachlich, sondern phänomenologisch eine Ablehnung ausdrückt, die in sich auf ein „Es ist",
also auf eine, wenn auch nicht wirklich vollzogene Position zurückweist, die ihrerseits in ihrer Struktur nicht wieder einen Rückweis
enthält. Und dasselbe gilt von der eigentlichen Affirmation, dem
30 eigentlichen Jasagen. Wie die Verneinung gleichsam durchstreicht,
so unterstreicht die Bejahung und hat demgemäß eine kompliziert-
re intentionale Struktur von jener Art, die eben für alle Modalisierungen charakteristisch ist. Von eben dieser Sachlage überzeugen wir
uns nun auch bei der Willensverneinung und Willensbejahung. Das
35 wollende Ablehnen des „Ich will nicht" impliziert eine positive
Willenszumutung; sie ist ein willentliches Durchstreichen eines
nicht vollzogenen, aber sich anmutenden „Ich will". Mit dem
⟨Ausdruck⟩ „unwillig sein" bezeichnen wir mitunter diese Negati-

vität, doch ist der ⟨Ausdruck⟩ zweideutig, da Unwille und „unwillig sein" sehr oft das Phänomen der Indignation bezeichnen.

Ein Spezialfall der Willensablehnung ist die Unterlassung, gewöhnlich als Gegensatz von Tun verstanden und als eine Negation
5 des Tuns, d. i. hier eines vorangegangenen Willens, eventuell der Vollendung eines Handelns. Wir haben z. B. schon den Willen für eine Reise gefaßt und schon Vorbereitungen dazu getroffen; aber hinterher wird der Wille statt durchgehalten und in volle Tat umgesetzt vielmehr durchstrichen. Wir „unterlassen" die Reise.

10 Natürlich heißt unterlassen und überhaupt negativ wollen, obschon dieses oft mit den Worten „Ich will nicht" ausgedrückt wird, nicht soviel wie kein Wollen vollziehen im Sinne einer Privation. Freilich in der Ethik spielt die Privation, das Nicht-Wollen in diesem Sinn des „überhaupt keinen Willen zu vollziehen", nämlich da,
15 wo ein Wille ethisch gefordert wäre, oft eine ähnliche Rolle wie das Nicht-Wollen im Sinne des Unterlassens, aber ich würde die bezüglichen Gesetzmäßigkeiten nicht in die formale Ethik hineinrechnen. Ich werde davon jedenfalls nicht handeln.

Im Zusammenhang mit den Willensnegationen ist noch folgendes
20 zu erwähnen. Ein schlichtes Wollen geht auf ein Realisieren, also auf ein Sein-Werden, und eben willentliches Sein-Werden, also nicht auf ein schon Seiendes. Es gibt aber auch ein Wollen eines schon Realisierten, das aber ein mittelbar durch Negationen hindurchgehendes Wollen ist. Weise ich eine Willenszumutung, daß etwas geschehen
25 möge, zurück, so ist dieser negative Wille wesensmäßig zu verwandeln in einen positiven Willen, in die Willensbejahung, daß die Sache so bleibe, wie sie ist. Nur in dieser Art ist der Wille eines schon Realisierten möglich, eben im Durchgang durch die Ablehnung einer Veränderung.

30 Zu beachten sind ferner die iterierten Akte. Ich kann ein A wollen, ich kann dann das Wollen des A wollen usw. Ebenso: Ich kann ein A unterlassen, ich kann die Unterlassung des A wollen oder auch unterlassen usw.

⟨§ 18. Die zu den Willensmodalitäten und ihren
Korrelaten gehörigen Vernunftgesetze⟩

5   ⟨a) Die auf die Aktfundierungen und Aktiterationen
bezogenen Gesetze⟩

Für alle Modalitäten der Akte und die sich mit ihnen konstituierenden Korrelate ergeben sich Vernunftgesetze, und so ist es die
Aufgabe, einerseits in einer Formenlehre alle primitiven und durch
10 Komplikation und Iteration sich ergebenden Modalitäten systematisch aufzustellen und dann ⟨andererseits⟩ Schritt für Schritt diesen
Formbildungen folgend die zugehörigen Vernunftgesetze, die axio-
matischen und die abgeleiteten, aufzustellen. Das ist eine mühselige,
viel Sorgsamkeit und Geduld erfordernde Aufgabe. Aber nachdem
15 sie als Aufgabe klar erfaßt und vorbildliche Durchführungen in der
rein logischen Sphäre bereits vorgegeben sind, kann die Lösung dieser Aufgabe und die wirkliche Entwicklung der formalen Praktik nur
von einer untergeordneten Schwierigkeit sein.

Manche der systematisch für die Willenssphäre aufzustellenden
20 Gesetze sind Spezialfälle allgemeiner, über alle Gattungen von Stellungnahmen und ihre Korrelate sich erstreckender Gesetze, z. B. der
Satz „Wenn das positive Wollen richtig ist, so ist das entsprechende
negative (das entsprechende Unterlassen) unrichtig bzw. wenn der
Entschluß oder die Tat rechtmäßigen Bestand haben, so hat der
25 Nicht-Entschluß, die Enthaltung von der Tat (sozusagen das Negat
der Tat), keine Rechtmäßigkeit". Diese Sätze sind Spezialfälle für
den allgemeinen, für alle Gattungen von Thesen gültigen Satz, wonach, wenn eine These richtig ist, so die entsprechende Gegenthese
unrichtig ist und umgekehrt. Wir haben diesen Satz früher besprochen.
30 Ferner, von allgemeiner Artung ist auch ein Satz für die fundierten

Thesen: Wie Vermutungen fundiert zu sein pflegen durch Gewißheiten oder Wertungen fundiert sein können durch Gewißheiten oder Wahrscheinlichkeiten, ⟨so sind⟩ Wollungen wieder fundiert durch doxische Thesen und zugleich durch Thesen der Sphäre der Wertun-
5 gen. Fundierte Thesen haben nicht nur Richtigkeit überhaupt und in dem Sinn, daß sie ihre doxische, axiologische, praktische Wahrheit bzw. Unwahrheit haben, sondern sie „richten" sich auch nach ihren Fundament-Thesen. Das sagt z. B. für die Freude über das Bestehen eines Sachverhalts, daß nicht nur phänomenologisch gesprochen die
10 Freudenqualität nicht auftreten kann, ohne daß die Materie der Freude doxisch in gewisser Weise qualifiziert ist, sondern daß das Vermeinen der Erfreulichkeit als „Vermeinen" eine gewisse Seinsüberzeugung voraussetzt, und das ist ein eigentümliches Verhältnis der Qualitäten. Das Für-erfreulich-Halten richtet sich nach dem
15 Seinsglauben und schließt ihn in gewisser Weise in sich. Und wo dieses Sich-Richten (eine Art Modifikation) statthat, da gilt das Gesetz, daß der Gesamtakt sozusagen falsch ist, wenn die Unterlage falsch ist, daß das Sich-Freuen verkehrt ist, wenn die zugrundeliegende Überzeugung verkehrt ist − nicht in jeder Hinsicht verkehrt,
20 sondern eben in dieser Voraussetzung.
Für die Willenssphäre kommt hier im besonderen in Betracht, daß das Wollen (bzw. der Willenssatz, der Vorsatz) einerseits seine Fundierung hat ⟨in⟩ und ein Sich-Richten nach doxischen Voraussetzungen, andererseits und in einem noch engeren und ausgezeich-
25 neterem Maß nach axiologischen Voraussetzungen. Ich sage, in ausgezeichneterem Maß, denn eine Freude ist noch lange nicht richtig, wenn ihre doxischen Unterlagen ihr Recht haben, und ebenso nicht ein Wille. Aber die Richtigkeit des Willens (bzw. des Vorsatzes) ist schon vorgezeichnet durch die Richtigkeit der in ihm vorausgesetz-
30 ten Wertung. Nach dem richtigen Werten richtet sich gleichsam das richtige Wollen. Dem entspricht auch folgendes Gesetz: Der Vorsatz, der sich ein Gutes vorsetzt, hat (an und für sich betrachtet) seine Richtigkeit. Und da jeder richtige Akt als richtig selbst ein axiologisches Gut ist (nach einem allgemeinen axiologischen Ge-
35 setz), so kann man auch sagen, ein Vorsetzen und Tun, das auf Gutes geht, ist selbst axiologisch betrachtet gut, ein Wollen des Guten ist gut, ebenso Wollen des Schlechten ist schlecht, des Gleichgültigen gleichgültig.
Man sieht hier auch, und das bedürfte einer besonderen termino-

logischen Fixierung, daß die Falschheit, die sich für den Vorsatz daraus ergibt, daß er auf etwas geht, das in Wahrheit nicht gut, sondern schlecht ist, eine ganz andere und radikalere ist als diejenige, die sich daraus ergibt, daß er hinsichtlich seiner doxischen Voraus-
5 setzungen in die Irre geht, daß er z. B. etwas will, was gar nicht realisierbar ist, obschon es vielleicht für realisierbar gehalten war. Natürlich sind hier für das Unterlassen auch die entsprechenden umgekehrten Sätze eigens zu formulieren.

Als merkwürdig erwähne ich einige der auf iterierte Akte und ihre
10 Korrelate bezogenen Axiome: Man kann, sagten wir, statt schlicht ein A zu wollen, auch das Wollen des A wollen usw., statt A zu unterlassen, das Unterlassen des A unterlassen usw. Da liegen gewisse apriorische Implikationen im Sinne der Vernunft. Man kann nicht das Wollen des A wollen und A schlechthin nicht wollen. Das
15 wäre ein willentlicher Widersinn. Ein positiver Vorsatz, der auf einen positiven Vorsatz gerichtet ist, impliziert also den Vorsatz schlechthin. Ferner gilt evidentermaßen das Axiom: Die Unterlassung einer Unterlassung eines A impliziert das Tun des A. Man kann auch so sagen: Ist die Unterlassung einer Unterlassung richtig,
20 so ist das Tun richtig.

Das sind Sätze, die keine rechte Parallele im doxischen Gebiet haben. Ich kann auch glauben an den Glauben. Ist aber der Glaube, daß ich A glaube, richtig, so ist darum nicht der Glaube des A selbst richtig. Freilich, ist die Zustimmung zu einem Glauben, also eine
25 Bejahung richtig, so ist der schlichte Glaube richtig, und ist dieser richtig, so auch die Zustimmung zu diesem Glauben. Aber die Analogie im Willensgebiet zu diesem Satz lautet: Ist die willentliche Zustimmung richtig, so ist der schlichte Wille richtig und umgekehrt. Einem Willen zustimmen, heißt nicht, den Willen wollen.
30 Dieses meint vielmehr: Ich will, daß ich will, und es ist zu beachten, daß die Rede vom Wollen eines Wollens nur auf ein und dasselbe Ich bezogen ist im Sinne der eben gegebenen Interpretation.

Zu überlegen wäre hier auch, wie es mit dem „Ich werte, daß ich werte" steht. Es wäre dann zu sagen: Ist ein Werten auf ein Werten
35 bezogen und richtig, und zwar in sich richtig, so ist auch das Werten schlechthin richtig. Ist dieses in sich richtig, so auch das darauf bezogene Werten.[1] Das aber gilt überhaupt und nicht bloß innerhalb

---

[1] Vgl. hierzu die Textkritische Anmerkung zu 128, 23–24 unten S. 471 — Anm. des Hrsg.

meines Ich. Man muß übrigens diese Sachen gut durchdenken; sie
haben ihre Schlingen. Ich gehe darauf nicht näher ein.

Auch die verwickelten Modalitäten wären dann heranzuziehen,
z. B. die konjunktive und disjunktive. Ist der konjunktiv auf (A und
5 B) gerichtete Wille richtig, so ist jeder der entsprechenden Einzelwil-
len richtig. Ist die konjunktiv auf (A und B) gerichtete Unterlassung
richtig, so ist wieder jede der entsprechenden Einzelunterlassungen
richtig. Ist es aber unrichtig, kollektiv beides zu unterlassen, so muß
mindestens eins von beiden praktisch gut sein. Ist es richtig, dis-
10 junktiv A oder B zu tun, oder deutlicher, irgendeines von A und B
zu tun, so kann eines von ihnen schlecht sein; oder so ist es unrichtig, beide nicht zu tun. Ist es unrichtig, überhaupt eines von A und B
zu unterlassen, so ist es richtig, eines von beiden zu tun usw. Natürlich spielt hier überall für die Ableitung von Sätzen das Analogon
15 ⟨des⟩ „Axioms vom Widerspruch" seine Rolle: Es ist unmöglich,
daß dasselbe praktisch richtig sei als positiv Zu-Wollendes und
praktisch richtig als Zu-Unterlassendes, und ist das positiv Gewollte
ein Zu-Unterlassendes, so ist das negativ ⟨Gewollte⟩ ein positiv Zu-
Wollendes usw. Man müßte hier natürlich ganz so wie im logischen
20 Kalkül streng systematisch vorgehen und noch viel systematischer;
man müßte genau alle Willensmodalitäten unterscheiden und für die
Gesetze fruktifizieren, dabei aus den festgestellten primitiven Axiomen in strengen und geordneten Beweisen deduzieren.

⟨b) Die Willensgesetze der Wahl. Das Absorptionsgesetz.
25 Die Idee des praktischen Bereichs und das Problem des
kategorischen Imperativs⟩

Wir gehen jetzt auf eine wichtige neue Gesetzesgruppe der praktischen Sphäre, die sich auf die praktischen Bevorzugungen und
den kategorischen Imperativ beziehen. Zunächst voran stellen
30 wir ein allgemeineres Gesetz. Wir sprachen von dem eigentümlichen
Sich-Gründen von Stellungnahmen auf Stellungnahmen, von Thesen in Thesen, insbesondere von dem besonderen Sich-Richten von
axiologischen und praktischen Stellungnahmen nach anderen solchen Stellungnahmen, z. B. von Wollungen nach Wertungen. Ziehen
35 wir nun die Unterschiede der Vorzüglichkeit in Betracht, so gilt das
Gesetz, daß die Vorzüglichkeit auf seiten der Fundierung nach sich
zieht eine Vorzüglichkeit innerhalb der sich danach „richtenden"

Stellungnahmen. Nennen wir das Vorzüglichere das Bessere, so gilt also: Wenn $W_1 > W_2$ ist in irgendeiner Sphäre, und $f(W_1)$ und $f(W_2)$ Werte seien, die sich nach W_1 bzw. W_2 richten, so ist dann auch $f(W_1) > f(W_2)$. Zum Beispiel, das Gut-Werten folgt dem Schön-Wer-

5 ten. Ist etwas ein Schönes, so ist mit Beziehung darauf *eo ipso* seine Existenz ein Gutes. Also wenn W_1 ein besserer Schönheitswert ist als W_2, so ist die Existenz von W_1 ein besserer Gutwert als der von W_2. Ebenso ist der Wunsch oder Wille, der auf den ersteren Gutwert gerichtet ist, besser als der auf den zweiten, bzw. es ist, wenn $G_1 > G_2$

10 ist, $Z_{g_1} > Z_{g_2}$, d. h. der eine als Willensziel vorzüglicher als der ande-re. Allgemein ist also auch ein Gutes an und für sich betrachtet ein besseres Willensziel als ein Schlechtes oder als ein Adiaphoron.

Mit Rücksicht darauf, daß die Relation von $W_1 > W_2$ bzw. das Verhältnis der Vorzüglichkeit verallgemeinert gedacht nicht besagt,

15 daß W_1 und W_2 positive Werte sind, da ja minder Schlechtes „vor-züglicher" ist als Schlechteres, so hätten wir auch zu sagen, ein min-der Schlechtes ist ein besseres Willensziel als ein Schlechteres — das Wollen des Schlechten ist zwar an sich schlecht, aber das Wollen des minder Schlechten minder schlecht als das Wollen des Schlechte-

20 ren —; ebenso ⟨ist⟩ ein Adiaphoron besser als ein Schlechtes über-haupt.

Wir gehen nun über zu den höchst wichtigen Willensgesetzen der Wahl. Ein Grundgesetz: Es stehe irgendein Willenssubjekt in einer Wahl, bezogen auf irgendwelche praktischen Möglichkeiten,

25 unter welchen die positiven Werte W_1 und W_2 vorkommen mögen. Ist nun $W_1 < W_2$, so ist die praktische Entscheidung für W_1 allein nicht nur schlechter als die praktische Entscheidung für W_2 allein, sondern ist sie selbst schlecht; die Hintansetzung des Besseren und Vorziehung des Schlechteren, beides in eins genommen, ist unrich-

30 tig, und die Wahl ist also als schlecht zu bewerten.

Während also an und für sich betrachtet Wollen bzw. Tun eines Guten einen positiven Wertcharakter hat, zeigt das Gesetz, daß die-ser Wert sich nicht nur mindert, sondern völlig verloren geht, sowie das Gute als praktische Möglichkeit auftritt in einer Wahl neben

35 einem zugleich hintangesetzten Besseren. In diesem Zusammenhang wird das an und für sich betrachtet Positivwertige nicht nur minder-wertig, sondern negativwertig. Die merkwürdige Entwertung drückt sich übrigens sehr schön in der sprachlichen Äquivokation des Wor-tes „minderwertig" aus, das eben mit Rücksicht auf solche Zusammen-

hänge der Wahl eine in der Regel abschätzige Bedeutung angenommen hat.

Man kann versuchen, sich die Sachlage der Entwertung des minder Guten durch Hintansetzung des Besseren so zurechtzulegen: Ein
5 in sich Gutes, an das sich überwiegend ungünstige Folgen knüpfen, wird dadurch entwertet, es büßt seinen Wert ein. Wenn wir es an und für sich betrachten, so ist es und bleibt es ein Gutes, aber vermöge der Folgezusammenhänge wird es zum Substrat abgeleiteter negativer Werte, und diese mindern durch Summation den Gutwert
10 und können ihn, wie im vorausgesetzten Fall, sogar überwiegen, seine ganze Positivität aufzehren. Ebenso ist hier die Sachlage zu interpretieren: Jeder Wille zum Guten ist an und für sich betrachtet gut, positivwertig, in seiner Weise und an und für sich betrachtet richtig. Sowie aber dieser Wille in dem Zusammenhang einer Wahl auftritt
15 oder darin gedacht ist, einer Wahl, die zwar dem Guten folgt, aber zugleich ein höheres Gut hintansetzt, dieses von der Realisierung ausschließend, dann verbindet sich mit dem positiven Willenswert, der dem minder Guten zugehört, ein gesetzmäßig überwiegender Unwert der Hintansetzung des Besseren. Es handelt sich also um
20 eine Art Summationswirkung.

Man kann es wohl so fassen. Jedenfalls ist es das Eigentümliche, daß die Hintansetzung eines Besseren eben unter allen Umständen den Positivwert der gleichzeitigen Vorziehung eines Guten so sehr verdirbt, daß sie aufhört, noch positiv zu sein. Es ist gleichsam eine
25 aufgehobene Kraft, aufgehoben durch eine im selben Angriffspunkt (im selben Ich und derselben Zeit) wirkende Gegenkraft. Eben der Umstand, daß dieses Gesetz und ihm parallellaufend ähnliche Gesetze bestehen, macht es, daß alle Gesetze, die sich auf praktische Werte, praktische Richtigkeiten von Wollungen, Vorsätzen, Hand-
30 lungen, die sich nach Werten orientieren, beziehen, aber ohne die Wahl in Rücksicht zu ziehen, immerfort eine einschränkende Phrase mit sich führen, diese eigentümliche Rede von Werten „an und für sich betrachtet". Es verhält sich also ähnlich wie in der Mechanik der Kräfte und in der mit Kräften operierenden Physik, wo Gesetze
35 der Resultantenbildung es mit sich bringen, daß ⟨das⟩, was für Kräfte unter Abstraktion von neuen Kräften gilt, alsbald seine Modifikation gewinnt, sowie neue Kräfte und eventuell neue Kraftformen auftreten.

Gehen wir weiter: Genau besehen liegt in unserem Gesetz eine

Voraussetzung analytisch mitbeschlossen, nämlich daß die Realisierung der einen praktischen Möglichkeit und die Nicht-Realisierung der anderen und der besseren Möglichkeit miteinander verträglich sind. Es könnte aber auch anders sein, nämlich sofern die Realisierung der einen von selbst die der anderen nach ⟨sich⟩ zieht. Dann heißt, sich für W_1 zu entscheiden zugleich das W_2 implizit mitzurealisieren, und es erwächst ein höherer Wert, der summatorisch beide W_1 und W_2 vereinigt.

Überhaupt sind die Gesetze der praktischen Entwertung abhängig von den Gesetzen, die mit der Existenzabhängigkeit von Gütern zusammenhängen. Nehmen wir z. B. folgende Gesetze: Wie im Fall, wo in der Existenz ein Gutes ein anderes Gutes zur Folge hat, der Gutwert an sich des ersten Gutes Steigerung erfährt, nämlich ein Ableitungsgut zugewinnt, so tritt entsprechende Wertminderung ein, wo die Existenz eines Guten die Existenz eines anderen Guten verhindert; und es tritt Entwertung ein, wo seine Existenz die Existenz eines relativ höheren Guten verhindert; der an sich positive Wert sinkt unter den Nullpunkt. Ziehen sich Güter in der Existenz nicht nach sich und hemmen sie sich auch nicht im Dasein, da steigern sie sich im Zusammen-Dasein in Form der Begründung einer Gütersumme.

Solche Gesetze haben Folgen für die praktische Sphäre; denn Wille geht auf Realisierung. Zum Beispiel, es ergibt sich nun mit Heranziehung früherer Axiome die Folge, daß, wo die willentliche Realisierung eines niederen Wertes die eines höheren Wertes verhindern würde, der seinerseits selbst mit im Bereich der Wahl steht, Wille und Realisierung des Minderwertigen nicht nur etwas Minderwertiges, sondern Negativwertiges wären. Sind die beiden praktischen Möglichkeiten in der Koexistenz unverträglich, so würde die Realisierung des Besseren die des weniger Guten zwar verhindern und insofern einen abgeleiteten Unwert ergeben, aber nicht nur, daß durch Realisierung des Besseren ein positiver Überschuß in dieser Hinsicht verbleibt, ⟨es⟩ tritt auch der Wert der Wahl des Besseren als ein selbst wertsteigerndes Moment hinzu. Alle solchen Verhältnisse wären in einer systematischen Theorie der Praxis genau durchzuüberlegen, in den Deduktionen zu fruktifizieren.

Das Hauptgesetz, das wir für zwei Glieder ausgesprochen haben, erweitert sich selbstverständlich zu einem Gesetz für beliebig viele Glieder. Treten in einer Wahl n Güter auf als praktische Möglich-

keiten, und zwar derart, daß jedes von ihnen ausschließlich gewählt, also jedes andere zugleich praktisch abgelehnt werden kann; und ist dann unter diesen n fraglichen Wahlgütern eines das beste, so ist die Wahl jedes anderen Gutes der Reihe nicht nur von minderem Wert,
5 sondern schlechthin Unwert. Die Wahl ist eine falsche Wahl, oder, wie wir es auch ausdrücken können, da jedes wählende Überlegen ein Fragen ist: Die Willensfrage hat eine falsche Willensantwort gefunden.

Zu betonen ist hier wieder, daß wir noch nicht gesagt haben, daß
10 die Wahl des besten der n Güter schon die richtige Wahl sei, ebensowenig wie wir etwa schon gesagt und es als eine Konsequenz des Gesetzes ausgesprochen haben, daß im Vollzug paarweiser Wertvergleichung jedes minderwertige Glied wegzustreichen sei. Wie unrichtig das wäre, geht sogleich aus folgender ergänzender Betrachtung
15 hervor: Die n Güter waren einzelweise zu realisierende oder abzulehnende, und jedes konnte gewählt und zugleich alle anderen abgelehnt werden. Aber darüber war nichts gesagt, ob nicht mehrere oder alle Güter der Serie praktisch verträglich seien, also zusammen realisiert bzw. gewählt werden könnten. Ist das der Fall, so bestimmen
20 sie nach dem Summationsgesetz eine Gütersumme, die selbst wieder ein Gut und ein höheres Gut ist als jedes der einzelnen Güter zusammen. Eventuell sind sogar Verhältnisse nicht bloß der Summation, sondern Produktion gemäß unseren früheren Ausführungen möglich. Sowie also einer dieser Höherwerte neu in den Gesichts-
25 kreis der Wahl tritt, verschiebt sich also die richtige Willensantwort; was vordem das Beste war, ist nachher als ein einzelnes Summenglied ein minder Gutes, dessen Wahl also schlecht wäre. Immerfort heißt es nach unserem Gesetz, das Bessere bzw. Beste geht voran, aber immer nur in dem Sinn, daß ein minder Gutes zu wählen, wo
30 ein Besseres im Wahlkreis liegt, verkehrt wäre. Andererseits verstehen Sie nun, warum nicht gesagt ist, das Beste der jeweiligen Disjunktion sei das praktisch Gute. Es ist uns ja im voraus klar, daß nicht nur in Form der möglichen Hereinziehung herzustellender Gütersummen, sondern auch in Form der eventuell möglichen Her-
35 einziehung sonstiger praktischer Möglichkeiten Besseres zu erzielen wäre. Solange Neues in die Wahl hineinzuziehen ist, und zwar neue Güter, solange haben wir offenbar keine positive praktische Forderung, trotzdem immerfort, für jeden beliebig gesteckten Kreis der Wahl unser Gesetz seine Gültigkeit hat. Wir sehen auch, daß eben

darum bzw. solange eine Erweiterung des Kreises möglich ist, keines
der zurückgestellten Güter wirklich durchgestrichen werden darf: Es
bleibt immerfort in Erwägung.

Ehe wir in dieser Richtung weiterforschen, haben wir noch weitere
5   Ergänzungen beizufügen. Hätten wir in einer Wahl nur gleiche Güter, also solche, deren keines vor einem anderen unter ihnen objektiv bevorzugt wäre, dann sind sie auch praktisch gleichwertig; die
Willensentscheidung für eines unter ihnen ist ⟨nicht⟩ als schlecht
charakterisiert gegenüber derjenigen für ein anderes. Ebenso kann es
10 sein, daß neben einer Gruppe minderwertiger Güter innerhalb einer
Wahl eine Gruppe sie überragender, aber ⟨untereinander⟩ gleich-
wertiger ⟨Güter⟩ steht. Es gibt dann kein eindeutig Bestes dieser
Wahl, und die Entscheidung für jedes der gleichwertig höheren ist
gleich richtig — immer in der betrachteten Wahl. Wir haben ein
15 vieldeutig Bestes.

Wir haben ferner das Auftreten von Übeln und von Adiaphora in
Rücksicht zu ziehen. Jedes auf ein Unwertes gerichtete Entscheiden
bzw. Wollen ist an sich betrachtet unrichtig. Also eine Wahl, eine
Willensfrage, die ausschließlich auf Unwerte geht, ergibt die Ant-
20 wort, daß jede Wahlentscheidung unrichtig ist, die hier positiv ausläuft. Also da heißt es: Alles abzulehnen ist richtig, ohne weiter die
Frage nach mehr oder minder schlecht aufzuwerfen.[1] Treten neben
Übeln auch Güter auf, so sind die Übel unter allen Umständen zu
streichen, auch als eventuelle Summenglieder sind sie nicht zu be-
25 rücksichtigen.

Zu erwähnen habe ich ferner noch die Adiaphora, die offenbar
innerhalb jeder Wahl wie Nullen anzusehen sind, und zwar in dem
Sinn unseres Gesetzes, das immer nur im Auge hat eine Willensfrage, ob das oder jenes In-Wahl-Stehende allein zu realisieren sei ohne
30 die konkurrierenden Glieder. Selbstverständlich ist: Ein Adiaphoron
zu realisieren, wo ein Gutes realisierbar wäre, ist verkehrt. Ist kein
Gutes zu realisieren, sondern entweder nur Schlechtes oder irgendwelche Adiaphora, da ist jedenfalls jeder auf ein Adiaphoron gerichtete Wille gleichgültig.

35 Wir fügen hier einige wesentliche Erklärungen bei: Ein auf ein
positiv Wertes gerichteter Wille ist als sich nach Positiv-Wertigem

---

[1] Allerdings Vorzugsgesetze haben wir auch hier: Die Entscheidung für minder
Schlechtes ist selbst minder schlecht als die für Schlechteres.

richtend selbst „richtig". Das drückt eine besondere Konvenienz
aus, die axiologisch selbst zu werten ist und dann positivwertig ist,
an und für sich betrachtet. Ein sich gegen einen Positivwert richtender (also den Wert ablehnender) oder auf ein Unwertes in Bejahung
5 richtender Wille ist unrichtig, ist „inkonvenient", und diese Inkonvenienz, dieser Willenswiderspruch gegen den Positivwert, ist axiologisch ein Unwert. Ähnlich liegen die Verhältnisse der Konvenienz
einer Willensnegation, die sich gegen einen Unwert richtet, und der
Inkonvenienz einer Willensaffirmation, die sich auf einen Unwert
10 richtet.
     Dafür[1] können wir auch andere Ausdrücke gebrauchen, die sich
damit definieren sollen. Eine erwogene Handlung nennen wir „gefordert" bzw. einen in Erwägung stehenden oder als praktische
Möglichkeit vorgestellten Sachverhalt (einen praktischen Verhalt)
15 nennen wir objektiv gefordert oder einen objektiv sein-sollenden,
wenn der auf ihn gerichtete Wille konvenient wäre, und nicht seinsollend, negativ gefordert, im Falle der Inkonvenienz. Die negative
Forderung ist dabei gleichwertig der Forderung der Ablehnung. Natürlich sind die Reden vom „Sollen" oder der „Forderung" Gleich-
20 nisreden, herstammend von Geboten, Befehlen, aber von dergleichen ist hier in Wirklichkeit keine Rede. Wir haben uns streng an
unsere Definition zu halten. Im Fall der Adiaphora fehlt sowohl die
Konvenienz als die Inkonvenienz, es ist weder ein positives Sollen
da noch ein Sollen des Nicht-Seins bzw. eine Forderung der Ableh-
25 nung. Wer ein Gleichgültiges wählt — unter Voraussetzung, daß
kein positiv Gutes in Mitfrage ist —, streitet mit keinem Sollen,
verhält sich nicht inkonvenient, verfährt also nicht unrichtig, aber
auch nicht im Willenssinn richtig, konvenient. Er tut nichts Gesolltes, aber es ist auch kein Sollen da. Aber Willensvernunft übt er
30 nicht, diese geht eben nur auf Konvenienz.
     In den bisherigen Feststellungen bzw. Gesetzmäßigkeiten fühlen
wir uns sehr beschränkt. Stehe ich in einer Wahl, stelle ich die Willensfrage, soll ich A oder B usw., so geht in dem Rahmen ihrer
Disjunktion das objektiv verstandene praktische Sollen von den
35 Minderwerten auf den Höchstwert über, wird von diesem vollständig „absorbiert". Sie überzeugen sich dabei, daß der Sinn der dis-

---

[1] Zu diesem Abschnitt nachträglich am Rand vermerkt: „Nein!" — Anm. des
Hrsg.

junktiven Willensfrage genau den Voraussetzungen unseres Gesetzes entspricht. Nämlich „Soll ich A oder B oder C?", das meint von vornherein nichts anderes als „Ist es richtig, A zu wählen und zugleich B und C nicht zu wählen?", und ebenso für jedes andere
5 Glied. Hält man sich scharf an den Sinn dieser disjunktiven Willensfrage, kann man das Gesetz einfach so aussprechen: In jeder Wahl absorbiert das Bessere das Gute und das Beste alles andere an und für sich als praktisch gut Zu-Schätzende. Diese Absorption schafft aber kein absolutes, sondern im allgemeinen
10 nur ein relatives Sollen oder, wie wir besser sagen, kein Sollen schlechthin, sondern nur ein Sollen unter Vorbehalt. Wir können auch Kantische Ausdrücke heranziehen und sagen, einen „kategorischen Imperativ" bekommen wir dabei nicht.

Was definiert einen „kategorischen Imperativ"? Nun, gerade die
15 Unfähigkeit, absorbiert zu werden. Aber wissen wir denn schon und im voraus, daß es für das wollende Ich in jedem gegebenen Fall ein nicht absorbierbares Sollen, ein nicht zu überbietendes Bestes gibt? Was wir allein wissen, ist, daß es in jeder Wahl, die einen bestimmt abgegrenzten, aus einer endlichen Gliederzahl bestehenden prakti-
20 schen Bereich hat, ein Bestes gibt, falls darin sich überhaupt ein Gutes vorfindet. Eventuell ist das Beste ein Vieldeutiges; damit könnten wir uns aber abfinden. Es ist ein Axiom, daß unter mehreren gleichen Optima keines zu tun unrichtig bzw. eines von ihnen, gleichgültig welches, zu wählen richtig, praktisch gesollt ist, obschon
25 nur relativ.

Offenbar liegt die Relativität, die Geltung unter Vorbehalt, für eine beliebige Wahl darin, daß ihr, solange darüber nichts Näheres ausgemacht ist, eine gewisse Endgültigkeit der Begrenzung fehlt. Nämlich es ist etwas Zufälliges, worauf der Wählende seine Willens-
30 frage richtet und wie weit er die fragende Disjunktion spannt. Er kann in den Bereich der Frage eventuell immer neue praktische Möglichkeiten hineinziehen, und mit jeder Erweiterung des praktischen Bereichs wird sich, allgemein zu reden, das Optimum ändern. Auch werden eben mit dieser Erweiterung auf der früheren Stufe
35 absorbierte Glieder eventuell neue Bedeutung gewinnen können. Das in einer Wahl und nach Maßgabe ihres praktischen Bereichs Beste ist das praktisch Geforderte nur unter Vorbehalt, nämlich falls bei Erweiterung des praktischen Bereichs sich nicht ein es absorbierendes Besseres ergibt. Für dieses kann aber das gleiche gelten. Es ist

klar, daß die Möglichkeit eines kategorischen Imperativs davon abhängt, daß wir einen bestimmten ihm zugehörigen praktischen Bereich, ein objektiv zu ihm gehöriges praktisches Wirkungsfeld finden können, das objektiv abgeschlossen und somit einer Erweiterung nicht mehr fähig ist, das aber für jeden Zeitpunkt, in dem an das Ich überhaupt eine Willensfrage zu stellen ist. Gibt es das möglicherweise für einzelne Ich, oder gibt es das *apriori* für ein jedes? Unsere, wie wir wohl sagen dürfen, durchaus von apriorischen und einsichtigen Notwendigkeiten getragene Erwägung hat uns an das zentralste Problem der Ethik geführt, an das Problem des **kategorischen Imperativs.**

⟨§ 19. Die Idee der vollkommenen Willensrichtigkeit.
Die Ordnung der ethischen Disziplinen⟩

Unsere formal objektive Untersuchung hatte in der letzten Vorlesung ihren Abschluß erreicht. Sie ergab eine rein formale Bestimmung des für jedes Subjekt und für jeden Zeitpunkt seines Handelns Geforderten. Jedem Subjekt denken wir uns zugeordnet seinen ideal vollständigen praktischen Wirkungsbereich, und zwar für irgendeinen ins Auge zu fassenden Zeitpunkt. Wir nehmen ferner als zugestanden an, daß jedes ideal mögliche Subjekt, das überhaupt einen solchen Wirkungsbereich hat, darin auch Gutes wollen und tun kann. Unter allen erreichbaren Gütern dann das Beste zu tun, das ist das absolut Richtige und somit kategorisch Geforderte. Was gut ist, das kann *formaliter* nicht entschieden werden, ebensowenig wie, was wahr ist, durch die bloß formale Logik, und somit auch nicht, was das objektiv Beste ist und das praktisch Geforderte. Aber das gilt doch im voraus, daß objektiv Gutes und Bestes vorgezeichnet ist. Wie die Wahrheit, so schließt auch Güte und Vorzüglichkeit jede zufällige Relativität aus; mit anderen Worten, Gesetzlosigkeit, die den materialen Gehalt des jeweilig Guten und Besten in zufällige Verbindung bringt mit dem zufälligen Subjekt des Wertens, Bevorzugens, Wollens gibt es nicht. Wie Wahrheit objektive Wahrheit aus apriorischen Gesetzesgründen ist, so ist Schönheit, Güte, Vorzüglichkeit, praktische Gesolltheit aus apriorischen Gesetzesgründen vorgezeichnet. Die Objektivität also weist hin auf apriorische Gesetze, in welche die jeweilige Materie, das bestimmte Was, das in der

Wertung gewertet ist, seiner allgemeinen Wesensartung nach verflochten ist. Wenn nun auch der praktische Willensbereich eines
jeden Subjekts ein anderer ist, wenn, allgemein zu reden, nicht in
jeden solchen Bereich Güter derselben Artung eintreten, wenn somit
5 das praktisch Beste für jedes Subjekt ein anderes ist, so muß doch
jedes vernünftige Subjekt anerkennen, daß, wo einer richtig so und
so gut-wertet, jeder überhaupt, der dieselbe Materie in Erwägung
zieht, ebenso werten müßte; und ebenso muß jedes vernünftige Subjekt anerkennen, daß wenn ein Bereich die und die Güter als prak-
10 tische Möglichkeiten enthält, für diesen Bereich das Beste *idealiter*
vorgezeichnet ist, das betreffende Subjekt dieses Bereichs also durch
Idee und Gesetz gebunden ist.

So werden wir gerecht dem allein wertvollen Gehalt der Kantischen Forderung eines praktischen Gesetzes und eines kategorischen
15 Imperativs. Wenn jemand im gegebenen Fall so handelt, daß Verallgemeinerung zu einem allgemeinen Gesetz unmöglich wären, handelt er sicher falsch. Das sagt aber nichts anderes und darf nichts
anderes sagen, als daß die vollkommene Willensrichtigkeit eine Idee
ist, die sich auf die Idee des praktischen Bereichs, auf die Idee des
20 Besten in diesem Bereich aufbaut, und daß all diese fundierenden
Ideen und damit die fundierte unter Idealgesetzen stehen, denen
gemäß es sicher ist, daß, wenn ein Subjekt richtig handelt, jedes
andere Subjekt ebenso handeln müßte, wenn wir seinen praktischen
Bereich verwandelten in denjenigen des Handelnden, und dies grün-
25 det eben darin, daß ausschließlich reine Wesensgesetze die Richtigkeit vorschreiben und bloß Anwendung finden auf den faktisch gegebenen Einzelfall und das faktische Subjekt.

So werden wir auch gerecht der von manchen historischen Ethi-
ken angeführten Fiktion des unbeteiligten Zuschauers. Wir handeln
30 richtig, wenn ein beliebig unbeteiligter Zuschauer sich in unsere
Lage hineinversetzend unser Handeln anerkennen müßte. Wir versetzen uns selbst in die Rolle des unbeteiligten Zuschauers, wenn wir
unser eigenes Handeln nach Richtigkeit beurteilen. Der unbeteiligte
Zuschauer ist hier ein vernünftig auswertendes Subjekt, das sich
35 davon überzeugt, daß die Überzeugungen, die das Handeln fundieren, richtig sind, daß die Gutwertungen richtig vollzogen sind, daß
das, was wir gut-werten, in der Tat seinem Wesen nach, also generell
und nach apriorisch materialen Wertgesetzen, als gut gewertet werden müßte, daß ebenso im Wesen der Gutwerte genau solche und

keine anderen Bevorzugungen ihren rechtmäßigen Anhalt haben,
daß demgemäß das Beste wirklich das Beste ist. Der Unterschied der
Entscheidung (und zwar der objektiv richtigen) verschiedener handelnder Subjekte hat also allein darin seine Gründe und darf nur
5 darin seinen Grund haben, daß die faktische Situation von Fall zu
Fall eine verschiedene ist; dieselben Wesensgesetze, materiale und
formale, fordern natürlich je nach dem Anwendungsfall Verschiedenes, aber in jedem ein Bestimmtes.

Die formale Praktik, die wir allein im Auge hatten, spricht mit
10 Gesetzen wie denen der Konsequenz und denen vom höchsten praktischen Gut *eo ipso* über nichts Materiales, sie enthält nichts von
bestimmten materialen Werten und Gütern, genau so wie die formale Logik nichts von bestimmten Gegenständen, ihren Arten und
Gattungen sagt, von der bestimmten Welt mit ihren empirischen
15 Besonderheiten, also nichts von material bestimmten Wahrheiten
begründet. Aber daß es dergleichen Wahrheiten geben kann bzw.
gibt und daß singuläre materiale Wahrheiten hinsichtlich ihrer Materie durch Wesensgesetze gebunden sind, in die die materialen
Inhaltsarten und -gattungen eintreten, das setzt sie in formaler All-
20 gemeinheit voraus bzw. darauf beziehen sich eigene Axiome, und
ebenso für die formale Axiologie und Praktik. Gäbe es kein materiales Apriori, wären nicht Arten und Gattungen von Gegenständen
unterscheidbar, die durch ihr gattungsmäßiges Wesen Wertprädikate
apriori mit sich führen würden, so hätte der Begriff des objektiven
25 Wertes keinen Anhalt und dann konsequenterweise auch nicht die
Idee einer objektiv vorgezeichneten Vorzüglichkeit und die Idee
eines Besten. Eine formale Regelgebung des Wertens und Wollens
unter der Voraussetzung, daß die Materie des Wertens und Wollens,
also die inhaltliche Besonderheit der Wert- und Willensobjekte au-
30 ßer Ansatz bleiben könnte, ist ein Widersinn. In dieser Beziehung
müssen wir also unsere Wege von denen der Kantischen Lehre
scharf sondern.

Unsere parallelistischen Betrachtungen, deren Durchführbarkeit
sich überall bewährt hat, zeigen uns, daß die Analogie von Forma-
35 lem und Materialem in der praktischen Sphäre mit demjenigen in
der logischen Sphäre durchaus statthat, und demgemäß können wir
nicht in die Verirrung verfallen, aus bloß formalen Gesetzen und
mit bloßer Hilfe des inhaltsleeren kategorischen Imperativs in dem
jeweilig gegebenen und material bestimmten Einzelfall vorzeichnen

zu wollen, was in ihm das praktisch Geforderte, das absolut Gesollte ist. Die formale Logik mit all ihren Gesetzen kann uns nicht in den Stand setzen, die geringste Tatsachenwahrheit abzuleiten. Sie umfaßt nicht einmal alle apriorische Wahrheit, sondern eben nur die

5 formale Wahrheit. Sagt uns die Logik, daß jeder Satz widersprechender Materie falsch ist, so kann sie uns doch in keinem einzigen Fall von Sätzen material bestimmter Materie sagen, ob er widersprechend ist oder nicht. Sagt sie uns, die und die Schlußformen sind richtig, die und die sind falsch, so sagt sie uns doch von keinem

10 einzigen mit material bestimmten Terminis vorgelegten Schluß, ob er richtig oder falsch ist. Schon die Anwendung auf das material Bestimmte ist ein die Logik überschreitender Schritt, und erst recht die Fixierung der ⟨zu⟩ besonderen Materien vermöge ihrer Sonderartung gehörigen Wahrheiten und Gesetze.

15 Genau so für die formale Axiologie und Praktik. Im Kreis des praktisch Erreichbaren ist das Bessere der Feind des Guten; das Bessere hintanzusetzen ist unbedingt unrichtig, das Bestmögliche ⟨zu⟩ wählen, ist unbedingt gefordert als das einzige und darum absolut Richtige. Dieses formale Prinzip sich vor Augen zu halten,

20 es ausdrücklich auszusprechen, kann nützlich sein, so wie es nützlich sein kann, sich formal-logische Gesetze zu formulieren und sich von ihnen mahnen ⟨zu⟩ lassen. Aber die Frage, was gut und besser und Bestes ist, wird uns so nicht beantwortet; und auch theoretisch ist nur ein kleiner, wenn auch der fundamentalste Teil der Aufgabe

25 einer wissenschaftlichen und zunächst apriorischen Ethik erledigt. Denn nun wären die Grundklassen von Werten zu fixieren bzw. die von praktischen Gütern und dann theoretisch zu erforschen die zugehörigen Vorzugsgesetze. Wie stehen sinnliche Güter zu den Gütern, die in der Vernunftsphäre selbst liegen? Ist Einsicht als sol-

30 che, sind richtige und einsichtige Wertung und Wollung als solche nicht objektiv wertbar und bezeichnen sich damit nicht Klassen von objektiven Gütern? Und wie steht es mit den Werten der Persönlichkeit, mit der Wertung persönlicher Eigenschaften, etwa derjenigen, die bezogen sind auf Akte, die wir Vernunftakte nennen? Wie

35 steht es also mit der Wertung eines personalen Wesens als Vernunftwesens? Und wie steht es, wenn wir uns ein vernünftiges Subjekt in einem sozialen Zusammenhang denken, welche eigentümlichen Werte und Unwerte ergeben sich da, inwiefern kann sich durch die Sozialität eine höhere geistige Einheit, wie etwa die Einheit einer

Familie, eines Vereins, eines Staates, eines Volkes usw. konstituieren und diese höhere Einheit selbst wieder ideal wertbar sein, als eine Art Subjekt faßbar für Leistungen, die gute und schlechte sein können? Von da aus führen also die Linien in die eigentliche Ethik, in
5 die individuale und soziale Ethik.

Die formale Axiologie und Praktik ist also eine erste, außerordentlich wichtige Stufe und offenbar in der Ordnung der ethischen Disziplinen an sich die erste. Die höhere Stufe ist eine systematische Herausstellung des gesamten materialen Apriori, wobei freilich, wie
10 ich nicht näher ausführen kann, die Gegensätze von „formal" und „material" noch verschieden orientiert werden können. Diesen apriorischen Disziplinen entsprechen dann korrelativ noetisch-apriorische Disziplinen; analog wie der formalen Logik, die von den Sätzen bzw. Wahrheiten, Möglichkeiten, Vermutlichkeiten und
15 Wahrscheinlichkeiten, Fraglichkeiten und dergl. rein formal handelt, eine Lehre von den entsprechenden Vernunftakten und ihrer normativen Regelung entspricht und die Forschung dann weiter geht in die gesamte Phänomenologie des logischen Vernunftbewußtseins. Ebenso hinsichtlich der Ethik. Von der objektiven bzw. noematischen
20 Blickstellung gehen wir über in die Blickstellung auf die Akte und ihre Regelung, und von da aus geraten wir in systematisch vollständiger Forschung in eine reine Phänomenologie der wertenden und wollenden Vernunft, die sich eingliedert in die allgemeine Phänomenologie des Bewußtseins überhaupt. All diese Untersuchungen sind
25 philosophisch. Nicht eigentlich philosophisch sind die Anwendungen, die dann zu machen sind auf den Aufbau praktischer Disziplinen. Die praktische Logik, sozusagen eine Pädagogik des richtigen Denkens und Erkennens, würde ich nicht eine eigentlich philosophische Disziplin nennen, ebensowenig als eine solche Pädagogik des
30 richtigen und einsichtigen ästhetischen Wertens, des richtigen bzw. einsichtigen Wollens und Handelns, all diese Disziplinen bezogen auf den Menschen in der gegebenen Welt.

Bemerken möchte ich noch, daß Wendungen ins Praktische natürlich auch *apriori* vollzogen werden können und dann eben zum
35 Bestand der vorhin angedeuteten apriorischen Disziplinen gehören würden. So wendet ja die Geometrie beispielsweise ihre theoretischen Gesetze öfters in eine praktische Form um, die darum doch apriorisch ist; so, wenn ⟨man⟩ Möglichkeiten der Konstruktion erwägt, Konstruktionsaufgaben stellt, Erfahrungsweisen in der Lö-

sung angibt, wie man die und die Aufgabe mit Zirkel und Lineal lösen könne und dergl. Solche Konstruktionen und Konstruktionsregeln sind offenbar durchaus apriorisch und keineswegs ernstlich auf den Menschen und die gegebene Wirklichkeit bezogen.

5   ⟨§ 20. Das einsichtige Wollen als Willensziel⟩[1]

Zum Schluß möchte ich noch eine Antinomie erörtern, die sich aufdrängt, wenn man von der formalen Ethik in die Noetik ⟨übergeht⟩. Der formal objektive Imperativ lautet „Tue das Beste unter dem erreichbaren Guten innerhalb deiner jeweiligen praktischen 10 Gesamtsphäre!". Dieses Beste umschreibt formal die objektive Willensrichtigkeit und bezeichnet korrelativ dazu das, was gewollt und getan werden soll. Aber wie steht es mit dem Wert eines richtigen Willens? Ist der Wille, der auf das absolut Richtige geht, darum schon der beste Wille? Geht der kategorische Imperativ 15 nicht auf den besten Willen? Liegt nicht in der höchsten formalen ethischen Forderung dies, daß sie sich an das Willenssubjekt richtet und ihm den jeweils denkbar besten Willen kategorisch abfordert? Und in dieser Hinsicht sieht man sofort, daß der objektive Imperativ, auf den wir gekommen waren, was den Willen anbelangt gar 20 nicht sehr hoch zu bewerten ist. Bei unserer Ableitung, die doch den Sinn des objektiven Imperativs vollkommener Richtigkeit bestimmt, war ja ⟨nicht die⟩ Vernunft des Wollenden, ja nicht einmal, ob er sich in Überlegung und Erwägung einläßt, vorausgesetzt. Verhält sich dies aber so, dann kann der Wille ein ganz und gar blinder 25 sein. Ohne jede Einsicht, einem blinden Trieb nachgebend, z. B. einer blinden Gewöhnung aus einer konventionellen Erziehung herstammend, kann der Wollende zufällig das treffen, was an sich das Beste, das einzig „Richtige" ist, wie das ein vernünftiger Beurteiler in voller Einsicht erkennen kann. Dieser vollzieht die Vernunfterwä-30 gungen, die für den Fall gültigen Wertungen und Begründungen, die der Wollende selbst nicht vollzogen hat; das Ergebnis seiner ethischen Rechnung stimmt mit der blinden Willensrichtung des Han-

---

[1] Vgl. Beilage X: Der Wert des einsichtigen Wollens, S. 356 f. — Anm. des Hrsg.

delnden ⟨überein⟩. Es verhält sich hier offenbar genau so wie im Urteilsgebiet. Die objektive Frage ist die der Wahrheit, und Wahrheit besagt hinsichtlich des Urteilsaktes die Richtigkeit oder Triftigkeit. In der objektiven Beurteilung heißt es nun, das Urteil ist rich-
5 tig, der ausgesprochene Satz ist wahr und ist insofern von Wert, obgleich der Urteilende vielleicht aufs Geratewohl geurteilt hat, einer blinden Neigung folgend und somit gar nicht löblich. Stellen wir aber nicht an den Urteilenden die Forderung, richtig zu urteilen, bzw. fordern wir nicht von jedem Urteil, es soll richtig sein? Also
10 einerseits messen wir dem rechten Urteil Wert zu und scheinen fast gar nichts anderes zu fordern als Richtigkeit, andererseits aber sagen wir, richtig, aber blind urteilen sei wertlos. Und Ähnliches scheint sich im Willensgebiet zu ergeben.

Beim Urteilsgebiet werden wir aber, näher betrachtet, auf das Wil-
15 lensgebiet verwiesen. Eine Forderung, die wir an jemanden richten, richtet sich doch an seinen Willen; eine Urteilsforderung also an ein Urteilen-Wollen. Der Urteilende soll also willentlich sein Urteilen so dirigieren, daß es triftig wird, daß es das Wahre als wahr anerkennt. Um das tun zu können, muß der Urteilende den Urteilen
20 Richtigkeit und Unrichtigkeit ansehen können, mit anderen Worten, er muß nicht Urteilen überhaupt, sondern vernünftiges Urteilen anstreben. Denn vernünftig urteilen ist ja nichts anderes als so urteilen, daß das gefällte Urteil nicht nur überhaupt und zufällig die Wahrheit trifft, sondern sie einsichtig trifft, so daß der Urteilende
25 sich von der Triftigkeit darin überzeugen kann.

Wie nun in der ethischen Sphäre? Sprechen wir ethische Forderungen aus, so muten wir dem handelnden Subjekt Wollungen zu, die es vollziehen soll, und richtige Wollungen sollen es sein. Also wir stellen es dabei als jemanden vor, der wollend sein Willensleben
30 regiert, dieses selbst zum Feld der Praxis, zum Willensbereich macht, und nun richtiges Wollen anstrebt. Das erfordert natürlich Einsicht in die Richtigkeit und somit nicht blindes, sondern einsichtiges Wollen.

Sollen wir nun aufgrund dieser Überlegung sagen, nicht über-
35 haupt richtiges Wollen, sondern einsichtiges Wollen sei das beste? Nicht das Beste überhaupt im jeweiligen praktischen Bereich sei das praktisch Beste, sondern ein einsichtiger Wille, der auf das Beste gerichtet ist, und ihm folgend das Tun des einsichtig Besten? Aber was ist das für eine sonderbare Rede: Das Beste des praktischen

Bereichs sei nicht das Beste, sondern der einsichtige Wille darauf usw., als ob dieser Wille nicht selbst wieder zum praktischen Bereich hier mitgerechnet wäre? Wie helfen wir uns aus diesen Schlingen heraus? Ich denke doch in folgender Weise: Uns in Willensakte
5 hineindenkend, ihr Wesen und das Wesen ihrer Korrelate erforschend, finden wir Möglichkeiten der zugehörigen Klärung des Willensziels, der Nachprüfung der doxischen Voraussetzungen, der zugehörigen Wertungen usw. Zum Wesen des Willens gehört es, daß ihm prinzipiell solche Aktreihen eingeschlossen werden können, und
10 wenn wir sie in uns vollziehen, erschauen wir Unterschiede der Richtigkeit und Unrichtigkeit; und bevorzugen wir den Fall der Richtigkeit und untersuchen wir, was diese Idee in der Willenssphäre einschließt, so kommen wir auf das Gesetz vom Besten. Es ist genau so, wie wir, uns in irgendein Urteilen hineindenkend, sei es
15 auch ein frei phantasiertes, in Zusammenhänge der Begründung hineingeführt werden, die durch das Wesen des betreffenden Urteils, und zwar näher durch die Qualität und Materie desselben, ihrem typischen Wesen nach vorgezeichnet sind. Daß sie das sind, das erkennen wir hier wie im Urteilsgebiet durch eine reflektive phäno-
20 menologische Wesenserkenntnis. Auf diese Weise vollziehen wir Einsichten, in denen wir erkennen, daß zu jedem Urteil überhaupt eine Idee von Richtigkeit bzw. Wahrheit oder ihrem Gegenteil Falschheit vorgezeichnet ist, und erkennen formal-logische Gesetze als Gesetze, die zur Idee der Wahrheit als solcher generell gehören.
25 Ebenso erfassen wir in der Einsicht, in Aktzusammenhängen, die Willensakte in Zusammenhänge überführen, in welchen sie ihr Vernunftziel erreichen, durch Ideation, daß Willensakte als solche unter der Idee der Richtigkeit stehen und daß für sie formale Willensgesetze, darunter das Gesetz vom höchsten praktischen Gut, gelten.
30 Diese Geltung ist eine apriorische und unbedingte.

Apriori ⟨gilt⟩ aber auch für jedes Subjekt überhaupt, daß die Wollungen selbst zum Willensbereich des Wollenden gehören, nämlich daß ich im Jetzt meinen Willen auf künftiges Wollen richten kann, daß ich ebenso willkürlich Willensregungen suspendieren, Neigun-
35 gen abwehren und meinen Willen auf vernünftige Überlegung und Wahl und damit auf vernünftige Willensentscheidungen richten kann. Mit Rücksicht darauf gehören sie selbst zu jedem Willensbereich, und das Gesetz vom Besten sagt nun, daß auf die Güter, die in diesen Vernunftakten liegen, besondere Rücksicht zu nehmen ist

und daß diese Vernunftakte notwendige Bedingungen der Möglichkeit der Erreichung des konsequenten Zieles der Willensrichtigkeit ausmachen. Ich muß also nicht nur sonst fragen, was ich kann, und erwägen, was das Beste ist, und dabei von selbst Vernunfteinstellung
5 nehmen, sondern ich muß absichtlich das Ziel möglichster Klarheit und Vernünftigkeit anstreben, wodurch ich nicht nur das sonst und nur relativ Beste sichere, sondern in der Einsicht selbst einen neuen Wert hinzufüge. Alles übrige aber ist Sache ergänzender Erwägungen. Denn generell ist zu erwägen, wie der Idee des höchsten prak-
10 tischen Gutes praktisch genügt werden kann, worauf aus idealen Gründen Rücksicht zu nehmen ist und wie die scheinbaren prinzipiellen Schwierigkeiten, die sich dabei ergeben, behoben werden können.

⟨§ 21. Die Objektivität der praktischen Möglichkeiten
15 und ihre Relativität auf das Subjekt. Die im Wesen des Willensakts gründende Konvenienz oder Inkonvenienz. Die Komponenten der vollkommenen Willensrichtigkeit⟩[1]

Wir hatten letzthin das Problem des kategorischen Imperativs formuliert. Das Absorptionsgesetz stellte nur fest, daß, wenn in einer
20 Wahl oder, sagen wir deutlicher, in einer Willensfrage überhaupt positive Werte eben in Frage stehen, der beste derselben alle anderen absorbiert. Daß dieser beste Wert aber das objektiv Gesollte schlechthin ist, das absolut richtige Willensziel, ist damit nicht gesagt. Nur wenn wir den Bereich der für das Ich bestehenden prak-
25 tischen Güter so weit gespannt denken, daß er alle solche Güter umfaßt, d. i. alle für das Subjekt, und zwar in der betreffenden Gegenwart erreichbaren Güter, und dann die Willensfrage auf alle diese Güter beziehen, dann ist das Beste dieses weitesten Kreises nicht mehr absorbierbar, es ist nicht mehr bloß ein relativ Bestes; es
30 ist keine Erweiterung des Kreises denkbar, der noch ein praktisch Gutes enthielte, das noch besser sein könnte.

---

[1] Vgl. Beilage II: Der Ausschluß leerer Möglichkeiten aus der praktischen Erwägung, S. 157 ff. — Anm. des Hrsg.

Stattdessen können wir auch so sagen: Denken wir uns den gesamten praktischen Bereich des Ich in dem betreffenden Zeitpunkt des Handelns alle praktischen Realisierbarkeiten desselben enthaltend, dann enthält dieser Bereich im allgemeinen, aber nicht not-
5 wendig, Güter und teils Güter, teils Übel, teils Adiaphora. Enthält er überhaupt Güter, so gibt es mit Beziehung auf die ⟨hinsichtlich⟩ des gesamten Bereichs nach allen seinen Gliedern zu stellende Willensfrage eindeutig oder mehrdeutig ein absolut Bestes, und dieses ist dann Gesolltes schlechthin. Im Falle der Mehrdeutigkeit steht es
10 dem Subjekt frei, ein beliebiges der mehreren Optima zu wählen, aber kein Wählen wäre unrichtig; irgendeines, beliebig welches, ist absolut gesollt. Enthält der gesamte praktische Bereich überhaupt nur ein einziges Gutes, so wäre dieses *eo ipso* das absolut gesollte, das absolut richtige Willensziel. Aber freilich offen bleibt dabei die
15 Voraussetzung dafür, daß das jeweilige Willenssubjekt wirklich einen abgeschlossenen praktischen Bereich hat, der sich in einer vollständigen Wahl disjungieren ließe. Es bleibt hier also ein wesentliches Problem ungelöst. Wir orientieren unsere weitere Betrachtung aber nicht nach diesem Problem, da es vor allem wichtig ist, noch
20 den Sinn des bisher Gewonnenen zu klären.

Sehen wir näher zu, so sind alle unsere Feststellungen von der Aktualität einer Wahl des betreffenden Willenssubjekts frei; es kommt nicht darauf an, daß dieses sich Willensfragen stellt. Objektiv ist zu sagen, daß es „die Wahl habe", auch wenn es nicht wählt.
25 Es hat die Wahl, das sagt, es könnte wählen und vernünftig wählen, und dieses „es könnte" wieder besagt bloß ideale Möglichkeit. Wenn wir irgendein Willenssubjekt uns denken in rein apriorischer Erwägung, so ist es an sich bestimmt, was für dasselbe praktische Möglichkeit ist und was nicht. Ferner, es ist objektiv bestimmt, was
30 unter diesen praktischen Möglichkeiten ein Gut ist oder nicht, es sind objektiv bestimmt die Wertverhältnisse der Güter und das eindeutig oder vieldeutig (wenn nicht gar unendlich vieldeutig) Beste. Zwischen all dem hat es die Wahl, auch wenn es ihm gar nicht einfällt, ernstlich zu wählen und gar in umfassender Weise den gesam-
35 ten praktischen Bereich zu überschauen, zu gliedern und Wertvergleichungen zu üben. Und wenn es gegebenenfalls wirklich wählt, so mag es sein, daß es darin sich ganz falsch verhält, daß es den objektiven Willensbereich überschreitet, etwas als praktische Möglichkeit ansieht, was es überhaupt nicht ist, oder innerhalb der wahrhaften

oder fälschlich angesetzten Möglichkeiten etwas für ein Gutes oder
Bestes hält, was in Wahrheit ein Schlechtes oder Minderwertiges ist.
Aber all das ist jetzt außer Betracht. Allerdings die Wahrheit, daß
das betreffende Ich den und den objektiven Willensbereich hat und
5 in ihm etwa ein *summum bonum,* muß in einem ideal möglichen
Subjekt eine erkennbare sein, und somit muß auch *idealiter* eine
Wahl denkbar sein, die in absolut einsichtiger Weise den ganzen
Willensbereich jenes Ich umfaßt, seine Vollständigkeit erkennt, all
seine Werte einsichtig wertet und das absolut praktisch Beste her-
10 ausbestimmt. Wir Zuschauer etwa könnten bei hinreichender Intelligenz diese einsichtige Beurteilung vollziehen, wir wählen gewissermaßen für das betreffende Willenssubjekt, das selbst gar nicht zu
wählen braucht. Wir aber sagen dann: Es hat (objektiv gesprochen)
die Wahl gerade zwischen diesen und keinen anderen praktischen
15 Möglichkeiten, und objektiv ist gerade dieses und nichts anderes für
es das höchste praktisch erreichbare Gute und somit das kategorisch
Richtige, das objektiv Gesollte. Aber mit all dem ziehen wir eben
nur ideale Möglichkeiten hinein, die wir nicht hineinziehen müssen.
Unterlassen wir das, so bleibt übrig ein an sich bestehender Bereich
20 praktischer Möglichkeiten mit seinem eventuellen Besten.
Es verhält sich hier ebenso mit der objektiven Willensrichtigkeit
wie mit der objektiven Urteilsrichtigkeit oder noch besser Vermutungsrichtigkeit. Ob der Vermutende zwischen den ihm zu Gebote
stehenden günstigen und ungünstigen Möglichkeiten richtig gewählt
25 hat, ja überhaupt, ob er gewählt hat oder nicht: objektiv ist seine
Vermutung richtig oder unrichtig, und sie ist richtig, wenn sie den
überwiegenden Möglichkeiten gemäß ist, unrichtig, wenn sie der Seite der minder gewichtigen Möglichkeiten folgt. Wie es in der Wahrscheinlichkeitslehre objektive und formale Gesetze gibt, die in ihrer
30 Objektivität nicht danach fragen, ob der Vermutende Vernunfteinsicht hat oder nicht, so haben wir hier ein formales objektives
Gesetz der Willensrichtigkeit. Schließlich haben wir auch Ähnlichkeiten mit dem Urteilsgebiet im engeren Sinn. Ein Urteil, das einen
Widerspruch als bestehend setzt, ist unrichtig, ob der Urteilende
35 weiß, daß er sich widerspricht, oder nicht.
Sehen wir uns nun etwas näher die Rolle an, welche in dieser
objektiv gefaßten Sachlage das Ich und der Willensakt spielen, so ist
es zunächst klar, daß durch das eigene Wesen des jeweiligen Willensaktes völlig bestimmt ist, ob er konvenient ist oder nicht. Das ist er

eben rein insofern, als er sich auf einen objektiven Wert richtet oder
nicht. Tut er das nicht, so richtet er sich auf einen objektiven
Unwert oder auf ein Adiaphoron, und dann ist wieder objektiv und
durch das eigene Wesen des Willensaktes bestimmt Inkonvenienz
5 oder Gleichgültigkeit. Korrelativ gilt dasselbe für die zum immanenten Wesen der jeweiligen Willensakte gehörigen Vorsätze. Nennen
wir je nach Konvenienz und Inkonvenienz der Willensakte die entsprechenden Vorsätze angemessen oder unangemessen, so können
wir auch sagen: Für Konvenienz und Inkonvenienz, für die Ange-
10 messenheit und Unangemessenheit kommt nur das Wesen des jeweiligen Willensaktes bzw. des jeweiligen Vorsatzes in Frage, ähnlich wie im Gebiet der Urteile nur das Wesen des Urteils bzw. der
bloße Satz in Frage kommt. „Nur", das heißt, ob dieses oder jenes
Subjekt urteilt, das macht keinen Unterschied aus. Das Urteilen ist
15 ein richtiges, der Satz ist ein wahrer an sich, gleichgültig, wer so
urteilt, wer den Satz prädiziert, aussagt. Ebenso ist ein Wollen konvenient und in diesem Sinn passend gerichtet und ist der betreffende
Vorsatz (das Analogon des logischen Satzes) angemessen, als wessen
Wollen wir uns das betreffende Wollen auch denken. Zum Beispiel,
20 reine Erkenntnisfreude ist an sich wert, ein Wollen, das sich nach
dieser Freude richtet, ist an sich konvenient, ein ihr folgender Vorsatz ist an sich angemessen, ebenso wie ein Wollen, das sich nach
einer unedlen Freude richtet, etwa als tierquälerische Freude, an sich
inkonvenient ist und in weiterer Folge, axiologisch betrachtet, ein
25 Unwert, unangesehen des Subjekts, das so will.

Konvenienz ist aber nicht alles. Genau besehen kommt für sie
nicht einmal die Realisierbarkeit des Vorsatzes, die Erfüllbarkeit des
Wollens in Frage. Heben wir sie rein hervor als die eine Komponen-
te, die zur möglichen objektiven Gültigkeit des Willens gehört, so
30 dürfen wir nicht, wie wir es letzthin taten, schon im Falle der Konvenienz von einem objektiven Sollen sprechen. Wir tun gut, unsere
Terminologie von letzthin passend zu modifizieren. Ein Vorsatz ist
objektiv ein gesollter, ein objektiv geforderter, darin liegt, wenn wir
uns in den sprachüblichen Sinn solcher Worte vertiefen, zwar auch
35 Konvenienz bzw. Angemessenheit, aber doch noch mehr. Es ist also
besser so, wie wir es jetzt tun, die bloße Konvenienz herauszude-
stillieren und für den entsprechenden Vorsatz nur von Angemessenheit zu sprechen, aber noch nicht von Gesolltheit. Daß wir letzthin
uns terminologisch anders entschieden haben, lag darin, daß wir

stillschweigend in die Konvenienz mindestens schon praktische Erreichbarkeit mit einbezogen, was wir jetzt eben aus guten Gründen nicht tun. Konvenienz ist völlig unabhängig von Erzielbarkeit des Gewollten, wie ja auch vor aller Erwägung der letzteren die erstere
5 entschieden werden kann. Andererseits ist *apriori* nichts von einem Subjekt objektiv gefordert, was für dasselbe unerreichbar ist. Was jemand nicht kann, das soll er auch nicht. Der Vorsatz, der das Prädikat des Sollens hat, hat damit also ein reicheres Prädikat als das der Konvenienz. Nun sehen wir aber, daß schon mit dieser
10 Erweiterung die Subjektivität eine Rolle spielt, die keine Analogie hat im Urteils- bzw. Wahrheitsgebiet.

Eine objektive Wahrheit ist Wahrheit an sich, und dieses „an sich" besagt, daß das urteilende Subjekt die Wahrheit nicht relativiert: Die Wahrheit an sich ist nicht Wahrheit für den oder jenen.
15 Jedes objektive Urteil ist an sich entschieden. Wer immer urteilt, wenn er nur richtig urteilt, urteilt in bezug auf eine und dieselbe Satzmaterie dasselbe; er urteilt eben den einen und selben Satz, der Wahrheit ist. Die Wahrheit ist, was sie ist, ob auch niemand sie urteilt. Hingegen, was für mich eine praktische Möglichkeit ist,
20 braucht es darum nicht für jeden anderen zu sein. Praktische Möglichkeiten sind wesentlich bezogen auf das willensfähige Subjekt. Daß ein Tun für ein Subjekt praktische Möglichkeit ist bzw. ob es das ist, das ist an sich bestimmt, das Subjekt selbst mag darüber unrichtig urteilen, es mag etwas für praktisch möglich halten, was es
25 in Wahrheit gar nicht ist. Insofern haben wir hier ein Objektives. Aber die Objektivität der praktischen Möglichkeit ist wesentlich gebunden an das betreffende Subjekt, und dasselbe gilt für den gesamten praktischen Bereich des Subjekts für jeden Moment seines möglichen Handelns, d. h. den Bereich aller für dasselbe in dem
30 betreffenden Moment objektiv bestehenden praktischen Möglichkeiten. Hat es überhaupt praktische Möglichkeiten, also einen praktischen Gesamtbereich, so ist es jedenfalls der seine, und man wird jedenfalls das eine *apriori* aussagen können, daß zwei Ichsubjekte prinzipiell nicht einen identischen praktischen Gesamtbereich haben
35 können, nicht die identisch mögliche Wirkungssphäre. Zugleich ändert sich dieser Bereich im allgemeinen von Zeitpunkt zu Zeitpunkt.

Übrigens: Fehlt in der fraglichen Hinsicht die Analogie zwischen der höchsten Willensrichtigkeit und der Urteilsrichtigkeit, der objek-

tiven Urteilswahrheit, so tritt eine solche aber wieder hervor im
Vergleich mit den Fällen der Vermutungsrichtigkeit;[1] denn die
Richtigkeit des Vermutens ist bezogen auf einen objektiv zu fixie-
renden Bestand von positiven und negativen Anmutlichkeiten bzw.
5 auf einen Bestand an Wissen und Nicht-Wissen. Vor der Frage nach
der richtigen Stellungnahme, der richtigen Bevorzugung, der besseren Möglichkeiten liegt hier die Frage nach dem Gesamtbereich des
relevanten Wissens und Nicht-Wissens und damit ⟨nach dem⟩ Gesamtbereich der realen Möglichkeiten, zwischen denen das vermu-
10 tende Subjekt objektiv die Wahl hat. Dieser Gesamtbereich ist aber
an die Subjekte gebunden. Im allgemeinen ist der Bestand des Wissens und Nicht-Wissens für die verschiedenen Subjekte ein verschiedener und für dasselbe Subjekt zu verschiedenen Zeiten. Die Beurteilung der objektiven Richtigkeit der vermutenden Entscheidung
15 basiert hier auf der Beurteilung des objektiv für das Subjekt bestehenden Wissensbereichs bzw. Bereichs an Möglichkeiten, wobei es,
wie schon gesagt, außer Frage ist, ob und wie das Subjekt selbst sein
Wissen und seinen Möglichkeitsbereich beurteilt. Gehen wir nun in
der Überlegung der Komponenten der objektiven Gesolltheit, als
20 der absolut vollkommenen Willensrichtigkeit, weiter!
    Ein Wollen bzw. ein Vorsatz, der auf ein für das betreffende Ich
im gegebenen Moment praktisch Mögliches geht, hat insofern schon,
abgesehen von der Konvenienz und Inkonvenienz, eine Art Richtigkeit, wir könnten auch sagen, er hat Gegenständlichkeit; während er,
25 wo er auf „Nicht-Realisierbares", auf praktisch Unmögliches geht,

---

[1] Wähle das Beste! Tue das Beste! Das Beste ist das einzig Richtige. Ebenso in der
Vermutungssphäre: Vermute das „Wahrscheinlichste"! Entscheide dich vermutend für
das Anmutliche von größtem Gewicht; entscheide dich im Gesamtbereich deiner „problematischen Möglichkeiten" vermutend für diejenige von größtem Gewicht! Da dieser
Gesamtbereich wesensmäßig ein verschiebbarer ist, da späterhin wieder neue problematische Möglichkeiten in den Bereich eintreten können, so ist die vermutende Entscheidung etwas immer wieder Abzuwandelndes. Und noetisch ergibt sich die Forderung, die
Gewichte zu bestimmen und sich der jeweiligen relativen Gewichtsverhältnisse zu versichern, um womöglich exakt immer wieder die Abwägungen vollziehen und den
„Wert", das Gewichtsverhältnis, das der jeweiligen Vermutung entspricht, immerfort
in festem Ansatz haben zu können. Vermutungen haben ihre „Werte". Vermutungen
absorbieren sich nach ihren Werten. Und wo es eben an Gewißheit mangelt, da haben
auch axiologisch die Vermutungen relativ Wert je nach ihren „Wahrscheinlichkeiten"
(den Werten im anderen Sinn).

„gegenstandslos" ist. Verbinden wir die Richtigkeit der Konvenienz mit derjenigen im Sinne der Gegenständlichkeit, so ergibt diese Verbindung noch nicht einen Willen, der im höchsten Sinn Richtigkeit hat. Der Wille geht auf ein „praktisches Gut"; den Vorsatz könnten
5 wir demgemäß versucht sein, einen im praktischen Sinn guten zu nennen, aber dieses Gute ist noch sehr unvollkommen. Ganz allgemein ist ein Wille von umso höherem Wert, je höher das Gute ist, wonach er sich richtet. Es gibt Unterschiede der Vorzüglichkeit, zunächst abgesehen von der Erreichbarkeit und der Beziehung irgend-
10 gendeines Moments auf ein und dasselbe Subjekt und seinen praktischen Bereich. Vergleichen wir aber Wollungen bzw. Vorsätze, die sich auf diesen beziehen, fixieren wir also das Ichsubjekt, den Zeitpunkt und den praktischen Gesamtbereich, der dazugehört, so treten die Gesetze der Absorption in Kraft, und damit tritt der Unterschied
15 der objektiven Gesolltheit bzw. der Verwerflichkeit auf. Das minder Vorzügliche zu wollen ist praktisch verwerflich, das Vorzüglichere zu wollen ist relativ gesollt, es hintanzusetzen ist verwerflich. Und das alles hier objektiv verstanden, ohne Frage, wie das Subjekt selbst richtig oder unrichtig die Vorzüglichkeit beurteilt und ob es über-
20 haupt wählt. Aber auch das Vorzügliche muß einem noch Vorzüglicheren weichen, und so überhaupt, solange objektiv in dem praktischen Gesamtbereich (dessen Existenz wir voraussetzen und als mit Gütern besetzt voraussetzen) höhere Güter zu finden sind. Es ergibt sich in dieser Betrachtung, daß einzig und allein die unüberschreit-
25 bare Vorzüglichkeit, daß das Beste in der gesamten praktischen Sphäre des gegebenen Moments dasjenige ist, das seinen objektiven, seinen Sollenscharakter nicht mehr abgeben kann; es allein ist nicht bloß relativ Gesolltes, sondern schlechthin Gesolltes, immer objektiv verstanden.
30 Freilich, eine Relativität bleibt bestehen, die auf Subjekt und Zeitpunkt. Trotzdem aber jedes Subjekt im allgemeinen anderes soll und ebenso dasselbe Subjekt zu verschiedenen Zeiten, so soll jedes zu jeder Zeit nur eines, und zwar ein objektiv Bestimmtes, falls es überhaupt etwas soll. Dieses „falls" sagt, falls das Subjekt im gegebenen
35 Moment überhaupt eine praktische Wirkungssphäre hat, und weiter, falls in dieser überhaupt Güter sich finden. Inwiefern hierin Beschränkungen vorliegen, ist natürlich eigens zu überlegen. Hinsichtlich der Einheit des Besten ist übrigens zurückzuweisen auf unseren Unterschied der Eindeutigkeit und Mehrdeutigkeit. Wir können auch

sagen, das „Beste" oder Gesollte hat eventuell die Form einer
Disjunktion, eines von $A_1 A_2$... etc., gleichgültig welches, wobei eben
die sämtlichen A gleich Beste sind.

Sind wir damit zu Ende?[1] Ist, was wir gewonnen haben, in jeder
5 Hinsicht befriedigend? Unsere objektive Betrachtung ist abgeschlossen; sie ergab eine rein formale Bestimmung des jederzeit und für
jedes Subjekt absolut Gesollten; aber ist dieses kategorisch Gesollte
ein wirklicher kategorischer Imperativ? Hat der Begriff des Tun-
Sollens nicht noch einen anderen Sinn, dem wir bisher nicht gerecht
10 geworden sind? Wie ist es im parallelen Urteilsgebiet oder Vermu-
tungsgebiet? Da kann doch jemand ganz blind urteilen, er kann, wie
wir uns ausdrücken, „in den Tag hineinreden" ohne jede Vernunft,
und gleichwohl mag er „zufällig" das Richtige treffen. In der objektiven Beurteilung heißt es: Was er sagt, ist wahr, und 〈wir〉 spre-
15 chen auch eventuell vom Wert oder der Wahrheit bzw. vom Wert
des richtigen Urteilens, und doch rechnen wir dem Urteilenden diesen Wert gar nicht an; er hat dabei, meinen wir, gar kein Verdienst,
〈wir〉 nennen gar sein Urteilen wertlos. Ein wertvolles Urteilen sei
ein auf Vernunftmotive hin vollzogenes, ein solches, das, von Ver-
20 nunftgründen geleitet, die rechte Richtung nimmt, und das im günstigen Fall vollkommen einsichtig sei. Nur in solchen Fällen liege
das Wertgebende originär im Urteilen selbst; die Richtigkeit liege
originär gegeben in der Einsichtigkeit und bestimme dann originär
die Werthaltung. In ursprünglichem Sinn habe das einsichtige Urteil,
25 als die Richtigkeit bzw. die Wahrheit gebend, Wert, und wenn wir
ein uneinsichtiges Urteilen doch positiv werten, so liege es nur an
der idealen Möglichkeit, dieses Urteil in ein einsichtiges zu verwandeln bzw. in der Einsicht zu sehen, daß es durch seinen Sinn ideale
Einsichtigkeit ermögliche. Nur im einsichtigen Urteilen erlebt der
30 Urteilende selbst das echte Sollen; und das heißt im Urteilsgebiet:
Er erlebt eben die Vernunftmotivation, er vollzieht seine Thesis des
„Es ist so" nicht geradehin, sondern er orientiert sie nach echten
Gründen; die Sachen und sachlichen Zusammenhänge kommen
selbst zur Gegebenheit und als gegeben sprechen sie gleichsam For-
35 derungen aus, denen das Urteil folgt. Dieses originäre Bewußtsein
der Richtigkeit, das im Vernunfturteil selbst liegt und das nicht etwa

---

[1] Vgl. Beilage X: Der Wert des einsichtigen Wollens, S. 356 f. — Anm. des Hrsg.

ein möglicher äußerer Zuschauer vollzieht, ⟨der⟩ sozusagen statt des
Urteilenden die Urteilsrechnung nachrechnet, stellt eine eigentümliche Sättigung der Urteilsintention dar, eine Sättigung durch das Ziel
selbst, eine innere Erfülltheit der Adäquation der Meinung in der
5 Gegebenheit des Gemeinten.

   Ebenso steht es offenbar in jedem Aktgebiet, bei jederlei Art von
Vermeinungen, von Stellungnahmen, also speziell auch im Willensgebiet. In der objektiven Einstellung urteilten wir einsichtig über
Willensrichtigkeit. Wir vollzogen dabei eine Wesensanalyse der
10 Komponenten, die volle Richtigkeit im höchsten Sinn ausmachen.
Das Willensziel voll und ganz liegt in dem, was wir als objektiv
Gesolltes bezeichneten. Die höchste Zielrichtigkeit, eine Konvenienz
in erweitertem Wortsinn, hat der Wille des Besten unter dem Erreichbaren. Aber in sich selbst, originär betrachtet, liegt nicht in dem
15 zielrichtigen Wollen der Wert. Auch hier haben wir den Unterschied
zwischen blindem Willen und Vernunftwillen. Auch ein Wille läßt
sich objektiv betrachten; es läßt sich von irgendeinem vernünftigen
Subjekt seine Richtigkeit sozusagen nachrechnen. Aber nur, wenn
der Wollende selbst, in sich selbst sozusagen, rechnet, das heißt,
20 wenn er sich in seinem Wollen von echten Vernunftmotiven bestimmen läßt, wenn er sein Willensvotum nicht blind abgibt, sondern so,
daß sich die Zielrichtigkeit in seinem Wollen originär konstituiert,
ist er in sich selbst Bewußtsein von einem Sollen, dem das Wollen
adäquat entspricht; nur dann hat er originären Wert.

25   Sicher ist der objektive Imperativ „Tue das Beste unter dem
Erreichbaren" unanfechtbar, denn seine objektive Gültigkeit sehen
wir ein. Ein Wille, der anders will, ist evidentermaßen unrichtig,
sozusagen unwahr, er verfehlt das im allgemeinen Wesen des Willens vorgezeichnete Ziel. Es ist ebenso, wie wir in der objektiven
30 Erwägung der Logik feststellen: Ein Widerspruch darf nicht geurteilt
werden; was wir analogisch auch als Imperativ ausdrücken können:
Begehe keinen Widerspruch, halte dich an die logischen Gesetze als
Gesetze möglicher Urteilsrichtigkeit! Obschon aber die logischen
Gesetze nichts von Einsicht sprechen, fordern wir doch in der Noe-
35 tik einsichtiges Urteilen und so in der Willensnoetik einsichtiges
Wollen. Wir haben also auch den Imperativ: Wolle und handle vernünftig! Ist dein Wollen richtig, ist es darum noch nicht wertvoll;
nur vernünftiges Wollen ist wertvoll.

⟨BEILAGE I (zu S. 47 f., 60 ff., 75, §§ 13-15):⟩ Schiefheiten in meiner Lehre
vom Werten in der Vorlesung über formale Axiologie und Praktik[1]

Ich gebrauchte den Terminus Werten so allgemein, daß er Schönwerten
und Gutwerten (existenzial interessiertes „Werten") umspannte, dann aber
5   auch nicht soweit, daß er auch das Begehren und Wollen umspannte; das
Sich-Freuen wurde dabei nicht klar geschieden, ja überhaupt nicht geschieden vom Werten des Seienden als Seienden bzw. Nichtseienden als Nichtseienden. Da ist aber folgendes zu erwägen:
     1) Es gibt ein Werten, ich nannte es in den Vorlesungen „Schönwerten",
10   das auf Existenz oder Nicht-Existenz keine Rücksicht nimmt. Ich stelle mir
eine „herrliche" Frauengestalt vor. Sie steht mir als „quasi-seiend" da. Sie
ist fingiert, aber ich setze nicht ihr Nichtsein, nehme nicht in dieser Weise
Stellung. Das ästhetische Gefallen ist dabei ein „Stellungnehmen", ein aktuelles Werten des Vorgestellten als solchen im Wie der Vorgestelltheit. Frei-
15   lich, man kann hier sagen, es sei eben dieses „gegeben" und somit doxisch
bewußt — aber aktuell gesetzt?
     2) Das Gutwerten.
     Ziehen wir Sein und Nichtsein in die Gemütsstellungnahme hinein, so
kann das Verhalten ein Verschiedenes sein. Nehmen wir ein reales Sein, ein
20   zeitliches Sein; es ist gegenwärtiges Sein oder vergangenes oder zukünftiges
Sein. Ich kann nun etwa, davon überzeugt, daß es gegenwärtig oder etc. sei,
sagen: Daß A ist, war, sein wird, „ist recht", ist gut. Nehmen wir den einfachsten Fall, daß A seinem eigenen Inhalt nach einer „Inhaltswertung",
einer Schönwertung unterzogen ist und als positiv wert bewußt ist, unange-
25   sehen der (gegenwärtigen, vergangenen oder künftigen) Existenz. Seinem
„Vorstellungsinhalt" nach, als dieses Erscheinende, so wie es da erscheint
(Erscheinendes als solches), „gefällt es", steht es als „Wert" da. Dann ist
eine Konsequenzwertung die oben bezeichnete: Daß das in sich Schöne, seiner Erscheinung nach als schön Gefallende, wirklich sei (nach den Zeitmo-
30   dis), ist recht, ist gut. Aber genauer liegt darin: Liegt der existenzialen Stellungnahme die Gewißheit zugrunde, so verwandelt sich die Schönheitswertung in die Gutwertung, ganz wie ich es immer dargestellt habe. Liegt eine
Modalität der existenzialen Stellungnahme zugrunde, so haben wir Modalisierungen der Gutwertung: Gesetzt, daß A sei, dann wäre A gut etc.
35   Universell geurteilt (funktional urteilen), daß überhaupt ein Schönes sei, ist
gut, das heißt, ist etwas überhaupt schön (hat es überhaupt einen Inhalt, der
eine positive Schönwertung gestattet), so ist es gut. Doch sehe ich, daß hier
ein Unterschied zu machen ist zwischen der ästhetischen Wertung als Er-
scheinungswertung, wo mannigfaltige Erscheinungen von einer und derselben
40   Sache möglich sind und mannigfache Vorstellungsarten, und der Inhaltswertung, die nicht die Erscheinungen angeht, sondern den „Inhalt" des Gegenstands, seinen objektiven Gehalt. So, wenn ich eine Person werte, so ist ihre
Trefflichkeit, nach ihren verschiedenen personalen Seiten, „in der Vorstel-

---

[1] Wohl 1914 — Anm. des Hrsg.

lung" ein Gefallendes; ein Werten geht auf diesen Inhalt, abgesehen von jedweder Erscheinungsweise. Und solch ein „Ideal" ist natürlich gut, wenn wir die Existenz in Betracht ziehen.

    Wie verhält es sich nun mit diesen Inhalts- und Existenzialwertungen im
5 Verhältnis zu den an der Existenz von Gegenständen „interessierten" Akten der Freude, der Trauer, des Bedauerns, des Begehrens und Wünschens und nun gar des Wollens? Die Frage ist, ob das „Daß A ist, ist gut" ⟨bzw.⟩ „Daß A ist, ist ungut" gleichwertig ist mit „Daß A ist, ist erfreulich" ⟨bzw.⟩ „Daß A ist, ist unerfreulich". In den Vorlesungen habe ich beides
10 identifiziert. Aber man muß es sorgsam überlegen, ob mit Recht. Ich neigte wiederholt zu der Ansicht (und so auch jetzt wieder!), daß hier zu scheiden sei. Ich werte als schön. Ich werte, die Existenz in Rücksicht ziehend, das Sein: Daß A ist, das ist wertvoll; daß A war, daß A sein wird, das ist wertvoll, das ist gut. „Denke" ich mir das Sein, so werte ich aufgrund dieses
15 Denkens, daß A sei, ist wertvoll, ist richtig, obschon ich hier eben bloß denke und nicht schon weiß, daß es ist (war oder sein wird). Daß ein A überhaupt sei, ein so Geartetes (etwa ein in sich, seinem Inhalt nach Wertes) sei, ist allgemein als wertvoll zu billigen: Also wenn etwas dergleichen wäre, so wäre in Wirklichkeit ein Wertvolles. Aber ist das nicht zweideutig? Etwas derglei-
20 chen hat einen Inhalt, der als Wertinhalt zu schätzen ist. Daß ein Wertvolles sei, ist selbst als wertvoll zu schätzen. Das Sein eines Wertes ist selbst wertvoll. Wissenschaft ist etwas Schönes; daß Wissenschaft wirklich sei, ist selbst etwas „Schönes", ein Gutes. Das Sein der Wissenschaft ist nicht bloß Sein, sondern „Seinsollendes". Ich kann also sagen, daß ein A überhaupt sei, ist
25 ein allgemein „Seinsollendes".

    Hier ist doch von Begehren, aber auch von Wünschen keine Rede. Das Langen, das im Wünschen liegt oder gar im Wollen bzw. dasjenige praktische „Es soll sein", das Korrelat des „Ich will" ist, davon ist hier keine Rede. Ebenso mit der Freude. Ich habe immer versucht, der Freude die Zuordnung
30 zu geben zum Begehren (⟨zum⟩ Wünschen: „Begehren" in der gewöhnlichen Rede hat eine Färbung, die auf das Ich zurückweist in dem besonderen Sinn des Für-mich-Wünschens etc.). Freude ist der das Langen des Begehrens sättigende, erfüllende Akt; nur daß ihm nicht wesentlich ist, Ende zu sein für einen Übergang vom langenden Hintendieren zur Erfüllung. Immer-
35 hin, es ist der Endmodus des Begehrens. Im „Begehren" liegt die Unerfülltheit, anders bei der Freude. Das in sich im Gefühl Zufriedensein, entweder in Befriedigung eines Begehrens, das sich damit stillt, oder das Zufrieden-, Frohsein ohne Begehren. (Zufriedensein ist zweideutig in diesem Sinn.) Das Werten ist aber kein Langen und Zufriedensein als bloßer Endmodus des
40 Langens im Sinne der Freude. Das „Interessiertsein" der Freude und Trauer, der Hoffnung und Furcht, des Wünschens in all seinen Formen und des Wollens gar, das ist etwas ganz anderes als das Werten und sein Wertend-in-Rechnung-Ziehen Existenz oder Nicht-Existenz. Die ersteren Akte sind im prägnanten Sinn abzielende bzw. terminierende, nicht aber das Werten. Wie
45 ist aber der Unterschied zu klären?

    Es fragt sich eben, wie Zusammenhang und Scheidung radikal zu verstehen sind. Gehört zu jeder Freude, zu jedem Wünschen etc. als Bestandstück oder

Unterlage ein „Werten", ein Für-schön-oder Für-gut-Halten? Oder nur
im Falle der Vernunftakte? Aber dann wiederholt sich die Frage erst recht.
Sind die blinden Akte nicht „Vermeinungen"? Liegt nicht in den Wünschen
„verborgen" ein Werten? Was sagt diese Verborgenheit? Das bloße Werten
5 ist „kühl", die Akte der Freude, der Liebe, des Mitgefühls (Mitfreude, Mit-
leid), des Wünschens jeder Form sind „warm". Allerdings, der Wille kann
wieder „kühl" sein. Er macht seine eigenen Schwierigkeiten. Der Wert der
gemütswarmen Akte hängt ab von dem Wert der Ziele, auf die sie sich richten (nur sie sind abzielend). Werte ich etwas als gut, so ist die Freude daran
10 berechtigt bzw. der Wunsch danach etc. berechtigt. Aber kann ich dann
sagen, daß jedes Sich-Freuen, jedes Wünschen ein Werten impliziere? Hier
also ist die Untersuchung anzusetzen.
　　Insbesonders bei der Freude: Haben wir da zu scheiden das warme Gefühl
der Freude, eventuell das Entzücken etc. und das es fundierende „Werthal-
15 ten", ein ganz anderes Gefühl (und eigentlich eben kein Gefühl)? Haben wir
nicht den Begriff der Freude allgemeiner zu fassen, derart, daß wir z. B. von
ästhetischer Freude (Genuß) sprechen wie von der „Freude" an einer Tatsache (am Sein). Das ästhetische Werten: Das originäre Bewußtsein vom
Schönen und Häßlichen war das Motiv, der Grund der Freude am Sein, des
20 ästhetischen Entzückens, des ästhetischen Abgestoßenseins etc. Das Für-
unwert-Halten ist nicht selbst ein Abgestoßensein, ebensowenig wie das ästhetische Für-wert-Halten ein Angezogensein ist. Es begründet aber ein solches. Auch Freude, satte Freude, die nicht als erfüllende eintritt, ist Angezogensein, aber von vornherein schon ganz dabeiseiend. Wenn ich müde bin,
25 kann ich mich nicht mehr freuen (Bildergalerie) oder nur sehr schwach freu-
en, aber die Wertungen ändern sich nicht. Die haben gar keine Intensität, sie
haben nur Unterschiede des „höherwert" und „minderwert".
　　Das Wünschen hat Intensitätsunterschiede. Aber das Wünschen „richtet"
sich nach einem Werten, das es „begründet", und dieses hat keine Intensi-
30 tätsunterschiede, aber Wertunterschiede (Unterschiede der Werthöhe — Bevorzugung). Etwas ist erwünscht — im Vergleich dazu ein anderes „mehr
erwünscht": Was besagt das? Einerseits Unterschiede der fundierenden Werte. Liegt andererseits im Wünschen selbst ein Wunschwert? Oder ist die
Sache nicht vielmehr so, daß nun der Wunsch selbst zu bewerten ist? Mehr
35 erwünscht gleich wünschenswerter; das Wünschen ist werter und korrelativ
der Wunsch. Ebenso A ist erfreulicher als B, objektiv; das sagt, A ist werter
als B, wonach sich die Freude orientiert. Aber nicht bloß das. Die Freude für
A ist besser als die Freude für B. Die Freuden werden bewertet (⟨dagegen⟩
die Intensitäten — ich kann mich über das Mindere stärker freuen).
40 　　Auch Wollungen bzw. Entschlüsse, Taten etc. werden bewertet. Der Wille
kann Unterschiede zeigen in Hinsicht auf die „Energie"; er kann auch mehr
oder minder leidenschaftlich sein. Das betrifft dann aber die Intensität unter-
liegender Begehrungen. Ich will etwas und begehre danach leidenschaftlich.
Wille und Begehren heben sich nicht auf. Ich wünsche leidenschaftlich den
45 Sieg und will den Sieg. Ich brauche aber nicht leidenschaftlich zu wollen,
und der Wille selbst hat wohl gar keine Intensitätsunterschiede der Leiden-
schaftlichkeit. Der Wille gehört nicht in die Reihe der begehrenden Akte

(Freude, Wunsch), der langenden. Aber es fehlt hier ein Wort. Der Wille ist
auch ein Langen, aber er bringt ein Neues herein, das eben Langen voraussetzt, aber nicht Langen ist (Begehren, Wünschen): das *fiat*, das praktische
„Es soll sein!". Es ist die Frage, ob dieses in sich phänomenologische Unter-
5 schiede der „Energie" hat. Haben wir nicht Wollen und Werten zu parallelisieren und allen „Gemütsakten" gegenüberzustellen? Und haben wir nicht
zu sagen, eigentlich „stellungnehmende" Akte, eigentliche Thesen sind:
Urteile (Seinssetzungen), Wertungen (Setzungen des Schön- und Gutseins,
des Wertseins), Wollungen (praktische Setzungen, Setzungen des willentli-
10 chen Seinsollens). Also hat nicht die Lehre von den „Anerkennungen" und
„Verwerfungen" – Billigungen und Mißbilligungen (als anderes Wort für die
„Stellungnahmen") ihren guten Sinn? Seinsbilligungen, Seinsanerkennun-
gen, bewertende Billigungen, willentliche Billigungen; demgegenüber die rezeptiven Erlebnise (intentionale Erlebnisse) der Vorstellungen (Wahrneh-
15 mung, Erinnerung, aber ohne Stellungnahme) und die rezeptiven Gefühle;
dann die durch die Stellungnahmen erzeugten Gefühle, in ihnen fundierten
Gefühle. Die Begehrungen mit den Freuden; die erteilen den Gegenständen
der Freude die Erfreulichkeit, die objektiv ist, wenn sie selbst vor einer
objektiven Wertung standhält. Gefühle: keine Stellungnahmen, keine The-
20 sen, keine im weitesten Sinn „bewertenden" Akte. Korrelativ hätten wir
dreierlei: Seiendes, Gutes (Wert), Seinsollendes (praktisch Gutes). Gehören
die beiden letzten etwa in eine Klasse? Nein. Ich werte Gegenwärtiges, Vergangenes, Künftiges, ich werte Sein jeder Art als gut. Ich spreche mein willentliches „Es soll". Für Gegenwärtiges: Es steht schon als gut da, so werte
25 ich es. Aber ich kann es dazu werten als recht. Es ist recht so (falls es in
meiner Willenssphäre ist, in der Willenseinstellung). Es ist so und als Gutes
und Bestes bleibe es so, es ist recht so. Bei Zukünftigem: Es soll so sein —
durch den Willen, praktisch.
    Und wie verhält es sich mit der Wahl des Besten? Wie bei aller Bevorzu-
30 gung bzw. Hintansetzung in der Sphäre des Wertens? Wie erkenne ich das
Bessere und wie steht es mit dem bevorzugenden Akt: Ist das ein Urteilsakt,
oder ist es nicht vielmehr ein zum Werten selbst gehöriger Akt, so wie der
bevorzugende Akt für das Wahrscheinlichhalten ein doxischer Akt ist?

BEILAGE II (zu § 21):
35   〈 Der Ausschluß leerer Möglichkeiten aus der
                praktischen Erwägung〉[1]

    Im praktischen Bereich ist das Gesetz gültig: Leere Möglichkeiten von
Gütern und Übeln, solche, für die nichts spricht bzw. gegen die auch nichts
spricht, sind als Nullen einzusetzen. Vielleicht noch besser: Damit ein real
40 mögliches Gutes und überhaupt ein real Mögliches als Praktisches für mich
in Frage kommt, muß für die Möglichkeit, es realisieren zu können, irgend-

---

[1] Wohl 1914 — Anm. des Hrsg.

eine überwiegende Chance sprechen, das heißt, positive und negative In-
stanzen dürfen sich nicht die Waage halten. Ist sie nicht vorhanden, dann ist
zwar nicht zu sagen, das ist etwas Unerreichbares, aber es geht mich nichts
an. Es ist fraglich, ob das genug präzise ist. Ich könnte mir vornehmen, ein
5 Heerführer, ein großer Reformator zu werden, ein Religionsstifter etc. Sind
das praktische Möglichkeiten? Jedenfalls hängen diese Ziele von so viel
Zufälligkeiten ab, daß ich schon darum sagen muß, es wäre unendlich
unwahrscheinlich, das zu erreichen, selbst wenn ich die positiven Begabun-
gen dafür besäße. Ob ich sie habe, weiß ich nicht. Es spricht nichts dafür,
10 vielleicht auch nichts dagegen. Es kann also überhaupt nicht in Rechnung
gesetzt werden; Wahrscheinlichkeit gleich Null. Ich habe also einen l e e r e n
H o r i z o n t erfüllt mit bloßen M ö g l i c h k e i t e n, mit beliebigen Vorstell-
barkeiten, gegen die nichts spricht, für die nichts spricht, oder solchen Möglichkeiten, für die so gut wie nichts und gegen die unendlich Überwiegendes
15 spricht. Diesen Horizont kann ich wie nicht vorhanden behandeln. Ich habe
mich nur zu beschränken auf die in Gewißheit oder einer gewissen e n d l i -
c h e n Wahrscheinlichkeit erreichbaren Güter, und zwar nur die positiven;
und ich habe dabei den Horizont nur so weit zu nehmen, als diese Gegebenheiten reichen, soweit ich solche Güter finde. Zum Beispiel, wenn ich mir
20 ewiges Leben zuspreche, so genügt das Diesseits, denn vom Jenseits weiß ich
nichts. Freilich, wer davon zu wissen glaubt, für den verhält es sich schon
anders.
    Wie habe ich dann aber zu ordnen die Güter im Psychischen und die
äußeren Güter? Dabei die Rückbeziehung: daß Werten von Gutem selbst
25 wert, daß Wollen von Gutem selbst gut ist, daß der Wille, künftig nur Gutes
zu wollen, selbst wieder ein Gutes ist. Es fragt sich, wie dergleichen selbst in
die Rechnung einzusetzen ist. Den Willen richte ich auf die Zukunft, auf das
künftig Beste, das ich realisieren möchte. Der jetzige, auf das Beste gerichtete
Wille und auf Erzielung der Einsicht, was das künftig Beste ist, gehört nicht
30 zum künftigen Guten, sondern ist ein Gutes der Gegenwart, ein Gutes, von
dem die nachträgliche Reflexion erkennt, daß es ein Gutes war. Also ist das
selbst ein auf die Zukunftssphäre zu beziehendes und praktisch mögliches
Gut, nämlich der Vorsatz, künftig will ich immer wieder, so oft sich neue
Horizonte eröffnen, die Einsicht zu gewinnen suchen, was das Beste ist, und
35 den Willen fassen, das Beste nach besten Kräften zu realisieren. Die Frage ist
dann: Welche Rolle spielt dieser Vorsatz, künftig immer wieder diesen Vorsatz zu fassen oder mich seiner zu erinnern, ihn durchzuhalten?
    Wollen in der Einsicht, es sei A das Beste unter dem Erreichbaren. Das
Beste unter dem Erreichbaren für ein Ich in strengster Allgemeinheit ge-
40 meint. Ich muß überlegen, was das Beste unter dem Erreichbaren ist. Was
kann ich tun? Was ist erreichbar? Aber während ich das erwäge, verstreicht
die Zeit. Vielleicht entgeht mir da etwas besonders Wertvolles? Aber ich
könnte ebensogut Wertvolles wie Schlechtes wählen. Also lieber erst die
Wahl aussetzen und überlegen.
45   Aber wie weit soll sich die Überlegung erstrecken? Was soll ⟨ich⟩ in einer
Minute tun, was soll ich in der nächsten Stunde, was soll ich für alle Zukunft
tun? *Idealiter*: ein Ich, das seinen Zukunftshorizont hat, überschaubar und

mit der Möglichkeit, darin Erreichbarkeiten zu finden, eventuell unendlich viele noch unbekannte. Ich sehe etwa $A_1 B_1 A_2 B_2 \ldots$ Diese sehe ich allein; von anderem weiß ich einfach nichts. Unter dem Gesehenen sehe ich ein, daß G das Beste unter dem Erreichbaren ist, hineinfallend in den Zeitraum
5 Z, den ich überschaue. Er enthält vielleicht noch vieles, was ich nicht sehe, Gutes oder Böses. Was ich nicht weiß, macht mich nicht heiß. Würde ich G nicht tun, so würde jedenfalls ein Wert unterbleiben. Und würde A unterbleiben, so auch ein Wert, aber darum ist „es" nicht schade, da sein Wert ja in G absorbiert enthalten ist. Nun ist es ja denkbar, daß mich die Zukunft
10 reich entschädigt, daß sie wer weiß wie Schönes bringt. Aber dafür spricht doch nichts, sonst hätte ich es in Erwägung gezogen. Auch Möglichkeiten und Wahrscheinlichkeiten kommen ja in Frage. Leere Möglichkeiten aber sind auszuschließen. Ein sicheres Gutes ist zu bevorzugen vor einem bloß möglichen, ja schon ein mögliches, vermutliches Gutes gegenüber einem bloß
15 möglichen. Also für meine praktische Erwägung kommen nur in Frage die Güter und Übel, für deren Erreichbarkeit etwas spricht; irgendeine Chance muß dafür da sein, daß ich irgendein Gutes erreichen könnte. Sowie sie da ist, kommt sie für mich in Betracht.

B. EINLEITUNG UND SCHLUSSSTÜCK DER
VORLESUNG ÜBER GRUNDPROBLEME
DER ETHIK UND WERTLEHRE 1911

EINLEITUNG. DIE IDEE DER PHILOSOPHIE

⟨§ 1. Das rein theoretische Interesse und die Tendenz auf
vollkommene Erkenntnis. Der Gang des natürlichen Erkennens
vom Einzelnen zur erklärenden Theorie⟩

5   Von jeher ist die Ethik in Gleichordnung mit der Logik und Ästhetik zu den philosophischen Disziplinen gerechnet worden. An
sich besagt das freilich noch nicht, daß sie im eigentlichen Sinn philosophische Disziplinen sind. Bis in die Zeit Kants hinein rechnete
man allgemein den Komplex wissenschaftlicher Disziplinen, die wir
10   heute als Naturwissenschaften ganz selbstverständlich von der Philosophie abtrennen, noch zur Philosophie. Ebenso gelten noch gegenwärtig in weiten Kreisen die empirisch-psychologischen Disziplinen als philosophische καθ'ἐξοχήν, während es zweifellos ist, daß in
wenigen Generationen ihre Abtrennung von der Philosophie eine so
15   entschiedene und reinliche sein wird, daß es keinem wissenschaftlich
Gebildeten mehr einfallen wird, unter dem Titel „Philosophie"
noch an Psychophysik oder sonstige empirische Psychologie zu denken.
       Es wäre ein Verkennen grundwesentlicher Unterschiede, wenn
man die Sonderung zwischen philosophischen und nicht-philosophi-
20   schen Disziplinen aus bloßen Gründen der Denkpraxis erklären, auf
bloße Bequemlichkeiten der Arbeitsteilung zurückführen wollte. Es
gehört freilich schon eine relativ hohe Entwicklung der Philosophie
dazu, den tieferen Sinn der Unterscheidung zwischen spezifisch Philosophischem und Nicht-Philosophischem bestimmter fassen zu
25   können. Die Frage, was Philosophie sei und was ihr gegenüber
allen anderen Wissenschaften ein Eigenrecht gebe, welche unabweis-
baren Erkenntnisinteressen sie gegenüber diesen Wissenschaften ver-
trete und in welchem Sinn sie sich den übrigen Wissenschaften nicht
gleichordne, sondern sich allen gegenübersetze, das ist selbst ein phi-
30   losophisches Problem, und keineswegs eines der leichtesten. Dieses
Problem in voller Gründlichkeit und Ausführlichkeit zu behandeln,

kann in diesen Vorlesungen, die Grundproblemen der Ethik und
Wertlehre gewidmet sein sollen, nicht die Aufgabe sein, denn dazu
bedürfte es leicht der ganzen Zeit des Semesters. Andererseits
kommt viel darauf an, daß wir uns mindestens in Hauptpunkten
5 den Sinn philosophischer Wissenschaft gegenüber nicht-philosophi-
scher und vorphilosophischer zur Klarheit gebracht haben. Denn
nur im Zusammenhang mit der Idee der Philosophie überhaupt können wir es verstehen, was das überhaupt ist: philosophische Ethik,
philosophische Praktik, philosophische Ästhetik, philosophische
10 Wertlehre, und welche systematische Bedeutung die von uns heraus-
zuhebenden besonderen Problemgruppen im Rahmen der gesamten
Philosophie zu beanspruchen haben.

Wir können es zunächst mit folgendem Ansatz versuchen: Philosophie ist die Wissenschaft, welche die höchsten Er-
15 kenntnisinteressen vertritt, oder die, und zwar voll bewußt, von der Idee der vollkommenen Erkenntnis, der
absoluten Erkenntnis bewegt wird. Ihr obliegt es also, diese
zunächst ungeklärte und verworrene Idee, der sich alle Erkenntnis
einordnet oder unterordnet, der aber keine vollkommen genügt, wis-
20 senschaftlich auszugestalten, zu bestimmen, zu klären, die zu ihr
gehörigen Prinzipien und prinzipiellen Disziplinen zu entwickeln
und von ihnen als idealen Normen methodisch Anwendung zu
machen auf alle besonderen Erkenntnisse. Die besonderen Erkenntnisse sollen dadurch zu philosophischen umgeprägt werden. Sie sol-
25 len Einordnung erfahren in einen systematischen Gang der Erkenntnis zum Ideal der absoluten, in jeder Hinsicht allervollkommensten
Erkenntnis.[1] Alle vereinzelte Erkenntnis, ob individuell oder generell, soll ihre Vereinzelung und Besonderung verlieren, sie soll sich
emporleitenden systematischen Zusammenhängen der Erkenntnis
30 einordnen, sie soll ebenso auch ihre in anderen Richtungen eventuell
liegende Unvollkommenheit verlieren: ihre unvollkommene Klarheit und Einsichtigkeit. Sie soll den Rang einer bloßen Durchgangs-

---

[1] Es bedürfte der Klärung der Idee der Erkenntnis. Ist da gemeint der Erkenntnisakt
oder nicht vielmehr die Erkenntnis als „erzeugte" Wahrheit und diese als „bleibender"
Besitz des erkennenden Ich? Und werden wir vom Einzelich nicht auf die Gemeinschaft
der erkennenden Subjekte geführt, auf ihren gemeinsamen Erkenntniserwerb und Besitz?

stufe oder Unterstufe im emporsteigenden Gang zur absoluten Erkenntnis gewinnen.

Man kann sagen, daß das philosophische Interesse in vollbe-
wußter Weise als leitendes Ziel das vor Augen hat, was sich in jedem
5 rein theoretischen Interesse als gleichsam verborgene Tendenz bekundet: Die Tendenz auf vollkommene Erkenntnis liegt in allem
rein theoretischen Bestreben. a) Immerfort fühlt es sich fortgetrieben
im Sinne möglichster Verdeutlichung, Klärung, möglichst vollkommener Begründung. b) Immerfort fühlt es sich mit der vereinzelten
10 Tatsache, mit dem vereinzelten Gesetz unbefriedigt; es kann daran
nicht haften bleiben. Es fühlt sich gedrängt, von dem Besonderen
emporzusteigen zum Allgemeineren, von der Tatsache zum Gesetz,
von der niederen Allgemeinheit zu der höheren. Damit nicht zufrieden, muß es alle möglichen theoretischen Lehren durchlaufen, um-
15 spannende Theorien bauen, die Theorien zu umfassenden Theorien
verbinden, und so immer weiter. Dabei erweitert sich der enge Kreis
der vom theoretischen Interesse zunächst ins Auge gefaßten Gegenständlichkeiten; Einheit der theoretischen Erkenntnis greift immer
weiter von Gebiet zu Gebiet, ohne Grenze.

20 Bringen wir uns diese Tendenzen zur Klarheit, so sehen wir, daß
sie im Verborgenen dem Ziel der höchsten Vereinheitlichung dienen, daß sie verstreuten, zusammenhangslosen Erkenntnissen feind
sind, daß sie gleichsam nichts Untheoretisches, Unvereinheitlichtes
dulden wollen ebensowenig als ein Ende, soweit irgend noch ein *plus*
25 *ultra* denkbar ist. Und zu alledem gehört offenbar auch die Tendenz
zu voll ausweisender Klarheit. Nicht überhaupt systematischer Fortschritt, systematische Vereinheitlichung ist das Ziel, sondern ein
System, das voll durchleuchtet ist oder jeweils zu durchleuchten ist
vom Licht der Evidenz.

30 Verfolgen wir diese vielleicht etwas zu abstrakte Ausführung im
Gang des natürlichen Erkennens von seinen ersten Anfängen aus. Es
ist zunächst naives Erfahren und Denken. Die Gegenständlichkeiten
der Natur, der physischen und psychischen, lenken das Interesse auf
sich, ein Interesse, das zunächst praktisch bestimmt ist und Erkennt-
35 nisse liefert, die den allgemein treibenden praktischen Bedürfnissen,
wie sie das individuelle und Gemeinschaftsleben mit sich bringt,
angemessen sind. Das Erkenntnisinteresse befreit sich aber immer
mehr von den zufälligen Lebensbedürfnissen, und es erwächst immer mehr ein rein „theoretisches" Erkenntnisinteresse, das rein

von den in der Erkenntnis selbst liegenden Werten bestimmt ist. Dieses reine Erkenntnisinteresse — wir nennen es auch
das „theoretische Interesse" — geht dem Sein der erfahrenen
Naturgegenständlichkeiten nach, ihren inneren und äußeren Eigen-
5 schaften, ihren Seinsverflechtungen, ihren kausalen Abhängigkeiten;
das Interesse wird nicht nur gefesselt von den Einzelheiten und wird
von Einzelheiten in die Seinsverflechtung zu anderen Einzelheiten
fortgeführt.

Es drängt sich das Regelmäßige, das Allgemeine auf, dessen Er-
10 kenntnis als höherer Wert dasteht; es weckt demgemäß ein höheres,
auf größere Allgemeinheit gerichtetes theoretisches Interesse; von den
Allgemeinheiten niederer Stufe wird es fortgetrieben zu denen höherer Stufe, und so geht es weiter: Die Idee der theoretischen Erkenntnis als Gesetz und Theorie suchender und aus Gesetzen das Beson-
15 dere und Einzelne erklärender Erkenntnis arbeitet sich durch. Es
bilden sich Wissenschaften, welche allgemein umgrenzte Gegenstandsgebiete theoretisch erforschen. Man kann nun sagen: In jeder
solchen Wissenschaft waltet ein philosophischer Zug, der eben in der
Wissenschaftstendenz als solcher liegt, in dem Hinausstreben über
20 das Vereinzelte zum Allgemeinen, zum Theoretisch-Systematischen.
Überall arbeitet sich das Ideal durch, aller wirklichen und möglichen
Erkenntnis, die in den begrifflichen Rahmen des Gebiets fällt, durch
Beziehung auf oberste Gesetze und auf eine zu ihnen gehörige allum-
spannende Theorie systematische Einheit zu geben. Also der Idee
25 nach gehört zu jeder Naturwissenschaft eine Einheit der erklärenden
Theorie, eine Grundgesetzlichkeit, aus der die einheitliche Theorie
in systematischer Deduktion alle zum Gebiet gehörigen Gesetze als
Konsequenz ableitet, mittels deren dann jedes bestimmte Sein als
unter den gegebenen Umständen notwendiges begriffen und so er-
30 klärt werden kann.[1]

Natürliche Erkenntnis kommt von verschiedenen Ausgangspunk-
ten zu verschiedenen wissenschaftlichen Gebieten und Wissenschaften. Der Einheitstrieb, der in ihnen einzeln waltet, befriedigt sich
nur beschränkt in ihrer relativen Einheit. Denn völlig isoliert ist
35 nichts in aller Erkenntnis, und systematische Beziehungen gehen

---

[1] Stufen: beschreibende Wissenschaft, exakte Wissenschaft, eindeutige Bestimmung
und exakte begriffliche Notwendigkeit.

von den Erkenntnisgegenständlichkeiten des einen Gebiets auch
über zu denen des anderen. Der Mensch, dem natürlichen theoretischen Trieb sich hingebend, wird so gelegentlich über die besondere
Wissenschaft hinausgewiesen zu Problemen, die verschiedene Wis-
5 senschaften miteinander in Beziehung setzen; in gegenständlicher
Hinsicht zu Problemen, die zwischen gegenständlichen Domänen
Beziehungen herstellen.

⟨§ 2. Die Rechtsfrage nach Vernunft und Unvernunft
der erkennenden und wertenden Akte⟩

10   Aber das natürliche Erkenntnisstreben wird in der Entwicklung
der Wissenschaften auch zu ganz andersartigen Problemen gedrängt.
Erkenntnis geht auf Wahrheit.[1] Was aber urteilsmäßig als seiend
oder soseiend hingestellt wird, teils aufgrund direkter Erfahrung,
teils im Zusammenhang allgemeinen und indirekten Denkens, das
15 erweist sich nachträglich, in Anmessung an die Erfahrung (oder an
gleichstehende Akte des Gegebenheitsbewußtseins) als nicht-seiend
oder nicht soseiend oder als nicht so ganz sicher seiend. Dunkle
Motive des Zweifels werden empfindlich, das Urteil entbehrt der
klaren Begründung usw. Die vermeintliche Erkenntnis erscheint dis-
20 kreditiert als Scheinerkenntnis. In der Entwicklung der Erkenntnis
zur wissenschaftlichen Erkenntnis und in der Entwicklung von niederen zu höheren Stufen wissenschaftlicher Strenge wird der Mensch
gezwungen, öfter und immer häufiger den Blick von den Sachen a u f
d i e G e d a n k e n ü b e r d i e S a c h e n zu lenken; genauer: auf den
25 Gang des Erkennens selbst, des Anschauens und Denkens selbst und
auf das Gedankliche selbst des Denkens, ⟨auf⟩ die Methodik des
Verfahrens und desgleichen auf die allgemeinen Formen der Gedanken als Vermeintheiten, der Urteile als der vermeinten Wahrheiten,
auf die vermeinten Fraglichkeiten, Wahrscheinlichkeiten usw. Die
30 Forschung richtet sich nun darauf, ob ein inhaltlich so geartetes
Urteilen, Vermuten, sich so und so motivierend durch anderes
Urteilen oder durch Erinnerungen, Wahrnehmungen usw., ein recht-

---

[1] Die Normgerechtigkeit gehört nicht nur zur Wissenschaft, sondern ist in ihr auch
selbst erstrebt, und das ist Motiv für entsprechende allgemeine Forschungen.

mäßiges sei, und wieder auf die Frage, ob die hierin vermeinten
Wahrheiten, vermeinten Wahrscheinlichkeiten usw. vermöge ihrer
Form überhaupt Wahrheiten, echte Wahrheiten und Wahrscheinlichkeiten sein können oder ob solche Formen nicht vielmehr die
5 Gültigkeit, das Wahrhaftsein ausschließen.

Derartige Reflexionen auf Erkenntnisakte (Denken und Gedanken) sowie auf Bedeutungsgehalt und Geltungsgehalt der Erkenntnis,
kurz auf all das, was der mehrdeutige Begriff von „Methode"
befaßt, treten in allen Wissenschaften auf. Vergleichende Betrach-
10 tung zeigt nun, daß sie zumeist von einer Art sind, die sie nicht
an die besonderen Anlässe und besonderen Wissenschaften bindet, daß also eine allgemeinere Forschung sich etablieren
kann, Richtung nehmend auf Rechtmäßigkeit erkennender Akte
überhaupt sowie auf Formen möglicher Gültigkeit von Sätzen über-
15 haupt, Schlüssen überhaupt usw., und das in einer Allgemeinheit,
die keinerlei Besonderheit spezieller Erkenntnissphären und Wissenschaften in Rechnung zieht. So etabliert sich eine formale Mathematik, z. B. eine Arithmetik, die von Zahlverhältnissen und Gesetzen handelt, wobei es ja klar ist, daß in jeder Erkenntnissphäre Zähl-
20 bares vorkommen kann, worauf dann Zahlformeln und allgemeinere
Sätze Anwendung finden könnten; ebenso eine formale Logik als
eine Disziplin von den gültigen Urteilsformen überhaupt, Schlußformen überhaupt usw., dann formale Logik der Individualität etc.

Was wir ausgeführt haben, gilt nicht nur für das Fortschreiten der
25 menschlichen Erkenntnis von der sinnlichen und psychophysischen
Erfahrung, sozialen, geisteswissenschaftlichen Erfahrung zur Mannigfaltigkeit sich immer neu verzweigender und in immer innigere
systematische Verflechtungen tretender psychophysischer Naturwissenschaften und Geisteswissenschaften, und gilt nicht nur in dem
30 Sinn, als ob formale Logik und Mathematik auf diese Wissenschaften allein bezogen wären. Denn wir haben nicht nur Erfahrung im
engeren Sinn, Erfahrung von Dingen und Geistern, von dinglichen
und psychischen Vorkommnissen. Wir und andere vollziehen
auch ästhetische und sonstige Wertungen, und aufgrund der-
35 selben erschauen, „erfahren" wir Werte, und vollziehen wir Werturteile, die wie alle Urteile ihre Wahrheit und Falschheit haben. Ebenso üben wir praktisches Verhalten, und uns in eigenes oder fremdes
Begehren, Wollen, Handeln hineinmeinend machen wir praktische
Erfahrungen und urteilen wir über Güter und Taten, über Gesinnun-

gen und Entschlüsse, über Zwecke und Mittel. Und wie überall im
wertenden Schätzen, im Wünschen, im praktischen Verhalten von
Vernunft und Unvernunft die Rede ist, so in den darauf gebauten
Urteilen von Wahrheit und Falschheit. Und auch hier waltet Beson-
5 derheit und Allgemeinheit; wir werten nicht nur singuläres Sein in
singulärer Weise, sondern auch allgemein, und sprechen danach allgemeine Werturteile aus, ziehen aus ihnen axiologische Schlußfolge-
rungen usw. Das alles gilt schon im gemeinen Leben, das ja seine
mannigfachen formulierten, wenn auch ziemlich vagen Regeln hat,
10 nach denen es Klassen von Freuden und Leiden, von Bewertungen
und Abwertungen, von Gesinnungen und Handlungen als richtig,
vernünftig oder als unvernünftig beurteilt.

Aber auch dieser Sphären kann sich das theoretische
Interesse bemächtigen, ⟨es⟩ kann darauf ausgehen, wissen-
15 schaftlich zu bestimmen, was sich für Werte und Güter, für Entschlüsse, für Taten usw. in allgemein umgrenzten Sphären und andererseits in prinzipieller und eventuell bloß formaler Allgemeinheit
aussagen läßt. Wir haben also nicht bloß die physischen und psychophysischen Wissenschaften, die wir Naturwissenschaften nennen,
20 sondern auch Wertwissenschaften. In den Naturwissenschaften tritt
zwar das Werthalten, Wünschen, Wollen und dergl. auf, aber nur als
Naturtatsache[1] und nicht unter dem Gesichtspunkt der Rechtsfrage,[2] inwiefern es selbst vernünftig oder unvernünftig, inwiefern die
in ihm vermeinten Werte wirkliche Werte sind und dergl. Zu diesen
25 bloßen Naturwissenschaften treten also hinzu Wertwissenschaften,
in denen nicht Naturobjekte, sondern Werte die Objekte sind. Das
sagt nicht, daß für sie Naturobjekte gar nicht in Betracht kommen,
sondern daß diese nur als eventuelle Substrate von Werteigenschaften in Frage sind.

---

[1] Die Tatsache, daß in Menschen die und die Wollungen etc. auftreten, und die Tatsache, daß bei Menschen, in Gemeinschaften etc. die und die vermeinten Werte, Zwek-
ke auftreten und das Handeln bestimmen, Werke entstehen lassen.

[2] Aber biologische Bedeutung der theoretischen und praktischen Vernunft. ⟨Siehe
Beilage III: Die biologische Bedeutung der Vernunft, S. 225 — Anm. des Hrsg.⟩

⟨§ 3. Absolute und universale Erkenntnis als Ideal der
Philosophie. Die philosophischen Disziplinen. Die apriorische
Konstruktion der Idee einer vollkommensten Welt und
eines vollkommensten Bewußtseins⟩[1]

5   In der letzten Vorlesung spürten wir in Absicht auf die Bestimmung der Idee der Philosophie der in aller Erkenntnis, in ihrem
natürlichen Fortschreiten von niederen zu höheren Stufen waltenden
Teleologie nach. Wir besprachen das Fortschreiten der Erkenntnis
von einzelnen Erfahrungsgegebenheiten zur systematisch-theoreti-
10   schen Erkenntnis von wissenschaftlichen Gebieten, ihr Fortschreiten
von der systematischen Erforschung einzelner solcher Gebiete zur
Erforschung der über sie hinausgreifenden Verflechtungen zu höheren Gebietseinheiten. Wir besprachen weiter die Tendenz, von der
Erforschung der Sache zu derjenigen der Gedanken überzugehen.[2]
15   Das besagt auf der einen Seite Übergang zur Erforschung der Erkenntnis selbst und all dessen, was sie, um echte, gültige Erkenntnis
zu sein, voraussetzt, wie sie auf Erfahrung, auf Anschauung gegründet sein muß und wie nach den prinzipiell verschiedenen Gegenstandsregionen diese einsichtig machende Anschauung aussehen,
20   und welche Struktur jeweils die mittelbare Erkenntnis besitzen muß
usw. Andererseits kann bei dem Doppelsinn der Rede von Gedanken auch anderes gemeint sein: die Erforschung der Erkenntnisbe-
deutung, des in der Erkenntnis Vermeinten als solchen und der darin
liegenden Bedingungen der Geltung, z. B. der Zusammenhang zwi-
25   schen möglicher Wahrheit und den im Wesen des Urteilsverhältnis-
ses *apriori* vorgezeichneten logischen Formen.
   Ich sagte nun: In all solchem Fortschreiten der Erkenntnis waltet
eben in Form der sie beherrschenden Teleologie ein p h i l o s o p h i -
s c h e r Z u g, aber sozusagen u n b e w u ß t, nicht als Idee denkmäßig
30   gefaßt, nicht als Erkenntnisideal gewertet und nicht als oberstes Ziel
des Erkenntniswillens gesetzt und in realisierende Betätigung übergeführt; mit einem Wort: n i c h t i n F o r m d e r P h i l o s o p h i e.

---

[1] Siehe Beilage IV: Gott als Idee, Philosophie als Korrelat der Gottesidee. Teleologische Probleme, S. 225 f. und Beilage V: Die Philosophie als Wissenschaft von den sich
wechselseitig durchdringenden Vernunftidealen, S. 227 ff. — Anm. des Hrsg.
[2] Cf. ⟨S. 167 f.⟩

Philosophie ist die Wissenschaft, in der die im Wesen
aller Erkenntnis gründende Tendenz auf absolute, auf
denkbar vollkommenste Erkenntnis zum bewußt leitenden Ziel geworden ist. Das aber heißt: Philosophie ist thema-
5 tisch gerichtet auf das „Ideal" systematischer, theoretisch
wie sachlich allumspannender Erkenntnis, und dabei natürlich vollbegründeter, allervollkommenster.[1] Zur Philosophie gehören danach und fürs erste alle Forschungen, die eigens dem Interesse
der Einheit der Erkenntnis dienen und ebenso andererseits For-
10 schungen, die dahin zielen, besondere Erkenntnis unter die höchsten
Gesichtspunkte zu bringen und so die leitende Idee der obersten
Einheit der Erkenntnis schrittweise zu realisieren. Danach werden
philosophisch sein Forschungen, die für den Aufbau der zunächst
formalen Idee einer obersten Erkenntniseinheit konstitutiv sind, und
15 zwar mit Rücksicht darauf, daß sie es sind; was nicht ausschließt,
daß solche Forschungen ohne jedes Bewußtsein von der Beziehung
zur höchsten Erkenntnisidee gepflogen werden können.

Zunächst also die systematischen Disziplinen, die wir unter dem
Titel einer analytischen oder formalen Ontologie befassen, Wahrhei-
20 ten und Theorien feststellend, die für alle Gegenständlichkeiten als
solche in unbedingter Allgemeinheit gültig sind, welchen Gegenstandsgebieten, welchen der allgemeinsten Gegenstandsregionen sie
auch angehören mögen. Also das betrifft die formale Logik in ihrer
vollen naturgemäßen Erweiterung, es betrifft die reine Anzahlenleh-
25 re, reine Ordinalzahlen-, Kombinationslehre, die gesamte formale
Mathematik überhaupt. Philosophisch im angegebenen Sinn werden
ferner auch Erkenntnisse sein, welche sich in anderer Weise auf alle
Gegenstände überhaupt beziehen, nämlich Erkenntnisse, welche die
prinzipielle Einteilung der Gegenständlichkeiten möglicher Erkennt-
30 nis überhaupt in Gegenstandsregionen und -domänen, in kardinale
Kategorien von Gegenständlichkeiten betreffen. Desgleichen alle
Theorien und Gesetze, welche zur Idee jeder Gegenstandsregion
apriori gehören und die ferner auch die Wesenszusammenhänge der
Gegenständlichkeiten verschiedener Regionen in reiner Allgemein-
35 heit betreffen. Philosophisch ist also, was man oft, wenn auch in
sehr unklarer Weise, als Kategorienlehre bezeichnet; philoso-

---

[1] Also auf göttliche Allwissenheit?

phisch ist ferner die zur Region der Natur gehörige apriorische
Ontologie der Natur, nicht nur Kants reine Naturwissenschaft, sondern auch die reine Zeitlehre, die reine Raumlehre, d. i. die wohlbe-
kannte Wissenschaft Geometrie, weiter die reine Bewegungslehre
5 usw. Philosophisch in diesem Sinn wären ferner die Ontologien, die
sich auf die übrigen Regionen und Domänen beziehen, also, was uns
hier besonders interessiert, jede Disziplin, die, falls dergleichen aufweisbar wäre, ein Apriori der axiologischen und praktischen Sphäre,
als eine eventuelle reine Wertlehre, reine Praktik systematisch er-
10 forscht.

Und endlich sind − und im höchsten Sinn − philosophisch die
konstruktiven teleologischen Disziplinen, die ich am
Schluß des letzten Semesters (1910/11) in meinen logischen Vorlesungen[1] zu entwerfen versuchte. Es handelt sich um eine aufgrund
15 aller regionalen Ontologien auszuführende Konstruktion, und zwar
apriorische Konstruktion der Idee einer in jeder Hinsicht allervollkommensten Welt und der zu dieser Idee gehörigen Korrelate und Normen. Daß es sich dabei nicht um eine phantastische,
sondern wissenschaftlich faßbare Sache handeln muß, das habe ich
20 seinerzeit ausführlich dargetan. Ich habe z. B. auf einen Zug dieser
konstruktiven Teleologie hingewiesen, der Kants Denken schon in
der *Kritik der reinen Vernunft,* insbesondere aber in der *Kritik der
Urteilskraft* wiederholt beschäftigt; ich habe nämlich von der merkwürdigen Anpassung der Natur an das Wertideal menschlicher Er-
25 kenntnis gesprochen: also nicht verstanden als Anpassung im Sinne
der modernen biologischen Entwicklungslehre, im Sinne einer für
die Erhaltung der Art nützlichen Denkökonomie. Die gegebene Natur, die Natur, die Faktum ist, zeigt, sagten wir, eine merkwürdige
theoretische Tugendhaftigkeit. Sie ist so beschaffen, daß die
30 sie erforschende Erkenntnis hohe intellektuelle Ideale zu realisieren
vermag. Sie ist klassifizierbar in umfassenden und theoretische Interessen befriedigenden Systemen einheitlicher Klassifikation; sie
steht nicht nur überhaupt unter Gesetzen − und Gesetzen, die sich
Theorien einordnen −, sondern alle theoretischen Erkenntnisse, so
35 scheint es, ordnen sich in die Einheit eines Erkenntnissystems, alle
Theorien scheinen sich einzuordnen einer Einheit der Theorie mit

---

[1] Es handelt sich um die Vorlesung „Logik als Theorie der Erkenntnis" − Anm. des
Hrsg.

einer einheitlichen allumspannenden Naturgesetzlichkeit. Also die faktische Natur entspricht, sei es vollkommen, sei es recht angenähert, einem Erkenntnisideal. Sie ist gerade so, daß sie hohen oder gar höchst gespannten theoretischen Interessen Genüge zu tun vermag.

5 Nun meinten wir, daß solche Reflexionen weder *in concreto* noch und vor allem *in abstracto* sich in vager Allgemeinheit bewegen müßten, sondern daß es sehr wohl möglich sei, in wissenschaftlich exakter Weise, ausgehend von der Idee einer Natur überhaupt die verschiedenen systematischen Möglichkeiten wirklicher Natur zu
10 entwerfen, wie andererseits das Ideal theoretischer Erkenntnis genauer zu umgrenzen. In diesen Betrachtungen handelt es sich nicht um Erwägung der Erkenntnis, sofern sie überhaupt Wahrheit ist, und um den Wert der Wahrheit oder der richtigen Erkenntnis als solcher, sondern um Erwägung der verschiedenen und sehr abgestuf-
15 ten Werte, die richtige Erkenntnis ideal genommen haben kann je nach der theoretischen Natur des Erkannten als solchen. Daß $1 + 1 = 2$ ist, ist eine bombenfeste Wahrheit, aber sie wird uns nicht sehr echauffieren. Sie erscheint uns nicht als ein hoher Wert, sie schwindet wie ein Nichts gegenüber dem hohen Wert der Erkennt-
20 nis, etwa der Theorie der Zahlkörper und dergl.

In den Ontologien sind die zum Wesen, sei es des Seins im allerallgemeinsten Sinn, sei es des Seins im Sinne der kardinalen Seinsregionen, z. B. Natur und Geist, gehörigen Wesensgesetze und Theorien entwickelt. Angenommen, diese Theorien seien schon zu einer
25 entsprechenden Ausbildung gelangt, dann könnte man aufgrund derselben in systematischer Konstruktion die in ihren Gesetzmäßigkeiten beschlossenen besonderen Seinsmöglichkeiten, möglichen Welten *apriori* erforschen. Das Vorbild und ein Stück dieser Leistung zugleich bietet die formale Mannigfaltigkeitslehre der Mathematik.
30 Ich erinnere daran, wie hier aufgrund der apriorischen Gesetze der reinen Logik, der reinen Anzahlen- und Ordinalzahlenlehre usw. die formalen Ideen möglicher „Mannigfaltigkeiten", der Euklidischen und nicht-Euklidischen, in steigender Allgemeinheit und dabei systematisch konstruiert werden in dem konstruktiven Verfahren, das
35 die Mathematiker sehr mißdeutlich als „axiomatisches" zu bezeichnen pflegen. Mit Beziehung auf solche Konstruktionen kann man nun fragen, welche besonderen Gestaltungen der physischen oder psychophysischen Natur, die *apriori* innerhalb einer formal allgemeinen Idee von Natur überhaupt konstruierbar sind, diejenigen

wären, die von dem Standpunkt der Erkenntniswertung höchste
Vollkommenheit beanspruchen könnten. Des weiteren kann man
fragen, welche unter diesen möglichen Welten unter dem Gesichtspunkt der anderen möglichen kardinalen Wertungsrichtungen zu
5 bevorzugen wäre bzw. vorher, welche konstruktiven Möglichkeiten
in diesen anderen Richtungen liegen und wie die Wahl zwischen
ihnen zu vollziehen ist.[1]
    Erkennendes Bewußtsein ist zugleich wertendes und wollendes.
Wir dachten uns zunächst das Erkennen gewertet. Es zeigte sich, daß
10 der Wert des Erkennens, immer seine Richtigkeit schon vorausgesetzt, sich abhängig zeigt von der Art der Theoretisierbarkeit des
erkannten Seins, und so erwächst die erste große Wertungsrichtung und die Auswahl der theoretisch vollkommensten Natur, oder
eventuell Naturen im Plural. Das Werten kann sich aber auch in
15 anderer Hinsicht auf die Natur richten, ⟨kann sich⟩ auf ihren materialen Gehalt ohne Rücksicht auf die Vorzüge der Theorie, auf die
Natur, auf die Wirklichkeit selbst richten und sich zugleich auch
richten auf das Werten selbst und seine größere oder geringere
Vollkommenheit. Setzen wir wieder richtiges Werten schon voraus,
20 und ich erfasse also wirkliche Werte. Nun kann die Wirklichkeit
reicher oder minder reich sein an rechtmäßig Wertbarem, schöner
und minder schön; je mannigfachere und je mehr Werte sie realisieren würde, je höher sich in der Verknüpfung vollkommener stei-
gernd usw., umso wertvoller wäre sie. Zugleich ist es klar, daß wer-
25 tendes Bewußtsein, ein Leben nach seiten des richtigen Wertens,
umso vollkommener wäre, je Vollkommeneres es in der Wirklichkeit, in der es lebt und auf die es bezogen ist, zu werten findet, daß
also korrelativ vollkommenste Wirklichkeit und voll-
kommenstes wertendes Bewußtsein einander fordern.
30   Und wieder betrachten wir die Richtung des Begehrens, Wollens,
Handelns.[2] Dergleichen Bewußtsein ist auf Werthaltungen gebaut,

---

[1] Cf. ⟨Beilage IV: Gott als Idee, Philosophie als Korrelat der Gottesidee. Teleologische Probleme, S. 225 f.; Beilage V: Die Philosophie als Wissenschaft von den sich
wechselseitig durchdringenden Vernunftidealen, S. 227 ff.; Beilage VI: Die Idee absoluter Erkenntnis: Reine Philosophie als Ideenlehre und Metaphysik als absolute Wissenschaft von der faktischen Wirklichkeit, S. 229 f.⟩
[2] Gegliedert ist die Betrachtung: 1) Wertung des Erkennens und seines theoretischen
Gehalts; 2) Wertung des Wertens, Unabhängigkeit des Wertes des Wertens vom Gewerteten; 3) Wertung des Wollens.

andererseits aber selbst der Wertung unterliegend. Eine mögliche
Welt kann vom Standpunkt der Willenshaltung aus besser und
schlechter sein, ein je günstigeres Feld sie für wertvolle Handlung
und schöpferische Tat bietet, je höhere praktische Werte, Güter sie
5 zu realisieren gestattet.

Gesetzt, es wäre so wie das Apriori der psychophysischen Natur
so auch das zur Werte- und Gütersphäre gehörige Apriori systematisch entwickelt, so würden in allen angezeigten Richtungen Konstruktionen der apriorischen Möglichkeiten und Auswahl derselben
10 nach höchsten Wertgesichtspunkten zu vollziehen ⟨sein⟩. Alle diese
Bestrebungen kulminieren offenbar in der Explikation bzw. systematischen Ausgestaltung einer obersten Idee oder eines Paares von
Ideen, nämlich der I d e e e i n e r *apriori* v o l l k o m m e n s t e n u n t e r
den m ö g l i c h e n „ W e l t e n" und der mit ihr in k o r r e l a t i v e m
15 Verhältnis stehenden I d e e e i n e r v o l l k o m m e n s t e n P e r s o n a l i -
tät, eines v o l l k o m m e n s t e n L e b e n s, das eben als solches *apriori*
die Bezogenheit fordert auf einen denkbar vollkommensten Lebensinhalt und damit auf eine denkbar vollkommenste Wirklichkeit als
Feld vollkommenster Erkenntnis, vollkommenster Schönheitswer-
20 tung und vollkommenster Willensbetätigung.[1]

---

[1] Der Fehler dieser doch wertvollen Betrachtungen liegt darin, daß alles abgestimmt
ist auf das vollkommenste „Bewußtsein" als den vollkommensten Lebensstrom oder
das vollkommenste „Leben" und daß von dem Ich (dem schlafenden und wachen), von
Einzelich und von personaler Ichgemeinschaft nicht gesprochen wird; vom Ich, das
vollkommen nur lebt, wenn es von seinem vollkommenen Leben weiß, das darin eine
einheitliche Zielsetzung mannigfaltiger Ziele in einen unendlichen Horizont hinein frei
vollziehen muß, sich selbst darin als sich vervollkommnendes und auf seine Vollkommenheit (auf sein ideales Ich) richtendes Ich sein muß; daß Ich und Erleben dabei nicht
alles sind, sondern daß mit jedem Akt sich das Ich entfaltet, bewährt und dabei selbst
auch sich entwickelt, in sich einen Habitus setzt etc.

Ferner: Wie steht es mit der Vernünftigkeit der Zielsetzung meines Ich und eines
beliebigen Ich, die gerichtet sein soll auf ein vollkommenes Leben, auf vollkommene
Persönlichkeit, also doch gerichtet auf göttliche Vollkommenheit? Ist ein unerreichbares
Ziel nicht unvernünftig, ein absolut, wesensmäßig unerreichbares nicht widersinnig, und
ist damit nicht die Idee der Gottheit selbst wesensmäßig unvernünftig wie die einer
absolut vollkommenen Welt? Welches ist also das höchste praktische Ziel des Menschen? Welches ist als Idee die denkbar wesensmäßig vollkommenste Persönlichkeit,
ebenso Welt etc.?

Betont hätte auch werden müssen, daß alle Betrachtungen über Konstruktionen etc.
nur formal sein können.

Und von hier aus würde es sich dann fragen, ob und inwieweit sich all das nicht zusammenschließt zur Idee des allervollkommensten Seins, also zur Idee der Gottheit, sofern sich etwa herausstellen sollte, daß Sein nicht denkbar ist außer der Korrelation
5 von Sein und Bewußtsein, daß also das *apriori* vollkommenste Sein gefaßt werden muß als Idee des allervollkommensten Bewußtseins, vielleicht notwendig fordernd eine Sonderung in eine Mehrheit von individuell-einheitlichen Bewußtseinen, in denen sich eine allervollkommenste „Welt" konstituiert; und vielleicht auch notwendig for-
10 dernd in dieser Konstitution eine immanente Entwicklung, in der mit der Fortentwicklung des Bewußtseins eine stetige schöpferische Wertsteigerung, eine fortschreitende Realisierung der Idee einer vollkommenen Geisterwelt in bezug auf eine vollkommene Natur statthätte. Es wäre dann zu unterscheiden zwischen der absoluten, die
15 Entwicklung leitenden Idee und der unendlichen immanenten Bewußtseins- und Weltentwicklung selbst: wobei Sie sofort an Aristotelische Gedanken erinnert sein werden. Doch sind das, wie gesagt, keine festen Behauptungen, sondern ahnende Fragestellungen, nicht mehr.

20   〈§ 4. Apriorische Philosophie und Metaphysik〉

〈a) Der wissenschaftstheoretische Charakter der
logischen und noetischen Disziplinen〉

Was uns in dieser Betrachtung als sehr merkwürdig auffällt, ist der Umstand, daß die Entfaltung der Idee allervollkommenster Erkennt-
25 nis uns zur Idee des vollkommensten Bewußtseins und der vollkommensten Welt und zum theologischen Ideal der Gottheit führt.

Da Geistesleben sich als Bewußtsein niederer und höherer Form vollzieht, so ahnen wir, daß die Erwägung und Ausgestaltung der
30 höchsten Lebensideale, des vollkommensten Menschendaseins von einer anderen Seite her zu einer Idee der Philosophie führen muß, die zusammentrifft mit derjenigen, die wir von unserem Ausgangspunkt, von der Idee der absoluten Erkenntnis, gewonnen haben und jetzt zu ihren Konsequenzen verfolgen. Wir gingen im Bisherigen
35 nach der dem Erkenntnisleben wesentlich einwohnenden Teleologie, sie zu klarem Bewußtsein ihrer Zielrichtungen erhebend. Das ergab

notwendig eine Reihe idealer Disziplinen, die auf das formale Wesen des Seins überhaupt und auf die Seinsregionen bezüglichen, und
da treten unter den Seinsregionen nicht nur Natur und Geist, sondern auch die Region der Werte und Güter auf; wie korrelativ unter
5 den konstituierenden Bewußtseinsarten neben sinnlicher und psychologischer Erfahrung auch Erfassung von Werten und Gütern aufgrund wertender und begehrender bzw. wollender Akte. Und nun
finden all diese Disziplinen notwendig Einheit durch jene konstruktiven, apriorischen Teleologien, die ihren höchsten Zusammen-
10 schluß in der Idee des allervollkommensten Bewußtseinslebens, der
allervollkommensten Welt und der Idee der Gottheit finden. Dabei
handelte es sich aber immerfort um Ideen, um ideale Möglichkeiten,
und nicht um faktische Wirklichkeiten, und sofern die idealen Möglichkeiten unter obersten Wertgesichtspunkten generell gewertet
15 wurden, um reine Ideale.
        Damit ist die Idee der Philosophie offenbar nicht erschöpft, viel-
mehr nur die Idee einer apriorischen Philosophie, einer apriorisch
philosophischen Prinzipienlehre, der reinen Wesenslehre und Normenlehre des in formaler Allgemeinheit gedachten absoluten Seins,
20 also alles möglichen absoluten Seins überhaupt. Ihr haben wir gegenüberzustellen die aposteriorische Philosophie, die Philosophie
des Absoluten im Aposteriori, die Wissenschaft von der absoluten
Erkenntnis des faktischen Seins nach seinem theoretischen wie axiologischen und praktischen Wertgehalt.
25 Doch reicht das noch nicht völlig aus. Die idealen Wissenschaften, die sich uns einheitlich zusammengeschlossen haben, bewegen
sich durchaus in einer Sphäre der formalen Allgemeinheit, und in
ihren formalen Begriffen, wie Natur überhaupt, Geist überhaupt,
Empfindung überhaupt und dergl., sind nicht in deduktibler Weise
30 alle Begriffe beschlossen, nämlich nicht die materialen Begriffe und
das zu ihnen gehörige Apriori. So zum Beispiel: Die formale Idee
der Empfindung, des sinnlichen Bewußtseins und dergl. impliziert
nicht in deduktibler Weise die Idee Rotempfindung oder Tonemp-
findung, wie in der formalen Sphäre die Idee der Anzahl in deduk-
35 tibler Weise die Idee jeder numerisch bestimmten Zahl impliziert.
Erkenntnisse, die zum Wesen der Farbenmannigfaltigkeit, rein immanent, rein essentiell gehören, die also apriorisch sind, würden
nicht in den Kreis der ideal philosophischen ontologischen Disziplinen gehören. Erst recht natürlich nicht die Erfahrungserkenntnisse

von irgendwelchem faktischen Dasein; aus Wesensgesetzen sind ja
prinzipiell nicht Fakta abzuleiten, sie schreiben diesen nur in der
Weise idealer Normen Möglichkeiten vor.

Es ist nun leicht zu sehen, daß alle wissenschaftlichen Erkenntnis-
5 se der neuen Sphären durch Beziehung zu den ideal-philosophischen
Disziplinen Einheit gewinnen, und zwar prinzipielle Einheit. Alle
unterstehen jenen ideal-philosophischen Erkenntnissen als letzten
Normen, Normen logischer und axiologischer Gültigkeit. Alles in
der Erfahrungssphäre Erkannte gewinnt auch Beziehung zu den
10 Idealen der Seinsteleologie, die in bezug auf dieses faktische Ge-
samtdasein, auf die faktische Natur, auf die faktische Menschheit,
auf die faktische Kultur als höchste normative Ideale fungieren. In
diesen Beziehungen haben wir also zu sagen, daß alle besondere
Wissenschaft, soweit sie überhaupt Wissenschaft im strengen Sinn
15 ist, sich der Idee der absoluten Erkenntnis einordnet und unter dem
Gesichtspunkt dieser Einordnung als philosophisch zu bezeichnen
ist; so jede besondere Naturwissenschaft. Jedes faktische Dasein
ordnet sich dem gesamten Dasein ein; und dieses unter theoretischen und axiologischen Gesichtspunkten zu vollkommenster Er-
20 kenntnis zu bringen, ist ein philosophisches Ideal.

Vollkommenheit der theoretischen Erkenntnis erfordert für jedes
vorgegebene Dasein seine Erkenntnis im Zusammenhang einer theoretischen Wissenschaft. Theoretische Wissenschaft ist aber eine Idee,
die sich in aktuellem Wissenschaftsbetrieb mehr oder minder voll-
25 kommen realisiert. Aktuelle Wissenschaft ist also Wissenschaft im
strengen Sinn nur soweit, als sie der reinen Idee der Wissenschaft
überhaupt entspricht und des näheren der Idee der reinen Wissenschaft von derjenigen allgemeinen Form entspricht, die durch die
regionale Kategorie vorgeschrieben ist, der sich das betreffende fak-
30 tische Dasein einordnet. Zur Vollkommenheit der theoretischen Erkenntnis gehört ja nicht bloß wahres Urteil, sondern verfügbare Einsicht in die theoretischen Zusammenhänge, in denen das Urteil vollkommene Begründung und weiter, in denen der begründete Sachverhalt Einordnung in die systematischen Seinszusammenhänge erhält
35 und in denen er unter obersten theoretischen Gesichtspunkten als
notwendiger begriffen werden kann. Dazu aber gehört erkenntnis-
mäßiger Besitz der prinzipiellen Einsichten, die zur Form theoretischer Wissenschaft als solcher gehören oder, was dasselbe, die für
die Idee theoretischer Wissenschaft als solcher konstitutiv sind, und

nicht minder derjenigen, die zur Austeilung der Seinsregionen und zur Konstitution der Ideen der regionalen Prinzipienwissenschaften konstitutiv sind. Mit anderen Worten: In Hinblick auf die möglichen und aktuellen besonderen Seinswissenschaften haben die Onto-
5 logien, von denen wir wiederholt gesprochen haben (die formal-logische Seinslehre, erweitert zur *mathesis universalis,* und ebenso die regionalen Ontologien, die reine Raumlehre, reine Zeitlehre usw.) den Charakter von wissenschaftstheoretischen Disziplinen oder, in einem erweiterten Wortsinn, von logischen Disziplinen.
10 Dasselbe gilt in anderer Art und Richtung von den Disziplinen, die sich als noetische auf das Erkennen selbst und die in seinen Wesensgestaltungen gründenden Normen seiner Rechtmäßigkeit bzw. Unrechtmäßigkeit beziehen, sei es in allumfassender Allgemeinheit und korrelativ zur formalen Logik und Mathesis als for-
15 mal-allgemeinster Seinslehre, sei es korrelativ zu den regionalen Seinsdisziplinen, z. B. als apriorische Rechtslehre der Naturerkenntnis. Überall erfordert Wissenschaft im höchsten Sinn, d. i. Wissenschaft, die in jeder Hinsicht höchsten Erkenntnisinteressen genügen soll, nicht bloß rechte Methode und rechte Resultate, sondern voll
20 bewußte Einsicht in das Wesen und die Prinzipien rechtmäßiger Methode, und das sowohl nach noetischer Richtung wie nach Richtung der Bedeutungen und bedeuteten Gegenständlichkeiten. Das aber besagt, daß die reine Idee der Wissenschaft überhaupt und die reinen Ideen der möglichen Wissenschaftsgestaltungen, die sich auf
25 die Austeilung der Seinsregionen beziehen, in klarer und voller Einsicht gegeben sein müssen, damit besondere Wissenschaft in beständiger normativer Beziehung zu diesen Ideen vollkommene und damit absolute Wissenschaft soll sein können. Also vollkommene Wissenschaft setzt diese Ideen, und zwar selbst ausgestaltet in Form von
30 Wissenschaften, als jene beschriebenen Ontologien und noetischen Disziplinen voraus, die ihrerseits als Wissenschaften jene eigentümliche Rückbeziehung auf sich selbst haben, die zum prinzipiellen Wesen echter philosophischer Prinzipienlehren gehört.
Eine Unvollkommenheit in echter Wissenschaft bleibt bei all
35 dem, scheint es, unüberwindlich, nämlich die Unvollkommenheit in Hinsicht auf extensive Vollständigkeit. Aber es ist nicht gesagt, ob nicht in der theoretisch erkennbaren Gegenständlichkeit, z. B. in der Idee der Natur, Unendlichkeit möglichen Fortschreitens der Erkenntnis notwendig beschlossen ist, ob also die Idee strenger Wis-

senschaft nicht die Idee einer methodischen Einheit ist, innerhalb
unendlicher Seinshorizonte systematisch immer neue Aufgaben stellen und lösen zu müssen, nämlich in systematisch gesetzmäßiger
Weise von Aufgaben zu Aufgaben, von Theorien zu Theorien, von
5 niederen zu höheren Stufen fortschreiten zu können und zu müssen.
Das festzustellen, gehört selbstverständlich mit in die Domäne der
rein philosophischen Prinzipienlehren.

⟨b) Die Betrachtung der Wirklichkeit unter den
teleologischen und theologischen Idealen⟩[1]

10   Zur absoluten Seinslehre gehört aber nicht bloß Erkenntnis des
Daseins, Erkenntnis der faktischen psychophysischen Wirklichkeit
unter philosophischer Regelung der wissenschaftstheoretischen Prinzipienlehren; vielmehr gehört dazu auch die Betrachtung der Natur
im engeren und weiteren Sinn unter Wertgesichtspunkten, also
15 unter philosophischer Regelung der axiologisch-praktischen Prinzipienlehren und zuletzt auch unter den zusammenschließenden teleologischen oder, wie wir auch sagen könnten, theologischen Idealen. Wir könnten das auch so ausdrücken: Die naturwissenschaftlichen Probleme, unter absoluten Gesichtspunkten theoretischer Phi-
20 losophie zur Lösung gebracht, sind noch nicht die letzten Wirklich-
keitsprobleme. Oder: Naturphilosophie als theoretische Naturphilosophie ist nicht Naturphilosophie im höchsten und letzten Sinn.
     Die physische Natur, das Leben, die Geisterwelt mit ihren man-
nigfachen historischen Kulturgestaltungen sind nicht nur Gegeben-
25 heiten des theoretischen Bewußtseins, sondern auch des wertenden
und wollenden Bewußtseins. Sie fordern also auch normative Beziehung auf die axiologischen und praktischen Prinzipienlehren und
erfordern Anmessung an die höchsten Seins- und Lebensideale, die
sich zum Ideal des allervollkommensten Seins und Bewußtseins,
30 also zum absolut theologischen Ideal zusammenschließen. Und hier
ergibt sich in bezug auf die faktisch gegebene Wirklichkeit, die wir
uns schon als theoretisch erkannte denken, ein letztes Seins-

---

[1] Vgl. Beilage VI: Die Idee absoluter Erkenntnis: Reine Philosophie als Ideenlehre
und Metaphysik als absolute Wissenschaft von der faktischen Wirklichkeit, S. 229 f. —
Anm. des Hrsg.

problem, zu dem die Menschheit sich von früh auf gedrängt fand:
nämlich das Problem der realen Bedeutung der Gottesidee
oder das Problem der Schöpfung, das Problem der realisierenden Kraft absoluter Ideale. Kann überhaupt eine Idee, und
5 nun gar eine Gottesidee, als die oberste normative Idee möglicher
Weltwirklichkeit überhaupt, das faktische Dasein (das faktische
Sein, Sosein, Sich-so-fort-Entwickeln) der Wirklichkeit nicht nur
normativ, sondern realisierend regeln? Kann solche Regelung überhaupt einen Sinn haben, und welchen kann sie haben? Und wieder,
10 wenn das letztere, kann man, und nach welcher Methode kann man
entscheiden, ob diese faktische Welt faktisch eine Gotteswelt ist?
　　Nach der Platonischen Anschauung ist Gott die Idee des Guten;
also eine Idee. Darin liegt doch: Gott ist im wahren Sinn keine
Realität, kein Ding unter den Dingen, an keinem Ort, in keiner Zeit,
15 natürlich auch nicht das All der Dinge selbst, durchaus verschieden
von der räumlich-zeitlichen Gesamtwirklichkeit. Und doch ist diese
Sonne im Reich der Ideen nach Platon der letzte Seinsquell. Sie ist
zunächst der absolute Quell, so könnten wir uns das zurechtlegen,
aller Ideen möglicher Realitäten, die sich der Idee der allervollkom-
20 mensten Welt einordnen. Aber nicht nur das. Sie soll eine realisierende Kraft sein, demnach doch in gewissem Sinn „Realität", sogar
letzte, absolute Realität, letzter Seinsgrund für alles empirische Sein
und teleologischer Seinsgrund; was also besagen würde, daß jedes
empirische Sein an seiner Stelle durch die Idee des Guten Geforder-
25 tes und aufgrund dieser idealen Forderung notwendig Seiendes und
Soseiendes ist, oder daß jedes notwendig ist als Phase der Entwicklung, die zum Sein unaufhebbar gehört und die Entwicklung gegen
ideale Ziele hin ist, Seinsentwicklung unter idealen Normen ist.
　　Danach wäre die Idee des Guten nicht Realität im Sinne dingli-
30 cher, im Sinne der Naturrealität, auch nicht im Sinne des empirischen Geistes, des menschenartigen Geistes, wie er Glied der psychophysischen Natur ist, sondern Realität in einem gesteigerten
Sinn, Über-Realität, die alle empirische Realität überempirisch,
übernatürlich, d. i. nicht naturwissenschaftlich-kausal, hervorgehen
35 läßt. Was sind das aber für merkwürdige Überzeugungen, die in der
Geschichte der Philosophie immer wieder hervorgetreten sind? Sind
es Abschattungen religiöser Superstitionen oder liegen hier nicht
notwendige Probleme vor? Und können ⟨wir⟩ in ihren historischen

Lösungen nicht wertvolle vorahnende Intuitionen finden? Liegt vielleicht in der Aristotelischen Entelechienlehre, in seiner Rede vom ποιοῦν, (νοῦς ποιητικός) eine Anweisung auf mögliche Lösungen, oder im Leibnizschen Mythos von einer Zentralmonade, die alle
5 Monaden aus sich effulgieren läßt?
Offenbar weisen diese Probleme der gegebenen Wirklichkeit und die an sie aus höchsten teleologischen Gesichtspunkten zu stellenden Fragen zunächst zurück auf die philosophische Prinzipienlehre, und zwar auf eine reine philosophische Theologie und Teleolo-
10 gie, in der vorweg alle apriorischen Fragen des Sinnes, alle Fragen, die sich im Rahmen reiner Idee, also reiner Möglichkeiten bewegen, gelöst sein müssen. Aber auch hier kann die an die gegebene Wirklichkeit gestellte Frage nicht durch die reine Philosophie gelöst sein. Nennen wir die auf das faktische Sein bezogene Wissenschaft,
15 sofern sie absolute Wissenschaft, höchsten Interessen genügend, sein will, Metaphysik, so ist es klar, daß Metaphysik nichts anderes ist als Fortführung aller aktuellen Naturwissenschaften und Geisteswissenschaften, als ihre Vollendung, Vervollkommnung, Philosophierung, nämlich nach den in den reinen philosophischen Disziplinen
20 ausgebildeten Prinzipien, nach den in ihnen rein ausgestalteten Ideen und Idealen.
⟨Wie⟩ Sie sehen, geht durch unsere ganze Darstellung hindurch das Motiv der Sonderung zwischen Dasein und Idee. Es ist klar, daß wir Philosophie als Wissenschaft vom Absoluten teilen müssen
25 erstens in reine Philosophie oder apriorische Philosophie: Sie umfaßt einen Komplex von Prinzipienlehren, von reinen oder rationalen Disziplinen, reine Logik, reine Mathesis, reine Naturwissenschaft, reine Raum- und Zeitlehre, reine Wesenslehre des Geistes, des individuellen und sozialen, reine Wertlehre, reine Praktik; und
30 dazu die noetischen Disziplinen und die höher darauf gebauten Disziplinen, zuletzt und zuhöchst die rein teleologische Seinslehre und die reine Gotteslehre — auch die letztere also eine apriorische Disziplin, von einer Idee und nicht von einer Wirklichkeit handelnd. Fürs zweite hätten wir die Metaphysik als absolute Wissenschaft der
35 faktischen Wirklichkeit, durchaus gegründet in den rein philosophischen Disziplinen, die ihr natürlich nicht Seinsprämissen, aber Prinzipien der Begründung und der Sinnesaufklärung, reine Normen und Ideale geben.

⟨c⟩ Die Verflechtung aller Vernunftarten und ihrer Ideale⟩

Unsere bisherige Betrachtung war aber einseitig, und gerade darum, weil sie nur von der Idee der absoluten Erkenntnis geleitet war. Vom natürlichen empirischen Faktum menschlichen Seelenlebens
5 ausgehend werden wir doch sagen müssen, daß Erkenntnis nur eine einzelne Funktion innerhalb dieses Seelenlebens ist neben anderen, immerfort mit ihr verflochtenen. Stellen wir uns dann auf den Boden der absoluten Wesensbetrachtung, so haben wir die Beziehung auf das emprische Faktum der Existenz von Menschen fallen
10 zu lassen. Erkennen ist dann ein Titel für eine geschlossene obere Gattung für mannigfaltige Bewußtseinsarten; für Arten von Akten, die der Vernunftbeurteilung unterliegen, einer Beurteilung, für welche es ausschließlich auf das immanente Wesen der Akte, auf ihre immanente Artung, ankommt und gar nicht darauf, ob sie mensch-
15 liche Akte, Erlebnisse von Personen innerhalb einer Natur sind, und darauf, ob überhaupt die Rede von existierenden Menschen und von Natur Recht hat oder nicht. Daß eine Natur und Menschenwelt ist und wie beschaffen sie ist, das stellt ja selbst erst die erkennende Vernunft fest, das bestimmt sich allererst nach der Vernünftigkeit
20 gewisser Akte, und das eben rein aus ihrem eigenen Wesen. Reduzieren wir nun wie die Erkenntnisakte so alle Bewußtseinsakte überhaupt auf ihre Wesensartungen unter Ausschaltung aller natürlichen Empirie, so haben wir nun wieder zu sagen, daß Erkennen bloß eine Grundartung des Bewußtseins darstellt von Akten, die
25 der Vernunftbeurteilung unterliegen. Der erkennenden Vernunft tritt zur Seite die wertende und wollende. Alle Vernunftarten bzw. der Vernunftbetrachtung unterliegenden Bewußtseinsarten sind dabei miteinander innigst verflochten: wie man dann sagen kann, es sei eine Vernunft mit verschiedenen Regionen.
30 Danach können wir nun die uns bisher leitende Idee allervollkommenster Erkenntnis erweitern zur Idee allervollkommensten Vernunftlebens überhaupt, Vernunftbewußtseins überhaupt, und wir können dabei genau entsprechend der Doppelbetrachtung, die wir hinsichtlich der Erkenntnis vollzogen haben, einerseits die
35 reine Idee des Vernunftbewußtseins überhaupt entwickeln, andererseits diese Idee auf das faktische Bewußtsein mit seinem faktischen Bewußtseinsinhalt in Beziehung auf die faktisch ihm erscheinende psychophysische Wirklichkeit betrachten. Demgemäß liegt der Gedanke nahe, den Begriff der Philosophie zu erweitern, nämlich Phi-

losophie nicht als die Wissenschaft anzusehen, welche
die bloße Idee absoluter Erkenntnis vertritt, sondern die
Idee absolut vollkommenen Bewußtseins überhaupt, absolut vollkommener Persönlichkeit überhaupt. Die Frage ist, ob wir
5 dann in der Tat zu einem weiteren, also neue Disziplinen umspannenden Begriff der Philosophie kommen.

Indessen, so merkwürdig ist die Wesensartung des Bewußtseins
überhaupt, so merkwürdig ⟨sind⟩ die idealen Beziehungen, welche
alle Grundartungen des Bewußtseins und alle entsprechenden Ver-
10 nunftzusammenhänge verflechten, daß wir abermals zu demselben
Kreis von Disziplinen zurückgeführt werden, den wir, von der
bloßen Erkenntnis ausgehend, gewonnen haben. Zum Beispiel, das
Vernunftideal vollkommenen Willenslebens schließt vermöge der
Wesensbeziehungen zwischen Wollen und Werten das Ideal voll-
15 kommenen Wertens ein; nicht minder aber das Ideal vollkommener
Erkenntnis, die sich auch allseitig auf Dasein, Wert und Gut richtet.
Das würde eine leichte Betrachtung zeigen, ebenso auch umgekehrt
zeigen, daß das Vernunftideal des Bewußtseins in Hinsicht auf Werte Vollkommenheit des Wollens und Erkennens einschließt und daß
20 so überhaupt im absoluten Gesamtideal vollkommenen Bewußtseinslebens sich die Ideale der verschiedenen Vernunftarten wechselseitig durchdringen und fordern. Je nach der Ordnung, in der man
die hier anzustellenden Überlegungen ausführt, wird man die philosophischen Disziplinen in verschiedener Reihenfolge erhalten. Man
25 wird, z. B. ausgehend von der Willensfunktion, zunächst auf die
praktische Disziplin stoßen, aber der Komplex von Disziplinen
selbst bleibt derselbe.

Ich möchte hier nicht ⟨auf⟩ die nähere Ausführung dieser Andeutungen eingehen, deren Ziel ich aber mindestens bezeichnen mußte.
30 Für wichtiger halte ich es, die Idee der Philosophie nach einer
bestimmten Richtung zu vertiefen und von dem Komplex der früher
in flüchtiger Weise als noetisch bezeichneten Disziplinen zu sprechen oder, was dasselbe besagt, der phänomenologischen, die in
einem besonderen Sinn spezifisch philosophisch sind.[1] Sie sind es
35 um der methodischen Funktion willen, die sie für alle Erkenntnis
haben, die philosophisch soll sein können; sie sind es, weil phäno-

---

[1] Ergänzung: Idee der noetischen Disziplinen (Phänomenologie); vgl. Rekapitulation
und „wesentliche Verschärfung" des Gedankengangs S. ⟨485f.⟩. ⟨Siehe hierzu die
Textkritische Anmerkung zu 187,14 unten S. 483.⟩

menologische Methode es ist, wodurch sich gegenüber der naiv natürlichen Forschungsweise der vorphilosophischen Wissenschaften der Weg zur eigentlich philosophischen Erkenntnis bahnt.

⟨§ 5. Natürliche Wissenschaft und Philosophie⟩

5   ⟨a) Die Naivität der natürlichen Wissenschaften⟩

Eigentliche philosophische Erkenntnis will Erkenntnis im vollkommenen Sinn, absolute Erkenntnis sein. Und wir haben letzthin ausgeführt, daß die Tendenz auf solche Vollkommenheit in aller Erkenntnis in naiver Alltagserkenntnis wie in wissenschaftlicher Er-
10 kenntnis liegt. Das Ziel wäre offenbar chimärisch, wenn absolute Erkenntnis nicht in gewissem Umfang erreichbar wäre. Schon die Erkenntnis des Zieles absoluter Erkenntnis, ihrer Idee, wäre kraftlos und unfähig, normgebend aller Erkenntnis vorzuleuchten, wenn sie selbst nicht zu vollkommener Erkenntnis zu bringen wäre.
15 Wenn wir also dieser Idee vollbewußt nachgehen und sie zunächst im System der rein philosophischen Disziplinen entfalten, so erheben wir mit diesen den Anspruch auf absolute Erkenntnis. Nur dann können z. B. logische Gesetze als Normen für alle vorzugebende Erkenntnis fungieren und uns im Streben nach Vervollkommnung
20 derselben fördern, im Fortgang zu einsichtig machender Begründung und theoretisch vereinheitlichender Erklärung vernunftgemäß fördern, wenn sie selbst wirklich vernünftig sind, wenn sie also selbst feste, absolut einsichtig zu machende Erkenntnisse sind. Sie dürfen also nicht gar mit Dimensionen von Rätseln, Zweifeln, Unklarhei-
25 ten, Unstimmigkeiten behaftet sein. Die Unvollkommenheit würde sich ja sofort auf die durch sie zu normierenden und vervollkommnenden Erkenntnisse übertragen.

Ist aber wirklich und in irgendeiner Sphäre absolute Erkenntnis möglich, ist Vernunft nicht am Ende ein leeres Wort, eine vage
30 Rede, die einer Realisierung unfähig ist? Solche Zweifelsfragen drängen sich sehr lebhaft auf in Ansehung der Tatsache, daß alle Erkenntnis, die zunächst der Menschheit als voll befriedigend, als schon wissenschaftlich streng erschien, und daß insbesondere auch diejenigen Erkenntnisse, die sich in der methodischen Reflexion als
35 absolute und ganz unerläßliche Normen ausgaben, unter gewissen Gesichtspunkten betrachtet zu Schwierigkeiten führten, ja in der Tat ganze Dimensionen von Rätseln und Widersprüchen mit sich zu

führen schienen. Die naturwüchsige Erkenntnis hat eine gewisse
Naivität, die nicht verschwindet, wenn Alltagserkenntnis sich unter
dem Einfluß logischer und in gewissem Sinn schon philosophischer
Reflexionen verwandelt in wissenschaftliche Erkenntnis.

5   Das naturwüchsige Erfahren und Denken ist naiv. Es findet als
eine selbstverständliche Gegebenheit vor die Welt, die physische
Natur, das Ich, die gesellschaftlich-geistige usw. Diesen selbstverständlichen Vorgegebenheiten wendet sich das theoretische Interesse
zu, man geht den erfahrungsmäßigen Beschaffenheiten der Dinge,
10 ihren kausalen Zusammenhängen in theoretischer Einstellung nach,
man erforscht ebenso das psychische und psychophysische Dasein,
man wendet den Blick des theoretischen Interesses auf die gesellschaftlichen Gestaltungen, auf die Kulturgüter usw. Die so erwachsenen Theorien, theoretischen Disziplinen, Wissenschaften bieten
15 sich in dem auf sie eingestellten Blick selbst wieder als Gegebenheiten dar; die eigene Ausbildung der Wissenschaften drängt auf solche
Bedeutungs- und Geltungsreflexion, und es erwächst eine Disziplin
höherer Stufe, eine Logik, eine Lehre von den gültigen Schlüssen,
Beweisen, Theorien, Disziplinen. Die Prinzipien der Logik sagen
20 etwas aus, was sich ohne weiteres einsichtig erfassen läßt, etwas für
jedermann Vorfindliches, zu Konstatierendes, selbstverständliche
Vernunftnorm für jedes Denken.

Ebenso steht es, wenn in der Betrachtung menschlicher Handlungen und Gesinnungen, menschlicher Wertungen, ästhetischer Schät-
25 zungen und dergl. Werturteile ausgesprochen werden, Urteile über
Schönheit und Häßlichkeit, praktische Vernünftigkeit und Unvernünftigkeit. Auch hier mag wissenschaftliche Betrachtung über die
Alltagsreflexion hinausführen und allgemeine Prinzipien aufstellen,
die als gültig hinstellen, was sich eben als selbstverständlich Gültiges
30 darbietet. In dieser Art vollzieht sich nun in weitestem Umfang
Konstitution von Wissenschaften und ⟨von⟩ Fortschritten von wissenschaftlichen Erkenntnissen zu neuen. Was sollte da fehlen? Sollten wir an so großartigen, so exakten Wissenschaften, wie es die
mathematischen Wissenschaften, die mechanischen, astronomischen
35 usw. ⟨sind⟩, Anstoß nehmen? Dürfen wir es wagen, hier noch von
Naivität des Denkens zu sprechen?

Indessen bleibt in der Tat in der ganzen Linie der natürlichen
Wissenschaften das Denken im Stande der Naivität, sofern eine ganze Dimension von Problemen hierbei unberührt bleibt, von deren

Lösung die letzte Sinnesausweisung dieser Erkenntnisse abhängt und
ihre Verwandlung in voll ausreichende, absolute Erkenntnis. Das
naiv wissenschaftliche Denken gerät alsbald in Verlegenheiten, sowie man es aus seiner natürlichen sachlichen Einstellung heraus-
5 bringt und es zwingt, die Beziehungen zwischen Bewußtsein und
Sein ins Auge zu fassen, die zu aller Erkenntnis gehören, also an
jeder Stelle der Wissenschaft erwogen werden können, die aber in
der Wissenschaft selbst nicht zum Thema ihrer Forschung und
Theoretisierung gehören. Das Hereinziehen des erkennenden Be-
10 wußtseins, das eben als erkennendes sich Sachen gegenüber hat, verwickelt in Schwierigkeiten, in Widersprüche, welche mittels der natürlichen begrifflichen Kategorien zu lösen nicht gelingen will. Vielmehr gerät man da auf Theorien, die sich immer wieder durch
Widersinn aufheben.
15   Natürliche Erkenntnis ist bestimmt durch gewisse als selbstverständlich hingenommene Vorgegebenheiten. Als erste und wichtigste ist zu nennen die Selbstverständlichkeit, daß wir Erkennende
eben Menschen sind innerhalb der uns vor Augen stehenden, teils
wirklich erfahrenen, teils erfahrbaren Natur. Eine Welt mit dem
20 einen Raum, der einen Zeit umspannt mich und alle anderen seeli-
schen Wesen; und in ihr lebend, durch ihr wirkungsreiches Dasein
bestimmt, geraten wir in vielerlei innere Zustände, vollziehen wir
vielerlei psychische Akte, darunter die Erkenntnisakte, die Wahrnehmungen, Erinnerungen, Urteile usw. Erkennend können wir uns,
25 sei es den Dingen der physischen Natur, sei es unserem und anderer
Seelenleben, den Gestaltungen der gesellschaftlichen Welt zuwenden
usw.; alles in dieser Welt hat seine Weise, von uns erfahren und im
Denken darüber erkannt zu werden. Systematische Wissenschaft
erforscht methodisch, wie alle diese Wirklichkeiten in Wahrheit
30 sind, welche verborgenen Eigenschaften sie haben, welche Gesetze
für sie gelten.
    Freilich gibt es da allerlei Täuschungen. Zum Beispiel, jedermann
weiß, daß gelegentlich die Sinne täuschen. Man merkte auch sehr
früh, daß, prinzipiell betrachtet, jede Wahrnehmung, der wir trauen,
35 sich nachträglich doch als Täuschung, als Illusion, herausstellen
könnte, nämlich jede einzelne, die wir herausgreifen mögen.[1] Man

---

[1] Von „ Freilich " bis „ mögen " später gestr.; dazu die Randbemerkung: „ Streit der
Methoden, der Theorien, Fragen nach der richtigen Methode. Skeptizismus ". — Anm.
des Hrsg.

überlegte, ob nicht alle insgesamt Täuschung sein könnten. Man sagte sich, daß doch Wahrnehmung und wahrgenommenes Ding offenbar Verschiedenes seien, das eine „subjektiv", das andere der Subjektivität „transzendent". Man geriet in Zweifel, ob menschliche
5 Erkenntnis über sich hinaus und sich je des Seins des Transzenden-
ten wirklich vergewissern könne. Man spann allerlei Theorien aus,
solchen Zweifeln zu begegnen, und dann abermals Theorien, um
diejenige Anpassung der menschlichen Natur an die Erfahrungswirklichkeit begreiflich zu machen, die sich damit ausdrückt, daß der
10 Mensch in seinen psychischen Akten des Erkennens triftige Vorstellungen von dem zu gewinnen vermag, was außerhalb dieser Akte,
also außer seinem Bewußtsein liegt, kurzum, daß er „objektive"
Wahrheit zu erkennen vermag. Diese Theorien hatten mit den Fortschritten der Wirklichkeitswissenschaften einen immer neuen Ge-
15 halt. Man lernte in immer wissenschaftlicherer, also inhaltsreicherer
Weise die physische Natur mit ihren Tonschwingungen, Äther-
schwingungen, Energien etc. kennen, desgleichen in immer vollkommenerer Weise die physiologische Konstitution des Menschen kennen; in psychologischer Beziehung trat hinzu die wissenschaftliche
20 Psychologie und Psychophysik, und so gewannen die Theorien einen
immer komplizierteren, gelehrteren Gehalt. Dem natürlichen Standpunkt gemäß waren es psychologische oder psychophysische Theorien; es handelt sich ja um eine Erklärung des Verhältnisses von
äußerer Natur und gewissen, im Menschen auftretenden Vorkomm-
25 nissen, genannt Erkenntnisse.
     Im allgemeinsten Typus unterscheiden sich diese Theorien nicht
von denjenigen, die in den Anfängen der Wissenschaft und Philosophie entworfen und skeptisch gewendet worden waren. Während es
aber zu Anfang schien, als ob von der Bewältigung solcher Probleme
30 und von der Abwehr des Skeptizismus die Möglichkeit der Wissenschaft abhinge, zeigte merkwürdigerweise die Entwicklung, daß sich
Naturwissenschaften und jederlei Wissenschaften der Wirklichkeit
ausbilden und zu viel bewunderter Höhe entwickeln konnten, ohne
sich um diese Probleme zu kümmern. Die Möglichkeit der Wis-
35 senschaft erwies sich als ein Problem, das für die Ermöglichung
aktueller Wissenschaft durchaus nicht gelöst sein mußte. Auch
fällt es auf, daß immer wieder die Lösungsversuche für das Problem
der Möglichkeit der Wissenschaft ihr theoretisches Material, ihre
begründenden Prämissen aus der schon ausgebildeten aktuellen Wis-

senschaft entnehmen. Diese Theorien selbst folgten also der Wissenschaft nach, aber fielen aus ihrem eigentlichen Rahmen heraus. Die
Physik mit all ihren Disziplinen, die Physiologie, die naturwissenschaftliche Anthropologie überhaupt behandeln keine Probleme der
5 Möglichkeit der Erkenntnis. Sie haben ihre wohlausgebildete Methodik, in deren Handhabung es gegebenenfalls sich mit ausreichender
Verständlichkeit entscheidet, was als wirkliche Erfahrung zählen
darf und was nicht bzw. wie aus der Erfahrung objektive Erkenntnis
zu ermitteln ist.
10   Ebenso verhält es sich auf höherer Stufe. In die Entwicklung der
Wirklichkeitserkenntnis zu den theoretischen Naturwissenschaften
griff in entscheidender Weise ein die Entwicklung gewisser Idealwissenschaften, die nach unserer Orientierung eigentlich in die
philosophische Sphäre gehören sollten. Ich meine die rein logischen
15 und mathematischen Wissenschaften. In ihnen treten gewisse ideal
genannte Gegenständlichkeiten wie Wahrheit, Satz, Schluß, Theorie,
Gesetz, Notwendigkeit, Zahl, Ordnung, geometrisches Gebilde usf.
in den Kreis des theoretischen Interesses und der theoretischen Forschung. Über diese Gegenständlichkeiten, die mit den zu ihnen
20 gehörigen reinen Gesetzen für alle Wirklichkeitserkenntnisse metho-
dologisch und normativ fungierten und in dieser normativen Funktion unentbehrliche Instrumente für die Ermöglichung strenger Wissenschaft waren, machte man sich von der natürlichen Einstellung
aus seine Gedanken: Man reflektierte darüber, wie sie sein und
25 dabei für alle Realität, für alle wirkliche und mögliche, gelten sollten, wie Gesetze es anstellen mochten, gleichsam vor allem realen
Sein und dann in allem realen Sein als herrschende Mächte zu fungieren, Forderungen an dasselbe zu stellen; in welcher Weise sie zum
erkennenden Bewußtsein stehen usw. Aber in der Entwicklung stellt
30 sich wieder heraus, daß reine Mathematik in all ihren Disziplinen
diese Gegenständlichkeiten und Gesetze erforschen kann, ohne sich
um derartige, ihr Wesen, ihre normative Funktion, die Möglichkeit
ihrer Erkenntnis betreffenden Probleme zu kümmern. An zugehörigen Theorien fehlt es zwar nicht, aber sie stehen außerhalb der Linie
35 der sich in unendlicher Fruchtbarkeit fortentwickelnden Mathematik.
   Alle in dieser Art naiv, erkenntnistheoretisch naiv sich ausbilden-
den Wissenschaften haben eine Dimension der Unvollkommenheit, die es hindert, die Erkenntnisse, die sie darbieten, als
letzte, wirklich abschließende, als absolute Erkenntnisse gelten zu

lassen. Es liegt offenbar im Wesen der Wissenschaften, daß sie
Linien oder Ebenen möglicher theoretischer Entfaltung haben, die
einen Übergang in die neue Dimension nicht fordern. Die grundverschiedenen intellektuellen Dispositionen, welche für die Forschungs-
5 weise in den einen und anderen Dimensionen erforderlich sind,
erklären auch, warum verschiedene Fachmänner die Erkenntnisar-
beit in diesen und jenen übernahmen. Aber die Hauptsache ist die
Einsicht, daß, wie das Bild von einer neuen „Dimension" andeuten
kann, es sich um Probleme handelt, die den Erkenntniswert der
10 natürlichen Wissenschaft von Anfang an und in jedem Schritt beeinflussen, und daß sie selbst bei unendlicher Entfaltung der natürlichen Wissenschaft, solange sie natürlich bleibt, also in ihrer eigenen
Ebene, zur Lösung nimmer kommen können.

⟨b) Die Erkenntnisprobleme. Der verborgene Widersinn
15   jeder natürlichen Erkenntnistheorie⟩

Es handelt sich um die Probleme von Bewußtsein und Be-
wußtseinsgegenständlichkeit und die damit innigst verflochtenen Probleme der letzten Sinnesklärung allen Seins, nämlich der
radikalen Aufklärung des Verhältnisses zwischen realer und idealer
20 Gegenständlichkeit, der Aufklärung der Möglichkeit, wie Ideales für
alles Reale normbestimmend, ermöglichend ist, konstitutives Prinzip für die Möglichkeit von Realem.
Alle Gegenständlichkeit ist eben mögliche Erkenntnisgegenständlichkeit. Alles, was natürliche Erkenntnis als von
25 vornherein Seiendes und dann zu Erkennendes, näher zu Bestim-
mendes, sich gegenübersetzt, ist eben in der Erkenntnis als an sich
seiend und so und so zu bestimmend gesetzt,[1] und darin liegt bei
näherer Betrachtung viel: Prinzipiell sind nicht Erkenntnis und Erkenntnisgegenständlichkeit zu trennen, als ob eines zum anderen
30 zufällig käme. Heißt es: Wahrnehmen, Vorstellen, Denken, Erkennen sei etwas bloß Subjektives, das richtig und falsch ⟨sein⟩, dem
etwas entsprechen und nicht entsprechen kann, und dem, wenn es
richtig ist, eben ein Wirkliches entspricht, so ist das zwar ganz gut,
aber die Erkenntnis selbst unterscheidet doch zwischen Fiktion und
35 Wirklichkeit oder unterscheidet zwischen „bloßem" Sich-Denken,

---

[1] Unklar.

bloßem „Einbilden", Fälschlich-Annehmen und triftigem Denken, richtigem Urteilen usw. Und wie unterscheidet sie? Nun, durch Anmessung des betreffenden Aktes, der betreffenden Erkenntnisprätention an die Gegebenheit des Gegenstands. Gegenständliche Gege-
5 benheit ist aber selbst wieder ein Bewußtsein. Also mißt sich Bewußtsein an Bewußtsein.[1]

So sagt der Naturforscher, all seine Naturerkenntnis beruhe auf direkter Erfahrung, d. i. auf Wahrnehmung, also einem Bewußtsein. Heißt es dann weiter, die Wahrnehmung sei nicht das wahrgenom-
10 mene Ding, sondern stelle es nur dar, dasselbe Ding sei in vielen, inhaltlich verschiedenen Wahrnehmungen wahrgenommen einmal von der Seite, das andere Mal von jener, einmal in den Kausalitäten, das andere Mal in anderen, es muß aber nicht wahrgenommen sein, es sei in Wirklichkeit und stelle sich bloß in den verschiedenen
15 Wahrnehmungen dar, heißt es so, dann hätten wir natürlich wieder zu sagen: Wenn das wahr ist, kann es sich nur in der Erkenntnis ausweisen. Von Wahrnehmung zu Wahrnehmung übergehend, nach Erfahrungspausen wieder wahrnehmend, sagt die Erkenntnis in sich selbst: Das ist dasselbe; ein und dasselbe Wahrgenommene stellt
20 sich einmal so, das andere Mal so dar. Und wieder sagt die Erkenntnis: Es hätte nicht wahrgenommen sein müssen etc., es sei der erkennende Blick bald auf das Wahrgenommene, bald auf die verschiedenen Wahrnehmungserscheinungen zu lenken, es sei evidenterweise zwischen jenem und diesem zu unterscheiden usw.
25 Analoges gilt für alle Gegenstände. Mag ein Gegenstand noch so selbstverständlich gegeben sein, in seinem Sein selbst dastehen, immer können wir nach einer prinzipiellen Notwendigkeit den reflektierenden Blick auf das Bewußtsein lenken und uns zur Einsicht bringen, daß Unterschiede, die wir machen zwischen wahrhaftem
30 Sein und bloß vermeintlichem Sein, zwischen scheinbarer Gegebenheit und wirklicher Gegebenheit, zwischen bloßem Denken und Selbsterfassen, Unterschiede der Bewußtseinsweisen sind und daß prinzipiell nicht einem Gegenstand zu begegnen ist anders als in Form solcher auf ihn bezogenen Bewußtseinsgestaltungen.
35 Und dabei ist das auf ihn bezogene Sein selbst ein Charakter oder eine „Prätention" dieser Bewußtseinsakte. Das betrifft nicht nur

---

[1] Bewußtsein: das konkrete Erlebnis vermeinter und gegebener Gegenständlichkeit.

irgendwelche besonderen Beschaffenheiten von Gegenständen, sondern sie durch und durch bis hinein in ihr pures Sein. Hat die Rede
von einem Sein und von einem An-sich-Sein gegenüber der Erkenntnis einen Sinn, so weist sie sich innerhalb des Zusammenhangs
5 des Erkenntnisbewußtseins aus, und genau in dem Sinn, in dem sie
sich ausweist, hat sie eben einen Sinn. Scheidet man zwischen dem
Sein des Bewußtseins selbst und einem ihm äußerlichen Sein, so ist
auch diese Scheidung innerhalb des Bewußtseins vollzogen.

Freilich, in all dem findet man, von der natürlichen Erkenntnis
10 herkommend, seine Schwierigkeiten. Ist z. B. die letztere Scheidung nicht Scheidung zwischen dem psychischen Erlebnis, also einem psychologischen Faktum des Ich und der außerhalb
des Ich — außerhalb des Menschen — seienden Außenwelt, sei es physischer Natur, ⟨sei⟩ es von Mitmenschen usw.? Und
15 nun scheint plötzlich diese ganze Welt, die der natürlichen Erkenntnis das Gegebene und Selbstverständliche war, nach ihrem wirklichen Sein problematisch zu werden und zugleich problematisch die
prinzipielle Möglichkeit einer Erkenntnis von etwas außerhalb eines
Bewußtseins in dem Bewußtsein. Man wird nun z. B. geneigt sein,
20 jetzt zu sagen: Wenn ich irgendein Bewußtsein, etwa ein Wahrnehmen oder Denken vollziehe, so ist das absolut zweifellos, daß ich es
vollziehe, daß es in mir ist, und das versteht sich; denn hier ist mein
erkennender und schauender Blick mit dem Erkannten eins, mein
Bewußtsein ist auf sich selbst bezogen und erfaßt etwas, was mit ihm
25 reell immanent eins ist. Wenn ich dagegen in einem Bewußtsein
etwas meinem Bewußtsein Transzendentes setze, z. B. ein Außen-
ding, wenn ich in bezug darauf Erkenntnis gewinne, Unterschiede
zwischen richtiger und falscher Erkenntnis, wirklicher Wahrnehmung und Illusion und dergl. mache, wenn sich mir dann Systeme
30 als richtig charakterisierter Erkenntnisse zusammenschließen zu einer Naturwissenschaft, so sind das doch alles Vorkommnisse meiner Bewußtseinssphäre. Es hilft da nicht, auf ein Gefühl der Evidenz, auf den Charakter der Denknotwendigkeit hinzuweisen, denn
auch das ist ein Bewußtseinscharakter; über mein Bewußtsein kom-
35 me ich eben nicht hinaus. Also eigentlich kann ich nur sagen: Ich
bin, und so und so charakterisierte Bewußtseinsverflechtungen sind
in mir. Der Solipsismus ist also unwiderleglich, wie z. B. auch
Schopenhauer meint; eine uneinnehmbare Festung, deren Besatzung
freilich auch keinen Ausfall machen kann, da nach ihm die entge-

gengesetzte Ansicht, die außerbewußte Dinge annimmt, wie nicht
beweisbar, so auch nicht widerlegbar sei.

Verstehen wir unter natürlicher oder naiver Erkenntnistheorie diejenige Erkenntnistheorie, welche unter dem Aspekt natürli-
5 cher Erkenntnis von ihren Voraussetzungen aus die Probleme des
Verhältnisses zwischen Sein und Bewußtsein lösen will, und sei es
auch nur von einer einzigen ihrer Voraussetzungen aus, so ist zu
sagen, daß naive Erkenntnistheorien sich mit naiven, und d.h. zugleich schief und falsch gestellten Problemen abmühen, daß sie alle
10 an einem verborgenen und durch Kritik jeweils herauszustellenden
Widersinn kranken und demgemäß auch durch widersinnige Konsequenzen sich aufheben. Von allen empiristischen, aber auch von fast
allen „rationalistischen" Erkenntnistheorien ist das zu sagen, und
ein Exempel für ein grundverkehrtes Problem bietet gerade das
15 zuletzt in einer Lösungsform angedeutete und hochberühmte Problem von der Möglichkeit einer Erkenntnis der Außenwelt oder vom Grund unseres Glaubens an eine Außenwelt. Nicht wenige Erkenntnistheoretiker würden noch heute dieses
seit Descartes und Berkeley die neuzeitliche Philosophie beirrende
20 Problem für das spezifische Grundproblem der Erkenntnistheorie
erklären und setzen sich mit großem Ernst mit den in der Art seiner
Lösung auseinandergehenden Richtungen des „Realismus" und
„Idealismus" auseinander. Dabei kann als Exempel des Idealismus,
sei es der Solipsismus, sei es die Lehre Berkeleys dienen, der die
25 materielle Außenwelt in Zusammenhänge von Ideen, von Erlebnissen erlebender Geister auflöst, aber durch vernünftige Schlüsse die
Existenz Gottes und einer Vielheit von Menschengeistern ⟨für⟩
gerechtfertigt hält. Andererseits glaubt der „Realismus", durch vernünftige Schlüsse, wenn auch in der Regel nur Wahrscheinlichkeits-
30 schlüsse, vom Sein des eigenen Bewußtseins nicht nur auf fremdes
Bewußtsein, sondern vorher auf eine materielle Außenwelt schließen
zu können.

Der Widersinn solcher Probleme und Theorien, desgleichen der
Widersinn der gehandhabten Methoden der Lösung tritt zutage in
35 der konsequentesten Ausgestaltung naiver „idealistischer" Erkenntnistheorie, in[1] derjenigen Humes. Der so stark sich aufdrängende

---

[1] Von hier bis zum Ende des Abschnitts im Manuskript zaghaft gestrichen und mit
einem Fragezeichen am Rand versehen. — Anm. des Hrsg.

Gedanke, daß alles Sein sich in Bewußtsein, also in Psychologisches auflösen muß, führt hier zu einem konsequenten Psychologismus, der in solcher Reinheit durchgeführt ist, daß er seines Widersinns sich schon bewußt wird, also zum Skeptizismus wird und somit an
5 dem Punkt ist, in sein Gegenteil umzuschlagen — wobei freilich das Problem ist, was dieses Gegenteil sei.

Was für uns besonders wichtig ist, ist der Umstand, daß keineswegs die auf die Natur bezogenen Probleme der Erkenntnis, der Bezogenheit von Bewußtsein und Sein, die einzigen und die bevor-
10 zugten sind; vielmehr daß selbstverständlich eben dieselben Probleme für alle Gegenständlichkeiten in gleicher Weise in Frage kommen und sogar in radikalster Weise gerade die idealen Gegenständlichkeiten betreffen, welche ja mit den zu ihnen gehörigen idealen Gesetzen Bedingungen der Möglichkeit des realen Seins nach allen
15 realen Bestimmtheiten in sich schließen. In unserer Zeit eines vorherrschenden naiven Psychologismus treten diese Probleme nicht so prominent hervor, weil die idealen Gegenständlichkeiten der Psychologisierung keinen Widerstand entgegenzusetzen schienen und man mit ihnen sehr schnell fertig sein konnte.

20   ⟨§ 6. Die Bedeutung der Prinzipienlehren
                für die Erkenntniskritik⟩

⟨a) Die Prinzipienlehren bieten die Leitfäden für die
phänomenologisch-erkenntniskritischen Untersuchungen⟩

In der letzten ⟨Vorlesung⟩ haben wir einen gewissen Gegensatz
25 zwischen natürlicher und philosophischer Wissenschaft erörtert; wir haben davon gesprochen, daß eine naive Hingabe an allerlei Selbstverständlichkeiten, Vorgegebenheiten die Stufe der natürlichen Wissenschaft charakterisiert, Vorgegebenheiten wie diejenige dieser Welt, der wir uns mit allen Erkenntnisakten einordnen, oder ande-
30 rerseits diejenige gewisser idealer Gegenständlichkeiten, wie es die logischen Begriffe, Sätze, Schlüsse, Gesetze usw. sind oder wie es die Zahlen in der Arithmetik, die reinen Raumgestalten in der Geometrie sind. Die theoretische Betrachtung dieser und ähnlicher Gegebenheiten führt zur Ausbildung von Wissenschaften, die zu
35 höherer theoretischer Vollendung kommen können, aber einer Voll-

endung, die höchste theoretische Bedürfnisse nicht befriedigt. Eine Dimension von Problemen eröffnet sich da, deren Erwägung von dem zunächst festgehaltenen naiven Standpunkt aus die Erkenntnis in größte Verwirrung versetzt und Theorien mit sich führt, die sich
5 bei vorurteilsfreier Kritik durch Widersinn aufheben — daher bei konsequentem Denken die Neigung zum Skeptizismus.

Die Dimension, von der da die Rede ist, ist die phänomenolo-gisch-vernunftkritische, sie betrifft die rätselhaften Wesensbe-ziehungen zwischen Sein und Bewußtsein; man kann auch sagen
10 zwischen Sein und Seinserkenntnis, da das nur scheinbar eine Ein-schränkung ist. Da der natürliche Mensch und seine natürliche Erkenntnis vor allem darin natürlich ist, daß er das Sein der psy-chophysischen Natur nicht nur als vorgegeben hinnimmt, sondern geneigt ist, die unter diesen Titel zu befassenden Gegenständlichkei-
15 ten allein gelten zu lassen, zunächst sie allein zu sehen und, wenn er andere gesehen hat, sie in Naturrealitäten umzuinterpretieren, so versteht es sich, daß die in Rede stehenden Probleme zunächst allein oder vorwiegend als Probleme der Naturerkenntnis empfindlich wurden. Also es waren die Probleme, wie an sich seiende Natur als
20 dem Erkenntnisbewußtsein Transzendentes doch erkennbar sein soll, wie eine objektive Triftigkeit, auf welche doch alle Naturwis-senschaft Anspruch erhebt, möglich und erklärlich werden soll.

Diese Probleme sind aber nicht die einzigen und nicht einmal die radikalsten. Vom Standpunkt der Naturerkenntnis selbst sind offen-
25 bar radikaler die Probleme, die sich an die idealen Wissenschaften anknüpfen, die der naturwissenschaftlichen Erkenntnis die methodi-schen Prinzipien geben und die als Instrumente der Theoretisierung in ihnen fungieren: so die Probleme der geometrischen Erkenntnis, der rein chronologischen und phoronomischen Erkenntnis, die
30 Hume in psychologistisch-skeptischem Sinn behandelt hatte und Kant in seinen transzendental-psychologischen Doktrinen in völliger Verwirrung gelassen ⟨hat⟩. Wieder kommt in Betracht die Proble-matik der rein arithmetischen und überhaupt der formal-mathema-tischen Erkenntnis und erst recht die der allerallgemeinsten Prinzi-
35 pienerkenntnis, der analytisch logischen. Überall ging die vorherr-schende Tendenz der neuesten Zeit dahin, den ursprünglichen nai-ven Naturalismus zum voll bewußten Prinzip zu erheben und all die idealen Gegenständlichkeiten, die als Objekte dieser Disziplinen auf-treten, zu naturalisieren, also die reine Erkenntnis dieser Wissen-

schaften in empirische umzudeuten. Es geschieht in Form des Psychologismus und Biologismus.

Daß die Erkenntnisprobleme, die sich den Prinzipienwissenschaften anschließen (an die Erkenntnismöglichkeit der in ihnen erforsch-
5 ten Gegenständlichkeiten und prinzipiellen Gesetze, an die Klärung
ihres echten Sinnes, wie er sich in ihrer Erkenntnis bekundet), daß,
sage ich, diese Probleme in der Tat von radikalerer Natur sind, geht
offenbar daraus hervor, daß jeder Widersinn, der diesen Prinzipien
und ihrer normativen Funktion durch die oder jene Theorien ange-
10 heftet wird, *a fortiori* auch all die Erkenntnisse betrifft, die ihren
Erkenntniswert der Normierung durch diese Prinzipien verdanken.
Das gilt überall und ist besonders einleuchtend zu machen hinsichtlich der Gesetze der analytischen Logik.

Wird die analytisch-logische Erkenntnis so interpretiert, daß deren
15 prinzipielle Bedeutung zum Widersinn wird, dann wird *eo ipso* jede
Erkenntnis überhaupt zum Widersinn. So z. B. ist es klar, daß die
psychologistische Umdeutung der idealen Gegenständlichkeiten der
reinen Logik, der Bedeutungen, Sätze, Wahrheiten und, damit Hand
in Hand gehend, die Interpretation der logischen Prinzipien als psy-
20 chologischer Denkgesetze zu völlig absurden und sich aufhebenden
Konsequenzen führt. Darüber können Sie in meinen *Logischen Untersuchungen* nachlesen. Die Versuchungen sind hier für den äußerlich Reflektierenden freilich groß. Logische Gesetze dienen ja als
Normen alles Denkens. Sie sind Gesetze, die dem Denken, also
25 einer psychischen Tätigkeit, vorgeschrieben sind. Denkgesetze, was
soll das sonst sein als psychologische Gesetze? Fungiert die Logik,
die ja traditionell als Kunstlehre der Erkenntnis angesehen wird,
nicht sozusagen als Hygiene des Erkenntnislebens, ist sie nicht Lehre
vom „normalen" Denken, wie die gewöhnliche Hygiene des Er-
30 kenntnislebens, ist sie nicht Lehre vom „normalen" Denken, wie
die gewöhnliche Hygiene die Kunstlehre vom gesunden leiblichen
Leben ist? Wie diese eine Abzweigung der physischen, so wird also
jene eine solche der psychologischen Naturwissenschaft sein. Sind
aber Denkgesetze psychologische Gesetze, Naturgesetze des mensch-
35 lichen Denkens, bestenfalls technische Wendungen solcher Naturgesetze, dann kommen wir auf sonderliche Widersinnigkeiten. Als
Naturgesetze sollen sie an der faktischen Konstitution der Welt hängen. Sie könnten also auch anders sein, wie ja in der Tat die Möglichkeit einer anderen Welt mit anderen Denkgesetzen von den Psy-

chologisten zugestanden wird. Aber die Aufhebung der Denkgesetze
bedeutet, wie man leicht sieht, die Aufhebung nicht nur aller faktischen Gesetze, sondern aller möglichen Gesetze und aller Wahrheiten überhaupt, und korrelativ verliert die Rede vom Sein, von Natur
5 usw. jeden Sinn.

Doch wir wollen diese Gedankenreihen hier nicht verfolgen. So
billig, wie der Psychologismus es meint, ist Theorie der logischen
Erkenntnis nicht zu gewinnen, und das Verdienst seiner widersinnigen Interpretation des Sinnes rein logischer Prinzipien besteht nur
10 darin, es recht empfindlich zu machen, daß hier eine Dimension von
Problemen vorliegt, die einstimmig und klar formuliert und nach
der ihnen angemessenen und dann jedenfalls nicht psychologischen
Methode gelöst werden müssen.

Die gegebenen Andeutungen machen zugleich klar, daß die Er-
15 kenntnisprobleme ihrem Wesen nach in besonderer Weise attachiert sind den Prinzipienwissenschaften, also in
der von den Naturwissenschaften ausgehenden Linie besonders attachiert den Disziplinen der reinen Naturwissenschaft und in höherer
Stufe der analytischen Logik. Das geht schon daraus hervor, daß
20 jeder Schritt, den die besonderen Wissenschaften machen, sein
Recht an den allgemeinen Prinzipien mißt, die in jenen Prinzipienwissenschaften entwickelt sind.

In voller Allgemeinheit können wir in bezug auf den Gesamtbereich möglicher Wissenschaften folgende Überlegung anstellen:
25 Denken wir uns die sämtlichen apriorischen Ontologien entwickelt
und verknüpft durch eine universelle Kategorienlehre, die systematisch eine Austeilung aller möglichen Seinsregionen vollzieht. Wir
nehmen also zusammen die apriorisch philosophischen Disziplinen,
von denen wir früher sprachen. Nur die noetischen sollen fehlen,
30 denn diese sind es, die wir jetzt erst konstruieren. In ihrer Vereini-
gung machen sie nämlich die phänomenologische Bewußtseinslehre
und Vernunftlehre aus, von der wir jetzt eine Vorstellung zu gewinnen suchen.

Nun, von den Ontologien können wir sagen, daß sie noch der
35 unteren Wissenschaftsstufe angehören, welche sich noch bei einer
systematischen Fortbildung der Motive des natürlichen Denkens mit
seinen natürlichen Wissenschaften ausbauen läßt. Was wäre nun mit
der vollkommenen Aufklärung aller dieser Ontologien hinsichtlich
ihrer Erkenntnismöglichkeit geleistet? Offenbar wäre damit der ab-

solute Sinn aller Arten von idealen Gegenständlichkeiten und aller
auf sie bezüglichen allgemeinen Gesetze völlig durchleuchtet. Zum
Beispiel, ist die „Möglichkeit" der rein logischen Erkenntnis aufgeklärt, so sagt das natürlich auch, daß wir volle Klarheit über das
5 absolute Wesen von Bedeutung, Satz, Wahrheit, kurz, aller spezifisch logischen idealen Gegenständlichkeiten in genereller Allgemeinheit haben. Haben wir die Probleme der allgemeinen arithmetischen Erkenntnis aufgeklärt, so ist der allgemeine Sinn von Anzahl,
Ordinalzahl usw. völlig geklärt. Wie steht es dann mit der Möglich-
10 keit einer besonderen, nicht-prinzipiellen (⟨nicht-⟩formalen), nicht-
logisch-idealen Erkenntnis? Sich die Idee Gegenstand zu wesensmäßiger Klarheit zu bringen, das heißt noch nicht, sich das erkenntnistheoretische Wesen eines Dinges zur Gegebenheit zu bringen und zu
verstehen, wie Erkenntnis von einem beliebigen Ding „möglich"
15 sei, wie die Bewußtseinsbeziehung der Erkenntnis auf ein Ding als
solches zu wesensmäßiger Klarheit kommt.

Es wird sich also auch darum handeln müssen, für jede der Seinsdomänen und jede ihr zugehörige Kategorie das Gegebenheitsbewußtsein zu studieren, in welchem irgendein beliebiges besonderes
20 Sein solcher Kategorie eben „gegeben" sein soll, und die aktuellen
Erkenntnisweisen zu studieren, in denen der mittelbare Erkenntnis-
fortschritt sich vollzieht. Es gilt, sich dabei auch Klarheit zu gewinnen, wie die prinzipielle Erkenntnis als notwendig gültige Norm für
jede objektiv gültige Erkenntnis besonderer Art fungieren muß, also
25 wie in jeder Hinsicht der Sinn der objektiven Geltung der Erkenntnis und der Sinn der Objektivität selbst, die in jeder Kategorie an
ihre besonderen Gesetze gebunden sein soll, verständlich werden
soll. Man sieht also, daß auch diese Forschungen an den ontologischen Prinzipienlehren, an der Kategorienlehre und an einzelnen zu
30 den Kategorien gehörigen Disziplinen orientiert sind.

Die erkenntniskritischen Probleme spielen sich nicht einfach zwischen Bewußtsein und Gegenstand ab, sondern zwischen Bewußtsein, realer und idealer Gegenständlichkeit. Das Problem ist
überall nicht nur dies, daß das Seiende ist, was es ist als mögliches
35 Objekt der Erkenntnis und in ihr seinen Sinn erhalten muß, sondern
auch, daß dabei alles Seiende unter Ideen steht und unter Prinzipien
als Normen.

Daß sich die Untersuchung nicht ins Unbegrenzte verliere und
sich nicht nach den einzelnen besonderen Gegenständen versplittern

kann, davon überzeugt man sich bei richtiger Erfassung der Problematik bald. Jedes besondere Sein fällt unter eine begrenzte Zahl von
Seinskategorien (-regionen), zu denen eine begrenzte Zahl von Prinzipien gehört. Das gibt der allgemeinen Untersuchung nach einer
5 Richtung die Grenzen. Andererseits hat jedes besondere Sein seine
besondere Gegebenheitsweise, aber als Sein der Kategorie hat es seine kategoriale Gegebenheitsart, die für alle Besonderheiten derselben
Kategorie prinzipiell, nämlich dem allgemeinen Wesen nach, dieselbe ist. So bedarf es selbstverständlich nicht einer erkenntnistheore-
10 tischen Untersuchung der auf jedes vorzuzeigende bestimmte Ding
bezüglichen Erkenntnis: Vielmehr bietet die in der Kategorienlehre
ausgeschiedene Idee des Dinges als räumlich-zeitlich-substantialen
Seins, zu der die prinzipiellen Gesetze der Ding-Ontologie gehören,
einen allgemeinen Leitfaden der Untersuchung. Korrelativ
15 zur Idee des Dinges überhaupt gehört die Idee der Dinggegebenheit.
Das Gegebenheitsbewußtsein ist ein für alle besonderen Dinge
apriori wesentlich gleichartiges; wir nennen es „Erfahrung" im prägnanten Sinn: Und so lehnt sich an die Ding-Ontologie eine Ding-
Phänomenologie an, welche die Probleme des erkennenden Dingbe-
20 wußtseins, vor allem die Probleme der Dinggegebenheit, d. i. des
Wesens von Dingerfahrung, zu lösen hat; so für jede der regionalen
Ontologien. Zugleich aber entspricht der ihnen allen vorangehenden
(sie in formaler Allgemeinheit sämtlich übergreifenden) formalen
Mathesis ein Körper allgemeinster Untersuchungen, der sich auf
25 Erkenntnis überhaupt, auf Gegebenheit von etwas überhaupt, auf
die formalen Kategorien des Seins überhaupt und die Möglichkeit
ihrer Erkenntnis überhaupt usw. bezieht.

Sind all diese allgemeinen erkenntnistheoretischen Untersuchungen in ihrer Orientierung an den als schon konstituiert gedachten
30 Kategorienlehren und Ontologien durchgeführt, so ist damit *eo ipso*
jede besondere wissenschaftliche Erkenntnis, die der untersten Stufe,
der unterhalb der Prinzipienlehren liegenden, aufgeklärt, und eben
damit auch der Sinn jedes konkreten Seins und jeder konkreten
Seinsart, der durch die Unklarheiten über das Wesen der Korrela-
35 tion von Erkenntnis und Sein in Verwirrung gerät, z. B. geneigt
macht, alles Sein zu psychologisieren und dergl.

⟨b⟩ Die Stufen auf dem Weg zur absoluten Erkenntnis.
Die Notwendigkeit der Kritik der falschen
Erkenntnistheorien einerseits und des Aufbaus
der Prinzipienlehren andererseits⟩

5 Wir haben im historischen Gang der Erkenntnis zur absoluten
Erkenntnis (oder der im vollen Sinn philosophischen) zwei Haupt-
stufen zu unterscheiden, eine untere und eine obere. (Die erste Stufe zerfällt wieder in zwei übereinander gelagerte Stufen, die aber
historisch sich ineinander flechten.) Zunächst richtet sich die Er-
10 kenntnis auf die konkrete Natur und wir können natürlich hinzunehmen, auf die konkrete Menschenwelt und die konkrete Kultur
mit ihren konkreten prätendierten Wertgestaltungen. Indem das
theoretische Interesse sich dem zuwendet, entsteht natürliche
Wissenschaft unterster Stufe. Die höhere Stufe besteht aus
15 den ontologischen Prinzipienlehren. Zu Zwecken der Konstitution konkreter Wissenschaft bedarf es reflektiver Klarheit über
Seins- und Erkenntnisnormen. Die noetischen Reflexionen, als zu
schwierig und verwirrend, führen noch zu keiner reinen Wissenschaft. Dagegen: Die Reflexion auf die idealen Bedeutungen der
20 Aussagen in ihrer Beziehung zu den analytisch-kategorialen Seinsformen Gegenstand, Beschaffenheit, Sachverhalt usw. führt auf Anfänge der reinen Logik der Bedeutungen und Gegenständlichkeiten
überhaupt. Der Hinblick auf gewisse allgemeine kategoriale Seinsformen — Zahl, Ordnung usw. — führt auf die nahe mit der reinen
25 Logik zusammenhängende, ja mit ihr einige reine Arithmetik, Kombinationslehre usw. Der Hinblick auf die notwendigen Konstituen-
tien des realen Seins, also die Erwägung der Idee des Dinges überhaupt, führt auf reine Raumlehre, reine Zeitlehre, Anfänge einer reinen Dinglehre usw.
30 Das Ideal in dieser Hinsicht wäre, daß in dieser Weise alle Prinzipienlehren ontologischer Art sich konstituieren und eine so relativ
vollkommene Ausbildung erfahren würden, wie sich das hinsichtlich
der formalen und materialen mathematischen Disziplin ohne jedwede Erkenntniskritik als möglich erwiesen hat. *De facto* haben von
35 den Ontologien nur die für die Konstitution exakter Naturerkenntnis unbedingt nötigen solche Ausbildung erfahren, in wirklich voll-
endeter Form nur die formale Mathematik, die Geometrie und Phoronomie.

In dritter Stufe, mit welcher erst wirkliche Erkenntnis im absoluten Sinn, sei es auch nur in einem noch so kleinen Gebiet erwachsen kann, konstituiert sich Erkenntniskritik. Die Neigungen zu noetischen Reflexionen, die schon sehr früh erwacht sind und
5 zunächst zu skeptischen Strömungen geführt haben, lassen sich auf die Dauer nicht unterbinden. Gewisse unter ihnen begleiten sogar beständig den Gang der Erkenntnis; zum Beispiel, man macht sich klar, daß Erkenntnis von Natur letztlich auf Erfahrung gründe, daß sie der Beobachtung und des Experiments bedürfe und dergl. Aber
10 solche Reflexionen bewegen sich in engen Grenzen, verbleiben ohne prinzipielle und wissenschaftliche Ausgestaltung, während, sowie man weitergehen will und ein allgemeines Verständnis des Wesens der Erkenntnis in bezug auf mögliche Erkenntnisgegenständlichkeit gewinnen will, widersinnige Theorien unvermeidlich erscheinen.
15 Aber man schiebt diese allgemeinen Probleme in den weiten Kreisen der Fachmänner beiseite, indem man den fruchtbaren Problemen der unteren Stufe nachgeht, die in dieser Stufe zu voll überzeugenden Theorien und praktisch nützlichen Erfolgen führen. Auf die Dauer lassen sich aber die noetischen Probleme nicht beiseite schie-
20 ben, eben weil die philosophischen Köpfe sehen, daß ohne sie von einer wirklichen Erkenntnis keine Rede ist, und so drängt sich parallel mit der fortschreitenden Höherbildung der exakten Wissenschaften auch die Erkenntniskritik und die mit ihren Mitteln absolute Seinserkenntnis anstrebende Metaphysik empor, nach wissen-
25 schaftlicher Konstitution ringend.

Die verworrenen und widersinnigen Erkenntnistheorien, die zunächst in immer neuen Gestalten erwachsen, befördern nicht nur von neuem skeptische Auffassungen, aufgrund einer widersinnigen Metaphysik, obschon einer selbst sozusagen unbewußten, die Mög-
30 lichkeit jeder Metaphysik leugnende; vielmehr hemmen sie in gewisser Art auch den Gang der Entwicklung in den unteren Stufen. Die großartige Entwicklung der Naturwissenschaften als Wissenschaften von der bloßen Natur, also der in Abstraktion von allen axiologischen Bestimmtheiten betrachteten und konstituierten individuellen
35 Dinglichkeiten, erzeugt die Neigung, überall nur Natur zu sehen, das ist, überall in der naturwissenschaftlichen Einstellung zu erkennen und, was nicht Natur ist, naturalistisch umzudeuten.

Infolge davon leiden nun insbesondere die Wertwissenschaften, z. B. die Ausbildung von konkreten Kulturwissenschaften als auf

naturwissenschaftlicher Unterlage sich betätigenden Erkenntnissen
von Wertgestaltungen. Dann aber in höherer Stufe, was uns besonders nahegeht, kommt es nicht zur reinen und systematischen Ausbildung der axiologischen Ontologien und in Zusammenhang damit
5 zu keiner Ausbildung einer reinen Kategorienlehre.

Was bei dieser Situation der Philosophie nötig ist, braucht kaum
gesagt zu werden. Hätte sich in natürlicher Weise neben und parallel
mit der Reihe der konkreten Seinsdisziplinen die Reihe der reinen
Ontologien vollständig entwickelt, so hätte sich an die letztere die
10 Erkenntnistheorie als die allgemeine und nach den Disziplinen
orientierte Bewußtseins- bzw. Vernunftlehre anschließen können.
Wie die Dinge aber liegen, bedarf es einerseits der Kritik jener falschen Erkenntnistheorien, die der Erkenntnis nicht nur die Bahn
zum philosophischen Ziel der absoluten Erkenntnis versperren, son-
15 dern auch der reinen Konstitution von Prinzipienlehren, von Kategorienlehren und Ontologien jeder Art ⟨die Bahn⟩ versperren. Und
es bedarf dann ⟨andererseits⟩ zunächst der wirklichen Konstitution
der noch fehlenden Ontologien als rein philosophischer Disziplinen
der unteren Stufe. In dieser Hinsicht hat der Philosoph noch selbst
20 in bezug auf die formale Logik reinen Tisch zu machen und die
Arbeit der reinen und vollkommenen Konstitution derselben als reine Disziplin zu leisten bzw. die Vorbedingungen für die technische
Ausführung dieser reinen Disziplin zu erfüllen, sofern das Technische hierbei, wie sich herausstellt, in weitem Maße Sache des Ma-
25 thematikers ist.

Da die Philosophie die Idee der absoluten Erkenntnis, der absoluten Vernunft vertritt, so muß also der Philosoph gewissermaßen
auch als Stratege im Kampf gegen die Unvernunft fungieren,
andererseits aber als Architekt, der den systematischen Bauplan
30 entwirft, nach dem im Feld der Vernunft die ihrem eigenen Wesen
gemäßen und von ihr geforderten möglichen Wissenschaften zu
etablieren sind.

Von allergrößter Wichtigkeit ist hierbei der architektonische
Entwurf des Systems der Kategorienlehre und der onto-
35 logischen Disziplinen, welcher vorausgesetzt ist für die Konstitution einer voll umfassenden Erkenntnislehre und damit einer idealen absoluten Seinslehre und einer konkreten Metaphysik.

Damit soll übrigens nicht gesagt werden, daß eine Theorie der
Vernunft warten müßte, bis alle diese ontologischen Disziplinen fer-

tig gebildet wären. Der historische Gang der Wissenschaftsentwicklung spiegelt in gewisser Weise wider den Bau des Vernunftbewußtseins. Der Geschlossenheit der Naturwissenschaft entspricht die relative Selbständigkeit des Natur konstituierenden Bewußtseins, und
5 zwar gegenüber den höheren und komplizierteren Bewußtseinsarten, wie es die axiologischen und praktischen sind. Es steht also nichts im Wege, das Dingbewußtsein und zunächst das schlichte Erfahrungsbewußtsein zu studieren und zuzusehen, in welchem Sinn es Gegebenheitsbewußtsein vom Ding ist, mit welchem Sinn Ding als
10 erfahrenes sich darin bekundet usw. Obschon sich damit ein weiter Umkreis von Untersuchungen eröffnet, so führt er noch nicht zu abschließenden metaphysischen Ergebnissen darum, weil aufgrund der Erfahrung eine Wissenschaft sagt, was Natur ist; und was das in allgemeinster Weise heißt: „eine Wissenschaft", was das in allge-
15 meinster Weise heißt „Eine Aussage stellt einen Satz fest, eine Wahrheit, begründet Wahrheit durch Schlüsse und Beweise usw.", das bedarf der Klärung.

Die analytische Logik, sich alsbald erweiternd zur formalen Mathesis, steht an der Spitze aller reinen Ontologien und steht an der
20 Spitze bei allen, auch nur in einer beschränkten Daseinssphäre zu vollziehenden Erkenntnisklärungen und Bemühungen um letzte, also metaphysische Erkenntnis. Darum hat der Kampf gegen den Psychologismus in der analytischen Logik eine ganz einzig⟨artige⟩ Bedeutung für die Ermöglichung der Philosophie und ebenso das phi-
25 losophische Streben, die Idee dieser Logik, ihre wesentlichen Aufgaben, ihre wesentlichen Schichten und Stufen systematisch herauszustellen und dann dieser Disziplin zu wirklicher Ausführung zu verhelfen.

An zweiter Stelle erst steht die Kritik des Psychologismus in Hinsicht auf die materialen mathematischen Disziplinen, die nicht erst
30 die Funktion hat, die reine Disziplin der Geometrie usw. zu ermöglichen. Mehr schon ist zu leisten für das Apriori der eigentlichen Dinglichkeit als des Raum und Zeit füllenden Realen, da hier die reine Disziplin nur dürftigste Ansätze aufzuweisen hat, obschon Versuche zu ihrer Konstituierung zumindest in der Ontologie des
35 18. Jahrhunderts und bei Kant als reine Naturwissenschaft wiederholt unternommen worden sind.

Am allermeisten zu leisten ist aber in der axiologischen und praktischen Region, denn ⟨da⟩ fehlt es an allem und jedem, am Bewußtsein der Ziele, die hier der Erkenntnis zu stellen sind, an ersten

Anfängen wissenschaftlicher Entwürfe, auch nur an den allerallgemeinsten Ideen zu den fehlenden Disziplinen. In dieser Hinsicht
nun gerade die Situation etwas zu verbessern, das ist das Ziel der
weiteren Vorlesungen. Es ist damit angedeutet, in welcher Richtung
5 die Grundprobleme liegen, von denen ich in der Ankündigung
gesprochen habe.

⟨§ 7. Die theoretisch-objektivierende Vernunftsphäre als
analogischer Leitfaden für die Erforschung der
axiologischen und praktischen Vernunftsphäre⟩

10   Wir wollen in unserem weiteren Vorgehen, in dem es sich also
darum handelt, den reinen Disziplinen, welche zur Idee der wertenden, strebenden, handelnden Vernunft gehören sollen, freie Bahn zu
schaffen, möglichst voraussetzungslos verfahren, andererseits aber
uns von der Analogie mit der theoretischen, der objektivierenden
15 Vernunft und dem in ihrer Sphäre in relativer Weiterentwicklung
Vorliegenden leiten lassen. Unvermeidlich ist dabei, daß wir zunächst mit sehr wenig geklärten Begriffen operieren. Schon die Unterscheidung der theoretischen, wertenden, praktischen Vernunft, an
die wir anknüpfen, ergibt sich uns in einem bloß allgemeinen Über-
20 schlag über die Aktarten, mit Beziehung auf welche von Vernunft
gesprochen wird. Ich erinnere Sie zu gemeinsamer Verständigung an
den allgemeinsten Sinn der Unterscheidung. Als Repräsentanten für
die theoretischen oder objektivierenden Akte genügen uns Beispiele
von Akten, in denen uns irgendwelche Gegenstände als seiend ver-
25 meint sind, eine Wahrnehmung etwa, in der ein gegenständliches
Dasein vermeint ist, eine beziehende oder verknüpfende Setzung, in
der etwa an einem Gegenstand eine Beschaffenheit als ihm zugehörig erfaßt oder der Bestand einer Beziehung zwischen zwei Gegenständen bewußt wird; die ganze Sphäre der Akte, die da Urteile
30 heißen und Erkenntnisse, gehört in diesen Kreis. Dagegen gehört
nicht herein jede gefallende Zuwendung zu einem Gegenstand, jedes
mißfallende Abgestoßen-Sein von ihm, die Akte der Freude und des
Leides und alle ihnen ähnlichen. Es mögen ihnen objektivierende
Akte zugrundeliegen; sie sind aber nicht selbst solche. Sie sind wer-
35 tende Akte und unterstehen ebenfalls einer Vernunftfrage: wie sich
da zeigt, daß wir nach dem Recht und Unrecht einer Freude oder

eines Leides, eines ästhetischen oder sonstigen Gefallens oder Mißfallens fragen und darüber urteilen können.

Nennen wir die hierher gehörigen Akte Werthaltungen, Wertver-
meinungen, so ist aber zu beachten, daß diese Akte selbst wohl
5 unterschieden bleiben müssen von den Objektivationen nicht nur,
die in sie als Unterlagen eingehen, sondern auch von denen, die sich
auf sie gründen und in einer Weise, daß nun Werte bzw. Wertprädikate zu Gegenständlichkeiten werden. Im bloßen Werten ist der
Wert kein Objekt, es ist kein objektivierendes Bewußtsein. Jederzeit
10 kann sich aber ein objektivierendes Bewußtsein etablieren, das aufgrund des Wertens den vermeinten Wert sich als Objekt, als Gegenstand hinstellt; so, wenn wir aufgrund eines ästhetischen Gefallens
objektivierend den Gegenstand als schön meinen und daraufhin aussagen, er sei ein Schönes.

15 Und ähnlich verhält es sich mit den Akten des Langens, des Wünschens, Begehrens, in denen ein als nicht-seiend oder als möglicherweise, vermutlicherweise nicht-seiend Gesetztes und Wertgehaltenes
als Seinsollendes bewußt ist so wie die parallelen negativen Akte.
Auch hier haben wir zu sagen: Das Begehren hat den Charakter
20 eines Vermeinens; man kann nach Vernunft und Unvernunft, nach
Recht und Unrecht des Begehrens bzw. Fliehens fragen, und in den
auf Akten solcher Gruppen sich bauenden Objektivationen steht
etwas in objektiver Weise als Seinsollendes da, als ein Gutes, und
wir sagen, es ist wirklich gut, wenn die Rechtsfrage positive und
25 wohlbegründete Antwort findet.

Diese Unterscheidungen nehmen wir vorläufig hin. Ihre wirklich
tiefgehende Klärung, die Frage, inwiefern, in welchem Sinn mit
wirklichem Recht wesentliche Demarkationen hier zu machen sind,
oder in welchem Sinn hier wirklich von Vernunft und objektiver
30 Gültigkeit gesprochen werden darf, das führt schon in die Phänomenologie und Theorie der Vernunft selbst hinein, und das ist ein wahrer Urwald von Schwierigkeiten.

Zunächst vermeiden wir diesen Urwald und all die in ihm lauern-
den Ungeheuer. Wir nehmen der faktischen Sachlage und der ge-
35 schichtlichen Entwicklung entsprechend das Gebiet der objektivierenden Vernunft als das bekanntere und lassen uns von der A n a l o -
g i e a l l e n V e r n u n f t b e w u ß t s e i n s leiten; also das im Gebiet der
objektivierenden Vernunft Abgehobene und Bekannte soll uns einen
analogischen Leitfaden abgeben für die Aufsuchung von Parallelen

in den anderen Gebieten. Die Geschichte der Philosophie lehrt, daß
diese Analogie bei fast allen großen Denkern, die den Vernunftpro-
blemen ihre Bemühungen geschenkt haben, wirksam gewesen ist, ob
ausgesprochen oder unausgesprochen. Dabei ist aber in Hinsicht auf
5 die geschichtliche Sachlage Folgendes zu betonen: Der theoretischen
Vernunft als Domäne der Wissenschaft stellt sich sehr früh gegenüber die praktische Vernunft als Domäne der allgemeinen, sowohl
individuellen wie gesellschaftlichen Praxis. Das wertende Fühlen,
das Begehren, das Wollen und Tun sind in der Einheit der Praxis so
10 innig ineinander geflochten, daß sie zunächst ohne Scheidung in
ihrem Ineinander genommen werden. Erst sehr spät scheidet sich
gegenüber der praktischen die ästhetische Vernunft ab, wobei wieder
nicht das Werten in seinem vollen Umfang sich gegenübersetzt dem
Streben und Tun, sondern sich als ästhetisches Werten beschränkt.
15 Was ferner die theoretische Vernunftsphäre anbelangt, so wirkt
die Verwicklung des Theoretischen mit dem Axiologischen und
Praktischen verwirrend. Das Feld der theoretischen Vernunft ist im
weitesten Sinn das Feld jeder möglichen Objektivation, und das ist
allumfassend. Auch Werte, Güter, Taten, Schöpfungen sind Gegen-
20 stände, und demgemäß haben wir auch Wissenschaften von Werten,
Wissenschaften von Gütern, von technischen Schöpfungen etc. Das
ist aufzuklären durch den vorhin berührten Umstand, daß jeder
nicht-objektivierende Akt zur Unterlage einer ihm ein Wertobjekt
oder seinsollendes Objekt entnehmenden Objektivation werden
25 kann. Wenn man nun vom Feld des theoretischen Verstandes oder
der theoretischen Vernunft spricht, so kann man einerseits im Auge
haben das objektivierende Bewußtsein überhaupt; andererseits aber
liegt die Versuchung nahe, da man objektivierendes Bewußtsein
und, kurz gesagt, Gemütsbewußtsein gegenüberstellt, die Objektiva-
30 tion auf die Sphäre zu beschränken, wo das Gemüt als Unterlage
derselben nicht zu fungieren hat. Dann ist die Verstandessphäre
oder Sphäre der theoretischen Vernunft die bloße Natur, die Sphäre
des wertfreien oder außerwertlichen Seins, des Seins, das auch dem
Seinsollen gegenübergestellt wird und ist, was es ist, auch wenn alles
35 Werten fortgedacht würde, während auf der anderen Seite das Schöne und Gute als solches steht. Dadurch hat der Begriff der theoretischen Vernunft eine sehr schädliche Zweideutigkeit angenommen,
und die Analogien, von denen man sich leiten läßt, werden schil-
lernd und öfter irreführend. Es fehlt zwar keineswegs am Bewußt-

sein der allumfassenden Allgemeinheit der Logik, die sich als apriorische Disziplin in bezug auf die theoretische Vernunft schon mit
Aristoteles etabliert hat; andererseits besteht immer wieder die Neigung, die Logik auf die Sphäre des natürlichen Seins bevorzugend zu
5 beziehen. Und das zeigt sich auch in der Weise, wie man die Parallelisierung der Ethik und Ästhetik bzw. der praktischen und ästhetischen Vernunft mit der logischen, der urteilenden und erkennenden,
durchführt. Sehr förderlich wirkte da auch die aus anderen Gründen
wohl begreifliche Neigung zum Naturalismus, zur einseitigen Bevor-
10 zugung des natürlichen Daseins, die Neigung, alles Sein überhaupt
auf die Natur zurückzuführen, also die Korrelation zwischen objek-
tivierendem Bewußtsein (und speziell von Erkenntnis) und Gegenständlichkeit umzudeuten in die Korrelation zwischen Erkenntnis
und Natur, wobei dann die Erkenntnis selbst wieder als Natur inter-
15 pretiert wurde, nämlich in der Form des psychologischen Daseins.

Mit all dem hängt es zusammen, daß man schon in der Sphäre der
theoretischen Vernunft nicht die Scheidung anerkennen wollte zwischen formaler (analytischer) Logik und Mathematik und andererseits der materialen Logik und insbesondere den Disziplinen der
20 Ontologie der Natur. Erkennt man aber eine rein formale Logik an
und sieht man, daß sie das notwendige Korrelat der allgemeinen
Idee einer objektivierenden Vernunft ist, dann fordert es die Konsequenz, in den parallelen Vernunftsphären, sofern man ihnen ein
Eigenrecht einräumt und Analogien in ihnen sucht, eben nach dem
25 Analogon der formalen Logik zu suchen. Den Formen des objektivierenden Bewußtseins und näher, den Formen des urteilenden und
erkennenden Bewußtseins werden doch wohl Formen des wertenden
und praktischen Bewußtseins entsprechen. Wie wir in aller Erkenntnis Form und Materie unterscheiden müssen, so in allem Werten, in
30 allem Streben und Tun. Und wie wir in der Erkenntnissphäre einerseits Gesetzmäßigkeiten der Form zur Abhebung bringen können
und dann fragen, was zur Materie gehört, inwiefern sie ihre Arten
und Gesetzmäßigkeiten hat, so müssen wir nach parallelen formalen
Gesetzmäßigkeiten suchen und hinsichtlich der Wertung und Stre-
35 bensmaterie die analogen Fragen stellen.

Das wichtigste Postulat der Philosophie ist danach, die hier gestellten Fragen zu beantworten, also die Idee einer formalen Axiologie und Praktik, sofern sie ein Recht hat, zu realisieren und die
Probleme der axiologischen Materie zu beantworten. So wie die

Konstitution der reinen Logik ein Grundstück der theoretischen
Philosophie ist und fundamental für die Durchführung einer Noetik
als einer Theorie und Kritik der objektivierenden Vernunft, so ist
die Konstitution einer formalen Axiologie grundlegend für eine
5 axiologische und praktische Philosophie und für die Durchführung
einer Phänomenologie und Kritik des Gemütsbewußtseins.

⟨§ 8. Die den logischen und noetischen Disziplinen
zugrundeliegenden Unterschiede zwischen Akt als Meinen
und als Meinung, zwischen Satzmaterie und Satzqualität, zwischen
10   dem Urmodus des Glaubens und seinen Modalisierungen⟩

Wir waren in der letzten Vorlesung ausgegangen von einer allgemeinen, obschon zunächst vorläufigen Übersicht über die verschiedenen Arten der der Vernunftfrage unterstehenden Bewußtseinsakte,
von der Unterscheidung des objektivierenden oder theoretischen,
15 des wertenden und des langenden und wollenden Bewußtseins. Es
handelt sich dabei darum, von dieser Seite her Anregungen zu
suchen für die Konstitution analoger ontischer und noetischer Prinzipienlehren in den Gebieten der nicht-objektivierenden Vernunftarten, wie solche in der Sphäre der objektivierenden Vernunft als
20 formale Logik und Mathesis konstituiert sind. Hat man schon hinsichtlich der objektivierenden Sphäre eine Einsicht in die Korrelationen zwischen Akt, der im Akt vermeinten und kategorial so oder
so gefaßten Gegenständlichkeit und der Gegenständlichkeit schlechthin, hat man in dieser Sphäre schon die phänomenologischen Ver-
25 hältnisse in den Hauptsachen aufgeklärt, die Probleme klar formuliert, so eröffnen sich höchst fruchtbare Möglichkeiten für die Methode der Analogie hinsichtlich der anderen Akt- und Vernunftsphären.
Da ich Gelegenheit hatte zu hören, daß einem Teil meiner Hörer
meine bisherigen Darstellungen etwas zu schwer waren, so will ich
30 den phänomenologischen Weg, der von der Bewußtseinsseite ausgeht, jetzt nicht durchführen, vielmehr zunächst eine leichte Reihe
von Betrachtungen bevorzugen, die von der historischen Situation
den Ausgang nimmt und in einer unteren Stufe die Notwendigkeit
eines Analogons der analytischen Logik in der Gemütssphäre nach-
35 weist. So wie man in der theoretischen Sphäre ohne irgendwie tie-
ferdringende bewußtseinstheoretische Analysen sich von der Not-

wendigheit einer reinen und formalen Logik überzeugen und zu ihrer
objektiven Konstitution vordringen kann, so kann man das auch in
der Gemütssphäre hinsichtlich der parallelen Disziplinen tun, wobei
man von den schon durchgeführten Betrachtungen in der theoreti-
5 schen Sphäre Nutzen ziehen, sie als Leitfaden benutzen kann. Ist die
Idee der neuen Disziplin gewonnen, so wäre dann der nächste
Schritt der zu den parallelen noetischen Problemen. Der Theorie der
objektivierenden Vernunft muß ja parallel laufen eine solche der
wertenden und praktischen Vernunft.
10   Für die Durchführung der Parallele zwischen reiner und formaler
Logik und formaler Praktik ist es von besonderer Wichtigkeit, sich
einige fundamentale Unterschiede zur Abhebung zu bringen, die
schon entscheidend sind für die rechte Konzeption der apophan-
tisch-formalen Logik, die ihrerseits sich evidenterweise umwenden
15 läßt in eine formale Noetik des Urteilens. Da diese Unterschiede
keineswegs schon Gemeingut sind und ich sie in der letzten Vorlesung nur flüchtig berührt habe, will ich ihnen heute eine kleine Son-
derbetrachtung widmen.
     Urteilen ist Meinen, glaubend Meinen; wir heben heraus den
20 Urmodus des Glaubens, nämlich die Gewißheit oder vielmehr das
Gewiß-Sein. Von ihm gibt es Abwandlungen, Modalisierungen; der
Glaube kann den Modus des Ungewiß-Seins annehmen, z. B. im
Bewußtsein der bloßen Anmutung, es sei so, statt der Gewißheit, es
ist so. Ein damit verwandter Modus ist der des Sich-als-wahrschein-
25 lich-Anmutens. Auch das Zweifeln gehört hierher, endlich auch das
Negationsbewußtsein, das Bewußtsein der Ablehnung. Wie diese
Abwandlungen zu ordnen sind, die, wie man leicht sieht, keineswegs
in einer einzigen Reihe liegen, ist eine eigene Frage.
     Betrachten wir also zunächst das Urteilen im engsten Wortsinn, in
30 dem des In-Gewißheit-Glaubens oder Überzeugtseins; dann ist natürlich und wesensmäßig jeder Glaube Glaube von etwas: also auch
der prädikative Glaube, den wir „Urteilen" zu nennen pflegen und
der in der Aussage sich sprachlich fixiert. Jedes Urteilen hat also
seinen Urteilsinhalt; dieser Inhalt ist nichts anderes, als was im logi-
35 schen Sinn Satz oder auch Urteil heißt. Es ist das im Aussagen Ausgesagte, aber unter Abstraktion von den Wortlauten.
     Das Wort „Urteil" hat danach einen Doppelsinn; es wird bald
gebraucht zur Bezeichnung der Erlebnisse des Urteilens, so insbesondere von den Psychologen, aber auch von den Logikern, wo sie

die „Urteilstätigkeit" in normativer Absicht betrachten; andererseits zur Bezeichnung des geurteilten Was, also des logischen Satzes.
Dieses Was ist bewußtseinsmäßig in sehr verschiedener Weise konstituiert: Ein und derselbe Satz kann klar oder unklar bewußt sein,
5 er kann in deutlicher oder undeutlicher Absetzung seiner Glieder
gegeben sein, wobei die Glieder selbst, was die Klarheit oder Anschaulichkeit anlangt, sehr verschieden erscheinen können. Ein und
derselbe Satz, sagte ich. Der Satz ist eine Einheit, die in sehr mannigfaltigen „Erscheinungsweisen", wie wir im Gleichnis sagen kön-
10 nen, bewußter sein kann. Dasselbe gilt für alle Urteilsmodalitäten,
und so hätten wir in analoger Weise bei ihnen von Sätzen zu sprechen. Wir hätten also zu unterscheiden von den Urteilen oder Sätzen im engeren Sinn, genauer, von den Gewißheitssätzen die Anmu-
tungssätze (Möglichkeitssätze), die Wahrscheinlichkeitssätze, die
15 Zweifelssätze, Fragesätze, Negationssätze. Überall haben wir ähnliche und natürlich näher zu erforschende Unterschiede der Anschaulichkeit und Unanschaulichkeit, der Deutlichkeit und Undeutlich-
keit in der Gegebenheit zu unterscheiden. Gegenüber allen solchen
Gegebenheitsmodis von seiten der Akte der verschiedenen Weisen
20 des Erlebens und Vollziehens ist überall der Satz auch zu bezeichnen
als die identische Meinung. Doppeldeutigkeit des Wortes „Meinung", das bald so viel sagt wie Meinen (urteilendes, vermutendes,
fragendes etc.) und bald so viel wie Gemeintes als solches.

Hat man sich das Gegenüber von Akt und Aktvermeintem oder
25 Satz in dieser Reihe von Urteilsmodalitäten klar gemacht, so tritt
alsbald hervor, daß der Satz nach zwei Richtungen variieren kann
oder daß er zwei Komponenten hat, den identischen Satzinhalt (Materie) und die Satzqualität; oder deutlicher: den Sinn des Satzes
und die Satzqualität (thetische Qualifizierung). Der Gewißheitssatz
30 „Ein S überhaupt ist p" kann modalisiert werden; dann haben wir
etwa: „Ein S überhaupt ist vermutlich p". Dasselbe, was einmal als
gewiß bewußt ist, ist das andere Mal bewußt als wahrscheinlich,
möglich usw. Es treten also zweierlei Begriffe von Inhalt hier auf:
einmal der Satz als „Inhalt" des Aktes, die Meinung als Korrelat
35 des Meinens; andererseits können verschiedene Sätze einen identischen Inhalt haben, einen identisch-propositionalen Sinn, aber eine
verschiedene Qualifizierung, die parallel läuft den modalen Unterschieden des Meinens, wie gewiß glauben, vermuten, zweifeln
usw.

Um dem Doppelsinn von Akt als Meinen und von Meinung als
im Akt Gemeintem als solchem besser begegnen zu können, gebrauche ich die Ausdrücke „noetisch" und „noematisch". Der erstere
Ausdruck bezieht sich auf den Akt als das Intendieren, Meinen des
5 reinen Ich, der zweite auf das Was, auf die Seite des Korrelats. Sätze
mit ihren Sinnen und thetischen Qualitäten stehen unter Prädikaten
der Geltung. Ein Urteil (ein Gewißheitssatz) ist entweder wahr oder
falsch.

Vom Urteil unterscheiden wir die geurteilte bzw. beurteilte Ge-
10 genständlichkeit. Das Urteil urteilt über Subjekte und bezieht auf sie
Prädikate, bezieht auf sie die oder jene Objekte und dergl. Und dem
ganzen Urteil entspricht eine Gegenständlichkeit unter dem Titel
Sachverhalt. Ist das Urteil wahr, so ist der Sachverhalt. Ist es falsch,
so ist der Sachverhalt nicht. Die ideale Gegenständlichkeit, die wir
15 Satz nennen, ist aber in beiden Fällen, ist also nicht zu vermengen
mit den Sachverhalten und den in sie eingehenden Gegenständen.

Was für die Gewißheitssätze gilt, gilt auch für deren Modalisierungen. Sie haben Prädikate der Geltung und Nicht-Geltung. Wir
könnten sagen: Jeder Art von Sätzen entspricht eine Art Wahrheit
20 und Unwahrheit. Andererseits ist einzusehen, daß die zur Gewißheit
gehörige Wahrheit eine Vorzugsstellung einnimmt, daß ihr gegenüber alle anderen Wahrheitsformen sich als Modalisierungen herausstellen und endlich, daß *apriori* und äquivalent jeder modalisierten Wahrheit eine unmodalisierte mit geändertem Sinn entspricht:
25 Das geschieht vermöge des Gesetzes, daß ⟨zu⟩ jedem modalisierten
Satz ein Gewißheitssatz mit modalisiertem Sinn gehört. Zum Beispiel kann ich statt zu vermuten, daß S p ist, eine Glaubensgewißheit vollziehen mit geändertem Sinn, nämlich die Gewißheit „Es ist
vermutlich S p". Der ursprüngliche Vermutungssatz, das Korrelat
30 des Vermutungsbewußtseins ist dann verwandelt in einen Gewißheitssatz, in ein Urteil im normalen Sinn, in dessen Materie, in dessen Sinn nun das „vermutlich" eingetreten ist.

Gehen wir nun zum Wollen und in das ganze weite Reich der
Gemütsakte über! Hier treten völlig neue Qualitäten, neue Arten
35 von Thesen auf gegenüber den Glaubensthesen und ihren Modalisierungen. Wir hatten in Hinsicht auf die reine Logik Glaubensthesen
in der prädikativen Sphäre betrachtet. Vorprädikativ treten solche
Thesen auf in der Wahrnehmungssphäre, Erinnerungssphäre, in der
Sphäre der Sinnlichkeit des niederen intellektiven Bewußtseins, des

vor dem spezifischen Denken und Begreifen Liegenden. Aber dieses
niedere Bewußtsein ist in ein höheres überzuführen, in dasjenige,
welches die Domäne der spezifisch denkenden, erkennenden Vernunft ist. Zum Beispiel, wir begnügen uns nicht mit bloßem Erfah-
5 ren. Wo es sich um Herausstellung objektiver Gültigkeiten, um
Erkenntnis und Wissenschaft handelt, da führen wir das Erfahrungsbewußtsein in ein prädikatives über, das sozusagen alles Recht und
Unrecht des niederen Bewußtseins in sich aufgenommen hat und im
Falle seiner Rechtfertigung auch das niedere Bewußtsein mit recht-
10 fertigt.
So halten wir es auch in der Sphäre der Gemütsakte mit ihren
neuartigen Gemütsthesen. Wir führen also, „was" wir werten oder
wollen, in prädikative Fassungen über, wie wenn wir sagen: A möge
B sein, A soll B werden etc. Alles, was wir in der Glaubenssphäre
15 nun ausgeführt haben, gilt auch für die Sphäre der Gemütsakte.
Glauben ist Vermeinen, Vermeinen, daß etwas ist in Gewißheit,
vermutend Vermeinen usw. Die Korrelate waren die Gewißheitssätze, Vermutungssätze usw., die wir uns prädikativ geformt und gefaßt
dachten. Auch Wollen ist Vermeinen, auch Wünschen ist Vermei-
20 nen, und korrelativ entspricht ihnen die Willensmeinung, die Wunschmeinung. Die Meinung ist hier nicht Seinsmeinung, Meinung,
daß etwas ist, sondern Meinung, daß etwas sein soll. Es sei hier auf
eine Zweideutigkeit der Worte „Wille", „Wunsch" hingewiesen,
dieselbe Zweideutigkeit, die sich in allen Aktsphären, selbst in der
25 sinnlichen, findet. Wille kann besagen Wollen, den Akt, aber auch
das Gewollte als solches, wie wenn wir sagen, das ist mein Wille;
ebenso, das ist mein Wunsch: Der Wunschakt, das wünschende Vermeinen, hat sein Was, d.i. der Wunsch als Wunschmeinung.

⟨SCHLUSSSTÜCK. DIE FORMALE IDEE DER VERNÜNFTIGEN WAHL⟩[1]

⟨a⟩ Der praktische Bereich und die darauf bezogene kategorische Forderung⟩

5   Der Wählende hält z. B. etwas für ein mögliches praktisches Ziel, für ein praktisch Realisierbares, was es in der Tat nicht ist. Objektiv hat also dieses aus der Wahl auszuscheiden. In bezug darauf hat er in Wahrheit nicht die Wahl, obschon er es meint. Umgekehrt kann es sein, daß er in bezug auf manches objektiv die Wahl hat, es ist für
10   ihn Realisierbares, aber ⟨er⟩ bemerkt es nicht oder er zieht es nicht mit in Betracht.

Freilich ist zu beobachten, daß hier ein gewisser Widerstreit auszugleichen ist hinsichtlich der Rede von Vernunft. Einerseits ist es objektiv unvernünftig, in die Wahl einzubeziehen, was nicht hinein
15   gehört (sofern es in Wahrheit nicht realisierbar ist), und nicht einzubeziehen, was in sie hineingehört (sofern es als Realisierbares etwa nicht erkannt ist), andererseits heißt es doch: Es wäre unvernünftig, in eine Wahl irgendetwas nicht einzubeziehen, was für realisierbar vom Wählenden gehalten ist, und einzubeziehen, was dafür nicht
20   gehalten wird. Darüber werden wir noch sprechen müssen.

Wir haben denselben Unterschied im Verhältnis objektiv logischer Forderungen und Gesetze zu den noetischen. Objektiv heißt es z. B.: Von zwei widersprechenden Aussagen ist eine wahr und eine falsch, beide zu vollziehen, ist also unvernünftig. Andererseits aber
25   ist es vernünftig, wenn man in der Überzeugung, es seien zwei Aussagen widersprechend, und in der Überzeugung, es gelte die eine, die kontradiktorisch andere verwirft, obschon doch die Überzeugung eine falsche sein kann.

Kehren wir also zu unserem ethischen Gebiet zurück und nehmen

---

[1] Vgl. Beilage VII: Analyse einer Wahl zwischen zwei Möglichkeiten, S. 230 ff. — Anm. des Hrsg.

wir den rein objektiven Standpunkt ein. Wir sehen, es hat hier einen objektiven Sinn zu sagen: Es steht das und das in Wahl, der Wählende hat die Wahl. Dabei ist noch Folgendes zu beachten. Wir gebrauchen solche Redewendungen oft so, daß es scheinen könnte,
5 daß eine Objektivität der Forderung allem Gesetz voranginge. Wir sagen z. B., jemand sei in der Lage, sich wählend entscheiden zu müssen, und die Vernunftfrage scheint dann bloß die zu sein, welche unter den praktischen Möglichkeiten seiner Lage er verwirklichen solle. Voraus liegt, scheint es, das „muß", im voraus ist es sicher,
10 daß eine Handlungsweise thetisch gefordert sei und nicht bloß dies, daß unter der Voraussetzung, daß er handle, im bloßen, „wenn er handelt" die relative Vernünftigkeit gelte, daß dann dies und das das Bessere bzw. Schlechtere wäre. Aber was kann im voraus die Thesis bestimmen? Evidenterweise kann sie selbst nur bestimmt
15 sein aufgrund der praktischen Möglichkeiten und ihrer relativen Werte und somit aufgrund solcher Gesetze, die wir in unserer jetzigen Betrachtung herauszustellen und zu begrenzen versuchen.

Um zur Klarheit zu kommen, legen wir zunächst fest, daß für ein Willenssubjekt ein Kreis praktischer Möglichkeiten objektiv be-
20 stimmt sein kann, und zwar als eine vollständige und exklusive Disjunktion für dasselbe überhaupt bestehender praktischer Möglichkeiten. Wir nennen dies den „praktischen Bereich", und er bestimmt also die Disjunktion, innerhalb deren der Wollende objektiv die Wahl hat. Der Satz „Er hat die Wahl"
25 hat Objektivität mit Beziehung auf diese vollständig und immer vollständig zu nehmende Disjunktion. Fingieren wir etwa ein Willenssubjekt, in dessen praktischen Bereich nur ein einziges praktisches Gut gehört; es kann es also wollend realisieren oder nicht-wollend unterlassen. Objektiv ist dann dies eine Gute nicht nur ein
30 hypothetisches Willensgut, sondern das thetisch oder kategorisch Gute. Nämlich, ist das Subjekt ein wollendes Subjekt, will es überhaupt, sei es in der Form der positiven Wollung oder der Unterlassung, so will es entweder das Gute und dann will es das Beste, das es wollen kann, das einzig Gute, oder es will anderes und dann will es
35 das Schlechte, als das Mindere oder Wertlose. Die Unterlassung aber von jederlei Tun ist als Unterlassung des Guten ebenfalls schlecht. Ob das Subjekt das Gute kennt oder nicht kennt, ob es dasselbe bewußt hintansetzt oder nur nicht tut und dafür anderes oder nichts tut, das ist für diese Wertbetrachtung nicht in Frage.

Ebenso verhält es sich natürlich, wenn wir in den praktischen Bereich eines Willenssubjekts eine beliebige Disjunktion von Gütern, von Gütern und Übeln und so überhaupt von axiologischen Möglichkeiten hineinnehmen. Immer ist dann ein Wille das objektiv
5 Geforderte, sofern nur ein Wert im engeren Sinn im Bereich vorkommt; immer ist gefordert entweder eine setzende Wollung oder eine Unterlassung. Nur wenn ein Willensbereich denkbar wäre, in dem alle praktischen Möglichkeiten Adiaphora wären, wäre nichts gefordert; nämlich Unterlassung ebenso⟨wenig⟩ wie setzende Wol-
10 lung; alle Handlungen wären in gleicher Weise gleichgültig. Kommen nur negative Werte im Willensbereich vor, so ist Unterlassung der Realisierung von allem das Geforderte — was immer noch eine Willensforderung ist.

Jedenfalls, sowie wir Werte im engeren Sinn im praktischen Be-
15 reich finden, ist eine Entscheidung, ein Tun oder Unterlassen nicht nur relativ besser als jedes andere, sondern eines ist thetisch und nicht bloß hypothetisch gefordert, eines ist der Inhalt einer kategorischen Forderung; und das hängt offenbar an der Beziehung zwischen Wille und Willensinhalt (nämlich als dem zu realisieren-
20 den Wert) und daran, daß die Korrelate der realisierenden Wollung und der Unterlassung einem Gesetz unterstehen, das analog ist dem Satz vom Widerspruch und vom ausgeschlossenen Dritten der Logik, und endlich daran, daß nach dem zu Eingang unserer Betrachtung ausgesprochenen Gesetz in einer exklusiven praktischen Dis-
25 junktion das Niedere gegenüber dem Höheren, auch wenn das Niedere ein positives Gut ist, seinen Wert „einbüßt".

Aber hier sind neue Überlegungen anzustellen. Kann man in dieser objektiven Erwägung zu einer „kategorischen Forderung", zu einem wirklichen „Sollen" kommen? Haben wir nicht schon unter-
30 schoben, daß das Subjekt sich „vernünftig" verhalte und nicht bloß „richtig", daß es vernünftige Überlegungen anstelle, was alles realisierbar sei, was irgend⟨wie⟩ in praktischen Betracht kommen könnte, was darin Gutes und was darin das Beste sein möge?

⟨b) Die formalen Gesetze der vernünftigen Wahl und die formale
35 Bestimmung des höchsten praktischen Gutes⟩

Wo für Tun Vereinbarkeit besteht, ⟨wo⟩ mehreres kollektiv getan werden kann, da ergibt die Verbindung der Summationsgesetze mit

dem Gesetz der Wertabsorption die bekannten Gesetze, daß innerhalb der Wahl eine Summe von Gütern den Vorzug verdient und
neben ihr die einzelnen Güter verschwinden usw. Für das Unterlassen aber ergibt sich, daß alle in Wahl stehenden Güter zusammen zu
5 unterlassen, an und für sich betrachtet, unbedingt schlecht ist.

Ziehen wir nun folgendes Axiom in Betracht: Wenn das kollektive Unterlassen einer Mehrheit oder, wie wir auch
sagen können, das Unterlassen einer Allheit schlecht ist,
so ist das Tun mindestens eines einzelnen dieser Allheit
10 gut und umgekehrt. Daraus ergibt sich, daß, wo mehrere Güter in Wahl sind, sicher mindestens eines von ihnen
praktisch zu Wollendes ist, das bouletische Gut; und das
wird wichtig für den Fall einer exklusiven Wahl zwischen mehreren
gleichwertigen, aber sich ausschließenden Gütern. Ist kein prakti-
15 scher Vorzug für eines von ihnen, für ein bestimmtes, vorhanden, so
sagt nun das Gesetz, daß immerhin die Forderung besteht, irgendeines von ihnen, nur gleichgültig welches, zu wollen bzw. zu tun. So
bekommt das letzthin schon ausgesprochene Gesetz eine tiefere Begründung. Sind im Rahmen einer Wahl nur Übel in Vergleichung
20 gezogen, so ist die Unterlassung von jedem gut, also die kollektive
Unterlassung aller gut. Eigentlich steckt auch darin ein Axiom, denn
kollektive Unterlassung und einzelne, auf jedes einzelne gerichtete
Unterlassung ist zweierlei. Solche Axiome machen sozusagen die
formale Logik des Willens aus.

25 Mit alledem habe ich nicht nur die alten Axiome wiederholt und
sie durch Hinzufügung einiger wichtiger neuer Axiome bereichert,
sondern sie sehr wesentlich gereinigt und verbessert. In den Axiomen ist noch nichts vom höchsten praktischen Gut gesagt, aber sie
sind das Fundament für die Bestimmung des höchsten praktischen
30 Gutes, und zwar desjenigen im formalen Sinn. Es ist das Merkwürdige der formalen Praxis, daß sie ihren Abschluß erreicht in einem
summum bonum formaliter spectatum, dem als formale Norm das
jeweilige *summum bonum materialiter spectatum,* d. i. das material
höchste Ziel des Handelns, notwendig gemäß sein muß. In letzter
35 Hinsicht ist die Frage nach dem in material voller Bestimmtheit
Geforderten, und zwar kategorisch Geforderten, in jedem gegebenen
Fall des Handelns. Ob sich allgemein für alle Handelnden und für
alle Fälle des Handelns ein gemeinsames materiales Prinzip oder
mehrere solche angeben lassen, ist eine Frage, die dann noch aufzu-

werfen wäre. Gewöhnlich ist es auf sie bei der Frage nach dem *summum bonum* abgesehen. Aber vor allem Suchen nach einem *summum bonum* muß feststehen, daß es so etwas überhaupt geben kann und muß, und damit hängt nahe zusammen, daß notwendig ein for-
5 maler kategorischer Imperativ formuliert werden kann.

Wüßten wir schon, daß in jedem möglichen Fall des Handelns, genauer, in jedem Fall, wo eine praktische Entscheidung getroffen werden kann, irgendeine und eine bestimmte, wenn auch noch unbekannte Entscheidung getroffen werden soll, daß es unter den mögli-
10 chen Entscheidungen, den tuenden oder unterlassenden, eine und nur eine gibt, die die kategorisch geforderte ist, dann läge ein formales Prinzip eigentlich schon in dem Satz: Tue das kategorisch Geforderte in jedem Fall möglichen Handelns! Aber woher wissen wir etwas von einer kategorischen Forderung? Wann besteht eine solche,
15 oder besteht eine solche überall? Besteht sie in beschränkter oder unbedingter Allgemeinheit? Nun, diese Fragen entscheiden sich auf dem Boden der formalen Ethik.

Zunächst ist zu sagen, daß praktische Imperative der Vernunft und insbesondere, daß die Rede von einer kategorisch praktischen
20 Forderung sich bezieht auf Fälle der Wahl. Das ist insofern keine Einschränkung, als jeder Fall möglichen Wollens und Handelns objektiv als ein Fall der Wahl angesehen werden kann, oder daß *apriori* jede Frage „Was soll ich tun?" Beziehung hat auf ein in Erwägung stehendes oder zu ziehendes Feld praktischer Möglichkeiten, also
25 von Möglichkeiten, zwischen denen die Wahl besteht. *De facto* wollen wir oft, ohne zu wählen. Überlegen wir nach dem Wollen, wie wir hätten wollen bzw. tun sollen, so überlegen wir nachträglich, inwieweit wir eine Wahl hatten, was hätte gewählt werden können neben dem, was faktisch getan war. Wir konstruieren den prakti-
30 schen Bereich, den überhaupt zu dem Fall des Handelns gehörigen Bereich praktischer Möglichkeiten, und vollziehen nachträglich eine Wahl und womöglich eine vernünftige Einsicht. Wir beurteilen die faktische Handlung danach, ob sie in dieser vernünftigen Wahl wählbar hätte sein können, und das gibt ihr selbst, wenn auch nicht
35 in jedem, so in einem bestimmten Sinn eine Vernünftigkeit: Sie erhält den Charakter der objektiv geforderten. Sie ist zwar nicht die subjektiv vom Wollenden im Moment der Tat als richtig erkannte Handlung, aber darum doch die objektiv richtige Handlung, genau so, wie wir ein Urteil öfter uneinsichtig fällen und, nachträglich es

prüfend, es als objektiv wahr in einer Begründung begründen. Das
Urteil ist wahr und es ist in einer einsichtigen Begründung begründbar, das gehört wesentlich und korrelativ zusammen; so auch hier.
Die volunt⟨aristische⟩ Wahrheit sozusagen findet normalerweise
5 ihre Begründung in einer Wahl, die also zur Form solcher Begründung wesentlich gehört. Daß jeder Wille (und das natürlich nicht als
der faktische psychische Akt, sondern ideell als Wesen betrachtet)
als Entscheidung einer Wahl angesehen werden kann, in eine mögliche wählende Entscheidung eingeordnet, das ist *apriori* klar. Immer
10 steht ja zumindest dem positiven Wollen eines A das Unterlassen
gegenüber, und so kann man, selbst wo nichts anderes neben A in
Frage ist, die positive Wollung A als Entscheidung auffassen in der
Wahl zwischen A tun und A unterlassen. Ein Wille ist „gültiger", er ist sozusagen bouletisch wahrer, wenn eine ver-
15 nünftige Wahl *apriori* möglich ist, die ihn als gültigen,
als objektiv gefordertem begründet. Was ist das aber für eine
vernünftige Wahl? Sie muß, können wir sagen, so geartet sein, daß
sie den betreffenden Willen oder vielmehr das Gewollte als solches
nicht bloß als ein relativ Bestes, sondern als ein Gutes und dabei als
20 das absolut Beste begründet.
Halten wir uns jetzt nicht an die noetische Seite, vielmehr an ihr
Korrelat! Der möglichen einsichtigen Begründung entspricht das
Objektive der Begründung, das seine Form und Forderungen der
Form hat. Das sagt hier: Der Wille muß verschiedene objektive
25 Eigenschaften haben, die rein formale Eigenschaften sind. Fürs erste,
damit er überhaupt ein gültiger, ein positiv werter Wille soll sein
können, muß er auf ein Realisierbares gehen. Das ist die erste formale Eigenschaft des praktischen *summum bonum* oder, da zunächst von einem *summum* keine Rede ist, des praktisch Guten im
30 absoluten oder kategorischen Sinn. Und fürs zweite, *apriori* besteht
die Möglichkeit, daß keine, daß eine oder mehrere praktische Realisierbarkeiten bestehen.
Wenn der erste Fall denkbar wäre, gäbe es keinen kategorischen
Imperativ bzw. kein praktisch Gutes; der Wille wäre, subjektiv
35 gesprochen, ein totes Vermögen, nämlich für jeden solchen supponierten Fall. Man könnte weder sagen zu tun, noch sagen zu unterlassen sei gefordert, sondern eben, es bestehe keine Forderung. Man
möchte allerdings einwenden, Wollung kann auch auf Nicht-Realisierbares gehen, aber tut sie es, so ist sie unvernünftig. Also sei in

diesem Fall Unterlassung das Geforderte. Indessen, auch Unterlassung kann auf Nicht-Realisierbares gehen, und sie ginge darauf, wenn diese Forderung gültig wäre. Aber Unterlassung von Nicht-Realisierbarem ist doch auch unvernünftig; auch vernünftige Unter-
5 lassung setzt Realisierbarkeit voraus. Also wäre die Forderung im vorausgesetzten Fall eines Mangels an Realisierbarkeiten überhaupt eine unvernünftige, nämlich diese Forderung, Unterlassung zu üben.

So scheint nur übrig zu bleiben zu sagen, das einzig Gute sei hier nicht zu wollen im wörtlichen Sinn, also in dem der Privation. Aber
10 hat es einen Sinn zu sagen, es sei nicht zu wollen ein Gutes, nämlich ein praktisch Gutes, von dem hier doch die Rede ist? Ein praktisch Gutes ist vernünftig zu Tuendes oder zu Unterlassendes. Hier aber in unserem Grenzfall ist beides unvernünftig und wertlos.

Wir sehen nebenbei bemerkt, daß ⟨das⟩ Axiom „Wenn das Tun
15 von A gut ist, so ist das Unterlassen von A schlecht und umgekehrt" schon voraussetzt eine praktische Sphäre von Realisierbarkeit, also daß das A überhaupt ein Realisierbares ist. Zuerst ist vorausgesetzt, daß das Wollen des A, positives wie negatives, überhaupt einen „vernünftigen Sinn" hat, und innerhalb dieser Sphäre vernünftiger
20 praktischer Möglichkeit gilt erst das Axiom.

Sind nun Nicht-Realisierbarkeiten doch in eine Wahl hineingezogen — und das Feld der Nicht-Realisierbarkeiten ist unendlich —, so fällt, wenn in den Bereich der Wahl auch Realisierbares hineingehört, für ihr Ergebnis alles so aus, als ob das Nicht-Realisierbare
25 nicht in Rechnung gezogen wäre. Denn ein darauf gerichteter Wille ist radikal und absolut unvernünftig, und das sagt, in einem noch anderen Sinn, in noch anderer Potenz unvernünftig als etwa ein Wille, gerichtet auf ein realisierbares Schlechtes. Ein solcher Wille könnte eventuell doch bei Hereinziehung weiterer Motive in die
30 Wahl zum richtigen werden, sofern sich etwa an die Realisierung von Schlechtem überragend gute Konsequenzen anschlössen, während das für Nicht-Realisierbares ausgeschlossen und sinnlos ist. Im Zusammenhang einer Wahl sind die realisierbaren Unwerte eventuell nur relative Nullen, die Nicht-Realisierbarkeiten aber absolute
35 Nullen; sie können nicht auf dem Wege der Wertableitung Wert annehmen. Auch die darauf bezüglichen Sätze müssen in einer formalen Praktik formuliert werden. So verhält es sich also, wenn wir Nicht-Realisierbares neben Realisierbarem in Erwägung ziehen. Wenn wir aber als Grenzfall zuließen, daß es überhaupt nichts

Realisierbares gäbe, so gäbe es kein praktisch Gutes überhaupt. Indessen ist dieser Grenzfall nur logisch konstruiert, voluntaristisch ist er, kann man sagen, ein *nonsens*. Ist überhaupt ein Wille möglich, so ist auch eine Sphäre von praktischer Realisierbarkeit da. Ich kann
5 immer etwas, etwa den Blick darauf oder dahin lenken, den äußeren Blick oder den der Aufmerksamkeit usw. Freilich überschreiten wir damit die rein formale Sphäre, die von der materialen Verflechtung des Willens nichts weiß. Sind dann weiter im Willensbereich eine oder mehrere Realisierbarkeiten, so kommt es, um das objektiv und
10 absolut Gute zu bestimmen, darauf an, eben den Gesamtbereich, in dem der Wollende die Wahl hat, abzustecken, wie ich das letzthin ausgeführt habe. Denken wir uns objektiv bestimmt die Gesamtheit der überhaupt für das Willenssubjekt bestehenden Realisierbarkeiten, dann ergibt sich nach dem Gesetz der Wertabsorption der Min-
15 derwerte durch die Höherwerte und nach den zugehörigen anderen Gesetzen, daß ein Gutes da ist, das objektiv den absoluten Vorzug hat, ja das einzigen absoluten praktischen Wert hat. Es ist dasjenige, das den praktischen Wert aller übrigen absorbiert und selbst nicht absorbiert ist. Nämlich, dasjenige Gute in diesem Bereich, das das
20 höchste ist, sei es ein einzelnes Gutes oder eine Kollektion (die praktisch nach den Summationsgesetzen als ein summatorisch einheitliches Gut zu fungieren hat), ist das positiv zu Tuende, das absolut praktisch Gute. Es verdient hier den Namen des *summum bonum*, sofern es das Beste unter ⟨den⟩ Gütern und daneben praktischen
25 Werten überhaupt ist.

Freilich, in der rein formalen Sphäre kann nicht entschieden werden, ob nicht der Fall denkbar ist, daß in einen praktischen Gesamtbereich überhaupt nie etwas positiv Gutes hineinfallen möchte, in welchem Fall die Forderung wäre, nichts zu tun oder vielmehr alles
30 zu unterlassen, was dann ein reflexiv Gutes ergibt, den guten Willen gerichtet auf Unterlassung. Da die formale Praktik nichts von der Materie der Praxis in Erwägung zieht, so ist sie hier hilflos. Sie kann nur sagen, wenn es überhaupt für einen Willen einen Willensbereich gibt und dieser in objektiver Vollständigkeit gedacht wird, und wenn
35 dann weiter in diesem Bereich sich positive Güter befinden, dann ist das Beste dieses Bereichs das einzig absolut Gute, das einzig objektiv Geforderte. Aber freilich noch eine Voraussetzung ist hinzuzufügen: daß der Bereich nicht ein unendlicher, und zwar mit unendlich vielen Gütern ist, die am Ende so beschaffen sind, daß zu jedem

immer noch ein größeres konstruierbar ist *in infinitum,* so zum Beispiel, wenn es sich um den Willen eines unendlichen Wesens handelte, das nicht nur überhaupt unendlich vieles vermag, sondern so, daß die unendlichen Güter, die es vermag, einzeln oder kollektiv
5 kein Gut über sich haben, das sie durch seinen objektiv überragenden Wert zu absorbieren vermag.

Populär könnten wir das Ergebnis so bezeichnen. Die formale Praktik führt auf ein oberstes formales Prinzip, das sich vor allem gründet auf das Prinzip: „Das Bessere ist der Feind des Guten". Es
10 sagt: Tue das Beste unter dem Erreichbaren! Das ist allerdings ein noetischer Ausdruck. Objektiv wäre der Ausdruck: Das Beste unter dem Erreichbaren in der gesamten praktischen Sphäre ist nicht nur komparativ das Beste, sondern das einzig praktisch Gute. In wenigen Sätzen nach Aufstellung seiner Summationsgesetze kommt
15 Brentano zu seinem Prinzip „Tue das Beste unter dem Erreichbaren!". Unsere Betrachtungen aber zeigen, daß dies nur ein vorläufiger populärer Ausdruck sein kann und daß es sehr sorgfältiger und tiefdringender Überlegungen bedarf, um Sinn, Grenzen und formale Voraussetzungen des sich in diesem Ausdruck so selbstver-
20 ständlich anmutenden Prinzips systematisch auseinanderzulegen. Das aber zu leisten, erscheint mir als ein wahres Fundamentalstück aller reinen Ethik und somit auch als das erste und Grundstück einer systematischen Erforschung des Wesens der praktischen Vernunft und näher der formalen praktischen Vernunft.
25 Für die vollkommene Entfaltung des Sinnes des obersten Formalprinzips, dem noetisch der formale kategorische Imperativ entspricht, sowie demgemäß für seine normative Anwendung, ist noch auf einige Punkte zu achten.

1) Schon zur Geltung gekommen ist, aber immer wieder scharf
30 betont werden muß, daß innerhalb des Bereichs praktischer Möglichkeiten jedes praktische Kollektivum solcher Möglichkeiten, d. i. jeder zusammen in der Einheit eines kollektiven Wollens zu realisierende Inbegriff von praktischen Möglichkeiten, als ein eigenes Glied des Bereichs gelten muß, also für die ideale Wahlerwägung wesent-
35 lich in Betracht kommt, und das infolge der Summationsgesetze. Im Zusammenhang mit diesem Punkt können wir nun der Idee der vollständigen Disjunktion, die ich bei den Absorptionsgesetzen als eine unnötige Beschränkung wieder ausgeschaltet habe, eine gewisse Gerechtigkeit angedeihen lassen.

Die Idee des praktischen Gutes als des kategorisch Geforderten bezieht sich auf die Idee des praktischen Bereichs, der sämtliche praktischen Möglichkeiten in sich faßt. Diesen praktischen Gesamtbereich können wir nun ansehen als eine vollständige Disjunktion

5 derart, daß die Disjunktionsglieder sich praktisch ausschließen. Dabei ist für den Begriff der praktischen Möglichkeiten die eigenartige volunt⟨aristische⟩ Form zu beachten. Es handelt sich nicht um das Ziel allein, sofern es als realisierbares gedacht ist, und auch nicht um das Ziel, in der bestimmten Erzielung gedacht, in der bestimmten

10 Handlung. Ich habe wiederholt schon darauf hingewiesen, daß wir analog wie ⟨wir⟩ in der Urteilssphäre logische Formen haben als Bedeutungsformen, durch die die Sache bedeutet ist, so ähnlich in der Willenssphäre volunt⟨aristische⟩ Formen. Sie verstehen sogleich, was ich meine, wenn ich hier zu Zwecken der fraglichen Dis-

15 junktion solche Formen bezeichne; zum Beispiel: Ich will nicht nur überhaupt A, sondern ich will A allein, das ist, ich will A und unterlasse alles sonst. Daneben ist es ein anderer Fall, wenn ich (A und B) allein will. Dieser Wille ist im Vergleich mit dem vorigen ⟨nicht⟩ exklusiv, obschon beiderseits das A gewollt ist. Man kann nun den

20 gesamten praktischen Bereich, der alles Realisierbare enthält, gegliedert denken in eine exklusive vol⟨untaristische⟩ Disjunktion, also etwa der Form: A allein (nämlich als gewolltes), B allein, A und B zusammen (sofern A und B im Zusammen verträglich sind) usw. Es ist *apriori* klar, daß eine solche exklusive volunt⟨aristische⟩ Dis-

25 junktion konstruierbar sein muß und daß sie zum Wesen der Wahl, die wir ideell auf den ganzen Bereich beziehen, gehört. Man kann dann den gegebenen Gesetzen gemäß als nächsten methodischen Schritt die Wertfrage stellen und dabei alle Adiaphora herausstreichen. In weiterer Folge sind im Interesse des praktischen Gutes alle

30 negativwertigen Glieder der vollständigen Disjunktion herauszustreichen und dann auch dieselben Glieder, sofern sie innerhalb der Kollektionen auftreten. Sozusagen theoretisch betrachtet muß sich auf diese Weise die vollständige volunt⟨aristische⟩ Disjunktion, die der Wahl in charakteristischer Weise zugrundeliegt, auf eine solche

35 zwischen lauter positivwertigen Gliedern, zwischen lauter „Gütern", reduzieren, deren bestes dann das praktische Gut, das πρακτὸν ἀγαθόν im spezifischen Sinn, als das eine Gut der vernünftigen Entscheidung der Wahl darstellt.

2) Der praktische Wert hängt vom Seinswert, dem bloßen Gut-

wert ab, der vor dem Willensgebiet liegt. Das praktische Gut ist ein fundiertes. Dabei kann der Seinswert ein Wert in sich sein oder an und für sich ein Adiaphoron, und wieder, er kann ein abgeleiteter Wert sein, etwa ein Wert, der sich ableitet aus wertvollen Seinsfol-
5 gen, die ihrerseits selbst wieder in sich wert oder abgeleitet wert sein können usw. Nun wissen wir aus früheren Gesetzen, daß Ableitungs-werte und Eigenwerte sich algebraisch summieren, daß hierbei Wert-steigerungen oder Wertminderungen erwachsen können, und diese bestimmen dann Gesamtwerte für die Unterlagen der praktischen
10 Werte, und damit diese selbst. Es ist also auf die Gesetzmäßigkeit Rücksicht zu nehmen, die, wenn auch nicht als primitives Axiom, so doch als Lehrsatz in der formalen Praktik ausgesprochen werden muß, daß der relative Wert jedes möglichen Willenszieles sich nicht bestimmt durch den Eigenwert des Zieles, sondern durch alle Werte,
15 die ihm aus gültiger Übertragung zuwachsen, also auch ihm zuwach-sen in Hinsicht auf sämtliche objektiv notwendigen Folgen im Zu-sammenhang der Realität.

3) Im Zusammenhang damit ist auch zu beachten, daß für den Wert eines Willenszieles mit in Betracht kommt der Wert des Weges
20 zu ihm hin. Auch in den Wegen gründen Wertunterschiede, auch sie können, Identität des Willenszieles vorausgesetzt, Unterschiede praktischer Werte bestimmen. Eigentlich müssen also im objektiv explizierten Bereich praktischer Möglichkeiten auf seiten der positi-ven Willensmöglichkeiten Ziele und Wege unterschieden und jede
25 mögliche Handlung, die bei gleichem Ziel verschiedene Wege wählt, als eine praktische Möglichkeit für sich in Rechnung gezogen wer-den.

Hier ist ein eigenes Feld formaler Erwägungen und darauf bezüg-licher formaler Gesetze. Wege können unvermittelte, schlichte Wege
30 sein oder vermittelte, und das letztere besagt Wege, die in sich abset-zenden vermittelnden Zielen terminieren und durch ihre Realisie-rung hindurch zum Endziel hinführen. Demgemäß unterscheiden sich die Handlungen zwischen schlichten und vermittelten Handlun-gen, und die letzteren haben eine bestimmte Form der Zusammen-
35 setzung aus vermittelnden Handlungen. Deren Ziele heißen Mittel, das Ziel der gesamten Handlung der Endzweck. Unter einem voll-ständigen System von Mitteln verstehen wir den Gesamtinbegriff von Mitteln, die zur Einheit einer möglichen bestimmten Handlung gehören.

Allgemein gilt das Gesetz, daß bei gleichem Endzweck bzw. Willensziel der „bequemste" Weg der beste ist, oder daß die Forderung besteht, das Ziel auf dem „besten" Weg zu erreichen. Darin liegt dann auch, daß zwischen besseren und schlechteren Mitteln zu
5 unterscheiden ist und daß die Forderung besteht, beste Mittel zu bevorzugen, schlechtere durch bessere nach Möglichkeit zu ersetzen. Natürlich sind diese noetischen Forderungen Korrelate der Wertabschätzung der Wege und Mittel, die ihrerseits wieder Vorzüge nach den zu ihnen führenden Wegen oder umgekehrt Nachteile haben
10 werden. An sich hat jeder Weg seinen wirklichen oder hypothetischen Wert, er ist ein praktisches Gut, sofern er zum guten oder hypothetisch als gut vorausgesetzten Ziel führt. Aber die Wertabsorption macht sich natürlich auch hier geltend, neben dem ebenfalls möglichen besseren Weg, neben dem besseren Mittel verliert
15 das minder gute seinen Wert und der überhaupt beste (sofern Wertunterschiede zwischen den Wegen eben bestehen) bleibt als der einzig kategorisch geforderte übrig. Worin die eventuellen Wertvorzüge der Mittel und Wege überhaupt bestehen, das geht die formale Ethik nicht an, und wohl selbst der Wertunterschied[1] nicht, der darin
20 besteht, daß der Weg, der am schnellsten zum Ziel führt, an und für sich der beste ist, der selbst nur eine Folge davon ist, daß das frühere praktische Realisieren eines Guten seinen Vorzug hat, und zwar unter der stillschweigenden Voraussetzung, daß nach dem Summationsgesetz und Zeitgesetz sich die Summe des seienden Guten
25 erweitert und zeitlich extendiert.

Freilich müssen wir sagen, daß die Zeit von vornherein eine wesentliche Rolle in der Willenssphäre bzw. der der praktischen Güter spielt, sofern wir ja durchaus in der Sphäre der Realität stehen. Das wollende Subjekt handelt, also realisiert, und die Zeit spielt
30 für die praktische Sphäre des Subjekts auch die bestimmte Rolle, ⟨insofern⟩ als immer ein bestimmter Zeitpunkt des Handelns, wenn auch in den Gesetzen in unbestimmter Allgemeinheit, vorausgesetzt ist. Die Sphäre der praktischen Möglichkeiten des Subjekts ist durch die von dem Zeitpunkt des Handelns an unbegrenzt in die Zukunft
35 laufende Zeitstrecke mitdefiniert.

---

[1] Der doch wohl an stillschweigenden und näher zu analysierenden Voraussetzungen hängt.

BEILAGE III (zu § 2): ⟨Die biologische Bedeutung der Vernunft⟩[1]

Nicht berücksichtigt ist die biologische Bedeutung der Vernunft bzw. die biologische Bedeutung des richtigen (eventuell einsichtigen) Urteilens, Wer-
5 tens, Wollens. Hier kommt in erster Linie der Wille und die Handlung in Betracht und dem dienend das richtige Werten und das richtige Urteilen (über Sachen, Werte, mögliche Handlungen). Hier tritt also auf Erkenntnis (Richtigkeit und eventuell Einsichtigkeit) als „durchschnittlich" Selbsterhaltung fördernd, relative Dauerhaftigkeit des Daseins verbürgend (oder dafür
10 „nützlich") für Individuen und für Spezies. Von der Höhe der Vollkommenheit der Erkenntnis hängt die Vollkommenheit der Erhaltung ab. „Anpassung der Gedanken an die Tatsachen" hat also biologische Bedeutung. Was sind da die bestimmenden Gesichtspunkte der Betrachtung?

Das psychische Erlebnis des Wollens mit den unterliegenden Akten des
15 Wertens und Urteilens und Vorstellens ist nicht bloß im Zusammenhang des Seelenlebens (des Bewußtseins) des betreffenden Individuums vorhanden und es hat nicht nur seine psychischen Zusammenhänge eben in diesem, sondern es hat auch „Wirksamkeit" in der Natur. Nun mag jedes Psychische psychophysische Zusammenhänge haben, also Zusammenhänge mit Tatsa-
20 chen der materiellen Natur (dadurch vermittelt auch mit den Erlebnissen anderer lebender Wesen), aber wir haben hier doppelte Zusammenhänge: die Zusammenhänge, die da psychophysische heißen, und die Zusammenhänge zwischen den Akten und den in ihnen vermeinten Objekten, und ist das Vermeinen „richtig", so „sind" diese objektiv oder sie werden als Taten
25 objektiv in der vermeinten objektiven Zeit und Welt. Da liegen die größten Probleme: Psychisches und Natur, Psychologie und Geisteswissenschaft etc. Klar ist aber doch das: Wenn im individuellen Bewußtsein (das selbst einem kommunikativen Zusammenhang angehört) sich eine Welt objektiv konstituiert, dann muß dieses Verhältnis bestehen: Vernünftiges Wollen muß für den
30 Lauf der „Wirklichkeit" Bedeutung haben, etc. Es muß dann also diese zweierlei Zusammenhänge geben: einerseits die Zusammenhänge intentionaler Erlebnisse im Bewußtseinsfluß, andererseits das Zusammenpassen vernünftiger intentionaler Zusammenhänge mit dem Lauf der Wirklichkeit.

Bloße Seinsfragen und Vernunftfragen verflechten sich in allen Geisteswis-
35 senschaften. Eine Welt, ein Stück der Welt, ein Bereich, in der vernünftige Wesen leben, die sich von Vernunftmotiven leiten lassen, die also vernünftig handeln, sieht natürlich anders aus als eine Welt, wo solche Wesen fehlen.

BEILAGE IV (zu § 3): Gott als Idee, ⟨Philosophie als Korrelat der Gottesidee. Teleologische Probleme⟩[2]

40 Gott als Idee, als Idee des allervollkommensten Seins; als Idee des allervollkommensten Lebens, in dem sich die allervollkommenste „Welt" kon-

---

[1] Wohl 1911 — Anm. des Hrsg.
[2] Wohl 1911 — Anm. des Hrsg.

stituiert, das aus sich die allervollkommenste Geisterwelt in bezug auf eine allervollkommenste Natur schöpferisch entwickelt. Die Philosophie als Idee, als Korrelat der Gottesidee, als absolute Wissenschaft von dem absoluten Sein, als Wissenschaft von der reinen Idee der Gottheit und als Wissenschaft
5 vom absolut existierenden Sein. An dieser Idee gemessen und erwogen, ob und inwiefern das absolute Sein als seiender Gott oder als Selbstentwicklung der Gottesidee in dem Dasein angesehen und erkannt werden kann. Natürlich auch die Erwägung, ob ein absolutes Sein überhaupt und in der Idee notwendig Ideale in sich zur Entfaltung bringen muß, die sich der Gottesidee
10 einordnen; und umgekehrt, ob ein seiender Gott nur sein kann in Form einer Entwicklung, die in ihrem Entwicklungslauf die absoluten Ideale zu immer vollkommenerer Entfaltung bringt. Bedingungen der Möglichkeit des Seins (des realisierten Seins) der absoluten Gottesidee: ob dies ein absoluter Punkt, ein absolutes Ziel sein kann in dem Sinn eines ruhenden Seins oder eines in
15 immerfort gleichbleibenden Gestaltungen verharrenden Flusses, oder ob zum Wesen der seienden Gottheit gehört, daß sie Entwicklung von Wertstufen ist derart, daß eine absolut letzte Wertstufe gar nicht denkbar ist, vielmehr der höchste Wert, der denkbar ist, es nur ist in dem Progressus in solcher Entwicklung. Aber kämen wir dann nicht zur Aristotelischen Metaphysik, also
20 zum ποιοῦν als der beseelenden Zweckidee der ganzen Weltentwicklung, die zugleich als eine Platonische Idee gefaßt werden müßte? Doch dies insofern nicht, als nicht eigentlich ein ideales Ziel gesetzt wäre (nach dem Schema des vollendeten Baumes als Endgrenze der Entwicklung).

Die größte Schwierigkeit ist das Verständnis der ursprünglichen Teleologie,
25 die zum absoluten Bewußtsein gehört. Kausalität ist eine konstituierende Realitätsform innerhalb des konstituierten Seins, gehört also zugleich unter dem Aspekt der Bewußtseinskonstitution in die Teleologie. Aber regelt die Idee, die ideale Form die Materie des Bewußtseins? Regelt sie, mit anderen Worten, das Stoffliche, das den Inhalt des Seins und der Seinsformen
30 bestimmt? Also wir stoßen da wieder auf das Rätsel der Platonischen und Aristotelischen Materie, auf die „irrationale" ὕλη.[1]

Die Wissenschaften von dem, was die Idee des allervollkommensten Seins voraussetzt: die formalen und materialen Ontologien. Darauf gegründet die apriorische Konstruktion der Idee der vollkommensten Welt oder Wirklich-
35 keit. Unter dem Titel der Ontologien befassen wir da auch die axiologischen und praktischen Disziplinen.

Philosophie: 1) als Wissenschaft von der Idee des allervollkommensten Seins und der allervollkommensten Erkenntnis: philosophische Ideenwissenschaft; 2) philosophische Tatsachenwissenschaft, Daseinswissenschaft, Philo-
40 sophie als Metaphysik.

---

[1] Die aber bei Aristoteles nicht dasselbe bedeutet wie bei uns.

BEILAGE V (zu § 3): ⟨Die Philosophie als Wissenschaft von
den sich wechselseitig durchdringenden Vernunftidealen⟩[1]

Von erheblichem Interesse wäre die Durchführung einer anderen Gedankenreihe, in der sich herausstellen würde, daß die Philosophie nicht nur die
5 Idee absoluter Erkenntnis vertritt, sondern vermöge der Wesensbeziehungen, die alle Grundarten von Bewußtseinsfunktionen miteinander verknüpfen, die Idee vollkommenen Ich- und Vernunftlebens, oder einfacher, die Idee vollkommenen Bewußtseins überhaupt.[2]
Das Vernunftideal vollkommenen Willenslebens schließt vermöge der Be
10 ziehung von Wollen und Werten das Ideal vollkommenen Wertens ⟨ein⟩
und nicht minder Vollkommenheit der Erkenntnis, und zwar der Erkenntnis,
die sich allseitig auf Sein, Wert, Gut richtet, auf die Natur, auf die Felder
wirklicher und möglicher Werte, die damit Felder für wirkliche und mögliche
Güter als schöpferische Willensgestaltungen sind. Man könnte ebenso zeigen,
15 daß das Vernunftideal des vollkommenen Bewußtseins in Hinsicht auf das
Werten Vollkommenheit des Wollens und Erkennens in sich schließt und
daß so überhaupt im Gesamtideal sich die Ideale der verschiedenen
Vernunftarten wechselseitig fordern und durchdringen.
Die Betrachtungen werden naturgemäß ihren Ausgang nehmen von dem
20 faktischen Wollen, Werten, Erkennen des Menschen, der Glied ist der auf die
gegebene Natur bezogenen Geisterwelt; und etwa den Ausgang nehmen von
der mit Beziehung auf die gegebene Welt und Geisterwelt für den einzelnen
Geist, für den einzelnen Menschen etwa zu stellenden höchsten praktischen
Frage: Was soll ⟨ich⟩ tun, was ist für mich[3] bzw. was ist in allgemein zu
25 umschreibender Weise für den Menschen das praktisch Beste, das höchste
praktische Gut? Das führt dann zurück auf die Frage nach dem Guten im
weiteren Sinn, nach wertvollem Sein überhaupt, wie es nach seinen Wertabstufungen zu bestimmen ist, unter welchen Wertgesetzen es steht usw.
Verallgemeinert kann man aber die Fragen zu höchster Idealität erheben,
30 wenn man nicht in Beschränkung auf den Menschen und die faktische Natur,
sondern in bezug auf Subjekte, Monaden überhaupt, Geistesleben überhaupt
die Fragen vollkommensten und dann absolut vollkommenen Wollens, Wertens etc. stellt. Es ist dann leicht zu sehen, daß die reine Philosophie all diese
Fragen beantwortet und umgekehrt, daß alles, was sie erforscht, für die
35 Beantwortung dieser Fragen erforscht werden muß. Daß ein vollkommenes
Leben unter den gegebenen faktischen Daseinsverhältnissen und bezogen
nicht nur auf den einzelnen Menschen, sondern auf die (zur Einheit bewußtseinsmäßiger Wechselbeziehung verknüpften) Menschengemeinschaft nach
seiten der vollkommenen Erkenntnis Metaphysik fordert, ist selbstverständ

---

[1] 1911 — Anm. des Hrsg.
[2] Nicht Bewußtsein! Sondern Leisten und Leistung und bleibender Erwerb der
Erkenntniswahrheit etc.; bleibender Habitus des personalen Ich, das sich als freies entfaltet und dabei sich entwickelt etc.
[3] „Für mich" ist zweideutig (Egoismus).

lich. Weiter aber wäre gefordert eine wissenschaftliche Erwägung der möglichen idealen Gestaltungen menschlicher Persönlichkeiten und
idealen Formen der Lebensgemeinschaft der Menschheit, der in
der gegebenen Natur möglich seienden, und der idealen Weisen, in der die
5 faktische Natur unter Erhaltung der psychophysischen Gesetzmäßigkeiten
zur Erhöhung des Wertes menschlichen Bewußtseinslebens beitragen könnte.
Und endlich, schließlich wäre gefordert die auf reine Philosophie, ferner auf
Metaphysik und auf die ideale Erwägung des individuellen und sozialen geistigen Seins und einer schönen und guten Gestaltung der Natur gebaute
10 praktische ideale Wissenschaft, als Wissenschaft von den in Hinsicht
auf die faktische Natur und Geisterwelt höchsten praktischen Idealen: Welche praktischen Ziele der individuellen Menschenbildung, der Gestaltung der
Sozialität, der Umgestaltung der Natur gestellt und welche Wege der Realisierung gewählt werden können und müssen, damit das gegebene Leben in
15 fortschreitender Vollkommenheit den höchsten im Rahmen der gegebenen
Wirklichkeit realisierbaren praktischen Idealen gemäß werden könnte. Es
eröffnen sich damit neue Disziplinen: die Individualethik, die Sozialethik,
die Ästhetik der verschiedenen Künste und der Natur, die praktischen ästhetischen Kunstlehren und Naturlehren, Pädagogik, Politik usw.
20   Das vollkommenste Leben in Hinsicht auf das Werten wird
nicht nur dasjenige sein, das, wenn gewertet wird, richtiges Werten vollzieht,
sondern auch das, das im Besitz der höchsten Werte ist, das also höchste
Werte im Werten auch vorfindet, somit auch in Hinsicht auf das Wollen
höchste Lebensformen des Wollens. Also umspannt das vollkommene Leben
25 im Werten auch das vollkommene Wollen. Das Wertideal und das Wil-
lensideal durchdringen sich. In den Rahmen des axiologischen Lebens-
ideals gehört, wie man leicht sieht, das praktische Lebensideal. Andererseits,
das praktische Lebensideal ist durch das axiologische Ideal bestimmt, sofern
das praktisch Beste ein axiologisch Wertvolles und Wertvollstes sein muß.
30   3) Betrachten wir noch das Ideal der Erkenntnis. Das Ideal der Erkenntnis, d. i. das höchste Ideal des Geisteslebens nach Richtung der Erkenntnis, gehört in den Inhalt, Rahmen des höchsten axiologischen Ideals.
Andererseits, Vollkommenheit des Wertens setzt Vollkommenheit der Erkenntnis voraus, da zu Vernunftvoraussetzungen und andererseits eventuell
35 zu Inhalten des Wertens Erkenntnisakte gehören. Und natürlich gehört es
auch in den Rahmen des höchsten praktischen Ideals.
     Überhaupt sehen wir, daß die verschiedenen Arten der Vernunft
sich durchdringen und eine einzige Vernunft mit wesentlichen
Seiten konstituieren. Und Vernunft ist auch bezogen auf einen Inhalt.
40 Zum höchsten Erkenntnisideal gehört nicht nur Gültigkeit der Erkenntnis,
sondern auch eine gewisse Konstitution des Erkannten. Ein Erkenntnisleben
ist nur vollkommen, wenn es in Beziehung steht auf eine „Welt", die höchsten Erkenntnisintentionen in angemessener Weise entgegenkommt, die gewisse Tugenden der Erkennbarkeit hat, ebenso wie in axiologischer
45 Hinsicht das höchste axiologische Lebensideal der axiologischen Welt dem
wertbaren Sein Regeln vorschreibt. Denn eine Welt kann besser und schlechter sein in Ansehung axiologischer Ideale. Das Wertleben wird richtig und

gut sein, wenn richtig gewertet wird, aber es wird andererseits, Richtigkeit
vorausgesetzt, umso vollkommener sein, je mehr die Welt selbst zu hohen
und höchsten Wertsetzungen Grund und Anlaß gibt; und ebenso in praktischer Hinsicht.

5   Die Erforschung dieser Ideale, was impliziert sie, und in welche Wissenschaft gehört sie? Es ist die Philosophie selbst. Dem Streben nach einem
vernünftigen Leben ist Philosophie zugeordnet als die entsprechende Wissenschaft von den zur Idee der Vernunft und des vernünftigen Lebensdaseins
gehörigen Ideen und Idealen.

10   BEILAGE VI (zu §§3 und 4b): ⟨Die Idee absoluter Erkenntnis:
Reine Philosophie als Ideenlehre und Metaphysik als absolute
Wissenschaft von der faktischen Wirklichkeit⟩[1]

Wir sind in der Konzeption der Idee der Philosophie ausgegangen von der
Idee der absoluten Erkenntnis, das ist, wir gingen dem Ideal nach, das als
15 Tendenz in allem Erkenntnisstreben waltet. Es ist dann in dem Wesen dieses
Ideals begründet, daß es für seine systematische Bestimmung auf die beiden
Gruppen von Disziplinen führt, die wir als reine Philosophie und Metaphysik gesondert haben.
   1) Von vornherein kann das Ideal absoluter Erkenntnis verstanden
20 werden als Konzeption einer reinen Idee, nämlich der Idee einer allervollkommensten Erkenntnis überhaupt, also abgesehen von aller
Faktizität: Dann kommen wir, wie eine leichte Überlegung lehrt, zum
System der reinen, der apriorischen philosophischen Disziplinen.[2]
25   2) Das Ideal absoluter Erkenntnis kann aber auch verstanden werden als
Idee der allervollkommensten Erkenntnis mit Beziehung auf das
Faktum dieser Welt. Das braucht nicht zu besagen, wir setzen schon
voraus, daß eine Natur ist im Sinne der mannigfaltigen naturwissenschaftlichen Erkenntnisse, die wir in der Schule gelernt haben, als ob wir schon
30 einen Bestand von Wissenschaften vorwegnähmen, deren Ausbildung ja
allererst Ziel der absoluten Erkenntnis ist, sondern wir nehmen mit auf das
Faktum bestimmter Erfahrungen, bestimmter Wahrnehmungen, Erinnerungen und dergl., und daß demgemäß Erfahrungserkenntnisse als Ausgangspunkt gegeben sind, aufgrund derer sich eine Sphäre faktischen Daseins in
35 fortschreitendem Maß bestimmen läßt, im Fortgang der Wissenschaft eine
Natur mit den und den Naturgesetzen. Das Ideal absoluter Erkenntnis mit
Rücksicht auf das aus der faktischen Erfahrung wissenschaftlich herauszuar-
beitende Dasein führt dann auf die Metaphysik und fordert selbstverständlich auch von sich aus die wissenschaftliche Erforschung des reinen Ideals
40 absoluter Erkenntnis, d. i. die Konstitution der Disziplin der reinen Philosophie.

---

[1] 1911 — Anm. des Hrsg.
[2] Formale Disziplinen!

1) Absolute Wissenschaft von der faktischen Wirklichkeit in voller Ausdehnung genommen wäre dabei nur zu verstehen als absolute Wissenschaft
von der physischen und psychischen Natur, d. i. als diejenige Wissenschaft,
welche den faktisch im Lauf der Menschheitsentwicklung erwachsenen Dis-
5 ziplinen von der physischen Natur, von dem Seelenleben der Menschen und
Tiere, von der gesellschaftlich-geschichtlichen Wirklichkeit, von den mannigfaltigen Gestaltungen menschlicher Kultur die letzte theoretische Vollendung
gibt, nämlich durch Rückgang auf die letzten Erkenntnisquellen oder Erkenntnisnormen der reinen Philosophie. Die Gesamteinheit des Daseins,
10 das Wort in dem Sinn genommen, der alle Rücksicht auf mögliche
Wertprädikationen ausschließt, umspannt nicht das Feld aller Wissenschaften.

2) Neue wissenschaftliche Gebiete, obschon auf die Daseinswirklichkeit
bezogen, erwachsen, wenn die Gegebenheiten des Daseins unter Gesichtspunkten der axiologischen und praktischen Vernunft betrachtet werden. So
15 hat in der Tat die Menschheit allzeit Wertwissenschaften betrieben, Ästhetik,
Ethik, Pädagogik, Politik, wertende Kulturwissenschaften jeder Art usw.
Auch in bezug auf all diese Wissenschaften (die sich nicht mit dem bloß
wirklich Seienden, sondern mit Werten und praktischen Gütern beschäftigen)
ist das Ziel der letzten Begründung, Klärung, Einsichtigmachung, kurzum
20 theoretischen Vollendung zu stellen, und in diesen Beziehungen bieten speziell die rein philosophischen Disziplinen, die zu den reinen Ideen Werten
und Wert, Streben und praktisches Gut gehören, die normierenden Prinzipien und Theorien.

3) Endlich gehört zur faktischen Wirklichkeit eine höchste philosophische
25 Wissenschaft, von der ich letzthin ausführlicher gesprochen habe, die empirische Teleologie und Theologie, die letzte ⟨als die⟩ durch Rückgang auf die
reine Theologie und die sonstigen reinen Disziplinen zu vollziehende Vervollkommnung, eventuell Neuausbildung der natürlich erwachsenen Teleologien und Theologien, eventuell ihre Neubegründung. Offenbar setzt sie als
30 höchste Wirklichkeitswissenschaft, bezogen auf die Einheit der gesamten und
unter allen Vernunftgesichtspunkten betrachteten Wirklichkeit, alle vorhin
genannten Wirklichkeitswissenschaften und deren philosophische Vollendung voraus. Die Bezeichnung Metaphysik für all diese Wirklichkeitswissenschaften ist freilich nicht ganz passend, aber über einen anderen Namen ver-
35 fügen wir leider nicht, es sei denn über den Namen Philosophie. Die Hauptsache ist die kardinale Scheidung zwischen reiner Philosophie, wir könnten auch sagen reiner Ideenlehre, und Wirklichkeitsphilosophie als
absoluter Wissenschaft von der Wirklichkeit in voll umfassendem Sinn.

BEILAGE VII (zum Schlußstück): Analyse einer
40   Wahl zwischen zwei Möglichkeiten[1]

1) Hier liegt vor: Ich kann A, ich kann B. Im „ich kann" liegt: Es ist
jedes realisierbar — oder beides zugleich; darüber ist nichts gesagt. Jedes ist

---

[1] Wohl 1911 — Anm. des Hrsg.

an sich möglich Existierendes, nämlich jedes der möglichen Willensziele ist möglich als möglicherweise seiendes und jedes ist zugleich willentlich Realisierbares, d. i. möglich als Endpunkt einer Handlung einer und derselben Person.

5 2) Ich frage nun wählend: Soll ich A oder B? Frage ich so, dann habe ich nicht nur A und B als mögliches Willensziel gedacht, es sind dabei die Handlungen auch als getrennt gedacht: Das A-Ziel liegt nicht auf dem Weg zum Ziel B und umgekehrt.

3) Weiter liegt darin: Ich denke mir A als getanes, aber nichts anderes
10 dazu (nicht B und nichts anderes überhaupt), und denke mir B als getanes dazu. Jedes denke ich mir als allein Getanes.

4) Wir stellen folgende Überlegung an: In jedem Tun liegt ein praktisches Für-wert-Halten. Das Getane erscheint als realisierter Wert, wobei die Handlung schon als mögliche Handlung gedacht ist. „A soll ich tun" heißt aber
15 nicht bloß, es sei das Willensziel A in diesem Sinn bewußt als Wert.

Dem Wollen liegt ein Werthalten zugrunde: Denke ich mich in ein Wollen ein, so steht das Gewollte als Wertgehaltenes da und darauf richtet sich die „Willensmeinung". Sie ist nicht Wertvermeinen, sondern Wollensvermeinen. Nun kann man aber sagen: Dasselbe besagt, es steht im Wollen das
20 Gewollte als Gesolltes da, und das Gesollte oder Gesollt-Seiende, das besagt ein Setzungskorrelat, das analog ist mit seiend: Es kann wahrhaft Gesolltes sein und nicht; und dabei ist es gleich, ob das Ziel erzielt wird oder nicht. In dieser Art ist jedes Wollen ein „Setzen", und zwar Setzen eines Sollens; es ist in sich selbst Bewußtsein eines Sollens. „Das soll sein", das ist
25 eine eigentümliche Satzart als Willenssatz vom Standpunkt des Wollens ⟨aus betrachtet⟩. Es ist „realisierende" Setzung, und das Gesetzte als solches, das ist das vermeintlich Gesollte, und ist das Setzen im Modus des „Ausführens", so ist das Gesollte (das als ein Seinsollendes vermeint ist) im Endpunkt der Handlung Seiendes; aus dem Seinsollenden und noch nicht Seien-
30 den wird Seiendes, das ist und ist, „wie es sein soll": vermeintlich natürlich. Wenn das Willensbewußtsein ein Vernunftbewußtsein ist, so entspricht dem „vermeintlich" ein „wirklich". Denn in jedem Wollen (Sich-Entscheiden und Tun) liegt eine Sollenssetzung, die richtig und unrichtig sein kann, und sie impliziert als Fundament eine wertende Setzung (ein Für-gut-Halten), die
35 ihrerseits und ⟨in⟩ ihrer Weise richtig und unrichtig sein kann.

Was besagt nun das „Soll ich A oder soll ich B?". Da kann ich auch sagen: Will ich A oder will ich B? Manchmal drücken wir uns auch so aus. Aber wir merken, daß dieser ⟨Ausdruck⟩ zweideutig ist und wohl darum vermieden wird. Er kann psychologisch-faktisch verstanden werden. Dann
40 haben wir eine Disjunktion zwischen zwei Tatsachen: Entweder findet etwa in meiner Seele das Faktum statt, daß ich A will, oder das Faktum, daß ich B will. Davon aber ist bei der Frage in dem jetzigen für uns in Betracht kommenden Sinn keine Rede. Ich interessiere mich jetzt nicht für die Setzung von Tatsachen, ich vollziehe nicht einen „theoretischen" Zweifel, einen
45 Zweifel, ob das ist oder nicht ist (bzw. eine Seinsfrage ist hier nicht gestellt), sondern ich vollziehe einen Willenszweifel, ich lebe im Wollen und mache nicht etwa das Wollen zum *matter of fact*. Im Wollen lebend ist mir

darin das Für-wert-Gehaltene als „Gesolltes" bewußt, als Seinsollendes, und
das im reinen Sinn eines Korrelats, wie es zu jeder „Setzungsform" gehört.

Und nun, wie wir in der Sphäre der „theoretischen Setzung", der Seins-
setzung, die bekannten Modifikationen haben, Satz als thetischer Satz, hy-
5 pothetischer Vordersatz und Nachsatz, disjunktiver Satz als Glied einer vollen setzenden Disjunktion etc., so auch hier. Wir haben die wollende Thesis,
das thetische „ich will" (das „soll"), die hypothetische und disjunktive:
Eins von A und B soll sein (eins davon will ich) und ebenso die entsprechenden theoretischen und Willenszweifel: „Ist A oder B?" (eventuell für den
10 Willen als psychisches Faktum: Hat der das oder das gewollt, wird er
das wollen? etc.) und „Soll A oder B sein?". (Im anderen Sinn: Will ich A
oder B?)

In der Wahl liegt eine Willensdisjunktion vor, das ist ihr Grundcharakter,
und das Korrelat ist die disjunktive Seinsollensfrage. Wählen ist zunächst
15 eine Art des Fragens, nur eben nicht des theoretischen Fragens (bzw. Zweifelns). Das ist aber nicht das volle Wählen. Wir verstehen darunter doch ein
Sich-Entscheiden eben aufgrund eines solchen Zweifelns, näher eines solchen
hin- und hergehenden Überlegens und Erwägens. Mit dem Überlegen ist
schon bezeichnet die Richtung auf eine Lösung des Zweifels durch eine Ent-
20 scheidung und mit dem „Abwägen" darauf, daß hier „Gewichte" im Spiel
sind, ähnlich wie beim Vermutungszweifel und der Vermutungsentschei-
dung, die terminiert in der Entscheidung, dem „Übergewicht" folgend.

Bei jedem Zweifel, bei jeder disjunktiven Frage muß man überlegen, ob
nicht zu ihrem Sinn gehört die exklusive Disjunktion. Und es scheint, daß
25 das der Fall ist. Die Entscheidung ist immer Entscheidung für ein Glied der
exklusiven Disjunktion. Lebe ich mich nun in ein Wählen ein, in dem mir
also bewußt ist ein realisierbares A, ein realisierbares B, jedes als Ende einer
Handlung und jedes in irgendeinem Wert gedacht! (Im wirklichen Handeln
ist das Ziel immer für wert gehalten, und zwar überwiegend positiv. Aber
30 logisch denken kann ich mir eine Handlung, wo das nicht der Fall ist: Das ist
kein theoretischer, aber ein bouletischer Widersinn, und so kann ich mir
denken, daß ich werthalte, was ich nicht für wert halte und umgekehrt, und
kann so mögliche Handlungen erwägen auch gerichtet auf negativ Wertiges.)
Angenommen nun, es sei A das bessere, seinem Wert nach. Dann ist eviden-
35 terweise die Willensfrage für das Bessere entschieden, das heißt, ist in Frage,
ob A sein soll oder B sein soll (im praktischen Sinn soll, will ich A oder B?),
dann lautet *apriori* die Antwort „A soll sein!", wenn A von größerem Wert
ist als B. Der vernünftige Wille folgt in einer Wahl immer dem größten Wert,
oder dem größten Wert in einer exklusiven Disjunktion, die in Wahl steht,
40 entspricht das Gesollte. Das sagt nicht: Wenn eins von A, B, C..., die eine
vollständige Disjunktion bilden, das Gesollte ist, so ist es dasjenige, das das
Beste ist, sondern: Wenn zwischen den A und B die Wahl schwebt, wenn der
Willenszweifel, die exklusive Willensfrage, will ich A allein (soll ich) oder B
allein, statthat[1] (nicht ist gesagt, wenn das Faktum des Zweifelns statthat und

---

[1] „Statthat" gleich „Die Frage ist eine objektive Frage".

dergl., sondern objektiv gültig, und das hat seine Vernunftvoraussetzungen),
dann gehört dazu die „Antwort" des Willens: Das Gesollte ist das Beste. Es
ist zu überlegen, ob es richtig ist, wenn ich letzthin in der Vorlesung sagte,
die Wahl ist die Form der voluntativen Begründung, der Begründung von
5 Sollenswahrheit.

Es ist ferner zu erwägen: Wenn ich mir ein positiv wertes A vorstelle und
als Ende einer Handlung, als praktisch Realisierbares, und wenn ich nur dieses A allein für sich im Auge habe, so erscheint der Wille daraufhin als
richtig, er gehört zu dem Werten. Das vermeinte Sollen ist wirkliches. Das
10 Gewollte als solches ist „wirklich" Gesolltes. Was heißt das nun, wenn ich
allein das A im Auge habe? Kann das anderes besagen als: Wenn ich annehme, A sei allein praktisch in Frage, es gehöre allein in den Willensbereich?
Liegt darin nicht: Gesetzt, es wäre A allein da, als das einzige, das ich realisieren kann, ich abstrahiere vom Dasein anderer praktischer Möglichkeiten.
15 Ferner, hinsichtlich einer Wahl, die mit einem Paar beginnt und noch gar
keine Überschau des Willensbereichs hat, liegt da nicht die Sache so: Ich
sehe mir allerdings zunächst nur das A und B an, aber ich lasse doch weitere
Möglichkeiten unbestimmt offen. Ich habe also die Willensfrage: Will ich A
oder B oder was soll ich sonst? Sehe ich nun, daß A minderwertig ist gegen-
20 über B, so ist es schon evident, daß ich es nicht soll. Die Wertabsorption
besteht, könnte man sagen, darin, daß ich zwar sagen kann, das A kommt
vermöge seines positiven Wertes in Frage, in Erwägung, und wenn es allein
wäre, wäre es schon ein Gesolltes. Aber es scheidet aus der Erwägung wieder
aus, da es gegenüber B nicht mehr wiegt. Das Bessere bleibt in Erwägung in
25 Relation zu den unerwogenen Gliedern, das Mindere ist schon ausgeschieden
als jedenfalls Nicht-Gesolltes. Es ist allerdings nicht leicht, hier zu voller
Schärfe durchzudringen. Es gibt sich ja die Sache so, daß man sagen möchte:
Das positiv werte A für sich betrachtet weckt Neigung des Willens dazu, es
erscheint als praktisch Gutes, als Seinsollendes — aber nur für sich betrach-
30 tet, nur relativ; sowie ich weiter sehe, erkenne ich, daß es gegenüber dem
Besseren verschwindet etc.

Zu bemerken ist auch noch: Das Wollen des Guten, das Realisieren eines
Guten ist als Faktum ein Gut. Nämlich, was ein Gutes realisiert, hat ja die
Bedeutung eines abgeleiteten Wertes, also insofern auch das Wollen. Aber
35 etwas ganz anderes ist die Frage, ob ein Wollen ein richtiges Wollen ist,
genau so wie die Frage, ob die Existenz eines Urteilens (aus irgendwelchen
Gründen) in der Welt einen Wert hat, und die Frage, ob das Urteilen ein
vernünftiges ist.

C. ZWEITER TEIL DER VORLESUNGEN ÜBER GRUNDPROBLEME DER ETHIK 1908/09

<⟨DIE UNTERSCHEIDUNG UND DAS VERHÄLTNIS
ZWISCHEN THEORETISCHER UND
AXIOLOGISCHER VERNUNFT⟩

⟨§ 1. Der Abschluß der formal-ethischen Betrachtungen⟩

5   ⟨a) Der Übergang von den Konsequenzgesetzen zur unbedingten
Forderung des kategorischen Imperativs. Das beste Wollen ist das
einsichtige Wollen des Besten⟩[1]

In den Vorlesungen vor den Weihnachtsferien habe ich versucht,
die Idee einer formalen Ethik als genaues Analogon der formalen
10 Bedeutungslogik zu realisieren.[2] In der Tat, eine Fülle von Sätzen
hat sich uns dargeboten, die zum axiologischen und speziell auch
zum ethischen Gebiet eine ähnliche Stellung haben wie die Gesetze
der formalen Logik im traditionellen Sinn zum logischen Gebiet als
Gebiet der urteilenden Vernunft. Wie es Gesetze der Konsequenz,
15 und näher formalen Konsequenz im Denken gibt, so Gesetze der
formalen Konsequenz im Werten, Wünschen, Wollen; im einen und
anderen Fall sind diese Gesetze normative Wendungen von formalen, rein in den logischen bzw. axiologischen Bedeutungen gründenden Gesetzen.
20   Unsere Betrachtung führt uns aber wie von selbst zu einem obersten praktischen Gesetz, das nicht mehr den Charakter eines bloßen
Gesetzes der Konsequenz hat, sondern den Charakter eines kategto-
rischen Imperativs, der thetisch fordernd sagt: So sollst du wollen,
so wollen ist das einzig Richtige! Nämlich das Beste unter dem
25 jederzeit Erreichbaren sei für jeden Wollenden dasjenige, was er
unbedingt wollen und wollend realisieren soll. Bei bloßen Gesetzen
der Konsequenz ist ausgesprochen: Vorausgesetzt, daß so und so

---

[1] Vgl. Beilage IX: Zur formalen Bestimmung des höchsten praktischen Gutes und der
Möglichkeit eines kategorischen Imperativs, S. 348 ff. — Anm. des Hrsg.
[2] Vgl. Beilage VIII: Logik und Ethik. Die mangelhafte Ausbildung der vorphilosophischen Ethik. Die Methode der Analogie, S. 345 ff. — Anm. des Hrsg.

wert gehalten, so und so geurteilt, gewünscht und dergl. ist, dann
muß vernünftigerweise, in vernünftig geforderter Konsequenz, weiterhin so und so geurteilt, gewertet, gewünscht werden, Hier ist die
Sphäre des in einem gewissen prägnanten Sinn Analytischen. Nun
5 ist aber konsequent werten, wie wir besprachen, noch nicht richtig
werten, konsequent urteilen noch nicht richtig urteilen und dergl.
Die Richtigkeit eines wertenden Aktes liegt nicht bloß in der Richtigkeit der Konsequenz, in der Richtigkeit des „Schlusses", sondern
auch in der Richtigkeit der Prämissen. Danach war es auch klar, daß
10 aus bloßen Gesetzen der Konsequenz niemals ein kategorischer Imperativ gewonnen werden kann, der unbedingt fordernd sagt: So
sollst du werten, so sollst du wollen und tun; oder vielmehr: So soll
gewollt werden! Demnach war auch klar, daß beim Übergang zum
formalen kategorischen Imperativ besondere Axiome vermitteln
15 mußten. Genauer besehen zeigt sich in der Tat, daß wir aus den
Gesetzen hypothetischer Form wirklich nur ein Gesetz hypothetischer Form gewonnen hatten. Nämlich: Wenn jemand in irgendeinem Moment seine gesamte praktische Sphäre überschaut und wenn
ihm in erwägender Wertung ein Gut innerhalb dieser Sphäre als das
20 Beste unter dem überhaupt Erreichbaren (in dem früher definierten
Sinn) erscheint, so fordert es die vernünftige Konsequenz, daß er
dieses Beste und nichts anderes wählt und realisiert. Dieses unbedingt gültige Gesetz ist aber selbst ein Gesetz der Konsequenz, es ist
kein kategorischer Imperativ, es besagt nicht kategorisch: Tue das
25 Beste!, worin ja von keinem „wenn" die Rede ist.
    In der Besprechung dieser Sachlage waren wir stehengeblieben, ich
konnte sie leider nicht mehr zu Ende führen, obschon nur Weniges
fehlte, da sich die Unmöglichkeit herausstellte, noch am Samstag
vor dem Fest zu lesen. Ich habe also heute den Nachtrag zu leisten
30 und damit zugleich die formal-axiologischen Betrachtungen abzu-
schließen.
    Die Frage war also die: Wie kommen wir aus dem hypothetischen
in das thetische Gebiet, in das des kategorischen Imperativs, wie
kommen wir auch nur zur Behauptung, daß Werten und Wollen
35 überhaupt, und sei es auch in einer beschränkten Sphäre, ein absolut
Gefordertes seien? Den Zweifel, ob nicht am Ende das Beste wäre,
nichts zu wollen und überhaupt ⟨nicht⟩ zu werten und eine absolute
Epoché zu üben, konnten wir allerdings leicht abweisen, denn eine
solche Epoché ist ein offenbarer, und zwar axiologischer Widersinn.

Man sieht leicht, daß eine Behauptung wie die: „Das einzig richtige Entschließen wäre dies, sich zu nichts zu entschließen" vom Typus der skeptischen Absurditäten ist im Sinne meiner Defintion. Mit der Abweisung dieses Zweifels ist aber das Problem nicht gelöst. Wir
5 gehen nun von einem Satz aus (den ich wohl schon in der letzten Vorlesung besprochen hatte), der eine Verbindung herstellt zwischen den formalen Gesetzen als reinen Bedeutungsgesetzen und den Normen für die entsprechenden Akte des Wertens.

Ist W irgendein Wert, gleichgültig ob ein positiver oder negativer,
10 so nennen wir zunächst ein entsprechendes auf W gerichtetes Werten „konvenient", wenn es positiv wertet, was positiver Wert ist, oder negativ, was negativer Wert ist. Ist W ein positiver Gefallenswert, so ist das positive Gefallen von W konvenient usw. Ist nun W irgendein Wert, so ist auch das darauf bezogene konveniente Werten
15 ein Wert, und zwar immer ein positiver Wert. Ist also G ein Gefallenswertes, so ist das darauf gerichtete Gefallen selbst ein Gefallenswertes, ein im weitesten Sinn Schönes und in weiterer Folge Gutes. Ist W ein Wunschwert, so ist das Wünschen von W ein positiv Wertes. Also jedes konveniente Werten ist als solches wert.
20 So kann auch der Satz einfacher ausgesprochen werden.

Ich sagte in der letzten Vorlesung,[1] es sei das konveniente Werten in gewissem Sinn relativ wert, weil nämlich das Werten selbst wert ist um der Konvenienz mit einem Wert willen. Es ist aber besser, die Rede von relativem Wert hier zu vermeiden. Es ist ja nicht so wie
25 bei den Fällen, wo wir sonst von relativen Werten sprechen, bei den abgeleiten Werten, wo sich das Wertsein von einem A auf ein B vermöge der zwischen ihnen waltenden Relationen überträgt, und zwar mit dem Vorzeichen überträgt, was schon in der Rede von Übertragung und ebenso Ableitung angedeutet ist. Hier liegt aber
30 der Grund des Wertes rein in der Konvenienz als solcher und nicht in der Übertragung des Wertcharakters vom gewerteten Wert auf das Werten. Das sozusagen Gut-Werten von Gutem ist nicht gut, weil das gewertete Gute ein Gut ist, das seinen Wert auf das konveniente Werten zurückstrahlt, sondern weil es konvenient ist. Auch das
35 Mißfallen an einem Übel, an einem Mißfallenswerten, ist als richtiges Werten gut, und dieses Gutsein ist nicht etwas aus dem Übel

---

[1] Vgl. Beilage IX: Zur formalen Bestimmung des höchsten praktischen Gutes und der Möglichkeit des kategorischen Imperativs, S. 348 ff. — Anm. des Hrsg.

Abgeleitetes, da es vielmehr als Abgeleitetes sonst schlecht sein
müßte.

Ist nun jedes konveniente Werten ein positiv Wertes, so ist jedes
richtige Werten überhaupt ein Wertes. Konvenient ist das Gefallen
5 eines Gefallenswerten, das Wünschen eines Wünschenswerten, das
Wollen eines Wollenswerten. Es bestehen aber Axiome, welche zwischen den verschiedenen Artungen von Gemütsstellungnahmen Beziehungen herstellen, wie wir von früher her wissen. Verstehen wir
unter Werten überhaupt im erweiterten Sinn jedes Gemütsphäno-
10 men, jede Gemütsstellungnahme, so ist, wenn die konveniente wertvoll ist, auch jede parallele, sofern nur ihre Voraussetzungen (z. B.
Realisierbarkeit beim Wollen) erfüllt sind, wertvoll. Jedes positive Werten von Wertvollem ist danach wertvoll, das Wort
Werten im weitesten Sinn genommen und mit der Beschränkung,
15 daß etwaige formale Voraussetzungen erfüllt sind. (Man könnte diese Betrachtung auch etwas anders ordnen. Nämlich, es ist passend,
die nicht-existenzialen Gefallenswerte zu bevorzugen und das Gesetz auszusprechen: Das Gefallen von Gefallenswertem ist selbst ein
Gefallenswert; von da aus führen uns bekannte Axiome weiter zu
20 den ausgesprochenen Gesetzen.)

Ist nun jedes richtige Werten selbst ein Wert (zunächst ein Schönheitswert und in weiterer Folge, soweit die Voraussetzungen erfüllt
sind, ein Wert jeder darin fundierten Art), so ist jedes unrichtige
Werten ein Unwert. Dieser Satz ist eine Folge des Axioms: Jedem
25 positiven Gemütsphänomen entspricht ein negatives; ist das positive ein Wert, so ist das negative ein Unwert und umgekehrt.

Hervorgehoben habe ich schon, daß wir die ausgesprochenen Sätze und auch dieses letzte Axiom erweitern können insofern, als sie
gelten bleiben, wenn wir unter dem Titel „Werten" auch das Urtei-
30 len verstehen. Richtiges Urteilen ist also ein Wert, unrichtiges ein
Unwert, nämlich zunächst im Sinne eines Gefallenswerten bzw.
Gefallensunwerten.

Da sich nun richtige Wertungen aufweisen lassen, so kommen wir
schon mit diesen Axiomen unter Hinzunahme dieses Faktums rich-
35 tiger Wertung in das thetische Gebiet. Ein weiterer Schritt ist die
Einführung der Unterscheidung zwischen richtigem und einsichtigem Werten.[1] Einsichtig ist hier ein übertragener Ausdruck. „Ein-

---

[1] Vgl. Beilage X: Der Wert des einsichtigen Wollens, S. 356 f. — Anm. des Hrsg.

sichtig" ist zunächst ein Urteil, das nicht nur richtig ist, sondern im Bewußtsein der Adäquatheit seiner Gründe, d. i. der Gründe seiner Richtigkeit, vollzogen ist; mit anderen Worten, das Urteil ist nicht bloß Urteilsmeinung, sondern die Urteilsmeinung ist genau so weit
5 erfüllt, als es die Meinung nach allen ihren Meinungskomponenten fordert. So kann auch ein Werten im weitesten Sinn, jede Gemütsintention vollkommen erfüllt sein. Der intellektiven Erfüllung läuft parallel die emotionale. Das Werten ist nicht nur richtig, sondern vollkommen begründet, und diese Begründung besagt nicht Begrün-
10 dung durch das Denken, sondern Gemütsbegründung. Es liegt nicht nur Wertmeinung, sondern Erfüllung, Auswertung der Wertmeinung vor. Wenn aber, was vermöge des Wesens solcher Gemütslage *apriori* möglich ist, ein auf sie bezügliches Anschauen oder vielmehr Hineinschauen erfolgt und wenn dann weiter das darauf gebaute diskur-
15 siv urteilende Denken die Wertausweisung in ihrer Adäquatheit intellektiv faßt und somit der Zusammenhang zwischen Wertungsmeinung und begründender Erfüllung intellektiv evident wird, dann erwächst die theoretische Einsicht in die objektive Gültigkeit solchen Wertens, und zwar generell, wesensmäßig. Es ist nun auch evi-
20 dent, daß einsichtiges Werten an Wert höher steht als bloß richtiges, und desgleichen, daß es in sich wert ist. Man wird wohl sagen dürfen, daß hier die letzte und eigentliche Quelle aller vorhin ausgesprochenen Sätze über richtiges Werten liegt und daß richtiges Werten eigentlich nur wert ist um seiner Begründbarkeit
25 willen, also bloß abgeleitet, bloß vermöge seiner Beziehung auf mögliches einsichtiges Werten.

Nehmen wir nun hinzu, daß es einsichtiges Werten gibt, so ergeben die ausgesprochenen Gesetze einen thetischen Gehalt. Wir brauchen freilich noch das weitere Axiom, daß, wenn A ein praktisch
30 Besseres ist als B, das einsichtige Wollen von A besser ist als das einsichtige Wollen von B. Richtiges und selbst einsichtiges Wollen ist noch nicht bestes Wollen. Einsichtiges und uneinsichtiges Wollen können in Konkurrenz treten. Einsichtiges Wollen von Besserem ist selbst besser und diskreditiert sozusagen in der Einheit einer Wert-
35 erwägung das Mindere. Danach ist das Wollen, das sich auf das Beste unter dem Erreichbaren richtet, das beste, oder vielmehr das einsichtige Wollen, das eben einsichtig auf das Beste unter dem Erreichbaren gerichtet ist. Daß dieses das höchste Willensgesetz, die absolute oder ideale Willensnorm ist, dürfte damit begründet sein,

und es hat den Charakter eines kategorischen Imperativs, denn positiv ist festgestellt, daß es so etwas wie richtiges und einsichtiges Wollen gibt. (Dieses „ es gibt" braucht keineswegs Sein in der empirischen Sphäre zu bedeuten, es genügt und ist hier nur abgesehen auf
5 die Geltung der Idee des einsichtigen Wollens, auf dessen ideale Möglichkeit.) Da nun auch festgestellt ist, daß jedes andere, von dieser Norm abweichende Wollen minder gut ist, so ist die Norm in der Tat die höchste, und zwar formale Willensnorm.

Ich denke, diese auf die oberste Norm bezüglichen Erwägungen
10 dürften für das Verständnis ihrer Stellung zu der Sphäre bloßer Konsequenzgesetze und dessen, was eine genaue Begründung hier erfordert, nicht unnütz sein. Im übrigen dürfte sich Ihnen bei der Ausarbeitung manche Vereinfachung ergeben, insbesondere dürften sich die Betrachtungen der vorletzten und die der gegenwärtigen Vorle-
15 sung zu einer kürzeren und einheitlichen Deduktion der Norm nach allen ihren Fundamenten ausgestalten lassen.

⟨b) Die Analogie zwischen Logik und Ethik als Leitfaden
für den wissenschaftlichen Aufbau der Ethik⟩

Doch nun machen wir Schluß mit den formal-ethischen Betrach-
20 tungen. Meinen Zweck habe ich mit ihnen, wie ich glaube, erfüllt. Die Idee der Parallelisierung zwischen Ethischem (bzw. Axiologischem) und Logischem hat sich in einem Hauptpunkt vollständig bewährt. Wir haben uns nicht nur die Notwendigkeit der Ausführung einer rein formalen Wertlehre allgemein verständlich gemacht,
25 wir haben uns auch überzeugen können, daß in der Tat mannigfaltige Satzgruppen sich theoretisch zusammenschließen lassen, welche evidenterweise Hauptstücke einer solchen formalen Wertdisziplin bzw. einer formalen Praktik und Ethik ausmachen. Ich betrachte es als eines der wichtigsten Desiderate unserer Zeit, in streng systema-
30 tischer Weise die Disziplin, der wir hier die Bahn gebrochen haben, auszubauen.

Was ich bieten konnte, war freilich nur Unvollkommenes, Unvollständiges: Einige Satzgruppen habe ich noch, die ich systematisch nicht recht einordnen konnte und die ich hier daher nicht auf-
35 führen möchte. Andererseits sind manche Lücken noch auszufüllen; so manche Sätze sind ihrem Sinn nach passender zu begrenzen und was dergleichen mehr. Im übrigen meine ich nicht, daß sich hier als

formal-axiologische Disziplin ein so umfassendes wissenschaftliches
Gebiet wie etwa die Mathematik eröffne, als ob aus den unmittelbar
evidenten Axiomen sich unendliche Füllen praktisch höchst frucht-
barer Folgen ergeben würden. Hier gleicht die Disziplin der traditio-
5 nellen formalen Logik, die in ihren alten Grenzen auch mehr theoretischen als praktischen Wert beanspruchen konnte. Mit dieser
haben wir sie ja auch parallelisiert. Freilich, durch die Verbindung,
die die formale Logik mit der rein formalen Mathematik gewonnen
hat, und durch die Erkenntnis, daß formale Logik und formale Ma-
10 thematik wissenschaftlich eins sind und unter die Idee einer allumfassenden Mathesis gehören, hat die formale Logik der Tradition
neuen theoretischen Gehalt und eine neue Dignität gewonnen: Sie
steht eben als Wurzelstück einer mannigfaltigen Einheit vielver-
zweigter Disziplinen da.[1]
15   Die Hoffnung, daß sich auch die formale Ethik in ähnlicher Weise
weiterentfalten und verzweigen könne, möchte ich nicht hegen. Aber
wie eng und begrenzt auch ihr Inhalt sein möge, wie wenig vergleichbar an Umfang und als Feld theoretisierenden Scharfsinns mit der
mathesis universalis: ihre Konstitution als in sich selbst gegründete
20 Disziplin ist von denkbar größtem Interesse. Die bloße Tatsache des
Bestandes einer solchen formalen Disziplin und einer zugehörigen
reinen Normenlehre des Wertes ist eine außerordentliche Bereiche-
rung unserer theoretischen Erkenntnis.
       Natürlich hätte eine formale Ethik oder, wenn Sie lieber wollen,
25 eine formale Praktik im System der ethischen Wissenschaft nur als
Unterstufe zu fungieren. Genau so wie ja auch die formale Logik
nicht Logik im vollen Sinn ist, sondern nur ein wichtiges Funda-
mentalgebiet der Logik ist. Die ganze Lehre vom empirischen Denken, z. B. all das, was man unter dem Titel der Lehre von der Induk-
30 tion und Wahrscheinlichkeit unvollkommen genug behandelt, fällt
aus dem Gebiet der formalen Logik heraus. Selbstverständlich hat
auch dies sein Analogon auf seiten der Axiologie und der Ethik. Und
beiderseits gilt, daß wir nicht etwa die Sphäre des Apriori verlassen,
wenn wir über die Gesetzmäßigkeiten, die da formale heißen (oder
35 auch analytische in einem gewissen Sinn), hinausstreben. Auch die
Erfahrung steht unter apriorischen Gesetzen; den Wesensgesetzen

---

[1] Vgl. Beilage XI: Die Vorzugsstellung des Urteils in der Konstitutions- und Erkennt-
nisproblematik, S. 357 f. — Anm. des Hrsg.

des Analytischen entsprechen Wesensgesetze des Synthetischen,
wenn wir Kantische Worte gebrauchen wollen: Wobei freilich unsere Grundauffassungen von den Kantischen sehr erheblich abweichen. Ich meine, auch in der Formulierung und Lösung der für einen
5 wirklich wissenschaftlichen Aufbau der Ethik in den höheren Stufen
zu stellenden Fragen muß uns die Analogie mit der Logik leiten; sie
erweist sich Schritt für Schritt als unendlich fruchtbar. Aber freilich,
erst bedarf es einer wirklich systematischen Logik. Erst muß die
Logik sich ihrer Probleme und der wesentlichen Stufenfolge von
10 Problemen versichert haben, ehe die Ethik ihr nacheifern und sie als
Vorbild nützen kann. Leider sind wir in der Logik noch durchaus in
den Anfängen, und zwar selbst in der Formulierung und Ordnung
der zu ihrer Idee grundwesentlich gehörigen Problematik.

Es liegt in der Natur der Sache, daß die Ethik noch viel weiter
15 zurück ist. Natürlich soll darum nicht gesagt sein, daß alles, was
bisher unter dem Titel Ethik versucht und literarisch dargestellt
worden ist, wertlos sei. Aber so wie die physikalische und chemische
Literatur vor Inauguration der exakten Naturwissenschaft nicht
wertlos war, aber, seitdem diese die rechten Fragen zu stellen und
20 strenge Methoden der Lösung herauszubilden gelernt hat, nur als
völlig überwundene Vorstufe gelten kann, so wird es sich mit all den
Versuchen der Ethik der abgelaufenen Zeitepochen verhalten, sobald
einmal die Idee einer wissenschaftlichen Ethik einen festen Gehalt
gewonnen hat durch Erkenntnis der echten Probleme in ihrer we-
25 sentlichen Stufenfolge sowie durch Erkenntnis der wahren Methode.

⟨§ 2. Der Übergang in die eigentlich philosophische
Problemschicht: das Erkenntnisproblem und die Forderung
der phänomenologischen Reduktion⟩[1]

Die formale Ethik nicht minder als die sie ergänzende materiale
30 gehören nach meiner Auffassung noch nicht in die Linie des eigentlich Philosophischen: genau so ⟨wenig⟩ wie auf der anderen Seite
die formale Logik und die sie ergänzende materiale und vor allem

---

[1] Vgl. von hier ab Beilage XII: Theoretische und wertende Vernunft. Analyse des
Gedankengangs des II. Teiles der ethisch-vernunftkritischen Vorlesungen (Januar-März
1909) mit wesentlichen Ergänzungen, S. 358 ff. — Anm. des Hrsg.

die Logik der Erfahrungswissenschaft. Ich habe darauf schon zu Eingang meiner Vorlesungen hingewiesen und mit der Erwähnung der
Streitfrage, die gleich in die philosophische Problemschicht hinüber-
führt, mit der des Psychologismus, begonnen.

5 Die Interpretation der analytisch-logischen Gesetze als psychologischer führt auf Widersinn, ein Widersinn, der sich in der psychologistischen Interpretation der empirischen Logik wiederholt. Damit
wird man auf die Widersinnigkeiten des Skeptizismus überhaupt
geführt, der der Etablierung der Logik schon voranging und ihr vor-
10 angehen konnte, sofern mit der Psychologisierung der Wahrheit und
der Verfälschung der objektiven Geltung durch Auflösung in Fakta
empirischer Subjektivität der Widersinn schon da ist, möge auch
noch kein einziges Gesetz der Logik systematisch formuliert sein.
Ähnliche Widersinnigkeiten hängen dem ethischen Skeptizismus an,
15 nur daß der Streit hier auf niederer Stufe stehen bleiben mußte, da
es historisch nicht zur Ausbildung einer formulierten analytischen
Ethik gekommen ist.

Indem ich an diese früheren Ausführungen erinnere, bemerke ich
nun, daß das wesentliche Interesse an der psychologistischen Streit-
20 frage nicht damit erschöpft ist, daß man einsichtig zu ihr Stellung
nimmt und etwa durch Herausstellung der betreffenden Absurditäten die Entscheidung fällt: Die logischen Gesetze sind keine psychologischen und ebenso die rein ethischen, die rein axiologischen Gesetze keine psychologischen Gesetze. Die in den idealen Bedeutun-
25 gen gründenden Gesetzmäßigkeiten sind normgebend für das Denken, für das Gefallen und Mißfallen jeder Art, für das Wünschen
und Wollen, aber sie sind nicht Naturgesetze, die das Denken, Fühlen und Wollen als psychologische Naturtatsachen regeln. Für den,
der sich nicht durch psychologistische Vorurteile seinen Blick hat
30 trüben, ja sich hat blind machen lassen gegen die stärksten Argumente, die überhaupt erdenklich sind, gegen die unübersteiglichen
Mauern des Widersinns, ist die Entscheidung bald gefällt und für
immer vollzogen. Aber völlig ungelöst bleiben die Schwierigkeiten,
welche das Verhältnis zwischen psychologischer Subjektivität auf
35 der einen Seite und der in ihr zum Bewußtsein kommenden Objektivität auf der anderen Seite ⟨betreffen⟩. In diesen Schwierigkeiten
liegen ja auch die beständigen Triebkräfte für den Psychologismus.

Überlegen wir uns die Sachlage zunächst in der Erkenntnissphäre,
in der des Intellekts: Erkenntnis ist ein subjektives Erlebnis, ein

flüchtiges Erlebnis im Bewußtsein erlebender psychischer Wesen, eines unter unzähligen anderen psychischen und physischen Fakta der Natur; und die Natur selbst, die psychische und physische, alle Objektität überhaupt ist für das jeweilige erlebende Subjekt nur da
5 als angeschaute oder gedachte, in Erkenntniserlebnissen erkannte Objektivität. Ist die Erkenntnis strenge, zuhöchst wissenschaftliche Erkenntnis, so ist die in ihr erkannte Objektivität die wahre und wirkliche, diejenige, die wirklich so ist, wie sie erkannt ist. Wissenschaft, strenge und echte Wissenschaft, in höchster Vollendung
10 gedachte, und Wirklichkeit an sich, das sind also Korrelativa. Wie ist aber diese Korrelation zu verstehen? Wie ist es zu verstehen, daß Erkenntnis, ein Erlebniszusammenhang von gewisser Artung und immerfort immanent bleibend, doch in gewisser Weise über sich hinaus kommen kann, nämlich ⟨um⟩ die an sich seiende Objekti-
15 tät, zu der die Erkenntnis selbst gehören soll, zu erfassen, ⟨um⟩ sie zu erfassen und zu bestimmen, wie sie an sich ist? Erkenntnis ist doch nicht Erkanntes, das heißt, das Erkannte soll in der Erkenntnis erkannt, aber doch nichts im eigentlichen, reellen Sinn in ihr sein.

Die Rede von der Immanenz sagt nichts weiter als eben dies:
20 Erkenntnis ist immer wieder nur Erkenntnis, und wenn sie eine Wirklichkeit erkennen soll, so ist diese Wirklichkeit Erkanntes und nicht selbst Erkenntnis. Erkenntnis mag dabei in welchen Artungen auch immer genommen sein, ob anschaulich oder unanschaulich, direkte Wahrnehmung oder Erinnerung, unmittelbar nach Wahrneh-
25 mung und Erinnerung sich orientierendes Denken oder mittelbar durch Schlüsse, durch anschauungsferne Denkoperationen sich begründend: Immer löst sich Erkenntnis in subjektive Akte und Aktzusammenhänge auf, also in Psychologisches.

Scheint das unmittelbare Erfahrungsurteil den Dingen
30 selbst ihre Eigenschaften abzulesen, so zeigt sich doch bald, daß dieses „den Dingen selbst etwas ablesen" in nichts weiter als einem Denken und Aussagen besteht, das in gewissen Weisen in Wahrnehmungen, in schlicht intuitiven Erfahrungsakten fundiert ist. Und wenn wiederum die Wahrnehmung als solche eine unmittelbare
35 Selbsterfassung des Dinges durch das Bewußtsein zu sein scheint, so stellt sich heraus, daß die Wahrnehmung das Ding wahrnehmen kann, während dieses ja nicht zu existieren braucht, wie jede Halluzination lehrt, und somit für das Bewußtsein reell nicht zweierlei vorliegt: das Ding selbst und die sich nach ihm als Selbsterfassung

richtende Intuition, sondern daß Wahrnehmung nur einerlei und nichts weiter ist als Bewußtsein des Selbstgegenwärtighabens von etwas, während das Objekt, das Ding, zwar das wahrnehmungsmäßig Bewußte, aber nicht in der Wahrnehmung als ein Zweites reell
5 vorfindlich ist.

Also wie ist Erkenntnis überhaupt möglich, das heißt, wie ist es zu verstehen, daß Erkenntnis den Anspruch erheben kann, nicht nur zu sein, was sie an und für sich ist, ein so und so geartetes Erlebnis, sondern eben Erkenntnis zu sein, erkennend etwas zu erfassen, was
10 sie an und für sich nicht ist, erkennend etwas zu fassen, was ist und an sich ist, ob es erkannt worden ist oder nicht? Erkenntnis erhebt den Anspruch, an sich Seiendes zu erfassen, und nicht nur den Anspruch erhebt sie — wenn auch unmittelbare Erfahrung nicht ablesen kann, wie Dinge wirklich sind, so gibt es doch wissenschaft-
15 liche Erkenntnis —, sondern als wissenschaftliche Erkenntnis meint sie, dem Anspruch vollauf Genüge zu tun. Wie ist das zu verstehen: Erkenntnis als Anspruch nicht nur, sondern auch als Erfüllung des Anspruchs, als Erkenntnis im prägnanten Sinn wirklich geltender Erkenntnis? Sowie man hier zu reflektieren beginnt, gerät man in
20 Verlegenheiten, unwillkürlich schlägt man die psychologistische und biologistische Denkrichtung ein; sie ist die dem natürlichen Denken selbstverständliche. Sofort aber ist die Absurdität da, wie nicht von neuem bewiesen werden muß.

Die Probleme verschlingen sich und vermehren sich, wenn man
25 erwägt, daß die erkannte Objektivität (nehmen wir hier immer der Einfachheit halber die der äußeren Natur) nicht die einzige, in der Erkenntnis sich konstituierende, und somit nicht die einzig problematische ist. Die Natur, als was sie wahrhaft ist, ist das Korrelat der idealen Naturwissenschaft. Die Naturwissenschaft ist ein System
30 von Aussagen, und die Aussagen haben ihre Bedeutungen. „Mittels" der Bedeutungen, heißt es, beziehen sich die Aussagen auf die Sachverhalte der Natur. Die Bedeutungen, d. i. die Begriffe und Sätze, sind nicht die bedeuteten Sachen. Sie sind aber andererseits auch nicht die erkennenden Akte. Das eine Ding, den
35 einen und selben dinglichen Sachverhalt, stellen wir gegenüber den unbegrenzt vielen wirklichen und möglichen Erkenntnisakten, die es erkennen. Aber auch den einen und selben Satz, z. B. das Gesetz vom Kräfteparallelogramm, stellen wir gegenüber den unbegrenzt vielen Urteilen, wirklichen und möglichen, die dieses selbe Gesetz

zum Bedeutungsgehalt haben. Wie ist nun wieder diese ideale Inexistenz der Bedeutung im Akt des bedeutenden Erkennens zu verstehen, da die Bedeutung doch wieder kein reelles Stück des Erkennens ist? Zu den Aussagen bzw. Urteilen als Bedeutungen gehören nun
5 die Prädikate der Wahrheit und Falschheit. Und wie ist es zu verstehen, daß nun die Bedeutungen ihrer Form nach unter Gesetzen stehen, den sogenannten logischen Gesetzen, welche formale Bedingungen der Möglichkeit einer objektiven Triftigkeit der Bedeutungen und in weiterer Folge der sie in sich tragenden
10 Erkenntnisse sind? Wie ist es zu verstehen, daß denkendes Erkennen sich nur dadurch auf an sich seiende Sachen beziehen kann, daß es einen idealen Bedeutungsgehalt hat und dieser sich seiner Form nach an ideale Gesetze bindet?

Dies genüge. Die Korrelation zwischen Erkenntnissubjektivität
15 und zur Erkenntnis als Bedeutungsgehalt und als erkannte Gegenständlichkeit gehöriger Objektivität birgt also tiefe und schwierige Probleme. Es sind, darf man behaupten, die schwierigsten im Gesamtbereich menschlicher Erkenntnis überhaupt. Sie machen den Inhalt der sogenannten Erkenntnistheorie, der Wissenschaft von
20 der Möglichkeit der Erkenntnis, aus. Ihre Lösung erfordert das umfassende analytische Studium der hier problematischen und in höchst komplizierter Weise verwobenen Korrelationen, was natürlich umfassendste Analysen der Bedeutungen, der bedeuteten Sachen als solcher und der Erkenntniserlebnisse erfordert.

25 Eine nähere Erwägung lehrt, daß zur reinlichen Bestimmung und Festhaltung des eigentlichen Sinnes der hier zu lösenden Probleme eine eigentümliche Urteilsstellung durchaus erforderlich ist, welche besagt, daß prinzipiell keine existenziale Setzung irgendwelcher empirischen Objektivitäten, auch nicht derjenigen des eigenen Ich,
30 innerhalb erkenntnistheoretischer Erwägungen in Anspruch genommen werden darf. Ich nenne dies die Forderung der phänomenologischen Reduktion oder auch der phänomenologischen Epoché. Wer z. B. in der Erkenntnistheorie von den Feststellungen der Naturwissenschaft, sei es physischen oder psychologischen Na-
35 turwissenschaft, Gebrauch macht, wer also glaubt, jene Möglichkeit der Naturerkenntnis, die zu dem vorhin geschilderten Problem gehört, dadurch verständlich zu machen, daß er die naturwissenschaftliche, d. i. psychologische und psychophysische Möglichkeit der Erkenntnis erklärt, der gerät in Verkehrtheiten. Einerseits ver-

mengt er zwei grundverschiedene Probleme: a) das erkenntnistheoretische Problem von der Möglichkeit der Erkenntnis, d. i. der Aufklärung des Sinnes oder Wesens geltender Erkenntnis als solcher,
und b) das naturwissenschaftliche Problem, das der Erklärung vom
5 Entstehen der Erkenntnis nach Naturgesetzen. Andererseits bedingt
diese Vermengung als solche, eben weil sie nicht erkannt ist, daß
⟨das⟩, was für das naturwissenschaftliche Problem gefunden worden
ist, in unbemerkter Problemverschiebung für das erkenntnistheoretische Problem als Antwort genommen wird, und so erwachsen
10 höchst absurde Theorien, wie es eben die der verschiedenen Formen
des Psychologismus sind.

So steht die Sache also auf seiten der Erkenntnis, und hier sind wir
nach jahrtausendlangen Bemühungen in unserer Zeit zum mindesten
so weit gediehen, daß wir die allgemeinsten Probleme aus dem Sta-
15 dium der Verworrenheit in das der Reinheit gebracht, ihre Eigenart
rein erkannt und die für ihre Lösung notwendigen Methoden ausgebildet haben.

⟨§ 3. Das problematische Verhältnis zwischen Verstand
und Gemüt bei der Wertobjektivation⟩

20 Mit dem Parallelismus zwischen Intellekt und Gemüt, dessen volle Klarlegung nach Umfang und Grenzen allerdings noch weiterer
Untersuchung harrt, hängt es sichtlich zusammen, daß sich auch die
Probleme der spezifisch philosophischen Schicht auf Gemütsseiten
mutatis mutandis wiederholen. Man sieht sie leicht, wenn man sie in
25 ihrer wesentlichen Eigenart in der intellektiven Sphäre einmal klar
gesehen hat. Man mag zunächst gegenübersetzen unter dem Titel
reiner Intellekt den Inbegriff möglicher Denkakte (das Wort in
einem weitesten Sinn genommen), die sich auf wertfreie Objekte
beziehen, oder vielmehr, die sich in nicht-wertender Weise auf Ob-
30 jekte beziehen, daß heißt, sich in der Weise auf Objekte beziehen,
daß diese Objekte in ihnen nicht als Werte gemeint sind; andererseits unter dem Titel Gemüt wertende Akte jeder Art, jede Art von
Gemütsstellungnahmen. In ihnen bezieht sich das „Gemüt" also
auf vermeinte und eventuell auch auf wirkliche Werte. Werte sind
35 aber wieder Werte an sich, ob sie zufällig gewertet werden oder
nicht, und sie sind andererseits nicht etwa Momente oder Bestandstücke im Werten, da sie ja sonst mit dem Werten entstehen und mit

ihm vergehen müßten. Wir haben also ein analoges Problem: Wie
kann in einem Gemütsakt ein Wert an sich bewußt werden, und wie kann je der Anspruch erhoben und nicht nur erhoben, sondern auch begründet werden, eines wahren Wertes inne
5 zu werden?

Da wir nun auch den Versuch gemacht haben, nicht nur von Werten und Wertinhalten, sondern auch von Wertbedeutungen zu sprechen, so scheinen sich auch in dieser Hinsicht die Probleme der
Objektivität in der Subjektivität zu wiederholen. Dem Allgemein-
10 sten nach tun sie das zweifellos. Indessen wissen wir schon aus manchen früheren Ausführungen, daß die Problemlage hier erheblich
schwieriger und komplizierter ist, und eben damit hängt es zusammen, daß man die parallelen Probleme, die der Kritik der axiologischen und speziell praktischen Vernunft, hier nicht recht fassen und
15 nicht einmal in der Unvollkommenheit fassen und behandeln konnte wie auf erkenntnistheoretischem Gebiet, zumal in dem bevorzugten Gebiet der Erfahrung. Zwar ein gewisser Parallelismus liegt für
den, der auch nur unvollkommen die erkenntnistheoretische Problematik gesehen, sie nur dunkel durchgeführt hat, zutage. Aber fast
20 möchte man sagen, gerade je näher man auf der einen Seite den
eigentlichen Problemen ist, je deutlicher man sieht, daß die Beziehung auf einen wahren Gegenstand der Erkenntnis, auf ideale Gesetzmäßigkeiten zurückführt, die auf korrelativer Seite den Zusammenhang der Erkenntniserlebnisse regeln, und daß die Klarlegung
25 des Sinnes dieser Gesetzmäßigkeiten und ihrer idealen Regelung das
Zu-Leistende ist, umso schwieriger findet man die Fassung der
Sachen auf seiten des Gemüts. Man vergleiche nur Kants „Kritik
der theoretischen Vernunft" mit seiner „Kritik der praktischen Vernunft". Natürlich sieht er die Analogie und will er sie durchführen.
30 Und doch verfehlen die Probleme ganz und gar gerade die Partien
der „Kritik der ⟨theoretischen⟩ Vernunft", die in Form unklarer
Theorien den eigentlich erkenntnistheoretischen Problemfassungen
am meisten entgegenkommen, wie transzendentale Analytik, und
darin besonders die transzendentale Deduktion, wovon die der er-
35 sten Auflage die tiefere ist; und manche Ausführungen sonst in der
transzendentalen Analytik, z. B. in der Lehre von den Paralogismen,
haben keine Parallelen in der „Kritik der praktischen Vernunft", so
daß Kant hier den wahren Problemen ungleich ferner geblieben ist, ja
von ihnen auf ethischem Gebiet kaum das Alleräußerlichste erfaßt hat.

Der Titel, unter dem alle Schwierigkeiten zu bezeichnen sind, die den Überschuß auf dieser Seite ausmachen, ist das problematische Verhältnis zwischen Intellekt und Gemüt, die richtige Fassung dieser Ideen bzw. der Ideen „theoretische und praktische
5 Vernunft", die Klarlegung der Funktionen, die der „Verstand" innerhalb der Gemütssphäre üben muß, sofern sie den Anspruch erhebt, neue Objektitäten, die Wertobjektitäten, zur Erschauung und zur ausweisenden Begründung zu bringen.

Historisch spricht sich das Ringen mit diesen Schwierigkeiten in
10 dem hauptsächlich die englische Moralphilosophie des 18. Jahrhunderts beherrschenden Streit zwischen Verstandesmoral und Gefühlsmoral aus. Wie ist der richtige Anteil dieser beiden „Vermögen" an dem Zustandekommen der moralischen Entscheidungen zu bestimmen? Die wesentliche Funktion übt hier der Verstand, so
15 rufen die Verstandesmoralisten. Denn moralische Entscheidungen wollen und müssen objektiv gelten; sie sprechen sich in moralischen Urteilen aus, und moralische Urteile haben ebenso ihre Wahrheit wie objektiv gültige Urteile sonst. Gar die moralischen Prinzipien haben unbedingt allgemeine Geltung, sie gel-
20 ten *apriori* genau so wie die mathematischen Urteile. (Nur dann hat es ja Sinn, Gott moralische Prädikate zu geben und ihn als Wesen von absoluter Vollkommenheit zu verehren.)

Die Gefühlsmoralisten aber sagen, die wesentliche Funktion kann für eine moralische Entscheidung nur dem Gefühl zufallen,
25 genau so wie für eine Entscheidung des ästhetischen und jedes sonstigen „Geschmacks". Sache des Verstandes ist es zu urteilen, daß Gegenstände so und so sind oder nicht sind. Sache des Gefühls aber ist es, zu billigen oder mißbilligen. Loben und Tadeln sind Gemütsakte. Der Verstand legt nur dar, wie die objektive Sachlage ist: unter
30 welchen äußeren Verhältnissen die Menschen, auf die sich unsere moralischen Urteile beziehen, gewollt und gehandelt haben, und daß sie unter diesen Verhältnissen so und so gefühlt haben, daß sie von solchen und solchen Affekten getrieben wurden und dadurch motiviert in der bestimmten Weise gewollt haben. Diese Fakta legt der
35 Verstand fest. Nur darüber entscheidet er, daß sie stattgefunden haben. Aber nun muß das Gemüt einsetzen mit seiner Billigung oder Mißbilligung, und erst das macht die spezifisch moralische Entscheidung. Wenn zum Schluß das moralische Urteil ausgesprochen wird, so tritt der Verstand zwar noch einmal in Aktion, nämlich mit die-

ser abschließenden Aussage als solcher, aber er tut dabei nichts
anderes, als der billigenden Entscheidung, die das Gemüt vollzogen
hat, Ausdruck zu geben. So legt z. B. Hume die Sachlage dar. Aber
mit all dem bleibt man an Äußerlichkeiten haften, obschon es
5 unvermeidlich ist, mit Äußerlichkeiten zu beginnen.

  Zunächst: Der Streit um den Anteil der Verstandes- und Gemütsfunktionen an den moralischen Entscheidungen weist auf eine Verflechtung der beiden hin. Diese Verflechtung ist kein zufälliges
Faktum, sondern eine im Wesen der Gemütsfunktionen, zumal
10 wenn sie Wertobjektität konstituieren sollen, liegende Notwendigkeit. Von einem reinen Verstand oder einem reinen Intellekt
können wir sprechen, sofern die Akte, die wir unter diesem Titel
befassen, z. B. Wahrnehmungen, Vorstellungen, Urteile, Anmutungen, Vermutungen, Zweifel, ohne jede Beteiligung von Ge-
15 mütsakten denkbar sind. Zum mindesten kann man sagen, daß
intellektive Akte in ihrem immanenten Wesen oder Inhalt gar nichts
von wertenden Akten enthalten: Das Objekt bleibt Objekt, die
Wahrheit bleibt Wahrheit.

  Andererseits: Gemütsakte scheinen ihrem Wesen nach fundierte
20 Akte[1] zu sein, und zwar fundiert in intellektiven Akten. Auf irgendwelche vorgestellten oder als existierend gesetzten Objekte, auf irgendwelche Sachverhalte, Assumptionen oder Gewißheiten, Vermutungen und dergl. gründet sich jeder Gemütsakt, und notwendig. Ein
Gefallen, das schlichtest denkbare Gefallen, ist Gefallen über etwas,
25 und dieses „über" drückt eine Intentionalität aus. Aber das Gefallende muß irgendwie vorstellig sein, es erscheint entweder als Bild
oder als Phantasieobjekt, Phantasievorgang und dergl., oder es ist in
völlig dunkler Weise in einem leeren Vorstellen vorgestellt. Irgendwie vorgestellt muß es aber sein. Vorstellen ist kein Gemütsakt.
30 Man rechnet es allgemein zur intellektiven Sphäre. Und nun erst die
Fälle von Gemütsakten, die ihrem Wesen nach Existenzialsetzun-
gen, Glaubensakte voraussetzen wie jeder Akt z. B. der Freude oder
Trauer, jedes Wollen und Fliehen, und die unzähligen Gemütsakte,
die in Denkakten höherer Stufe gründen oder mitgründen in wissen-
35 schaftlichen Erkenntnissen etc.

  In der Gemütssphäre (Sphäre der praktischen Vernunft) können wir also, wie es scheint, vom Verstand als dem objekti-

---

[1] Fundiert im doppelten Sinn: 1) sich auf etwas bauen, 2) es als notwendig voraussetzen.

vierenden Vermögen gar nicht abstrahieren. Und können
wir nun gar davon abstrahieren in der Richtung, in der die Konstitution der Wertobjektität liegt? Es mag einen Sinn haben, von einem
puren Verstand in der Bedeutung zu sprechen, die jede Mitwirkung
5 von Gemütsakten ausschließt. Aber selbst wenn wir ebenso von
einem puren Gemüt sprechen könnten, so sollen doch die Werte
Gegenständlichkeiten sein, die Wertbestimmtheiten Bestimmtheiten. Es handelt sich also um Objektivitäten, und für die kann doch
nur der Verstand aufkommen. Ein bloßes Gefühl, ein Gefallen oder
10 Mißfallen, ein Gemütsakt überhaupt objektiviert nicht. Dieser mag sich auf irgendwelche ihm durch das Vorstellungsvermögen
vorgegebenen Objekte beziehen, der Wert aber, den er diesen Objekten zuwertet, muß als etwas diesen Objekten Zukommendes oder
mindestens als Zukommend-Scheinendes in Form eines Verstandes-
15 aktes bewußt sein. Also zuletzt ist es, wenn auch unter einer gewissen Mitbeteiligung des Gemüts, wie überall so auch hier der Verstand, der die Objekte, die Werte, setzt, sie unmittelbar
intuitiv faßt und über sie in weiterer Folge seine Aussagen macht, zu
welchen Aussagen auch die mit dem Anspruch auf Geltung auftre-
20 tenden Werturteile jeder Art und Werturteilsprinzipien und die Normen des Wertens selbst ⟨gehören⟩.

Das alles ist zweifellos, und gewiß gibt es auch das Recht, der
allgemeinen Erkenntnistheorie in gewisser Weise die Theorie der
ethischen und überhaupt axiologischen Erkenntnis einzuordnen. An-
25 dererseits aber erwachsen hier eben die allerschwierigsten Probleme. Wie fungiert das Gemüt bei der vom Verstand zu-
letzt bewirkten Wertobjektivation, und was ist eigentlich dabei Leistung des Verstandes?

Es ist klar, daß die Sachlage nicht eine so ganz einfache ist. Wenn
30 die Gefühlsmoralisten sagen, das Gemüt spricht seine Entscheidung
aus, das Gemüt vollzieht seine Billigung oder Mißbilligung, so ist
das ja schön, aber besteht diese Gemütsentscheidung in dem bloßen
Auftreten eines gewissen Gefühls, genannt Billigung oder Mißbilligung? Aber das bloße Auftreten eines gewissen psychi-
35 schen Faktums im Urteilenden, eines gewissen Gefühls,
sagt uns nichts. Das Gefühl soll doch zur Aufstellung des Wertur-
teils zureichen. Wenn der Gefühlsmoralist sagt: „Wie das Gefühl als
Billigung oder Mißbilligung entscheidet, so sieht das sich nach ihm
orientierende Urteil aus; das Werturteil bringt bloß zum Ausdruck,

wie das Gefühl entscheidet", so ist das in gewissem Sinn freilich
eine Wahrheit und Selbstverständlichkeit. Aber es ist eine derjenigen Selbstverständlichkeiten, die große philosophische Rätsel
enthalten. Was sagt denn das Werturteil aus? Doch nicht, daß
5 Ich, der das Werturteil Aussprechende, faktisch dieses billigende
Gefühl vollziehe. Auch nicht, daß Menschen im allgemeinen oder
gar ausnahmslos aufgrund der gegebenen Sachlage so fühlen. Sehen
wir auch von dem Problem ab (und das ist ein Problem), wie das
Gefühl Beziehung auf eine Gegenständlichkeit haben soll,
10 so ist hier das schwierige Problem dies: zu verstehen, wie wir über
das Faktum eines im Wertschätzenden auftretenden Gefühls hinaus und zu einem Anspruch auf Objektivität
erhebenden Prädikat kommen sollen. Wir urteilen nicht:
„Das wird geschätzt", sondern: „Das ist schätzenswert, gut". Wie
15 fungiert also für diese Objektivation des Gemüt und wie der Verstand? Eben weil hier ein eigenes Problem liegt, dürfen und müssen
wir von einer Theorie der axiologischen Erkenntnis sprechen gegenüber einer Theorie sonstiger Erkenntnis.[1]
Wir müssen also fragen: Wie fungiert der Verstand sonst außer-
20 halb der Gemütssphäre und wie in ihr? Wie ist einerseits die offenbare Analogie zwischen formalen Verstandesgesetzen und
Wertgesetzen zu verstehen, die Verstand und Gemüt wie
parallele Vermögen erscheinen läßt, ja beide als parallele Objektivitäten konstituierend, und wie ist andererseits zu verstehen die
25 Überordnung des Verstandes, der überall die Objektivierung zustande bringt? Sind vielleicht verschiedene Begriffe von Verstand oder
Vernunft zu unterscheiden? Kurzum, wenn wir in solche Überlegungen eintreten, merken wir, daß große Felder von Problemen erwachsen vom selben allgemeinen Typus, wie es die ursprünglich allein
30 beachteten und als erkenntnistheoretisch charakterisierten sind. Wir
merken, daß wir selbst über die natürlichen Grenzen und die wesentlichen inneren Demarkationslinien der Erkenntnistheorie selbst
erst durch solche Untersuchungen Aufschluß zu gewinnen vermögen, die ihrerseits auf die Aufklärung des Wesens und der Möglich-
35 keit axiologischer Objektität bzw. axiologischer Erkenntnis im Ge-

---

[1] Vor allem doch auch, weil Wertprädikate eine eigene „Kategorie" von Prädikaten
sind. Wir brauchen keine eigene Häuser-Erkenntnistheorie gegenüber einer Tisch-
Erkenntnistheorie. Aber wohl für jede Kategorie.

gensatz zu einer irgendwie anders zu fassenden logischen oder theoretischen Erkenntnis gerichtet sind.

⟨§ 4. Die Gegenüberstellung von logischen und axiologischen Prädikaten⟩

5 ⟨a) Die Fundierung der axiologischen in den logischen Prädikaten.
Die Zweideutigkeit im Begriff des logischen Prädikats⟩

Um einen Eingang in diesen dunkelsten Weltteil der Erkenntnis
zu gewinnen, überlegen wir Folgendes. Wir gehen zunächst von den
Objektitäten aus. Auf Werte richtet sich das Werten, und wenn es
10 einen guten Sinn hat zu sagen: „Es gibt gegenüber den scheinbaren
Werten wahre Werte; das Werten als Für-wert-Halten hält etwas für
wert, was eventuell wirklich wert ist", so sind Werte etwas Objektives, eben etwas wahrhaft oder wirklich Seiendes, wie sonstige Objekte. Wie es mit dem Werthalten steht, wie ein Gemütsakt Ansprü-
15 che erheben kann, Objektitäten zu treffen, das lassen wir für den
Augenblick unerörtert.
Was sind das, fragen wir vielmehr zunächst, für Objektitäten, diese Werte? Darauf ist zu sagen: Werte sind fundierte
Gegenstände. Wir sprechen von Werten, sofern Gegenstände sind,
20 die Wert haben. Werte sind vorhanden nur durch Wertprädikate,
und um des Habens dieser Wertprädikate ⟨willen⟩ heißen ihre Subjekte, die Gegenstände, Werte. Dabei ist aber wieder zu beachten:
„Die Gegenstände haben Wertprädikate" ist doppelsinnig. Wir
müssen unterscheiden Wertprädikate im eigentlichen Sinn, wie
25 „schön", „gut" usw., und die Wertprädikate ⟨im Sinne⟩ dieser
„gut" begründenden Prädikate.
Wertprädikate im eigentlichen Sinn kommen zu entweder Gegenständen im engen Sinn, d. h. Nicht-Sachverhalten, und fürs zweite
Sachverhalten. Betrachten wir Gegenstände im engeren Sinn: Die
30 Gegenstände haben gewisse Prädikate, und unter diesen Prädikaten
sind welche wertbegründende Prädikate. Wir haben da zu scheiden
diese Prädikate, die dem Gegenstand objektiv zukommen, ihm zukommen abgesehen von der Frage nach Wert und Unwert, abgesehen davon, ob er gewertet wird und gewertet werden kann als schön
35 und häßlich, als nützlich und unnütz, als erhaben oder gemein usw.,
von diesen spezifischen Wertprädikaten, die ihm unter dem Gesichtspunkt der Wertfrage, sozusagen in der Einstellung der Wert-

beurteilung, erteilt werden und mit angeblich objektivem Recht
erteilt werden. Da haben wir eine eigentümliche, wohl zu beachten-
de Fundierung. Erst muß ein Gegenstand da sein und muß als solcher seine logischen Prädikate haben, dann kann er auch axiologi-
5 sche Prädikate gewinnen. Und der Gegenstand ist und ist schon, was
er ist, ein voller Gegenstand, auch wenn wir die Wertprädikate weg-
denken; oder: Axiologische Prädikate setzen logische voraus. Es kann dabei sehr wohl sein, daß ein Gegenstand als Träger
von gewissen Wertprädikaten andere Wertprädikate erhält, aber im-
10 mer werden wir zuletzt auf Gegenstände als letzte Voraussetzungen
jeder Wertprädikation geführt, wie immer im übrigen verschieden es
mit der Art der Voraussetzungen bei verschiedenen Werten sich verhalten möge.

Wertprädikate werden auch Sachverhalten erteilt. Es bestehen
15 hier *apriori* Zusammenhänge mit den Wertprädikationen von Gegenständen, sofern *apriori,* so oft ein Gegenstand wert ist, zum mindesten der Sachverhalt der Existenz und Nichtexistenz des Gegenstands in seiner Art Wertprädikate besitzt; wie dann überhaupt wohl
gesagt werden kann, daß zum mindesten unmittelbar kein Sach-
20 verhalt wert sein kann, während seine Gegenstände wertlos sind.

Doch worauf es hier ankommt, ist, daß auch die Bezogenheit von
gewissen Wertprädikaten auf Sachverhalte an dem Gesagten nichts
Wesentliches ändert. Werte sind einerseits Objekte, die Wert haben,
25 und Objekte haben Wert, das ist, sie haben gewisse innere oder relative Prädikate, die ihrerseits wertvoll sind und ihre Subjekte zu Wert
habenden machen. Werte sind andererseits Sachverhalte, und mögen die Sachverhalte in sich bereits Wertprädikate bei ihren Gegenständen enthalten, so werden wir zuletzt doch von ihnen aus auf
30 Gegenstände und Sachverhalte geführt, die nichts Axiologisches
mehr enthalten.

Was ist nun an dieser Fundierung Merkwürdiges? Es liegt natürlich in der Gegenüberstellung von logischen und axiologischen Prädikaten, wobei die ersteren die letzteren voraussetzen sollen. Axio-
35 logische Prädikate sind Prädikate, und zwar eine besondere Klasse
von Prädikaten. Warum heben wir diese Klasse als „logische" in
einem spezifischen Sinn hervor? In einem gewissen Sinn logisch
sind doch alle Prädikate als solche; alle fallen unter die Logik. Den
logischen Gesetzen gemäß muß jede Prädikation als solche sein.

Bedingungen der Möglichkeit objektiver Gültigkeit spricht die Logik
für Prädikate überhaupt aus in allgemeinster Allgemeinheit. In ihren
diesbezüglichen formalen Gesetzen kennt sie keinen Unterschied
zwischen Prädikaten und Prädikaten, als ob sie irgendwelche unter
5 dem Titel „Wertprädikate" zu fassende ausschlösse und ausschließen könnte. An der Fundierung kann es natürlich nicht liegen. Logik
spricht nicht von bloß nicht-fundierten Prädikaten, und es gibt ja
auch fundierte Prädikate, die niemand axiologisch nennen wird,
z. B. die physikalischen Prädikate, die ja geometrische voraussetzen.
10 Die Rede von logischen Prädikaten mag sich nun schon durch
diese Überlegung als fühlbar zweideutig herausstellen, so werden wir
darum doch nicht sagen können, daß die Abscheidung der axiologischen Prädikate als nicht in gewissem Sinn logische eine willkürliche
sei; als ob wir mit gleichem Recht beliebige andere Klassen von
15 Prädikaten für sich nehmen und für sie hinsichtlich der Stufe vernunftkritischer Problematik gleiches Recht beanspruchen könnten!
Gewiß, es sollen nicht auch sonst, außerhalb der axiologischen
Sphäre, wesentliche Demarkationslinien geleugnet werden und
apriori vorgezeichnete: die geometrischen Prädikate, die Zeitprädikate,
20 die sinnlichen Prädikate, die kausalen, die Scheidungen zwischen
physischen und psychologischen Prädikaten und Realitäten, alle die
genannten Unterschiede sind *apriori* vorgezeichnete und für die
erkenntniskritische Untersuchung grundwesentliche. Andererseits
rechnen wir aber all das doch wieder mit Recht zusammen; und ist
25 es anstößig, hier einfach von einer „logischen Sphäre" zu sprechen,
sofern die formale Logik ja alle Objektivität umspannt, so müssen
wir sie eben anders nennen. Freilich ist es schwer, ein Wort zu finden. Sprechen wir von Verstandessphäre gegenüber der Gemütssphäre, von Verstandesprädikaten gegenüber den Gemütsprädika-
30 ten, so finden wir die entsprechende Zweideutigkeit wieder beim
Wort Verstand. Ist nicht der Verstand das logische Vermögen, sind
die Gesetze der formalen Logik nicht Verstandesgesetze?

⟨b) Wertprädikate sind nicht nur in Prädikaten von
Naturrealitäten fundiert. Die Frage nach den Grundklassen der
35 fundierenden nicht-axiologischen Objektivitäten⟩

Kant ordnet die Ideen Verstand und Natur einander als Korrelate
zu. Die Idee des Verstandes deckt sich dann mit der Idee der Natur-

wissenschaft, ein Titel, der, wie Kant das selbst ausdrücklich tut, nicht nur die physischen, sondern auch die psychologischen Wissenschaften umspannt. Akzeptieren wir Kants Begriff der reinen Naturwissenschaft (abgesehen von dem besonderen Inhalt an Gesetzen,

5 den er ihr zuweist), das heißt, denken wir uns in eine Einheit befaßt alle Gesetze, die *apriori* zur Idee von Naturobjektitäten überhaupt gehören, so wäre diese Wissenschaft nichts anderes als reine Naturlogik oder, was auf dasselbe hinauskommt, reine Ontologie der Natur überhaupt und normative Wissenschaft von der Erfahrungs-

10 begründung überhaupt. Der Verstand als Korrelat der Natur, und nicht nur der gegebenen, sondern jeder Natur als solcher, wäre danach durch diese reine Naturlogik umgrenzt und wäre verschieden von dem Verstand in dem Sinn, der durch die formale Logik seiner Idee nach bestimmt wird. Jener wäre von diesem abhängig, die reine

15 Naturwissenschaft setzt wie alle Wissenschaft die formale Logik voraus.

   Die formale Logik ist die Logik der *apophansis* als solcher, sie ist, wie ich sie auch zu nennen pflegte, apophantische Logik. Sie handelt von der Aussage in allgemeinster Allgemeinheit, sofern sie über-

20 haupt soll wahr sein können. Aussage ist aber hier nicht in grammatischem Sinn zu nehmen, sondern im Sinne des Urteils im logisch-prägnanten Sinn, das heißt, dessen, was in eigentlicher Bedeutung als wahr oder falsch bezeichnet werden kann, also im Sinne desjenigen, was im Aussagesatz zur Aussage kommt. Jede Wissenschaft, sofern

25 sie ein System von Urteilen ist, steht unter den Wesensgesetzen des Urteils überhaupt, den Gesetzen der formalen Logik. Wir können aus anderen als hier ersichtlichen Gründen, nämlich hinsichtlich der in Frage kommenden Akte, auch gegenüberstellen urteilenden und erfahrenden Verstand überhaupt.

30 Begrenzt nun Natur und Naturlogik (korrelativ ausgedrückt: Erfahrung und Erfahrungslogik) den fraglichen Gegensatz jenes Logischen und Axiologischen? Zumal ja das Letztere, wie wir schon sagten, auch unter den formal-logischen (den urteilslogischen) Gesetzen steht. Wir sehen sogleich, daß das nicht zureicht. Dann wären ja alle

35 Wertprädikate ihrem Wesen nach in Erfahrungsprädikaten, d. h. in Prädikaten von Naturrealitäten, fundiert, und davon kann keine Rede sein. Dagegen spricht die Sphäre der ästhetischen Prädikate, wobei wir auch daran denken müssen, daß Schönheitswertungen sich auch auf irreale Objekte beziehen können. Ein Mathematiker

kann sich für die Schönheit eines Beweises, einer Theorie begeistern. Nun spricht man ja freilich mitunter von dem Schöpfer einer Theorie, von dem Erfinder eines Beweises. Aber eigentlich ist ja ein Beweis als ein logischer Zusammenhang von Urteilen im Sinne von
5 wahren Sätzen nichts Reales, das geschaffen, das gemacht, sondern nur etwas, was in der Weise von idealen Einheiten geschaut, eingesehen werden kann. Dieses Schauen ist aber nicht ein empirisches Wahrnehmen, wie denn schon Platon von der Ideenschau spricht, wo ihm die Ideen gerade als Gegensatz aller Naturwirklichkeiten
10 gelten.

Auch darauf ist hinzuweisen, daß Phantasieobjekte, irreale Bildobjekte gewertet werden können, und selbst wenn sie phantasierte Dinge sind, so doch nicht gedacht als existierende im Sinne der Natur. Indem sie Wertprädikate zulassen, sind es daher keineswegs
15 nur solche, die den phantasierten Dingen unter Annahme ihrer Naturexistenz als supponierten realen Wirklichkeiten zukommen, also hypothetisch zukommen, sondern als ästhetische Prädikate, solche, die ihnen in ihrer Erscheinungsweise wirklich und nicht bloß hypothetisch zukommen.
20 Doch es muß gesagt werden: Es fehlt hier die Lösung allerwichtigster, für die kritische Philosophie fundamentaler Aufgaben. Welches sind überhaupt, muß man fragen, die Grundklassen von Objektivitäten? Welche Klassen gehen ihrer Natur nach den axiologischen vorher? Und das besagt mit Rücksicht auf
25 die Art der Fundierung, nämlich der einseitigen Fundierung der letzteren in nicht-axiologischen Objektivitäten: Welche Objektivitäten sind und bleiben in sich geschlossene Objektivitäten, auch wenn die axiologischen Prädikate, die ihnen eventuell zukommen, sozusagen weggestrichen werden? Ein phänomenales Ding bleibt nicht Ding,
30 wenn wir seine Raumprädikate (Ausdehnung, Figur, Größe) weggestrichen denken, ebenso, wenn wir seine Zeitprädikate (Zeitstelle, Zeitausbreitung), weiter, wenn wir seine sinnlichen Prädikate weggestrichen denken. Das Ding als solches fordert sie alle. Zu seinem phänomenalen Wesen gehört es, einen Raumkörper zu haben, der
35 seine sinnlich bestimmte Fülle, seine Materie hat usw. Ein Ding ohne dergleichen wäre nichts. Es gibt zwar mancherlei außerwesentliche Bestimmtheiten, alle, die ihm nicht als Ding überhaupt zukommen. Aber sie kommen ihm aus naturgesetzlichen Gründen darum doch innerhalb der Natur notwendig zu.

Wenn nun ein Ding vermöge einer gewissen Stellung und Beleuch-
tung eine Erscheinung ergibt, die ästhetisches Wohlgefallen erweckt
und so, daß es mit Recht ein schönes heißt, so kommt ihm die
Schönheit in dieser Erscheinung zwar wirklich und rechtmäßig zu,
5 aber darum ist sie doch nichts ihm „objektiv" in dem anderen Sinn
Zugehöriges, sie gehört nicht zur „Natur" des Objekts. Streichen
wir die ästhetischen Prädikate weg, so verliert das Objekt nichts von
seiner Naturobjektität, es bleibt sein volles und ganzes Objekt, auch
wenn wir das Fortfallen solcher Prädikate fingieren.[1] Freilich kom-
10 men sie ihm zu, wahrhaft zu. Sie ihm abzuleugnen, wäre verkehrt,
aber sie gehören sozusagen in eine andere Dimension, und die unterliegenden Dimensionen konstituieren schon für sich eine Objektität.

⟨§ 5. Theoretische und axiologische Vernunft:
15   die niedere und die höhere Vernunftdimension⟩

⟨a⟩ Die Art der Fundierung der axiologischen
in den nicht-axiologischen Objektivitäten⟩

In der letzten Vorlesung meditierten wir über den rätselhaften
Unterschied zwischen axiologischen Prädikaten und logischen in
20 einem gewissen engeren Sinn. Ohne weiteres klar ist, daß es sich da
nicht um eine beliebige Scheidung von Prädikaten handelt, wie wir
sie nach wissenschaftlichen Gebieten etwa vornehmen können. Das
zeigt sich ja auch darin, daß sie der Scheidung in sogenannte theoretische und praktische, allgemeiner axiologische Vernunft parallel
25 läuft, während z. B. niemand von einer chemischen, akustischen,
mechanischen Vernunft und dergl. reden wird, nämlich als wesentlichen Unterschieden der Vernunft überhaupt. Und anstatt von Unterschieden zwischen theoretischer und axiologischer Vernunft sprechen wir auch von Unterschieden des Verstandes gegenüber dem
30 Vermögen vernünftiger Schätzung oder Wertung, wobei aber alle
diese Unterschiede zwar fühlbar vielbesagend sind, aber hinsichtlich
ihres eigentlichen Sinnes, und zwar philosophischen Sinnes durchaus fraglich sind.

---

[1] Irreführend! Etwas anderes ist eigentlich gemeint.

Was soll hier die Rede von einem Verstand, korrelativ zugeordnet zu den in gewissem Sinn „logischen Prädikaten", und im Gegensatz zu der Sphäre der axiologischen? Ist nicht Verstand überhaupt das logische Vermögen, und umgrenzen somit nicht Prinzipien der for-
5 malen Logik die allgemeinste Idee von Verstand und von Logischem? Alle Prädikate, auch die axiologischen, sind eben Prädikate, unterstehen also den Formgesetzen für Prädikate überhaupt. Alle Urteile, auch die Werturteile, wollen wahre sein; sie unterstehen den Wahrheitsgesetzen, den Geltungsgesetzen für Urteile über-
10 haupt, mit einem Worte, der formalen Logik. Damit ist eine Allherrschaft des formallogischen Verstandes statuiert. Was für einen engeren Sinn von Verstand sollen wir daneben wählen, wie ergänzend das Recht einer „axiologischen Vernunft" fassen und den beiderseitigen Sinn bestimmen?
15 Kant, hörten wir, faßt Verstand als Korrelat zur Natur im weitesten Sinn. Danach wäre Verstand der Titel für die Vernunft in der Erfahrung, zuhöchst in Form der auf niederer Erfahrung sich aufbauenden Erfahrungswissenschaft. Die Logik der Natur bzw. der Erfahrung umgrenzte dann die Idee des Verstandes. Aber diese Idee
20 des Verstandes gibt nicht diejenige, die wir suchen. Denn in Rücksicht auf die wesentliche Fundierung der axiologischen Prädikate in „Verstandesprädikaten" (in dem zu bestimmenden Sinn) müßten ja, das wäre nur ein anderer Ausdruck, alle axiologischen Prädikate ihrem Wesen nach fundiert sein in Prädikaten der Naturrealitäten.
25 Und daß das nicht zutrifft, ist klar, und wir haben uns davon an Beispielen leicht überzeugen können. Die Frage lebt also weiter: Was ist das für ein Verstand, was ist das für ein Logisches, das dem Axiologischen gegenübersteht?
Das letztere ist in dem ersteren fundiert. Heben wir zunächst
30 scharf das Wesen dieser Art Fundierung hervor. Die axiologischen Objektivitäten sind in den nicht-axiologischen so fundiert, daß die letzteren Objektivitäten sozusagen in sich fertige und abgeschlossene Objektitäten sind und verbleiben, auch wenn wir die axiologischen Prädikate, die ihnen zuerteilt werden mögen und wahrhaft zukom-
35 men mögen, sozusagen wegstreichen. Nicht beliebige Prädikate können wir in dieser Art wegstreichen. Ein phänomenales Ding bleibt nicht Ding, wenn wir seine Raumprädikate (als da sind Ausdehnung, Figur, Größe) weggestrichen denken, und wieder, wenn wir seine Zeitprädikate (Dauer, Veränderung, Zeitstelle), desgleichen seine

raum- und zeitfüllenden Bestimmtheiten weggestrichen denken. Ein
Ding als solches, wenn es eine Objektivität soll sein können, fordert
sie alle. Zu seinem Wesen gehört es, einen geometrisch bestimmba-
ren Körper zu haben mit einer bestimmten Raumfülle usw. Wir
5 können diese Prädikate nicht wegnehmen und dann noch eine volle
Objektivität behalten, in der solche Prädikate nur fundiert wären.
Halten wir uns an das einzelne Erscheinungsding, so können wir
zwar unterscheiden zwischen primär raumfüllenden Prädikaten und
bloß anhängenden, z. B. zwischen visuellen und taktuellen Be-
10 stimmtheiten und etwa tonalen Bestimmtheiten, die nur indirekt
und außerwesentlich als raumfüllende erscheinen. Aber dem Ding in
der Einheit der Natur kommen alle empirischen Bestimmtheiten in
Form der naturwissenschaftlichen Fassung notwendig, d. i. naturgesetzlich, zu.

15   Nehmen wir aber etwa ästhetische Prädikate, nehmen wir an, daß
ein Ding in einer gewissen Erscheinungsweise ein ästhetisches Wohlgefallen erweckt und so, daß es mit Recht ein schönes heißt, so
kommt ihm diese Schönheit in dieser Erscheinungsweise zwar wirklich, d. i. rechtmäßig zu, aber darum ist sie doch nichts ihm in
20 einem engeren Sinn objektiv oder theoretisch Zugehöriges; sie gehört nicht zur eigenen „Natur" des Objekts. Nämlich: Denken wir
uns die ästhetischen und sonstigen Wertprädikate weggestrichen, so
hat das Objekt noch immer die ihm eigene „Natur", es ist und
bleibt ein volles und ganzes Objekt; und die Natur bleibt Natur. Die
25 theoretische Wissenschaft bleibt, was sie ist: In sich selbst führt sie
nie auf Werte.[1] Die Wertprädikate kommen ihm zwar in Wahrheit
zu, sie ihm abzuleugnen wäre verkehrt. Aber sie gehören sozusagen
in eine andere Dimension. Diese Dimension setzt aber unterliegende Dimensionen voraus, in denen sich schon eine volle und gan-
30 ze Objektivität konstituiert.

⟨b⟩ Der Verstand in psychologisch-naturwissenschaftlicher und in
      phänomenologisch-erkenntniskritischer Betrachtungsweise⟩

Wie können wir nun diese verschiedenen Dimensionen verstehen:
die unterliegende, die des Verstandes, die darüberliegende, die der

---

[1] Verbesserung in der nächsten Vorlesung ⟨S. 268⟩ Rücksichtnahme auf relationelle
Prädikate, die auch zur Natur des Objekts gehören.

axiologischen Vernunft? Nun, zunächst liegt es offenbar ⟨nahe⟩ zu
sagen: Die höhere und neue Dimension ist das Reich des Gemüts,
ohne Werten keine Wertprädikate. In der unterliegenden Dimension
reicht der Intellekt allein aus, aus sich heraus Objekte und Prädikate
5 von Objekten zu konstituieren; in der höheren Dimension muß das
Gemüt in seinen verschiedenen Funktionen das Werk tun. Daß hierin irgendetwas Wahres steckt, ist zweifellos. Aber wir müssen uns
vor Verwirrung hüten. Natur, Naturtatsachen jeder Art gehören,
wenn auch nicht allein, durchaus in die untere Dimension. Selbst-
10 verständlich sind ihr aber auch zuzurechnen alle Gemütsfunktionen.
Naturwissenschaft ist ja nicht bloß physische, sondern auch psychologische Naturwissenschaft, und als solche umfaßt sie wie alle anderen auch die Funktionen des Wertens, nämlich als Fakta der Natur.
Ich betone noch einmal: als Fakta der Natur. Können psychische
15 Funktionen, hier Funktionen des Wertens, noch anders in Betracht
kommen denn als Fakta der Natur?

Wir scheiden psychologisch Urteilsakte von Gemütsakten, wir
scheiden Urteilsneigungen von Willensneigungen, Urteilsentschei-
dungen von Willensentscheidungen; Akte des Gefallens, des Sich-
20 Freuens, des Wünschens sind nicht Denkakte. Wie steht es nun mit
den Denkakten? Sie gehören zur Psychologie als Tatsachen der
Natur, als nach psychologischen Naturgesetzen kommende und ge-
hende Erlebnisse von Menschen und sonstigen psychischen Natur-
objekten. Hat es einen Sinn, Denkakte in anderer Weise zu betrach-
25 ten, nicht als Tatsachen der Natur, nicht als Material der Psychologie? Vielleicht doch.

Denkakte nicht als Fakta, sondern als solche und solche Denkar-
tungen ihrem Wesen, ihrer Idee nach stehen unter Normen. Alle
Gemütsakte, die wir da als wertende Akte bezeichnen, stehen nicht
30 minder unter Normen, und wieder nicht als Fakta, sondern nach
ihrem Wesen, nach ihrer Idee. Und gerade in engster Beziehung
darauf, daß Denken und Werten unter Normen, unter idealen Gesetzen stehen, die nicht Naturgesetze sind, die nicht Denken und Werten als Fakta angehen, spricht man mit Vorliebe von Verstand und
35 Vernunft. Mag sein, daß mit diesen Reden auch empirische Bedeutungen verbunden sein mögen, so daß man bei ihnen auch denken
kann und öfter auch denkt an psychische Vermögen der Menschen
und aus ihnen psychologisch hervorgehende Akte; mag sein, daß
auch große Denker es nicht vermochten, die psychologischen Ein-

schläge der Bedeutung von den nicht-psychologischen reinlich und
entschieden abzutrennen: Sicher ist doch, daß bei einer gewissen
Betrachtungsweise und zugehörigen Problemlage, in der alle Faktizität und Psychologie ausscheidet, die Worte „Verstand" und „Ver-
5 nunft" sich natürlich darbieten und Verwendung zu finden pflegen.
Wenn Kant z. B. vom Verstand sagt, daß er der Natur seine Gesetze
vorschreibe, so meint er natürlich nicht den Unsinn, daß das empirisch psychologische Vermögen Verstand Schöpfer oder Mitschöpfer
der Natur sei, zu der doch dieses psychologische Vermögen selbst
10 gehört.
    In der Tat, es gibt eine doppelte Betrachtungsweise und eine dop-
pelte Problemlage. Die eine ist die psychologisch-naturwissenschaft-
liche, die andere ist die nicht-psychologische, die phänomenolo-
gisch-erkenntniskritische und überhaupt vernunftkritische. Die eine
15 hat es mit den Verstandesakten als besonderen *factis* zu tun, die
andere mit Verstandesakten als idealen Wesen. Verstandesakte, d. i.
ihre Betrachtung, sind ihrem Wesen nach objektivierende Akte,
ihrem Wesen nach beziehen sie sich auf jene Objektivität, die wir
(bei Voraussetzung des Kantischen Begriffs von Verstand) Natur
20 nennen. Verstandesakte, als empirische Fakta verstanden, unterstehen psychologischen Gesetzen; Verstandesakte, als phänomenologische Wesen verstanden, Wesensgesetzen, darunter normativen Gesetzen, denen als Korrelat entsprechen die idealen Gesetze einer
Ontologie der Natur überhaupt, einer reinen Naturwissenschaft. Sie
25 bilden die idealen oder, was dasselbe ist, apriorischen Bedingungen
der Möglichkeit einer Natur überhaupt und näher, der Natur überhaupt; ebenso allgemeiner, für jede wie immer weit gefaßte Verstan-
des- und Vernunftsphäre. Und das betrifft auch den Inbegriff der
wertenden Akte. Es gibt eine wertende Vernunft, die ihrem Wesen
30 nach konstituierend ist für jede Wertobjektivität überhaupt.
    Also die Reden von Verstand und Vernunft in ihren verschiede-
nen Begrenzungen stehen in Korrelationen mit Kategorien von Objektivitäten überhaupt, sofern sich diese ihrem Wesen nach bewußtseinsmäßig konstituieren bzw. es umgekehrt zum Wesen der
35 betreffenden Artungen von sogenannten Verstandes- oder Vernunftakten gehört, gerade solche Objektivitäten zum Bewußtsein und
eventuell zur Gegebenheit zu bringen. Naturwissenschaftlich heißt
es ganz richtig: Einerseits sind wirklich die und die Subjekte und
andererseits die und die wahrhaft seienden realen oder idealen Ob-

jektitäten; und es kommt gelegentlich vor, daß die Subjekte in ihren realen Bewußtseinsakten sich auf diese Objektivitäten beziehen, ihrer gewiß werden, und eventuell einsichtig auf gute Gründe hin gewiß werden. Andererseits heißt es in der Stellung der Wesensbe-
5 trachtung der Phänomenologie und Vernunftkritik: Bewußtseinsakte beziehen sich auf Objekte, und gerade auf die oder jene Objekte: Das ist nicht ein bloß faktisches Zusammenkommen und Übereinkommen zweier gesonderter Sachen, genannt Akt und entsprechendes Objekt, oder das Hineinkommen irgendeiner Vorstellung oder
10 Bild genannten Sache in das Sachbewußtsein und was dergleichen mehr, sondern zum Wesen der jeweiligen Objektivitäten gehört es, daß die ihrer bewußt werdenden Akte von bestimmter Artung, von bestimmtem Wesen sind, daß also Bewußtsein von solcher Objektivität überhaupt ein Titel für gewisse wesensmäßig zusammenhän-
15 gende Artungen von Akten ist. Und umgekehrt: Zum Wesen solchen Bewußtseins, zur immanenten Artung solcher Akte gehört es, also rein immanent, daß sie gerade Bewußtsein von so gearteten Objektitäten sind und je nachdem anschauendes Bewußtsein, denkendes Bewußtsein, begründendes Bewußtsein usw.
20   Lassen wir also die Natur, die Faktizität des Daseins von psychischen Akten solcher Artungen ganz außer Spiel und ebenso außer Spiel die Ansetzung von Existenz von den Objektitäten, die wir hierbei in Betracht ziehen, so erkennen wir wesentliche Korrelationen, nämlich solche, die einerseits zur Idee so und so gearteter Objekti-
25 vität überhaupt gehören und andererseits zur Idee des Bewußtseins überhaupt hinsichtlich der und der, eben solchen Objektitäten korrelativ zugehörigen Artungen. Aus dieser Korrelation entquellen alle im echten Sinn philosophischen Probleme. Also zunächst die erkenntniskritischen: zu verstehen, wie Erkenntnis überhaupt möglich
30 ist, wie Bewußtsein überhaupt sich auf eine Gegenständlichkeit „an sich", die nicht selbst Bewußtsein ist, beziehen und sich das Sein solcher Gegenständlichkeit mit Grund zur Gewißheit bringen kann. Den verschiedenen Kategorien von Objektitäten entsprechend muß das Wesen der auf sie bezüglichen Bewußtseinsgestaltungen aufge-
35 klärt und das Wesen der Korrelation selbst aufgeklärt werden, zumal in der Lösung des Problems möglicher, evidenter, durch volle Ausweisung charakterisierter Gegebenheit im Gegensatz zur bloßen Gemeintheit in ihren verschiedenen Formen. Und damit muß zugleich aufgeklärt werden die Möglichkeit einsichtig bewußter Gesetzmä-

ßigkeiten, unter denen apriorische Objektitäten der betreffenden
Kategorien überhaupt in unbedingt allgemeiner Geltung stehen.

⟨c⟩ Wertende Vernunft als Wertobjektivität konstituierendes
Bewußtsein. Wie können Gemütsakte objektivieren?⟩

5   In dieser Hinsicht haben wir also auch die wertende Vernunft zu
erforschen und ihrer eigentümlichen Stellung gewiß zu werden im
Vergleich mit der sie fundierenden logischen Vernunft. In diesem
Sinn haben wir nach der Bestimmung der Demarkationslinie zwischen beiden zu suchen. Wir sagten, etwas Wahres sei daran, daß in
10   der niederen Vernunftdimension die Gemütsfunktionen keine Rolle
zu spielen berufen sind und daß die Vernunft höherer Dimension
durch eben diese Funktionen begründet wird. Damit kann nur
gemeint sein, daß es einerseits Bewußtsein als solches, unter objektivierenden Normen stehendes, gibt, das von Gemütsakten der Wer-
15   tung nichts enthält; und daß andererseits in eben solchen Akten, mit
denen schon Objektität bewußt und eventuell gegeben ist, in neuer
Schicht wertende Akte fundiert sind und daß mit diesen eine neue
Stufe der Objektivation beginnt; eine Objektivation, an der die wertenden Akte als konstituierende beteiligt sind und nicht etwa als
20   objektivierte. Richtet sich Denken auf Werten, so ist das Werten
Objekt. Objektivierend ist hier das Denken und nicht das Werten.
Das Merkwürdige ist nun dies, daß sich auch das Werten von sich
aus, seiner eigenen Natur nach, in analoger Art „richten" kann, auf
Objekte richten kann, ohne daß es darum ein Denken ist. Werten ist
25   auch „Bewußtsein" und nicht bloß Vorstellen, Wahrnehmen, Urteilen und dergl., und es ist wertendes und nicht denkendes oder wahrnehmendes Bewußtsein. Als wertendes Bewußtsein soll es für Objektivität, und zwar ihm wesentlich zugehörige Objektivität konstituierendes sein.
30   Daß das wirklich statthat, das ist von vornherein zweifellos, man
braucht sich nur die Sachlage einmal gründlicher überlegt zu haben.
Es ist zweifellos, daß als Bewußtsein das Werten in seinen verschiedenen Formen, als Gefallen, als Wünschen, als Wollen, den Akten,
die wir Wahrnehmen, Denken, Vermuten und dergl. nennen, gleich-
35   steht, daß es seine differenzierten Beziehungsweisen auf Objektitäten
hat. Und es ist klar, daß die Weise der Normierung zwar hier und
dort eine verschiedene, aber doch als Normierung vom selben Gat-

tungscharakter ist. So wie logische Normen zu den logischen Akten
stehen, so Wertungsnormen zu den wertenden Akten. Eben diese
offenbare Parallele, die keine äußerliche Analogie ist, sondern zweifellos in Wesensgemeinschaft gründet, erklärt auch die Möglichkeit,
5 von formaler Ethik, formaler Axiologie in Analogie zur formalen
Logik zu sprechen. Es ist kein Zufall, daß wir Gruppen von Gesetzen
gefunden haben, die den logischen analog sind. Vielmehr ist es klar,
daß auch diese Analogie in Wesensgemeinschaft gründet bzw. umgekehrt ein Argument dafür abgibt, die vielleicht noch nicht erschaute
10 Wesensgemeinschaft zu vermuten und nach ihrer klaren Herausstellung zu suchen.

Andererseits haben wir nun das Problem, das wir schon kennen
und das als unbequemes Hindernis uns im Wege steht: Wie kann
Gemüt objektivieren? Wenn wir Denktätigkeiten gegenüberstellen
15 den Gemütstätigkeiten, so mag noch so viel an einer näheren Aufklärung zwischen beiden fehlen, wir haben doch einen verständlichen Unterschied, und im besonderen einen verständlichen Begriff
von Denken. Und nach dem scheint es, daß wir sagen müssen: Zu
objektivieren, das ist Sache der Denkfunktionen; ohne sie ist be-
20 wußtseinsmäßig von Objekten gar keine Rede. Wie kann nun das
Gemüt, wie können irgendwelche wertenden Akte für die Objektivation anders in Betracht kommen denn als Material derart, daß sie
objektiviert werden? Wie sollen Gemütsakte selbst objektivierend sein, wie sollen sie Quellen abgeben für den Ursprung eigen-
25 tümlicher Prädikate, als welches die Wertprädikate sind? Wenn sie
aber bloß beteiligt und doch objektivierend beteiligt sind und andererseits auch die Denkfunktionen beteiligt sind, wie ist der Anteil
beiderseits zu bestimmen und die Art der Funktion nachzuverste-
hen? Also wir haben noch immer die Probleme nicht gelöst, auch
30 nicht das Problem der deutlichen Unterscheidung der beiderseitigen
Funktionen nach ihrem Wesen, welches unlösbar verbunden ist mit
der Frage nach der Art der Funktionierung. Nur das eine ist getan,
daß wir etwas näher an die Probleme herangekommen sind.

⟨d) Theoretische Forschung führt auf keine Werte⟩

35 Wir überlegen gegenwärtig das Verhältnis zwischen Vernunft in
der Sphäre des Intellekts und Vernunft in der Sphäre des
Gemüts. In objektiver Hinsicht gingen wir aus von dem Unter-

schied der Wertprädikate von den Nicht-Wertprädikaten. Die ersteren sind in den letzteren fundiert. Werte sind Gegenstände, die wert sind, und Gegenstände müssen erst ihr Sein haben und ihr Sein durch Prädikate auseinanderlegen lassen, ehe sie auch wert sein kön-
5 nen, also spezifische Wertprädikate haben können. Theoretische Prädikate in einem gewissen, durch diesen Gegensatz bestimmten Sinn kommen ihren Gegenständen theoretisch-verstandesmäßig zu, erst vom Gesichtspunkt der wertenden Vernunft aus gewinnen sie praktische und sonstwie axiologische Prädikate. Wir sprachen von
10 einer „neuen Dimension", in der die letzteren Prädikate liegen, gegenüber den fundierenden Dimensionen, in denen sich die volle und ganze, in sich geschlossene theoretische Objektität konstituiert.
    Denken wir uns die Wertprädikate weggestrichen, so bleibt alle theoretische Wissenschaft bestehen und mit ihr korrelativ die
15 ganze Welt des theoretischen Verstandes, darunter die Welt im gewöhnlichen Sinn der Natur. Ob so etwas wie vernünftige Wertung Sinn hat oder nicht, die Dinge sind, was sie sind, sie haben die ihnen theoretisch zukommenden Eigenschaften, sie begründen die zu ihnen theoretisch gehörigen Verknüpfungen und Beziehungen.
20 Wo immer und in welcher Gegenständlichkeitssphäre auch immer Wertprädikate sinnvoll anwendbar sein mögen, wir können sie wegstreichen und diese Gegenständlichkeiten bleiben, was sie sind, und in „theoretischer" Erforschung kommen wir nie an jene Wertprädikate, die ihnen zuweisbar und eventuell gültig zuweisbar sein mö-
25 gen. Theoretisch-logisch hat jeder Gegenstand seine sogenannten inneren, seine konstituierenden Eigenschaften. Sie konstituieren sein immanentes Wesen. Theoretisch-logisch hat jeder Gegenstand seine Relationen zu anderen Gegenständen. Mögen diese Relationen Wertbestimmungen fundieren, streichen wir diese weg, so bleibt die
30 theoretische Sachlage bestehen. Theorie führt auf keine Werte. Schon Hume hat darauf hingewiesen: Man spreche so viel von der ästhetischen Vollkommenheit des Kreises; im Euklid steht davon nichts. Nicht als ob Euklid sie leugnen würde; er spricht darüber überhaupt nicht. Es ist klar: Eine ideal vollendete theoretische
35 Erforschung der Figuren, eine absolut vollständig fingierte Geometrie enthielte nichts von der Schönheit oder Unschönheit irgendwelcher Figuren. Dergleichen Prädikate sind nicht theoretisch, sie gehören in eine andere Dimension.
    Andererseits gibt es aber eine Axiologie, eine theoretische Diszi-

plin von den Werten. Auch Werte lassen eine theoretische Erforschung zu; Wertprädikate haben ihr Wesen, das gegenständlich betrachtet und wie alles Gegenständliche theoretisch betrachtet werden
kann. Aber auch hier kommen wir auf keine Wertprädikate. Daß
5 irgendetwas wert ist, das kann keine theoretische Forschung, auch
keine Axiologie lehren; sie kann nur lehren, was zum Wesen von
Wert überhaupt und zum Wesen der verschiedenen Wertkategorien
theoretisch gehört. Die besondere Stellung der Wertprädikationen
wird dadurch ja nicht aufgehoben, daß die ihnen entsprechenden
10 Kategorien zum Feld theoretischer Forschung gewählt werden können.
Ich habe in der Wiederholung etwas ausführlicher dargestellt, weil
die kurze Darstellung zu Beginn der letzten Vorlesung, wie ich aufmerksam gemacht worden bin, mißverständlich war und die Art der
Fundierung, die ich gerade charakterisieren wollte, in einem anderen
15 Licht erscheinen könnte, als ich es eigentlich meinte. Doch gehen
wir weiter. Was für Probleme spezifisch philosophischer Art bietet
dieser merkwürdige Unterschied zwischen theoretischen und axiologischen Prädikaten? Inwiefern ordnen wir ihm einen Unterschied
zwischen theoretischer und axiologischer Vernunft zu, wovon die
20 letztere die naturgemäße Erweiterung von Kants Idee der praktischen Vernunft darstellen soll? Inwiefern bringen wir die axiologische Vernunft mit dem Gemüt in besonders nahe Beziehung und
sind versucht zu sagen, die axiologische Sphäre sei das Reich des
Gemüts — ohne Werten keine Wertprädikate —; in der unterliegen-
25 den Dimension reiche der Intellekt für sich allein aus, Objekte und
Prädikate von Objekten zu konstituieren, in der höheren müsse das
Gemüt mit seinen wertenden Funktionen mit ans Werk gehen? Wir
müßten uns zunächst die allgemeine Natur der hier bestehenden
philosophischen Aufgaben klarmachen: das Ziel erkenntniskriti-
30 scher Forschung überhaupt.

⟨§ 6. Das Wesen der erkenntnistheoretischen
Problematik überhaupt⟩

Ganz allgemein gesprochen konstituiert sich Objektivität überhaupt bewußtseinsmäßig: Das heißt, Objekte mögen noch so sehr an
35 sich sein und als seiend die und die Prädikate haben, die ihnen eben
an sich zukommen; für irgendein Ich, das von ihnen Erkenntnis hat,

sind sie nur dadurch da oder gegeben, daß sie eben erkannte sind,
und das heißt, sie sind irgendwie angeschaute oder vorgestellte oder
sonstwie gemeinte und eventuell in Form einsichtiger Erkenntnis im
strengen Sinn erkenntnismäßig gegebene. Nur wenn sie das letztere

5 sind, kann das Ich mit wirklichem Recht sagen, sie seien wirkliche
Objekte und hätten wirklich die und die Bestimmungen. Das gilt für
jedes Objekt selbstverständlich und nicht minder auch für jedes Ich;
ein jedes findet sich und die anderen Ich, die eben auch unter den
weitesten Begriff des Objekts fallen, in derselben Weise vor. Sage

10 ich: „Ich bin", so sage ich eben aus: „Ich denke, ich habe ein
zugehöriges Anschauen und Vorstellen usw.". Auch für die betreffenden Erlebnisse des Anschauens, des Vorstellens, Denkens usw.
gilt dasselbe; auch sie haben mögliche Beziehung zu auf sie bezüglichen Anschauungen, Vorstellungen, Denkakten usf.

15 Von hier aus wird man auf eine notwendige Korrelation geführt,
nämlich zwischen Objekten und den Akten, die unter dem weitesten
Titel der „Erkenntnis" stehen und sich auf diese Objekte erkenntnismäßig beziehen. Und dazu ist Folgendes zu sagen: „Eine Erkenntnis bezieht sich auf ein Objekt", das sagt nicht, der Erkennt-

20 nisakt hat irgendein faktisches äußeres Verhältnis zum Objekt. Man
pflegt da an das faktische Verhältnis der Ähnlichkeit zu denken, das
zwischen Bild und Original besteht. Also sagte man sich etwa: Der
Erkenntnisakt ist ein Bild und das erkannte Objekt das Original.
Aber der Erkenntnisakt erkennt doch in sich das Objekt. Das Bild

25 aber, dieses Ding für sich, bezieht sich doch in sich selbst durchaus
nicht auf das Original. Daß ein Bild ein Ähnlichkeitsrepräsentant für
ein anderes Objekt sein, daß es bildmäßig fungieren kann, das setzt
ja allererst ein Bewußtsein voraus, welches im Anschauen des Bildes
das Original irgendwie vorstellt und meint. Also nützt das äußere

30 Verhältnis nichts zur Verständlichmachung, sondern nur zur Ver-
dunklung der Erkenntnislage. Nicht das äußere Bildverhältnis, sondern die innere Eigentümlichkeit des Bildbewußtseins, das aber ein
bloßes Exempel von Erkenntnisakten ist, kann uns dienlich sein.
Das Bildbewußtsein rein in sich selbst ist Bewußtsein vom Abgebil-

35 deten; im Bild anschauen ist etwas meinen, was es nicht selbst ist.
Und darin liegt überhaupt das Wesentliche, daß all die Phänomene,
die wir unter dem Titel „Erkenntnis" zusammenfassen, diese wunderbare Eigentümlichkeit haben, daß ein jedes in seiner Weise ein
Objekt-Meinen ist und ein Gerade-dieses-Objekt-Meinen; dabei

aber in verschiedener Weise. Ein Anschauen ist in sich Anschauen
von einem Objekt und ist gerade ein Dieses-und-kein-anderes-Ob-
jekt-Anschauen; ein Phantasieren, ein Gerade-dieses-Objekt-Phan-
tasieren, ein Denken, ein Gerade-dieses-Objekt-Denken usw.

5 Derartige Phänomene, die „intentionale" heißen oder „Akte",
haben aber die gleiche Eigentümlichkeit, auch wenn es (doch wohl
öfter mit Grund) heißt: Das Objekt existiert nicht. Eine Wahrnehmung nimmt ein Objekt wahr, aber das Objekt existiert gar nicht:
Wir sprechen dann von Halluzination oder Illusion. Eine Erinnerung
10 setzt einen Vorgang als gewesen, in Wahrheit ist er aber gar nicht
gewesen: Wir sprechen dann von täuschender Erinnerung. Ein Urteil urteilt, es bestehe der und der Sachverhalt, aber in Wahrheit
besteht er nicht, und wir sagen, das Urteil sei ein falsches. In sich
aber, ihrem intentionalen Charakter nach, unterscheiden sich die
15 hier als Täuschungen bezeichneten Akte nicht von den entsprechenden richtigen.

Rein immanent gehört es, wie ja ganz evident ist, zum Wesen der
betreffenden Akte, auch dieser falschen, daß sie sich in der Weise
von Meinungen in einem weitesten Sinn, daß sie sich als Wahrneh-
20 mungen, Erinnerungen, Denkmeinungen auf Objekte und gerade auf
diese ihre Objekte beziehen. Mit Evidenz kann man die Objekte als
so und so gemeinte beschreiben, auch wenn sie vom Gesichtspunkt
der logischen Schätzung nach Existenz oder Nicht-Existenz gar nicht
existieren. Das also ist der erste Schritt der Erkenntnis, sich klarzu-
25 machen, daß diese Intentionalität, dieses Sich-auf-das-und-das-Ob-
jekt-Beziehen etwas zum immanenten Wesen der betreffenden Akte
Gehöriges ist, und der zweite Schritt ⟨ist⟩, daß es etwas ist, das
erwogen werden kann völlig außerhalb der psychologischen Auffassung der Akte als Erlebnisse von Menschen, somit als Data der
30 Natur.

Ob ein Akt in der Natur existiert oder nicht, zum Akt, zu einem
Akt überhaupt von demselben immanenten Wesen, gehört die Intentionalität, primär gehört sie also zu dem abstraktiv, in reiner
Ideation zu erfassenden Wesen selbst. Man kann Psychologie trei-
35 ben, also Forschungen anstellen über Akte als zeitliche Vorkommnisse seelischer Realitäten, über Akte als seelische Ereignisse. Man
kann aber auch phänomenologisch die Existenz der gesamten
Natur, und damit auch die Existenz der Akte genannten Naturvor-
kommnisse ausschalten und anstelle der Erfahrungsforschung der

Psychologie vielmehr Wesensforschung der Phänomenologie treiben. Die Forschung ist dann eine rein apriorische, das heißt, eine
solche, die rein die Aktwesen betrifft und all das, was essentiell zu
den verschiedenen Aktartungen und ihren Wesenszusammenhängen
5 gehört.

Ist dieser Schritt gemacht, so formuliert sich das phänomenologische Grundproblem der echten Erkenntniskritik wie
folgt: Vielerlei inhaltlich verschiedene (wesensverschiedene) Akte
sind doch wesensmäßig so geartet, daß sie sich auf dasselbe Objekt
10 beziehen. Wie ist diese Beziehung auf ein identisches Objekt zu verstehen, und vor allem, wie ist nicht nur die Beziehung von Bewußtsein überhaupt auf Objektität überhaupt, sondern wie ist die Beziehung von Bewußtsein überhaupt auf eine gültig seiende Objektität
zu verstehen, auf eine in Wahrheit seiende zu verstehen? Wie ist
15 also zu verstehen der Unterschied, den wir machen zwischen bloßer
Meinung und richtiger Meinung? Den Unterschied, sagte ich, „den
wir machen", das heißt doch wieder, den die Erkenntnis überhaupt
in sich selbst macht mit Beziehung auf Wesensdifferenzen der oder
jener Akte, als in welchen doch alle Intentionalität liegt. Und wie-
20 der, wenn überhaupt von richtiger Meinung und korrelativ von
wahrhaft seienden Objektitäten welcher Art immer die Rede sein
können soll, so muß sich diese Richtigkeit bzw. das Wahrhaftsein
ausweisen. Das Sichausweisen, das sogenannte Begründen ist
selbst nichts anderes als Bewußtsein; es besteht wieder in nichts
25 anderem als in gewissen, wesensmäßig so und so gearteten Akten
oder Aktzusammenhängen. Also, wie sehen sie aus, wie ist ihr
Wesen beschaffen, wie aus ihrem Wesen zu verstehen, daß es in
ihnen heißt: Die Objektität ist nicht nur als seiend gemeinte, sondern in ihrem Sein wahrhaft gegebene Objektität? Worin besteht die
30 viel beredete *adaequatio rei ac intellectus,* vermöge deren ein Akt
auch außerhalb des begründenden Zusammenhangs ein richtiger heißen, richtig oder „rechtmäßig" seinem Objekt als einem wahren
entsprechen kann?

Das alles sind Probleme, die nur die immanente Wesensanalyse
35 der Akte, die wir phänomenologische Analyse nennen, lösen kann,
und die anders lösen zu wollen überhaupt ohne Sinn wäre. Doch
eigentlich sind es nur bestimmte, aber sehr allgemein bezeichnete
Titel für Probleme. Es bedarf erst der Besonderungen. Alle Begründung untersteht Begründungsgesetzen. Da sind die Gesetze, welche

eine eigene wissenschaftliche Disziplin, die formale Logik und die mit ihr zusammenhängende formale Mathematik ausmachen. Die logischen Gesetze haben eine besondere Beziehung zu den Bedeutungen. Sie hängen damit zusammen, daß Wahrheit mit dem Urteil
5 zur Gemeintheit und Gegebenheit kommt,[1] wieviel und wie wesentlich im Falle der Gegebenheit auch Akte der Intuition beitragen mögen. Im urteilenden Denken aber, in der Denkschicht überhaupt, der das Urteil angehört, gehört es zum Wesen der Akte, daß sie einen idealen Bedeutungsgehalt haben, „mittels" dessen sie sich,
10 wie man sagt, auf ihre gedachten Objekte beziehen, der also zu unterscheiden ist vom Akt selbst auf der einen Seite und dem Objekt auf der anderen. Wie sind diese im Wesen der Intentionalität doch gründenden Verhältnisse zwischen Akt, Bedeutung und Gegenstand zu verstehen, wie die ausgezeichnete Stellung der rein logi-
15 schen Gesetze als zur Bedeutungsform überhaupt gehöriger Bedingungen der Möglichkeit der Wahrheit, wie die Möglichkeit unbedingt gültiger apriorischer Normen als korrelativ zugehörig zu diesen formal-logischen Gesetzen?

Ähnliche Probleme betreffen die ontologischen Prinzipien, die
20 Begriffe und Gesetze, welche zur Idee jeder möglichen Natur überhaupt gehören, und die Normen, welche *apriori* als methodische Prinzipien für alle erfahrungswissenschaftlichen Feststellungen überhaupt zu fungieren haben, also für die Möglichkeit von Erfahrungswissenschaft überhaupt konstitutiv sind. Schon die bestimmte For-
25 mulierung und zumal auch radikale Sonderung dieser Probleme ist eine der größten Aufgaben, die der menschlichen Erkenntnis gestellt sind. Schon die Frage, wie die grundwesentlichen Gattungen von Gegenständlichkeiten überhaupt zu scheiden sind, denen die wesentlichen Scheidungen erkenntniskritischer Disziplinen zu entsprechen
30 haben, ist von ausnehmender Schwierigkeit.

Es ist klar, daß von der Lösung dieser Probleme *apriori* die Möglichkeit der Metaphysik abhängt, die Möglichkeit jeder Metaphysik, die als Wissenschaft gelten können soll. Ohne tiefe Erkenntnis des Wesens der Korrelation zwischen Erkenntnis und Sein besteht kei-
35 nerlei Möglichkeit, den reinen, ungetrübten Sinn der Wirklichkeit, des Inbegriffs der durch mathematische Naturwissenschaft erkann-

---

[1] Alles, was von Gegenständen gilt — daß ein Gegenstand ist, so und so beschaffen ist —, kommt zur Gemeintheit und Gegebenheit im Urteil.

ten und erkennbaren Gegenständlichkeiten, zu erfassen; wie denn
faktisch alle psychologistischen Verkehrtheiten sofort in metaphysische Verkehrtheiten umschlagen.[1]

⟨§ 7. Das erkenntnistheoretische Problem der Unterscheidung
5   zwischen theoretischer und axiologischer Vernunft hinsichtlich
der Konstitution der Werte⟩

⟨a) Die Unverständlichkeit der Unterscheidung zwischen
theoretischer und axiologischer Vernunft hinsichtlich der
Konstitution der Werte⟩

10   In der letzten Vorlesung haben wir uns das Wesen der erkenntnistheoretischen Problematik überhaupt klargemacht. Es handelt sich
heute darum, zur Installierung der besonderen Problematik überzugehen, welche uns die axiologische Vernunft stellt, sowie ihr Verhältnis zur sogenannten theoretischen Vernunft. Denn das war ja
15   unser eigentliches Thema, um dessen willen wir die allgemeine
erkenntniskritische Erörterung einschoben: das erkenntniskritische
Verständnis der Scheidung zwischen sogenannter theoretischer und
axiologischer Vernunft mit den ihnen zugeordneten und wesentlich
aufeinander gebauten Gegenständlichkeitssphären, der spezifisch
20   theoretischen Sphäre und der spezifischen Wertsphäre.
     Diese Reden von zweierlei Arten der Vernunft als Korrelata zu
Sphären der Gegenständlichkeit können uns jetzt nicht mehr beir-
ren. Natürlich bedeutet jetzt Vernunft kein psychisches Vermögen,
sondern das Wort will phänomenologisch oder auch – Kantisch
25   gesprochen – transzendental verstanden sein: als ein Titel für die
betreffenden Wesensgestaltungen von Akten, in denen Gegenständlichkeiten des betreffenden kategorialen Typus ihrem Wesen nach
zur Gemeintheit und im Erkenntniszusammenhang zur ausweisenden Gegebenheit kommen. Ich brauche zur Bezeichnung dieser in
30   sich geschlossenen Mannigfaltigkeit von Aktartungen, die zu einer
Gegenständlichkeit wesensmäßig gehören und die wieder ihrem Wesen nach in der Einheit eines Begründungszusammenhangs erkennt-

---

[1] Nota. Wenn ich mich recht entsinne, habe ich theoretische und axiologische Ver-
nunft als sich ausschließende Sphären behandelt. Aber solange nicht das Gebiet der
Vernunft in der Sphäre der Vermutung, des Zweifels, der Frage geklärt ist, ist diese
Scheidung als exklusiv nicht erwiesen.

nismäßig fungieren können, auch das Wort „konstituierende Akte" und sage, daß diese Akte die betreffende Gegenständlichkeit konstituieren oder daß diese sich in jenen Akten konstituieren.[1] Dahinter darf weiter nichts gesucht werden.

5 Ich bemerke ferner, daß die Rede von Vernunft schon in ihrer empirischen und desgleichen auch in ihrer transzendentalen Bedeutung darauf hinweist, daß die betreffenden Aktarten gattungsmäßig unter Normen stehen mit Beziehung auf die zu ihnen gehörigen Unterschiede der Geltung und Ungeltung, Unterschiede, die ihrer-

10 seits wesensmäßig zusammenhängen mit den Unterschieden bloßer Gemeintheit und wahrhafter Gegebenheit.

Vernunfttheoretische Erörtungen haben die Geltungsunterschiede speziell im Auge. Sie wollen ja verständlich machen nicht nur, wie überhaupt in irgendeinem Sinn Bewußtsein auf Gegenständlichkei-

15 ten Beziehung haben kann, sondern wie Bewußtsein auf Gegenständlichkeiten gültige Beziehung hat.[2] Da, was Gegenständlichkeit für das Bewußtsein ist, sie nur durch Bewußtsein ist, d. h. nur durch konstituierende Akte ist, so ist es das Hauptproblem aufzuklären, wie im Bewußtsein Gegenständlichkeit in der Art gegeben sein kann,

20 die wir das Sich-in-gültiger-Weise-Ausweisen des Seins der Gegenständlichkeit nennen. Die scheinbar beschränktere Aufgabe der Aufklärung sich ausweisender Gegebenheit von Gegenständlichkeit schließt in Wahrheit die allgemeinere ein, die der Konstitution von Gegenständlichkeit überhaupt nach allen Aktarten, in denen über-

25 haupt solche Gegenständlichkeit zur Gemeintheit kommt. Dies vorausgesetzt, handelt es sich uns nun darum, die zu den zunächst vagen Titeln theoretische und axiologische Vernunft gehörigen Scheidungen von Gegenständlichkeiten und konstituierenden Aktarten zur vollen Klarheit zu bringen und die eigentümlichen Schwie-

30 rigkeiten zu erörtern, die durch das Hereinziehen der axiologischen Vernunft der Erkenntniskritik erwachsen, und zumal darum erwachsen, weil die Erkenntniskritik begreiflicherweise zunächst als Kritik der theoretischen Erkenntnis erwachsen ist, aber sich ihrer natürlichen Grenzen nicht zu versichern wußte.

---

[1] Parallel damit können wir von einer Kategorie sagen, daß sie sich konstituiert, nämlich in den entsprechenden gattungsmäßigen Allgemeinheiten von Akten.

[2] Cf. ⟨S. 272⟩.

Wir wollen diese Schwierigkeiten von verschiedener Seite aus beleuchten. Scheidet man in irgendeinem Sinn theoretische und axiologische Vernunft, so soll doch beides Vernunft sein und sein Korrelat, wie wir ausführten, in gewissen Gegenständlichkeiten ha-
5 ben. Beiderseits soll die Beziehung auf Gegenständlichkeiten sich herstellen durch Bewußtseinsweisen, durch gewisse Akte, die gelten wollen. Aber Geltung ist doch Sache des Urteils. Nur im wahren Urteil kann Gegenständlichkeit eben in Wahrheit als seiende gesetzt und als soseiende bestimmt werden; und Gegenständlichkeit ist
10 doch nur, was sie ist, wenn sie bestimmbar ist als diejenige, der die und die inneren und äußeren Prädikate zukommen. Urteile müssen sich natürlich ausweisen, und das Sich-Ausweisen führt uns auf mittelbares oder unmittelbares Begründen. Zuletzt kommen wir auf das unmittelbare, und dieses wieder führt zurück auf Anschauung. Sind
15 aber nicht alle Akte, die unter dem Titel Anschauung stehen, wesenseins mit den Urteilen, und schließen sie aus ihrem Umkreis nicht die wertenden Akte aus? Ein Werten ist doch kein Anschauen. Welchen Sinn soll also die Unterscheidung zwischen wertender und theoretischer Vernunft haben, da alle Vernunft ihrem Wesen nach
20 theoretisch ist, eben dadurch, daß sie gültige Beziehung auf Gegenständlichkeiten herstellen soll?

Ist Vernunft das objektivierende Vermögen, ist sie ein Titel für Akte, in denen Gegenstände gemeint, eventuell in gültiger Weise gemeint, also in Begründungszusammenhängen als wahrhaft seiend
25 erwiesen werden können, so gibt es nur eine Vernunft: Vernunft und theoretische Vernunft sind einerlei. Oder sollen etwa Gemütsakte, wertende Akte objektivieren? Gewiß, sie können in objektivierenden Akten fungieren, nämlich als objektivierte Akte. Das objektivierende Anschauen als Wahrnehmen, Erinnern, In-Beziehung-Setzen,
30 das objektivierende Denken und Urteilen als begriffsbildendes und mittels Begriffen prädizierendes Denken kann sich wie auf alle sonstigen Gegenständlichkeiten so auch auf wertende Akte beziehen. Wertend können wir das Werten wahrnehmen; wir können über das Werten und über Werten überhaupt aussagen und dergl. Aber da
35 sind wertende Akte die Objekte unserer objektivierenden Akte, sie sind nicht selbst objektivierende Akte. Sie sollen es aber sein, wenn von wertender Vernunft sinnvoll zu sprechen ist. Kann das aber vermieden werden? Da haben wir doch eine große Klasse von Gegenständlichkeiten, die wir Werte nennen. Ihre Beziehung zu wer-

tenden Akten ist nicht zu leugnen. Schließen wir den Fall aus, wo
Akte, wie Akte edler Liebe, edler Tapferkeit etc. nicht bloß Akte des
Wertens, sondern zugleich Werte sind, so bleibt die Unzahl von
Objekten, die mit Recht gewertet werden, aber nicht selbst Akte des
5 Wertens sind. Obzwar im Werten gewertet, sind sie nichts reell im
Akte Vorhandenes. Sie sind nicht Teile oder Seiten solcher Akte; sie
sind in der psychologischen Sphäre, welche alles reell zu Akten
Gehörige ⟨umfaßt⟩, unter dem Titel Gemütserlebnis nicht zu finden. Sie sind auch nichts, was sich durch bloße Abstraktion auf-
10 grund der Anschauung von Aktmomenten herausfinden läßt. Durch
Abstraktion gewinnen wir die Idee von Wertung überhaupt, von
Wunsch oder Willen überhaupt, von Gefallen überhaupt, aber wir
gewinnen nicht einen Wert und auch nicht die Idee „Wert". Und
doch ist es klar, daß ohne Wertung kein Wert, das heißt, daß Werte
15 in gewisser Weise im Werten bewußt werden und nur im Werten
gegeben sein können etwa so, wie Ding nichts für uns sein könnte
ohne Wahrnehmen und ohne Wahrnehmen nie gegeben sein könnte.

Also, Gemütsakte scheinen unabweislich als konstituierende Akte
für Werte gelten zu müssen, während andererseits Werte Gegenstän-
20 de sind, und Gegenstände sich, wie es ebenso unabweisbar scheint,
nur konstituieren können in Aktarten aus einer zusammenhängenden besonderen Klasse von Akten, welche wir als Erkenntnisakte
bezeichnen; und zu dieser Klasse gehören doch auf der einen Seite
Denkakte, die die Gegenstände in der Weise des Denkens fassen und
25 bestimmen, und auf der anderen Seite Akte des Anschauens und
zuunterst des Wahrnehmens, in denen Gegenstände gegeben werden
und durch ihre Anschauungsgegebenheit letzte Gründe abgeben für
die Berechtigung des Denkens. Danach verstehen wir also weder,
wie theoretische und axiologische Vernunft unterschieden werden
30 können, noch wie wertende Akte, wenn theoretische Akte oder
Erkenntnisakte allein die Objektivation besorgen sollen, eine wesentliche Beziehung zur Wertgegebenheit besitzen können. Oder
auch so: Theoretische und axiologische Vernunft sind, das sehen
wir, zu unterscheiden, aber die Unterscheidung wird uns unver-
35 ständlich, wenn wir sie näher fassen wollen. Und wieder: Wertende
Akte sind wesentlich für die Konstitution von Werten, das sehen
wir; aber reflektieren wir darüber, wie sie konstituierend fungieren
können, so geraten wir in Unverständlichkeiten. Konstituieren können doch nur objektivierende Akte.

⟨b⟩ Die Frage nach der anschaulichen Wertgegebenheit
und nach der anschaulichen Begründung der Werturteile⟩

Beleuchten wir die Schwierigkeit von verschiedenen Seiten!
Kommt man von der Logik als Wissenschaftslehre her, so erscheint
5 es selbstverständlich, theoretische Vernunft und Wissenschaft als
Korrelate zu fassen. Vor unseren Blicken sind verschiedenerlei Ob-
jektgebiete ausgebreitet. Die Vernunft in Form des theoretischen
Denkens erforscht sie; sie fragt: Wie kann man sich des Seins, des
Soseins, wie kann man sich der Einzelheiten und der gesetzmäßigen
10 Allgemeinheiten in all diesen Gebieten versichern, wie kann man sie
erkennen, über sie in gültiger Weise urteilen?
Bei dieser Fassung von theoretischer Vernunft erstreckt sich ihre
Domäne über die Gesamtsphäre aller Urteile, aller auf Wahrheit
Anspruch erhebenden Aussagen. Denn in jedem Urteil wird über
15 irgendeine Gegenständlichkeit geurteilt; ein auf sie bezüglicher Sachverhalt besteht, wenn das Urteil wahr ist. Ist dem aber so, dann
gehören in die Sphäre der theoretischen Vernunft natürlich auch alle
axiologischen Urteile und axiologischen Wissenschaften. Unterscheidet man also theoretische und axiologische Wisssenschaften
20 oder, wie man auch in gewisser Bedeutung sagen könnte, ontologische und axiologische, so fiele dieser Unterschied ganz in die Sphäre
der theoretischen Vernunft in dem jetzt maßgebenden Sinn. Ebenso
natürlich, wenn man wieder in anderer Weise gegenüberstellt, wie es
so oft geschieht, theoretische Wissenschaften auf der einen Seite und
25 normative und technische Wissenschaften auf der anderen. Jede
Wissenschaft überhaupt ist eben ein System von Urteilen, jede gültige Wissenschaft ein System von Wahrheiten.
Wo stecken nun die Schwierigkeiten? Wir brauchen sie nicht weit
zu suchen. Sie stecken in der Sonderung der axiologischen Wissen-
30 schaften gegenüber den sogenannten theoretischen. Und sie stecken
in der Möglichkeit axiologischer Wissenschaften als solcher und in
der Frage, was der praktischen Vernunft nun neben der theoretischen noch übrig bleibt.
Axiologische Wissenschaften gehen auf Werte; reine axiologische
35 Wissenschaften auf Wesensgesetze der Werte, sei es der Werte als
solcher in „formaler" Allgemeinheit, sei es der zu den Grundartungen von Werten gehörigen gesonderten Gesetze; und konkret axiologische Wissenschaften gehen auf konkrete Werte, so die Wissen-

schaften von den konkret gegebenen Künsten, von den konkret gegebenen Rechtsgestaltungen, sofern dabei Kunstwerke und Rechtsgestaltungen nicht bloß beschrieben und nach ihren historischen Ent-
wicklungsbedingungen erforscht, sondern auch gewertet werden.

5 Daß nun Wissenschaften überhaupt möglich sind, wo immer uns
Wissenschaftsgebiete durch zugehörige Gegenstände gegeben sind,
das scheint uns ganz selbstverständlich. Solche Gegenstände sind
uns gegeben wie sonst dann durch Wahrnehmung und sonstige
Erfahrung. Und auf dem Grund solcher Erfahrungsgegebenheit baut
10 sich das theoretisierende Denken auf. Abstraktion liefert uns dabei
die nötigen allgemeinen Begriffe, und eventuell gewinnen wir aufgrund der bloßen Vorstellung solcher Gegenstände und unabhängig
von jedem Hinblick auf faktische Erfahrung allgemeinste Begriffe,
aus denen wir rein begriffliche Erkenntnis als Wesenserkenntnis
15 gewinnen. Das Nähere ist Sache der Logik. So also auch in Hinsicht
auf die axiologischen Gegenstandssphären und die sie theoretisierenden Wissenschaften. Zum Beispiel, Rechtssätze sind gegeben; sie
stehen ja in den Gesetzbüchern, da kann man sie nachsehen und
lesen. Kunstwerke sind gegeben; wir finden sie in den Bildergalerien,
20 da kann man sie wahrnehmen usw.

Das wäre alles schön und gut, wenn nun nicht die Probleme in
diesen sogenannten „Wahrnehmungen" steckten und nicht minder
in den Ursprüngen der Wertbegriffe, zumal der Wertkategorien.
Dinge sind gegeben durch sinnliche Wahrnehmung. Ist die „Wahr-
25 nehmung", welche Werte gibt, auch sinnliche Wahrnehmung, auch
Wahrnehmung im gleichen Sinn? Kann man einen Rechtssatz und
nun gar den Wert eines Rechtssatzes wahrnehmen, wie man ein
Ding wahrnimmt? Ein Gemälde kann man wahrnehmen; mag
schon dieses Wahrnehmen ein merklich anderes sein als das eines
30 Dinges, das kein „Bild" ist, immerhin ist es ein dem Dingwahrnehmen wesentlich verwandtes. Wie steht es aber mit dem ästhetischen
Wert des Gemäldes? Kann man das Kunstwerk als solches wahrnehmen? Da haben wir wieder die Beteiligung des Wertens und wieder
die Frage: Wie macht es das Werten, daß in ihm Wert zur
35 Gegebenheit kommt? Was ist das, Wertgegebenheit? Wie
ist sie durch und durch zu verstehen? Was entspricht dem Werten im Dingwahrnehmen, und was macht beiderseits das Wesentliche von „Gegebenheit als solcher" aus? Wie versteht sich darüberhinaus die Funktion jenes Theoretisierens, das als höhere Funk-

tion der Erkenntnis aus den niederen Funktionen ihre begründende
Kraft schöpfen soll? Und natürlich auch die Frage nach dem Ursprung der Begriffe, die wir Wertkategorien nennen: Wie klärt
⟨sich⟩ die sogenannte Abstraktion auf, die hier statthat und die
5 offenbar ganz wesentlich die wertende Funktion voraussetzt? Doch
nicht so, daß innere Anschauung vom Werten vorausgesetzt wäre so,
wie wenn der Begriff „Werten" entspringen sollte. Werten ist doch
nicht Wert.

Wir haben aber jetzt auch den Blick nach einer anderen Richtung
10 zu lenken und unsere Betrachtung zu ergänzen. Wir sprachen bisher
nur von der theoretischen Vernunft und gerieten in Schwierigkeiten
dadurch, daß sie doch das Gesamtgebiet der Wahrheit und somit
auch das der axiologischen Wahrheit umspannt. Nun stellen wir
doch alle der theoretischen Vernunft an die Seite die praktische und
15 axiologische. Theoretische Vernunft war urteilende Vernunft; sie
bekundet sich spezifisch im wahren Urteilen, sie bezieht sich auf den
in dieser Hinsicht fundamentalen Unterschied der Richtigkeit und
Unrichtigkeit von Urteilen, auf den Unterscheid der Urteile in wahre und falsche. Praktische Vernunft aber geht auf gutes, richtiges
20 Wollen und Handeln, sie bezieht sich auf den parallelen, dem Willensgebiet eigentümlichen Unterschied zwischen ethischem Wollen
und unethischem Wollen; ebenso axiologische Vernunft im weitesten Sinn auf den zum Werten überhaupt gehörigen Unterschied
zwischen richtigem und falschem Werten.[1]
25 Natürlich überall ist es das wahre Urteil, ist es die „theoretische
Vernunft", welche diese Unterschiede feststellt. Aber doch wohl mit
Grund. Es ist doch evident, daß wir richtig aussagen und urteilen,
wenn wir in dieser Weise dem wahren und falschen Urteilen parallel
stellen richtiges und unrichtiges Wollen und sonstwie Werten. Also
30 muß in der Tat unseren Urteilen hier etwas entsprechen, es muß
also wirklich in den Wollungen selbst, in den verschiedenerlei Wertungen selbst ein analoger Unterschied gegründet sein, wie der zum
Urteilsgebiet gehörige der Wahrheit und Falschheit. Und wenn nun
das nachkommende Denken über Werten und Werte spricht, Klas-
35 sen von Werten feststellt, die zu den neuen Richtigkeiten oder Gültigkeiten, denjenigen der wertenden Akte, gehören, so muß es hier

---

[1] Es ist evident, daß die Rede von Richtigkeit überall nicht auf bloße Äquivokation,
sondern auf innere Analogie sich gründet.

doch ein Hineinblicken in diese Akte, in neuartige Bewußtseinsweisen, geben und ein sich aufgrund dieser Akte, durch dieses
Hineinblicken und durch das urteilende Denken vollziehendes Objektivieren, wodurch Werte und Unwerte als die zu diesen Be-
5 wußtseinsweisen gehörigen Objektivitäten erkannt werden. Aber wie
ist das zu verstehen? Was ist das, dieses Hineinblicken in wertende
Akte, das uns Werte zur Gegebenheit bringt? Es muß doch so etwas
wie ein Wahrnehmen, ein Analogon vom Wahrnehmen sein, da nun
die Werte gleichsam angeschaut, schauend gegeben sind; und ⟨es⟩
10 muß ja die notwendige Unterlage für das urteilende Feststellen von
Werten sein, den Werturteilen den begründenden Rechtsausweis
verleihend, ganz so wie das Wahrnehmen den Dingurteilen. Und ein
Anschauen muß ⟨es⟩ ja auch aus dem Grund sein, weil nur in ihm
oder in einem entsprechenden Phantasieanschauen die Abstraktion
15 ihr Fundament haben kann, die uns allgemeine Wertbegriffe zur
Gegebenheit bringt.

Wir kommen also auch von dieser Seite zu denselben, sich dabei
immer schärfer gestaltenden Problemen ⟨des⟩ Verhältnisses der
ineinander verflochtenen und ihrer Idee nach so schwer zu sondern-
20 den Vernunftarten. Ist das Werten selbst schon ein Wertanschauen
oder tritt dazu ein besonderes Schauen? Ein besonderes Hineinblik-
ken, das erst aus dem in sich sozusagen blinden Werten etwas her-
ausschaut? Aber ist Anschauen nicht ein intellektiver Akt, zur spezifischen Vernunftsphäre gehörig und der Klasse der wertenden Akte
25 entgegenzustellen? Das erstere geht also nicht, aber auch das letztere
nicht. Denn was kann ein Hineinschauen als intellektiver Akt, somit
doch wohl ein Wahrnehmen, aus den wertenden Akten anderes herausfinden als sie selbst ihrem Dasein nach, als ihre Seiten, Teile,
Momente? Werte sind aber darunter nicht zu finden.[1]

30   ⟨c) Die Frage nach den erkenntnistheoretisch relevanten
              Demarkationen der Gegenstandsgebiete⟩

Versuchen wir noch eine, vielleicht nicht minder lehrreiche Meditation![2] Theoretische Vernunft ist urteilende Vernunft, Vernunft in

---

[1] Von hier lies immer mit den Gedankengang! ⟨Beilage XII: Theoretische Vernunft
und wertende Vernunft. Analyse des Gedankengangs des II. Teiles der ethisch-vernunftkritischen Vorlesungen (Januar-März 1909), mit wesentlichen Ergänzungen (zu §§ 2-12),
S. 358 ff.⟩

[2] Cf. „Gedankengang" ⟨S. 367⟩.

der Entscheidung zwischen Wahrheit und Falschheit. Theoretische
Vernunft hat ihr Geltungskorrelat in der Reihe oder im Gesamtreich
möglicher Wissenschaften und ihr Gegenständlichkeitskorrelat im
Gesamtreich seiender Gegenständlichkeiten. Geht man nun zur er-
5 kenntniskritischen Fragestellung über, so erwächst die Aufgabe, es verständlich zu machen, wie die Akte, die wir Urteile nennen,
es sozusagen anstellen, dadurch, daß sie eines gewissen inneren Vorzugs sogenannter Erkenntnis teilhaftig werden, sich auf Gegenständlichkeiten triftig zu beziehen; ja zunächst schon, wie sie es über-
10 haupt anstellen, gleichsam über sich hinauszugehen und Gegenständlichkeiten zu meinen, als Meinungen so etwas wie einen „Anspruch" zu erheben, Gegenständlichkeiten zu treffen, innerhalb der
Immanenz des Bewußtseins diesen Anspruch eventuell auszuweisen
oder als ungültig abgewiesen zu werden; und dabei immer die
15 Bestimmtheit der Beziehung darin bestehend, daß zum immanenten
Wesen der jeweiligen Urteile und Urteilsarten es gehöre, daß sie
gerade auf diese Gegenstände und Gegenstandsarten und in der Weise sich beziehen, daß sie als Urteile gerade dieses Bedeutungsgehalts
Begründungsweisen gerade der und der immanenten Artung vertra-
20 gen und fordern usw.

Gehen wir weiter und nähern wir uns mehr den uns speziell interessierenden Problemen. Wie weit, mit welchem Maß von Spezialisierung sind diese erkenntnistheoretischen Probleme zu stellen? Doch nicht so weit, daß wir für jeden singulären
25 Gegenstand die ihm zugehörige Erkenntniskonstitution, die auf ihn
bezüglichen möglichen Urteile und Urteilsmeinungen, Urteilsbe-
gründungen herauszustellen hätten. Das gäbe ja unendlich viele
erkenntnistheoretische Probleme und Untersuchungen. Man wird
antworten: Jeder Gegenstand ordnet sich in ein Gegenstandsgebiet
30 ein. Nach den Gegenstandsgebieten klassifizieren wir die Urteile, Erkenntnisse, Begründungen. Haben wir für jedes Gebiet in
allgemeiner Weise die Probleme gelöst, haben wir in allgemeiner
Weise für ein jedes verständlich gemacht, wie Erkenntnis möglich
sei, so haben wir alles billig zu Fordernde geleistet. Wir haben für
35 das betreffende Gegenstandsgebiet die für jeden Einzelfall genügen-
de, weil allgemeine und wesentliche Einsicht gewonnen.

Aber nun ist die Frage die nach der Teilung in Gebiete. Gegenstände lassen sich doch vielfach in Klassen, in Gebiete sondern. Sollen wir etwa den Wissenschaften nachgehen? Den Wissenschaften,

die sich in immer neue Teilwissenschaften sondern? Werden nicht, allgemeiner zu reden, die Gebietsteilungen sehr oft erkenntnistheoretisch irrelevant sein können, sofern die erkenntnistheoretisch relevanten Sachlagen in ganzen Klassen von Wissenschaftsgebieten we-
5 sentlich dieselben sein können? Wo liegen also die wesentlichen Demarkationslinien? Es wird wohl auf die urwesentlich verschiedenen Regionen von Gegenständlichkeiten ankommen bzw. auf eine solche Scheidung, auf eine solche Einteilung der Gesamtsphäre von Gegenständen überhaupt, die ihrem Wesen nach
10 hinsichtlich der Art ihrer phänomenologischen Konstitution sich unterscheiden und urwesentlich unterscheiden und so zu prinzipiell gesonderten erkenntnistheoretischen Problemgruppen und Disziplinen Anlaß geben.

Es ist dabei naheliegend und vorauszusehen, daß es demgegenüber
15 auch eine ganz allgemeine Vernunftkritik wird geben müssen, welche eben die allgemeinsten, allen besonderen erkenntnistheoretischen Disziplinen gemeinsamen Probleme erledigen muß, also all das, was sich auf Urteilen überhaupt bezieht, auf Gegenstände überhaupt, Sachverhalte überhaupt, auf Bedeutungen überhaupt, auf Ge-
20 meintheit und Gegebenheit überhaupt usw. Unter dieser allgemeinen erkenntnistheoretischen Disziplin müssen dann liegen die besonderen, einander sei es koordinierten, sei es subordinierten ⟨Disziplinen⟩, welche für jeden regionalen Typus von Gegenständlichkeit und der Art ihrer Fundierung entsprechend die erkenntniskriti-
25 sche Problematik stellen und lösen.

Es ist klar, daß unsere problematische Unterscheidung zwischen axiologischer und theoretischer Vernunft auf solche Demarkationen zurückweist. So wie die Objektitäten der Natur, der physischen und psychischen Natur, eine geschlossene Einheit bilden (eine Region),
30 so auch die Werte. Werte sind Gegenstände, und Gegenstände einer völlig eigentümlichen Region. Wir müssen über die Natur hinausgehend in eins zusammenfassen die Gesamtheit von Gegenständlichkeiten, die Werte haben, aber nicht Werte sind. Ein Naturobjekt, eine mathematische Theorie etc., das sind Gegenständlichkeiten, die
35 Werte haben, aber in ihnen selbst liegt kein Prädikat, das da „gut", „schön" etc. heißt. Die wissenschaftliche Erforschung der „theoretischen" Gegenstände, d. i. der Nicht-Werte, führt niemals auf andere als „theoretische" Prädikate. Es wäre eine evidente μετάβασις, aus ihnen Wertprädikate deduzieren zu wollen.

Natürlich müssen wir aber der psychologistischen Versuchung widerstehen, Werte als psychische Prädikate anzusehen, als psychologische Objekte, und sie damit psychologistisch zu verflüchtigen. Freilich, diese Versuchung hängt gerade mit den uns bewegenden
5   Schwierigkeiten innig zusammen. Denn fragen wir nach der Konstitution der Wertgegenständlichkeiten, so stoßen wir auf die rätselhafte Funktion der wertenden Akte.

⟨d) Die reine Wissenschaftslehre und die Erkenntniskritik
als Korrelate der Idee der theoretischen Vernunft im Sinne
10   der urteilenden Vernunft. Die Deckungseinheit von Denken
und Anschauen in der Einsicht⟩

Doch kehren wir zum Hauptzug unserer Betrachtungen zurück. Die freie Stellungnahme zu den Gegenständlichkeiten, Urgegebenheiten und die Abweisung aller psychologistischen Vorurteile haben wir schon vor-
15   ausgesetzt. Die uns so sehr empfindlichen Schwierigkeiten betreffen schon das Wie der Konstitution. Daß Wertobjektitäten als solche wirklich grundwesentlich verschieden sind gegenüber anderen Objektivitäten, das ist klar. Der Fortgang naturwissenschaftlicher Erforschung führt niemals vom Gebiet der Erfahrungswirklichkeit in die
20   Welt der Werte, niemals von Erfahrungsprädikaten auf Wertprädikate. Und das ist nicht zufällig, sondern notwendig; es wäre eine evidente μετάβασις, von den einen auf die anderen theoretisch schließen zu wollen. Wo nicht schon von vornherein Wertprädikate gegeben sind, kann nicht auf Wertprädikate geschlossen werden. Andererseits ist
25   eben problematisch der erkenntnistheoretische Ursprung solcher Demarkation, also auch der Sinn der „theoretischen" Einheit auf der einen Seite, welche das auf der anderen Seite liegende Axiologische ausschließt. Und haben Werte nicht auch Einheit mit anderweitigen Objektitäten, speziell mit den Erfahrungsobjektitäten? Haben sie nicht
30   auch theoretische Einheit, sofern man doch davon spricht, daß alles und jedes und somit auch Werte theoretisch erforscht werden können? Wir haben ja axiologische Wissenschaften.

Zunächst ist doch die Sachlage überall die, ob wir sogenannte theoretische oder axiologische Wissenschaft treiben, daß wir urtei-
35   len, daß wir Aussagen machen, sei es über Figuren, sei es über Zahlen, sei es über physische oder psychische Dinge, sei es über Werte oder Unwerte. Das Wissen, von dem die Wissenschaft spricht, liegt

in Urteilen., Möge das wissenschaftliche Forschen in weitesten
Strecken anderes enthalten, was wir nicht selbst als Urteilen in
Anspruch nehmen können und was notwendig ist, um Urteilen als
Begründung zuteil werden zu lassen, jedenfalls ist das Wissen selbst,
5 das durch wissenschaftliche Forschung gewonnen werden soll, ein
Urteilen. Ist also Urteilen der theoretische Akt κατ' ἐξοχήν, so ist
theoretische Vernunft und urteilende Vernunft einerlei;
sie erstreckt sich über die Gesamtsphäre des vernünftigen, erkenntnismäßig zu begründenden Urteilens, sie reicht genau so weit wie
10 echte Wissenschaft: *notabene* im Gegensatz zu normativen und
praktischen Disziplinen (vgl. meine *Prolegomena*). Und alle Wissenschaft als solche ist sozusagen Schöpfung der theoretischen Vernunft, insofern sie überhaupt aus Urteilen besteht, die vernünftiger
Begründung fähig sind.
15 Danach können wir auch sagen: Die Idee der theoretischen Vernunft in diesem Sinn hat auch ihr Korrelat in der reinen Wissenschaftslehre, sofern diese reine Wesenslehre des Wissens, des erkenntnismäßig begründbaren Urteilens überhaupt ist. Wir werden
dann geführt auf die gesamte formale Logik und ihre Erweiterung
20 zur formalen Mathematik, wir werden geführt auf die Formenlehre
der Bedeutungen, und näher, der Urteilsbedeutungen, sofern es zum
Wesen jedes Urteilsaktes gehört, einen Bedeutungsgehalt zu haben,
und wieder zum unaufhebbaren Wesen dieser Urteilsbedeutungen
eine gewisse Gesetzmäßigkeit der Form gehört, welche der Art und
25 Form und Verbindungsweise der einfachen und zusammengesetzten
Bedeutungen eine feste Regel vorschreibt. Zu den Urteilsformen als
Formen der Urteilsbedeutungen gehören dann die apriorischen Geltungsgesetze, d. h. die Gesetze, welche Bedingungen der Möglichkeit
der Urteilsrichtigkeit aussagen, welche durch die reinen Formen der
30 Urteilsbedeutungen umgrenzt sind. All diese Geltungsgesetze können äquivalent interpretiert werden als allgemeinste Gegenständlichkeitsgesetze, d. i. Gesetze, welche für Gegenstände überhaupt,
Beschaffenheiten überhaupt, Verhältnisse überhaupt, Sachverhalte
überhaupt ihrer bloßen Form nach gültig sind, ohne die dergleichen
35 Gegenständlichkeiten also in Wahrheit nicht sein könnten. So gehört
nun, müssen wir überhaupt sagen, der Gesamtbestand von formal-
ontologischen Wahrheiten in die definitorische Sphäre der theoretischen Vernunft: natürlich dies vermöge der wesentlichen Korrelation zwischen Gegenständlichkeit und Urteil.

Andererseits gehört aber hierher all das, was abgesehen von der
Form des Bedeutungsgehalts und der durch ihn gedachten Gegenständlichkeit zum allgemeinen Wesen des urteilenden Erkennens
⟨gehört⟩, sofern es in der Tat erkennendes bzw. erkenntnismäßig zu
5 bewährendes soll sein können.[1, 2]

Das urteilende Denken mit all seinen verschiedenen Teilakten,
dem Voraussetzen und Folge-Setzen, dem nominalen Denken und
adjektivischen Denken, dem Konjungieren und Disjungieren usw.,
ist im allgemeinen ein bloßes Meinen. Und dem bloßen Meinen
10 steht gegenüber das sich ausweisende Meinen, das als mittelbares
Urteilen im Denkzusammenhang Urteile motivierend auf Urteile
zurückführt, und schließlich auf ein unmittelbar sich begründendes
Urteilen zurückführt, das sein Recht in der Evidenz, in der Intuition, oder wie man es nennen mag, ausweist. Die Worte „Begrün-
15 dung" bzw. „unmittelbare oder mittelbare Evidenz oder Einsicht"
führen in eine neue Dimension gegenüber demjenigen, was in allen
Formen das Denken überhaupt zum Denken macht; das Denken als
Evidenz nimmt neue Momente und als Untergrund neue Akte in
seine Einheit auf, Akte von anderem Charakter, eigentümlich ver-
20 schmolzen mit den Denkakten, sich gleichsam mit ihnen deckend,
und doch von besonderem Charakter. Soweit hier ganz allgemeine
Wesenseigentümlichkeiten des Denkens überhaupt und des sich begründenden Denkens überhaupt herauszustellen sind, gehören sie in
die Sphäre der allgemeinsten und erkenntniskritischen
25 Wissenschaftslehre bzw. in die allgemeinste Lehre von
der Ausweisung sich konstituierender Gegenständlichkeit überhaupt.[3]

Zwingt nun nicht die Analyse der echten Gegebenheit (d.h. des
Bewußtseins, das wir Evidenz oder Einsicht nennen), dem Denken
30 als bloß denkendem Meinen gegenüberzustellen das Einsehen, also
ein Anschauen, ein Sehen im weitesten Sinn, und zu sagen: Denkendes Meinen wird zum einsichtigen Meinen, wenn seine spezifische
Denkmeinung, eben das, was das Denken zum Denken, das Urteilen
zum Urteilen, das Bedeuten zum Bedeuten macht, wenn, sage ich,

---

[1] Also Phänomenologie der Erkenntnis, und zwar ganz allgemein korrelativ der formalen Mathesis.

[2] Dazu „wesentliche Ergänzungen" im Gedankengang ⟨S. 369f.⟩.

[3] Vgl. wesentliche Ergänzungen im Gedankengang ⟨S. 369f.⟩.

seine spezifische Denkmeinung sich anschmiegt an eine entsprechende intuitive Meinung, sich mit dieser meinungsmäßig deckt und
in ihr sich erfüllt? Ist nicht Denken als solches so etwas wie
ein Intendieren (wenn auch als bloßes Gleichnis verstanden), das
5 sich Fülle der ausweisenden Anschauung zueignet, und ⟨zwar so⟩,
daß die Weise dieser deckenden Einheit zwischen Denken und
Anschauen eben das ausmacht, was wir Einsicht nennen? Und
scheint die Betrachtung dieser beiden Schichten, der spezifischen
Denkschicht und der Anschauungsschicht, nicht zu lehren, daß sie
10 einander zugeordnete, verschieden differenzierte, aber dem allgemeinsten Gattungswesen nach übereinstimmende Aktarten sind?
Also auf der einen Seite Denken, auf der anderen Anschauen; Anschauen nur eine andere Artung derselben obersten Aktgattung, die
wir dann wieder nicht anders nennen könnten als Intellekt.

15 ⟨§ 8. Die Kritik der analytischen Vernunft als der allgemeinste
Sinn der vernunfttheoretischen Problematik⟩

Wir haben eine Reihe von Vorlesungen dazu verwendet, die keineswegs an der Oberfläche liegenden Schwierigkeiten zu erörtern,
welche das Hereinziehen der axiologischen, und darunter prakti-
20 schen Vernunft in die Idee einer Vernunftkritik mit sich bringt. In
unendlichen Mühen arbeitet sich die Philosophie in Hinblick auf
Mathematik und Naturwissenschaften einerseits und auf allgemeine
Urteilslogik andererseits zu erkenntniskritischen Fragestellungen
empor. Wieviel diese historisch und bis in die neueste Zeit an Präg-
25 nanz, an der nötigen Reinlichkeit von allen psychologistischen An-
fechtungen auch zu wünschen übrig ließen, eine gewisse Höhe der
Entwicklung war hier doch erreicht. Die inneren Motive, die zur
Erkenntniskritik drängten, ließen sich hier durch Ausbildung der
Idee einer phänomenologischen Vernunftkritik zu einer gewissen
30 Abklärung bringen. Die Beziehung auf allgemeine Logik und auf die
beherrschenden Wissenschaften der Neuzeit, auf die sogenannten
exakten Wissenschaften, führte aber eine unklare Einschränkung der
Vernunftkritik mit sich. Auch praktische Vernunft, auch axiologische Vernunft ist eben Vernunft. Ihr entsprechen die axiologischen
35 Wissenschaften; und wie ferner den Naturwissenschaften ein Inbegriff von Gegenständlichkeiten entspricht, die wir unter den Titeln
physische und psychische Natur befassen, so entspricht den axiolo-

gischen Wissenschaften sozusagen die Welt der Werte. Da erwachsen nun eigentümliche Schwierigkeiten.

Vernunft als solche schien eine besondere Beziehung zu haben zu Urteil und Wahrheit überhaupt, zu Wissenschaft überhaupt, zu Ge-
5 genständlichkeit überhaupt. Jeder Artung von Vernunft ordnen sich ja gewisse Gruppen von Gegenständlichkeiten und von sie erforschenden Wissenschaften zu, und damit kommen wir eben auf Urteil und Wahrheit; wir kommen darauf, daß Gegenständlichkeiten für uns nur sind als erkannte, d. i. als urteilsmäßig oder wahrheits-
10 mäßig bestimmte und in dieser Bestimmtheit sich ausweisende. Der Ausweis führt zurück auf gegenständliche Gegebenheit. Gegeben sind Gegenstände aber doch nur durch Anschauung, durch Wahrnehmung, Erinnerung und dergl. Das führt also auf eine Reihe mit dem Urteilen wesensmäßig zusammenhängender und gattungsmä-
15 ßig, wie man allgemein annimmt, verwandter Akte, und es scheint ausgeschlossen, daß man in dieser Reihe auf das Werten kommt.

Andererseits aber, ohne Werten keine Wertgegebenheit; also scheint doch das Werten in diese Reihe hineingehören zu müssen, da eben auch Werte Gegenstände sind, also Beurteilbares und Er-
20 kennbares. Sind Wertungen Wahrnehmungen oder sonstwie Anschauungen? Sind sie nicht etwas Grundverschiedenes? Sind nicht Wahrnehmen, Vorstellen, Urteilen auf der einen Seite und Gefallen und Mißfallen, Wünschen, Wollen auf der anderen gattungsverschieden und innerhalb der obersten Gattung Akt koordiniert? Wie fun-
25 giert also Werten für Wertgegebenheit, wie verbinden sich Funktionen des Urteils und eventuell gleichgeordnete Funktionen sogenannter "theoretischer Akte" mit den wertenden Funktionen in der Konstitution von Werten, in der Bildung von Werturteilen, in der Begründung von Werturteilen, in der Entwicklung von Wertwis-
30 senschaften? Also wie verhalten und wie verbinden sich die Funktionen der theoretischen und wertenden Vernunft, und wie versteht sich, daß wertende Vernunft überhaupt möglich, daß sie als objektivierende möglich ist?

Wie ich es andeutete, hängen diese Schwierigkeiten hauptsächlich
35 zusammen mit dem historischen und durchaus natürlichen Entwicklungsgang der Vernunftkritik. Von vornherein hat die Vernunftwissenschaft das Schicksal, nicht wie die natürlichen Wissenschaften ihre Problematik gegeben zu haben, sondern sie erst mühevoll suchen zu müssen. Der eigentliche Ertrag der philosophischen For-

schungen der Jahrtausende liegt in der Herausarbeitung der wesentlichen Problemschichten und der Bestimmung der prinzipiellen Demarkationen zwischen ihnen, und im Zusammenhang damit in der
Herausarbeitung der exakten Problemformulierungen. Das klingt ja
5 sonderbar genug. Es ist aber verständlich, wenn wir daran denken,
daß Vernunftkritik als Wissenschaft einen total anderen Sinn und
Zweck hat als andere Wissenschaften: nicht gegebene Gegenstände
zu bestimmen und die Fragen, die sie im Fortgang der Erkenntnis
immer wieder stellen, zu beantworten; sondern die verwirrenden
10 Schwierigkeiten und Widersinnigkeiten zu beseitigen, in welche sich
die Erkenntnis verwickelt, so wie sie über Möglichkeit gegenständlicher Gemeintheit und Gegebenheit reflektiert. Von diesen Schwierigkeiten und von den verkehrten Theorien aus, die sie zunächst mit
sich bringen, bis zur Erschauung und wissenschaftlichen Umgren-
15 zung der echten vernunftkritischen Probleme ist ein weiter Weg.
   Zunächst wird nun begreiflicherweise eine echt vernunftkritische
Problematik erfaßt und dem Sinne nach bestimmt in der nächstliegenden Vernunftsphäre, nämlich in Hinblick auf die Wissenschaften
der Erfahrung und die ihnen unmittelbar dienenden Wissenschaf-
20 ten. Eben mit dieser Beschränkung hängen die großen Schwierigkeiten zusammen, die wir an der wertenden Vernunft empfinden, mit
der Beherrschung des vernunftkritischen Denkens durch die freilich
nächstliegenden Erfahrungsgegebenheiten und mit der natürlichen,
und nicht bloß den Empiristen beirrenden Neigung, alle anderen
25 gegenständlichen Gegebenheiten irgendwie zu deklassieren und nicht
recht als irreale Gegebenheiten gelten zu lassen.
   So wird es denn notwendig, jede offene oder versteckte Bevorzugung zu beseitigen. Hat die Entwicklung uns so weit geführt, daß wir
des allgemeinsten Sinnes erkenntniskritischer Problematik und Me-
30 thodik gewiß sind, so muß die sichere Bestimmung des Weges vernunftkritischer Forschung bzw. die Austeilung und exakte Begrenzung ihrer wesentlichen Problemgruppen systematisch beginnen, das heißt, es ist die Aufgabe, von der allgemeinsten Gegenständlichkeitssphäre auszugehen, von der
35 Idee der Gegenständlichkeit überhaupt, und dann fortzuschreiten
zu den grundverschiedenen Gegenstandsregionen. Davon haben wir
in der letzten Vorlesung zu sprechen begonnen, und mit dieser Aufgabe wollen wir uns auch heute beschäftigen. Wir nehmen also hier
als Korrelata: Vernunft überhaupt und Gegenständlichkeit über-

haupt und Wissenschaft überhaupt. Das "überhaupt" kann hier in
dem doppelten Sinn genommen werden, den die Rede von „Allgemeinheit" ebenfalls mit sich führt. Das „allgemein" bedeutet bald
das Allgemeine, bald das Allumfassende des Umfangs.

5   Im letzteren Sinn denken wir uns den Gesamtumfang möglicher
Gegenständlichkeiten mit seiner Aufteilung in Regionen; dementsprechend die Gesamtheit konstituierender Akte bzw. Aktarten, die
zu allen Gegenständlichkeitsregionen gehören. Das ist die umfassendste Idee von Vernunft in dieser Korrelation. Und entspre-
10   chend haben wir die mannigfaltigen Wissenschaften, sich ebenfalls
verteilend nach Regionen. Das gibt also einen Sinn von allgemeiner Vernunft; und sofern uns Wissenschaft und Theorie in
eins zu gehen scheinen, von theoretischer Vernunft. Ob und
inwiefern noch Raum bleibt für eine davon zu unterscheidende
15   praktische und wertende Vernunft, das lassen wir dahingestellt. Jedenfalls umspannt diese allumfassende theoretische Vernunft wie
alle Gegenständlichkeiten so auch die Wertgegenständlichkeiten, wie
alle Wissenschaften ⟨so auch⟩ die Wertwissenschaften.

Das andere „überhaupt", der andere Sinn der Allgemeinheit bei
20   der Rede von Vernunft überhaupt, Gegenständlichkeit überhaupt,
Wissenschaft überhaupt, geht auf das Gemeinsame, also dasjenige,
was nicht präjudiziert: nicht nur ⟨nicht⟩ für eine konkret bestimmte Gegenständlichkeit, für die ihr zugehörigen konkreten Wahrheiten
und die diese Konkretion konstituierende Aktmannigfaltigkeit,
25   ⟨sondern⟩ auch nicht präjudiziert für Gegenstandsgebiete und selbst
Gegenstandsregionen und ihre Korrelata. Es bleibt dann übrig das
Allgemeine, was Gegenstände überhaupt angeht, und korrelativ das
Allgemeine in den Verhältnissen konstituierender Akte, das alle
Konstitutionen von Gegenständlichkeiten überhaupt, also in allen
30   Regionen notwendig gemein haben müssen. Und endlich als Wissenschaft steht hier eine einzige, nämlich, wie ich letzthin ausführte,
die Wissenschaft von Gegenstand überhaupt, mit einem Wort, die
Logik als allgemeinste formale Logik mit ihren Disziplinen Formenlehre der Urteilsbedeutungen, formale Geltungslehre, formale Onto-
35   logie überhaupt. In naturgemäßer Weite gefaßt umspannt sie, wie
ich nachzuweisen versuchte, die gesamte formale Mathematik: Sie
erweitert sich also zur *mathesis universalis*.

Vernunft überhaupt in diesem Sinn der Konstitution von Gegenständlichkeit überhaupt und als Korrelat zur Wissenschaft „formale

Logik" gibt einen neuen Begriff von theoretischer Vernunft.
Aristoteles, der Bahnbrecher der formalen Logik, behandelt deren
Probleme, soweit er sie erfaßte und allerdings in Vermischung mit
Metaphysik, unter dem Titel Analytik. Demnach bietet sich zur
5 charakteristischen Bezeichnung dieser theoretischen Vernunft der
Name „analytische Vernunft" dar. Auch der berühmte Kanti-
sche Begriff der analytischen Urteile gewinnt durch Beziehung zur
Idee der formalen Logik in unserem Sinn eine feste Prägung, deren
er bei Kant durchaus ermangelt.

10   Die formale Logik (oder Analytik oder *mathesis universalis*) kann
bezeichnet werden als die Wissenschaft von den analytischen Gesetzen der Wahrheit bzw. Gegenständlichkeit. In aller gegebenen Gegenständlichkeit überhaupt bzw. in aller Wahrheit, Theorie, Wissenschaft überhaupt spielt das Analytische seine notwendige Rolle, da
15 alles dergleichen notwendig analytischen Gesetzen gemäß sein muß
und überall seine Seiten hat, nach denen es an analytischen Gesetzen
gemessen werden kann.

Demgemäß können wir auch sagen: Die formale Logik ist die
analytische Wissenschaftslehre und in weiterer Folge analytische
20 Normenlehre. Sie ist die Wissenschaft vom Analytischen in aller
Wissenschaft bzw. aller wissenschaftlich erkannten Gegenständlichkeit und bietet Normen dar, denen alles, was der Idee von wahrhaft
seiender Gegenständlichkeit überhaupt bzw. der Idee der Wahrheit,
Theorie, Wissenschaft überhaupt soll entsprechen können, notwen-
25 dig genügen muß. Aber eben nur in Hinsicht auf das überall und
notwendig seine Rolle spielende Analytische findet die Abmessung
statt. Das Analytische ist ja nichts weiter als das allgemeinste Wesen
von Gegenständlichkeit überhaupt bzw. Wahrheit und Theorie überhaupt.[1]

30   Die entsprechende Vernunftlehre, nämlich Vernunftkritik, wäre
danach die Kritik der analytischen Vernunft. Würden wir den Titel
„transzendental" in Kantischem Sinn gebrauchen, in dem er sich
tiefer besehen mit dem echten Titel „vernunftkritisch" deckt, so
hätten wir zu sagen: transzendentale Analytik. Sie wissen, wie
35 weit dem Sinn nach dieser Titel sich von dem gleichlautenden Kantischen entfernt, ja daß er mit diesem sehr wenig gemein hat. Aber

---

[1] Nota bene. Mitlesen den Gedankengang, wo viele Ergänzungen. ⟨Siehe unten
S. 371ff.⟩

es ist auch leicht zu sehen, daß der Titel in unserem Fall sprachge-
mäß vortrefflich paßt und bei Kant ganz und gar nicht paßt. Jedenfalls also handelt ⟨es⟩ sich um die Wissenschaft von der analytischen oder formal-logischen oder mathematischen Vernunft: was
5 alles dasselbe besagt; es sind drei durch historische Beziehungen
gleich wertvolle Titel.

⟨§ 9. Die Aufgaben der transzendentalen Analytik⟩

⟨a) Das Problem der Korrelation zwischen analytischen
und phänomenologischen Gesetzen⟩

10   Die Aufgabe dieser transzendentalen Analytik, dieser Theorie der
logisch-mathematischen Vernunft, bestand in mehrerem, als bisher
angedeutet worden ist.

Fürs 1):[1] In allem Gegenständlichen als solchen, hinsichtlich aller
zum Wesen von Gegenständlichem überhaupt gehörigen analyti-
15 schen Kategorien steckt Analytisches. Das betrifft natürlich auch alle
Gegenstandszusammenhänge, z. B. die Natur oder die Gesamteinheit aller Naturgesetze und dergl., denn all das fällt wieder unter den
weitesten Begriff des Gegenständlichen. Ferner, in allem Urteil
steckt, sofern es Gegenständlichkeit treffen und urteilsmäßig bestim-
20 men will, Analytisches, nämlich das Bedeutungsmäßige der Form,
die, wenn sie Form der Geltung sein soll, an analytische Gesetze
gebunden ist. Dasselbe überträgt sich auf alle Wissenschaft, sofern
sie als Zusammenhang von Urteilen, Schlüssen, Beweisen, Theorien
ein Geltungszusammenhang sein will. Die Aufgabe ist hier nun die,
25 und das wurde schon angedeutet, den allgemeinsten Wesensmomenten in der Konstitution von Gegenständlichkeit überhaupt nachzu-
gehen, und zwar am Leitfaden der analytischen Kategorien, und die
Wesensverhältnisse dieser konstituierenden Akte, soweit sie durch
diese allgemeinsten Momente bestimmt sind, zu studieren. Im Zu-
30 sammenhang damit steht die Aufgabe, die unbedingte Geltung der
analytischen Gesetze als allgemeinster Wesensgesetze aller Gegenständlichkeit überhaupt, sofern sie konstituierbar sein soll, zur vollen Verständlichkeit zu bringen.

Wie hängen, das ist hier die Frage, die analytischen Gesetze, die

---

[1] Cf. ⟨S. 299⟩ 1°) vor 1).

das Gesetzmäßige von Gegenständlichkeit überhaupt und Bedeutung überhaupt ausdrücken sollen, mit dem allgemeinsten Wesen konstituierender Akte zusammen? Warum müssen solche Gesetze gelten, wenn Gegenständlichkeit überhaupt sich konstituieren können soll? Da Gegenstände überhaupt Gegenstände der Erkenntnis nur sind durch konstituierende Akte und diese, wie die erste Fundamentalanalyse lehrt, wesensmäßig zu den konstituierten Gegenständen gehören, so ist es von vornherein sicher, daß Gegenstandsgesetze, die ihrer Prätention nach allgemeinste Gegenstandsgesetze sind, zugleich Wesensbedingungen der Möglichkeit von Konstitution von Gegenständlichkeit überhaupt sein müssen. Aber wie ist das zu verstehen? Wie kommen analytisch ontologische Gesetze in verständliche Beziehung zu den Gegenstände konstituierenden Akten? Wie ist es aus der Natur der Akte, aus ihrem immanenten und direkt faßbaren Wesen zu verstehen, wie im besonderen aus dem Wesen ihrer jeweils so und so gearteten Intentionalität zu verstehen, daß ohne Geltung logischer Gesetze eine Konstitution von Gegenständlichkeit undenkbar wäre?

Vielleicht wird es so noch deutlicher: Alles Reden von Gegenständen, alles Wahrnehmen, Anschauen, Denken von Gegenständen ist eben Wahrnehmen, Anschauen, Denken. Alle Meinung, es sei Gegenständliches, ist Meinung, und alle Begründung solcher Meinung ist selbst wieder Meinung und Meinungszusammenhang. Studieren wir diese Akte ihrem Wesen nach, das ist, studieren wir die konstituierenden Akte, und zwar diejenigen, die ihrem Sinn nach zu dem einen und selben Gegenstand gehören! Wir machen uns, ganz in der allgemeinsten Sphäre verbleibend, zunächst bloß klar, daß die Akte, in denen dieselbe Gegenständlichkeit zur Gemeintheit und schließlich zur ausweisenden Gegebenheit kommen soll, nicht ganz beliebige sind, sondern ihrem immanenten Wesen nach fest bestimmte. Wir machen uns spezieller klar, daß Aktzusammenhänge, die ein Gegebenheitsbewußtsein machen und geeignet sind, als ausweisende zu fungieren, und daß Aktzusammenhänge, die ein Begründungsbewußtsein herstellen, ihr festes Gefüge und ihren festen Gehalt haben, daß sie also unter den überhaupt zu demselben Gegenstand gehörigen Akten (den im weitesten Sinn konstituierenden) wesensmäßig eine Auswahl treffen. Somit steht Konstitution, sofern sie näher den Wesenscharakter der wirklich gebenden bzw. ausweisenden Konstitution haben soll, unter Wesensgesetzen.

Nun stehen wir hier aber rein in der Sphäre der Akte und ihrer immanenten Artungen. Andererseits heißt es doch, Gegenstände sind an sich, ob sie so oder so bewußt sind oder nicht; und es heißt, es gelten logische Gesetze (niemand zweifelt daran), d. i. Gesetze,
5 welche für Gegenständlichkeiten überhaupt in strengster Allgemeinheit gelten. Solche Gesetze reden nicht von Akten, sondern von Gegenständen. Nun soll aber eine Korrelation bestehen: Wenn Gegenstände in Wahrheit sind, so müssen Akte *idealiter* denkbar sein, welche sie sich zur Gegebenheit bringen; und andererseits: Wenn
10 Akte den Charakter gebender, im strengen Sinn den Gegenstand selbst ausweisender oder aufweisender haben, so soll der Gegenstand in der Tat sein. Aber wenn nun Gegenstände überhaupt sollen sein können, so dürfen die logischen Gesetze als Bedingungen der Möglichkeit für gegenständliches Sein überhaupt nicht verletzt sein. Bei
15 der eben erwähnten rätselhaften Korrelation zwischen Gegenstand und Gegenstandskonstitution müssen aber Bedingungen der Möglichkeit für gegenständliches Sein zugleich Bedingungen der Möglichkeit für gegenständliche Konstitution ausdrücken. Wie ist das aus letztem Grund zu verstehen?
20   Die Korrelation zwischen Gegenstand und Erkenntnis ist überall Problem. Zu ihr gehört die Korrelation zwischen logischen Gesetzen und jenen gesetzlichen Wesensbeziehungen innerhalb der Gegenstände meinenden Akte, sofern sie zu ausweisenden Akten *apriori* sollen zureichen können; und das ist das Problem, das ich hier beto-
25 nen wollte und dem allgemeinen nach herausarbeiten wollte: ein notwendiger Parallelismus zwischen phänomenologischen Gesetzen, die zur Gegebenheit gehören, und analytisch logischen Gesetzen; auf der einen Seite eine *ordo et connexio idearum,* auf der anderen eine *ordo et connexio rerum;* zwischen beiden Gesetzlichkeiten eine ge-
30 wisse Kongruenz und doch eine wesentliche Diversität; auf der einen Seite haben wir es mit Wesen von Akten, auf der anderen mit Gegenständen zu tun.

⟨b) Das Problem der Möglichkeit rein analytischer Erkenntnis⟩

In dieser Richtung bewegten sich meine Forschungen in den neun-
35 ziger Jahren, so wie sie im VI. Teil des II. Bandes meiner *Logischen*

Untersuchungen mitgeteilt sind, und die im übrigen keineswegs den Anspruch erheben, im ersten Anhieb die Fülle der besonderen Schwierigkeiten, die hier bestehen, vollkommen gelöst zu haben.

2) Schon in dieser Zeit stieß ich aber auf ein anderes, mit dem
5 Bisherigen nah verwandtes Problem, das mich seither noch viel beschäftigt hat. Analytische Gesetze sind, Kantisch gesprochen, apriorische Bedingungen des Denkens für jede mögliche Erfahrung (ich weiß natürlich sehr wohl, daß Kant, wo er von solchen Bedingungen spricht, gerade die in unserem Sinn analytischen Gesetze
10 nicht im Auge hat). Allgemeiner gesprochen sind analytische Gesetze Bedingungen des Denkens für jede mögliche Konstitution von Gegenständlichkeit überhaupt. Aber jetzt haben wir folgendes im Auge: *Apriori* ⟨zu⟩ aller Gegenstandskonstitution, *apriori* ⟨zu⟩ allen Dasein und reale Möglichkeit von Gegenständen begründenden,
15 ausweisenden, letztlich gebenden Akten werden die logischen Gesetze nicht nur subjektiv von uns ausgesprochen und gedacht, sondern auch in ihrer unbedingten Geltung eingesehen. Wie ist diese Evidenz verständlich? Wie kann ein Denken, ein rein mathematisches Denken, ein formal-logisches, das auf gar keine Gegebenheit, sei es
20 Daseins- oder Wesensgegebenheit von Gegenständlichkeit rekurriert, sondern bloß Denken von Gegenständlichkeit überhaupt ist, Einsicht in eine Gesetzmäßigkeit sein, die in der Tat gilt für alle je zu gebende Gegenständlichkeit, für alle je aktuell zu konstituierende, je ihrem Dasein oder Wesen nach zu schauende Gegenständlichkeit
25 gilt, in unbedingter Allgemeinheit gilt?

Wir können auch so ausführen: Ein mathematisches Gesetz kann gedacht und nicht eingesehen sein, wie wenn wir einen Satz der Mathematik kenntnismäßig reproduzieren, statt ihn aufgrund des Beweises oder, falls es ein Axiom ist, in unmittelbar klarer Evidenz
30 einsichtig zu haben. Haben wir aber die Einsicht, so haben wir ein Bewußtsein von zweifelloser Gegebenheit dessen, was das Gesetz aussagt. Diese Einsicht aber, obschon Einsicht in das, was für Gegenstände überhaupt ihrem Wesen gemäß als Gegenständen gesetzlich gilt, erfordert keineswegs evidente Gegebenheit von irgendwelchen
35 chen Gegenständen oder Gegenstandswesen, sie erfordert keinerlei Vollzug von konstituierenden Akten, in welchen Gegenständliches in Gegebenheitsweisen seinem Wesen nach intuitiv wird.

Nach Kant ist die reine Mathematik eine Wissenschaft aus reiner Anschauung. Schließen wir aber die Geometrie und die mathemati-

sche Zeitlehre aus, beschränken wir uns auf die analytische *mathesis universalis,* verstehen wir die Reinheit von Mathematik auch als Reinheit von allem Real-Sachhaltigen, so bedarf die Mathematik gar keiner Anschauung. Wir verstehen dabei natürlich unter Anschau-
5 ung das Bewußtsein, das die im Umfang gedachten Gegenstände, sei es auch nur exemplarisch, zur Vergegenwärtigung bringt oder das in der Weise der Ideation sie wesensmäßig vor Augen stellt, also in unserem Fall ein Bewußtsein, das Gegenstände oder Sachverhalte aus dem Umfang der Anwendung mathematischer Gesetzlichkeit
10 wesensmäßig vor Augen stellt.

Aber das voll einsichtige mathematisch-logische Denken denkt Gegenstände in allgemeinster Allgemeinheit, es bezieht sich auf alles und jedes, auf Gegenstände überhaupt, Beschaffenheiten überhaupt, Sachverhalte überhaupt in der Weise puren Denkens, ohne das
15 Geringste davon anzuschauen. Aber wie können mathemati-sche Gesetze einsichtig werden, wenn nichts von dem, worauf sie sich beziehen, zu intuitiver Gegebenheit kommt? Andererseits haben wir von ihnen doch Einsicht. In dieser wie in jeder Einsicht kommt doch das, wovon sie Einsicht ist, zur
20 Gegebenheit: also hier der formal-mathematische, der logisch-ge-setzliche Sachverhalt. Wie ist die Konstitution dieser in der Einsicht jedes analytisch-logischen und überhaupt rein kategorialen Gesetzes sich vollziehenden Gegebenheit, die doch selbst eine Gegenständ-lichkeit ist, zu verstehen?

25 Die Evidenz von einem logischen Prinzip ist ein Gegebenheitsbe-wußtsein, als solches doch so etwas wie Anschauen oder Analogon von Anschauen; und dasselbe soll statthaben in der reinen Denk-schicht, in die nichts von der Anschauung irgendwelcher Gegen-ständlichkeit, die den Umfang des logischen Gesetzes ausmacht, auf-
30 genommen ist. Sagt nicht ein Gesetz einen Wesenszusammenhang der Gegenständlichkeiten aus, auf die es sich bezieht, und kann ein solcher Wesenszusammenhang einsichtig werden, ohne daß in der Intuition von solchen Gegenständlichkeiten ihr Wesen und mit die-sem die Wesenszusammenhänge zur Gegebenheit kommen? Ein
35 Wesensgesetz für Tonqualitäten wird natürlich einsichtig aufgrund der Anschauung von Tönen bzw. aufgrund der intuitiven Erfassung von generellen Tonwesenheiten, von Tonessenzen. In solcher Intui-tion erschauen wir eben das zum Wesen von Tonqualität als solches Gehörige. Im Zusammenschauen von mehreren Tönen erschauen

wir Tonverhältnisse, und in der zur Wesensstellung gehörigen kategorialen Intuition erschauen wir, daß sogeartete Verhältnisse zu
sogearteten Tonwesenheiten eben artmäßig und wesensmäßig gehören. Wir erschauen es, daß zu sagen, es sei ein Ton a zugleich höher
5 und tiefer als ein anderer b, gegen den Sinn, d. h. gegen das Wesen
von Tönen verstoße und dergl.

Aber wie, wenn wir nun statt solcher Wesensgesetze irgendwelche
logischen Gesetze, irgendwelche Gesetze der analytisch kategorialen Sphäre nehmen? Ein analytisch ontologisches Gesetz, nehmen
10 wir irgendein primitives, ein Grundaxiom, bezieht sich mittels der
oder jener Kategorien auf Gegenstände als solche in unbedingter
Allgemeinheit, also doch wohl auf das allgemeinste Wesen, das
alle Gegenständlichkeiten der betreffenden ontologischen Kategorien
gemein haben, und auf das, was in diesem allgemeinsten Wesen
15 gründet. Kann es sich anders verhalten als bei jenen Beispielen der
Tonwesenssphäre und überhaupt als bei den nicht-kategorialen Wesensgesetzen? Fordert nicht die Einsicht in das logische Gesetz
genau dasselbe wie die Einsicht in ein reales Wesensgesetz, also daß
wir in einer Wesensschauung, die überall prinzipiell dieselbe ist, uns
20 irgendwelche Gegenstände und Gegenstandsverhältnisse vor Augen
stellen und irgendein intuitiv aus ihnen Herausschaubares in der
Weise der Ideation zum schauenden Wesensbewußtsein erheben?

Aber das stimmt ganz und gar nicht. Jedes Beispiel eines
logischen Prinzips, wie des Prinzips vom Widerspruch oder des
25 *modus barbara* und dergl. zeigt Ihnen, daß logische Einsicht sich in
einer ganz anderen intellektiven Schicht, in einer reinen Denkschicht abspielt gegenüber der Einsicht in Wesensgesetze im gewöhnlichen Sinn, in Gesetze der realen Wesenssphäre. Sie merken
da sehr bald, daß die Einsicht in das logische Gesetz zwar nicht
30 immer und ohne weiteres da ist und daß Sie sich die Meinung des
Ausgesagten auch hier in gewisser Weise klar und deutlich machen
müssen; andererseits aber, daß jede Bemühung, exemplarisch verge-
genwärtigte Einzelfälle hinsichtlich ihres gegenständlichen Gehalts
zur Anschauung im gewöhnlichen Sinn und zu adäquater Anschau-
35 ung zu bringen (um da erst ein in der Adäquation sich abhebendes
Moment ideierend zu erfassen), ein völlig nutzloses Bemühen wäre
und nicht nur nutzlos, sondern schädlich, weil der eigentlichen Absicht zuwider. Genauer gesprochen: nutzlos, weil aus solcher Veranschaulichung nichts zu holen ist; schädlich und der eigentlichen

Absicht zuwider, weil, was hier zur Gegebenheit kommen soll, eben
da gesucht werden muß, wo es liegt, in der reinen Denkschicht, und
das Hinausblicken in eine andere Schicht, also in eine falsche Richtung lenkt.

5   Doch da habe ich fast schon mehr gesagt, als was zur bloßen Problemformulierung gehört. Das Problem ist es eben zu verstehen, wie
denn, wenn logische Einsicht etwas fassen soll, was zum „Wesen"
von Gegenständlichkeit überhaupt gehört und somit für sie in unbedingter Allgemeinheit gilt, diese Einsicht eben in solcher reinen
10 Denkschicht sich abspielen und der Gegebenheit von Gegenständlichkeit und Gegenständlichkeitswesen entraten kann. Und wir können dasselbe auch so ausdrücken: Wie ist die sinngemäße Anwendbarkeit analytischer Gesetze (kategorialer überhaupt)
auf alle möglichen sachhaltigen Gegenständlichkeiten zu verstehen,
15 wie können Gesetze, die in der Sphäre „reinen Denkens" einsichtig werden, doch notwendig Beziehung haben auf alle nur in der
Sphäre der Intuition zur Gegebenheit kommenden sachhaltigen
Gegenständlichkeiten? Ist reines Denken etwas von der sachhaltigen
Intuition Gesondertes, wie muß, und in strenger Notwendigkeit, das
20 in ihm Gegebene eine Geltung sein für Gegebenheiten sachhaltiger
Intuition? So wird also die notwendige Beziehung des Denkens mit
seinen reinen Denkeinsichten auf jede mögliche sachhaltige Anschauung mit ihren sachhaltigen Gegebenheiten zum Problem, die
Geltungsbeziehung von rein denkmäßig sich Konstituierendem zu
25 dem sich in der sachhaltigen Intuition Konstituierenden.

Das ist das echte, radikal gefaßte Problem der Möglichkeit rein mathematischer Erkenntnis, und zwar verstanden
im Sinne strengster Reinheit, d. h. im Sinne der Möglichkeit rein
kategorialer Erkenntnis, analytischer Erkenntnis in unserer Fassung;
30 oder es ist das echte Problem der „Möglichkeit" der unbedingten
Geltung der *mathesis universalis* für alle Natur, und nicht nur für
alle Natur, sondern für alle Gegenständlichkeit überhaupt. In letzter
Hinsicht bemerkte ich, daß, wie leicht zu sehen, auch die Anwendung der logischen Gesetze auf kategoriale Gegenständlichkeiten
35 *mutatis mutandis* dasselbe Problem mit sich führt. Die Beschränkung auf Gegenständlichkeiten sachhaltiger Art diente nur zur Erleichterung der Fassung des Problems, abgesehen ⟨davon⟩, daß es
in dieser Beschränkung begreiflicherweise sein besonderes Interesse
hat.

⟨c) Die transzendentalen Sinnesanalysen der logischen
Grundbegriffe als Voraussetzung für die transzendentale
Aufklärung der logischen Gesetze und ihrer Geltung.
Die Stufen innerhalb der Analytik⟩

5 Die transzendentale Analytik hat es zu tun mit der Möglichkeit
der objektiven Geltung analytischer Gesetzlichkeit als der auf alle
Gegenständlichkeiten überhaupt sich beziehenden. Aber in der letzten Problemstellung war vorausgesetzt, daß schon einige Verständigung darüber vorliege, wie Gesetzlichkeit überhaupt gelten, wie
10 Einsicht in ein Gesetz etwas herausstellen könne, das als Wahrheit
und Wahrheit der Art gesetzlicher Wahrheit objektiv gelte.
Offenbar liegen vor den besprochenen Problemen andere, die vorher gelöst werden müssen:[1] die allgemeinsten Probleme der Konstitution überhaupt, der Möglichkeit der Erkenntnis überhaupt, wie
15 Sätze überhaupt in Akten des Urteils Bedeutungsgehalte sein und
wie Sätze wahr und als wahre Sätze einer Gegenständlichkeit gemäß
sein können. Das Allgemeinste, was sich auf Gemeintheit und Gegebenheit, auf bloß meinendes Denken und sich ausweisendes Denken, auf die Funktionen der Intuition für die Evidentmachung des
20 Denkens bezieht und dergl., muß vorher erforscht werden, und zwar
in der Allgemeinheit, in der noch für kein Gegenstandsgebiet oder
keine Gegenstandsregion präjudiziert ⟨ist⟩.
Die formale Logik lehrt uns in geordneter Reihe eine Mannigfaltigkeit von reinen Formen kennen, in denen sich alles urteilende
25 Denken notwendig bewegt bzw. reine Formen von Urteilsbedeutungen, an die jedes mögliche Urteil, sofern es als Urteil eine Urteilsbedeutung hat, vor der Frage nach der Wahrheit und Falschheit
gebunden ist. Halten wir uns an die möglichen Formen der Wahrheit, an die Formen, die durch logische Gesetze nicht von vornher-
30 ein als ungültige charakterisiert sind, so erwächst für sie, oder zuunterst für die primitiven dieser Formen, die Frage, wie es zu verstehen sei, daß Urteile solcher Formen (d. h. von so geformten Bedeu-
tungsgehalten) gelten können, was unter dem Titel „Sachverhalt"
uns in der Einsicht zur Gegebenheit komme, was in diesen gegebe-
35 nen Sachverhalten den Bedeutungsformen entspreche und wie es
sich konstituiere im Ganzen und seinen Teilen und seinen Formen
nach. Folgt man dabei der Stufe der Allgemeinheit, die die Formen-

---

[1] 1°) vor 1) ⟨vgl. oben S. 292⟩.

lehre der analytischen Logik innehält, so trifft dieses Problem nur
die Konstitution der Gegenständlichkeiten überhaupt hinsichtlich
ihrer kategorialen Formungen, während es offen bleibt, wie Gegenstände absolut genommen, abgesehen von kategorialer Form, sich
5 konstituieren. Die Termini der logischen Formen sind unbestimmt,
die Frage nach der Möglichkeit von Wahrheiten solcher Bedeutungsform geht also nicht diese Termini an, sondern das in der logischen
Form begrifflich Ausgedrückte; zum Beispiel, wie ein Individuum,
wie ein individuelles Merkmal, wie eine sachhaltige Art oder Gat-
10 tung sich konstituiere, das gehört nicht in den Problemkreis der
analytischen Vernunftkritik.

In ihren Rahmen rechnen wir nur die Probleme, die durch die
Bedeutungs- und Geltungsgesetze der analytischen Logik
von sich aus gestellt werden. Dahin gehören alle sogenannten
15 Sinnesanalysen: Sinn von Bedeutung und Urteil, Sinn der Wahrheit,
Sinn der Existenz, Sinn von Gegenständlichkeit, von Sachverhalt,
Sinn von Bedingung und Bedingtem usw. All diese Sinnesanalysen
sind nichts anderes als Unterscheidung und Ausweisung der den
betreffenden logischen Begriffen (d. i. innerhalb der logischen Sphäre
20 entspringenden Wortbedeutungen „existiert", „ist wahr" etc.) entsprechenden Gemeintheiten und Gegebenheiten und allgemeine
Aufklärung ihrer transzendentalen Konstitution. Die verschiedenen
Bedeutungen der allgemeinen logischen Termini müssen gesondert
werden; natürlich, jeder Bedeutung entspricht ein anderes erkennt-
25 nistheoretisches Problem. Den verschiedenen Akten, denen dieselbe
begriffliche Meinung einwohnt — deutlich — undeutlich, intuitiv —
nicht-intuitiv etc. —, muß nachgegangen werden natürlich, denn es
handelt sich um die Konstitution der Gemeintheits- und Gegeben-
heitstypen, die den logischen Kategorien entsprechen, da zumal
30 ohne dergleichen auch an keine transzendentale Aufklärung der logischen Gesetze gegangen werden kann. Also erst nachdem all diese
transzendentalen Analysen vollzogen sind, kann die Frage der Möglichkeit der Geltung der logisch-ontologischen Gesetze behandelt
werden und in weiterer Folge die Möglichkeit analytisch gültiger
35 Wahrheit, deren wesentliche Gründe in der rein logischen Sphäre
liegen.

Innerhalb der weitesten Sphäre der kategorialen Gesetzlichkeiten
und der kategorialen Begriffe in dem bisherigen Sinn, d. i. innerhalb
der Sphäre des formalen, jede Sachhaltigkeit ausschließenden Apriori

haben wir nun wieder Stufen zu unterscheiden, wie ich in meinen logischen Vorlesungen[1] nachwies.

a) Zuunterst die Gesetzmäßigkeiten der Apophantik, d. i. die zu den reinen Bedeutungsformen des Urteils gehörigen Geltungsgesetze
5 oder, wie wir auch sagen können, die für Sachverhalte überhaupt hinsichtlich ihrer Bedeutungsform geltenden Gesetze.

b) Die höhere Stufe ist die der eigentlichen Mathematik, der Mengenlehre, der Anzahlenlehre, der Ordinalzahlenlehre, der Mannigfaltigkeitslehre. Hier fehlt die Beziehung auf die Bedeutungsfor-
10 men; hier handelt es sich nicht darum, gesetzlich festzustellen, was für Gegenstände überhaupt, für Beschaffenheiten überhaupt, für Relationen überhaupt, für Sachverhalte überhaupt mit Beziehung darauf gilt, daß sie Sachverhalte der und der reinen Formen sollen erfüllen können; sondern hier haben wir es mit Klassen kategorialer
15 Gegenständlichkeiten zu tun, die aus gewissen, in die Apophansis eingehenden Funktionen entspringen. Das Entspringen besagt, daß zum Wesen dieser Funktionen die Möglichkeit dessen gehört, was ich Nominalisierung zu nennen pflege, wodurch den Urteilseinheiten hinsichtlich dieser funktionellen Formen neue Gegenständlichkeiten
20 sozusagen entnommen und zu beurteilbaren „Gegenständlichkeiten-worüber" werden. So erwachsen formale Gattungen wie Zahl, Menge, Kombination und dergl. Sie bilden nun Bereiche für auf sie bezügliche Gesetzesgruppen, eben die mathematischen. Die transzendentale Konstitution dieser Gegenständlichkeiten und der auf
25 sie bezüglichen Gattungen und Arten, die Erforschung der transzendentalen Möglichkeit der auf sie bezüglichen Gesetze und der Möglichkeit der Anwendung dieser Gesetze auf irgend⟨welche⟩ hervorzuhebenden realen Seinssphären macht die Domäne der transzendentalen Mathematik aus; genau so, wie die entsprechenden Proble-
30 me für die fundamentalere Apophantik die Domäne der transzendentalen Apophantik ausmachen. Demgemäß scheidet sich also Analytik im weiteren und engeren Sinn, und ebenso erfährt der Begriff der transzendentalen Analytik eine Spaltung.

---

[1] Es handelt sich um die Vorlesung „Alte und neue Logik" von 1908/09 — Anm. des Hrsg.

⟨§ 10. Die Wissenschaften vom realen Apriori⟩

⟨a) Die allgemeine Ousiologie als objektive Logik der Realität überhaupt und die ihr entsprechende transzendentale Ousiologie⟩

Wir überschreiten nun die Sphäre der analytischen Erkenntnis,
5 der Kategorien im bisherigen Sinn, also die Sphäre des formalen
Apriori, und wenden uns den Problemen des realen Apriori zu bzw.
den Problemen, die die Realitätserkenntnis im weitesten Sinn und
die in ihr waltende Vernunft stellen. Die Seinssphäre ist hier die
weiteste Sphäre ⟨des⟩ in irgendeiner Sachhaltigkeit gedachten und
10 sich ausweisenden Seins. Der analytischen Logik mit ihren Bedingungen der Möglichkeit des Seins, die durch die bloße Bedeutungsform vorgezeichnet sind und in ihr sonst ihre reinen Quellen haben,
entspricht hier eine Logik des sachhaltigen Seins, welche die apriorischen und gesetzlichen Bedingungen in allgemeinster Weise er-
15 forscht, die durch Realität im weitesten Sinn vorgezeichnet sind.
Diese Logik könnten wir die allgemeine Ousiologie nennen.
Es gibt, wie wir sagten, regionale Unterschiede innerhalb der
Sphäre der Sachhaltigkeit, der Realität, aber durch all diese Regionen gehen, von ihren Scheidungen unberührt, gewisse Unterschiede
20 hindurch, so der Unterschied zwischen Individuellem und Spezifi-
schem, Generellem, der mit hereingezogen den Gehalt der reinen
Bedeutungsformen der analytischen Logik wesentlich bereichert, ihnen realen Denkgehalt verleihend. Es ergibt sich hier eine Fülle
apriorischer und allgemeinster Vorkommnisse. Zum Beispiel, *apriori*
25 gehört zu jedem Individuellen, daß es entweder individuelles Konkretum ist oder Abstraktum, und daß jedes Abstraktum seinem
Wesen nach nur möglich ist als Moment in oder an Konkreta. Den
individuellen Momenten korrespondieren apriorische begriffliche
Essenzen, und mit Beziehung darauf steht jedes Konkretum selbst
30 unter den entsprechenden Begriffen, und dies in ganz anderer Weise
als unter den analytischen Kategorien.
Zu der Idee der Konkretion gehören hinsichtlich ihres Aufbaus
und ⟨ihrer⟩ abstrakten Momente gewisse allgemeinste Teilverhält-
nisse, die schon Brentano unter den Titeln metaphysische und logi-
35 sche Teile beschrieben hat. Zu den logischen Teilen gehören die
echten Unterschiede zwischen Aristotelischer Gattung und Art. So
sind Ausbreitung und Farbe metaphysische Teile in der visuellen
Erscheinung, logische Teile aber sind die Verhältnisse zwischen nie-

derster Differenz von Farbe, Farbenart wie Rot, Gattung Farbe und
oberster Gattung sinnliche Qualität. Weiter gehören hierher die Ver-
bindungsarten von realen Teilen zu realen Ganzen, die Teilung realer Ganzer in „physische" Teile, die selbst für sich sein können als
5 Konkreta; das Allgemeinste, was zum Wesen realer Relationen gehört usw.; auch, daß jedes individuell Reale unter der Form der
Zeitlichkeit und der zu ihrem Wesen gehörigen Gesetze steht, gehört
hierher; wobei aber der Begriff der Zeitlichkeit in einem Sinn zu
verstehen ist, der noch nichts für die Zeit der dinglichen Natur prä-
10 judiziert.

In die Sphäre der Ousiologie gehören ferner auch die apriorische
Beziehung jedes Realen überhaupt zu Bewußtsein überhaupt und der
fundamentalste Unterschied zwischen immanentem Realem (d. i.
Bewußtsein selbst mit all seinem wirklichen Bestand, nicht seinem
15 intentionalen) und transzendentem Realem, d. i. Realem, das mögliches intentionales Objekt von Akten ist, aber nicht selbst Akt und
überhaupt Immanentes.

Danach sehen Sie klar, wodurch sich diese ousiologische Ontologie von der analytisch-logischen unterscheidet. Für die letztere ist
20 Gegenstand alles, wovon sich wahrheitsmäßig prädizieren läßt, mag
es ein Ding sein, ein psychischer Akt, eine Spezies Farbe, eine Zahl,
eine Bedeutung oder was immer. Für die Ousiologie aber ist Gegenstand Reales, also z. B. ist eine Zahl, eine Bedeutung kein Reales.

Sie sehen, wie nun auch der Begriff der Kategorie eine Abwand-
25 lung erfährt. In der analytischen Sphäre hatten wir das analytische
Apriori, und zu ihm gehören die analytischen Kategorien Gegenstand, Beschaffenheit, Sachverhalt usw. Sie standen in wesentlicher
Beziehung zu den Bedeutungskategorien oder seismatologischen
(wenn wir das jüngst von Marty gebrachte Wort Seismatologie für
30 Bedeutungslehre akzeptieren). Bedeutungskategorien sind die wesentlichen Besonderungen von Bedeutung, wie nominale Bedeutung,
Satzbedeutung etc. In der jetzigen Sphäre des ousiologischen Apriori
haben wir neue prinzipielle Begriffe, die Besonderungen der obersten
Idee der Realität, Individuum, konkretes Individuum, reale Eigen-
35 schaft, reale Relation, reales Ganzes, realer Teil, reale Gattung, reale
Art etc.

Der allgemeinen Ousiologie, die sozusagen eine objektive Logik
der Realität überhaupt ist, entspricht nun wieder eine Transzendentalphilosophie, die transzendentale Ousiologie, welche eben

die durch diese Erkenntnisgruppe gestellten Probleme löst; also das
allgemeine Problem der Konstitution von individuellen Gegenständlichkeiten überhaupt und Sachverhalten überhaupt, und zwar
dabei die Probleme der Individualität als solcher, sozusagen ihrer
5 *haecceitas,* die Probleme des individuellen Wesens und endlich des
individuellen Daseins; ferner die Probleme der Konstitution genereller realer Gegenständlichkeiten und auf sie bezüglicher genereller
Sachverhalte etc.; desgleichen die Probleme, die sich aus der Beziehung der ousiologischen Sphäre zur analytischen ergeben.

10 ⟨b) Die Ontologie der Natur und die ihr entsprechende
transzendentale Physiologie⟩

Es folgt nun die Scheidung der ousiologischen Regionen, denen
entsprechend wir auch von regionalen Kategorien sprechen könnten.
Am nächsten liegt es für das natürliche Denken, hinzublicken auf
15 die Region der Natur, der Physis im weitesten Sinn, der sogenannten Erfahrung. Die entsprechende allgemeine Seinslehre dieser
Region, sozusagen die Logik derselben, ist die Ontologie der
Natur (wir möchten fast sagen: Physiologik), der Idee nach zusam-
menfallend mit dem, was Kant reine Naturwissenschaft nennt, mö-
20 gen wir mit dem Gehalt derselben auch nicht ganz übereinstimmen,
so wenig als mit dem Umfang der Begrenzung. Der Begriff der speziell physiologischen Kategorien umspannt dann die Begriffe: konkretes Naturreales oder Ding, weiter dingliche Eigenschaft, dingliche
Relation, dingliches Ganzes usw.
25 Hier treten in besonderer Stellung auf und sind auch als reale
Naturkategorien zu bezeichnen die Formen aller Dinglichkeit:
Raum und Zeit. Alle auf die Zusammenhänge dieser Kategorien und
der unter ihnen stehenden Gegenständlichkeiten bezüglichen allgemeinen Gesetze gehören in die allgemeine Ontologie der Natur, und
30 dazu müssen wir konkreterweise, ohne uns durch Kants Lehren beir-
ren zu lassen, rechnen die Geometrie, die Phoronomie, die reine
Zeitlehre (apriorische Chronometrie). Zu den kategorialen Unterschieden wird man ferner auch rechnen müssen die Scheidung zwischen körperlicher und geistiger Natur (die freilich nicht
35 Trennung besagt), und auch darauf bezüglich wird es formulierbare
apriorische Sätze geben müssen, die freilich eben wegen ihres formalen Charakters keine Versuchung abgeben werden, aus ihnen eine

metaphysische Psychologie zu deduzieren von der Art, die Kant zu
bekämpfen Anlaß nahm und in seiner Zeit auch ernsten Anlaß hatte.
Der gesamte Bereich apriorischer Sätze, die in weitester Allgemeinheit oder den näheren Besonderungen nachgehend sich systematisch
5 aufstellen lassen, macht also die jetzige Ontologie aus, er bildet den
logisch-ontologischen Fonds, aus dem naturwissenschaftliche Methodologie ihre Normen schöpft, soweit diese nicht durch die analytische Logik und die analytisch-mathematischen Disziplinen bestimmt sind.
10 Das transzendentale Korrelat dieser Disziplin ist die transzendentale Physiologie, die transzendentale Ontologie der Natur,
d. i. die Erforschung der Konstitution der Natur, welche Konstitution unter dem vieldeutigen und wenig passenden Titel Erfahrung
befaßt zu werden pflegt und die wissenschaftliche Erforschung dieser
15 Konstitution ⟨unter dem Titel⟩, „Theorie der Erfahrung".
Es sind Problemgruppen, die Kant (und vordem schon Hume im
Treatise) angeregt hat, die aber bei Kant selbst und in allen seinen
Schulen in einem mythischen Dunkel verschwimmende blieben. Es
ist eine ungeheure Aufgabe, sie ans helle Licht zu ziehen und die für
20 sie zu führenden Untersuchungen in wissenschaftlich genügender
Weise zu inszenieren. Äußerlich können wir freilich von Kant Problemformulierungen übernehmen: Wie ist Geometrie als Wissenschaft möglich, wie Phoronomie, wie ist reine Naturwissenschaft überhaupt möglich, und wir hätten auch hinzuzufü-
25 gen: Wie ist bestimmte, aposteriorische Naturwissenschaft möglich? Und diese Fragen wären zu verstehen wie die
transzendentalen Fragen nach der Möglichkeit der apophantischen
Logik (dieses Problem hat Kant überhaupt nicht gesehen) sowie das
Problem der Möglichkeit der formalen analytischen Mathematik.
30 Die Frage ist also die: Wie können nicht nur rein logische und
mathematische Gesetze, sondern auch alle jene allgemeinen physiologischen Gesetze der möglichen Konstitution von Gegenständlichkeiten der Natur *apriori* Regeln vorschreiben? Und hier treten aller-
größte Schwierigkeiten dadurch auf, daß kein Gegenstand der Natur
35 in einem Akt oder endlich geschlossenen Aktzusammenhang in
strengem Sinn zu geben ist. Die sinnliche Wahrnehmung gibt das
Ding, aber nur durch eine Erscheinung; gehen wir in der Wahrnehmung weiter, wollen wir statt einer bloß einseitigen Erscheinung das
ganze Ding, so werden wir immer doch nur von Erscheinungen zu

Erscheinungen geführt, und die Mannigfaltigkeit dieser Erscheinungen ist eine unendliche, ja vielfältig unendliche, zumal, wenn wir bedenken, daß zum Wesen jedes Dinges die Möglichkeit gehört, sich zu verändern, daß die Erscheinungen immer wieder anders ablaufen
5 können, als sie voraussehen ließen, als in ihren ursprünglichen Intentionen angelegt war usw. Wie kann also ein Gesetz *apriori* eingesehen werden für alle mögliche Dinglichkeit, wenn sich Dinglichkeit selbst in keine Anschauung adäquat auseinanderlegen läßt, und ebenso keine dingliche Beschaffenheit, kein dinglicher Sachverhalt
10 usw.?
Hier ist aber infolge davon schon jedes schlichteste aposteriorische Urteil, das wahr sein will, ein Rätsel. Jede objektive Wahrheit, auch jede singuläre, schreibt Bedingungen der Möglichkeit der Konstitution für ihre singuläre Gegenständlichkeit vor. Aber wie kann
15 sie das, wie ist das zu verstehen? Und wie ist die Möglichkeit der Einsicht, die Möglichkeit irgendwelcher wie immer gearteten Begründung solcher Wahrheit zu verstehen? Man sagt, und nicht mit Unrecht, daß die allgemeinen und rein naturwissenschaftlichen Gesetze aller empirisch-naturwissenschaftlichen Methodik für die Be-
20 gründung von Erfahrungsurteilen zugrunde liegen. Also ist gewiß das Problem der Möglichkeit rein naturwissenschaftlicher Gesetze und Gesetzeseinsichten das radikalere. Aber reicht seine Lösung aus, ⟨um⟩ die Möglichkeit aposteriorischer Erfahrungsurteile, darunter aller empirisch-naturwissenschaftlichen Urteile, ⟨zu verstehen⟩? Je-
25 denfalls gibt das neue Probleme, und höchst schwierige, welche nur durch die genaueste phänomenologische Analyse der geradezu unglaublich komplizierten Aktzusammenhänge und Erscheinungszusammenhänge, in denen scheinbar so schlichte Dingerfahrung besteht, geleistet werden kann.

30   ⟨c) Die Phanseologie und die ihr entsprechende
                transzendentale Disziplin⟩[1]

Doch genug über die Region der Natur, über die transzendentalen Probleme, zu denen sie Anlaß gibt. An welche Region sollen wir nun

---

[1] Phanseologie; hier ist sie aber deplaziert. Vgl. einen anderen Begriff von Phanseologie ⟨unten S. 329⟩.

denken? Da liegt es nahe, durch die ganze Richtung auf Transzendentales, die unser Interesse hier nimmt, das Bewußtsein, die Sphäre der Akte, in Betracht zu ziehen, das Vorstellen, das Wahrnehmen, das Erinnern, das Urteilen, Vermuten, Zweifeln, die mannigfaltigen
5 Gestaltungen des Wertens usw. Natürlich kommt all das auch vor innerhalb der Psychologie; dort wird von Akten gehandelt als Erlebnissen von Menschen und sonstigen Naturwesen. In dieser Sphäre sind es Vorkommnisse der einen Natur, sie haben ihre Stellung in der objektiven Zeitlichkeit und durch Beziehung zu den Leibern der
10 erlebenden Ich auch eine Zuordnung zu bestimmten Ortskomplexen in der objektiven Räumlichkeit. Hier werden sie psychologisch bzw. psychophysisch erforscht. Aber eben diese Naturbeziehung läßt sich ausschalten.

In der phänomenologischen Apperzeption vollziehen wir jene phi-
15 losophische Epoché, welche jede Setzung von Naturdasein ausschließt, vielmehr das jeweilige Erlebnis rein als absolut gegebenes Datum nimmt. Besteht die Meinung, es sei ein Erlebnis mein, dieser empirischen Person, Erlebnis, so können wir diese Meinung selbst rein als Meinung nehmen, ohne zu fragen, ob sie richtige Meinung
20 sei hinsichtlich dessen, was sie meint; also selbst als rein phänomenologisches Datum, das in ⟨sich⟩ selbst ist, was es ist, möge es Natur geben oder nicht. Wir nehmen also die Schicht des Erscheinens, des Meinens, des Sich-auf-Gegenständlichkeiten-Beziehens; jedes hier zu gebende als ein absolutes „Dies da", so wie es eben
25 sich darbietet. Und wir nehmen diese ganze Sphäre von Gegenständlichkeiten, denen wir in allerweitestem Sinn den Realitätscharakter nicht werden abstreiten können, mit all ihren Teilen oder Momenten, die ihnen reell und nicht intentional einwohnen. Um alle Intentionalität auszuschließen, um streng den Standpunkt zu
30 beziehen, daß wir das Bewußtsein rein nach seinem reellen Bestand an wirklich es zusammensetzenden Teilen (wirklich ihm selbst einwohnenden Momenten und Bestimmtheiten) betrachten wollen, bedarf es eines eigenen Terminus. Wir gebrauchen dafür oft das Wort „phänomenologisch". Warum dies aber nicht ausreicht, vielmehr
35 neben dem Bestand an reellem Bewußtseinsgehalt auch solches befassen muß, was schon zur Intentionalität gehört trotz aller festgehaltenen phänomenologischen Epoché, das wird bald hervortreten. Da der griechische Ausdruck φάνσις im Gegensatz zum φαινόμενον, zum Erscheinenden und der Erscheinung, das Erscheinen selbst

als Erlebnis bezeichnet, so werc'∾n wir die jetzt fragliche Sphäre die
phanseologische nennen.[1]

Warum es für die zufälligen Wahrheiten dieser Sphäre keine Wissenschaft geben kann oder vielmehr, warum, was in Hinsicht auf
5 zufälliges Dasein und Vorkommnisse am Dasein hin ausgesagt werden kann, notwendig durch die Physik und Psychologie hindurch-
führt (durch die Naturwissenschaft im weitesten Sinn), das kann ich
hier nicht besprechen. Klar ist es hingegen, daß ein mächtiger Strom
von phanseologischen Erkenntnissen apriorischer Art bestehen
10 muß. Es ist nämlich klar, daß aufgrund der phanseologischen Erscheinungen Wesenserfassungen vollzogen werden können von höherer und niederer Allgemeinheit, in denen in reiner Ideation das
Wesen von Wahrnehmung überhaupt nach ihren verschiedenen
Grundartungen, das Wesen von Erinnerung überhaupt, von Phanta-
15 sie überhaupt, von Urteil überhaupt usw. zur Gegebenheit kommt
und die Möglichkeit von Wesenseinsichten ergibt, die als solche
apriorische sind, was im Grunde genommen ein analytisches Urteil
ist. Auch sonst sind allgemeine, und zwar unbedingt allgemeine Sätze über phanseologische Daten möglich, wie z. B., daß jedes indivi-
20 duelle Datum seinen Zeitfluß hat, seine phänomenologisch-zeitliche
Ausbreitung, in der es dahinfließt und fließend verschwebt.

Gibt es auch eine transzendentale Phanseologie? Wir dürfen nicht schwanken, mit Ja zu antworten. Denn auch hier muß es
Probleme der Konstitution geben, also müssen sie gelöst werden. Sie
25 erscheinen als besonders radikale, ja als die radikalsten darum, weil
ja alle anderen transzendentalen Probleme, die aller Erkenntnisgebiete überhaupt, sich zurückbeziehen auf das Gebiet des reinen
Bewußtseins, auf das der Phansis.

Dabei ist folgendes zu beachten: Die Phanseologie ist Quellenleh-
30 re aller Erkenntnis überhaupt; sie ist insofern durchaus transzenden-

---

[1] Braucht es der Aufführung einer eigenen Phanseologie gegenüber den sonstigen
transzendentalen Disziplinen, da doch in diesen überall das Wesen des Bewußtseins
erforscht wird? Darüber bedarf es einer Reflexion. In gewissem Sinn ⟨nicht⟩, da
schließlich alle transzendentalen Disziplinen zusammengenommen das Bewußtsein er-
schöpfen dürften. Dürften! Das ist es, was der Erwägung bedarf. Und dazu der Übergang in die tiefste Schicht, die eine tiefere transzendentale Disziplin erfordert. Vgl. die
nächsten Vorlesungen über immanente und transzendente Erscheinungen.

tal. Die Erforschung der immanenten Aktcharaktere, die immanente
Beschreibung der verschiedenen Gattungen und Arten von Akten
und alles ihnen wesentlich Eigentümlichen ist natürlich das Fundament für alle transzendentalen Erkenntnisse, die ja darauf gerichtet
5 sind, aufzuklären, wie im Wesen gewisser Aktzusammenhänge die
Beziehung auf Gegenständlichkeit, als Beziehung der Gemeintheit
zur Gegebenheit, und begründende Ausweisung von Gemeintheit
durch Gegebenheit notwendig gelegen ist.

Andererseits haben wir jetzt gegenüber dieser Phaseologie, die
10 transzendental ist mit Beziehung auf ihre Verwendung, eine transzendentale Phaseologie in einem anderen Sinn, nämlich die Disziplin von der Möglichkeit der phaseologischen Erkenntnis selbst. Also hier handelt es sich um die phänomenologische Konstitution der phaseologischen Gegenständlichkeiten
15 selbst; wenn wir da von diesen Gegenständlichkeiten, d. i. den
Phanseis, zurückgehen zu den sie konstituierenden Akten, so gehen
wir wieder zu gewissen Phanseis zurück. Wir sind eben beim letzten
Gebiet angelangt, was aber gar nicht hindert, daß wir die Frage aufwerfen können und müssen, was das für Akte sind, in denen etwa
20 Akte selbst gemeint und gegeben sind, wie etwa die Begründung
eines auf Akte bezogenen Urteilsaktes verläuft und dergl.

Nun könnte man sagen: Die Frage wiederholt sich in jeder Stufe
wieder. Indessen ist es hier klar, daß die Probleme der höheren Stufen dieselben sind wie die der niederen, daß wir also zu keinen neu-
25 en Problemen und neuen Disziplinen geführt werden. Die Frage, wie
sich phaseologisch Gegenständlichkeiten konstituieren, führt eben
wieder auf phaseologische Zusammenhänge. Und wenn man allgemein untersucht hat, wie ein phaseologisches Urteil überhaupt evident wird, so ist es keine neue Frage mehr, wie sich ein Urteil der
30 transzendentalen Phaseologie der höheren Stufe ausweist; denn
dieses Urteil ist selbst ein phaseologisches Urteil.

⟨§ 11. Das Feld und die Aufgaben der Phänomenologie⟩[1]
⟨a) Die Unterscheidung zwischen Erscheinen, Erscheinung und
Gegenstand bei schlichten und bei kategorialen Intuitionen.
Phanseologische Immanenz gegenüber den immanenten realen
Gegenständlichkeiten⟩[2]

Doch wir dürfen nicht länger verweilen, wir gehen zur nächsten
Region über. Welche soll das nun sein? Wir haben nun schon
gesprochen von der Ousiologie als der allgemeinen realen
Seinslehre, von der Physiologie als der Ontologie der Naturrealitäten, dann von der Phanseologie als der Ontologie der phanseologischen Gegenständlichkeiten. Können wir jetzt zur Welt der
Werte übergehen? Sollen wir jetzt die Axiologie anreihen, die formale Axiologie, mit der wir uns in diesen Vorlesungen so viel
beschäftigt haben, als die formale Ontologie der Werte, unter der
dann die besonderen axiologischen Disziplinen stehen, und auf der
anderen Seite die transzendentale Axiologie mit den Problemen der transzendentalen Konstitution? Aber wir werden doch
zweifelhaft. Ständen wir da noch in der Sphäre der Realität? Reale
Dinge können Wert haben. Sind aber Werte als solche Realitäten?
Kann nicht auch Irreales Wert haben? Werte sind ihrem Wesen
nach fundierte Gegenstände, und von den letzteren sagen wir das
Wert-Haben aus.

Andererseits, in der Welt der Werte sind die Werte, wenn sie
wahrhafte Werte sind, wie immer es mit der Existenz und Realität
der fundierenden Gegenstände sich verhalten mag. Wir merken, daß
hier prinzipielle Unterschiede eigener Art sich vordrängen. Werte
sind sekundäre Gegenstände, und wenn wir von ihrer Realität
oder Irrealität sprechen, so bestimmt uns dabei ausschließlich die
Realität oder Irrealität der unterliegenden Gegenstände, die nicht
Werte sind. Sind sie Realitäten, so sind sie es in einem sekundären
Sinn. Und zugleich werden wir aufmerksam darauf, daß wir die allgemeine Linie, die wir von der Ousiologie an beschritten haben,

---

[1] Zu den §§ 11 und 12 vgl. Beilage XIII: Probleme aus Anlaß des II. Teiles der ethischen Vorlesungen, S. 376 f. — Anm. des Hrsg.

[2] Vgl. Beilage XIV: Meinung, Bedeutung und Erscheinung, S. 377 f. — Anm. des
Hrsg.

dadurch überschreiten, daß wir Rücksicht nehmen müssen auf Gegenständlichkeiten, die nicht unter die prinzipielle Hauptregion
„Realität" fallen.

Um uns das im einzelnen deutlich zu machen, überlegen wir die
5 Fundationen von Werten. Wir werten Dinge und Vorgänge, wir werten Menschen, ihre psychischen Dispositionen, ihre psychischen
Akte und Zuständlichkeiten, wie z. B. ihr Wollen und ihre dispositionellen Willensrichtungen, ihre Wissensakte und ihr dispositionelles Wissen usw. Wir werten auch Dinge der äußeren Natur, z. B. als
10 Nützlichkeiten, als Güter. Man wird wohl auch nichts dagegen einwenden können, wenn wir sagen, daß Wertung noch möglich ist in
Hinblick auf die phanseologischen Gegenständlichkeiten, z. B. in
Hinblick auf Gemütsakte, Wissensakte und dergl. in rein phänomenologischer Haltung.

15 Zunächst werden Sie geneigt sein, auch folgende Beispiele als hierher gehörig, nämlich in die phanseologische Sphäre gehörig, anzusehen. Eine Dissonanz, ein rauher Ton, ein schriller Pfiff und dergl.
sind in sich mißfällig, ob wir dergleichen empirisch apperzipieren als
Naturvorkommnis oder ob wir alle Beziehung auf wirkliche oder
20 mögliche Natur phänomenologisch ausschalten. Ferner, die freie
Phantasie spiegelt uns allerlei schöne und häßliche Gestaltungen
vor. Wir nannten sie soeben schön und häßlich. Also wir werten sie,
obschon wir gar nicht daran denken, sie der Wirklichkeit der Physis
einzuordnen, auch nicht hypothetisch. Wir können hier hypothe
25 tisch-naturhaft werten, wie im Falle der Nützlichkeitswertung:
„Wenn dergleichen wäre, so wäre es etwas Gutes." Aber nicht so im
Falle der reinen Schönheitswertung, die gar nicht nach Wirklichkeit
fragt und Wirklichkeit assumiert, nämlich nach Wirklichkeit im Sinne der Natur. Ebenso werten wir alle Gestaltungen der bildenden
30 Kunst. Wir werten die Bilder, die Statuen usw. als Dinge nach ihrem
Materialwert; wir werten sie als Dinge, sofern sie Kunsthändler- und
Marktwert haben; wir werten sie als befähigt, Bilderscheinungen in
uns und anderen zu wecken, die ihrerseits den ästhetischen Wert
haben. Letzteres sind die Bilder im ästhetischen Sinn, sie sind nicht
35 angenommen oder gesetzt als Wirklichkeiten, sondern in der ästhetischen Wertung sind sie bloß Bilder, bloß Erscheinungen und als
solche Unwirklichkeiten. Das Schöne ist nicht das Ding, das an der
Wand hängt, das Schöne ist nicht das Ding, das Marktwert hat, auch
nicht das Ding, das durch das Bild dargestellt ist, etwa die im Por-

trät dargestellte und für wirklich gehaltene Person, sondern das Bild selbst: die Erscheinung.

Was sind das für Gegenständlichkeiten, die hier als wertfundierende auftreten? Sind es etwa phanseologische? Im ersten Moment mag
5 es so scheinen. Aber näher besehen erkennen wir den Irrtum. Eine φάνσις ist ein Erlebnis, in dem etwas gemeint ist bzw. erscheint; sie ist das Erscheinen selbst, und phanseologisch ist jedes durch Analyse herauszuhebende reelle Moment des Erscheinens.[1] Vom Erscheinen müssen wir aber wesentlich unterscheiden die Erschei
10 nung, vom Meinen im weitesten Sinn die Meinung. Die Erscheinung ist bewußt im Erscheinen, aber sie ist kein Teil, keine Seite, kein Stück des Erscheinens; ebenso im weiteren Sinn nicht die Meinung im Meinen. Die Phantasieerscheinung ist nicht das Phantasieerscheinen, sie ist aber auch nicht der phantasierte Gegenstand.
15 Erscheinung ist also auch nicht der phantasierte Gegenstand. Erscheinung ist also nicht erscheinender Gegenstand.

Zunächst das letztere: Der Gegenstand der freien Phantasie, der Einbildung im gewöhnlichen Sinn, ist nichts Existierendes. Wäre er es, so wäre ⟨er⟩ ein Naturobjekt; aber der Zentaur existiert nicht,
20 den ich mir gerade vorphantasiere. Die Zentaurerscheinung ist aber nicht der Zentaur. Daß sich in der betreffenden Phantasie der Zentaur gerade von dieser Seite darstellt, sich gerade mit den Oberflächenbestimmtheiten, gerade mit den Farben und Formen darstellt, das ist Sache der Erscheinung, nicht des Objekts, und ebenso, daß
25 das Objekt sich nach anderem nicht darstellt, während es doch als noch andere Seiten und Bestimmtheiten habend gemeint ist und in der Erscheinung gemeint ist. Dasselbe gilt aber auch beim normalen Wahrnehmungsobjekt. Die Wahrnehmungserscheinung, die Wahrnehmung in einem objektiven Sinn ist nicht das Wahrgenommene.
30 Zu demselben Objekt gehören der Möglichkeit nach unendlich viele, inhaltlich verschiedene Erscheinungen, Wahrnehmungserscheinungen; und jede ist Erscheinung von diesem Objekt und nicht Erscheinung von einem anderen. Ebenso ist eine Bilderscheinung, gerade das Bild im ästhetisch gewerteten Sinn, nicht das bildlich dastehen
35 de Objekt, geschweige denn das durch das Bild Abgebildete. Diese Erscheinungen sind aber auch nicht das Erscheinen. Ich sagte schon: Die Erscheinung ist bewußt im Erscheinen.

---

[1] Unter Erscheinen ist hier die zeitliche Einheit verstanden!

Das Erscheinen ist das Bewußtsein dessen, was die Erscheinung ist, und eben dadurch ist das wahrgenommene, das phantasierte Objekt, das abgebildete in gewisser Weise da; wir sagen, es erscheint. Es erscheint durch das Bewußtsein dessen, was die Erschei-
5 nung ist. Das sind wunderbare Verhältnisse, deren Aufklärung gerade zu den wesentlichsten transzendentalen Aufgaben gehört.

Daß aber die Erscheinung in dem hier behandelten Sinn in der Tat nicht das Erscheinen ist, ist daraus zu ersehen, daß die Erscheinung des Dinges, abgesehen von Existenz und Nicht-Existenz, ge-
10 wissermaßen das Ding ist, aber als gerade mit den Seiten, in den Farben, Helligkeiten etc. sich anschaulich darstellendes und mit den anderen Seiten sich nicht-darstellendes, aber gemeintes. Gemeintes ist aber nicht Meinen. Das Bewußtsein enthält reell keine gesehene und keine nicht-gesehene Objektseite in sich. Das Meinen des Din-
15 ges, das intuitive Meinen der Vorderseite, das Mitmeinen der unsichtbaren Seite, das ist eben Meinen, und indem wir analysieren, finden wir etwa der erscheinenden Farbe gemäß, also der Erscheinungsfarbe, eine Abschattung von immanenten Farbenempfindungen; etwa dem erscheinenden gleichmäßigen Rot entspricht in der
20 Phansis ein sich stetig, aber ungleichmäßig abschattendes Rot, der objektiv erscheinenden Gestalt eine Gestaltabschattung usw.; und all diese immanenten sinnlichen Daten ⟨sind⟩ umflossen von einem unsinnlichen Bewußtsein, von dem wir sagen, es mache die Auffassung der sinnlichen Daten, so wie sie wirklich empfindungsmäßig da
25 sind, und es stelle so das Erscheinungsbewußtsein her, in dem sich das Objekt selbst in der und der Weise für das Bewußtsein darstelle.

Indessen muß man selbst bei solcher Analyse vorsichtig sein. Die sinnliche Absschattung, so wie wir sie bei der ersten Analyse uns gegenständlich machen, ist zwar ein immanenter Gegenstand, aber
30 nicht ohne weiteres ein phanseologischer. Sie werden, was ich da im Auge habe, verstehen, wenn ich ein möglichst einfaches, von aller Naturobjektivation möglichst leicht ablösbares immanentes sinnliches Objekt nehme, etwa einen Ton. Mag der Ton seine Naturinterpretation zulassen als Wirklichkeitston, als Ton, der soeben von
35 einer Geige gespielt wird, oder mag er uns als bloße Halluzination gelten, wir können ihn jedenfalls in sich nehmen und all diese empirisch existenzialen Setzungen ausschließen. Er ist dann noch immer etwas. Er ist ein „dies da!", dessen Sein wir nicht leugnen können.

Man wird nun vielleicht sagen, sein *esse* ist sein *percipi,* also ist er ein bloßes Bewußtseinsdatum, ein phanseologisches Moment im Bewußtsein des Hörens. Indessen, das wäre unrichtig. Dieser Ton ist immanentes Bewußtseinsobjekt, aber nicht selbst Bewußtsein und
5 nicht Bestandstück des Bewußtseins. Phanseologisch Immanentes und Immanentes in dem Sinn einer solchen im phänomenologischen Schauen (hier im reinen Hören) adäquat gegebenen Gegenständlichkeit ist zu sondern. Was ist dann dieser Ton? Und was finden wir im Bewußtsein des Tones? Der Ton, das ist das Identische in der zeit-
10 lichen Ausbreitung von Tonphasen. Der Ton hat seine Dauer und innerhalb der Dauer seine Kontinuität von Phasen, die den Zeitfluß ausfüllen. Der Ton ist aber nicht eine Vielheit oder eine stetige Aneinanderreihung von Einzelheiten, sondern der eine und selbe dauernde, innerhalb der Dauer qualitativ oder intensiv unveränderte
15 oder auch so und so sich ändernde. Er ist identische Einheit in dieser stetigen Mannigfaltigkeit seiner Darstellungen, und das Bewußtsein, das wir immanentes Hören nennen, ist eben Bewußtsein von dieser Einheit. Phanseologisch finden wir die Phasenverbreitung der Empfindungsdaten in der Form des Zeitflusses und das Einheit
20 schaffende Bewußtsein, und das ist nicht bloß ein irgendwie zusammenfassendes, sondern jeder Empfindungsphase den Charakter einer objektiven Tonphase verleihendes Bewußtsein. Der Ton aber als in dieser Ausbreitung sich darstellender oder, wenn wir wollen, selbststellender ist in dieser Darstellungsweise genommen Erscheinung;
25 oder besser: Diese Kontinuität von Phasen, deren jede schon Bewußtsein vom Ton, Darstellung von ihm ist, deren jede von dem Tonbewußtsein durchseelt ist, konstituiert eine Einheit der Erscheinung, einer adäquaten Erscheinung von dem einen und selben dauernden Ton. Also der Ton, obschon immanente Gegebenheit, näm-
30 lich im phanseologischen Bewußtsein des Hörens adäquat erschaute Gegebenheit, ist nicht etwa selbst Bewußtsein. Vielmehr haben wir auch hier den Unterschied zwischen Bewußtsein und Erscheinung, während hier Erscheinung und Gegenstand einerlei ist. Somit trifft das offenbar auch alle sinnlichen Abschattungen, die wir aus dem
35 Erscheinungsbewußtsein der dinglichen Wahrnehmung herausschauen können.
Wir haben also gelernt zu unterscheiden zwischen reellen Bestandstücken phanseologischer Realitäten, also dem zum Bewußtsein reell Gehörigen, und immanenten realen Gegenständlichkeiten, wie sie

expliziert werden durch jenen Ton oder jene sinnlich immanenten
Abschattungen; und diesen immanenten realen Gegenständlichkeiten stehen gegenüber die transzendent realen Gegenständlichkeiten,
wie Häuser, Bäume, Menschen, psychische Dispositionen usw. Und
5 zugleich scheiden sich, wie wir sehen, die entsprechenden Erscheinungen in adäquate (immanente) und inadäquate (transzendente)
Erscheinungen. Eine Dingerscheinung, jede Naturerscheinung ist
eine inadäquate, die dem immanenten Ton entsprechende Erscheinung im adäquaten Bewußtsein des Hörens ist eine adäquate.[1]
10 Wir haben bisher bei der Rede von Erscheinungen immer Akte
aus einer beschränkten Sphäre, die nachher als die der objektivierenden und näher intuitiven Akte bestimmt wird, im Auge gehabt hinsichtlich ihres phänomenologischen Was, als da sind Wahrneh-
mungsakte, Erinnerungsakte, bildliche Akte (Akte des Bildbewußt-
15 seins) und entsprechende Phantasieakte. Notieren wir hier einen
durchgehenden Unterschied zwischen setzenden und nicht-setzenden Akten, wobei wir unter nicht-setzenden solche verstehen, die
wie Unglaube, Zweifel nichts von einer Stellungnahme enthalten, so
ergibt das keine Unterschiede, die auch den Erscheinungen in gewis-
20 ser Weise zugute kommen. Wohl aber ist es klar, daß bei dem neuen
Unterschied zwischen Impressionen und Reproduktionen, der von
den Setzungscharakteren unabhängig ist, dieselbe Erscheinung, die
ich in der Wahrnehmung bewußt habe (aber nicht gerade wahrnehmen muß) in entsprechender Modifikation auftreten kann als Er-
25 scheinung im Bewußtsein der Erinnerung oder bloßer Phantasie. Ich
sagte „dieselbe Erscheinung", etwa dasselbe Objekt von derselben
Seite genau in gleicher Weise erscheinend, „nur" einmal wahrnehmungsmäßig, das andere Mal phantasiemäßig. Genau besehen sind
aber die Erscheinungen beiderseits verschieden, einmal impressiona-
30 le Erscheinungen, das andere Mal reproduktive, und zwar gehört
apriori zu jeder impressionalen Erscheinung eine mögliche Phantasieerscheinung desselben Wesens. Ich sagte „desselben Wesens":
Das ist jene Selbigkeit, die uns dazu verführt, von derselben Erscheinung beiderseits zu sprechen. Wir müssen also unterscheiden Er-

---

[1] Was wir vorhin beim Dingerscheinen zum Bewußtsein rechneten, das ist selbst im
immanenten Sinn eine Erscheinung. Der transzendente Gegenstand erscheint, und seine
Erscheinung ist Erscheinung in einer immanenten Erscheinung.

scheinungswesen als eine ideale Gegebenheit, die unempfindlich ist
gegenüber dem Unterschied zwischen impressional und reproduktiv,
und andererseits eben diesen Unterschied als Unterschied von Erscheinungen desselben Wesens.

5   Entspricht nun dem Ausgeführten Analoges auch bei den übrigen
Akten? Alle bisher behandelten Akte waren Akte schlichter Intuition. Schreiten wir aufwärts zu den Akten kategorialer Intuition; nämlich zu den eigentliche Formen beibringenden Akten höherer Stufe, durch welche abgeschlossene schlichte Intuitionen zu
10   neuen Intuitionen synthetisch verknüpft werden, zu Intuitionen höherer Stufe, die als relativ selbständige Glieder schlichte Intuitionen
enthalten und diese nicht bloß irgendwie verbinden, sondern durch
kategoriale Formen, die eben ein Ganzes der Intuition schaffen.
Nehmen wir überhaupt hinzu die Akte höherer Stufe, die durch
15   neue Formung schlichter Intuitionen neue Intuitionen (welche aber
die alten als Grundlage implizieren) schaffen! Das intuitive Korrelat
jeder Wahrnehmungsaussage oder Erinnerungsaussage oder Phanta-
sieaussage gehört hierher. Wir sehen ab von den Worten und den zu
den Worten gehörigen Wortintentionen, von dem Ausdrucksmäßi-
20   gen oder Denkmäßigen, das zur Schicht der Worte und Aussagen als
solcher gehört. Was nun der Wahrnehmungsaussage bei dieser Abstraktion zugrundeliegt, z. B. daß die Bäume auf dem Wall kahl sind,
das ist nicht die schlichte Wahrnehmung der kahlen Bäume auf dem
Wall, obschon wir vielleicht sagen werden: Hinblickend auf die
25   Bäume des Walls sagen wir nur aus, was wir sehen, wahrnehmen,
wir sehen es, die Bäume auf dem Wall sind kahl. Aber wir sehen
Bäume, aber nicht das Kahl-Sein der Bäume und nicht das Kahl-
Sein der auf dem Wall seienden Bäume. Das Ganze des Sachverhalts
mit dem zu ihm gehörigen und ihm Einheit gebenden „Sein", Kahl-
30   Sein und dergl., auch die Form der Pluralität und dergl., das sehen
wir nicht im gewöhnlichen sinnlichen Sinn, und doch, wir haben
eine Art Sehen, ein Schauen, eine gewisse, der Wahrnehmung ver-
wandte Intuition, und diese nenne ich die kategoriale Intuition.
Aber auch hier unterscheiden wir mit gleichem Recht wie bei der
35   schlichten Wahrnehmung und bei der schlichten Intuition überhaupt
zwischen dem Akt des kategorialen Schauens, dem erscheinungsarti-
gen Was dieses Schauens und dem Sachverhalt selbst. Vielleicht
kann man hier in verschiedener Weise noch unterscheiden, aber für
unsere jetzigen Interessen genügt ein roher Unterschied.

⟨b⟩ Die Bedeutung als identisches Wesen der sich deckenden
Erscheinungen und Meinungen. Die Wesensverwandtschaft
aller Akte, die in Deckungseinheit eintreten können:
die objektivierenden Akte⟩

5 Hatten wir bei der schlichten Wahrnehmung als ihren phänomenologischen Inhalt, als ihr Was, eine Erscheinung, die bei Identität
des wahrgenommenen Gegenstands von Wahrnehmung zu Wahrnehmung wechseln kann, so bedingt schon dieser Unterschied *eo
ipso* Unterschiede des Erscheinungsgehalts eines Wahrnehmungsur-
10 teils, nämlich so, daß bei Identität der Aussage und bei Identität des
von ihr gemeinten Sachverhalts der intuitive Gehalt wechselt, also
die kategoriale Erscheinung wechselt. Gehe ich über den Wall, so
kann ich immer wieder sagen „Die Bäume dieses Walls sind kahl",
aber mit jedem Schritt ändert sich die kategoriale Erscheinung. Und
15 natürlich überträgt sich all das auf kategoriale Phantasie, auf kategoriale Erinnerung usw.

Wir kommen aber noch auf weitere phänomenologische Gegenständlichkeiten, abgesehen von den auch hier zu machenden Unterschieden zwischen Impression und Reproduktion, zwischen Stel-
20 lungnahmen und Nicht-Stellungnahmen (setzende, nicht-setzende),
die, wenn man sie heranzieht, identische Wesen hervortreten lassen,
das kategoriale Erscheinungswesen etc.; ja, wir kommen zu allgemeineren, die für schlichte wie für kategoriale Intuitionen gelten.

Nehmen wir die mannigfaltigen Wahrnehmungen eines und des-
25 selben Gegenstands, Wahrnehmungen, die wir im Übergang von der
einen zur anderen im Bewußtsein der Dieselbigkeit des wahrgenommenen Gegenstands bewußt haben, so sind sie als Erscheinungen
sämtlich verschieden. „Nähere oder entferne" ich mich vom Gegenstand, ⟨gehe⟩ ich rechts oder links ⟨um ihn herum⟩, um es
30 populär auszudrücken, so ist die Wahrnehmung, d. i. die Erscheinung, immer wieder eine andere. Trotzdem haben sie etwas gemein.
Was ist dieses Gemeinsame? Zunächst wird man versucht sein zu
sagen: „derselbe Gegenstand". Indessen, so wenig der Gegenstand
Stück des Wahrnehmungsaktes ist, so wenig ist er Stück der Erschei-
35 nung. Sonst wäre ja jede Erscheinung identisch der Gegenstand und
etwas dazu. Der Gegenstand wäre ein gemeinsames Stück all dieser
Wahrnehmungen, und dazu wäre noch das da, was Wahrnehmung
von Wahrnehmung unterschiede. Diese unsinnige Auffassung bedarf

keiner Kritik. Die Erscheinung ist Erscheinung vom Gegenstand,
enthält aber nicht den Gegenstand, und das gemeinsame Wesen
aller Erscheinungen vom selben Gegenstand, sofern sie sich in
die Einheit einer sie verbindenden Identitätserkenntnis schicken,
5 nennen wir die Bedeutung dieser Erscheinungen. Genauer gesprochen
sagen wir von allen Erscheinungen, sie seien von derselben
„Bedeutung", sofern sie sich in die Einheit einer schauenden Identifizierung schicken, die aufgrund dieser Erscheinungen die Identität des erscheinenden Gegenstands erschaut. Genau ebenso für
10 die Mannigfaltigkeit von kategorialen Erscheinungen, welche sich als
Erscheinungen eines und desselben Sachverhalts ausgeben und
intuitiv in der schauenden Identifikation ausweisen, und so bei allen
kategorialen Gegenständlichkeiten und Erschauungen überhaupt.

Verlassen wir die Sphäre der Intuition, so finden wir auch in der
15 weiteren Sphäre Gegenständlichkeiten ebensolcher irrealen Art. Es
gibt leere schlichte Meinungen; dem Meinen entspricht auch hier
Meinung, leere Meinung, aber doch etwas der Erscheinung
Analoges. Man mag zweifeln im ersten Moment, ob hier deutlich
zwischen Meinung und Bedeutung zu scheiden sei, aber ein
20 gemeintes Was ist da und wieder eine Möglichkeit mindestens der
Bedeutungsidentifizierung, nämlich eine leere Meinung und
eine intuitive Meinung können in ein evidentes Identitätsbewußtsein treten, in dem das gemeinte Gegenständliche als
dasselbe dasteht, und so verschieden die Erscheinung hier und die
25 Meinung dort ist nach ihrem ganzen phänomenologischen Gehalt,
ein Identisches haben sie, das identische Was der Bedeutung; so
zum Beispiel, wenn wir an einen Freund „denken" ohne entsprechende Anschauung, und wenn dann eine solche Anschauung, also
eine Erscheinung von ihm, bewußt wird. Wir haben Evidenz davon,
30 daß der vorhin Gedachte und der jetzt Erscheinende ein und derselbe sei. Da nun die leere Meinung selbst nicht wohl als Bestandstück
der Erscheinung angesehen werden kann, so wird da schon klar, daß
die leere Meinung nicht selbst Bedeutung ist, sondern Bedeutung als
ein Wesen in sich hat genau so wie die Erscheinung auf der anderen
35 Seite. An Stelle der expliziten Identifizierung kann auch ein Einheitsbewußtsein, eine Art Deckungsbewußtsein eintreten, wie wenn
Erscheinungen stetig im Einheitsbewußtsein vom einen Gegenstand
ineinander übergehen. Zum Wesen eines solchen Einheitsbewußt-
seins gehört die apriorische Möglichkeit der Entfaltung in ein kate-

goriales und evidentes Identitätsbewußtsein. Wir sprechen von leeren Meinungen, denen phanseologisch entsprechen Akte leeren Meinens, und selbstverständlich von schlichten wie von kategorialen.

Weiter nun gehört hierher die Aussage mit der Aussagebedeu-
5 tung — das Urteil im gewöhnlichen Sinn; es sei dabei zunächst so
wie in der früheren Schicht von besprochenen Vorkommnissen vom
Setzungscharakter, der freilich das Urteil erst voll charakterisiert,
abgesehen (genau so wie bei der Wahrnehmung immer der Setzungscharakter mitgenommen zu werden pflegt). Sagen wir irgendetwas
10 aus, etwa „Die Dächer sind beschneit", so erscheint uns gleichsam
etwas, wir haben eine Meinung; sofern wir nämlich das Wort
Erscheinung prägnanter nur anwenden wollen auf intuitive Meinungen. Das Urteil ist aber Urteil, ob wir zugleich Intuition haben oder
nicht. Es ist etwas gemeint, urteilend haben wir eine Meinung, die
15 nicht das Urteilen ist, sondern das Urteil, das Urteil im phänomenologischen, nicht im phanseologischen Sinn. Die Urteilsmeinung
steht zur Urteilsbedeutung, der Bedeutung der Aussage, genau in
dem Sinn, wie sonst Meinung und Bedeutung zueinander stehen.
Auch hier haben wir wieder die Verhältnisse der Deckung und der
20 expliziten kategorialen Identifikation, und zwar wieder zwischen
Urteilsmeinungen und entsprechenden Anschauungen. Die Anschauungen sind kategoriale, da auch das Urteil kategoriale, und
zwar seinem Wesen nach kategoriale, leere Meinung ist. Das Wahrnehmungsurteil ist ein Urteil, das in Deckungseinheit ist (ein Wort,
25 das nur Gleichnis ist) mit einer kategorialen Wahrnehmung. Meinung
deckt sich mit Meinung, leere Meinung mit voller, intuitiver, Glied
für Glied, Form für Form. Genau so weit reicht die Identität der Bedeutung. Sie kommt als solche zum expliziten Bewußtsein in der expliziten Identifikation, die etwa den leeren Akt mit dem vollen bzw. leere
30 Meinung und volle Meinung zur schauenden Synthesis bringt,
eventuell auch in gliedweiser Identifikation. In der Deckung haben
wir einen Einheitszusammenhang (im Unterschied von Identitätszu-
sammenhang; im übrigen ist die Rede von Deckung nur Bild). In diesem Aktganzen haben wir wieder eine Meinung, wir können hier
35 wieder sagen, eine Erscheinung, und wir können zwar analytisch auf
die Komponenten zurückgehend sagen, die bloße Urteilskomponente
und die parallele Anschauungskomponente habe jede ihre Bedeutung;
andererseits müssen wir vom Ganzen sagen, es habe nicht zwei Bedeutungen, sondern eine und dieselbe: Bedeutung ist eben ein Wesen.

Ein Wesen kann sich aber nicht verdoppeln, so wie ich es eben
dargestellt habe. Lassen wir die Identität der Bedeutung allein maßgebend werden für die Einheit des Begriffs Urteil, so sind eben all
die, sei es leeren oder intuitiven Meinungen der Art „ S ist P“ Urtei-
5 le. Im wesentlichen ⟨ist dies⟩ auch die Lehre meiner *Logischen
Untersuchungen,* nur daß durch den Mangel scharf durchgeführter
Unterscheidung zwischen Meinung und Bedeutung manche Unklarheit übrig blieb. So würde ich nicht mehr von erfüllender Bedeutung, sondern von erfüllender Meinung bzw. Erscheinung sprechen.
10 Wie weit sind wir im Durchwandern der Welt von Meinungen,
Erscheinungen dieser wunderbaren phänomenologischen Gegenständlichkeiten gekommen? Einen in sich geschlossenen Kreis von
Akten und korrespondierenden Meinungen haben wir durchstreift,
eine Wesensverwandtschaft gibt all jenen Akten Einheit. Sie
15 können nämlich in Synthesen der Identifizierung eintreten, z. B.
Wahrnehmungen mit neuen Wahrnehmungen, Erinnerungen mit
Erinnerungen, aber auch Erinnerungen mit Wahrnehmungen, ebenso
kategoriale Intuitionen mit kategorialen Intuitionen, oder auch kategoriale Intuitionen mit symbolischen apophantischen Akten, mit
20 Urteilen als Aussagen. Die Identifizierung ist dabei die urteilsmäßi-
ge, die apophantisch kategoriale, die eben ihren Ausdruck findet im
„ ist identisch“. Die Identifizierung gehört auch selbst mit in den
Kreis dieser Akte, ihre Meinung ist das „ dasselbe “.
Wir können danach auch sagen: Ein geschlossener Kreis von
25 Akten ist dadurch charakterisiert, daß sie entweder Urteile sind oder
mögliche Bestandstücke von Urteilen oder endlich Akte, welche als
Urteilsintuitionen fungieren können, nämlich als Akte, welche mit
Urteilen und mit den in Urteilen auftretenden Teilakten in erfüllende Deckung treten können. Alle Akte, die in Deckungseinheit eintre-
30 ten können, sind offenbar wesensverwandt, sie haben Meinungen,
die wesentlich derselben Gattung sind, und die in Deckungseinheit
getretenen Akte bilden einen einheitlichen Akt, dem wieder Einheit
der Meinung und eventuell intuitive Erscheinung entspricht. Die in
Deckungseinheit verschmolzenen und sich deckenden Akte haben
35 bei verschiedener Meinung identische Bedeutung und bei voller
Deckung volle identische Bedeutung.[1] So ist z. B. im Wahrneh-

---

[1] Das hier und ⟨im folgenden Absatz⟩ Gegebene genügt nicht. Denken und Sinnlichkeit geht durchaus keine „ Deckung“ ein!

mungsurteil die Deckung zwischen Urteil und Wahrnehmung (d. i. kategoriale Wahrnehmung) eine vollkommene.[1]

Genauer gesprochen: Nicht die Gesamtwahrnehmung, die wir gerade haben, aber derjenige kategorial gefaßte Wahrnehmungsbe-
5 stand, der aus der gesamten Wahrnehmungserscheinung herausge-griffen und kategorial geformt ist, deckt sich mit der Urteilsmei-nung, und sie decken sich bedeutungsmäßig. Ja, daß sie das tun und sich decken, das ist einerlei. Die Meinung dieses Komplexes, dieses mit Intuition erfüllten Urteils, ist weder identisch mit der Meinung
10 des bloßen Urteils noch mit der bloß kategorialen Intuition. Die Gesamtmeinung ist ein Deckungskomplex, dessen Bedeutung aber nur als dieselbe bezeichnet werden kann wie die seiner Komponenten.

Etwas schwieriger liegt die Sachlage bei der Deckungskontinuität von Wahrnehmungen in einem Wahrnehmungsablauf, der sich auf
15 dasselbe, etwa unverändert genommene Ding bezieht. Alle Erschei-nungsphasen sind Erscheinungen, die dieselbe Bedeutung haben, sofern sie dasselbe Ding nach seinem identischen Dingwesen darstel-len, und die Erscheinungskontinuität stellt wieder dieses selbe Ding-wesen, nur eben in entfaltender Art dar. Andererseits aber ist dabei
20 auf die Form der Zeit nicht Rücksicht genommen: Jeder Erschei-nung entspricht eine andere Zeitphase des Dinges. Das Dingwesen ist das Identische der Zeitfüllung, das Identische in allen Zeitpunk-ten der Dauer. Hier können wir aber natürlich auf die Probleme der Zeit, die innig zusammenhängen mit den Problemen von Erschei-
25 nung und Bedeutung, nicht eingehen.

Jede Deckungseinheit in dem Rahmen der hier explizierten Fälle ist Meinungs- bzw. Erscheinungseinheit, in der ein Gegenständliches erscheint, und zu ihrem Wesen gehört, daß wir, phanseologisch gesprochen, die Einheit „entfalten" können in einen Identifikations-
30 akt, dessen Glieder die gesonderten Akte mit den entsprechenden Meinungen sind. Die gesonderten Akte sind freilich nicht individuell und nicht durchaus phanseologisch dieselben wie die entsprechen-den Aktphasen in der Deckungseinheit; aber sie sind evidenterweise von demselben Wesen, sofern Meinung und somit auch Bedeutung
35 in Frage kommen. Diesem beschriebenen Kreis von Akten habe ich in meinen *Logischen Untersuchungen* den Namen o b j e k t i v i e r e n -de A k t e gegeben.

---

[1] Oho!

⟨c⟩ Erscheinung und Bedeutung bei wertenden Akten.
Das Problem der Unterscheidung zwischen objektivierenden
und nicht-objektivierenden Akten⟩

Gehen wir nun zu den wertenden Akten über. Natürlich darf
5 man die Deckungseinheiten, von denen wir sprachen, nicht verwechseln mit den Einheiten der Fundierung von wertenden Akten in
nicht-wertenden, wonach Wertung etwas Unselbständiges ist, das in
einem einseitig ablösbaren, also für sich möglichen nicht-wertenden
Akt gegründet und mit ihm eins sein muß. Der ganze konkrete Akt
10 einer Wertung enthält einen vollen Akt der früheren Gruppe, einen
„objektivierenden Akt", in sich, und zwar in der eigentümlichen
Weise, daß der Gegenstand des objektivierenden Aktes, das in der
objektivierenden Meinung Gemeinte, der gewertete ist. Auch vor
der Verwechslung muß wohl kaum gewarnt werden zwischen dieser
15 Fundierung und andererseits derjenigen, welche in kategorial objektivierenden Akten besteht, sofern sie schon objektivierende Akte
voraussetzen und zuletzt schlichte Akte, die kategoriale Form bzw.
kategoriale Synthese erfahren.

Daß die wertenden Akte nicht in die Gruppe der objektivierenden
20 gehören, ist nach unseren Bestimmungen klar. Allerdings, die Gründung des wertenden Aktes im objektivierenden, der seine Unterlage
ist, kann korrelativ so ausgedrückt werden, daß ⟨das⟩, was das Werten wertet, eben dasselbe ist wie das, was die Objektivation objektiviert, was in ihr wahrgenommen, vorgestellt, geurteilt ist etc.; ande-
25 rerseits ist es sicher, daß das Verhältnis doch kein Deckungsverhält-
nis ist, das in dem Sinn wie jede Deckungseinheit in eine Identifikation auseinandergelegt werden kann. Eine Identifikation ist ein kategorialer Akt, der zwei volle Akte in Synthese setzt. Das bloße Werten ist aber kein vollständiger Akt, es ist es nur mit seiner Unterlage.
30 Natürlich kann das gewertete Objekt, das im vollen wertenden Akt
in bestimmter Weise erscheint oder gemeint ist, dasselbe sein in
einem anderen Akt mit einer anderen Erscheinung, aber derselben
Bedeutung. Aber die Synthese der Identifikation trifft dann die bloß
objektivierenden Akte.

35 Andererseits kann man doch fragen, ob dann nicht alle Akte als
solche, somit auch Gemütsakte, sofern sie ihre Intentionalität, ihre
Eigenart in der Beziehung auf Gegenständlichkeit haben, in gewisser
Weise Meinung und eventuell Erscheinung enthalten, und zwar

nicht bloß durch die fundierenden Akte, sondern als Gemütsakte, und so auch alle ähnlich fundierten Akte. Irgendwie muß die Frage sich bejahen lassen und muß die bejahende Antwort sich verstehen lassen. In gewisser Weise, muß man doch sicherlich sagen, erscheint
5 auch in den Wertakten etwas, es erscheinen darin eben Wertobjekte, und zwar nicht bloß die Objekte, die Wert haben, sondern die Werte als solche. Vollziehen wir ein Gefallen, so erscheint nicht nur das Gefallende, wie es auch erschiene, wenn kein Gefallen da wäre, aber wohl derselbe fundierende Akt der Objektivation; vielmehr steht
10 das Gefallende als solches oder vielmehr als Gefälliges da, das Schöne als schön, das Gute als gut. Wir haben Gefälligkeitserscheinungen, Schönheits-, Annehmlichkeitserscheinungen etc.
Wünschen wir „Es möge ein sonniger Frühling kommen", so erscheint eben dies. Wir wünschen; das Wünschen ist der Akt; in
15 ihm leben wir. Aber in ihm lebend ist uns etwas bewußt; das Was dieses Bewußtseins ist ausgedrückt mit dem Wunschsatz: Es möge ein sonniger Frühling kommen! Das erscheint gleichsam im Wünschen als der Wunsch. Dabei scheint auch so etwas wie eine Bedeutung angenommen werden zu müssen, so etwas wie ein Wechsel
20 dieser sogenannten Wunscherscheinung oder Wunschmeinung, so etwas wie Stetigkeit im Wechsel bei Erhaltung eines identischen Wesens, eben einer Bedeutung. Wir leben, sagte ich, im Wunsch, oder deutlicher, im Wünschen; ihn vollziehend blicken wir auf ihn nicht hin, er erscheint nicht, er ist bloß Erlebnis. In seiner Vorstel-
25 lungsunterlage haben wir eine Erscheinung, eine Vorstellung im phänomenologischen Sinn. Diese kann, während wir im Wunsch leben, vielfach wechseln und schwanken, sie kann sich stetig ändern, aber der Wunsch bleibt derselbe. Voll genommen ändert sich der Wunsch im phänomenologischen Sinn, sozusagen die Wunscherscheinung,
30 und doch werden wir sagen, das sei eine außerwesentliche Änderung. Zum Beispiel, ob die Vorstellung eine symbolische, eine ausdrückliche in Worten ist oder nicht, ob eine leere Vorstellung oder eine intuitive Vorstellung zugrundeliegen, das macht zwar phänomenologische Änderungen, aber keine Änderung im Wesen des Wunsches.
35 Wir wünschen nicht nur dasselbe, sondern auch der Wunsch ist derselbe.
Aber nicht nur das Vorstellen kann wechseln, auch die in ihm fundierte Gefühlslage. Wie das Vorstellen ein leeres und volles sein kann, so auch das Werten. Die betreffenden Unterschiede im Werten mögen von denen des Vorstellens abhängig sein

vermöge der Fundierung, aber sie sind doch eigene Unterschiede. Im Objekt ist nicht alles Wert, das Objekt ist Wert als die und die Bestimmtheiten habend, und diese sind die primären Träger der Wertcharaktere. Die Vorstellung kann eine explizite sein, diese Ob-
5 jektmomente vorstellungsmäßig herausstellend, und die Wertung kann eine explizite, eine klare und deutliche sein, diese Objektmo-mente in sich wertend und das ganze Objekt nur mit-wertend. Die Wertung kann aber auch wie die Vorstellung eine Wertung in Bausch und Bogen sein, eine mehr oder minder verworrene Wertung
10 und eventuell sozusagen eine völlig leere, sofern sie eben unter-schiedslos wertet und doch genau dasselbe dabei meint.

So kann auch ein Wunsch verworrener und klarer Wunsch sein, und der Wunsch kann von Verworrenheit zur Klar-heit und umgekehrt übergehen, während er genau „derselbe
15 Wunsch" bleibt; das heißt, zwischen den Wunschakten ist ein Unterschied, zwischen den Wunscherscheinungen ist wieder ein Unterschied, aber die in solche Einheit tretenden Wunsch-erscheinungen haben ein Identisches: Der identische Wunsch ist dieselbe Wunschbedeutung, und wo eine Einheit
20 von stetig ineinander übergehenden oder wechselnden Wunscher-scheinungen derselben Bedeutung vorliegt, da hat diese Einheit selbst den Charakter einer Erscheinung von dieser Bedeutung.

Freilich kommen hier nun gleich die Schwierigkeiten. Stehen wir nicht vor dem Dilemma, entweder anzuerkennen, daß hier wirklich
25 von Erscheinungen die Rede sein darf, dann aber die Scheidung zwischen objektivierenden und nicht-objektivierenden wertenden Akten preiszugeben, oder die Scheidung festzuhalten und dann zu sagen: Erst objektivierende Akte, wie die auf wertende Akte bezo-genen Aussagen, z. B. Wunschaussagen, machen es, daß wir hier von
30 Erscheinungen sprechen und von Bedeutungen. Also über die wer-tenden Akte, wäre dann zu sagen, bauen sich neue Objektivationen, die die wertenden in einen höheren Objektivationszusammenhang hineinziehen und da konstituieren sich die Erscheinungen, die wir schon den wertenden Akten selbst zuschrieben. Da stehen wir vor
35 der alten Schwierigkeit, nur etwas anders gewendet. Wie können, fragten wir früher, wertende Akte als konstituierende fungieren? Es ist im Wesen dieselbe Frage, wenn wirklich, wie es jetzt scheint, Konstitution von Gegenständlichkeit sich gewissermaßen vermittelt durch Erscheinung und Bedeutung.

Nun wollen wir jetzt an dieses alte Problem unserer ganzen Untersuchung noch nicht herangehen. Irgendwie muß es sich rechtfertigen und aufklären, was wir doch klar sehen, nämlich, daß in den wertenden Akten Werterscheinungen bewußt sind, denen Wertbedeu-
5 tungen entsprechen. Irgendwie ⟨muß⟩ sich auch der schwerlich aufzugebende Unterschied zwischen objektivierenden und nicht-objektivierenden Akten aufklären. Und wieder ist es sicher, daß, wenn Werte Objekte sind, die vorgestellt, beurteilt werden können wie andere Objekte, objektivierende Werterscheinungen, sei es schlichte,
10 sei es Wertsachverhaltserscheinungen, bestehen müssen, die den eventuell spezifisch axiologischen Erscheinungen parallel laufen müssen, falls wir solche eben annehmen können, wenn auch nur als gleichsam implizite. Dieselben Fragen und Schwierigkeiten betreffen alle Akte, die in ähnlicher Weise wie die axiologischen in objektivie-
15 renden Akten fundiert sind.

⟨d⟩ Die Analogie zwischen den Seinsmodi und den axiologischen Modi. Theoretische Meinung gegenüber axiologischer Meinung⟩

Als wir von den objektivierenden Akten sprachen, erwähnten wir auch die ausgezeichnete Gruppe der Urteilsakte. Verstehen wir unter
20 Urteilen die Akte des Gewißseins, und zwar des apophantischen Gewißseins, so reihen sich doch andere Akte an wie Anmutungen, wie Vermutungen, Fragen und Zweifel. Das Moment des Gewißseins finden wir übrigens als einen Modus bei allen Arten von objektivierenden Akten als einen Charakter der Stellungnahme, der
25 auch fehlen kann, eventuell durch andere Charaktere ersetzt sein kann. Wir könnten sprechen von Wahrnehmungsgewißheit, Erinnerungsgewißheit, imaginativer (bildlich setzender) Gewißheit, symbolischer Gewißheit jeder Art. Die in diesen Akten bewußten Erscheinungen haben dann, abgesehen von dem, was sie zu Erscheinungen
30 macht, abgesehen von ihrem Erscheinungsgehalt, einen Modus, den Seinsmodus. Ihm entspricht eine Modifikation, die wir für den Akt das bloß objektivierende Vorstellen nennen, und die entsprechenden Erscheinungen, die genau von demselben Gehalt sein können wie im vorigen Fall, haben einen reproduktiven Modus, für den wir keinen
35 anderen Namen haben, es sei denn den ⟨Namen⟩ „bloße Vorstellung", das Wort in phänomenologischem Sinn verstanden. Darüber haben wir schon letzthin gesprochen.

Wie steht es nun, wenn wir statt einer Urteilsgewißheit oder einer Wahrnehmungsgewißheit eine Urteilsvermutung oder eine Wahrnehmungsvermutung haben? Wie steht es weiter bei formulierten oder nicht-formulierten, schlichten oder kategorialen Zweifeln,
5 wie bei Fragen? Nun, in die Phanseologie gehören diese Unterschiede als Aktunterschiede jedenfalls. Bieten sie aber nicht auch Material für eine Phänomenologie, nämlich Sorten von Erscheinungen? Nun, sicherlich kann man sagen, in diesen Akten erscheint etwas. Auch sie meinen etwas, so gut wie etwa Urteilsakte als
10 Gewißheiten. Und wie in den letzteren das Urteil „S ist P" erscheint und dieses Urteilsphänomen, die Urteilsmeinung, ihre Bedeutung hat, die im selben Modus oder im reproduktiven in anderen Erscheinungen gegeben sein kann, so habe, kann man sagen, die Vermutung zum Erscheinungsgehalt das „Vermutlich ist S P". Und
15 derselbe Erscheinungsgehalt hat hier einen neuen Modus, nicht den des Seins, sondern des Vermutlichseins. Ich scheide hier zwischen Anmutung und Vermutung, das Anmutliche vom eigentlich Vermutlichen, welch letzteres seinen objektiveren Ausdruck hat im „wahrscheinlich". Ebenso ergeben sich die weiteren Erscheinungs-
20 modi, die Fraglichkeitserscheinungen, die Zweifelhaftigkeitserscheinungen. Also diesen wie allen neuen „Modis" von Akten entsprechen neue Modi von Erscheinungen bzw., allgemeiner gesprochen, Meinungen und neue Modi von Gegenständlichkeiten, also hier z. B. die Wahrscheinlichkeiten, von denen innerhalb des Umkreises ma-
25 thematischer Wahrscheinlichkeiten die Wahrscheinlichkeitsrechnung handelt.

Man wird sofort von der Analogie mit den axiologischen Gegenständlichkeiten berührt. Denn auch hier haben wir es mit fundierten Gegenständlichkeiten zu tun und korrelativ mit fundierten Akten;
30 sofern ja eine Gegenständlichkeit, ein Sachverhalt irgendwie gedacht, überhaupt irgendwie vorstellig sein muß, ehe er für wahrscheinlich, für zweifelhaft, fraglich gehalten werden kann; ganz ebenso, wie eine Gegenständlichkeit erst vorgestellt sein muß, ehe sie gewertet werden kann. Auch darauf wäre hinzuweisen, daß, wenn
35 ein Sachverhalt als wahrscheinlich erscheint, diese Wahrscheinlichkeit nicht wieder wahrscheinlich erscheinen kann. Die Parallele ist, daß, wenn etwas als Wert erscheint, in demselben Sinn der Wert nicht selbst wieder als Wert erscheinen kann. Dagegen, wenn wir den objektivierenden Gedanken bilden „A ist wahrscheinlich", so

kann dieser Sachverhalt wieder wahrscheinlich sein. Es kann wahrscheinlich sein, daß A wahrscheinlich ist. Ebenso kann dies, daß A wertvoll ist, selbst wieder wertvoll sein.

Die Analogien sind also klar. Andererseits liegen die Modi der
5 Anmutlichkeit, Wahrscheinlichkeit, Fraglichkeit, Zweifelhaftigkeit offenbar in einer ganz anderen Linie als die axiologischen Modi. Sie gehören aufs innigste mit dem Modus der Wahrheit zusammen und die entsprechenden Aktmodi aufs innigste mit dem Urteil als dem Gewißheitsmodus.
10   Genauer bemerken wir, daß der Reihe der modalen Unterschiede, die sich an die Urteilsgewißheit anknüpfen (bzw. an die objektivierende Gewißheit überhaupt), parallel entsprechen modale Unterschiede in der axiologischen Sphäre. Wir könnten auch von Gefallensgewißheit, Wunschgewißheit, Willensgewißheit sprechen und
15 dann weiter von Wunschanmutungen, Wunschvermutungen (Zumutungen), Wunschzweifeln, und so scheinen sich parallele Erweiterungen zu ergeben innerhalb der axiologischen Sphäre wie innerhalb der theoretischen. Doch kann hier nicht näher darauf eingegangen werden. Jedenfalls können wir die Gesamtheit der mit dem Urteilen
20 wesentlich einheitlichen Meinungen unter dem Titel theoretische Meinungen befassen und ihnen in ähnlicher Weise die axiologischen Meinungen gegenüberstellen. Wir sehen voraus, daß diesem Unterschied der Akte wie der Erscheinungen entsprechen wird ein Unterschied der „Vernunft" in theoretische und axiologische.
25   Erscheinungen sind ideale Wesen. Wo immer von einem Vorgestellten als solchen die Rede ist, und als so und so Vorgestelltem, da haben wir eine Erscheinung. Sie individualisiert sich durch Beziehung auf die individuelle Phansis. Aber ihr entspricht nicht als Einzelfall ein Moment in der Phansis. In der Phansis entspricht ihr
30 das Moment des „Gerade-dieses-Objekt-in-dieser-Weise-Meinens". Das ist aber nicht ein Einzelfall der Meinung selbst, der Erscheinung selbst. An sich ist das Ideal, das wir Erscheinung nennen, obschon in Wesensbeziehung zu Akten stehend, doch ein An-und-für-Sich, wenn, wie es in bezug auf generelle Gegenständlichkeiten statthat,
35 viele Akte in absolut identischer Weise des Erscheinens und ohne temporale Unterschiede ein und dasselbe gegenständlich zur Erscheinung bringen können, da die Erscheinung nicht vervielfältigt ⟨wird⟩, sondern eine und dieselbe ⟨bleibt⟩. Und erst recht gilt dasselbe von den Bedeutungen. Jede Erscheinung hat ihre Bedeutung,

und jede Bedeutung weist auf Erscheinungen hin, in denen sie *idea-liter* liegt. Auch Bedeutungen sind irreelle Gegenstände, aber schon von höherer Stufe.

⟨e⟩ Die Untrennbarkeit der Phanseologie und der Phänomenologie
5 im Sinne einer Erscheinungslehre. Die Erweiterung der Phänomenologie zu einer allumfassenden Transzendentalphilosophie und
absoluten Seinswissenschaft⟩

Wir haben in der letzten und den vorangegangenen Vorlesungen das Feld der Phänomenologie im engeren Sinn durchwandert; wir
10 haben Gruppen von merkwürdigen Gegenständlichkeiten einer nicht-realen Art kennengelernt, die unter die weitfältigen Titel Mei-nung, Erscheinung, Bedeutung fallen. Sie stehen in wesentlicher Beziehung zu den phanseoloigschen Gegenständlichkeiten. Jedes Bewußtsein, jeder Akt in unserem Sinn ist „gewissermaßen ein
15 Meinen", und jedes Meinen hat ein Was, die Meinung (Perzeptio-nale, etc.). Das Wort Erscheinung kann so weit gefaßt werden, daß es sich mit diesem Begriff von Meinung deckt; dann hätten wir jeden Akt als Erscheinen zu bezeichnen, und jeder hat seinen Inhalt in einer Erscheinung. Andererseits kann das Wort Erscheinung auf
20 engere Gruppen von Fällen beschränkt werden, die uns z. B. inner-halb der Sphäre der objektivierenden Akte die Eigenart der intuiti-ven Erscheinungen gegenüber den leeren Meinungen. verdeutlicht, ein Unterschied, der aber durch alle Aktklassen hindurchgeht. Daß bei dem Wort Meinung nicht an Aufmerksamkeit oder an irgendein
25 Abgesehenhaben oder ein Abgesehenes gedacht ist, brauche ich nicht zu sagen.

Jeder Akt, jedes Wahrnehmen, Vorstellen, Überzeugtsein, Wün-schen, Wollen bezieht sich, wie man sagt, auf eine Gegenständlich-keit; der Akt der Wahrnehmung nimmt etwa ein Ding oder einen
30 Vorgang wahr, das Vorstellen stellt ihn vor, das Überzeugtsein ist Überzeugtsein von dem so oder so Beschaffensein eines Gegen-stands, das Wünschen ist Wünschen, daß der Gegenstand so sein oder nicht sein möge usw. Es ist evident, daß man von solcher Beziehung auf Gegenständliches sprechen darf und sprechen muß.
35 Abermals ist evident, ⟨daß⟩ jeder Akt sozusagen eine Blickstellung zuläßt, die aus ihm eine Meinung oder Erscheinung im engeren Sinn zu entnehmen gestattet. Wahrnehmend, den Gegenstand betrach-

tend und eventuell in Wahrnehmungsurteilen beschreibend, sind wir
dem Gegenstand und seinen Beschaffenheiten zugewendet. Evidenterweise erscheint aber der Gegenstand in dieser Wahrnehmung und
erscheint in dieser anders als in anderen Wahrnehmungen, die sich
5 ebenfalls auf ihn beziehen. Die Erscheinung nehmen wir nicht wahr,
wenn wir den Gegenstand wahrnehmen, aber wir können jederzeit
die phänomenologische Stellung einnehmen und auf sie hinblicken.
Wir erzeugen sie dann nicht erst, wir entnehmen sie. Sie war in der
gegenständlichen Blickstellung sozusagen „da, aber nicht Gegen-
10 stand" der Wahrnehmung, und so überall. Und diese Erscheinungen
und Meinungen, die wir in allen Akten finden können, sind so wenig
die Akte selbst wie die Gegenstände, auf welche sich die Akte „intentional" beziehen; sie mögen den Akten sozusagen näherstehen,
aber sie sind nicht das Bewußtsein dessen, was sie ausmachen. Wir
15 brauchen bloß an den Unterschied des Zeitbewußtseins zu denken,
wie ich es am immanenten Ton auseinandergesetzt habe, und wir
erkennen, daß selbst bei adäquaten Erscheinungen von immanenten
Gegenständen die Erscheinung nicht das Bewußtsein selbst sein
kann.
20   Da wird es nun völlig klar, warum wir im Gegensatz zu unserer
früheren allgemeineren Rede von Phänomenoloige, die bloß Bewußtsein und Gegenständlichkeit gegenüberstellte und das auf die
Konstitution von Gegenständlichkeit Bezügliche in die Phänomenologie übernahm, differenzieren müssen. Wir müssen terminologisch
25 Untersuchungen sondern, die sich auf Erscheinungen, und solche,
die sich auf das letztkonstituierende Bewußtsein beziehen,
also spezifisch phänomenologische im prägnanten Sinn und phanseologische.[1] Andererseits ist aber klar, daß beiderlei Untersuchungen so innig zusammenhängen, daß es nicht angängig sein wird,
30 Phanseologie und Phänomenologie im spezifischen Sinn als Wissenschaften zu trennen. Im übrigen wird man wieder sagen müssen, daß
sich auch auf die spezifisch phänomenologischen Gegenständlichkeiten transzendentale Probleme beziehen, also Probleme der transzendentalen Konstitution der Meinungen, Erscheinungen, Bedeutungen.
35   Es ist dabei aber zu beachten, daß das allgemeine Problem der
transzendentalen Konstitution jetzt, nachdem wir die Welt der Erscheinungen im prägnanten Sinn zu unterscheiden gelernt haben,

---

[1] Vgl. einen anderen Begriff von Phanseologie ⟨oben S. 306 ff.⟩.

überall nicht bloß sich bezieht auf das Phanseologische gegenständlicher Gemeintheit und Gegebenheit, sondern als Zwischenstufe auf
das spezifisch Phänomenologische, auf die Wesenszusammenhänge
von Erscheinungen, Meinungen, Bedeutungen, die zu der gegen-
5 ständlichen Gegebenheit, die da erscheint, die da gemeint bzw.
bedeutet ist, gehören. So ist es z. B. hinsichtlich des Dinges der
Natur ein eigenes und sehr wichtiges Stadium, die Erscheinungszusammenhänge zu beschreiben, in denen ein Ding zur Wahrneh-
mungsgegebenheit kommt, sich nach seinen verschiedenen Seiten
10 und Beschaffenheiten als gegeben durch kontinuierliche Wahrnehmung ausweisend. Sofern aber Erscheinungen jeder Art selbst wieder
zurückweisen auf konstituierende Zusammenhänge phanseologischer
Art, betreffen sie und damit alle ihre Zusammenhänge transzendentale Probleme einer neuen und der tiefsten Schicht.[1]
15 Hinsichtlich der Phänomene im spezifischen Sinn, der Meinungen, Erscheinungen und der ihnen einwohnenden Bedeutungen
ist es die große, ja ungeheure Aufgabe der Phänomenologie, eine
allumfassende Typik zu schaffen, sozusagen eine Formenlehre
der Phänomene und der ihnen entsprechenden Bedeutungen. Über-
20 all sind die zu den festgestellten immanenten Wesen und Wesensgat-
tungen gehörigen Wesensgesetze zu erforschen. Geht man aber den
Wesenszusammenhängen allseitig nach, geht man auf die letztkon-
stituierenden Phanseis zurück und auf alle letzten Probleme der
Gemeintheit und Gegebenheit, so erweitert sich die Forschung zu
25 einer allumfassenden Transzendentalphilosophie.
Die erweiterte Phänomenologie tritt nun in nächsten Zusammenhang zu den verschiedenen Prinzipienwissenschaften, die wir Ontologien nannten. Während aber in diesen naiv von Gegenständlichkeiten als solchen oder von realen Gegenständlichkeiten, von physi-
30 schen oder axiologischen gesprochen wird und naiv hingestellt
⟨wird⟩, was für sie als solche Gegenständlichkeiten apriori gilt, löst
die Phänomenologie alles Gegenständliche in seine wesentlichen
Korrelationen auf. Für jede Grundgattung von Gegenständlichkeiten

---

[1] Man möchte sagen: Auf die Phänomenologie der Erscheinungen (ihr Wesen und
ihre Konstitution) stößt man eo ipso bei der Phänomenologie der erscheinenden Gegenstände, z. B. der Dinge. Die Phänomenologie als Wissenschaft vom Wesen des Bewußtseins und der ihm innewohnenden Teleologie, durch die sich seiende Objektivität konstituiert, umspannt, möchte man sagen, alles.

wird wesensmäßig herausgestellt all das, was zu den verschiedenen Formen ihrer Meinungen und Erscheinungen gehört, insbesondere auch, was zu den ihnen entsprechenden letztausweisenden Gegebenheiten gehört. Schließlich wird auf das absolute Bewußtsein zurück-
5 gegangen, in das sich all das Phanseologische auflöst. Jede ontologische Aussage löst sich transzendental auf: als Ausdruck einer Wesensgesetzmäßigkeit für Gegebenheitszusammenhänge bzw. für berechtigende Ausweisungen bloßer Gemeintheiten durch entsprechende Gegebenheiten. Solche Gesetzmäßigkeiten gründen eben im
10 Wesen der Meinungen derart, daß, wenn solche Meinungen sollen gelten können, somit in adäquate Erfüllung sollen übergehen können, sie ihrem Wesen nach an gewisse feste Formen der Adäquation gebunden sind.

Ein ontologisches Gesetz, indem es Gegenständen *apriori* eine
15 Regel vorschreibt, schreibt den in der Einheit der gegenständlichen Bedeutung zu verknüpfenden Erscheinungen eine Regel vor. Die Bedingungen der Möglichkeit wahrhaft seiender Gegenständlichkeit oder, wie wir auch sagen können, die Bedingungen der Möglichkeit auf solche Gegenständlichkeiten bezüglicher Wahrheit, verstehen
20 sich durch Rekurs auf die Bedingungen der Möglichkeit solcher Meinungseinheit, die ihrem Wesen nach in adäquat ausweisende Gegebenheit übergeführt werden kann; das natürlich spezifisch bezogen auf bestimmte Grundarten von Meinungen, die den betreffenden Grundartungen von Gegenständen entsprechen. Die Phänomeno-
25 logie wird dadurch zur letzten absoluten Seinswissenschaft, endlich und schließlich zur absolut systematischen, aus letzten Gründen schöpfenden oder auf letzte „Gründe" zurückführenden Ontologie. Ist die Phänomenologie so weit durchgeführt, wie es gefordert ist, so bietet sie den Gesamtinbegriff
30 der prinzipiellen Gründe, um alle nach der Regelwirkung der ontologischen Wissenschaften sich aufbauenden besonderen Seinswissenschaften phänomenologisch auszuwerten, somit alle physiologischen und axiologischen Wissenschaften aus den letzten Gründen zu verstehen, ihren Wahrheitsgehalt nach seinem absoluten Sinn festzulegen.

⟨§ 12. Das Problem des Verhältnisses zwischen den
objektivierenden und den wertenden Akten⟩

⟨a) Der Vorzug des Urteils in der
Konstitutionsproblematik⟩[1]

5   Danach ist die Phänomenologie die in gewisser Weise allumfassende Wissenschaft; allumfassend, weil eben in den Rahmen ihrer
Allgemeinheit alle Bedeutungen und Erscheinungen überhaupt, alle
Geltungen überhaupt hineingehören. Dabei tritt uns ein eigentümlicher Vorzug der Urteile hervor. Alle Wahrheiten, auch die in
10 ihrer prinzipiellen Allgemeinheit allumfassenden phänomenologischen Wahrheiten, sind Urteile. Die phänomenologische Aufklärung der Möglichkeit aller wahren Urteile (nach Form
und Materie) umfaßt alle Probleme der Konstitution von
Gegenständlichkeiten jedweder regionalen Gattung, auch
15 die der Wertgegenständlichkeiten. Alles, was von Wertungen, von
Wertmeinungen und Wertgeltungen auszusagen ist, ist eben Aussage,
ist Urteil. Eben darum kann man jede prinzipielle Ontologie eine
Logik nennen. Man kann z. B., wie von einer apophantischen formalen Bedeutungslogik und einer mathematischen Logik überhaupt,
20 von einer Logik der Natur sprechen, darunter die physikalische
Prinzipienlehre verstehend, und ebenso kann man die axiologische
Prinzipienlehre eine Logik der Werte nennen. Und geht man auf die
letzten und tiefsten Gründe, so gehen alle diese Logiken in transzendentale Logiken über.

25 Andererseits ist nun das Urteil bloß eines der phänomenologischen Vorkommnisse: Es ist einerseits ein Titel für gewisse Gattungen phanseologischer Vorkommnisse und andererseits in phänomenologischer Bedeutung ein Titel für eine bloße Klasse von Phänome-
nen. Sieht man auf das gattungsmäßige Wesen, so laufen ihnen
30 parallel die wertenden Akte. Sieht man aber auf die Probleme der
Konstitution und darauf, daß alle Erkenntnis im Urteil liegt, so
gewinnt das Urteil einen unvergleichlichen Vorzug. Das Urteil weist
uns dabei zurück auf die Gesamtklasse der objektivierenden Akte,
die schließlich alle „objektivierend" sind durch ihre Befähigung, in
35 Identitätszusammenhänge und somit in Urteilszusammenhänge einzutreten. Man sagt ja auch allgemein, Gegenstand ist mit sich Iden-

---

[1] Vgl. Beilage XI: Die Vorzugsstellung des Urteils in der Konstitutions- und Erkennt-
nisproblematik, S. 357 ff. — Anm. des Hrsg.

tisches, Seiendes und als Seiendes so oder so Seiendes. All das weist uns auf Urteile zurück, wie die Urteile wieder zurückweisen auf schlichte Objektivation, die die Identifikationen und Prädikationen fundieren, aber nicht selbst schon dergleichen sind.

5 Scheiden wir also objektivierende und nicht-objektivie-rende Akte, so können wir doch nicht entsprechend scheiden objek-tivierende und nicht-objektivierende Erscheinungen. In allen Erscheinungen erscheint doch ein Gegenständliches. Ist Akt das Erscheinen, so wäre objektivierender Akt und Akt ein und dasselbe.

10 Versucht man zu sagen, in wertenden Akten erscheinen Werte, so sind Werte eben doch Gegenstände, und Akte, in denen Gegenstän-de erscheinen, sind objektivierende Akte. Der Titel „objektivie-render Akt" verschlingt also alles, und es ist nicht abzu-sehen, wie man den Begriff eines nicht-objektivierenden

15 Aktes festhalten soll.[1] Und in weiterer Folge scheint es, daß wir nur von einer Vernunft sprechen können: Vernunft ist ein Vermö-genstitel für gültige Objektivation. Alle Unterschiede der Ver-nunftgebiete können also nur in den Objektgebieten lie-gen.[2] Sofern grundwesentliche Unterschiede „regional" sich zwi-

20 schen Gegenständen aufweisen lassen, somit grundverschiedene For-men der Objektivation, mögen wir dann etwa sprechen von Ver-nunft in der Erfahrung, Vernunft im Werten und dergl.

Es sind die alten Schwierigkeiten, die den Ausgang unserer allge-meinen Betrachtungen über das Wesen und den Umfang der Phäno-

25 menologie gebildet haben und die uns jetzt wieder begegnen. Sowie man vom allgemeinsten Zusammenhang der Phänomene und Akte ausgeht, sowie man, der Idee der Phänomenologie nachgehend, sich in der phänomenologischen Welt zurechtfinden und die natürlichen Demarkationen bestimmen will, stößt man auf das Problem des

30 Verhältnisses zwischen objektivierenden und wertenden Akten und auf die Frage, inwiefern man berechtigt ist, die Ideen Erscheinung und Bedeutung, die sich im axiologischen Gebiet aufdrängen, durch-zuführen. Ist man geneigt, hier eigene Erscheinungen anzunehmen, dann wird es zweifelhaft, ob man nicht die Scheidung zwischen

35 objektivierenden und nicht-objektivierenden Akten preisgeben muß.

---

[1] Ganz richtig!
[2] Richtig!

Hält man aber diese Scheidung fest, dann sieht man sich gedrängt zu
sagen: Wertende Akte haben nicht etwa in sich selbst und in gleichem Sinn wie objektivierende Akte ihre Erscheinungen; vielmehr
gründen in ihrem Wesen Möglichkeiten für objektivierende Akte,
5 durch welche erst als in neuen, auf wertende Akte gegründeten
Objektivationen sich die den wertenden Akten selbst zugeschriebe-
nen Erscheinungen und Bedeutungen konstituieren. Das sind, sagte
ich, die alten Schwierigkeiten, nur in neuem Gewand sich darbie-
tend. Wie können, so fragten wir in früheren Vorlesungen, wertende
10 Akte als konstituierende fungieren? Denn wertende Akte fungieren
als konstituierende, das heißt, in ihnen sollen eigene Gegenständlichkeiten, die Werte, zur Gemeintheit und Gegebenheit kommen,
und tun sie das, so müssen doch wohl in ihnen Meinungen bzw.
Erscheinungen bewußt sein, irgendwie in ihnen immanent sein.

15   〈b) Die wesentlich unterschiedene Weise der Intentionalität
der objektivierenden Akte und der Gemütsakte. Das Problem
der Einheit des Aktbegriffs〉

Suchen wir den Dingen näherzukommen, so wäre etwa folgende
Erwägung anzustellen. Das erste, was in der Phänomenologie in den
20 Brennpunkt der Betrachtung rückt, ist der Akt, das intentionale
Erlebnis, charakterisiert durch die „Beziehung auf ein intentionales
Objekt".[1] Wahrnehmungen nehmen ein Gegenständliches wahr,
Vorstellungen stellen es vor, in Erinnerungen ist etwas erinnert,
Gefallen ist Gefallen an etwas, Wünschen bezieht sich nicht minder
25 und ebenso Wollen auf irgendeine erwünschte oder gewollte Gegenständlichkeit.
    Nun merkt man gleich einen Unterschied in der Weise die-
ser intentionalen Beziehung im Vergleich von Wahrnehmungen etwa oder Urteilen auf der einen Seite und Akten
30 des Wertens, des Gefallens, des Wünschens auf der anderen Seite. Angenommen, wir urteilen, es sei A B, dann haben wir
das Erlebnis „A ist B!". Man sagt von ihm, es „beziehe" sich auf

---

[1] Nicht ganz korrekt. Wie steht „Erlebnis" zu Erscheinung und zur Phansis? Und
Akt, ist das nicht selbst Erscheinung? In der Vorlesung etwas geändert. Neu ausarbeiten!

den Sachverhalt, der in Wirklichkeit ist, vorausgesetzt, daß das
Urteil ein richtiges ist. Dieser Sachverhalt ist nicht das Erlebnis und
ist nicht Bestandstück des Erlebnisses. Das Erlebnis besteht nicht
aus dem Sachverhalt „A ist B" selbst und dem Urteilen, das sich
5 darauf bezieht, sondern das ganze Erlebnis ist eben das Urteilen „A
ist B!", und mehr ist darin nicht zu finden, also nichts von einer in
ihm selbst aufzuweisenden Beziehung auf etwas. Andererseits wissen
wir, daß Urteile in ausweisende Begründungszusammenhänge eintreten können und daß, wenn sie es tun, es vermöge ihres eigenen
10 Wesens geschieht, oder daß sie eben als Urteile dieses Wesens Richtigkeit haben. Von der Beziehung des Urteils auf seinen Sachverhalt
zu sprechen, das heißt, sie mindestens assumptiv auf mögliche Ausweisung zu beziehen und im Zusammenhang dieser Ausweisung ein
Identisches, eben das, was wir den Sachverhalt nennen, als Gemein-
15 tes und Gegebenes durchzuhalten und in die bevorzugte Blickstellung zu rücken. Der einzelne Urteilsakt enthält aber nichts von diesem Identischen als etwas darin Aufweisbarem.

Nehmen wir andererseits eine Freude, die Freude „A ist B!".
Darin haben wir das Urteilsbewußtsein „A ist B!" und die Freude,
20 die Freude darüber ist, daß A B ist. Das Bewußtsein von dem „A ist
B!" kann sich dabei vielfach ändern, sofern es nur eben dieses selbe
Seinsbewußtsein bleibt. Derselbe Sachverhalt, der in Seinsweise ge-
setzter ist, kann sich sozusagen in verschiedener Weise darstellen.
Die Freude bleibt ebensogut dieselbe Freude an dem „A ist B!" wie
25 dieses „A ist B!" bewußtseinsmäßig, der Urteilsmeinung nach, das-
selbe immerfort eben seinsmäßig gesetzte „A ist B!" bleibt. Die
Freude ist nicht eins, irgendein wie immer zu charakterisierendes
Gefühl und daneben irgendein Urteil, sondern sie ist Freude an der
Sache, und darin liegt, sie hat eine Zugehörigkeit zu all den Akten
30 der setzenden Objektivierung, die dieselbe Sache, und zwar be-
wußtseinsmäßig dieselbe, vorstellig machen. Das gehört zum
„Sinn" der Freude.

Nun ist das offenbar ein anderes Verhältnis als vorhin. Haben wir
eine Vorstellung, so haben wir bewußtseinsmäßig nicht zweierlei:
35 Vorstellung und dazu noch etwas, das ihr Beziehung auf Vorgestell-
tes gibt. Haben wir aber eine Freude, so haben wir eben solches
Zweierlei: die Freude und ein „Worauf" der Beziehung, letzteres in
Form einer fundierenden Vorstellung. Schreiben wir also einer Freude Beziehung auf ein Objekt zu, nennen wir sie intentionales Erleb-

nis mit Beziehung auf das Erfreuende, so ist das eine total andere
Art der „Beziehung-auf" als diejenige, die wir etwa einer Wahrnehmung zuschreiben oder einer Erinnerung oder einem Urteil. Bei der
Wahrnehmung besagt die Beziehung auf das wahrgenommene Ob-
5 jekt nichts im Wahrnehmen selbst Aufweisbares, sondern in einem
evidenten reflektiven Vorstellen und Denken lassen wir die Wahrnehmung übergehen in einen durch Identitätsbewußtsein verknüpften Wahrnehmungszusammenhang, und erst da sehen wir, diese
Wahrnehmung und all diese anderen Wahrnehmungen stellen das-
10 selbe dar, oder dies und dies und dies ist ein und dasselbe, und die
wechselnden Erscheinungen sind Wahrnehmungserscheinungen von
einem und demselben. Oder: Wahrnehmend fangen wir an, über das
Wahrgenommene zu urteilen, und urteilen dann über die Wahrnehmung. Die durch Identität verknüpften Wahrnehmungsurteile dort
15 und das Urteil über die Wahrnehmungen hier widerstreben einer
Einheit und begründen vielmehr Verschiedenheit, und wir sagen,
dies und jenes, Wahrnehmung und jenes Identische der Wahrnehmungsurteile, ist verschieden. Und so überall. Also das ist hier die
Art der Beziehung des Aktes (bzw. der Wahrnehmungserscheinung,
20 der Urteilsmeinung und dergl.) auf das „intentionale Objekt".
     Wie ganz anders bei der Freude und bei allen in derselben Art
fundierten Akten! Bei diesen besagt das Gerichtet-Sein etwas im Akt
selbst vermöge seiner Fundierung sich Bekundendes. Ich freue mich,
daß schönes Wetter ist, und eben dieses steht mir als das Worüber
25 der Freude in einer Vorstellung da. Da kann man in einem eigent-
licheren Sinn sagen, die Freude richtet sich auf das Vorgestellte,
während wir das von einer Objektivierung eigentlich gar nicht sagen
können.
     Natürlich ist dieses Verhältnis des „Gerichtet-sein-auf" bei der
30 Freude auch ein total anderes als das Sich-Beziehen des Prädikats-
akts in einem kategorialen Urteil auf das im Subjektakt Vorstellige,
und erst recht wäre es verkehrt, es gleichzustellen mit dem Verhältnis des Urteils zu dem etwa im nominalen Subjektakt vorgestellten
„Gegenstand-worüber". Urteile ich „Dieser Winter ist kalt", so ist
35 die Vorstellung „dieser Winter" Bestandteil des Urteils. Die der
Freude zugrundeliegende Vorstellung ist aber nicht Bestandteil der
Freude. Die Freude richtet sich auf die erfreuende Sache, oder von
dieser geht ein Strom der Freude aus. Sagen wir andererseits, das
Urteil bezieht sich auf diesen Winter und darauf, daß er kalt ist, so

ist das ein total anderes Verhältnis. Das Urteil ist nicht eines und innerhalb des phänomenologischen Kreises „ dieser Winter und sein Kalt-Sein" ein zweites, sondern wir haben, wenn wir nicht zu reflektieren anfangen und in Zusammenhänge des logischen Ein-
5 heitsbewußtseins eintreten, nur dies: „ Dieser Winter ist kalt", und das ist das Urteil selbst.

Brentano, der durch seine Erörterung über intentionale Erlebnisse in der *Psychologie* ⟨*vom empirischen Standpunkt*⟩ vom Jahre 1874 einen Epoche machenden Anstoß gegeben hat, hat alle diese Unter-
10 schiede verkannt. Er schreibt der Vorstellung eine schlichte Intentionalität zu, schon dem Urteil eine fundierte, und dabei verwechselt er überall die zum Gehalt des Urteils gehörige Vorstellung des „ Gegenstands-worüber" mit einer fundierenden Vorstellung. In Wahrheit konnte ich nachweisen, daß das Urteil überhaupt nicht fundiert
15 ist, nämlich in dem Sinn, den ich bei den Gemütsakten vor Augen hatte. Andererseits freilich konnte ich mit den Gemütsakten und mit dem ganzen Wesen der Fundierung bei ihnen und ihrer Stellung zu den objektivierenden Akten nicht fertig werden, wie sich auch in der mühevollen Erörterung über Wunschaussagen und dergl. zeigt.
20   Natürlich bleibt nun ein Problem übrig. Scharf betont hatte ich anderen Auffassungen gegenüber, daß ein wertender Akt, z. B. eine Freude, durch das Medium der fundierenden Vorstellung eine Intentionalität übe. Tritt jetzt hervor, daß, was hier Intentionalität heißt, phänomenologisch etwas anderes ist als was dergleichen bei den
25 objektivierenden Akten heißt, so bleibt ein unbehaglicher Rest übrig, Sinn und Funktion dieser Intentionalität klarzulegen, ihr reines phänomenologisches Wesen im naiven Werthalten scharf zu sondern gegenüber allen Interpretationen und reflektiven Objektivationen sonst und durch solche Untersuchungen den ernstlich gefährde-
30 ten Aktbegriff einer endgültigen Analyse zu unterwerfen. Hat der Begriff Akt noch Einheit? Ist sie durch Erkenntnis des Doppelsinnes der Intentionalität nicht zersprengt? Jedenfalls, eine tiefe Kluft liegt hier vor, ein grundwesentlicher Unterschied, der schlecht bezeichnet wäre, wenn man bloß von Fundierung sprechen würde. Zwischen
35 schlichten Objektivationen und kategorialen Objektivationen haben wir auch bedeutende Unterschiede, und auch sind die letzteren als fundierte charakterisiert; auch da geht in gewisser Weise die Intentionalität des Gesamtaktes, des in Stufen sich emporbauenden Aktes durch die zugrundeliegenden und zuletzt schlichten Akte. Aber bei

all dem haben wir überall Wesenseinheit und das Fundiertsein, und
die Rede von durchgehender Intentionalität hat hier einen völlig
anderen Sinn als in der Gemütssphäre.

⟨c⟩ Wertende Akte sind nicht auf Werte als
5   Objekte gerichtet⟩

In der letzten Vorlesung haben wir festgestellt, daß im Bau der
sogenannten Akte eine wesentliche Verschiedenheit besteht. Die
wertenden Akte sind fundiert, und so, daß wir sagen mußten, in
ihnen selbst bekundet sich so etwas wie eine „Beziehung-auf".
10 Anders bei den objektivierenden Akten: Bei diesen, z. B. bei den
Wahrnehmungen, finden ⟨wir⟩ nicht zweierlei, ein Etwas, das sich
bezieht, und ein Etwas, worauf jenes sich bezieht. Anders ausgedrückt: Gegenständliches ist bewußt, das ist, ein objektivierendes
Bewußtsein ist vollzogen. In einem solchen können wir nun zwar
15 unterscheiden den Modus der Stellungnahme, z. B. das Moment des
Glaubens im Wahrnehmen, von dem Was des Wahrnehmens. Aber
dieses letztere ist nur eine Abstraktion. Objektivierende Akte sind
nicht Komplikationen aus einem Bewußtsein, das ein Gegenständliches bewußt macht, und aus einer Stellungnahme zu dem gegen-
20 ständlich Bewußten. Das erstere wäre ja schon ein voller objektivierender Akt. Andererseits, der wertende Akt ist solch eine Komplikation. Ein objektivierender Akt ist da, der dem wertenden Meinen
den Gegenstand darbietet, und dazu ist nun noch das Werten selbst
da. Mit Rücksicht darauf schien der Aktbegriff zweifelhaft zu wer-
25 den. Ist er als einheitlicher noch festzuhalten? Indessen, dieser Zweifel ist nicht von einer Art, daß er sich nicht beseitigen ließe.
Zunächst überlegen wir Folgendes. Wir sprachen immer wieder
und auch soeben noch von einem wertenden Meinen, also von
einem Meinen neben dem objektivierenden. Einen Akt überhaupt
30 vollziehen und ein Meinen vollziehen, das waren gleichbedeutende
Ausdrücke. Geben wir der Skepsis möglichst nach und insistieren
wir auf der wesentlichen Verschiedenheit der objektivierenden und
nicht-objektivierenden Akte, so ist etwa so zu sagen: Meinungen in
einem prägnanten Sinn, zumal wenn wir dafür auch Erscheinungen
35 sagen, das sind ausschließlich objektivierende Meinungen. Es steht
etwas da in der Weise der Wahrnehmung oder Erinnerung, es steht
etwas vor dem geistigen Blick in der Weise des Urteils, daß etwas so

und so beschaffen ist, das ist objektivierendes Bewußtsein. Sein
Was, das wir in der reflektiven phänomenologischen Wahrnehmung
uns zur Gegebenheit bringen, ist eine objektivierende Meinung.
Andererseits ist eine Freude darüber, daß ein Glücksfall eingetreten
5 ist, oder ein Wunsch, es möge sich alles zum Guten wenden, kein
Bewußtsein, das in sich selbst irgendetwas zur Erscheinung bringt,
kein Bewußtsein, in dem etwas in der Seinsweise dasteht oder in
einem anderen Modus, der zum Seinsmodus in wesentlicher Beziehung steht, etwa dasteht in der Weise einer Fiktion, eines Bildes,
10 eines assumierten Sachverhalts, einer Voraussetzung oder Folge und
dergl.
Natürlich, in der fundierenden Unterlage des wertenden Aktes
vollzieht sich auch ein Erscheinen oder Meinen, aber eben in ihr,
und das Werten selbst tut nichts Neues dazu. Fiele es weg, so wäre
15 diese Objektivation genau dieselbe. Das Werten vollzieht kein weiteres Objektivieren. Natürlich kann sich ein Objektivieren auf das
Werten beziehen, so, wenn wir davon sprechen oder wenn wir auf
Freude, Trauer, Wunsch und dergl. hinblicken, es zum unterliegenden Objektivieren oder auch zum darin gemeinten Objekt in Bezie-
20 hung setzen und etwa sagen: Die Freude geht auf die und die Tatsache. Aber dann haben wir eben einen neu objektivierenden Akt,
der sich auf die Freude bezieht; nicht ist aber die Freude selbst ein
objektivierender Akt, in ihr als Freude erscheint nichts, in ihr als
Freude ist nichts gemeint, nämlich in dem Sinn der Meinung eben
25 im engeren Sinn.
Andererseits ist die Bezeichnung der wertenden Akte als meinen-
der, und speziell die Bezeichnung der neuen phänomenologischen
Charaktere, die sie zu den objektivierenden Erlebnissen dazufügen
als Charaktere des Meinens, eine verständliche und wohl berechtig-
30 te. Schließlich kann doch niemand die wesentliche Analogie hier
verkennen trotz der hervorgehobenen wesentlichen Unterschiede.
Nur beirrend ist es, wenn man von der beiderseitigen Beziehung auf
das sogenannte intentionale Objekt ausgeht und darin die Gemeinsamkeit, zugleich ⟨aber⟩ die Diversität sieht; die Gemeinsamkeit,
35 die dem Aktbegriff Einheit gibt, und die Verschiedenheit, welche
verschiedene Grundartungen von Akten auseinandertreten läßt. Es
klingt vielleicht anstößig, aber es dürfte doch das Beste sein, wenn
wir sagen: Objektivierende Akte sind, wenn auch nicht im
eigentlichen, so doch in teleologischem (normativem)

Sinn auf Objekte „gerichtet". Objekt ist Seiendes. Gegenstand und Sachverhalt, Sein und Nicht-Sein und Wahrheit und
Unwahrheit, das gehört zu den objektivierenden Akten, wie immer
wir näher die zu den gebrauchten Worten gehörigen Begriffe klären.
5   Andererseits, wertende Akte sind nicht auf Objekte „gerichtet", sondern auf Werte. Wert ist nicht Seiendes, Wert ist
etwas auf Sein oder Nicht-Sein Bezügliches, aber gehört in eine
andere Dimension. Wertverhalte als solche sind nicht bloß Sachverhalte, so, wenn wir beiderseits die wirklich analoge und parallele
10 Rede von Gerichtetsein verwenden, die sich wirklich durchführen
läßt. Auch hier ⟨ist⟩ das Gerichtetsein ein teleologisch-normatives.
Usw.
    Nun ist das freilich eine schlimme Rede, da wir jetzt von Werten
sprechen und damit schon bekunden, daß Werte Gegenstände sind.
15 Darauf wäre zu sagen: Werte sind etwas Objektivierbares, aber Werte als Objekte sind Objekte von gewissen objektivierenden Akten,
sich in diesen auf wertende Akte sich bauenden Objektivationen
konstituierend, nicht aber in den wertenden Akten selbst konstituierend. Die wertenden Akte als eigenartige Akte „richten" sich auf
20 etwas, aber nicht auf Objekte, sondern es gehört nur zu ihrem
Wesen, daß diese ihre Richtung objektivierend erfaßt und dann
objektivierend beurteilt und bestimmt werden kann. Vor allem ist
zu sagen, daß das zum eigentümlichen Wesen der nicht-objektivierenden ⟨Akte⟩ gehörige Sich-Richten kein Sich-Richten auf die
25 Gegenstände der ihnen zugrundeliegenden Vorstellungen, Wahrnehmungen, Urteile usw. ist.

⟨d) Das Verhältnis zwischen Intention und Erfüllung:
Die wesentliche Analogie zwischen den objektivierenden Akten
und den Gemütsakten⟩

30 1) Worin besteht das „Sich-richten-auf-Etwas" bei den objektivierenden Akten, bei den Wahrnehmungen, Urteilen usw.? Nun, in
sich ist Wahrnehmung Wahrnehmung, in sich hat sie nicht zweierlei,
einen Gegenstand, worauf sie sich bezieht, und noch etwas. Sowie
wir aber von der Intention der Wahrnehmung auf einen Gegenstand
35 sprechen, haben wir eine Anweisung auf ein bestimmtes Hinausge-
hen über die Wahrnehmung; wir werden hingewiesen auf die steti-

gen Wahrnehmungsmannigfaltigkeiten, die, wie weit sie inhaltlich
auch verschieden sein mögen, doch sich zur stetigen Einheit eines
Gegenstandsbewußtseins zusammenschließen; wir werden darauf
hingewiesen, daß zum Wesen aller zu solcher Einheit sich schicken-
5 den Wahrnehmungen die ideale Möglichkeit gehört, im schauenden
Identitätsbewußtsein dasselbe zu erfassen: Das und das ist dasselbe,
derselbe Gegenstand. Und wir werden weiter gewiesen auf die möglichen Urteile, in denen sich der Gegenstand erfahrungsmäßig bestimmt, auf die Gesetze, die zu solcher Bestimmtheit wesentlich
10 gehören usw. Das Wort „erfahrungsmäßig" deutet hierbei nicht
etwa bloß die Beziehung auf die soeben bevorzugten Wahrnehmungen und Wahrnehmungszusammenhänge an, auch Erinnerungen und
Erwartungen gehören herein, überhaupt intuitive Akte jeder Art; wie
andererseits auch Akte der Frage, des Zweifels, der Vermutung ihre
15 Funktion haben für mögliche gegenständliche Bestimmung. Allgemein können wir sagen: Wesenszusammenhänge bestehen zwischen
objektivierenden Akten (und zwar Akten aller Spezies dieser Klasse)
von der Art, daß jeder vorgegebene Akt nach den zugehörigen
Gesetzen sich in einen Gegebenheitszusammenhang, in einen Zu-
20 sammenhang der Begründung und schließlich der evidentmachen-
den Begründung (oder negativ: Entgründung) einreihen lassen muß.
Die ungeheure Aufgabe der Erkenntniskritik, zumal der Phänomenologie der Erkenntnis, besteht gerade darin, all die hier waltenden
Wesensverhältnisse herauszustellen, die Teleologie der intellektiven
25 Phänomene von Grund aus aufzuklären und durch sie allen logischen Gesetzen im weitesten Sinn letzte Auswertung angedeihen zu
lassen. Die Beziehung auf den Gegenstand, den wirklich seienden
oder bloß vorgestellten, bloß vermeinten, vermuteten, hypothetisch
angenommenen und dergl. führt auf apriorische Zusammenhänge
30 der objektivierenden Evidenz zurück (bzw. Bewußtsein der Absurdität).

2) Und nun ist die bloße Frage die, ob sich nicht in der Sphäre
der wertenden Akte ein genaues Analogon dieses Gerichtetseins-auf
ausweisen läßt und damit dasjenige, was den Akt als solchen cha-
35 rakterisiert, ihn charakterisiert als ein Meinen. Das objektivierende
Meinen ist Meinen um der Möglichkeit der Begründung willen, oder
genauer, um der Möglichkeit willen, gründend oder begründet (bzw.
negativ: entgründet) zu sein. Gilt nicht dasselbe von den wertenden
Akten, sind sie nicht auch Wertmeinungen, hat nicht bei ihnen die

Rede von einem Recht und Unrecht, von vernünftig und unvernünftig und analogisch verstanden die Rede von bloßer Gemeintheit
und Gegebenheit ihren guten Sinn? Das Gefallen, die Trauer, der
Wunsch und dergl. „richten" sich auch auf etwas. Sie richten sich
5 nicht auf das Gegenständliche der ihnen unterliegenden Objektivationen. Die Freude über eine Tatsache richtet sich nicht auf diese
Tatsache, nämlich sofern wir das Richten eben richtig verstehen.
Auf eine Tatsache kann sich nur ein objektivierender Akt richten,
Tatsachen können nur in vorstellenden, in objektivierenden Akten
10 gemeint und gegeben sein. Wie können sie nun doch eine Richtung
haben? Nun, eben durch ihre Richtigkeit bzw. dadurch, daß sie
unter einem eigentümlichen Gegensatz von Richtigkeit und Unrichtigkeit stehen und daß zu ihnen ihrem apriorischen Wesen nach die
völlig analogen Unterschiede gehören, die durch die ganze objekti-
15 vierende Sphäre hindurchgehen, so der beiderseits geradezu identische Unterschied zwischen Impression und Reproduktion, z. B. der
aktuelle Wunsch, die aktuelle Freude und das Sich-Hineinphantasie-
ren in Wunsch und Freude. Wie es nach den Nachweisungen meiner
Logischen Untersuchungen sicher ist, daß die Vorstellung von einem
20 Urteil zu scheiden ist von der schlichten Modifikation des Urteils,
die etwa beim bloßen Verstehen eines Aussagesatzes vorliegt, so ist
es sicher, daß wir dieselben Modifikationen bei allen Akten finden.
Weiter gehören hierher andere Unterschiede, die genaue Analoga
objektivierender sind.
25   Bei den objektivierenden Intentionen treten auf die grundwesentlichen Unterschiede bzw. Verhältnisse von Intention und Erfüllung
und die zugehörigen Verhältnisse und Zusammenhänge der fortschreitenden Bekräftigung, Bewährung, Evidentmachung. Genau
Analoges finden wir bei den wertenden Akten ebenso wie auch die
30 Analoga der Unterschiede zwischen leeren und vollen, verworrenen
und klaren Akten, Analoga der objektivierenden Intuition usw. Das
alles auszuweisen, erforderte freilich sehr umfassende Darstellungen
und es sind manche Schwierigkeiten zu überwinden. Es ist mir erst
nach langen Bemühungen gelungen, die Unterlagen für diese Fest-
35 stellungen zu gewinnen.
    Mit den angedeuteten Unterschieden hängen in der Wertungs-
sphäre Wesensgesetze zusammen, die als normative Gesetze des
Wertens zu diesem genau die Stellung haben wie die normativ-logi-
schen Gesetze zu den objektivierenden Akten. Und genau so wie die

objektiv-logischen Gesetze sich phänomenologisch reduzieren auf
phänomenologische Gesetzmäßigkeiten und sozusagen der objektive
Ausdruck der in der Sphäre der Erkenntnisphänomene (d. i. der
objektivierenden und überhaupt intellektiven) waltenden apriori-
5 schen Teleologie sind, so gilt dasselbe für die Gesetze der formalen
Axiologie. Auch sie sind der objektive Ausdruck für die apriorische
Teleologie in der Sphäre der Wertungsphänomene. Sprechen wir
objektiv bzw. ⟨axiologisch⟩, so sprechen wir von Gegenständen und
Werten; sprechen wir phänomenologisch, so sprechen wir von der
10 Organisation sozusagen der Vernunft. Vernunft ist ein Titel für das
die betreffenden Aktsphären durchwaltende teleologische Apriori;
teleologisch nenne ich es hier, weil es auf Verhältnisse der Richtigkeit und Unrichtigkeit geht und die Richtung auf Gegenstand und
Wert jene Richtung im Sinne der Richtigkeit ist.
15   Von besonderer Wichtigkeit ist es, um nicht in die Irre zu gehen,
falsche Analogien zu meiden. So ist die Erfüllung, welche bei allen
Aktgattungen als teleologische Annäherung an das Ziel der Richtigkeit auftritt und überall analoge Verhältnisse begründet, nicht zu
verwechseln mit dem, was wir bei Wünschen und Wollungen als
20 Erfüllung bezeichnen. In diesem Punkt habe ich mich auch in meinen *Logischen Untersuchungen* täuschen lassen. Ein Wunsch erfüllt
sich, das ist, es befriedigt sich der Wunsch. Die Überzeugung vom
Sein des Erwünschten, die vordem fehlte, tritt etwa ein, und mit
dieser Wandlung in der objektivierenden Unterlage hängt wesensge-
25 setzlich zusammen die Wandlung des Wunsches in Erfüllungsfreude.
Das ist aber etwas ganz anderes als die Erfüllung, welche das Wesen
der Begründung, der fortschreitenden Evidentmachung ausmacht
bzw. der Auswertung oder Entwertung.
     Der Wunsch kann ein berechtigter oder unberechtigter sein (wie
30 jedes Werten). Die Rechtsausweisung (und Unrechtsausweisung)
führt uns hin auf Zusammenhänge, in denen die Wunschmeinung,
die vielleicht eine völlig leere oder vage war, klar liegt. Wir fragen
uns etwa, was ist denn da in der Tat das, was uns so wert ist, wir
stellen uns die Sachlage deutlicher vor und suchen die Momente auf,
35 an denen das Werten spezifisch hängt. Dabei verdeutlicht sich nicht
etwa bloß das Vorstellen, vielmehr geht das leere und vage Werten
in eigentliches, seine Wertintention erfüllendes Werten über. Eventuell kann aber auch Aufhebung der ursprünglichen Wertintention
und notwendige Aufhebung erfolgen. Wir bringen uns etwa zum

Bewußtsein, daß das Werten auf Wertvoraussetzungen beruht, die nicht erfüllt sind, daß wir etwa gewohnheitsmäßig noch etwas werteten, obschon die früher fundierenden Annahmen von uns jetzt nicht mehr festgehalten werden usw. Das alles hat mit der Erfüllung
5 des Wunsches nichts zu tun.

Ebenso ist es klar, daß, wenn selbst ein Wunsch sich erfüllt, die selbstverständliche Befriedigung, die zur Erfüllung gehört, nicht Rechtsausweisung des Wunsches ist. Die Freude über den Besitz des Begehrten kann ebensowohl berechtigte wie unberechtigte Freude
10 sein, und jede Freude, bei der doch von einem Langen und Sich-Befriedigen des Langens nicht mehr gesprochen wird, kann sich und muß sich begründend ausweisen. Die Freude kann eine ihrer eigentlichen Intention nach vage sein, die sich im Übergang zur begründenden Wertlage entweder als berechtigte Freude „erfüllt" oder sich
15 als unrichtig ausweist und ihrem Wert nach aufhebt (Auswertung, Entwertung).

Mit der Übertragung der Verhältnisse von Intention und Erfüllung im Sinne der ausweisenden, berechtigenden Erfüllung ist schon gesagt, daß der Begriff der Evidenz im objektivierenden Gebiet sein
20 genaues Analogon in der Sphäre der nicht-objektivierenden Akte hat. Diese große Entdeckung hat Brentano gemacht. Er nennt dieses Analogon der Evidenz die richtige und als richtig charakterisierte Liebe. Freilich, so wie in seiner Erkenntnistheorie Evidenz ein bloß postulierter und ganz unbegreiflicher Charakter ist, der die wunder-
25 bare Eigenschaft hat, dem Urteil, dem er anhängt, den Charakter der Richtigkeit zu erteilen, genau so ist dieses Evidenzanalogon in der Gemütssphäre, da keine weiteren Analysen beigegeben sind, ein Mysterium, ein Charakter der Liebe, der wunderbarerweise sie als richtig kennzeichnen soll. Brentano kam auf seine Lehre eben mehr
30 durch eine Konstruktion als durch phänomenologische Analyse. Das ändert aber nichts daran, daß er zuerst es erkannt hat, daß hier zwischen objektivierenden und nicht-objektivierenden Akten ein Parallelismus bestehe und daß er durch seine ganze Darstellung zuerst das Problem der Richtigkeit in der Wertungssphäre und die Notwendig-
35 keit, diese Sphäre parallel mit der logischen Sphäre zu behandeln, zu eindringlichstem Bewußtsein gebracht hat. Hier harren der analytischen Forschung größte Aufgaben. Erst wenn sie gelöst sind, werden wir eine wahre Kritik der wertenden Vernunft haben. Die Wege sind

aber, denke ich, klar vorgezeichnet, und ich bin dessen sicher, daß
sie unsere Hoffnungen erfüllen werden.[1]

BEILAGE VIII: Logik und Ethik. ⟨Die mangelhafte Ausbildung der
vorphilosophischen Ethik. Die Methode der Analogie⟩[2]

5   Gibt es wirklich eine philosophische Axiologie, die eine analoge Stellung
als Erste Philosophie hat wie die philosophische Logik, dann weist sie auf
empirische Werte und Wertzusammenhänge in ähnlicher Weise zurück wie
die philosophische Logik auf empirische Objekte und Objektzusammenhän-
ge, und wie diese Beziehung in logischer Hinsicht vermittelt ist durch logi-
10 sche Disziplinen niederer, noch vor der eigentlichen Philosophie liegender
Stufe, so in ethischer Hinsicht (das ist zu erwarten) durch vorphilosophische
ethische Disziplinen. Es müßte also anzunehmen sein, daß ein analytischer
Weg von den natürlichen ethischen und axiologischen Disziplinen hinauf bis
zur axiologischen Philosophie aufzufinden ist, der wenigstens in den Haupt-
15 schritten strenge Analogie zeigt mit dem Weg, der analytisch von dem konkret Logischen und den natürlichen logischen Disziplinen emporführt zur
philosophischen Logik. Schon die nächstliegenden Definitionen bzw. Begrenzungen speziell der Ethik müssen also analogen Charakter haben, analoge
Schwierigkeiten und prinzipielle Streitigkeiten mit sich führen wie diejenigen
20 der Logik und im Zusammenhang damit analoge Motive in sich bergen, die
Forschung in eine gewisse neue Dimension zu drängen, eben die philosophische. So verhält es sich, was den Anfang anbelangt, wie wir gleich sehen
werden, zweifellos.

    Allerdings, sowie man, der Analogie nachgehend, ein wenig emporsteigt,
25 fühlt man sich gehemmt, und nicht etwa, weil die Sachen gegen diese Intentionen Einspruch erheben, sondern weil das ethische und axiologische Gebiet
nicht entfernt mit jenem Aufwand von wissenschaftlicher Denkenergie
durchgearbeitet worden ist wie das logische, so daß es in nur zu erheblichem
Ausmaß in einem Stadium oberflächlicher Behandlung verblieben ist, das
30 von wirklich entwickelter und strenger Wissenschaft weit entfernt ist. Die
vorphilosophische Logik, die Logik als natürliche Wissenschaft, läßt freilich
auch noch viel zu wünschen übrig; der Grad ihrer Ausbildung ist mit dem
der Naturwissenschaften nicht zu vergleichen. Aber das gilt doch nur, wenn
wir die Logik als Ganzes nehmen, während einzelne ihrer Gebiete höchste
35 wissenschaftliche Ausbildung haben. Das gilt von der neueren mathemati-

---

[1] Verwandtes, wie ich nachträglich bemerke, bei ⟨Anton⟩ Marty ⟨*Untersuchungen
zur Grundlegung der allgemeinen Grammatik und Sprachphilosophie.* Erster Band (Halle a.S., 1908)⟩, z. B. ⟨S.⟩ 427. Allerdings, was er weiterhin über Vorstellungen sagt,
zeigt, daß er nicht ganz klar ist.

[2] Wohl aus dem Anfangsstück der Vorlesung „Grundprobleme der Ethik" vom Wintersemester 1908/09 — Anm. des Hrsg.

schen Logik, und nimmt man dazu, daß die gesamte reine Mathematik (wozu Geometrie und Mechanik nicht gehören) mit jener Logik wissenschaftlich eins sind und durchaus in die Logik hineingehören, so haben wir ja schon in diesen Disziplinen der reinen Arithmetik, der reinen Mannigfaltig-
5 keitslehre und dergl. Stücke allerexaktester Wissenschaft, die selbst Logik sind. Aber freilich sehr im argen ist es noch mit der Logik der Induktion, obschon wieder ein in der gewöhnlichen Vorstellung der Logik fremdes, und zwar mathematisches Gebiet, die Wahrscheinlichkeitslehre, durchaus in den Zusammenhang der Logik hineingehört.

10 Was auf der anderen Seite die Ethik und gar Axiologie anbelangt, so fehlt es hier auch im bescheidensten Maß an entwickelter strenger Wissenschaft. Das mag sehr merkwürdig erscheinen, da doch mindestens das Ethische seit Jahrtausenden ein bevorzugtes Feld wissenschaftlicher Forschung war und im Altertum zeitweise viel eifriger bearbeitet als dasjenige der Sachwissenschaften.

15 Indessen, was hier besonders schädigend einwirkte und zum Teil noch einwirkt, ist der Umstand, daß das Interesse am Ethischen und seiner Durchforschung selbst ein ethisches Interesse ist. Wissenschaft, echte und strenge Wissenschaft, entspringt aber aus theoretischem Interesse und entwickelt sich umso höher, je reiner das theoretische Interesse ist. Aber auch noch anderes
20 kommt in Betracht. Logik hat neben sich ausgebildet strenge Wissenschaften; dafür fehlt die ausreichende Parallele auf axiologischer und ethischer Seite. Strenge Wissenschaften sind durch und durch logisch und nichts als logisch. Jede bestimmte strenge Wissenschaft ist sozusagen eine Logik, eine konkrete Logik der Seinssphäre, die sie bearbeitet. Man kann daher mit Vorteil die
25 Logik als Wissenschaftslehre geradezu definieren und im Hinblick auf das fest geprägte konkret Logische der strengen Wissenschaften mit Aussicht auf greifbaren Erfolg das abstrakt Logische erforschen.

Auch ist es klar, daß schon eine gründliche Ausbildung in strengen Wissenschaften, ohne die ja auch kein Logiker zu denken ist und die wir in nicht
30 unerheblichem Maß sogar schon von der Schule herbringen, eine Gunst ist, die der Erforschung allgemein logischer Zusammenhänge zugute kommt. Ganz anders in der axiologischen Sphäre und speziell in der so viel bearbeiteten ethischen Sphäre. Man könnte als „Analogon" oder eines der Analoga der Wissenschaften hier ansehen die mannigfachen Rechtsordnun-
35 gen der Staaten. Aber wieviel in gewissem Sinn Axiologisches und Ethisches darin auch steckt, wie sehr man auch sagen kann, daß jedes Gesetz wie schon jede Regel der Sitte, die zu formuliertem Bewußtsein kommt, eine Art Gemütsobjektivation bedeutungsmäßig darstellt, ähnlich wie ein wissenschaftlicher Satz eine Urteilsobjektivation, so ist doch ein gewaltiger Unter-
40 schied beiderseits: Wissenschaft ist durch und durch logisch, sagte ich vorhin, logisch im prägnanten Sinn; darin liegt: Ihre Sätze sind wahre Sätze, ihre Theorien wahre Theorien. Sie objektiviert nicht bloß im weiteren Sinn, das tut auch jede Pseudo-Wissenschaft und tut schon jeder beliebig hingeredete und falsche Satz. Wissenschaft erkennt, erkennt und begründet einsich-
45 tig Dasein und Sosein ihrer Objekte. Ganz anders steht es auf der Gegenseite hinsichtlich der Rechtsordnungen, sofern wir dem Begriff des Logischen im prägnanten Sinn den Parallelbegriff unterlegen.

Also, verstehen wir unter axiologisch das in der axiologischen Sphäre Gültige, bezeichnen wir als Werte und Wertverhalte (also axiologische Verhalte)
im prägnanten Sinn nur „wahre" Werte, gültige Wertverhalte, dann ist alles
empirische Recht eben nicht axiologisch, und dem empirischen Recht stellt
5 sich nicht in objektiver Ausprägung gegenüber ein formuliertes, ausgebilde-
tes, in seiner Gültigkeit durch und durch begründetes „wahres Recht". Das
Naturrecht, von dem dereinst soviel die Rede war, ist ja immer nur Postulat
geblieben und ist mindestens nie in gültiger Ausprägung konstituiert worden.
Demgemäß kann Ethik und Axiologie hier in der empirischen Rechtslehre
10 kein konkret Ethisches und Axiologisches in systematisch umfassender Begründung und Ausgestaltung vorfinden und nicht daran denken, sich als
Rechtslehre zu etablieren in Analogie mit der Wissenschaftslehre. Und wieder fehlt uns das Analogon jener unvergleichlichen logischen Schulung, die
uns das Studium der Wissenschaften vermittelt. Wir sind im Ethischen unser
15 ganzes Leben gleichsam Kinder; naiv werten und handeln wir ohne alle
höhere systematische Schulung. Wie ganz anders in intellektueller Beziehung,
wie erheben sich eben durch die wissenschaftliche Schulung unsere intellektuellen Tätigkeiten über den Stand der Naivität und der natürlich praktischen Weisheit empor! Die Schule, die wir alle durchmachen, ist eine Schule
20 der Wissenschaft. Wir machen aber keine Schule der Wertung und Wollung
in einem irgendwie analogen Sinn durch. Demnach ist der Ethiker geneigt, all
seine Betrachtungen an das im niederen Niveau Gegebene anzuknüpfen, und
das drückt eben auch das Niveau der Ethik als Wissenschaft herab. Der
Philosoph aber, der durch die Ethik hindurch emporsteigen möchte zur ethi-
25 schen Ersten Philosophie, findet sich durch die mangelhafte Ausbildung der
Ethik als natürliche Disziplin gehemmt. Sie ist ein wenig mehr als Reflexion
der praktischen Weisheit und doch wieder nicht soviel, wie sie sein müßte,
nicht durchgebildete und strenge Wissenschaft.
Zugleich verstehen Sie nun auch die besondere Funktion der Methode der
30 Analogie. Keinem Philosophen wird es einfallen und ist es je eingefallen,
Erkenntniskritik bzw. transzendentale oder philosophische Logik fordern
oder gar ins Werk setzen zu wollen durch beständigen Hinblick auf das
Parallelgebiet der Ethik, durch eine Methode der Analogie, die für das, was
auf ethischer Seite sich herausgestellt hat, ein Analogon auf logischer sucht.
35 Andererseits bemerken wir es nicht selten und gerade bei bedeutenden Philosophen, daß sie ihre transzendental-ethischen Überzeugungen wesentlich
mitorientieren nach ihren transzendental-logischen und daß sie überhaupt,
Ethik betreibend, immer wieder auf Logik hinblicken eventuell in bewußter
und ausdrücklicher Analogisierung. Kant war in der Ethik in der vorkriti-
40 schen Periode Empirist. Sowie er sich erkenntnistheoretisch von allen empiristischen Neigungen befreit und seine Transzendentalphilosophie der Erfahrung gewonnen hat, wirft er alsbald auch den ethischen Empirismus über
Bord, überträgt sein Grundproblem der synthetischen Urteile *apriori* auf die
Ethik, und wenn er auch nicht im einzelnen Analogien findet und durchführt
45 (was nicht sagt, daß er sie nicht gesucht hat), so ist der Einfluß der analogischen Betrachtung doch überall ohne weiteres sicher.
Ich meine nun in der Tat, daß die analogische Methode wichtig und

fruchtbar ist. Hat man einmal Analogien zwischen logischer und ethischer
Objektivation sei es nur herausgefühlt und in einigen Strecken Parallelität
der Probleme gesehen, so muß es von großem Wert sein, im strenger durch-
forschten logischen Gebiet Motive für Fragestellungen zu suchen, die in der
5   Verworrenheit des weniger erforschten axiologischen sich zunächst noch
nicht darbieten konnten.

BEILAGE IX (zu § 1a): ⟨Zur formalen Bestimmung des höchsten praktischen
        Gutes und der Möglichkeit eines kategorischen Imperativs⟩[1]

    ⟨a) Die Bezogenheit des höchsten praktischen Gutes auf Person und
10   Umstände: die Begrenzung der Sphäre vernünftiger Wahl⟩

    Eine wichtige Ergänzung ist jetzt leicht beizufügen. Es war in diesen Geset-
zen wiederholt von Personen die Rede. Man fühlt sich gedrängt zu sagen,
daß bei der Rede vom praktischen Gut immer stillschweigend Beziehung
genommen sei auf eine handelnde Person und die Umstände, unter denen sie
15 sich befindet. Aber ⟨es ist⟩ zu beachten, daß es sich nicht etwa um ein
Hineinziehen von empirischen Personen und empirischen Umständen handelt, was ja den formalen Charakter der Gesetze völlig aufheben würde.
Genau besehen bezeichnet aber die Rede von Personen und Umständen nur
die zum Wesen des Willensgebiets gehörige Begrenzung der Willenssphäre
20 bzw. der Sphären vernünftiger Wahl.
    Empirisch gesprochen erwägt der Mensch in seinem Streben nach dem
praktisch Vernünftigen das für ihn gegebenenfalls überhaupt Erreichbare und
im Kreis der Erreichbarkeit das Beste. Was für ihn ausführbar ist, ist es aber
nicht für jeden anderen. Für jeden ist die mögliche praktische Sphäre etwas
25 Verschiedenes, demgemäß auch die ganze Güterordnung eine verschiedene,
da ja die Verhältnisse zwischen Zwecken und Mitteln, also das Universum
der relativen Werte unter Voraussetzung derselben absoluten für Verschiedene etwas Verschiedenes ist. Somit ist die Einheit eines konjunktiven Entschlusses, der mehrere miteinander verträgliche, und zwar in der Ausführung
30 verträgliche Güter in eins zusammenfaßt, auf Personen beschränkt. Desgleichen die Einheit eines disjunktiven Entschlusses, die Einheit einer disjunktiven Wahl, die sich entscheidet zwischen mehreren zugleich nicht ausführbaren, zusammen nicht verträglichen, aber einzeln ausführbaren Gütern. Daß
mein Nachbar etwas Gutes jetzt kann und ich jetzt ein anderes Gutes kann,
35 hilft mir nichts. Ich kann nicht den Entschluß fassen, beides zu tun. Nur wo
ich beides kann, kann ich den Entschluß vernünftigerweise fassen. Und in
gleicher Art habe ich keine Wahl zwischen dem, was ich, und dem, was ein
anderer kann.
    Gleichwohl sind wir von der Hereinziehung von Menschen und ihren Dis-
40 positionen, ihren äußeren Lebensverhältnissen durchaus unabhängig. Genauer besehen kommt für die Gesetzmäßigkeit der rein formalen Ethik nichts

---

[1] Aus 1908/09. 1911 nicht gelesen.

weiter in Betracht als die Idee der umschränkten Einheit einer konjunktiven
oder disjunktiven praktischen Möglichkeit, die Idee der beschränkten Einheit
eines auf verschiedene Güter bezogenen konjunktiven oder disjunktiven Entschlusses, im weitesten Sinn die Idee der umschränkten Einheit einer jeden
5 Wahl; mit anderen Worten, es kommt in Betracht der Umstand, daß dem
idealen Wesen des Werte- und Willensreiches gemäß nicht etwa beliebige
einzelne praktische Güter ohne weiteres durch das bouletische „und" und
„oder" verknüpfbar sind. Zur formalen Ethik gehört danach nur die Idee
dieser beschränkten Verknüpfbarkeit, und sie ist es, welche in ihr die Einheit
10 der Person und der Umstände definiert. Denn nur soviel sagt die Beziehung
auf Personen, daß wir bei jeder Wahl *apriori* eine fest bestimmte, aber
begrenzte Sphäre möglicher Wählbarkeit haben und daß *apriori* zu dieser
Sphäre (die alles zusammen befaßt, was in die Einheit einer konjunktiven
oder disjunktiven Realisierungsmöglichkeit gehört) die Idee eines Besten und
15 dann einzig praktisch Guten gehört.

Nicht aus der Idee menschlicher und sonstiger Personen wird irgendetwas
erschlossen, sondern rein objektiv wird erwogen die Idee einer einheitlichen
Sphäre möglicher Disjungierung oder Konjungierung von realisierbaren Gütern in der Einheit einer Wahl. Sie mögen sagen, darin stecke die Idee der
20 Person. Ich würde sagen: ganz wohl! Aber durch solche Betrachtungen
bestimmt man allererst, was zur Idee der Person als einem formalen Apriori
gehört. Es setzt sie nicht voraus! Das ist auch sonst *mutatis mutandis* in
anderen Gebieten durchzuführen und von fundamentaler vernunftkritischer
Bedeutung.

25 ⟨b) Das oberste Willensgesetz als Konsequenzgesetz⟩

Noch eine zweite Bemerkung, die aber nicht von gleicher Wichtigkeit ist,
haben wir zu machen. Wir haben eine Mannigfaltigkeit formaler Gesetze
aufgestellt, die sich normativ wenden, d. i. in apriorische Normen des entsprechenden Wertens und Wollens überleiten lassen. Überall treten dann an
30 Stelle der Werte oder Wertbedeutungen die entsprechenden Arten von Be-
deutungsakten; und die Zusammenhänge gehen über in Zusammenhänge
vernünftiger Motivation. Wir sprachen nun zu Anfang bei diesen normativen
Wandlungen axiologischer Gesetze von Gesetzen der Konsequenz. Man
könnte zweifeln, ob überall mit gleichem Recht und vor allem, ob bei dem
35 zuletzt aufgestellten Willensgesetz, dessen Regel lautet, unter den erreichbaren Gütern das beste zu wollen, von Konsequenz gesprochen werden kann.
Man könnte nämlich einwenden: Wir sind im Werten (und Wollen) inkonsequent, wenn wir in gewisser Weise werten und dem dann keine Folge
geben, nämlich in weiterer Folge nicht auch werten, was im vorgesetzten
40 Wert schon analytisch beschlossen ist; oder besser ausgedrückt: Gesetze der
Konsequenz sagen überall dies: Angenommen, es sei ein Wert positiv oder
negativ gewertet worden, so ist vernünftigerweise jeder in diesem vermeinten
Wert analytisch beschlossene Wert, wenn er positiv ist, positiv zu werten,
und wenn negativ, negativ. Die Forderung aber, das Beste aus einer vollstän-
45 digen Disjunktion erreichbarer Güter zu wollen, ist nicht eine Forderung zu

wollen, vorausgesetzt, daß anderes schon vorher gewollt ist. Nur dann könnte
ja von einem analytischen Beschlossensein des geforderten Wollens in einem
vorangegangenen gesprochen werden.

In der Tat gebrauchen wir nun den Begriff der Konsequenz und den des
5   Analytisch-Enthaltenseins in einem sehr weiten Sinn. Danach erfordert es
Konsequenz, nicht nur so und so zu wollen, wenn vorher entsprechend
gewollt worden ist, sondern überhaupt gewertet worden ist. Das Wort „analytisch" und das ihm zugrundeliegende Bild paßt dabei allerdings nicht sehr
gut. Daß ein Mittel-Wollen in einem Zweck-Wollen gleichsam mitgewollt ist
10   oder mitgewollt sein sollte, das hat einige Analogie mit einem Enthaltensein.
Daß aber einem ⟨Als⟩-Bestes-Werten unter allen erreichbaren Gütern das
Wollen folgen solle, das ist unter das Bild des Enthaltenseins nicht zu bringen. Im Als-Bestes-Werten „liegt" noch kein Wollen. Mag auch in der Vorstellung des Besten unter einer Disjunktion erreichbarer Güter eben durch
15   den Begriff der Erreichbarkeit ein Wollen in der Vorstellung mitspielen, so
ist es doch jedenfalls kein aktuelles Wollen, sondern eben nur Wollen in der
Vorstellung.

Dagegen ist natürlich nichts einzuwenden. In der Tat kann man sehr wohl
unterscheiden ein analytisches Wollen im engeren Sinn, das sich auf Willens-
20   schlüsse bezieht, in denen Willensprämissen fungieren, also bei Verhältnissen
zwischen Wollen der Mittel und Wollen des Zweckes, und analytisches Wollen im weiteren Sinn, in denen das Wollen anders motiviert ist, nämlich
durch motivierende Akte, unter denen keine Wollungen fungieren, vielmehr
axiologische Akte anderer Kategorie. Darum bleibt aber doch beiderseits das
25   Wesentlichste gemeinsam von dem, was die Rede von „analytisch" recht-
fertigt. Wir bewegen uns ja immerfort in der Sphäre des rein im formalen
Wesen des Wollens als solchen Gründenden, und dazu gehören von vornherein die Wesenszusammenhänge mit den anderen axiologischen und intellektiven Akten, während andererseits die Materie des Wollens und Wertens
30   völlig unbestimmt bleibt, genau so wie in der analytischen Logik und der
darauf gegründeten apriorischen Normenlehre die Materie des Urteilens unbestimmt bleibt hinsichtlich irgendwelcher besonderer Sachgebiete.

⟨c⟩ Der Übergang von der hypothetischen Forderung der
Konsequenz zur absoluten Forderung des kategorischen Imperativs⟩

35   Mit den analytischen Gesetzen, welche die Erwägung des „Besten unter
dem Erreichbaren" beherrschen, die Erwägung von Zielen und Wegen, die
zur Erkenntnis des praktisch Guten, des für das Wollen thetisch Gesollten
gehören, scheinen wir mehr gewonnen zu haben, als wir erwarteten, mehr als
bloß hypothetische Gesetze der Konsequenz. Denn ohne weiteres scheint
40   sich, wenn wir die normative Bedeutung des Gewonnenen erwägen, ein oberstes formales Gesetz der Ethik zu ergeben, das nicht nur eine Forderung der
Konsequenz, sondern eine absolute Forderung, einen kategorischen Imperativ,
ausspricht. Wie es zu lauten hat, ist nach unseren Analysen klar: Tue
jederzeit das Beste unter dem Erreichbaren in der gesamten, deiner vernünf-

tigen Einwirkung unterworfenen Sphäre! Es ist die Brentanosche Formel, die
zwar etwas überfüllt ist, aber an der meines Erachtens nichts Wesentliches zu
bessern ist. Was zur Klarstellung ihres analytischen Sinnes erforderlich ist,
das haben wir in den einzelnen formalen Gesetzen der Hauptsache nach
5 gegeben. Das Bessere ist der Feind des Guten, das ist populär gesprochen das
praktische Hauptgesetz, das zugrundeliegt. Wir handeln nicht mehr gut, sondern schlecht, wenn wir ein Besseres hintansetzen, sei es auch gegenüber
einem Guten, und erst recht, wenn wir es hintansetzen gegenüber einem
Schlechten. Und was die Wege und Mittel anlangt, so heiligt nicht der Zweck
10 die Mittel, sondern er gibt ihnen nur Kredit, und sind sie von sich aus in
einem berechtigten Mißkredit, so ist es erst Sache der vernünftigen Abschät-
zung, das Wertverhältnis zwischen Kredit und Mißkredit herauszustellen, ob
die Mittel noch zulässig sein können. Ein kleineres Übel tritt ja eventuell
zurück gegenüber einem überragenden Gut. Das alles lehren aber in unbe-
15 dingt gültiger und rein formaler Fassung die aufgestellten formalen Gesetze.
Worauf es nun in der Erwägung des praktisch Gesollten, des jeweiligen thetisch gültigen praktischen Gutes ankommt, das wäre dann dies: In der
Gesamtsphäre des gegebenenfalls überhaupt Erreichbaren hat der Handelnde
bzw. sein Ziel Erwägende vielerlei Güter, Adiaphora, Übel, die er realisieren
20 könnte. Alle Übel und Adiaphora wären zu vermeiden, soweit sie nicht
durch Verbindung mit Gütern den Wert dieser Güter erhöhen könnten oder
soweit sie nicht Mittel zur Erreichung höherer Güter darbieten.
Was die Güter anlangt, so können sie erwogen werden einzelweise und
zunächst unabhängig von zuführenden Wegen und abführenden Folgen oder
25 auch in bezug auf diese Wege und Abfolgen. Erst die letztere Schätzung stellt
sie als praktische Werte heraus. Das aber genügt nicht. Es ist weiter zu erwägen, welche Möglichkeiten für Summen von solchen Gütern oder für Güter-
verbindungen überhaupt bestehen, durch welche höhere Güter zu erzeugen
wären, und endlich auch, inwiefern Aufnahme von Übeln in die Verbindun-
30 gen wertsteigernde Wirkungen zu üben vermöchte. Das Resultat muß dann
sein die Aufstellung einer vollständigen Disjunktion von erreichbaren Gütern, die aber miteinander unverträglich sind, so daß die Realisierung des
einen die aller anderen ausschließt; in dieser Disjunktion ⟨ist⟩ ferner jedes
Glied so beschaffen, daß es durch keinen Zuzug von Gütern oder sonstigen
35 wertbaren Objekten erweitert werden kann, ohne an praktischem Wert ein-
zubüßen. Mit Beziehung auf solch eine ideale Disjunktion heißt es dann: Das
Beste unter diesen möglichen praktischen Gütern ist das einzig Geforderte, es
ist das Beste unter dem Erreichbaren, es ist das absolut Gesollte.
All das leuchtet aus den analytischen Wert- und Willensgesetzen ein, es
40 leuchtet ein, daß der Handelnde all diese Erwägungen anzustellen, daß er
ihnen gemäß sich die Erkenntnis des Besten zu verschaffen und danach
akt⟨uell⟩ zu wollen und zu handeln hat. Indessen, leuchtet das aus diesen
Gesetzen allein und ohne Sukkurs anderer Gesetze ein? Überlegen wir doch.
Wir sind zu Anfang unserer Erörterungen von Motivationsgesetzen ausgegan-
45 gen. Das sind Gesetze vernünftiger Konsequenz im Werten und Wollen. Diesen Gesetzen korrespondieren aber, wie wir ausführten, ideale Gesetze der
Werte und praktischen Güter bzw. ideale Gesetze der axiologischen und bou-

letischen Bedeutungen, z. B. der Entschlüsse, nicht verstanden als Akte des
Sich-Entschließens, sondern ⟨als⟩ ideale Willensbedeutungen; ganz ähnlich
wie den Normalgesetzen des richtigen Urteilens korrespondieren die eigentlich formal-logischen Gesetze, die Gesetze für Urteile (Sätze) im idealen Sinn
5 von Bedeutungen. Der Zusammenhang ist überall der folgende. Fassen wir
für den Augenblick den Begriff des Wertes so weit, daß er sowohl Wahrheiten wie Werte im engeren Sinn befaßt, so können wir sagen: Besteht ein
Wertgesetz zwischen irgendwelchen Wertgründen und Wertfolgen, so fordert
das Für-wert-Halten der Gründe in vernünftiger Konsequenz das Für-wert-
10 Halten der Folgen. Das Für-wert-Halten differenziert sich dabei nach den
Werten und ist demgemäß immer entsprechend differenziert zu fassen. Also,
ist die Rede von Wahrheiten, so ist unter Werthalten zu verstehen Urteilen,
bei Gefallenswerten Gefallen, bei Wunschwerten Wünschen, bei Willenswer-
ten Wollen.
15   Nun ist aber überall Für-wert-Halten nicht ohne weiteres Wertsein. Also
konsequent werten ist noch nicht richtig werten, konsequent urteilen nicht
richtig urteilen und dergl. Überall können wir das auch so ausdrücken: Die
Richtigkeit des wertenden Aktes liegt nicht bloß in der Richtigkeit des bloßen Schließens (der mittelbaren Motivation), sondern hängt auch in letztem
20 Grund an der Richtigkeit der Prämissen. (Von Schluß und Prämissen haben
wir ja schon längst gelernt in der weitesten axiologischen Sphäre zu sprechen.) Damit ist es klar, daß wir mit bloßen Gesetzen der Konsequenz niemals ein kategorisches Wertgesetz gewinnen, ein Gesetz, das thetisch fordernd sagt: So sollst du werten; und daß wir in der Willenssphäre kein kate-
25 gorisches Willensgesetz gewinnen, das wiederum thetisch sagt: So wollen ist
das einzig Richtige. In gewisser Weise ist ja freilich in jedem Gesetz der
Konsequenz gesagt: So sollst du werten, so sollst du wollen; aber jede solche
Forderung ist eine Forderung hypothetischen Wertens und Wollens. Sie sagt:
Vorausgesetzt, daß du so und so wertest, so und so willst und das und das
30 glaubst oder vermutest, sollst du konsequenterweise so und so werten und
wollen. Daraus allein kann sich aber nie eine kategorische Forderung ergeben, die schlechthin und ohne axiologische Hypothese sagt: So sollst du
werten, wollen, tun.
    Wir überzeugen uns nun auch leicht, daß wir durch bloße normative Wen-
35 dung des formalen Satzes, aus dem wir den obersten kategorischen Imperativ
abgeleitet haben, ihn selbst nicht gewinnen. Das Gesetz besagt: In einer einheitlichen und gegebenen Sphäre praktischer Möglichkeiten ist das in Erwägung aller Mittel und Folgen Beste das einzig praktisch Gute. Demgemäß
sagt die normative Wendung nur dies: Wenn jemand in irgendeinem Mo-
40 ment seine gesamte praktische Sphäre in Erwägung gezogen hat und es
erscheint ihm in derselben in erwägender Wertung ein Gut als das Beste
unter dem Erreichbaren (in dem ausführlich beschriebenen Sinn), so fordert
es die vernünftige Konsequenz, daß er nicht statt dieses Besten anderes wählt
und realisiert. Dies gilt für jeden und in jeder Situation. Das aber ist kein
45 kategorischer Imperativ. Das besagt noch nicht „Tue das Beste unter dem
Erreichbaren!", worin von keinem „wenn" gesprochen ist.

Zunächst könnte man in folgende Erwägung hineingeraten. Wenn jemand, heißt es, solch eine Willenserwägung anstellt, so ist das Beste, das sie erscheinen läßt, ein zu Wollendes. Aber wer heißt, eine solche Erwägung anzustellen? Wer heißt überhaupt zu werten und zu wollen? Was nützt es, daß unser
5 so und so gerichtetes Wollen ein gutes wäre und als Wollen das Beste wäre, wenn es vielleicht noch viel besser wäre, daß wir überhaupt nichts wollten und daß überhaupt nichts gewollt würde. Also vielleicht wäre das Richtige, absolute Epoché zu üben, schlechthin nichts zu wollen. Sollen wir dem etwa das Axiom entgegenstellen: Ein Gutes zu wollen ist überhaupt besser als
10 absolute Willensenthaltung? Indessen, da gerät man in praktische Verkehrtheiten. Nicht wollen ist auch ein Wollen, und eine absolute Epoché ist im willentlichen Sinn eine Absurdität. Die Rede ist nicht davon, ob psychologische Unmöglichkeit oder nicht, sondern daß es ein willentlicher *nonsens* ist. Den Entschluß fassen, absolut nichts zu wollen, wo doch einzusehen ist, daß
15 das Sich-Entschließen selbst ein Wollen ist, das ist grundverkehrt. Und demgemäß zu sagen, das einzig richtige Entschließen wäre das, sich zu nichts zu entschließen, ist offenbar ein echt skeptischer Widersinn von analoger Art wie etwa der logische: Das einzig richtige Urteil sei dies, daß es kein richtiges Urteil gibt oder daß jedes Urteil unrichtig ist. Etwas ganz anderes wäre
20 natürlich eine auf die Zukunft gerichtete vollkommene Willensenthaltung (die eben vermöge dieser Einschränkung nicht mehr absolute Epoché ist), also z. B. eine Willensaufhebung, die sich mit dem Selbstmord als Folge ergibt. Bildet sich der Selbstmörder ein, daß sein Leben völlig unnütz sei, daß sein ganzes Leben und Wollen den Wert der Welt nicht vermehren, son-
25 dern herabdrücken würde, so ist eine solche Willensnegierung natürlich keine Willensabsurdität mehr. Der auf diese Willensaufhebung gerichtete Wille ist sogar aufgrund einer wenn auch falschen Erwägung des höchsten praktischen Gutes vollzogen.

Wie steht es nun mit der Frage: Ist Werten und Wollen, sei es überhaupt,
30 sei es in beschränkter Sphäre ein Gefordertes schlechthin? Spezieller, ist Werten und Wollen in Absicht auf ein praktisch Bestes ein Gefordertes, ein kategorisch und nicht bloß hypothetisch Gefordertes? Wie kommen wir überhaupt aus dem hypothetischen in das thetische Gebiet?

Zunächst aus dem Gebiet der hypothetischen Zusammenhänge idealer
35 Wertbedeutungen, welches das Gebiet der eigentlich formalen Axiologie ausmacht, als dem Analogon der formalen Logik, kommen wir in das Gebiet der Normierung der Akte durch Axiome, die wir früher schon ausgesprochen haben und die wir jetzt etwas feiner differenzieren werden. Wir können zunächst sagen: Ist G ein positiver Wert, so ist, objektiv gesprochen, ein
40 jedes auf G gerichtete entsprechende Gemütsphänomen ebenfalls ein Wert. Ist also G ein Gefallenswert, so ist das darauf gerichtete Gefallen ebenfalls ein G; ist G ein Wunschwert, so ist das Wünschen des G ein Wert usw. Wir können das auch so ausdrücken: Jedes richtige Werten ist als solches wert. Denn richtig nennen wir ja ein Werten, das nicht nur überhaupt für-wert-
45 hält, sondern für-wert-hält, was wert ist. Wir nennen diese neuen Werte rela-

tiv,[1] weil hier in objektiver Betrachtung das Wertbegründende das Gut ist, auf das sich das beurteilte Werten richtet, und dieses ist gut, weil es sich darauf richtet. Andererseits ist auch, wenn U ein Mißfallenswert ist, relativ dazu das Mißfallen des U ein Wert. Also: Ein Übel vorausgesetzt, so ist

5 relativ dazu das negative Werten des Übels ein richtiges Werten, so daß der Satz vom richtigen Werten diesen Fall mitumfaßt und sich wieder in gleicher Weise auf die verschiedenen Unwertkategorien bezieht.

Verbinden wir damit das weitere Axiom, das den Zusammenhang der verschiedenen Wertungsarten hereinbringt, wonach also, wenn Gefallen ein

10 Wert ist, das entsprechende Wünschen und Wollen relativ dazu auch ein Wert ist, so kommen wir, von einem vorgegebenen Gut ausgehend, über sein richtiges entsprechendes Werten hinaus; wir kommen auf die parallelen Wertungsarten gleichen Vorzeichens. Und ebenso beim Übel.

Wichtiger ist es aber, ein anderes Axiom zu formulieren: Jedem positiven

15 Gemütsphänomen entspricht ein negatives. Ist das positive ein Wert, so ist das negative ein Unwert und umgekehrt. Es ist von Interesse hervorzuheben, daß dieses Axiom allgemeiner verstanden, nämlich über die im prägnanten Sinn axiologische Sphäre hinausgehoben werden kann derart, daß wir das Urteilen als intellektives Werten bezeichnen, und zwar das affirmative Urtei-

20 len als positives, das negative als negatives Werten. Das Axiom sagt dann in diesem allgemeinsten Sinn: Ist positives Werten selbst ein Wert, so ist das negative ein Wert von entgegengesetztem Vorzeichen, und umgekehrt.

Wenden wir dieses Axiom an, verbinden wir es mit dem vorhin Ausgesprochenen, wonach richtiges Werten relativ zum Wert, den es wertet, ein

25 Gutes ist, so ergibt sich, daß unrichtiges Werten ein Unwert ist. Denn unrichtiges Werten ist nichts anderes als Negativ-Werten eines entsprechenden Gutes und Positiv-Werten eines entsprechenden Übels, die Worte im weitesten Sinn genommen. Da das Konvenient-Werten gut ist, ist also das entgegengesetzte Werten schlecht.

30 Wir haben da immer eine objektive Haltung in folgendem Sinn angenommen. Wir haben vorausgesetzt, es sei etwas ein Gut und dachten uns irgendeinen entsprechenden Akt, z. B. wenn es ein praktisches Gut ist, einen Willen, der zu dem Gut paßt, zu ihm stimmt, also hier z. B. einen Willen, der auf das Gute gerichtet es realisieren will. Ob dieser Wille das Gute wertet

35 aufgrund der einsichtigen Erkenntnis, daß es gut ist (wenn er nur es für gut hält, obschon uneinsichtig, und zwar in der Hinsicht, in der es wirklich gut ist), davon ist keine Rede gewesen. Darum sagten wir auch, relativ wert sei das Werten zum vorausgesetzten Wert, auf den es gerichtet ist.

Wir müssen nun aber den Unterschied zwischen richtigem und einsichti-

40 gem Werten heranziehen. Da gilt nun das Axiom: Einsichtiges Werten in allerweitestem Sinn ist in sich, sozusagen innerlich und nicht bloß äußerlich und nicht bloß relativ wert; also nicht bloß richtiges affirmatives und negatives Urteilen, nicht bloß richtiges positives oder negatives Gefallen, Wünschen und Wollen, sondern einsichtiges. Und notieren

---

[1] Modifikation in der nächsten Vorlesung nach den Ferien ⟨siehe oben S. 239⟩.

können wir dabei ferner das Axiom, daß einsichtiges Werten an und für sich
betrachtet besser ist als bloß richtiges. Hier stehen wir offenbar in einer
Sphäre ganz andersartiger Wertgesetze als früher, wir könnten sagen thetischer. Einsichtiges Werten ist als solches und absolut betrachtet wert, und da
5 es einsichtiges Werten gibt, so haben wir damit einen Besitz absoluter
Werte.

Indessen ist zu beachten, daß eine gewisse Relativität hier noch eine Rolle
spielt, die einige Schwierigkeit macht. Handelt es sich um positive Wertungen, die als einsichtige auf positive Werte gerichtet sind, so scheint alles in
10 Ordnung. Nehmen wir existenziale Werte: Ein Lieben gerichtet auf ein existierendes Gut ist natürlich in sich gut. Aber wie ist es mit dem einsichtigen
Haß, der ja gerichtet ist auf ein Übel? Es ist natürlich gut, wird man sagen,
sich, und gar einsichtig, über ein Schlechtes nicht zu freuen, sondern darüber
zu trauern, es nicht zu lieben, sondern es zu hassen. Ist aber dieser Haß ein
15 Gutes, so muß doch auch konsequenterweise die Freude über den Haß ein
Gutes sein, der Wunsch und Willen, auf solchen Haß gerichtet, ein Gutes
sein. Ist aber das so, so müßte doch auch gut sein, daß ein Böses sei, denn die
Existenz des Bösen ist ja Voraussetzung des berechtigten Hasses, die
Existenz einer üblen Tat die Voraussetzung der berechtigten Indignation
20 darüber.

Hielten wir uns an die bloß richtigen Akte des Wertens, und hätten wir
nicht das Gesetz ausgesprochen, daß einsichtiges Werten ein Gut in sich sei,
dann bestände die Schwierigkeit nicht, denn wir sagten ja, richtiges Werten
ist nur relativ wert, nämlich relativ zu dem vorausgesetzten Wert, auf den es
25 sich richtet. Die Existenz eines Schlechten vorausgesetzt ist der Haß des
Schlechten relativ dazu ein Wert. Nehmen wir beides zusammen, Existenz
des Schlechten und Haß des Schlechten, so haben wir eine Verbindung von
Schlechtem und Gutem. Im anderen Fall, in dem eines richtigen Liebens,
haben wir Existenz des Guten in Verbindung mit der relativ dazu wertvollen
30 Liebe des Guten. Da gibt die Verbindung ein reines und gesteigertes Gut,
weil die Verbindungsglieder beide Güter sind. Hier besteht also keine
Schwierigkeit. Erst wenn wir den Anspruch erheben, das einsichtige Werten
als einen nicht bloß relativen Wert hinzustellen, ist die Schwierigkeit da.

Man müßte hier so antworten: In gewisser Weise ist die Existenz des
35 Schlechten allerdings eine Voraussetzung für den Wert des Hasses dieses
Schlechten; aber es überträgt sich nicht etwa der Wert des Schlechten auf den
Wert des Hasses. Dann müßte ja der Haß des Schlechten schlecht und nicht
gut sein. Es ist nicht ein äußerliches Verhältnis wie bei den relativen Werten
im gewöhnlichen Sinn, z. B. den Mittelwerten gegenüber den Zweckwerten.
40 Vielmehr erhält das einsichtige Werten, indem es allerdings die Existenz des
Gewerteten voraussetzt und sich in unserem Beispiel auf der Existenz des
Bösen sozusagen aufbaut, doch einen eigenen Wert, den der bloß relative
Wert nicht hat. Einen eigenen Wert hat das Werten eines Guten immer
dann, wenn das Gute für gut gehalten ist in der Hinsicht, in der es wirklich
45 gut ist.

BEILAGE X (zu § 1a): 〈Der Wert des einsichtigen Wollens〉[1]

Ist das Beste unter dem Erreichbaren ein Willensgut, so ist der darauf
gerichtete Wille ein richtiger und als solcher selbst ein Willensgut, objektiv
betrachtet. Der Wille kann nun richtig und zugleich richtig motiviert sein
5   oder auch nicht. Ein richtig motivierter, begründeter und zuhöchst voll
begründeter Wille ist besser als ein bloß richtiger. Folglich ergibt sich aus
dem Gesetz „Das Beste unter dem Erreichbaren ist das praktisch Gute" das
weitere Gesetz: Der auf dieses Ziel gerichtete Wille ist allgemein gut, der auf
dieses Ziel gerichtete einsichtige Wille ist allgemein besser. Und in weiterer
10 Folge nicht bloß Wille als Sich-Entschließen, sondern auch wollendes Ausführen, also die Tat. Also die Forderung lautet: Wolle das Beste und tue das
Beste!

Zur praktischen Sphäre gehört auch der künftige Wille selbst und seine Art
als einsichtiger oder nicht〈-einsichtiger〉, und seine Vorbedingungen, die
15 Erkenntnis der Vorbedingungen für die Gewinnung der Einsicht, die sachlichen Erkenntnisse etc.

Von der Einsichtigkeit des Wollens hängt die Realisierung wirklicher praktischer Werte ab, die Realisierung eines wirklichen praktischen Gutes. Also
ist sie nicht nur Wert als Einsichtigkeit, sondern auch um dieser Folge willen.
20 Also Forderung: Verschaffe Dir Einsichtigkeit im Denken, Werten und Wollen (denn all das setzt Einsichtigkeit des Wollens schließlich voraus)! Wolle
nicht blind, sondern einsichtig!

Aber wie gehört das zum höchsten praktischen Gut? Doch so: Ohne eine
vernünftige Erwägung der Gesamtsphäre möglichen Handelns und der in ihr
25 enthaltenen Güter keine Bestimmung des höchsten praktischen Gutes. Ohne
Erkenntnis der Vernünftigkeit dieser ganzen Erwägung und der richtigen
Bestimmung aller dieser Güter und Güterverhältnisse kein höchster Wert für
den Willen selbst. Thetisch werte ich den Willen. Ethisch ist die Frage: Was
soll ich tun?

30 Ich soll so tun, daß mein Handlungswille dabei der beste ist. Was inhaltlich das Beste ist, sagt das formale Gesetz: das Beste unter dem Erreichbaren.
Darum ist aber noch nicht der Wille, der sich darauf richtet (die Willensmeinung, die das Beste meint), der beste. Der Wille ist der beste, wenn er einsichtig ist: also wenn alles in jeder Wertungshinsicht begründet ist.

35 Aber der Wert des Willens ist kein Bestandstück des höchsten praktischen
Gutes. Das höchste praktische Gut ist das Korrelat, und zwar das Geltungskorrelat des thetischen Willens. Der thetische Wille ist der Akt, das praktische Gut ist der „Inhalt".

Kommen wir aber nicht doch in 〈einen〉 unendlichen Regreß mit Bezie-
40 hung darauf, daß auch das thetische Wollen, das einsichtige und das beste
Wollen, ein praktisches Ziel ist, das sich der Wollende stellen kann? Man
kann so sagen: Ich kann mir das Ziel stellen, einsichtig zu wollen. Nämlich
ich weiß psychologische Mittel, um das blinde Wollen einzuschränken, öfter

---

[1] Vielleicht 1909 – Anm. des Hrsg.

mir die Frage vorzulegen, ob mein Wollen und séine Voraussetzungen vernünftig sind etc. Das Ziel, jedes Wollen einsichtig zu begründen (das Ziel,
jedes Urteil einsichtig zu machen, also auch die einsichtig machenden Urteile
etc.), scheint allerdings unendlichen Regreß zu bedeuten. Aber abgesehen
5 von allem Psychologischen bleibt es dabei, daß das oberste Gebot lautet:
Wolle einsichtig das Beste unter dem Erreichbaren!

Frage: Wer heißt mich überhaupt wollen und werten? Nun, da ist zu antworten: Will ich nichts, unterliege ich hinsichtlich des nicht-seienden Willens natürlich keinem Tadel. Aber sofern Wollen oder Nicht-Wollen selbst
10 Sache des Entschlusses ist (also das Wollen zur Willenssphäre als Objekt
gehört), soweit sagt das Axiom: Ein gutes Wollen ist besser als das Sich-
des-Willens-Enthalten (Adiaphoron). Weiter: Es gibt nichts, zu dessen Gun-
sten das Wollen dahingegeben werden könnte, denn das Dahingeben ist
selbst ein Wollen, und dieses muß seinen Wert ausweisen. Es gibt in aller
15 Welt nichts Höheres als einen guten Willen.

BEILAGE XI (zu §§ 1b und 12a): ⟨Die Vorzugsstellung des Urteils in der
Konstitutions- und Erkenntnisproblematik⟩[1]

Überschauen ⟨wir⟩ dagegen diese Reihe von Disziplinen, so fragt es sich,
von was für einem Gesichtspunkt sie disponiert sind. Nun, doch von folgen-
20 dem: Alle Erkenntnis vollzieht sich im Urteil, und Urteile beziehen sich auf
Gegenstände; und was sie von ihnen aussagen, ist, daß sie in den und den
Zusammenhängen stehen, die und die inneren und äußeren Eigenschaften
haben usw., kurzum, Gegenstände sind Gegenstände von Sachverhalten,
wobei freilich Sachverhalte wieder Gegenstände für andere Sachverhalte sein
25 können etc.

Urteile können nun Gegenstände überhaupt in formaler Allgemeinheit
betreffen, sie können sich auf Gegenstände nach ihrer realen Sachhaltigkeit
beziehen, und so gruppieren sich die Aussagen in formal-logische Aussagen
und in Aussagen, die sich nach den sachhaltigsten Regionen sondern. Und
30 das Problem der Konstitution ist eigentlich überall dies, wie solche
Aussagen ihre Evidenz finden können, und was Evidenz ist und leistet, in
welche phanseologischen Zusammenhänge Urteile eingehen müssen, damit
sie den Charakter der Begründung erhalten; welche Wesensgesetze dafür gelten und wie diese Wesensgesetze, die zur Urteilssphäre und der mit ihnen in
35 Begründungsbeziehung tretenden Aktsphäre gehören, sich verhalten zu den
allgemein ontologischen Gesetzen, sei es den formallogischen, sei es den
ousiologischen, den phanseologischen, physiologischen, axiologischen. Jede
objektive Wahrheit überhaupt impliziert Bedingungen der Möglichkeit der
Konstitution für die entsprechenden Gegenstände und Sachverhalte. Das
40 Problem, dies zu verstehen, ist ziemlich äquivalent mit dem Hauptproblem
der Erkenntniskritik. Und prinzipielle Wahrheiten implizieren prinzipielle

---

[1] 1909 — Anm. des Hrsg.

Bedingungen der Möglichkeit der Konstitution entsprechender Gegenständlichkeit; darum heftet sich an sie besonders das Problem der Konstitution. Ist es für sie gelöst, so ist es überhaupt und in der Allgemeinheit gelöst, die alle Klassen der Wahrheit (bestimmt durch die analytischen und die Regio-
5   nen der real sachhaltigen Sphären) zureichend umspannt.

   In dieser Formulierung der Problematik hat nun das Urteil eine Vorzugsstellung, und demgemäß ist die ganze Problematik eine Problematik der „theoretischen Vernunft", nämlich als urteilender Vernunft. Sofern es auf Erkenntnis im speziellen Sinn, auf sich ausweisendes Urteil, sich letztbegrün-
10 dendes, abgesehen ist und die darin liegende Korrelation zwischen Erkenntnis und Sein, haben wir eine Problematik der Erkenntnistheorie.

BEILAGE XII (zu §§ 2–12): Theoretische Vernunft und wertende Vernunft. Analyse des Gedankengangs des II. Teiles der ethisch-vernunftkritischen Vorlesungen (Januar–März 1909), mit wesentlichen Ergänzungen[1]

15 ⟨S. 245:⟩ Die Widerlegung des Psychologismus durch formale Nachweisung seiner Absurditäten reicht nicht aus und löst noch kein erkenntnistheoretisches Problem, und zwar weder hinsichtlich der formalen Logik noch hinsichtlich der formalen Ethik und Axiologie. (Psychologismus in dieser Hinsicht behandelt und widerlegt im Anfang der ethischen Vorle-
20 sungen.)
   ⟨S. 245–247:⟩ Die Schwierigkeiten, welche das Verhältnis zwischen psychologischer Subjektivität und der in ihr zum Bewußtsein kommenden Objektivität betreffen, bleiben völlig ungelöst.
   A) Nachweis in der Sphäre der „Intelligenz" in der theoretischen
25 Sphäre.
   α) Objektivität erkannt in der Subjektivität etc. Wahrnehmung, unmittelbare Erfahrung, darauf gegründet wissenschaftliche Erkenntnis.
   ⟨S. 247–249:⟩ β) Bedeutung. Naturwissenschaft gegenüber dem aktuellen wissenschaftlichen Erkennen. „Die" Naturwissenschaft als ein
30 System von Aussagen, die ihre Bedeutungen haben. Begriff und Satz (Urteil). Urteile als Bedeutungen sind wahr und falsch. Wie ist es zu verstehen, daß logische Gesetze als Gesetze für Bedingungen der Möglichkeit der Wahrheit eben damit Bedingungen der Möglichkeit der objektiven Triftigkeit der entsprechen-
35 den Erkenntnis „von dieser Bedeutung" sind? Erkenntnistheorie.
   ⟨S. 248:⟩ Dazu gehört „phänomenologische Reduktion" als eine eigentümliche Urteilseinstellung.
   B) Analoge Sachlage, analoge Probleme im Gebiet des Gemüts. Defi-
40 nition von Intellekt und Gemüt.

---

[1] 1909.

⟨S. 249–251:⟩ Aber hier die Problemlage doch erheblich komplizierter.
Theoretische und praktische Vernunft.

⟨S. 251–253:⟩ Streit zwischen Verstandes- und Gefühlsmoral. Verflechtung
der Verstandes- und Wertungsfunktionen ⟨S. 252⟩. Reine Verstandesakte: Man kann von aller Beteiligung des Wertens abstrahieren (vielleicht gar es wirklich abstücken), und es bleibt noch das erkannte Objekt,
die erkannte Wahrheit übrig. Dagegen jeder Akt der wertenden Vernunft
ist undenkbar ohne objektivierenden Akt: Jeder wertende Akt ist fundiert (ist gegründet und notwendig gegründet) auf objektivierende Akte.
Der Wert ist, was er ist, nur als Wert eines Objekts. Das Objekt ist, was
es ist, aber abgesehen von seinem Wert. Der Wert aber etwas den Objekten Zukommendes ⟨S. 253⟩ und als solches selbst wieder durch einen
Verstandesakt erscheinend, bewußt. Also letztlich auch hier der Verstand, der Objekte setzt.

Problem: Wie fungiert das Gemüt in der zuletzt vom Verstand bewirkten Wertobjektivation, andererseits, was ist dabei eigentliche Leistung des Verstandes?

⟨S. 253 f.:⟩ Verstandesakt, in dem das Objekt vorstellig in der und jener
Weise ist und dazutretend irgendein Gefühl: Das sagt nichts. (Gegen die
Gefühlsmoralisten.)

a) Wie gewinnt das Gefühl Beziehung auf eine Gegenständlichkeit
und wieder,

b) wie kommen wir über das Faktum eines mit einer Objektivation
irgendwie zusammengegebenen oder verflochtenen Gefühls hinaus zu
einem Anspruch auf Objektivität erhebenden Prädikat? ⟨S. 254.⟩

Auch folgende Fragen werden (zur näheren Erläuterung des obigen
Problems) formuliert:

⟨S. 254:⟩ Wie ist Analogie zwischen formalen Verstandesgesetzen und formalen Wertgesetzen zu verstehen, die Verstand und wertende Vernunft
als Parallelvermögen erscheinen lassen, parallele Objektitäten konstituierend? Wie ist andererseits zu verstehen die Überordnung des Verstandes, der überall schließlich die Objektivierung zustande bringt?

⟨S. 255 f.:⟩ Ausgang von den Objektitäten.

Unterscheidung zwischen Wertprädikaten im eigentlichen Sinn und
wertbegründenden Prädikaten, spezifisch axiologischen und logischen
(„theoretischen")[1] Prädikaten. Die ersteren setzen die letzteren voraus,
mittelbar oder unmittelbar.

Wertprädikat nicht bloß Gegenständen im engeren Sinn (Nicht-Sachverhalten) zukommend, vielmehr auch Sachverhalten. Apriorischer Zusammenhang zwischen Wertprädikaten von Sachverhalten und Wertprädikaten von Gegenständen-worüber in diesen Sachverhalten. Jedenfalls
wieder erst Sachverhalte und dann Wertprädikate dieser Sachverhalte.

---

[1] In den nächsten Vorlesungen sage ich statt „logisch": „theoretisch".

⟨S. 261:⟩ Also:

„Verstand" (theoretische Vernunft)	— „logische (theoretische) Prädikate", bloß logische Objekte, Sachverhalte.
„Wertende Vernunft"	— „axiologische Prädikate".

5   Andererseits, ist nicht Verstand das logische Vermögen umgrenzt durch die Prinzipien der formalen Logik? Auch die axiologischen Prädikate sind Prädikate und stehen unter den Gesetzen der Prädikate überhaupt. Ebenso für Wertwahrheiten. Allherrschaft des formal-logischen Verstandes. Was für ⟨ein⟩ engerer Begriff von „Verstand" in dem obigen Gegensatz? Kant: „Verstand" korrelativ mit Natur (also gleich Verstand in der Sphäre der Erfahrung). Dem entspricht Logik der Natur, der Erfahrung. Aber das Logische als Theoretisches im Gegensatz zum Axiologischen hierdurch nicht bestimmt. Denn nicht bloß Naturrealitäten werden gewertet (ohne selbst Werte zu sein).

15   Was bedeutet also das „Logische" als Theoretisches, das oben sich dem Axiologischen gegenübersetzte? Die axiologischen Objektitäten sind in „logischen" (theoretischen) fundiert. Beschreibung des Wesens dieser Fundierung.

⟨S. 261 f.:⟩ Vgl. dazu ⟨S. 267–269⟩ (Anfang der nächsten Vorlesung: Wiederholung). Die fundierenden Objektitäten sind sozusagen in sich abgeschlossen, sie bleiben, was sie sind, wenn wir die Wertprädikate sozusagen weggestrichen denken. So weggestrichen denken können wir nicht beliebige Prädikate, z. B. nicht die Prädikate, die dem Ding als solchen und dem Ding als dem Bestimmten in der Einheit der Natur (naturgesetzlich) zukommen. Rechtmäßig kommen aber die axiologischen Prädikate dem Ding doch zu, z. B. die Schönheit. Sie gehören nicht zur eigenen „Natur des Objekts". Denken wir uns die axiologischen Prädikate weggestrichen, so behält das Objekt immer noch die ihm eigene Natur.

30   (Natürlich ist, wie in der Wiederholung ⟨S. 267–269⟩ ausgeführt wird, nicht zu verwechseln diese eigene Natur mit dem konstituierenden Inhalt, dem Gehalt an inneren Beschaffenheiten des Objekts. Auch die Relationen des Objekts im theoretischen Zusammenhang der „Natur", in die sich das Objekt einordnet, gehören hierher.

35   Ebenso wird ⟨S. 267–269⟩ ausgeführt: Denken wir uns die Wertprädikate weggestrichen, so bleibt alle theoretische Wissenschaft bestehen und damit korrelativ die Welt des theoretischen Verstandes, darunter die Natur (Welt). Die Dinge sind, was sie sind, mit denselben inneren Eigenschaften, mit denselben Beziehungen und Verknüpfungen. Und die Fortführung der theoretischen Forschung führt niemals an die Wertprädikate (nachdem wir zu Anfang das Werten weggestrichen haben). Theorie führt auf keine Werte. Hume: Im Euklid stoßen wir nie auf die Schönheit der Figuren.)

Die axiologischen Prädikate gehören in eine andere Dimension, die ihrerseits ⟨die⟩ unterliegende Dimension voraussetzt, in welcher sich schon eine volle und ganze Objektität konstituiert ⟨S. 262⟩.

⟨S. 263 f.:⟩ In der unterliegenden Dimension reicht der Verstand allein aus, von sich aus Objekte zu konstituieren mit Prädikaten etc. In der höheren muß das Gemüt Werk tun. Aber Unterscheidung: Das Gemüt in psychologischer Hinsicht gehört zur Wissenschaft von der psychischen Natur, und wir müssen unterscheiden das Gemüt (nicht die axiologische Vernunft) als psychisches Vermögen, die Gemütsakte als Fakta der psychischen Natur und andererseits die Idee der axiologischen Vernunft und die darauf bezüglichen Probleme phänomenologisch-erkenntniskritischer Art. Ebenso auch bei theoretischem Verstand; Verstandesakte ihrem idealen „Wesen" nach betrachtet, als Objektität konstituierende etc. und Verstandesakte empirisch-psychologisch betrachtet.

Ebenso, es gibt eine wertende Vernunft, ihrem Wesen nach konstituierend für Wertobjektität.

⟨S. 264–266:⟩ Die Reden von Verstand und Vernunft stehen in Korrelation mit den Kategorien von Objektivitäten überhaupt, sofern sie sich ihrem Wesen nach bewußtseinsmäßig konstituieren bzw. sofern umgekehrt zum Wesen der betreffenden Artungen von „Verstandes- und Vernunftakten" es gehört, gerade solche Objektitäten zum Bewußtsein zu bringen. Naturwissenschaftliche und vernunfttheoretische (phänomenologische) Stellung. Wichtige nähere Ausführung: Sinn des Studiums der „Vernunft", und speziell der wertenden Vernunft, also Vernunft einer höheren Dimension.

Darin liegt demnach: 1) Es gibt Bewußtsein, und zwar unter objektivierenden Normen stehendes Bewußtsein, das von Gemütsakten (wertenden) nichts weiß. 2) In eben solchen Akten (in denen Objektität also schon bewußt und gegeben ist) sind fundiert „Akte" von Art der wertenden, mit denen eine neue Stufe der Objektivation inauguriert ist.

⟨S. 266–267:⟩ Das Werten soll sich auf etwas „richten", auf Objekte richten, und doch kein Denken sein! Werten ist auch „Bewußtsein"!

Es ist evident, daß Werten (Gefallen, Wünschen, Wollen) den Akten des „Verstandes" (Wahrnehmen, Denken etc.) gleichsteht, daß es seine besonderen Beziehungsweisen auf Objektitäten hat. Die Weise der Normierung ⟨ist⟩ hier und dort verschieden, aber als solche vom gleichen allgemeinsten Gattungscharakter. So wie logische Normen zu den logischen Akten stehen, so Wertungsnormen zu den wertenden Akten. (Formale Ethik — formale Axiologie.) Diese Analogie ist zugleich ein Argument für die Wesensverwandtschaft der beiderseitigen Akte (für den, der sie noch nicht erschaut hätte) und fände aus ⟨ihr⟩ ihre Erklärung.

Aber die Frage ist nun zu beantworten: Wie kann Gemüt objektivieren, da doch Objektivieren Sache der Denkfunktionen ist? Gemüt kann objektiviert werden; aber wie kann es die konstitutive Quelle abgeben für jene eigentümlichen Prädikate, die wir Wertprädikate nennen? In welcher Weise beteiligen sich wenigstens die Gemütsfunktionen an

dieser Objektivierung? Und wie klärt sich im Zusammenhang damit der
Unterschied zwischen „theoretischer" und „axiologischer Vernunft"?
⟨S. 269–271:⟩ Allgemeines über Konstitution von Objektivität
überhaupt. Objekte mögen auch „an sich" sein, für den Erkennenden
5   sind ⟨sie⟩ nur gegeben, sofern sie irgendwie gemeinte, angeschaute,
gedachte, begründete sind, und nur wenn sie das letztere sind, „erkannte", kann das Ich rechtmäßig sagen, es seien wirklich die und die Objekte und sie hätten wirklich die und die Bestimmungen. Das gilt für jederlei Objekte; auch für Subjekte, für Ich, auch für die Erlebnisse selbst.
10   Das führt auf eine notwendige Korrelation zwischen Objekten einerseits
und „Akten des Objektbewußtseins" andererseits (erkenntnismäßigen
Akterlebnissen).
     1) Die Beziehung eines „Erkenntnisaktes" auf einen Gegenstand be-
sagt nicht irgendein faktisches äußeres Verhältnis zwischen zwei Sachen.
15   Die naive Auffassung der ersten Reflexion über dieses Verhältnis: Sie
legt ein Ähnlichkeitsverhältnis unter, etwa das Verhältnis von Bild und
Original. Aber der Erkenntnisakt erkennt in sich das Objekt, das heißt,
die Wahrnehmung in sich ist Wahrnehmung vom Gegenstand, die Vorstellung in sich Vorstellung, das Denken in sich Denken von ihm. In den
20   Akten selbst ist wesensmäßig etwas zu finden, das uns auffordert, anzuerkennen, daß sie auf einen Gegenstand als ihren gerichtet sind.
     Der jeweilige Erkenntnisakt ist kein Bild: Das Bild ist eine Sache, das
Objekt eine andere Sache. Soll die eine Sache als Bild, als Ähnlichkeitsrepräsentant, für andere dienen, so ist ein Bewußtsein vorausgesetzt, ein
25   bildauffassendes Bewußtsein, welches im Anschauen des „Bildes" das
Original sich eben verbildlicht, sich vorstellig macht. Besteht dieses
Bildauffassen, so braucht das abgebildete Objekt überhaupt gar nicht zu
sein (ja selbst das Bild gar nicht zu sein), und die „Beziehung-auf" ist
vollzogen. Die innere Eigentümlichkeit dieses Bewußtseins ist es, in dem
30   diese „Beziehung" liegt, nämlich in der Eigentümlichkeit, in sich selbst
etwas zu meinen, was es nicht selbst ist.
     Nun, alle „Erkenntnisakte" haben die wunderbare Eigentümlichkeit
dieses „ein Etwas meinen", den und den Gegenstand und keinen anderen, einen so beschaffenen und nicht anders beschaffenen etc. zu meinen,
35   und dabei in verschiedener Weise anschaulich, unanschaulich etc. „Intentionale Phänomene" oder „Akte": Zu ihnen gehört rein immanent
(ob die Gegenstände existieren oder nicht) dies, daß sie in der Weise von
„Meinungen" in einem weitesten Sinn sich auf Objekte beziehen, als
ihre, die man als diese ihre so und so gemeinten mit Evidenz beschrei-
40   ben kann.
     2) Der nächste Schritt, der hier zu machen ist, besteht darin, daß die-
se Sachen erwogen werden können völlig unabhängig von der psychologischen Auffassung der Akte als menschlicher etc. Erlebnisse, also als
Data der Naturwirklichkeit.
45   ⟨S. 271–273:⟩ Rein wesensmäßige Erforschung des Aktes. Psychologische
Erforschung der Akte als seelischer Ereignisse. Phänomenologisch:
„Ausschaltung" der Existenz der Natur. Das phänomenologische

Grundproblem der Erkenntnistheorie.[1] Wie ist die wunderbare Eigenschaft des Bewußtseins (der mannigfachen intentionalen Erlebnisse), sich auf ein Objekt zu beziehen, das doch, allgemein zu reden, in ihnen reell gar nichts ist, zu verstehen? Wie ist es zu verstehen, daß

5 verschiedene, ihrem eigenen Gehalt und Wesen nach verschiedene Akte sich auf ein und dasselbe Objekt beziehen, und zuhöchst, wie ist die Beziehung des Bewußtseins überhaupt auf eine gültige Objektität zu verstehen? Wie kann Bewußtsein von sich aus mit recht (und in seiner Immanenz bleibend) setzen, es sei das Objekt „in Wirklichkeit", „in

10 Wahrheit"?

Wie sind all die Unterschiede, die wir in der gegenständlichen Beziehung der Akte der Erkenntnis machen, aufzuklären?[2] So insbesondere der Unterschied zwischen „bloßen Meinungen" und richtigen Meinungen. Was macht die Richtigkeit und das „Sich-Ausweisen" der Richtig-

15 keit, das sogenannte Begründen, das doch allzeit und selbstverständlich in rein immanenten Bewußtseinszusammenhängen besteht? Wie ist es aus dem Wesen der Akte und Aktzusammenhänge zu verstehen, daß es aufgrund derselben mit Evidenz heißt ⟨S. 272⟩: Die Gegenständlichkeit ist nicht nur gemeinte, sondern wahrhaft seiende und gegebene Gegen-

20 ständlichkeit? Wie zu verstehen, daß der Akt auch außerhalb der Begründung als richtig bezeichnet werden kann? Was bedeutet die „Begründungsmöglichkeit", die zu dieser Richtigkeit gehört? Die Lösung dieser Probleme erfordert selbstverständlich die immanente Analyse der Akte nach ihrem Wesen. All das sind eigentlich Problemtitel, allgemeine

25 Titel für Problemklassen.

Besonderungen. Begründungen stehen unter Begründungsgesetzen. Logik. Nehmen wir formale Logik und formale Mathematik. Alles, was von Gegenständen gilt, daß ein Gegenstand in Wirklichkeit ist, daß er so und so beschaffen ist, in den und den Zusammenhängen steht, kurz, alle

---

[1] ⟨S. 288 f.⟩ heißt es: Die Vernunftwissenschaft ist eine Wissenschaft im total anderen Sinn als jede andere Wissenschaft. ⟨Sie hat⟩ nicht gegebene Gegenstände zu bestimmen und die Fragen, die sie im Fortgang der Erkenntnis immer wieder stellen, zu beantworten; sondern die verwirrenden Schwierigkeiten zu lösen, in welche sich die Erkenntnis verwickelt, wenn sie über ⟨die⟩ Möglichkeit gegenständlicher Gemeintheit und Gegebenheit reflektiert. Von den Schwierigkeiten und von den verkehrten Theorien aus, die der Versuch ihrer Lösung mit sich bringt, bis zur Erfassung und wissenschaftlichen Umgrenzung der echten und radikalen vernunfttheoretischen Probleme ist ein weiter Weg.

[2] Vgl. ⟨S. 275⟩ die scheinbar beschränktere Aufgabe, aufzuklären, wie Gegenständlichkeit als wahrhaft seiende sich ausweist; nämlich aus den Wesenszusammenhängen der entsprechenden Begründungen und Begründungsarten, deren Beziehung auf gültige, wahrhaft seiende Gegenständlichkeit zu verstehen. Diese beschränktere Aufgabe schließt die allgemeinere ein, die der Konstitution von Gegenständlichkeit überhaupt nach allen Aktarten, in denen derartige Gegenständlichkeit zur Gemeintheit kommen kann.

Sachverhalte kommen zur Gemeintheit und Gegebenheit im Urteil.
Zum Wesen der Akte, die das Urteil als solches in seinen verschiedenen
Modis aufbauen (ausmachen) und die so zur Aktschicht des „Denkens"
gerechnet werden, gehört „Bedeutung". Mittels idealer Bedeutungen
5   beziehen sie sich auf die gedachte Objektität.

Wie sind die zum Wesen der Intentionalität der Erkenntnis gehörigen
Verhältnisse zwischen Akt, Bedeutung und Gegenstand zu verstehen,
wie die in den logischen Gesetzen liegenden Bedingungen der Möglichkeit von Wahrheit überhaupt, die Möglichkeit unbedingt gültiger aprio-
10   rischer Normen für mögliche Sachverhalte (und Gegenstände) überhaupt? Ontologische Logik (Ontologie der Natur). Entsprechende Fragen.

⟨S. 273 f.:⟩ Möglichkeit einer wissenschaftlichen Metaphysik abhängig von
der Lösung all dieser Probleme.

15 ⟨S. 274 f.:⟩ Unser eigentümliches Thema: Erkenntnistheoretisches Verständnis der Scheidung zwischen theoretischer und axiologischer Vernunft und der entsprechenden Gegenständlichkeitssphären. Die Rede
von zweierlei „Vernunft" in transzendentaler Bedeutung im Gegensatz
zur psychologischen Bedeutung (psychische Vermögen): als Titel für die
20   betreffenden Wesensgestaltungen von Akten, in denen Gegenständlichkeiten des entsprechenden kategorialen Typus zum Bewußtsein kommen
(Gemeintheit — Gegebenheit).

Ich gebrauche zur Bezeichnung dieser in sich geschlossenen Mannigfaltigkeiten von Aktartungen, die zu einer Gegenständlichkeit wesensmä-
25   ßig gehören und die wieder ihrem Wesen nach in der Einheit eines
Begründungszusammenhangs (und ebenso Entgründungszusammen-
hangs) erkenntnismäßig fungieren können, den Ausdruck „konstituierende Akte"[1] und sage, daß diese Akte die betreffende Gegenständlichkeit konstituieren.

30   Zur Idee von Vernunft gehört, daß die konstituierenden Aktgattungen,
die zu einer Kategorie gehören, unter entsprechenden Normen stehen,
eben weil es zum gattungsmäßigen Wesen dieser Akte gehört.

⟨S. 275:⟩ Es ist nun offenbar die Aufgabe, die zu den zunächst vagen Titeln
theoretische und nicht-theoretische Vernunft gehörigen Scheidungen von
35   Gegenstandsregionen und innerhalb jeder von Gegenstandskategorien zu
vollziehen, und ihnen entsprechend die ⟨dazu⟩gehörigen Scheidungen
von konstituierenden Aktarten aufzusuchen und sie zu beschreiben.

⟨S. 276 f.:⟩ Schwierigkeiten, die für eine Theorie der Vernunft das Hereinziehen der wertenden Vernunft mit sich bringen.[2] Vgl. Gründe, warum
40   diese Schwierigkeiten so spät empfunden wurden ⟨S. 288 f.⟩.

A) Wenn von Werten, Wertprädikaten und dergl. die Rede ist, so
urteilen wir, denken wir. Die Urteile sollen gelten, sie müssen sich aus-

---

[1] Definition des „konstituierenden Aktes" ⟨S. 274 f.⟩.

[2] Sehr zu beachten bis ⟨S. 367⟩.

weisen, sich mittelbar oder unmittelbar begründen lassen. Die mittelbare
Begründung führt auf unmittelbare zurück, zuletzt also auf „Anschauung". Anschauungen, sind das nicht überhaupt intellektive Akte, wesenseins ihrer allgemeinen Gattung nach mit den Urteilen? Aber Werten
5   ist doch nicht Anschauen?

Andererseits reden wir von wertender Vernunft, während nach dem
Obigen Vernunft ⟨ihr⟩ Korrelat haben soll in Gegenständlichkeiten, und
zwar wahrhaft seienden Gegenständlichkeiten. Es scheinen Vernunft und
theoretische Vernunft einerlei zu sein (Anschauung, Urteil etc.). Also
10   was begründet die Idee von wertender Vernunft? Ein Anteil des Wertens
an Vernunftakten, die als solche, als gültig objektivierende in sich nicht
wertende sind? Aber was für ein Anteil?

Wertende Akte können in objektivierenden auftreten als objektivierte
Akte, als Gegenstände. (Wahrnehmung von einem Für-wert-Halten etc.)
15   Aber das ist nicht in Frage, sondern wie sie sozusagen als objektivierende fungieren sollen, nämlich wie sich mittels ihrer Werte Wertprädikate
konstituieren sollen. Es ist doch klar: Ohne Wertung kommt kein Wert
zur Gegebenheit. Aber wie da Wertung fungiert, das verstehen wir nicht,
und somit auch nicht, wie von wertender Vernunft geredet werden
20   soll.

⟨S. 278–281:⟩ Die Schwierigkeiten von einer anderen Seite.[1]

B) Kommen wir her von der Logik als Wissenschaftslehre, so scheint
es selbstverständlich, daß theoretische, wissenschaftliche Vernunft und
Wissenschaft zusammengehören. Und die Verschiedenheit der Wissen-
25   schaften entspricht den verschiedenen Objektgebieten. Die Vernunft in
Form des theoretischen Denkens erforscht sie der Reihe nach. Diese
Idee von Vernunft, die kongruiert mit der Idee Wissenschaft, umspannt
die Gesamtsphäre aller Urteile überhaupt. Jedes Urteil urteilt über eine
Gegenständlichkeit. Dann aber gehört auch in die Sphäre der theoreti-
30   schen Vernunft oder Vernunft schlechthin die Gesamtheit der axiologischen Urteile und Gegenständlichkeiten bzw. die der axiologischen Wissenschaften.

Scheiden wir theoretische und axiologische Wissenschaften, so wäre
das also ein neuer Begriff von „theoretisch". Aber was ist das für ein
35   Unterschied? Die Schwierigkeit liegt dann auf seiten der Gegebenheit
der Gegenstände. Was macht den Unterschied der gegenständlichen
Gemeintheit und Gegebenheit auf der einen und anderen Seite? Zuletzt
werden wir, der Ausweisung der axiologischen Urteile gegenüber den
„theoretischen" nachgehend, auf die „Wahrnehmung" geführt, ⟨auf⟩
40   direkt erfassende Akte. Was ist das für „Wahrnehmung", welche Werte
gibt, etwa gegenüber der „sinnlichen Wahrnehmung", die uns zuunterst
die Naturdinge „gibt"? Hat die Rede von Wahrnehmung hier und dort
gleichen Sinn? (Z. B. ein Kunstwerk „wahrnehmen".) Offenbar spielt

---

[1] Teils knappe Zusammenfassung, teils extensive Verdeutlichung und Verbesserung
des in der Vorlesung Ausgeführten.

hier das Werten seine Rolle, und zwar spielt es die immerfort für jene „theoretische" Erkenntnis, wissenschaftliche Erkenntnis von Werten. Die Begründung des Rechtes der Werturteile und Wertgesetze führt ja zurück auf Wertanschauung, auf wahrnehmungsmäßige, auf intuitive Wertgegebenheit und damit auf das wesentlich mitwirkende Werten. (Vgl. ⟨S. 279 f.⟩.) So auch für die Wertkategorien.

C) Theoretische Vernunft geht auf Richtigkeit oder Unrichtigkeit, nämlich Wahrheit und Falschheit von Urteilen (Wirklichsein oder Nichtsein von Gegenständen etc.). Praktische Vernunft geht auf Richtigkeit oder Unrichtigkeit (Güte, Schlechtigkeit) des Wollens, wertende Vernunft auf Richtigkeit oder Unrichtigkeit im Werten.

In allen Fällen, es ist die urteilende Vernunft (die theoretische)[1], welche diese Unterschiede feststellt. Aber dazu hat sie ja auch Grund. Also wenn sie diese Unterschiede z. B. beim Wollen macht, so muß im Wollen selbst Grund dazu liegen, und so überall. Und evidenterweise müssen überall in analoger Weise die Gründe dazu liegen. Denn es ist evident, daß der Unterschied der Richtigkeit überall etwas Analoges ist und es sich nicht um eine bloße Äquivokation handelt.

Ist nun das Urteil richtig, so besteht der Sachverhalt in Wahrheit. Der Gegenstand ist bzw. er ist wahrhaft so und so beschaffen. Und im Ausweis der Richtigkeit kommt der Gegenstand in seinem Sein und Sosein zur Gegebenheit.

Ist die Wertung und Wollung richtig, so besteht der Wert, besteht das Gesollte, das Gute wirklich. Nämlich das Werturteil, das Sollensurteil sagt aus und in Wahrheit aus: Es besteht der Wert, es ist das Gesollte in Wahrheit Gesolltes (Gutes) und die Wahrheit, die Richtigkeit dieses Urteils weist sich aus. Es kommt der gewertete Gegenstand, die gesollte Sache, zur Gegebenheit, und nicht nur die Sache, sondern die Sache als gesollte, mit dem ihr wahrhaft zukommenden Wertprädikat. Und es kommt zur Gegebenheit vermöge der mitwirkenden Akte des Wertens, während diese nicht bloß etwa zu Objekten gemacht werden; denn das Gewertete mit seinem Wertprädikat und nicht das Werten als Akt kommt zur Gegebenheit. Es muß also ein gewisses „Hineinblicken in diese Akte" geben und ein sich durch dieses Hineinblicken aus ihnen den Wert Entnehmen geben, es muß sich durch ein gewisses Hineinblicken und darauf bauendes urteilendes Denken ein Objektivieren vollziehen, wodurch Werte (und ebenso Unwerte) als zu diesen komplexen Bewußtseinsakten gehörige, sich in ihnen konstituierende Objektitäten erkannt werden können. Aber was ist das für ein Hineinblicken, was ist dieses schauende Gegebenhaben von Werten als solchen?

Das Werten ist nicht ein Schauen, ein Anschauen im Sinne des Wahrnehmens. Ist es ein Analogon des Schauens, das in sich selbst zwar noch blind ist, dem aber das hinzutretende eigentliche Hineinblicken das sehende Auge verleiht? Aber was besagt diese bildliche Rede? Ein zu

---

[1] Vgl. über „theoretisch" ⟨S. 368 ff.⟩.

einem wertenden Akte hinzutretendes Anschauen, Wahrnehmen und
dergl.: Wie kann es anders anschauen und wahrnehmen als das Werten?
Es handelt sich aber um den Wert.

⟨S. 281–284:⟩ Meditation.

5   Theoretische Vernunft gleich urteilende Vernunft in der Entscheidung
von Wahrheit und Falschheit. Gesamtreich der Wissenschaften. Gegenständliches Korrelat: Gesamtreich in Wahrheit seiender Gegenständlichkeiten. Die erkenntnistheoretischen Fragestellungen, wie Akte des inneren Vorzugs teilhaftig werden, sich auf Gegenständlichkeiten überhaupt
10 und weiter, sich auf sie triftig zu beziehen. Ihr „Geltungsanspruch",
Bestimmtheit der Beziehung auf das Gegenständliche, als Urteil des und
des Wesens (überhaupt als Akte des und des Wesens) und speziell als
Urteil des und des Bedeutungsgehalts, ebenso als Begründungszusam-
menhang des und des Gehalts etc.

15   Mit welchem Grad der Spezialisierung sind solche erkenntnistheoretischen Probleme zu stellen? Doch nicht hinsichtlich jedes singulären Gegenstands. Das gäbe unendlich viele
erkenntnistheoretische Probleme und Untersuchungen? Nein. Jeder Gegenstand ordnet sich in ein Gegenstandsgebiet ein. Nach den Gegen-
20 standsgebieten klassifizieren sich die Urteile, überhaupt „Erkenntnisse"
und Begründungen und damit die erkenntnistheoretischen Untersuchungen. Haben wir für jedes Gegenstandsgebiet in allgemeiner Weise die
Probleme gelöst und die „Möglichkeit der Erkenntnis" verständlich
gemacht, so ist alles geleistet. ⟨S. 282⟩

25   Damit erwächst aber die Frage nach der Unterscheidung der
Gebiete. Sollen wir allen Klassifikationen von Gegenständen nachgehen? Oder der Sonderung der Gegenstände nach wissenschaftlichen Gebieten (jede Wissenschaft hat ihr Gebiet)? Aber diese Sonderungen (von
der Zufälligkeit der Arbeitsteilung erheblich abhängig) werden oft er-
30 kenntnistheoretisch irrelevant sein können. Also wir müssen auf die
erkenntnistheoretisch relevanten Teilungen ausgehen. Wo liegen da die
wesentlichen Demarkationslinien? Offenbar wird es auf die urwesent-
lichen Regionen von Gegenständlichkeiten ankommen bzw. auf
eine solche Einteilung der Gesamtsphäre der Gegenstände überhaupt,
35 daß jede Hauptklasse sich von jeder anderen radikal unterscheidet in der
Art ihrer phänomenologischen Konstitution, so daß in weiterer Folge
sich die erkenntnistheoretischen Problemgruppen prinzipiell unterscheiden und demgemäß auch die erkenntnistheoretischen Disziplinen. Offenbar wird das die radikalste Scheidung sein, die sich in der Gesamtheit
40 des Gegenständlichen überhaupt erdenken läßt.

Im Zusammenhang damit erwächst zunächst 1) die Idee der allgemeinsten Vernunftkritik, welche die allen besonderen erkenntnistheoretischen Disziplinen gemeinsamen Probleme erledigt — zu ihr
gehören die Titel „Gegenstand überhaupt", „Sachverhalt überhaupt",
45 „Bedeutung überhaupt" usw. und ebenso „Urteilen überhaupt", „Begründen überhaupt", „bloßes Meinen überhaupt", „Gegebensein überhaupt" etc. —; 2) die unter der allgemeinsten Vernunftkritik liegenden

besonderen vernunfttheoretischen Disziplinen, teils einander
koordiniert, teils subordiniert.

In diesem Sinn ist die Natur eine urwesentliche selbständige Region.
Wieder ist die Welt der Bedeutungen und die des Mathematischen eine
neue Region. Und wieder ist es klar, daß, noch umfassender, die Gesamtheit der Nicht-Werte (ich meine die Gesamtheit von Gegenständlichkeiten, die allenfalls Wert haben, aber nicht Werte sind) gegenüber den Werten und diese gegenüber jenen urwesentlich
regional geschieden ⟨sind⟩. Naturobjekte, Naturtatsachen, mathematische Theorien etc. mögen Wert haben, schön oder gut heißen können, aber „theoretisch" liegt in ihnen selbst als diesen Gegenständen
nichts von „schön" und „gut". Die wissenschaftliche Erforschung der
„theoretischen Gegenstände", d. i. der Nicht-Werte, führt auf alle ihre
Prädikate, auf alle ihre Verhältnisse, aber niemals auf anderes denn
theoretische Prädikate. Aus ihnen Wertprädikate ableiten zu wollen, das
wäre eine evidente Metabasis. ⟨S. 284⟩

Wie steht es nun mit dem erkenntnistheoretischen Ursprung dieser
Demarkation? Was macht die theoretische Einheit von Prädikaten eines
Gegenstands aus, die axiologische Prädikate ausschließt? Die axiologischen Prädikate gehören doch auch zu den Gegenständen, sie haben mit
den theoretischen Prädikaten also auch eine gewisse Einheit. Und
spricht man nicht auch mit einem guten Sinn und Recht von einer
„theoretischen" Erforschung von Werten? Wir haben ja axiologische
Wissenschaften, die aus „rein theoretischem Interesse" alles erforschen,
was zu Werten als solchen und zu Werten dieser oder jener Wertkategorie gehört. Es handelt sich also darum, die verschiedenen Begriffe
von „theoretisch" zu unterscheiden.[1]

⟨1)⟩ Offenbar war zuletzt maßgebend ein weiterer Begriff. In aller
Wissenschaft urteilen wir, jede will, ideal und bedeutungsmäßig gesprochen, ein System von richtigen bzw. wahren und begründeten Urteilen
aufstellen, ein System des Wissens. Wird also das Urteilen als der theoretische Akt κατ' ἐξοχήν angenommen, dann ist theoretische Vernunft
und urteilende Vernunft einerlei, und diese erstreckt sich über die Gesamtsphäre des begründeten und begründenden Urteilens. Also vor
allem erstreckt sie sich über die Gesamtsphäre der Wissenschaft, soweit
sie irgend⟨wie⟩ gegenübergesetzt wird der normativen und praktischen
Disziplin; soweit sie also thetisch erforscht, was den Gegenständlichkeiten eines Gebiets zukommt, was sie sind, und nicht, was unter der Idee
einer Grundnorm und eines praktischen Zweckes in bedingter Weise von
Gegenständen zu fordern ist, was sie sein müssen, wenn sie Normen und
Zwecken gemäß sein sollen. Aber wird nicht auch in diesen „hypothetisch" verfahrenden Disziplinen immerfort geurteilt? Also die theoretische Vernunft in dem Sinn der urteilenden Vernunft erstreckt sich über
„Wissenschaften im prägnanten Sinn" und zugleich über „normative

---

[1] Cf. ⟨S. 366⟩ erster Begriff von „theoretisch".

und praktische Disziplinen". Also jedwede wissenschaftliche Disziplin
ist, insofern sie aus Urteilen besteht, die vernünftiger Begründung fähig
sind, theoretisch.

⟨S. 285:⟩ Theoretische Vernunft in diesem weitesten Sinn der urteilenden Vernunft überhaupt besitzt offenbar ihr Korrelat in der reinen, und zwar formalen Wissenschaftstheorie. Formale Logik,
formale Mathematik, Formenlehre und Geltungslehre der Bedeutungen
(korrelativ: formale Gegenständlichkeitsgesetze, formale Ontologie). Wir
könnten sagen, diese formale Wissenschaft definiere die theoretische Vernunft. Und ebenso gehören zur Idee der theoretischen Vernunft all die Akte des urteilenden Denkens (die zur Idee des Urteilens,
der Urteilsmeinung und Urteilsausweisung wesentlich gehören), also die
Phänomenologie des „Denkens" und speziell des richtigen und begründenden Denkens: erkenntnistheoretische Wissenschaftslehre als die allerallgemeinste Lehre von der Ausweisung
sich konstituierender Gegenständlichkeit überhaupt (also parallel zur formalen Mathesis).

2) Demgegenüber muß es aber eine andere Idee von theoretischer
Vernunft geben bzw. einen anderen Sinn der Rede von „theoretisch".[1]
Während vorhin alle Gegenstände und alle Prädikate in die „theoretische Sphäre" gehörten, sofern sie wissenschaftlicher Forschung zugänglich sind, in den Rahmen irgendeiner Wissenschaft hineingehören, scheiden sich jetzt die Gegenstände selbst bzw. die Prädikate in theoretische
und nicht-theoretische (axiologische und praktische) und ebenso die
Wissenschaften: als Wissenschaften von theoretischen Gegenständen
oder von den Gegenständen hinsichtlich ihrer theoretischen Prädikate
und in Wissenschaften von nicht-theoretischen Gegenständen oder von
Gegenständen, sofern sie durch axiologische und praktische Prädikate
bestimmbar sind.

3) Was die Einteilung der Wissenschaften in theoretische im Gegensatz zu technischen und normativen Disziplinen anbelangt,[2] so wäre zu
sagen: Dieser Unterschied ist ein solcher des Gesichtspunktes der Zu-
sammenordnung und Begründung von Erkenntnissen, des Zieles, das
sich Erkenntnis stellt. Einmal handelt es sich ⟨darum⟩, Urteile systematisch zusammenzuordnen und zu begründen zu dem Zweck, festzustellen, was Gegenstände eines einheitlichen Gebiets sind, was ihnen einheitlich und gesetzmäßig zukommt. Das andere Mal handelt es sich um
Feststellung von Bedingungen, ⟨denen⟩ Gegenstände und ihre Prädikate
genügen müssen, um vorgegebenen Normen und Zwecken gemäß zu sein.

Sofern in Disziplinen der letzteren Art eine Hypothese nicht-theoreti-

---

[1] Wesentliche Ergänzungen, die in der Vorlesung selbst fehlen: zweiter
Begriff von „theoretisch".

[2] Dritter Sinn von „theoretisch".

scher Art (im vorigen Sinn) zugrundeliegt, sind sie auch nicht-theoretisch in eben diesem zweiten Sinn. Im übrigen ist der Unterschied von theoretisch und nicht-theoretisch sub 2) bestimmt durch die Gegenstände und ihre Prädikate selbst. Also die Gegenstände selbst heißen theo-

5   retisch oder nicht-theoretisch, je nachdem sie bloß hinsichtlich theoretischer Prädikate in Frage kommen (Wert haben) oder nicht. Also nicht-theoretische Disziplinen im zweiten Sinn können theoretisch im dritten sein, obschon alle nicht-theoretischen im dritten auch nicht-theoretisch im zweiten sind.

10   In den Vorlesungen ⟨S. 287 ff.⟩ komme ich nun wieder auf die Schwierigkeiten zurück, welche der zweite Begriff des „theoretisch" und „nicht-theoretisch" mit sich bringt. Beschränken wir uns auf eigentliche Wissenschaften (theoretische im dritten Sinn im Gegensatz zu normativen und praktischen), auf die Urteile also, welche Gegenstände in ihrem

15   Sein und nach ihren Prädikaten bestimmen wollen, so werden wir bei der Frage der Begründung dieser Urteile zurückgeführt auf „Anschauung", die uns Gegenstände „gibt" und ⟨uns⟩ ihre Prädikate entnehmen läßt als gegebene, die Urteilssetzung ausweisende. Was ist das für ein Anschauen? Doch nicht ein Werten. Wie Nicht-Werte, wie nicht-axiolo-

20   gische Prädikate zur Gegebenheit kommen, das scheint uns klar, durch Wahrnehmung und dergl. Wie aber axiologische Prädikate? Doch ebenfalls durch so etwas wie Wahrnehmung. Aber dabei heißt es doch, ohne Werten keine Wertgegebenheit.

⟨S. 288:⟩ Wie fungiert also Werten für Wertgegebenheit? Vorher ⟨S. 286 f.⟩

25   heißt es: Wenn Urteile sich durch Rückgang auf Gegebenheit ausweisen sollen, so stellen wir das bloße Urteilen als bloßes Meinen gegenüber dem Sehen oder Einsehen. Wenn auch nicht alle Urteile durch Erfahrung im gewöhnlichen Sinn ausgewiesen werden, so durch einen analogen gebenden Akt. Ist es nun nicht evident, daß z. B. Erfahrungsurteile und Erfah-

30   ren (das Geben vor dem Urteil, vor dem Denken) von wesentlich derselben Gattung ist und so überhaupt das Denken, das prädizierende Urteilen, und die Anschauung, das Sehen etc., auf das es in der Begründung letztlich zurückweist als den gebenden, als letztbegründenden Akt? ⟨S. 288⟩

35   Damit stimmt aber nicht, daß der gebende Akt für Werte (bzw. für die Ausweisung von Werturteilen) notwendig ein Werten einschließt, das doch von anderer Aktgattung zu sein scheint als das Denken, das prädizierende (eben denkende) Urteilen. Oder sollen wir etwa sagen: Wir müssen scheiden das Denken und die unterliegenden, für die Evident-

40   machung und Begründung in Frage kommenden Akte (aus denen das Denken seine Gründe schöpft). Das spezifische Denken sei der theoretische Akt in einem spezifischen Sinn, was aber die unterliegenden Akte anlangt, so seien sie verschiedenartig, einmal das sinnliche Wahrnehmen und ein andermal etwa das Werten, das ein Wertnehmen sei. Müssen wir

45   dann aber nicht die Ansicht preisgeben, daß das Werten etwas Grundverschiedenes sei vom Wahrnehmen und Urteilen, während die beiden letzteren zusammengehören? Natorp scheint dieser Ansicht zu sein, da

er selbst das Wollen als ein Erkennen ansieht. (Vgl. z. B. *Einleitung in
die Psychologie.*[1])

   Notabene: Warum diese Schwierigkeiten nicht bemerkt worden sind,
warum die Probleme nicht formuliert. Welcher weite Weg von Schwie-
5 rigkeiten und schiefen Theorien der anfangenden Erkenntnistheorie bis
zur Formulierung der radikalen Probleme. Einseitige Bevorzugung der
Theorie der erfahrenden Vernunft etc. Gute Ausführung ⟨§ 8⟩. Empiristische Neigung zur Deklassierung aller anderen Gegenstände außer den
Gegenständen der Erfahrung.

10 ⟨S. 289 ff.:⟩ Versuch einer systematisch vorgehenden Austeilung bzw. exakten Begrenzung der wesentlichen Problemgruppen einer Theorie der
Vernunft. Ausgang von der allgemeinsten allumfassenden Gegenständlichkeitssphäre und der sie begrifflich umspannenden Idee der Gegenständlichkeit überhaupt. Es handelt sich um Herausstellung der grund-
15 verschiedenen Gegenstandsregionen.

   In der Vernunft konstituiert sich Gegenständlichkeit, und auf Gegenständlichkeit bezieht sich Wissenschaft.

   1) In extensiver Beziehung haben wir eine allumfassende (allgemeine)
Vernunft als Gesamtheit der konstituierenden Akte bzw. Aktarten, die
20 sich auf alle Gegenständlichkeiten überhaupt beziehen, nämlich die die
Gegenständlichkeiten aller Regionen konstituieren. Dem entspricht die
Gesamtheit aller wirklichen und möglichen Wissenschaften.

   2) Einen anderen Begriff von allgemeiner Vernunft gewinnen wir,
wenn wir das Gemeinsame aller Gegenständlichkeit als solcher, das
25 Gemeinsame aller Wissenschaft als solcher, das Gemeinsame für die
Konstitution von Gegenständlichkeiten überhaupt herausnehmen. Dann
ist allen Gegenständlichkeiten zugeordnet das „Gegenständliche als solches", wie dem Umfang der Begriffsinhalt; ebenso allen Menschen zugeordnet Wissenschaft als solche, das für jede Wissenschaft Unerläßliche,
30 für sie Konstitutive. Der Idee des konstitutiv Gemeinsamen für jede
Wissenschaft entspricht die formale Mathesis, die formale Logik oder
auch Analytik, und ihr entspricht als Idee die analytische Vernunft. Die Analytik ist die Wissenschaft vom Analytischen in allen
Gegenständlichkeiten überhaupt bzw. in aller Wahrheit, Theorie, Wis-
35 senschaft. Wissenschaft von den analytischen Gesetzen der Wahrheit
bzw. der Gegenständlichkeit. (Das Analytische gleich das, was das allgemeinste Wesen von Gegenständlichkeit überhaupt bzw. prädikativer
Bedeutung überhaupt ausmacht.) ⟨S. 291⟩ Die der Analytik entsprechende Theorie der Vernunft (also die Theorie der analyti-
40 schen Vernunft) gleich transzendentale Analytik.

   Aufgaben der transzendentalen Analytik.[2] 1) Am Leitfaden
der analytischen Kategorien den allgemeinen Wesensmomenten in der

---

[1] Paul Natorp, *Einleitung in die Psychologie nach kritischer Methode* (Freiburg i.Br.,
1888), S. 122 — Anm. des Hrsg.

[2] Vor 1) und 2) muß 3) kommen. Also gleich 3) lesen!

Konstitution von Gegenständlichkeit überhaupt nachgehen und die Wesensverhältnisse dieser Akte, soweit sie durch diese allgemeinsten Momente bestimmt sind, studieren. Im Zusammenhang damit: Die unbedingte Geltung der analytisch logischen Gesetze als allgemeinster Wesensgesetze aller Gegenständlichkeit überhaupt, sofern sie konstituierbar sein soll, zur vollen Verständlichkeit bringen.

Es besteht ein apriorischer Zusammenhang zwischen dem allgemeinen Wesen jener konstituierenden Akte und den analytischen Gesetzen. Wie ist das zu verstehen? Warum müssen solche Gesetze gelten, wenn Gegenständlichkeit überhaupt sich soll konstituieren können? Wie kommen formal-analytische ontologische Gesetze in verständliche Beziehung zu den Gegenstand-konstituierenden Akten der Erkenntnis? ⟨S. 293⟩ Hier sind die schönen Ausführungen von ⟨S. 293 f.⟩ sorgfältig nachzulesen und zu überdenken.

Einerseits Gesetze für Gegenstände (und Gegenstände sind doch, und mögen sie welcher Kategorie immer angehören, Gegenstände an sich, ob sie nun bewußt werden oder nicht) — analytische Gesetze schreiben Gegenständen überhaupt Bedingungen vor — andererseits, wenn Gegenstände in Wahrheit sind, so muß es möglich sein, sie zur Gegebenheit zu bringen, und wenn die Akte der Gegebenheit bestehen, soll der Gegenstand in Wahrheit sein. Bedingungen der Möglichkeit der gegenständlichen Existenz sind also auch Bedingungen der Möglichkeit des Bestehens von Akten oder Aktzusammenhängen gegenständlicher Gegebenheit. Also ein gewisser Parallelismus zwischen logischen Gesetzen (begrifflichen Zusammenhängen in diesen Gesetzen) und phänomenologischen Zusammenhängen, phänomenologischen Gesetzmäßigkeiten zu den gebenden begründenden Akten gehörig. *Ordo et connexio idearum — ordo et connexio rerum.*

⟨S. 295 f.:⟩ 2) Unabhängig von aller Gegebenheit gegenständlicher Wirklichkeit (der wirklichen Gegebenheit von Gegenständen, der wirklichen Ausweisung ihres Seins, z. B. Erfahrung und Erfahrungsbegründung) sprechen wir die formalen (analytischen) Gesetze aus, und mit Evidenz. Wie ist das zu verstehen? Reine Mathesis bedarf keiner Anschauung. Wie sollen Gesetze einsichtig werden, wenn nichts von den Gegenständlichkeiten, auf die sie sich beziehen, zu intuitiver Gegebenheit kommt? ⟨S. 296⟩ Sagt nicht ein Gesetz einen Wesenszusammenhang der Gegenständlichkeiten aus, auf die es sich bezieht? Etc. etc. a.a.O. (Andeutung der Lösung ⟨S. 298⟩. Die Einsicht erfordert nur Hinblick auf die reine Denkschicht.)

⟨S. 298:⟩ 2a) Wie ist die sinngemäße Anwendbarkeit analytischer Gesetze auf alle möglichen sachhaltigen Gegenständlichkeiten zu verstehen, wie können Gesetze, die in der Sphäre des „reinen Denkens" einsichtig werden, doch notwendige Beziehung haben auf alle in der Erfahrung (in der Sphäre der Intuition) zur Gegebenheit kommenden sachhaltigen Gegenständlichkeiten? Oder: Die notwendige Beziehung des reinen Denkens (das der Anschauung gar nicht zu bedürfen scheint) und der reinen Denkeinsichten auf jede mögliche Anschauung ist Problem.

Das ist das radikal gefaßte Problem der Möglichkeit der rein
mathematischen (analytischen) Erkenntnis[1] (der reinen Mathesis) im Sinne der rein kategorialen Erkenntnis, der unbedingten Geltung
der universalen Mathesis für alle mögliche Natur nicht nur, sondern für
5   alle Gegenständlichkeit überhaupt (übrigens nicht bloß sachhaltige, was
eine unnötige Beschränkung war)
⟨S. 299 f.:⟩ 3) Vor den sub 1) und 2) besprochenen Problemen liegen andere, die vorher zu lösen sind, nämlich die allgemeinsten Probleme der
Konstitution überhaupt, der „ Möglichkeit der Erkenntnis überhaupt ".
10   Wie können Sätze, ideale Einheiten in Urteilserlebnissen Bedeutungsgehalt sein, wie können Sätze als wahre Sätze einer Gegenständlichkeit
gemäß sein etc.? Es gibt allgemeinste Forschungen, die sich auf das
Denken, auf bloß meinendes und sich ausweisendes Denken beziehen,
auf die Funktion der Intuition für die Evidentmachung des Denkens, auf
15   Akt, Gegenstand, auf Urteilen und Urteile, Sachverhalt etc. Forschungen von solcher Allgemeinheit, daß sie für keine Gegenstandsregion präjudizieren.[2] Leitfaden.[3] Reine Formenlehre des
urteilenden Denkens (der Urteile im logischen Sinn). Was liegt darin,
daß Urteile gelten, und was entspricht den verschiedenen Urteilsformen
20   in den Sachverhalten? Und zugehörige Fragen des Formalen der „ Konstitution ". All diese Probleme rechnen wir natürlich zur analytischen
Logik, zum erkenntnistheoretischen Problemkreis der analytischen Vernunft — wie alle Probleme, die durch die Bedeutungs- und Geltungsgesetze der analytischen Logik von sich aus gestellt werden, so alle „ Sin-
25   nesanalysen ", Sinn von Existenz, Sinn von Gegenstand, Sachverhalt,
Bedingung etc.
⟨S. 300 f.:⟩ Innerhalb der Analytik unterscheiden wir Stufen: a) die Gesetzmäßigkeiten der Apophantik, die für Sachverhalte überhaupt hinsichtlich ihrer Bedeutungsform geltenden Gesetze; b) die eigentliche
30   Mathesis, Mengenlehre, Anzahlenlehre, Ordinalzahlenlehre, Mannigfaltigkeitslehre und die entsprechenden transzendentalen Disziplinen.
⟨S. 302:⟩ Den Problemen des formalen Apriori reihen sich nun diejenigen
des realen (sachhaltigen) Apriori an; sachhaltig im weitesten Sinn.
⟨S. 302–304:⟩ Allgemeine Ousiologie. Sie erforscht die allgemeinsten Un-
35   terscheidungen, die durch alle Regionen von Gegenständen als reale hin-

---

[1] Rein mathematisch gleich analytisch im oben definierten Sinn.

[2] Das müßte besser und tiefer, geordneter zur Formulierung gebracht werden.

[3] Wir haben da den Leitfaden, den die Formenlehre meiner logischen Vorlesungen
(von 1908/09) gegeben hat. Es tritt z. B. auseinander Einzelnes und Allgemeines und das
Gesetz, daß jedes Einzelne unter Allgemeinem steht. Also wie steht die Konstitution
von Einzelnem zu der von Allgemeinem? Ferner, jeder Gegenstand ist „ Gegenstand-
worüber ", sofern von ihm prädiziert werden kann. So stehen Gegenstände in gesetzli-
chem Verhältnis zu Sachverhalten. Wie verhält sich die Konstitution von Sachverhalten
zur Konstitution ihrer „ Gegenstände-worüber "? Etc.

durchgehen: Unterschied zwischen Individuellem und Spezifischem, Generellem; logische, metaphysische Teile; Lehre von den Ganzen; immanente Realität und transzendente Realität. Sie ist allerallgemeinste und apriorische Realitätswissenschaft.[1]

5   Den analytischen Kategorien Gegenstand, Beschaffenheit etc., die in wesentlicher Beziehung stehen zu den semasiologischen Kategorien (Bedeutungskategorien), treten hier gegenüber die ousiologischen Kategorien, reales Individuum, individuelles Konkretum, reale Eigenschaft, reale Relation, reales Ganzes, reale Teile, reale Gattung, reale Art.

10   ⟨S. 303 f.:⟩ Transzendentale Ousiologie.
      ⟨S. 304–306:⟩ Scheidung der ousiologischen Regionen.
      Region der Natur. Physische und geistige Natur. Ontologie der Natur (Physiologik). Phys⟨iologische⟩ Kategorien. Transzendentale Physiologik. „Konstitution der Natur". „Theorie der Erfahrung". Reine Geo-
15   metrie, reine Phoronomie etc., apriorische Chronometrie.
      Wie kommen die Gesetze der Ontologie der Natur dazu, der möglichen Konstitution von Naturobjekten apriorische Regeln vorzuschreiben? ⟨S. 305⟩
      Das Rätsel der aposteriorischen Urteile, die Möglichkeit ihrer Begrün-
20   dung und die ontologischen Gesetze als Normen der Begründung. Die Aufklärung der Möglichkeit ontologischer Erkenntnis als Erkenntnis ontologischer Gesetze, die einsichtig werden sollen, obschon eine jede Anschauung entsprechender Gegenstände eine unvollkommene ist und in eine Unendlichkeit ausläuft etc.

25   ⟨S. 306–308 f.:⟩ Phanseologie und transzendentale Phänomenologie.
      ⟨S. 308 f.:⟩ Von der Möglichkeit phanseologischer Erkenntnis selbst.
      Ausarbeitung der Beilage ad ⟨§ 11a⟩ (der ethischen Vorlesungen von 1909) über die regionalen Unterscheidungen und entsprechenden Unterscheidungen der logischen und transzendentalen Disziplinen.

30   Warum ist auf die idealen Gegenständlichkeiten keine Rücksicht genommen? Müssen wir nicht sagen: Der erste regionale Unterschied ist der zwischen realen und idealen Gegenständlichkeiten? Unwillkürlich habe ich in diesen Exkursen an einer früheren Stelle (im Gegensatz zu den Vorlesungen selbst) so gesprochen. Aber es ist Folgendes zu beach-
35   ten: Wissenschaften von den idealen Gegenständlichkeiten sind nichts Getrenntes von Wissenschaften der entsprechenden realen. Wir haben freilich eine eigene Geometrie etc. Das sind aber ontologische Disziplinen.
      In der Logik lernen wir die Unterscheidungen zwischen Gegenstand
40   und Sachverhalt, zwischen Einzelnem und Allgemeinem etc. Das Allge-

---

[1] Mit Rücksicht auf meine logischen Vorlesungen vom selben Semester ist es aber noch ungeklärt, ob nicht, wie es nach jenen logischen Vorlesungen doch scheint (vgl. die Lehre von den Kernen), einige der Unterschiede schon in die Analytik hineingehören. Nämlich Unterschiede zwischen Individuellem und Allgemeinem etc.

meine, das sich auf die Konstitution dieser Unterschiede bezieht, gehört
dann in die transzendentale Logik. Die Besonderheiten, die sich in den
verschiedenen Regionen ergeben, sind dann in ihnen logisch und transzendental zu erforschen. Die Einteilung der Regionen folgt aber der
5   Einteilung der individuellen Gegenständlichkeiten. Diese sind *eo ipso* die
letzten Gegenständlichkeiten, auf die sich alle Allgemeinheit zurückbe-
zieht, und was über die Konstitution von Allgemeinheit zu sagen ist, ist
bei der wesentlichen Beziehung dieser zur Konstitution vom Besonderen
(eben vermöge der Gesetzmäßigkeit, die parallel und allgemein logisch
10   darin besteht, daß alles, was das Einzelne ist, eben ein allgemeines
Prädikat ist) im Zusammenhang mit der Konstitution des Einzelnen zu
sagen.

Die weiteren Ausführungen über Meinen und Meinung, Erscheinen
und Erscheinung zeigen nur, wie unklar ich noch über diese Probleme
15   war, und die ganzen Ausführungen bis ⟨S. 321⟩ sind sehr bedenklich
und ganz unzureichend!

⟨S. 322:⟩ Endlich Rückkehr zu den wertenden Akten.

Fundierung der wertenden Akte in nicht-wertenden. Also Wertung
etwas Unselbständiges, das einen vollen nicht-wertenden (objektivieren-
20   den) Akt voraussetzt.

Daß Wertungen nicht in die Gruppe der objektivierenden Akte gehören. Frage, ob nicht alle Akte, auch die Gemütsakte, ihre eigenartige
Intentionalität, Beziehung auf Gegenständlichkeit haben und nicht bloß
durch die fundierenden objektivierenden Akte. „Erscheint" nicht auch
25   in den wertenden Akten als solchen etwas? Hat der Wunsch nicht eine
Meinung, das Gefallen etc.? Im Gefallen erscheint das Gefällige etc.; im
Wünschen erscheint der Wunsch, das Sein-Mögen; im wollend Realisieren die Tat. Besser als Erscheinung die Meinung (unabhängig von der
Anschaulichkeit des Vorstellens etc.). Auch die aktuelle Gefühlslage
30   kann wechseln. Die zugrundeliegende Wertung sozusagen eine Wertung
in Bausch und Bogen. ⟨S. 324⟩

⟨S. 324:⟩ Verworrenes und klares Wünschen: aber der Wunsch derselbe.
Die identische Meinung des Wunsches (Wunschbedeutung gleichsam).

⟨S. 325—327:⟩ Betrachtung über Urteile.

35   Apophantische Gewißheit? Aber Anmutungen, Vermutungen, Fragen,
Zweifel. Auch in allen diesen Akten ist etwas gemeint: die Frage gegenüber dem Fragen, der Zweifel gegenüber dem Zweifeln, die Wahrscheinlichkeit etc. Das „Vermutlich ist S P", das Zweifelhaft-Sein des S P etc.
(zusammengehörig mit der Gewißheit: theoretische Meinungen).

40   ⟨S. 327:⟩ Parallele Modi in der axiologischen Sphäre: Gefallensgewißheit,
Wunschgewißheit etc.; Wunschanmutungen, Wunschzweifel etc.; „axiologische Meinungen".

⟨S. 328 f.:⟩ Jeder Akt läßt eine Blickstellung zu, die aus ihm eine „Meinung" zu entnehmen gestattet. Gleichgestellt wird dabei die „Erschei-
45   nung" in der Wahrnehmung oder Phantasie und das, was im Wünschen
erscheint, der Wunsch etc.

⟨S. 329-331:⟩ Phänomenologie der Erscheinungen und Meinungen, „Konstitution" der Meinungen. Aufgabe der Phänomenologie unter Heranziehung der Idee der „Meinung".

⟨S. 332:⟩ Vorzugsstellung der Urteile.

5　Bis Schluß sehr wichtige Untersuchungen über Richtigkeit in der objektivierenden, Richtigkeit in der axiologischen Sphäre.

BEILAGE XIII (zu § 11 und 12): Probleme aus Anlaß des
II. Teiles der ethischen Vorlesungen[1]

Es verflechten sich hier mehrerlei Probleme.

10　1) Das Problem des Ausdrucks: Was setzt Ausdruck hinsichtlich der Akte voraus?

2) Das Problem der Bedeutung: Gibt es prinzipiell nur einerlei Bedeutungen, und zwar zugehörig zu intellektiven Akten, oder gehört zu jeder Sorte Akt eine eigene Bedeutungsart?

15　3) Ferner: Wie steht es mit der Objektivierung und dem, was man Beziehung auf Objekt nennt? Liegt in den Gemütsakten eigene Objektivierung, eigene gegenständliche Beziehung, hat es einen Sinn, ihnen dergleichen zuzuschreiben auch abgesehen von begrifflicher Fixierung und Urteil? Entsprechen den verschiedenen Gattungen von Akten grundverschiedene Gattungen von Objekten? Und was gibt die Form der Objektität selbst?

20　4) Was charakterisiert intellektive Akte als solche gegenüber den anderen Gattungen? Was klärt über ihre besondere Stellung auf? Und welches ist diese besondere Stellung?

5) Ist der Glaube etwas zu den intellektiven Akten Gehöriges, wie immer selbstverständlich angenommen wurde, oder macht er den Charakter der
25　Impression aus, der zu allen Akten gehört? Worin liegt das Wesen des Urteils, wenn nicht im Glauben?

6) Wie steht es mit den schlichten Akten der „Vorstellung" im Sinn ⟨von⟩ Wahrnehmung, Erinnerung etc., in dem Sinn, der nichts Apophantisches einschließt und vom Kategorialen, Synthetischen etwa gesetzt wird.
30　Inwiefern sind sie Objektivierungen? Stehen sie etwa den Akten des schlichten Gefallens etc. gleich?

7) Haben wir überall Schlichtes und Synthetisches zu unterscheiden? Aber was ist das, Synthesis? Gehört zu jeder Sorte schlichter Objektivation eine eigene Synthesis oder überall nur eine? Wie klärt sich die Fundierung der
35　Gemütsakte durch „intellektive" auf?

8) Vermutung setzt Beziehung auf etwas, das ist (nämlich vermutlich ist); Frage richtet sich wieder darauf, ob etwas ist oder nicht ist. Dagegen Gefallen ist Gefallen am Seienden, nicht ⟨Gefallen daran⟩, daß etwas ist oder nicht ist (wie Freude).[2] Ästhetisches Gefallen geht nicht auf Wirklichsein, So-und-

---

[1] Wohl 1909 — Anm. des Hrsg.

[2] Wahrnehmung vom Objekt, nicht davon, daß das Objekt ist, das charakterisiert die schlicht setzenden Akte. Ebenso Gefallen am Objekt eine „Gemütssetzung", Freude aber Freude daran, daß das Objekt ist.

so-Beschaffensein etc. Wille geht auf Sein. Wie steht es da? Haben wir zu
unterscheiden Inhalt (gegenständlicher Gehalt) und Sein?

BEILAGE XIV (zu § 11a): ⟨Meinung, Bedeutung und Erscheinung⟩[1, 2, 3]

Die reale Ousiologie behandelt die Wesenslehre realer Gegenständlich-
5 keit in allgemeinster Allgemeinheit. Nun haben wir aber die idealen Gegenständlichkeiten gar nicht in Erwägung gezogen. Müssen wir etwa sagen: Der
erste regionale Unterschied ist offenbar der zwischen realen
und idealen Gegenständlichkeiten? Auf ideale Gegenständlichkeiten
werden wir *apriori* von jedem Gegenstand überhaupt geführt. Jeder Gegen-
10 stand überhaupt kann leer gemeint oder gegeben, wiedergegeben, phantasiert,
verbildlicht sein. Eben damit bedarf es keiner eigenen „Region" für das
Allgemeine.

Zum Wesen jedes auf einen Gegenstand bezüglichen Meinens gehört ein
gemeintes Was, „die Meinung" in einem gegenständlichen, von der
15 Meinung als Meinen unterschiedenen Sinn. Dieses Was ist nicht der Gegenstand, sondern die Bedeutung in einem gewissen weiten Sinn. Zum Wesen
jedes auf den Gegenstand bezüglichen gebenden Meinens (wahrnehmend im
weitesten Sinn) gehört eine Erscheinung (gebende Erscheinung). Zum Wesen
eines wiedergebenden (reproduzierenden) oder verbildlichenden Meinens ge-
20 hört eine reproduzierende oder verbildlichende Erscheinung, aber das betrifft
nur individuelle Gegenstände. Erscheinung ist hier genau das für gebendes
bzw. wiedergebendes Meinen, was bloße Bedeutung für leeres Meinen ist.[4]

Ist bei nicht-gebenden Meinungen, Erlebnissen des Meinens, ein Unterschied zwischen deutlichem und verworrenem Meinen zu machen, so neh-
25 men wir deutliches Meinen, das ist solches, aus dem sich die Bedeutung
„entnehmen" läßt, während undeutliches Meinen erst durch identifizierende
Überführung in entsprechendes deutliches die Möglichkeit gibt, die ihm ver-
worrenerweise zukommende Bedeutung zu erfassen.

Gegenstände sind immanente oder transzendente. Immanente Ge-
30 genstände haben adäquate Erscheinungen, das heißt, es gibt ein einheitliches
Erscheinen, das den Gegenstand selbst nach allen seinen Bestimmtheiten zur
Erscheinung bringt. Transzendente Gegenstände sind solche, die nicht in
einer adäquaten Erscheinung, d. i. nicht vollkommen, zur Gegebenheit kommen können. Die Erscheinungen sind bloß Darstellungen des Gegenstands
35 durch Abschattungen, und der Gegenstand kommt zur Gegebenheit in der

---

[1] 1911 — Anm. des Hrsg.

[2] Vgl. die nähere Ausführung bei den Exerpten ⟨oben S. 374 f.⟩.

[3] Noch nicht ganz zureichend. (Keineswegs!)

[4] Bedeutungen und Erscheinungen gehören zur Bewußtseinssphäre. Die Bewußtseinswissenschaft (Phänomenologie) hat phansische und andererseits semasiologische und
apophantische, ontische Feststellungen zu machen.

Mannigfaltigkeit abschattender Erscheinungen als die sich kontinuierlich immer wieder anders darstellende Einheit.[1]

Gegenstände sind schlichte oder (kategorial) fundierte. Danach haben wir zu unterscheiden die schlichten Meinungen und Erscheinungen
5 und die kategorialen Meinungen und Erscheinungen: ferner eine ausgezeichnete Klasse von Meinungen, die Aussagemeinungen (die Denkmeinungen, die der Aussagen, der Ausdrücke überhaupt).

Ein allgemeiner Unterschied der Meinungen (und Erscheinungen) ist der zwischen Seinsmeinungen und Nicht-Seinsmeinungen (Sein setzende,
10 Nichtsein setzende), und beide haben ein gemeinsames Wesen oder können ein solches haben, einen gemeinsamen Inhalt; wir sagen das Meinungswesen, das Erscheinungswesen. So ist das Urteil „S ist P" und der bloße Gedanke „S ist P" vom gleichen Meinungswesen oder Bedeutungswesen, aber ebenso die Wahrnehmungserscheinung eines Hauses und die genau ent-
15 sprechende Erscheinung in bloßer Phantasie (oder nicht-setzender Halluzination). Damit kreuzt sich die Unterscheidung zwischen Impression und Reproduktion bei Individuellem. Ferner das gemeinsame Wesen von bloßer Meinung und Erscheinung: die Meinung immanent der Erscheinung nach ihrem Wesen (Bedeutung). Da haben wir allerlei ideale Gegenständlichkeiten
20 und Verhältnisse. Ferner „Deckung" zwischen Aussagemeinung und Erscheinungsgegebenheit mit der entsprechenden Meinung.

Apophantische Gesetze der kategorialen (analytischen) Meinungs- und Erscheinungsformen, d. h. derjenigen Meinungsformen, die sich decken können mit Erscheinungsformen (es müssen nicht Gegebenheitsformen sein).

---

[1] In gewissem Sinn kann man sagen: Bei adäquat gebenden Meinensakten ist die Erscheinung der Gegenstand selbst oder ist das Gegebene eben der Gegenstand, während bei den inadäquaten Meinungen, die intuitiv sind (Gegebenheitsbewußtsein), der Gegenstand durch Erscheinung gegeben ist. Doch kommt es auf die näheren Analysen von Erscheinung an. Scheidung zwischen dem intuitiven Inhalt oder Sinn und dem identisch gegebenen, dem Gegenstand, der „Substanz" etc.

ERGÄNZENDE TEXTE

Nr. 1 〈Ethische Skepsis und die Notwendigkeit der wissenschaftlichen
Beantwortung der ethischen Prinzipienfragen. Die Ethik als
wissenschaftliche Kunstlehre vom richtigen Handeln〉[1]

... in weiterer Folge jenes raschen Wachstums der materiellen Bedürfnisse
5 und Begehrlichkeiten, welche der Welthandel und die Industrie zu befriedigen, aber auch immer von neuem zu erregen nicht säumten. Die alte Einfachheit der Lebenshaltung und der Sitten ging verloren, und der materiali-
stischen Denkweise wurde so der Boden geebnet. Erwähne ich noch den
gewaltigen Auftrieb der untersten, bei dem Goldregen leer ausgehenden
10 Volkskreise, erwähne ich die Labilität der wirtschaftlichen Verhältnisse, die
durch die einschneidenden Veränderungen der Produktions- und Konsump-
tionsformen erzeugt wurde, in Verbindung damit die Ausbreitung sozialisti-
scher und anarchistischer Bewegungen, deren kräftigste Motoren bei den
Massen die in dem unerträglich gewordenen Kampf ums Dasein naturgemäß
15 prävalierenden Begierden nach materiellem Besitz und Genuß sind, erwähne
ich, daß diese Bewegungen im großen und ganzen allen idealen Interessen,
den Interessen der Religion, Sittlichkeit und Kunst als den Blüten kapitali-
stischer Epochen mit zynischer Feindseligkeit gegenübertreten: dann sind
wohl die wesentlichsten Momente gekennzeichnet, welche der enormen Aus-
20 breitung der ethischen wie zugleich auch der religiösen Skepsis nicht bloß in
der Wissenschaft, sondern auch im Volk Nahrung gegeben haben.
　　Ich sagte vorhin: Bis vor kurzem hätte die Beschäftigung mit ethischen
Fragen stagniert. In der Tat ist seit Beginn der achtziger Jahre auf eine Periode der Stagnation eine Periode neuer Regsamkeit gefolgt. Die Gründe liegen
25 jedenfalls in jenen mächtigen Konvulsionen, die unser ganzes Rechts- und
Staatsleben in den letzten Jahrzehnten mit einer sich fortgesetzt steigernden
Gewaltsamkeit erschüttert haben. In den Zeiten, wo die sozialen Verschie-
bungen sich stetig und relativ langsam vorbereiteten und das öffentliche
Interesse durch bedeutsame politische Ereignisse in Anspruch genommen
30 war, bedingte der ethische Skeptizismus naturgemäß nichts anderes als gänzliche Interesselosigkeit an theoretischen Behandlungen ethischer Probleme
und daher die Stagnation der ethischen Literatur. Ganz anders in der Folge-
zeit, wo der mächtig angeschwollene Strom der sozialistischen Bewegung das
ganze moderne Rechts- und Staatsleben in seinem Bestand ernstlich bedroh-

---

[1] Fragment aus dem Einleitungsteil der Vorlesung „Ethik und Rechtsphilosophie"
vom Sommersemester 1897 — Anm. des Hrsg.

te. Während der heftigen Parteikämpfe empfand man allseitig das Bedürfnis nach literarischer Erörterung der Prinzipienfragen. Die Parteigänger erwünschten und erhofften wissenschaftliche oder mindestens durch Advokatenbeweise überzeugende Begründungen ihrer Standpunkte.

5 So wird uns die Entstehung einer neuen, teils wissenschaftlichen, teils populären ethischen Literatur begreiflich, welche die allseitig erregten Interessen zu befriedigen sucht. Aber können und dürfen wir uns solcher Regsamkeit wirklich erfreuen, wenn die Richtung, die sie genommen hat, einerseits auf bloße Negation und Zerstörung, andererseits auf arge Verflachung und

10 sozusagen Verendlichung abzielt? Vielsagend ist in dieser Hinsicht der Titel eines weltberühmt gewordenen Buches von Nietzsche, welcher lautet: *Jenseits von Gut und Böse!* Die Skepsis durchdrang eben die Ethik bis in die tiefsten Wurzeln.

Gibt es überhaupt, fragte man zweifelnd, eine absolute Sanktion für

15 „Recht" und „Sitten?" Beruht nicht die vermeintliche Heiligkeit der ethischen Gesetze auf blindem Vorurteil, auf der willkürlichen Setzung religiöser oder staatlicher Autorität? Beweisen nicht die ungeheuren Abstände zwischen den sittlichen Anschauungen verschiedener Völker und Zeiten, worüber uns Geschichte und Anthropologie belehren, daß es allgemein gültige

20 und unbedingt verpflichtende ethische Vorschriften überhaupt nicht gibt und daß ihnen allen somit bloß relativer Wert zukommt? Oder handelt es sich bei ihnen bloß um natürlich entstandene Entwicklungsformen der Sitte, welche, den Egoismus der einzelnen Individuen begrenzend, sich als notwendig und nützlich erwiesen zum Zweck der Erhaltung der Gesamtheit, und somit

25 auch dem einzelnen von der Gesamtheit aufgezwungen wurden? Und ganz besonders mußten solche Zweifel wirksam werden in betreff der Institutionen des Rechts. Von einem Recht, das mit uns geboren ist, wollte man schlechterdings nichts wissen. Die Frage, ob das, was Recht ist, auch Recht sein sollte, lehnte man schlechterdings ab. In dem 1892 erschienenen Werk

30 *Jurisprudenz und Rechtsphilosophie* von K.M. Bergbohm kann man es in gesperrten Lettern lesen: „Nur was als Recht funktioniert, das ist Recht; sonst nichts; und alles das ist Recht ohne Ausnahme."[1] Und wieder: „Es muß das Unkraut Naturrecht, in welcher Form und Verhüllung es auch auftreten möge, offen oder verschämt, ausgerottet werden, schonungslos, mit

35 Stumpf und Stiel."[2]

Und noch wichtiger sind andere skeptische Fragen, welche die Möglichkeit sittlicher Leitung und Erziehung betreffen. Die Ethiker, sagt man, setzen den freien Willen voraus. Sie tun so, als könne man durch einen sittlichen Willensentschluß sich zum Besseren wenden. Dann aber müßte der Wille eine

40 Ausnahme machen von dem allgemeinen Gesetz der Kausalität. Das sei unmöglich. Der Charakter ist uns mit unserer ganzen physisch-psychischen Konstitution angeboren, und somit ist alles Philosophieren über Tugend und

---

[1] K.M. Bergbohm, *Jurisprudenz und Rechtsphilosophie, I. Band: Das Naturrecht der Gegenwart* (Leipzig, 1892), S. 80 — Anm. des Hrsg.

[2] Ebd., S. 118 — Anm. des Hrsg.

Laster jedenfalls praktisch nutzlos. Allem Moralisieren fehlt der vernünftige wissenschaftliche Boden. Wie wir von Natur aus sind, so handeln wir.

Das sind große und folgenschwere Zweifelsfragen. Es genügt, sie aufzuwerfen, um zu erkennen, daß ethische Untersuchungen wirklich ein ernstes
5 Bedürfnis sind. Hat der ethische Skeptizismus recht, dann muß er jedenfalls seine Behauptungen beweisen, und die Entscheidung beanspruchte, wie immer sie ausfiele, unser höchstes Interesse. Knüpfen sich doch an Wahrheit und Irrtum solcher Theorien unter Umständen auch sehr wichtige praktische Konsequenzen. Ob den ethischen Gesetzen absolute oder relative Geltung
10 zukommt, ob sittliche Veredelung möglich ist oder nicht, ob bloß Lust und Nutzen die letzterstrebten und erstrebenswerten Ziele sind, ob sittlicher Idealismus oder Materialismus ⟨das Richtige ist⟩, all das sind doch nicht akademische Doktorfragen, sondern Fragen von aktuellster Bedeutung für die Richtung und Energie des sittlichen Strebens, und so gehen sie denn einen
15 jeden Edleren auf das allerpersönlichste an.

Ich denke, wer sich das einmal zum klaren Bewußtsein gebracht hat, muß das dringende Bedürfnis nach einer gesicherten Entscheidung, nach einer wissenschaftlichen Untersuchung empfinden. Solche Bedürfnisse zu befriedigen, das ist nun auch der Zweck, den ich mir für diese Vorlesungen gesteckt habe.
20 Demgemäß handelt es sich mir nicht um praktisches Moralisieren oder um die Materialien für die nützliche Gestaltung von Moralpredigten, sondern um die Prinzipienfragen, die allem Moralisieren erst Sinn und Zweck verleihen: um die letzten Quellen aller ethischen Regelung, um eine genaue Analyse der ethischen Normalbegriffe „gut" und „schlecht", um eine Bestim-
25 mung des höchsten praktischen Gutes, um die auszeichnenden Eigentümlichkeiten der sittlichen Dispositionen usw. In den späteren Partien dieser Vorlesungen will ich dann auf die Erörterung der prinzipiellen Fragen eingehen, die in die Rechtsphilosophie überleiten und von denen alle echte Rechtsphilosophie abhängt. So wie ich den Begriff der Rechtsphilosophie verstehe, ist
30 er im Grunde nichts weiter als ein der Ethik eingeordnetes Gebiet. So wie er von vielen in Ansehung der ethischen Ziele der Rechtsbildung empiristisch oder skeptisch gesinnten Juristen verstanden wird, meint er allerdings etwas ganz anderes. Um dem Namen noch einen Sinn zu belassen, reduzieren sie Rechtsphilosophie auf sozialpsychologische und historische Fragen nach dem
35 Ursprung des Rechts, wobei man dann allerdings mit Fug die Frage aufwerfen kann, inwiefern da noch von Philosophie die Rede sein kann. Denn wo keine Prinzipienfragen spielen, wo es sich um einfache Feststellung von Tatsächlichkeiten handelt, da wird man auch von Philosophie nicht mehr sprechen können.

40 Daß es in der kurzen Frist eines Sommersemesters, und zumal in einem zweistündigen Kolleg, nicht möglich ist, das ganze Gebiet der Disziplin *in extenso* zu behandeln, ist selbstverständlich. Ich habe mir meine Aufgabe dadurch sehr erleichtert, daß ich eine in sich geschlossene Gruppe interessanter ethischer und rechtsphilosophischer Fragen, nämlich diejenige, die sich
45 auf die Freiheit des Willens bezieht, in einem Publikum einstündig behandle. So findet eine wesentliche Lücke dieser Vorlesung durch die genannte Parallelvorlesung ihre Ergänzung.

Wir gehen nun zum Gegenstand selbst über, und naturgemäß beginnen wir mit einer Bestimmung des Begriffs der Ethik. Vorläufig genüge uns folgende Bestimmung: Die Ethik ist jene wissenschaftliche Disziplin, näher, jene Kunstlehre, welche die höchsten Lebenszwecke erforscht, andererseits aber
5 auch Regeln aufzustellen sucht, welche dem einzelnen Handelnden eine vernünftige Ordnung des Lebens und Tuns in Hinblick auf diese Zwecke erleichtern sollen. Die Ethik will uns also die Zwecke kennen lehren, welche das menschliche Streben und Handeln nicht bloß leiten, sondern leiten sollen. Sie wird den Anspruch solcher Zwecke, Zwecke zu sein, die erstrebt zu wer-
10 den verdienen, zu prüfen, also auch die obersten Maßstäbe für derartige Wertschätzungen festzustellen haben, und auf die gewonnenen theoretischen Feststellungen wird sie dann praktische Regeln gründen, wie die richtigen Zwecke zu erreichen sind; sie wird also aus der Erkenntnis jener Normen sowie der menschlichen Natur Nutzen zu ziehen suchen für die Ableitung
15 von sittlichen Vorschriften bzw. zur Prüfung der in mannigfaltigen Formen verbreiteten Maximen der Volksweisheit.

Öfter hat man die Ethik geradewegs als die Kunstlehre vom richtigen Handeln definiert. Ein richtiges Handeln ist ein Handeln nach richtigen Zwecken: Darunter müßten dann jene höchsten Zwecke verstanden werden, die,
20 in sich selbst wert, allem mittelbaren Abzwecken Wert verleihen. Gegen eine solche kurze Definition ist natürlich nichts einzuwenden, denn das sieht man ja ein, daß die so definierte Kunstlehre, wenn sie wissenschaftlich verfährt, auch die Kriterien wird behandeln müssen, wie Zwecke als richtige Zwecke erkennbar sind.

25 Eins bedarf noch der Erörterung. Die Ethik haben wir als wissenschaftliche Disziplin bezeichnet und doch zugleich als Kunstlehre, also als praktische Disziplin. Schließen die Begriffe „Wissenschaft" und „Kunst" ⟨einander⟩ nicht aus? Das allerdings! Aber nicht schließen sich die Begriffe „Kunstlehre" und „Wissenschaftlichkeit" aus. Hier bedarf es einer kurzen Erörte-
30 rung. Von dem großen Altmeister Aristoteles...

Nr. 2 ⟨Die Gefühlsgrundlage der Moral. Zur
Auseinandersetzung mit Humes Moralphilosophie⟩[1]

⟨a⟩ Kritik der empiristischen Gefühlsmoral⟩

Wir haben in der letzten Vorlesung die Reihe von Argumenten kennenge-
35 lernt, durch welche Hume in seiner Schrift über die Prinzipien der Moral die Frage, ob die Prinzipien der Ethik in der Vernunft ihre Quelle haben oder im Gefühl, zugunsten des Gefühls entschieden zu haben glaubte. Diesen Argumenten haben wir gegenübergestellt diejenigen, welche vor Hume und noch nach ihm zum ethischen Intellektualismus hinzudrängen schienen, Argumen-
40 te, welche Hume natürlich sehr wohl gekannt und berücksichtigt hat. Wie könnte man über „sittlich gut" und „sittlich schlecht", über Recht und

---

[1] Aus der Vorlesung „Grundfragen der Ethik" vom Sommersemester 1902 — Anm. des Hrsg.

Unrecht streiten, wenn die ethischen Urteile auf Gefühl gegründet wären?
Streiten kann man über Wahrheit und Falschheit, über den Bestand von
Tatsachen, über das Gelten von Verhältnissen. Über Gefühl und Geschmack
ist nicht zu streiten — *de gustibus non disputandum.*
5 Ferner: Der Streit um Ethisches hätte keinen Sinn, wenn es hier keine
objektive Richtigkeit gäbe. Das Wesen dieser wie jeder objektiven Richtigkeit liegt aber in der allgemeinen Gültigkeit, die nicht in einer bloß allgemeinen Geltung als Tatsache besteht, sondern in einer normativen Gesetzmäßigkeit ihre Quelle haben muß, die ⟨für⟩ jedes Vernunftwesen überhaupt ver-
10 bindlich ist und die es nicht verletzen darf, ohne damit eben die Linie des
Richtigen zu überschreiten. Wer einsichtig das Sittliche wählt, der ist sich
dessen klar bewußt, daß jedes andere ethisch-intelligente Wesen, sofern es
die Sachlage und alle Umstände einsichtig durchschaut, urteilen muß: So
wählen ist sittlich wählen; das ist recht und gut gehandelt.
15 Das aber ist nur denkbar, wenn die Grundlagen der Moral durch die Vernunft begründet sind. Erfaßt die Einsicht, was gut und schlecht, was besser
und schlechter ist, ist das sittliche Werten und Vorziehen kein blinder, sondern ein sehender Akt, der den erschauten Wert als eine Geltungseinheit
vertreten kann, dann ist schon damit gesagt, daß die Vernunft die Ursprungs-
20 stätte der ethischen Prinzipien sei, denn wo anders ist die Rede von „Einsicht" als in der Sphäre der Vernunft? Dem Gefühl können wir doch kein
Sehen, Einsehen, Erschauen zumessen; und somit scheint es, daß das Gefühl
an der Fundierung der Ethik überhaupt nicht beteiligt sein kann. Durch das
Gefühl käme nur schwankende Relativität statt der einheitlichen Objektivi-
25 tät herein. Der eine fühlt so, der andere anders; die eine Rasse hat an dem
Gefallen, die andere an anderem.
Was würde Hume auf diese Argumente antworten? Er würde sagen, der
Streit über ethische Dinge erkläre sich auch von seinem Standpunkt ganz
wohl. Selbstverständlich muß eine Gefühlsmoral, welche dem Stand der wis-
30 senschaftlichen Erfahrung über Ethisches angepaßt sei, nicht auf die individuellen Unterschiede des Fühlens rekurrieren, sondern allgemeine Gefühlsweisen, näher, allgemeine Arten des Fühlens, Begehrens und Wollens
zugrundelegen. Und ausdrücklich sagt er in dieser Hinsicht im *Treatise,* in
dem er die Natürlichkeit der moralischen Gefühle erörtert, „daß niemals
35 weder eine Nation auf der Welt, noch irgendeine einzelne Person vorgekom-
men sei, welche dieser Gefühle gänzlich beraubt gewesen sei und welche in
keinem einzigen Falle irgendwelche Billigung oder Mißbilligung moralischer
Art bewiesen hätte. Diese Empfindungen seien so tief in der menschlichen
Natur und Konstitution eingewurzelt, daß es ohne eine gänzliche Verwirrung
40 des menschlichen Gemüts durch Krankheit oder Raserei nicht möglich wäre,
sie gänzlich auszurotten."[1]
So wie die konstanten Gleichförmigkeiten im Gang der äußeren Natur eine
Wissenschaft von der äußeren Natur ermöglichen, so ermöglichen die

---

[1] David Hume, *Über die menschliche Natur,* aus dem Englischen nebst kritischen
Versuchen zur Beurteilung dieses Werks von Ludwig Heinrich Jakob, dritter Band (Halle, 1792), S. 36 — Anm. des Hrsg.

Gleichförmigkeiten des Seelenlebens eine wissenschaftliche Psychologie, und speziell die Gleichförmigkeiten in gewissen Sphären des Gemütslebens eine wissenschaftliche Ethik.

Es muß zugestanden werden, daß diese Antwort das Argument widerlegt.
5 Gelänge die Reduktion der Moral auf allgemeine Tatsachen des Gefühlslebens, so wäre damit die Möglichkeit des Streites und der Überführung in ethischen Fragen erwiesen.

Wie steht es nun aber mit dem zweiten Argument? Die ethischen Normen, sagt es, beanspruchen allgemeine Gültigkeit, sie sollen allgemein ver-
10 bindlich sein für jedes vernünftige Wesen überhaupt. Gut ist nicht für den einzelnen, was ihm gut erscheint, gut ist auch nicht für die Nation, für die Rasse, was sie in ihren historischen Verhältnissen, unter den zufälligen Umständen ihrer Entwicklung in Sitte und Recht für gut erklärt; sondern das Gute, das ethisch Gute im echten Sinn ist eine absolute Norm so wie die
15 Wahrheit. So sagt der Rationalist. Seine Einsicht darf natürlich nicht miß-verstanden werden.

Die objektive Einheit der sittlichen Norm sagt nicht, daß jeder unter den-selben inneren ⟨und⟩ äußeren Umständen gleich fühle und handle, oder daß jeder über das Fühlen und Handeln faktisch dasselbe Billigungsurteil fälle;
20 sondern sie verlangt, daß es ein richtiges sittliches Urteil gebe, welches, alle sittlich relevanten, sei es äußeren oder inneren Umstände des Handelnden in Rücksicht ziehend, seine feste Entscheidung fällt, also eine Entscheidung, die dieselbe ist, wer immer das sittliche Urteil einsichtig fällt. Man muß dann scheiden Sitte und Recht auf der einen und eigentliche Moralität auf der
25 anderen Seite. Ein Handeln ist der Sitte gemäß, wenn es den empirischen Forderungen der faktischen Sitte des betreffenden Volkes und Landes gemäß ist; es ist rechtlich, wenn es den Forderungen des faktischen Rechtes ent-spricht, es ist aber moralisch nur dann, wenn es, sei ⟨es⟩ auch im Gegensatz zu Sitte und Recht, den idealen und absoluten Forderungen der ethischen
30 Norm gemäß ist. Die ethischen Normen beanspruchen, ein oberster Ge-richtshof in praktischen Fragen zu sein; sie beanspruchen, Sitte und Recht selbst zu beurteilen, ihren absoluten Wert und Unwert zu bestimmen. Diese höhere Autorität der Moral, ihr Anspruch, letzte und überempirisch gültige, also absolute Wertmaßstäbe zu fixieren, scheint verlorenzugehen, wenn die
35 Quelle der ethischen Unterscheidungen im Gefühl liegt. Die ethischen Nor-men verbleiben in der Relativität; wir erheben uns günstigstenfalls über einen engen Kreis der Stammes- und Volkseinheit, aber wir bleiben dann beschränkt auf die Einheit der menschlichen Spezies. Wir Menschen sind tatsächlich so konstituiert, daß wir dies oder jenes billigen. Die höhere Ent-
40 wicklung im Sinne des Darwinismus entwickelt vielleicht aus dem Menschen eine neue Spezies, die alten Gefühlsweisen haben sich überlebt, sie sind der Gattungserhaltung nicht mehr vorteilhaft; es entwickeln sich neue und mit ihnen eine neue Ethik. Natürlich könnten wir nicht von einer höheren Ethik sprechen, es sei denn von einer im Kampf ums Dasein vorteilhafteren. Denn
45 anderenfalls wären ja absolute Normen vorausgesetzt, welche den Unter-schied des Niederen und Höheren bestimmen müßten.

Würden wir uns zu diesem Relativismus entschließen, so hätte dies nicht

unbedenkliche Konsequenzen. Wenn jemand gegen die gesellschaftliche Sitte, gegen die Berufsehre und dergl. verstößt, so mißbilligen wir dieses sein Verhalten; er selbst braucht sich dieser Mißbilligung nicht zu unterwerfen. Er nimmt vielleicht die empfindlichen Folgen unserer Gefühlsreaktionen auf
5 sich und verwirft in seinem Gefühl unsere Mißbilligung. Er erklärt, daß unsere Sitte, unsere sogenannte Ehre und dergl. verkehrt, daß ihre Forderungen unberechtigt und in wahrem Sinn unsittlich seien. Vielleicht geben wir ihm, zur Reflexion geneigt, recht, wir sehen ein, daß die Zufälligkeiten der historischen Verhältnisse sittliche Vorurteile, Zufälligkeiten in der Überein-
10 stimmung sittlicher Billigung und Mißbilligung bedingt haben und daß diesen Zufälligkeiten gegenüber eine notwendige, in sich richtige, nicht von historischen Verhältnissen abhängige Richtigkeit steht, eine in der Natur der Sache gründende Norm, die sehr oft dem lebhaftesten Gefühl der Billigung widersteht.
15 Ist der Relativismus im Recht, dann ist aber diese Norm selbst nur eine empirische Instanz und entbehrt der wahrhaften Notwendigkeit. Sie bezieht sich auf die Allgemeinheit der menschlichen Natur und nur auf sie. Aber woher wissen wir etwas von einer allgemein menschlichen Natur? Haben wir vielleicht eine Induktion gemacht, haben wir uns durch
20 sorgsame ethnographische Vergleichung überzeugt, daß wirklich, wie Hume es behauptet, keine Nation zu finden sei, die dessen, was wir moralische Entscheidung nennen, entbehre? Vielleicht wird der Gedanke, die Ethik auf Ethnographie zu stützen, gerade in unserer Zeit sehr sympatisch erscheinen, aber Tatsache ist es doch, daß die praktische Moral in ihren erhabenen indi-
25 viduellen Ausprägungen nicht auf Ethnographie gebaut ist, und schwer zu verstehen ist es daher, wie das moralische Urteil sich mit solcher Würde über die Zufälligkeiten der Sitte und der empirischen Sittlichkeit erheben kann, wenn es doch zweifellos von Ethnographie nichts weiß oder sich um sie gar nicht kümmert.
30 Die höheren Gestaltungen der moralischen Schönheit wirken auf uns mit erhabener Kraft; es ist, als entstammten sie einer überirdischen Sphäre. Sittliches Heldentum erfüllt uns mit Schauern der Bewunderung, der sittliche Held ist uns ein Heiliger. Ich erinnere an ein Beispiel, das uns nahe liegt. Der Katechismus und das äußere Formalwesen der Kirchlichkeit hat so manchen
35 die Religion verleidet; aber welcher natürlich fühlende vorurteilsfreie Mensch kann, auch wenn er ungläubig und Atheist ist, die Evangelien lesen, ohne von der Erhabenheit und idealen Reinheit der hier betätigten und gepredigten Menschenliebe aufs tiefste ergriffen zu werden? Es ist keine abstrakte wissenschaftliche Moral, die da behandelt, es ist moralische Intui-
40 tion, die in uns geweckt wird. Wir fühlen und schauen es: Das ist groß und schön, hier ist Heiligkeit und Reinheit des sittlichen Empfindens und sittlichen Handelns, die ihren absoluten Wert in sich trägt.
Was leitet uns nun bei solcher Beurteilung? Doch nicht eine empirische Vergleichung der sogenannten moralischen Gefühle der Menschen zu ver-
45 schiedenen Zeiten und bei verschiedenen Völkern? Es kommt auch gar nicht darauf an, ⟨ob⟩ das, was uns da an Tatsachen erzählt wird, Wahrheit sei. Es ist gleich, ob Christus gelebt hat als historische Persönlichkeit oder ob er eine

mythische Gestalt ist, es ist gleich ob die Evangelien historische Urkunden sind oder Märchen.

Die Anschauungen, die in uns erweckt werden, führen ihr Gefühl und Werturteil mit sich, und mit diesen hat es sein Bewenden. Die sittliche Sach-
5 lage und die darauf bezogenen Gemütsbewegungen, das ist alles, was zum Werturteil nötig ist; und doch ist es kein Urteil, das den Charakter der sub-jektiven Geltung hat, das von meinem Fühlen in diesem Augenblick etwas aussagt, sondern das objektiv und unbedingt allgemeingültig sein will und sagt: Das ist recht und gut.

10 Meint man, die Allgemeingültigkeit der moralischen Beurteilung entsprin-ge hier aus der Allgemeinheit dieser Fühlweise, so werden wir doch sagen: Von dieser Allgemeinheit wissen wir nicht. Sie geht uns auch gar nichts an. Es ist mir völlig gleichgültig, ob außer mir jemand sonst so zu fühlen und danach so zu urteilen, sittlich zu schätzen vermag. Und wenn die ganze Welt
15 mit psychologischer Notwendigkeit anders schätzte: Ich schaue es, ich erlebe es; solche Liebe, solche Hingebung an die Menschheit ist das Größte und Schönste.

Und gesetzt den Fall, ich wüßte etwas von der allgemein menschlichen Fühlweise, woher soll sie ihre Kraft nehmen, den Charakter der normativen
20 Verbindlichkeit herzugeben, die dem moralischen Urteil eignet? Die Allge-meinheit einer Tatsache ist doch nicht die Allgemeinheit einer berechtigten Geltung. Das Gravitationsgesetz sagt: Es ist allgemein und notwendig so. Es wäre ein Unsinn, wollte man es normativ interpretieren, als wollte es sagen: So soll es sein. Angenommen also, gewisse Gefühle, gemeint sind natürlich
25 gewisse Gefühle der Billigung und Mißbilligung, gehörten zur normalen Aus-stattung des Menschen, dann hieße „Dies ist gut" soviel wie „Dies wird von irgendeinem normalen Menschen gebilligt"; „Dies ist schlecht" ⟨hieße⟩ „Es wird von ihm mißbilligt"; und in bezug auf diese Gefühlsweisen selbst wäre von einem „soll" oder „soll nicht" keine mögliche Rede; sie gäbe
30 keinen Sinn. Das Sollen bezöge sich nur auf die Objekte dieser Gefühle. Jemand solle so oder so fühlen, begehren, handeln, das hieße: Wenn er anders fühlt, begehrt, handelt, billigen wir Menschen es nicht, und nur wenn er so handelt, billigen wir es. Wie wären dann aber zweifelnde und irrige Werturteile möglich? Es gibt doch ein zweifelndes und irriges Gewissen. Die
35 moralische Billigung tritt ein, aber nachträglich erklären wir sie vielleicht für eine irrige. Welchen Sinn hätte das?

Ferner: Da die empiristische Theorie nur auf eine Gruppe empirisch all-gemeiner Gefühle rekurriert, da sie von Gefühlen spricht, die zur normalen Ausstattung des Menschen gehören, so müssen wir doch fragen, wie es mit
40 dieser Normalität eigentlich steht. Bestimmt wird sie dadurch, daß die betreffenden Gefühle zum Durchschnittstypus des Menschen gehören; das Normale wird bestimmt durch das biologisch Typische, so wie etwa in der Physiologie die Rede ist vom normalen Auge, von dem normalen Gehör, dem normalen Gehirn und dergl. Aber wie, wenn in einem einzelnen Men-
45 schen oder in einer kleinen Gruppe sich eine neue Billigungsweise oder eine neue Billigungssphäre Bahn bricht? Biologisch ist das eine Abnormalität. Und doch meinen wir, daß diese einzelnen entgegen der ganzen Welt die

richtige, und einzig richtige Wertschätzung vollzogen haben mögen: Christus
gegen die ganze antike Welt. Wir meinen, es gebe so etwas wie einen sittlichen Fortschritt, es träten in der Entwicklung der Menschheit ganz neue
Formen des Heldentums auf, es gebe eine ethische Genialität, die mit einem
5 Schlage neue Sphären ethischer Einsicht eröffne. Sollen wir das Urteil abhängig machen von den Zufällen der historischen Entwicklung? Sollen wir
sagen: Christus wäre ein abnormaler, gänzlich verschrobener Mensch, wenn
die christliche Ethik sich nicht historisch durchgesetzt hätte? Aber hat sie
sich denn ernstlich und innerlich durchgesetzt? Ist die Herrschaft dieser oder
10 jener Formen christlichen Bekenntnisses eine innere Herrschaft des christlich
sittlichen Fühlens? Und schließlich: Die Majorität der Menschen steht außerhalb des christlichen Bekenntnisses. Und wieder: Was soll das zufällige
Faktum, daß sich die Art eines Menschen historisch durchgesetzt hat, ihm
für einen besonderen Wert geben etc.?
15   Mit der Beziehung der Normalität auf einen Durchschnitt reichen wir also
nicht aus, und wirkliche Allgemeinheit der moralischen Empfindungen und
Beurteilungen ist nicht vorhanden, und wenn vorhanden, so nicht konstatierbar, und wenn konstatierbar, so nicht im aktuellen und einsichtigen moralischen Urteil maßgebend.
20   Der ethische Idealist wird auch folgendes einwenden: Daß gewisse Fühl-
und Billigungsweisen in der Menschheit allgemein verbreitet sind, mag zugestanden werden. Gesetzt, es sei so; aber warum sollen diese allgemeinen
Fühlweisen eigentlich einen Vorzug haben vor den besonderen, die Individu-
en und Gruppen von Individuen voneinander unterscheiden? Warum den
25 Relativismus in bezug auf die Spezies intelligenter Wesen annehmen und den
individuellen Relativismus ablehnen; warum es dem Individuum verwehren,
wenn es sich auf sich selbst stellt und sagt: Ich fühle so, du fühlst anders; ich
habe an dem Geschmack, du an anderem? Individuen und Rassen weichen
in ihrem sinnlichen Geschmack voneinander ab; was dem einen gefällt,
30 davor ekelt dem anderen. Aber warum diese Abweichung eines besonderen
Geschmacks, den wir sittlichen Geschmack nennen, so tragisch nehmen,
warum die Zusammenstimmung des Geschmacks hier mit dem erhabenen
Namen Tugend zieren, die Abweichung als Laster brandmarken? Eine spezielle Art des Ekels wird als Laster definiert, das ist alles; eine besondere Art
35 der Annehmlichkeit als Tugend.
  Haben die Werturteile ihre Objektivität, ihre Wahrheit, also absolut allgemeine Gültigkeit wie irgendwelche sonstigen Urteile, gibt es also Werte, und
speziell sittliche Werte, die nicht nur Werte sind für den oder jenen, für diese
oder jene Rasse oder Spezies, sondern Werte an sich, dann liegt die Sache
40 anders; dann werden zu den Werten objektive Wertverhältnisse gehören,
Unterschiede des höheren und niederen Wertes, die ebenfalls in sich selbst
Geltung und Bestand haben; dann können wir von einem niederen und
höheren Verhalten im Fühlen, Begehren und Handeln sprechen, dann können wir dem himmelhohen Abstand zwischen sinnlichen und sittlichen Wer-
45 ten, zwischen Geschmack am Gemeinen und dem Geschmack am Edlen
gerecht werden; und dann können wir auch den Unterschied zwischen individuellem Geschmack und der einsichtigen Wertung, die den sittli-

chen Wert als solchen und einsichtig erfaßt, verstehen. Die Würde des Ethischen liegt in seiner idealen und schlechterdings unaufhebbaren Geltung und
in der Erhabenheit seiner absoluten Werte über alle niedrigen und alle
Scheinwerte, eine Erhabenheit, die als Wertabstand selbst wieder einsichtig
5 erfaßt werden kann und zur Sphäre der objektiven Geltungen gehört.

Daß mit der strengen Allgemeingültigkeit und Apriorität der ethischen
Normen ihre eigentliche Würde verlorenging, diese Bemerkung ist jederzeit
eines der stärksten Motive des ethischen Rationalismus gewesen. Hume weiß
dies sehr wohl, aber er ist eben voll bewußt ethischer Skeptiker. Um
10 sich wenigstens äußerlich zu salvieren, wirft er einen Gedanken hin, den er
sicherlich nicht ernst nimmt. Er meint nämlich, die moralischen Gefühle
gründen in der besonderen Konstitution unserer Spezies; aber da diese Konstitution von Gott stammt, so gewinnen dadurch die moralischen Einsichten
eine Art göttliche Sanktion. Das ist einer jener frivolen Aussprüche, wie wir
15 sie bei Hume leider mehrfach finden. Es ist zweifellos, daß Hume religiös
ungläubig war und daß er hier wie in ähnlichen Fällen theologischen Vorurteilen schmeicheln will. Er war viel zu scharfsinnig, um dieses Argument
nicht als Sophisma zu durchschauen. Nach ihm ist es aber ernst genommen worden, z. B. von Smith. Ich sagte, das Argument ist ein Sophisma. In der
20 Tat ist es ja klar, daß von Gott in dieser selben Weise alles herstammt, das
Normale und Abnormale, das Gute und Schlechte. Von Gott stammt das
Allgemeine der menschlichen Konstitution, von Gott aber auch der Unterschied der Individuen. Also hätten in gleicher Weise Dummheit und Ge-
scheitheit, Irrtum und Wahrheit, Tugend und Laster die göttliche Sank-
25 tion.

Bedenklich ist übrigens auch folgendes: Der Theist verehrt Gott als ein
unendlich vollkommenes und speziell auch als ein moralisch vollkommenes
Wesen. Aber wenn das Gute nur gut ist, weil Gott uns gerade so konstituiert
hat, welchen Sinn hat es, Gottes unendliche Güte zu verehren? Wenn Gottes
30 Willkür die Güte erst macht, so entfällt jeder Grund, von Gottes Güte als
einer idealen Vollkommenheit zu sprechen.

⟨b⟩ Die Frage nach dem Ursprung der moralischen Begriffe und die Frage
nach dem erkenntnistheoretischen Charakter der moralischen Prinzipien⟩

Die Gefühlsmoral, die sich als empiristische und skeptische Moral konsti-
35 tuiert, hat also ihre großen Schwierigkeiten. Muß sich aber Gefühlsmoral als
empiristische konstituieren? Ist es aber wahr, das ist hier die fundamentale Frage, daß die Gründung der Moral auf das Gefühl und, genauer
gesprochen, auf Gemütstätigkeiten überhaupt die Dahingabe der strengen Allgemeingültigkeit oder allgemeinen Verbindlichkeit der
40 ethischen Normen zur notwendigen Folge hat? In der Überzeugung,
daß diese Folge eine selbstverständliche sei, waren die Vertreter der Verstandesmoral mit denen der Gefühlsmoral einig. Bei den ersteren war dies das
Hauptmotiv für ihren einseitigen Intellektualismus: Da sie von der Überzeugung durchdrungen waren, daß es in der Sphäre der Urteile über ethischen
45 Wert und Unwert eine absolute Norm des Richtigen gebe, an die jedes Ver-

nunftwesen gebunden sei, glaubten sie, jede Beteiligung des Gefühls an der
prinzipiellen Fundierung der Ethik leugnen und damit eine reine Verstandesmoral vertreten zu müssen. Die Moralisten der Gegenseite glaubten, durch
ihre umfassenden Analysen den Ursprung der ethischen Unterschei-
5 dungen im Gefühl über alle Zweifel erhoben zu haben und damit hielten
sie auch den ethischen Empirismus und Relativismus für erwiesen.[1]

An der rationalistischen Überzeugung von der absoluten Geltung der ethischen Normen werden auch wir gerne festhalten wollen. Wir verkennen nicht
den relativen Charakter vieler Werturteile, aber es gibt Klassen von Fällen,
10 wo der absolute Charakter der Urteile über Werte und Wertbeziehungen so
klar ist, daß wir nicht geneigt sein können, uns ohne die allerkräftigsten
Argumente, ohne die genauesten Analysen, die uns die Evidenz als Schein-
evidenz völlig aufklärten, zur Dahingabe der strengen Idealität und Objektivität der betreffenden Werturteile zu entschließen.

15 Halten wir an dieser Überzeugung, deren positive Sicherung und Klärung
freilich noch aussteht, zunächst fest, und sehen wir nun zu, wie es mit ihrer
Verträglichkeit mit den Forderungen der Verstandes- und Gefühlsmoral
bestellt ist! Hat die Gefühlsmoral zunächst in ihrer Hauptthese recht, daß
der Verstand allein keine Moral schaffen ⟨kann⟩, da in ihm die spezifisch
20 ethischen Begriffe nimmermehr entspringen können? Erinnern wir uns an
Humes Argumentation, so werden wir nicht anders als zustimmen können.
Nicht, als ob wir dem Inhalt seiner Argumentation in allem beipflichten
könnten; aber eines macht sie gewiß, eines wird durch sie völlig evident: Das
Gefühl ist an dem Zustandekommen der ethischen Unterscheidungen we-
25 sentlich beteiligt. Fingieren wir ein wahrnehmendes und denkendes Wesen,
das aller Fähigkeit des Fühlens, Begehrens, Wollens unfähig ist, so verliert
für ein solches Wesen die Rede von „gut" und „schlecht", von Wert und
Unwert, also auch von Tugend und Laster jeden Sinn.

Humes These ist aber nicht nur die, daß das Gefühl eine wesentliche Vor-
30 aussetzung der ethischen Begriffe und Urteile sei, sondern er erörtert auch
das Verhältnis zwischen Gefühls- und Verstandesvermögen in
ihrer ethischen Funktion. Aber diese Frage kann sehr verschieden verstanden
werden. Ich habe sie absichtlich in ziemlich vager Form ausgesprochen, da
Hume selbst zwar so tut, als ob es sich überall um dieselbe Frage handle,
35 während schon die verschiedenen Formulierungen, die er gibt, voneinander
abweichen und dabei selbst wieder, einzeln genommen, vieldeutig sind und
innerhalb der Humeschen Argumentation auch faktisch vieldeutig fungie-

---

[1] Die Frage läßt sich verallgemeinern und muß verallgemeinert werden. Die ethischen Urteile bilden einen bloßen Teil der Werturteile. Man kann also in dieser weiteren Sphäre einerseits fragen: Gibt es so etwas wie objektive, nämlich absolute Werte,
haben die Werturteile ihre Wahrheit und Falschheit in einem Sinn, der sie außer Beziehung setzt zum Individuum, zur Rasse, zur menschlichen Spezies? Gilt dies zumindest
für gewisse Werturteile? Und zweitens: Macht der Ursprung der Werturteile
oder des Wertbegriffs im Gemüt die Annahme einer Objektivität des
Wertes unhaltbar?

ren.[1] In der Einleitung zu seinen *Principles* bezeichnet er die Frage als eine „die allgemeinen Gründe der Moral" betreffende und formuliert sie näher so: „Ob die Moral aus der Vernunft oder aus dem Gefühl abzuleiten sei, ob wir zur moralischen Erkenntnis durch Ketten von Argumentationen oder
5   durch Induktion gelangen oder aber durch unmittelbares Gefühl, durch einen gewissen inneren Sinn, ob sie für jedes vernunftbegabte Wesen ein und dieselbe sei oder im besonderen Bau der menschlichen Gattung gründe."[2]
    Die Frage betrifft hier die Moral und die Prinzipien der ethischen Erkenntnis. Aber können Prinzipien der Erkenntnis anderes sein denn Erkenntnisse?
10 Kann eine Wissenschaft andere Grundlagen haben als Sätze und, subjektiv gesprochen, als Urteile, genauer, als Erkenntnisse? Wie kann hier also noch ein Streit sein? Gefühle sind doch keine Urteile, Gefühle können nicht Prinzipien einer Wissenschaft sein. So betrachtet ist es selbstverständlich, daß die Vernunft wie jede andere wissenschaftliche Disziplin so auch die Moralwis-
15 senschaft fundamentiert und aufbaut, und dann gibt es nur die eine Alternative, daß diese Disziplin eine apriorische ist oder eine aposteriorische und nicht noch die andere, daß diese Disziplin im Gefühl gründe. Sie mag in anderer Weise Gefühle voraussetzen und ohne Gefühlsvermögen undenkbar sein, Gefühle mögen die Objekte der ethischen und speziell moralischen
20 Beurteilung sein; so wie die Mathematik über Größen und Größenbeziehungen, so wie die Mechanik über Kräfte und Kräftebeziehungen urteilt, so die Moral über gewisse Gefühle, Begehrungen, Wollungen.
    Sagt man, das ethische Urteil ist eine Billigung oder Mißbilligung, die sich auf gewisse Gefühle und sonstige Gemütsbewegungen bezieht, ⟨so⟩ist das
25 offenbar ungenau. Eine Billigung ist ein Gefühl, und ein Gefühl ist kein Urteil. Das Urteil wird sich hier also irgendwie „in Beziehung"[3] auf dieses Gefühl der Billigung konstituieren, und die Ethik als Wissenschaft wird die prinzipiellen Urteile dieser Art, also diejenigen, die als Grundlagen für die allgemein ethischen und speziell moralischen Gesetze fungieren, erforschen
30 und aus ihnen auf logischen Wegen eben diese Gesetze ableiten.
    Das also kann gar keine Frage sein, daß die Prinzipien der Moral oder die Prinzipien der moralischen Erkenntnis keine Gefühle sind, sondern Erkenntnisse, also daß wir die Moral dem Erkenntnisvermögen, dem Verstand oder der Vernunft verdanken. Dagegen kann sehr wohl gefragt werden — und

---

[1] Im *Treatise* ⟨David Hume, *Über die menschliche Natur*, a.a.O.⟩, S. 3: „Ob der Unterschied zwischen Tugend und Laster auf Begriffen oder Impressionen beruht, und ob wir durch diese oder jene das Lob- oder Tadelnswürdige einer Handlung bestimmen...".

[2] David Hume, *Eine Untersuchung über die Principien der Moral,* deutsch herausgegeben und mit einem Namen- und Sachregister versehen von Thomas Garrigue Masaryk (Wien, 1883), S. 2 — Anm. des Hrsg.

[3] „irgendwie in Beziehung" Veränderung für: „in Reflexion"; dazu die Randbemerkung: „Brentano sagt: ‚in Reflexion'. Aber verstehen wir unter Reflexion innere Wahrnehmung, so scheint es, als ob ein bloßes Tatsachenurteil, ein Wahrnehmungsurteil resultierte, und das hilft natürlich nicht weiter." — Anm. des Hrsg.

diese Fragen spielen in den Streitigkeiten zwischen Verstandes- und Gefühlsmoral überall mit —, ob die spezifisch moralischen Begriffe in Reflexion[1] auf
Gefühle erwachsen sind oder nicht: so die Begriffe „gut" und „böse",
Tugend und Laster. Und wieder kann gefragt werden, ob die moralische
5 Erkenntnis, und näher die moralischen Gesetze *aposteriori* erwachsen durch
Erfahrung und Induktion, oder ob sie *apriori* erwachsen, also in einem gewissen Sinn der unerträglich vieldeutig Rede: durch bloße Vernunft, eben
nicht empirisch. Diese beiden Fragen kreuzen sich. Entscheidet man sich
dafür, daß der „Ursprung" der moralischen Begriffe in gewissen Gemütsak-
10 ten liege, so ist eine doppelte Auffassung möglich: nämlich, daß die moralischen Gesetze zusammenfassende Induktionen sind, die durch vergleichende
Betrachtung der menschlichen Gefühle, Begehrungen und Wollungen gewonnen werden, und somit auch nur auf den Menschen Beziehung haben; oder
daß sie apriorische Gesetze sind, die im begrifflichen Wesen der betreffenden
15 Gemütsakte gründen und somit Gesetze sind, die auf jedes Wesen überhaupt
Beziehung ⟨haben⟩, das überhaupt solcher Gemütsakte fähig ist. Daran wird
nichts Erhebliches geändert, wenn zum Wesen der spezifisch moralischen
Entscheidungen neben solchen Gemütsbetätigungen auch gewisse Erkennt-
nisbetätigungen beiträgen; die betreffenden apriorischen Sätze würden dann
20 gründen in komplexen Begriffen, die in allgemeiner Form teils Begriffe
befaßten, die in Gemütsakten, teils solche, die in Urteilsakten ihre Quelle
hätten.
　Würde man auf der anderen Seite die Beteiligung des Gefühls gänzlich
leugnen, würde man das Wesen des Moralischen in irgendeiner vom Gefühl
25 gänzlich unabhängigen Natur der Dinge suchen, so würde natürlich wiederum die doppelte Möglichkeit bestehen, daß die moralischen Unterscheidungen *apriori* aus bloßen Begriffen oder durch Erfahrung und Induktion entspringen.
　Dies wären die k l a r e n F r a g e s t e l l u n g e n in bezug auf den Ursprung der
30 moralischen Begriffe und der moralischen Gesetze. Gänzlich unklar ist es
aber, wenn man 1) in bezug auf den Ursprung der moralischen Begriffe fragt,
ob sie aus dem Gefühl oder ob sie aus dem Verstand stammen, und 2), wenn
man entsprechend in betreff des Ursprungs der moralischen Erkenntnisse
und Gesetze fragt. W a s s o l l d e n n d a s h e i ß e n, d i e B e g r i f f e e n t-
35 s t a m m t e n d e m V e r s t a n d? Ist Verstand das Vermögen zu denken, also
auch Begriffe zu bilden, so entstammen alle Begriffe dem Verstand. Nennt
man Verstandesbegriffe aber nur solche Begriffe, die aus dem allgemeinen
Wesen des Denkens, also aus den Denkformen entspringen in Abstraktion
von dem besonderen Was des Gedachten, so sind Verstandesbegriffe die rein
40 logischen und rein mathematischen Begriffe: Begriffe wie Begriff und Satz,
Identität und Unterschied, Einheit und Andersheit und dergl. Aber auf den
Einfall, die moralischen Begriffe in diesen Kreis einzuordnen und damit die
Moral als Abzweigung der reinen Logik zu fassen, ist niemand gekommen.

---

[1] „in Reflexion" später in eckige Klammern gesetzt; vgl. die vorige Anm. — Anm.
des Hrsg.

Also fragen kann man nur so: Jede begriffliche Vorstellung weist auf gewisse konkrete individuelle Vorstellungen hin, aus welchen sie durch Abstraktion erwachsen ist, oder vielmehr, in welcher sie ihre evidente Bestätigung, ihre Geltung suchen muß. Eine begriffliche Vorstellung ist eine allge-
5 meine Wortbedeutung. Will ich wissen, ob diese allgemeine Bedeutung überhaupt einen berechtigten Sinn, eine Möglichkeit hat oder ob sie nicht vielmehr einen Widersinn einschließt, so muß ich zur entsprechenden konkreten Anschauung zurückgehen, in welcher ich den Sinn des allgemeinen Wortes durch Abstraktion evident realisieren kann. Strebe ich nach Erkenntnis, und
10 zumal nach erkenntniskritischer Klärung, so darf ich mich nicht mit vagen Urteilen begnügen; ich muß von evident berechtigten Urteilen ausgehen, und dazu müssen die Begriffe, aus denen sich die Urteile aufbauen, evident berechtigt sein. Der Idealfall ist hier der, daß ich alle Begriffe evident realisieren, daß ich für jeden die Anschauungsquelle
15 nachweisen kann, in der er entspringt, nämlich aus der ich ihn durch aktuelle Abstraktion jederzeit evident konstituieren kann. Und somit haben wir auch in der Ethik zu fragen: Wo ist die Quelle der primitiven ethischen Begriffe, wo sind die Erlebnisse, aufgrund deren ich diesen Begriffen Evidenz der begrifflichen Geltung verleihen kann? Der vernünftige
20 Streit ist dann der, ob diese Quelle in den Gemütserlebnissen fließt oder in anderen Erlebnissen, etwa in der Anschauung äußerer Verhältnisse. Die letztere Alternative bedeutet dann aber nicht und kann nicht bedeuten: in der Vernunft.

Die Gefühlsmoral hat nun bewiesen, daß die Gemütstätigkeiten, die Ge-
25 fühle, wie es kurzweg heißt, diese Quelle abgeben; wenigstens die Beteiligung des Gefühls hat sie außer Zweifel gesetzt. Es handelt sich hier um eine Selbstverständlichkeit, die sofort einleuchten muß, sowie man sich die Ursprungsfrage klarmacht. Es ist selbstverständlich, daß von „gut" und „böse" gar keine Rede ist, wenn vom Gefühl abstrahiert ist. Freilich bleibt
30 es fraglich, ob nicht neben dem Gefühl noch anderes beiträgt. Es ist in der Tat strittig, ob zum eigentlich Moralischen nicht die bewußte Unterordnung unter das ethische Gesetz gehört, wie dies etwa Kant gelehrt hat. Doch das bleibe zunächst außer Betracht.

Während nun aber die Gefühlsmoralisten diese Selbstverständlichkeit be-
35 tonen, verlieren sie sich in schiefe Betrachtungen dadurch, daß sie als die andere Alternative die ansehen, ob die Quelle der moralischen Unterscheidungen im Intellekt liegt. Und zugleich vermengen sie die Frage nach dem Ursprung der Begriffe mit der zweiten Frage nach dem Ursprung und erkenntnistheoretischen Charakter der Urteile, nämlich der ethi-
40 schen Prinzipien und der obersten ethischen Gesetze. Hat die Ursprungsfrage bei den Begriffen den Sinn: Aus welchen Erlebnissen sind die Begriffe durch Abstraktion wirklich zu gewinnen, durch Rückführung auf welche Erlebnisse bekunden sie ihre evidente Möglichkeit; so handelt es sich bei den Urteilen um die Frage, welches die „Quelle" ihrer Wahrheit ist, nämlich ob sie den
45 Charakter von Tatsachenurteilen haben, welche eine zufällige Geltung haben, sofern die Leugnung dieser Urteile keine rein begriffliche Unverträglichkeit einschließt, oder ob sie den Charakter von apriorischen Urteilen haben, die

ausdrücken, was zum Wesen der in ihnen vorkommenden Begriffe unabtrennbar gehört:[1] Die einen Urteile verdanken die berechtigende Einsicht der
Wahrnehmung und der Induktion — einsichtig wird dann, wenn sie nicht
gerade schlicht innere Wahrnehmung ausdrücken, nicht ihre Wahrheit, son-
5 dern nur ihre Wahrscheinlichkeit —, die anderen entspringen aus den bloßen
Begriffen, das heißt, sie werden evident einfach dadurch, daß man sich die
begrifflichen Wesen zur Intuition bringt, und sie werden in ihrer strengen
Allgemeinheit und Notwendigkeit evident; ihr kontradiktorisches Gegenteil
ist absurd. Nennt man das Absurde unvernünftig, das in der Weise der rein
10 begrifflichen Notwendigkeit und Gesetzlichkeit Einleuchtende vernünftig,
dann hat man eine Rede von der Vernunft definiert, die offenbar
durchaus nicht ihren Gegensatz im Gefühl hat, sondern wir haben
hier, wenn wir uns auf die wahren Urteile beschränken, nur den Gegensatz
von vernünftigen Urteilen und Tatsachenurteilen, eben den Un-
15 terschied von apriorischen und aposteriorischen. Diesen Sinn der
Rede vom Ursprung des Moralischen aus der Vernunft hatten nun gerade die
Vernunftmoralisten, ohne sich ganz klar darüber zu sein, im Auge; daher
ihre beständige Parallelisierung der Ethik mit der Mathematik.

⟨c⟩ Widerlegung von Humes Argumenten gegen die
20 apriorische Geltung moralischer Urteile⟩

Hume befaßt unter dem Titel der Vernunft sowohl das Auffassen und
Induzieren von Tatsachen als auch die apodiktischen Erkenntnisse von
apriorischen Sachverhalten. Gleichwohl bekämpft er in vielfachen Argumenten den Ursprung der moralischen Urteile aus der Vernunft, als ob die Dis-
25 junktion Tatsachenurteil und apriorisches Urteil keine vollständige, als ob
als ein drittes Disjunktionsglied Gefühle fungieren würden und fungieren
könnten. Überblicken wir seine Argumente, so sehen wir nun leicht, daß er
in einer Reihe derselben hauptsächlich den Nachweis im Auge hat, daß ohne
Beteiligung des Gefühls ein moralisches Urteil nicht entstehen, die morali-
30 schen Begriffe ohne Inhalt bleiben müßten. In dieser Hinsicht hätten wir
nichts einzuwenden. Aber die unklare Rede von der Vernunft läßt
andere seiner Argumente eine Wendung machen, wodurch sie auf eine ganz
andere These abzielen, nämlich daß moralische Urteile nicht apriorische sind, und zwar nicht bloß unter Voraussetzung, daß diese Urteile auf
35 äußere Verhältnisse gehen, in die Gefühl keine Ingerenz übt, sondern auch unter der Voraussetzung, daß Gefühle in die Materie
der ethischen Urteile einbezogen werden. Die Argumente sind für

---

[1] Charakteristisch dafür, wie Hume „in der Vernunft gründen" und „in den ‚Objekten' (nämlich ohne Inanspruchnahme des Gefühls) gründen" identifiziert, zeigt die
Anmerkung in dem Abschnitt über Gerechtigkeit. ⟨David Hume, *Über den menschlichen Verstand,* a. a. O.⟩, S. 117.

uns von besonderem Interesse, denn das möchten wir ja gerne wissen, ob Hume und die Gefühlsmoralisten nicht nur im Recht sind, wenn sie sagen, daß das Gefühl ein wesentliches Fundament der moralischen Unterscheidungen ist, sondern ob sie in der zweiten These recht haben, daß nun keine Rede

5 mehr davon sein könne, daß die moralischen Gesetze apriorische Geltung haben so wie die mathematischen Gesetze. Die mathematischen Gesetze sind freilich reine Verstandesgesetze im Sinne der Kategorie; aber sollte es nicht apriorische Gesetze auch außerhalb dieser Sphäre geben? Gibt es nicht apriorische Gesetze der Zeitordnung, der Ordnung der Töne in der Tonreihe

10 und dergl.? Sollte in der Natur der Gefühle bzw. der in den Gefühlen gründenden Begriffe nicht eine apriorische Gesetzmäßigkeit gründen können?

Die Frage nach der eventuellen Apriorität der moralischen Urteile erörtert Hume, wie Sie sich erinnern werden, sowohl in den *Principles* als auch in dem großen *Treatise*. Hume bestreitet diese Apriorität in seiner Redeweise;

15 er bestreitet, daß die moralischen Urteile „Relationen zwischen Ideen" seien, daß sie in ähnlicher Weise erwachsen wie die mathematischen Urteile. Was er in den *Principles* vorbringt, läuft darauf hinaus, daß der Mathematiker aus bekannten und gegebenen Verhältnissen durch bloße Analyse der Begriffe und durch Deduktion neue Verhältnisse ableitet. Ganz anders im

20 Fall der Moral. Hier handelt es sich nicht um ein bloßes Deduzieren; hier müssen wir mit der ganzen objektiven Sachlage, mit allen relevanten Verhältnissen schon völlig vertraut sein, ehe das moralische Urteil überhaupt sprechen kann. Die Feststellung der Verhältnisse obliegt dem Intellekt. Hat er sein Werk getan, dann ist die moralische Beurteilung noch nicht zu Ende,

25 sie hat noch gar nicht angefangen. Es muß das Gefühl der Billigung oder Mißbilligung eintreten, das Herz muß sprechen, und dieses spricht das Urteil. Erst muß ich wissen, daß der Mörder wirklich Mörder ist, daß er nicht etwa aus Notwehr oder aus Versehen getötet hat. Dieses Wissen ist nicht das moralische Urteil. Nun muß die Mißbilligung eintreten, und mit

30 ihr vollzieht sich das Urteil. Es verhält sich, sagt Hume, mit der m o r a l i - schen Schönheit so wie mit der ästhetischen. Die Schönheit einer Figur kann nicht der Verstand *apriori* entdecken durch bloße Analyse und Deduktion. Was er da findet, sind die mathematischen Eigenschaften der Figur. Ein Gefühl muß hinzutreten, in dem sich die ästhetische

35 Schätzung vollzieht.

Richtig in dieser Argumentation ist natürlich, daß der moralische Wert und der Wert überhaupt keine konstitutive Eigenschaft des bewerteten Objekts ist, daß er nicht zum Objekt und zu den Objektverhältnissen an und für sich gehört als Teil oder Seite derselben. Gewiß, ohne das hinzutretende

40 Gefühl wäre weder von Moralischem, noch von Ästhetischem, noch von irgendwelchen sonstigen Werten die Rede. Was aber gar nicht bewiesen ist, ist dies, daß, wenn wir das Gefühl hinzunehmen und nun die Sachen in ihrer Wertschätzung betrachten bzw. die Sachen m i t s a m t den ihnen im Gefühl und in der darauf gebauten Vorstellung zugemessenen W e r t e n betrachten,

45 von einem Apriori keine Rede sein könne. Es ist nicht bewiesen, sage ich, daß die Wertungen nicht apriorischen Wertgesetzen unterstehen, Wertgesetzen, die vielleicht in ähnlicher Weise auf die bloße Form der wertenden Akte

und der Wertverhältnisse Beziehung haben wir die rein logischen Gesetze auf
die Form der Denkakte und der theoretischen Zusammenhänge.[1]

Gewiß, die Überzeugung, daß der Angeklagte der Mörder sei, ist nicht das
moralische Urteil; gewiß muß die Mißbilligung hinzutreten. Aber ist diese
5 Mißbilligung schon das moralische Urteil? Nehmen wir den Fall, es handle
sich um einen Mord aus Blutrache. Jeder Korse wird diesen billigen, und
vielleicht aufs lebhafteste billigen. Die Billigung ist aber eine unmoralische.
Der bloße Akt der Billigung macht es nicht. Der eine billigt so, der andere
anders. „Ein praktisches Verhalten ist moralisch gut" heißt nicht soviel wie
10 „Es wird gebilligt", sondern „Es ist billigenswert". „Gut" scheint sich zu
„billigenswert" ebenso zu verhalten wie „wahr" zu „behauptenswert". Gut
scheint zu sein, was Inhalt einer richtigen Billigung ist, so wie wahr ist, was
Inhalt eines richtigen Anerkennens ist. So wie die Rede von der Richtigkeit
bei Urteilen Beziehung hat auf Fälle, wo wir die Richtigkeit erleben, die
15 Wahrheit erschauen, so könnte doch die Rede von der Richtigkeit bei Wertungen Beziehung haben auf Fälle, wo wir die Richtigkeit des Wertens erleben, wo wir den Wert als objektiv geltenden erschauen. So wie zur Wahrheit
die apriorischen Wahrheitsgesetze gehören, die sich auf die rein formalen
Zusammenhänge zwischen Wahrheiten, gesetzten und vorausgesetzten und
20 dergl., beziehen, so könnten zur Idee des Wertes, und speziell dann auch des
moralischen Wertes rein formale Wertgesetze gehören, die sich auf die
Zusammenhänge zwischen wirklichen und hypothetischen Werten beziehen.
Es ist klar, daß all das durch Humes Argumentation gar nicht berührt ist. Er
hat diese Möglichkeiten nicht ausgeschlossen, und gerade um diese Möglich-
25 keiten handelt es sich.

Tiefer versuchen Humes Argumente im *Treatise* zu dringen, vor allem die
in unseren früheren Vorlesungen ausführlich reproduzierte Erörterung des
allgemeinen Verhältnisses zwischen Vernunft und Gemütstätigkeiten. Von
Vernunft und Unvernunft kann in der Gemütssphäre eigentlich nur gespro-
30 chen werden mit Beziehung auf die Vorstellungen und Urteile, in welchen die
Gemütsakte gründen. Eine Freude ist unvernünftig in dem Sinne, daß sie in
der Überzeugung von der Existenz des erfreulichen Objekts gründet, während
dieses Objekt in Wahrheit gar nicht existiert. Ein Wollen ist unvernünftig,
sofern es auf die Realisierung eines vermeintlichen Mittels abzielt, also eines
35 Mittels, das die bessere Einsicht als gar nicht geeignet erweist, den Endzweck
zu realisieren. Die falsche Beurteilung begründet die Rede von der Unvernunft. Und natürlich könnte auch die eventuelle Apriorität nur in den Urteilen gründen, direkt würde sie gar nicht die Gefühle betreffen. Nun möchte
man hier schon fragen, ob nicht die in Betracht gezogenen Zusammenhänge
40 zwischen den Gefühlen und Urteilen apriorischen Gesetzen unterstehen.
Ändert sich das Existenzialurteil, so wandelt sich das Gefühl; Freude
wandelt sich in Trauer, Trauer in Freude. Ist diese Wandlung eine zufällige?
Sollte es nicht ein apriorischer Zusammenhang sein, daß wenn die Existenz von A ein Wert ist, seine Nichtexistenz ein Unwert ist, und

---

[1] Form der Denkakte gleich Form ihrer Bedeutungsgehalte, ebenso in der Parallele.

umgekehrt? Und ebenso in den Verhältnissen zwischen Zwecken und Mitteln. Wäre es nicht in gewissem Sinn unvernünftig, den Zweck zu wollen und keines der Mittel zu wollen, die ihn allein zu realisieren
vermöchten? Läßt die Erkenntnis, daß ein angebliches Mittel überhaupt
5   gar kein Mittel ist, ein weiteres Anstreben dieses Mittels, sofern es nicht aus
anderen Gründen ein Wert ist, 〈nicht〉 als unvernünftig erscheinen? Diese
Rede von Unvernunft weist auf apriorische Zusammenhänge hin, denen man
doch nachforschen müßte.
      Wenn Hume seinerseits, in der Verlegenheit zu erklären, was die Rede
10 vom Widerstreit zwischen Vernunft und Gefühl eigentlich meine, da sie doch
vorzugsweise statthat, wo nicht die bloßen Urteile irrig sind, die den Gefühlen zugrundeliegen, wenn, sage ich, Hume auf den Unterschied der sanften
und heftigen Leidenschaften rekurriert, so ist das sehr wenig befriedigend.
Der Gewohnheitsdieb, der abgefeimte Schuft, folgt seinen stillen Leiden-
15 schaften, nicht heftigen Aufwallungen, aber wertet er richtig, vernünftig?
Geben wir ihm seine Endzwecke zu, dann herrscht Vernunft in seinem Handeln; nicht darum, weil er von stillen Leidenschaften bewegt ist, sondern
weil er seine Mittel den Zwecken richtig angepaßt hat. Er vollzieht richtig
relative Wertschätzung; ganz analog wie auf theoretischem Gebiet jemand,
20 von falschen Grundvoraussetzungen ausgehend, ein konsequent deduktives
System aufbaut, das vernünftig ist seinem Zusammenhang nach, unvernünftig aber in absolutem Sinn, da es an der Basis fehlt.
      Hume geht dann spezieller ins moralische Gebiet über. Er schließt nicht
nur im allgemeinen, daß die Vernunft wie in der Sphäre der Gemütstätigkei-
25 ten überhaupt, so in der Sphäre der moralischen nur jene untergeordnete
Bedeutung habe, sondern er sucht auch durch besondere Argumentation die
Unmöglichkeit eines moralischen Apriori zu beweisen. Aber freilich geht er
da von einer Voraussetzung aus, die ihm niemand zugestehen wird. Die
apriorischen Wahrheiten nennt er Relationen zwischen Ideen und, wie schon
30 der Name es andeutet, beziehen sie sich auf Verhältnisse. In seiner Rela-
tionstheorie zählt er nun vier Klassen von Verhältnissen auf, bei denen es
allein apriorische Erkenntnisse geben können soll: Ähnlichkeiten, Wider-
streite, Grade der Qualität, Proportionen der Größe und Zahl.
      Nun 〈stellt sich aber die〉 Frage: Wie steht es mit den Axiomen, in denen
35 die Zeitordnung gründet oder die Ordnung des Tongebiets und dergl., oder
wie steht es mit apriorischen Sätzen derart wie der Satz: Keine Ausdehnung
ohne qualitative Bedeckung, kein Ton ohne Tonintensität usw.? In welche
der vier Klassen sollen wir diese Axiome einordnen? Vom Vorurteil geleitet,
daß es nur diese vier Klassen gebe, oder, was dahintersteckt, daß es nur rein
40 logische und mathematische Axiome gebe, erklärt er nachher, es sei undenkbar, daß auf dem moralischen Gebiet apriorische und dabei spezifisch moralische Verhältnisse beständen; denn jedes mögliche apriorische Verhältnis
auf dem moralischen Gebiet finde sich auch außerhalb desselben. Und darauf folgt dann ein weiteres Argument, das den Hauptcoup enthält: Die
45 moralischen Gesetze sollen ewige Maßstäbe des Rechten und Unrechten sein
und sollen für jeden Willen überhaupt *apriori* verbindlich sein. Also müßten
apriorische Verknüpfungen zwischen der Gesetzesvorstellung oder den ein-

zelnen Vorstellungen von moralischen Werten und dem Willen bestehen;
mit anderen Worten, die Apriorität der Verbindlichkeit moralischer Gesetze
bedeutet oder impliziert die apriorische Erkennbarkeit einer Kausation. Das
widerspricht aber den Ergebnissen der Erkenntnistheorie, welche nachweist,
5 daß wir immer und überall nur aufgrund der Erfahrung ein Bewirken und
Bewirktwerden auszusagen vermögen, und daß also nie und nirgends ein
kausales Verhältnis *apriori* eingesehen und vorausgesagt werden kann. Bestände Apriorität, so wäre die Leugnung einer Kausation absurd. Im Gegenteil aber können wir uns in jedem Fall sehr wohl und voll anschaulich vor-
10 stellen, daß die Wirkung nicht eintritt, daß der Ursache auch eine ganz andere Wirkung oder überhaupt gar keine folge. Der Rationalismus transzendiert
also die Erfahrung, er nimmt Gesetze an, die der Erfahrung Ziele und Wege
vorschreiben, die *apriori* bestimmen, wie der Wille sich verhalten soll oder
muß. Der Rationalismus scheitert also nicht nur daran, daß es keine aprio-
15 risch moralischen Beziehungen gibt, sondern auch daran, daß, selbst wenn es
solche gäbe, ihre Kraft, den Willen allgemein und notwendig zu verbinden
oder zu zwingen, *apriori* nicht eingesehen werden könnte.

Hier liegt aber ein offenbarer Trugschluß vor. Der Fehler tritt unmittelbar
hervor, wenn wir den Schluß in das parallele Gebiet, in das logische, über-
20 tragen. Genau so könnte man argumentieren, daß die Apriorität der logischen Gesetze doch auch die Bedeutung einer apriorischen Verbindlichkeit
derselben für jedes Denken überhaupt besitze, also müßte eine apriorische
Kausation bestehen zwischen Denken und der Vorstellung dieser Gesetze
usw. Natürlich besteht der Trugschluß darin, daß die apriorische Verbind-
25 lichkeit eben nicht bedeutet apriorische Bindung im Sinne eines naturgesetzlichen, psychologischen Zwanges. Sonst könnte ja niemand anders als logisch
denken und könnte niemand anders denn ethisch richtig wollen. Gewollt
wird oft genug anders trotz der Erkenntnis des Richtigen, aber das Gesetz
verbindet darum doch. Seine Verbindlichkeit besagt, nur so zu wollen ist
30 eben richtig wollen; du kannst anders wählen, aber du wählst eben das
Unwerte, das Unrichtige.

Noch ein anderes Argument: Die moralischen Normen sollen in apriorischen Verhältnissen gründen. Wir finden aber dieselben Verhältnisse bei
Gefühlen und Handlungen bei Tieren. Unterliegen also die Tiere auch der
35 moralischen Beurteilung? Das wird niemand annehmen. (Beispiel der Blut-
schande ⟨David Hume, *Über den moralischen Verstand,* a. a. O.⟩, S. 24.)

Antwort: Natürlich, die moralische Häßlichkeit muß erst da sein, ehe die
Vernunft, gefaßt als das bloße Urteil, als die Aussagebedeutung, sie konsta-
tieren kann, und sicher hängt diese moralische Häßlichkeit von dem Willen,
40 den Begierden, den Gemütstätigkeiten ab, sofern dieselben die Objekte der
Wertschätzung sind. Diese Wertschätzung ist nicht ein bloßes Urteil, sondern
sie setzt die Wertung als ein gewisses Gefühl, nennen wir es Billigung oder
Mißbilligung, voraus. Dieses ist ganz Humes Ansicht, und darauf will er
hinaus, daß das Tier dieser Billigung oder Mißbilligung nicht fähig ist und
45 daß es darum weder moralisch noch unmoralisch, sondern nicht-moralisch
ist. Und ebenso scheint er zu meinen — jedenfalls ist das nicht deutlich
unterschieden —, daß auch wir Menschen das tierische Verhalten nicht als

moralisch oder unmoralisch beurteilen, weil wir unsere Gefühle der Billigung
oder Mißbilligung nicht an ihre Handlungen und Gesinnungen knüpfen, weil
wir mit ihnen nicht sympathisieren. Das Letztere wäre nicht ganz richtig.
Wir sprechen mit Liebe von der Treue des Hundes, wir nennen ihn ein edles
5 Tier, wir sympathisieren im Kampf der Tiermutter für ihre Jungen, wir mißbilligen die Blutgier des Tigers usw. Unsere Gefühle der Billigung scheinen
bei den Tieren dasselbe zu betreffen wie bei den Menschen. Und doch
betrachten wir die Tiere nicht als moralische Wesen, so wenig sie sich selbst
als solche betrachten. Der Grund ist klar. Jedermann wird hier sagen: Es
10 sind unvernünftige Wesen. Natürlich meint dieses „ unvernünftig " nicht den
Mangel an theoretischer Wissenschaft, an Fähigkeit des theoretisch abstrakten Erkennens und dergl. Es meint auch nicht den Mangel der Tiere, wechselseitig ihr Verhalten zu billigen oder zu mißbilligen, denn auch das kann
sehr bezweifelt werden, daß den Tieren diese Fähigkeit mangle. Indessen, so
15 wie das Tier sicherlich urteilt, aber nicht der Unterscheidung zwischen einsichtigem und blind-instinktivem Urteilen fähig ist, so wertet das Tier; es ist
aber unfähig des Unterschieds zwischen blinder und einsichtiger Wertung.
Und da es dieses Unterschieds unfähig ist, kann auch das Bewußtsein der
Richtigkeit einer Wertung, das Bewußtsein der Normalität, die vernünftige
20 Einsicht, daß so werten richtig werten, so fühlen, so wollen, so handeln richtig fühlen und handeln ist, kein Motiv des Handelns und somit kein Motiv
einer sittlichen Erziehung, einer Charakterbildung werden. Das Tier kann
sich unter keine Norm beugen, weil es unfähig ist, eine Norm zu erkennen.
Ein Wesen, das des begrifflichen Denkens und Theoretisierens unfähig ist, ist
25 alogisch; es kann intuitive Findigkeit, nicht aber diskursive Vernünftigkeit
haben und daher nicht danach beurteilt werden. Ein Wesen, das des einsichtigen Wertens unfähig ist, unfähig, seiner und anderer Wesen Gefühle, Gesinnung und dann auch die darauf bezogenen Gefühle höherer Stufe — die Billigung und Mißbilligung — selbst wieder zu werten und hierbei zwischen
30 richtigem und verkehrtem, einsichtigem und blindem Werten zu unterscheiden, ein solches Wesen kann instinktiv schön und häßlich handeln, nämlich
so, daß ihm vernünftige Erschauer entsprechend einsichtiger Wertung dergleichen zumessen, aber es kann nicht durch Schönheit und Häßlichkeit
motiviert werden, es kann sich nicht ein κάλον zum Ziele setzen, es kann das
35 κάλον als solches nicht einem bloßen ἡδύ als solchem vorziehen, geschweige
denn, daß es auf die Ausbildung edler Gesinnung, auf eine sittliche Charakterbildung und dergl. ausgehen kann.

Aber das wäre, meint Hume, eine ganz verkehrte Antwort, eine Antwort,
die einen Zirkel einschlösse. Denn ehe die Vernunft die moralische Häßlich-
40 keit wahrnehmen kann, muß diese doch erst da sein. Die moralische Häßlichkeit ist das Objekt, nicht das Geschöpf der vernünftigen Erkenntnis. In
Wahrheit wäre also jedes Tier aller Tugenden und Laster fähig, die wir
irgendwie bei Menschen vorfinden. Der ganze Unterschied bestände darin,
daß das Tier bei seinem Mangel an Vernunft unfähig ist, Tugend und Laster
45 zu entdecken.

Dieses Argument ist, sagt Hume, entscheidend. Bestände das Wesen der
Moralität in Verhältnissen, so ist dem Schluß nicht zu entgehen: Bei Tieren

und Menschen sind die Verhältnisse genau dieselben, also auch die moralischen Unterschiede bei beiden in gleicher Weise anwendbar.

Hume zeigt nachher noch in kürzerer Weise als in den *Principles,* daß die Moralität auch nicht in einer objektiven Tatsache bestehen kann, welche
5 durch den Verstand entdeckt werden könnte, und kommt zu dem Ergebnis: Wenn ihr sagt, eine Handlung oder ein Charakter sei lasterhaft, so wollt ihr nichts anderes sagen, als daß ihr vermöge der Einrichtung eurer Natur ein Gefühl oder eine Empfindung des Tadels gegen sie habt, wenn ihr sie euch vorstellt. Tugend und Laster können also mit Tönen und Farben, mit Hitze
10 und Kälte verglichen werden, welche nach der neueren Philosophie keine Qualitäten in den Dingen selbst sind, sondern bloße Perzeptionen in der Seele.[1]

Wir sehen hier die Einseitigkeit und Unvollkommenheit der Auffassung Humes mit besonderer Klarheit. Die bloße Billigung, das Hinzutreten ir-
15 gendeines besonderen Gefühls, kann die Moralität einer Entscheidung nicht ausmachen. Ohne den Unterschied zwischen richtigen und Scheinwerten und ohne die Fähigkeit, dieses Unterschieds inne-zuwerden und ihn im Handeln praktisch maßgebend werden zu lassen, ist von Moral keine Rede.[2]

20 Wenn Hume bewiesen zu haben glaubt, die Gründung der Moral auf Vernunft könnte keine wesentlichen Unterschiede zwischen Mensch und Tier übriglassen, so zeigt sich das Gegenteil. Die apriorischen Verhältnisse betreffen natürlich nicht die bloßen Gefühle und Handlungen der Menschen und Tiere unter Abstraktion von den Wertungen, sondern umfassen diese mit,
25 und sie umfassen auch mit die Fähigkeiten des Urteilens über diese Wertungen.

Auch in der menschlichen Sphäre ist übrigens ein Unterschied zwischen der schönen Seele und dem Typus der sittlichen Vollkommenheit. Die schöne Seele verkörpert das Ideal einer Persönlichkeit, die rein intuitiv,
30 ohne jedwede vorangegangene Reflexion, also rein instinktiv, jeweils das Rechte tut. Der sittliche Charakter tut aber das Rechte aufgrund der einsichtigen Wertschätzung und Beurteilung, und seine habituelle Richtung zum Guten und sein habituelles Handeln nach diesem Ziel ist durch Stadien ver-

---

[1] Vgl. die feine Bemerkung über die moralischen Theorien, die eine Zeit lang rein theoretisch in gewöhnlicher Weise begründend schließen und ein „ist" oder „ist nicht" feststellen, während dann plötzlich, ohne daß darüber Rechenschaft gegeben wird, aus dem „ist" und „ist nicht" ein „soll" und „soll nicht" wird. ⟨David Hume, *Über den menschlichen Verstand,* a. a. O., S. 27 f.⟩

[2] Also auf das Schöne als Schönes zielmäßig ausgehen, besser, auf das echte Schöne, das wahrhaft Schöne ausgehen.

Das Tier hat keine Wissenschaft: Es kann sich nicht auf Wahrhaft-Sein und Wahrheit als Ziel richten. Es kennt kein Erkennen im rein theoretischen Interesse, dem Wahrheitsinteresse. Ebenso gibt es ein Wahrheitsinteresse im Gemüt und Willen. Der Mensch erfaßt das praktisch Wahre (das Gute) und stellt es ⟨sich⟩ zum Ziel, konsequent, und das ist Leben in der Wahrheit, das rechte eben.

nünftiger Erwägung hindurchgegangen. Der sittliche Charakter ist das Werk
der sittlichen Charakterbildung, und zwar auch der sittlichen Arbeit an sich
selbst. Die schöne Seele ist ein Naturprodukt, unter besonders günstigen Verhältnissen erwachsen wie eine schöne Blume. Die schöne Seele gewinnt
5 Gunst, Liebe, ästhetische Bewunderung; der sittliche Charakter aber hat
Größe und Würde, er ist Objekt der ethischen Bewunderung und Verehrung.

Auf intellektuellem Gebiet: 1) praktische Klarheit, gesunder Menschenverstand, der in eingeschränkten Verhältnissen sich schnell zurechtfindet und
instinktiv und intuitiv ohne weiteres das Rechte findet. 2) Der theoretische
10 Habitus und die Wissenschaft. – (Aber wie ungeschickt ist der große Gelehr-
te in den praktisch-einfachen Verhältnissen, wo ihm der gemeine Verstand
gewöhnlich so sehr überlegen ist!)

So wie die theoretische Vernunft in Form der Wissenschaft die unendliche
Überlegenheit des Menschen über das Tier erweist und den höheren Geistes-
15 typus gegenüber dem gesunden Menschenverstand darstellt, so auch im Vergleich der schönen Seele und der sittlich großen und tüchtigen Seele.

Nr. 3 Kritik der Kantischen Ethik[1]

⟨a⟩ Praktische Gesetze als materiale Vernunftwahrheiten⟩

Kant hatte praktisches Gesetz als eine Regel definiert, die für jedes Ver-
20 nunftwesen überhaupt als gültig erkannt wird im Gegensatz zur Maxime, die
sich das Subjekt als für sich selbst gültig zur Regel macht. Soll es praktische
Gesetze geben, so muß es, schließt er, in der reinen Vernunft zur Wil-
lensbestimmung hinreichende Gründe geben. Das ist nach Kant ein analytischer Satz. Als gültig für jedes vernünftige Wesen überhaupt wird ein Satz
25 eben dann erfaßt, wenn er in dem gründet, was das Vernunftwesen als solches charakterisiert, also in der Vernunft, und nicht in dem, was Vernunftwesen von Vernunftwesen unterscheidet.

Diese reine Vernunft versteht Kant als ein rein intellektuelles Vermögen;
ihr setzt er an die Seite das Gefühls- und Begehrungsvermögen. Die Motive
30 des Begehrens, nimmt er an, können aus dem Gefühl der Lust oder Unlust
entstammen oder sie können aus dem Intellekt entstammen, und sogar rein
aus dem Intellekt. Wenigstens ist dies die Bedingung für die Möglichkeit
praktischer Gesetze.

Sollen wir zu dieser Lehre kritisch Stellung nehmen, so werden wir etwa
35 sagen: Praktische Gesetze sind allgemeingültige Normen. Ihr Anspruch auf
allgemeine Geltung muß sich natürlich vor irgendeinem Gerichtshof ausweisen, und dieser Gerichtshof ist die Vernunft: Die allgemeine Geltung der
Norm besteht, wenn sie mit Evidenz als so gültige eingesehen werden kann.
Eine Norm ist ein Satz; daß ein Satz gilt, das kann ich mit Recht nur
40 behaupten, wenn ich seine Geltung eben einsehe, und dieses Einsehen ist eine

---

[1] Aus der Vorlesung „Grundfragen der Ethik" vom Wintersemester 1902/03 –
Anm. des Hrsg.

Betätigung der Vernunft. In dieser Hinsicht machen aber die praktischen Gesetze keinen Unterschied von allen anderen Sätzen. Jeder wahre Satz gilt für jedes Vernunftwesen überhaupt. Er ist wahr, er kann eingesehen werden, er kann für jedes Vernunftwesen als verbindlich eingesehen werden —, das
5 sind, wenn nicht identische, so äquivalente Behauptungen. Kann man nun sagen, eben darum hat jede Wahrheit ihre Quelle in der reinen Vernunft? Die Gültigkeit für jedes Vernunftwesen fordere, daß jeder wahre Satz in dem gründe, was zum allgemeinen Wesen der Vernunft gehöre, und nicht in dem, was das eine Vernunftwesen von irgendeinem anderen unterscheide?
10 Wir werden doch entscheiden müssen, daß dies ein Fehlschluß ist. Der eine ist sinnlich normal, der andere sinnlich abnormal; unter den Abnormalen ist der eine angeboren taub, der andere angeboren blind und dergl. Beruhen aber nicht weite Sphären der Wahrheit und sogar ⟨der⟩ apriorischen Wahrheit auf sinnlichen Vorstellungen? Ist es nicht eine Wahrheit, und eine
15 durch Einsicht, durch adäquate Erschauung zu realisierende Wahrheit, daß Purpur qualitativ vermittelt zwischen Rot und Blau, Grau zwischen Schwarz und Weiß, nicht aber zwischen Rot und Grün; daß je drei Tonqualitäten ihre feste Ordnung haben, daß notwendig einer unter ⟨den Tönen⟩ ein mittlerer ist, daß diese Ordnung eine offene ist, welche Anfangs- und Endpunkt von-
20 einander entfernt, so daß jede Tonreihe notwendig eine offene und nicht eine sich schließende ist; daß Farbe notwendig verknüpft ist mit Ausdehnung in der Weise einer Überdeckung usw.? Aber alle diese Wahrheiten beziehen sich auf solches, was eventuell Vernunftwesen von anderen Vernunftwesen unterscheidet. Ein Vernunftwesen hört ja nicht auf, vernünftig zu sein, wenn
25 es farbenblind oder absolut blind ist, und zwar in der Weise eines angeborenen Defekts, oder wenn es angeboren taub ist, kurzum, wenn es der betreffenden anschaulichen Vorstellungen entbehrt, ohne welche es die Begriffe von Farben und Tönen und die zugehörigen Wahrheiten nicht fassen, die bezüglichen Worte und Sätze überhaupt gar nicht verstehen kann. Eine
30 unendliche Fülle von Wahrheiten gelten, und selbstverständlich für jedes Vernunftwesen, denn subjektives Gelten ist gar kein Gelten und hebt den Begriff des Geltens auf; und doch gründen sie nicht im allgemeinen und reinen Wesen der Vernunft, sie beziehen sich auf eine Erkenntnismaterie.
Es gibt reine Vernunftwahrheiten, es gibt Wahrheiten, die gegen alle „Ma-
35 terie", gegen alle Sinnlichkeit unempfindlich sind, sofern sie an Stelle sinnlicher Begriffe unbestimmte enthalten, die durch willkürlich zu wählende sinnliche Begriffe ersetzt werden können, *salva veritate*. Es gibt Wahrheiten, die von allem Sinnlichen befreit werden können bzw. schon nichts von sinnlichen Begriffen enthalten. So z. B. jeder rein arithmetische Satz: $2+3=5$;
40 ebenso jeder rein logische Satz wie: Wenn alle A B und alle B C sind, so sind alle A C. Aber offenbar ist das ein sehr eingeschränkter Kreis von allgemeinen Wahrheiten, und für jedes Vernunftwesen verbindlich sind nicht nur sie, s o n d e r n a l l e W a h r h e i t e n überhaupt: Sonst wären sie eben nicht Wahrheiten. Diese Verbindlichkeit besagt in allen Fällen: Jedes Wesen, das
45 urteilt, es sei so, urteilt richtig, urteilt vernünftig, es bewährt sich so urteilend als vernünftig. Und urteilt es anders, so urteilt es eben falsch, unvernünftig; für jedes besteht bei der einen Urteilsweise die M ö g l i c h k e i t der Evidenz,

der intuitiven Realisierung des Geurteilten, für ⟨die⟩ andere besteht Möglichkeit nicht, vielmehr besteht dann die entgegengesetzte Möglichkeit: die
des intuitiven Widerstreits. Und selbstverständlich, damit ein Vernunftwesen so urteilen und eventuell einsehen könne, muß es die betreffenden Vor-
5 stellungen haben, und für jedes besteht die Möglichkeit, alle Vorstellungen
zu haben und alle entsprechenden Intuitionen zu vollziehen. Diese Möglichkeiten bestehen als ideale, aber nicht als physische. Ich kann nicht über
die tiefsinnigsten Theorien der Mathematik urteilen, da ich sie nicht verstehe, und vielleicht habe ich nicht genug Geistesfähigkeiten, um sie jemals zu
10 verstehen. Darum sind diese Theorien nicht für mich falsch oder nicht für
mich weder wahr noch falsch, denn Wahrheit und Falschheit beziehen sich
nicht auf mich, sie drücken eine Objektivität aus, die nicht fragt, was ich
realiter vorstellen oder urteilen mag oder nicht mag, wieviel ich zufällig und
tatsächlich kann oder nicht kann. Die ideale Möglichkeit besteht aber doch,
15 sofern ich meine Vernunft, meine beschränkte und schwache, idealisiert denken kann. Es gehört nämlich zum allgemeinen Wesen der Denkformen und
Denkmaterien, daß sie gewisse Verknüpfungen zulassen und andere nicht.
Daß sie es tun, das erschaut der Einsichtige, und erschaut er es, so sagt er,
diese Urteilsweise gilt, und wer anders urteile, der sieht sie eben nicht, und
20 wer den Sinn der Behauptungen nicht verstehe, der kann hier nicht urteilen
und erst recht nicht sehen. Könnte er sich von seinen zufälligen intellektuellen Schranken befreien, dann würde er es so gut sehen wie ich.
     Das ist also das erste, was wir einzuwenden haben. Die Objektivität der
Geltung, welche die Wahrheit wie jedes anderen wahren Satzes, so diejenige
25 einer wahren Norm ausmacht, ist zwar Verbindlichkeit für jeden Vernünftigen überhaupt, aber darin liegt nicht der Ursprung der Norm in der reinen
Vernunft, etwa gar gedacht als ein eigenes, von der Sinnlichkeit und allen
anderen Vermögen getrenntes Vermögen. Es ist sehr wohl möglich, daß die
Norm neben den Gedankenformen, die sie rein der „Vernunft" entnimmt,
30 auch eine Materie enthält, die nicht der Vernunft entstammt, also z. B. auch
eine Materie, die dem Gefühls- und Begehrungsvermögen entstammt. Ob sie
es tut, das kann natürlich nur ihr Inhalt lehren, der Sinn ihrer Behauptung.
Nun spricht Kant zwar zunächst beständig nur ganz allgemein von einem
„praktischen Gesetz", aber soviel ist doch klar, daß, wenn dies ein Satz sein
35 soll, der eine Norm des Handelns ausdrücken soll, Gefühl und Begehren
wesentlich vorausgesetzt sind. Denn woher mag das Sollen einen Sinn haben,
wenn wir ein Wesen fingieren, das rein vernünftig ist? Wie kann die unbedingte Gültigkeit des Sollens eingesehen werden, wenn nicht irgendwelche
Beziehungen oder Eigentümlichkeiten von Gefühlen, von Gemütsakten zu-
40 grundeliegen, auf welche der Urteilende hinsieht?
     Die englische Gefühlsmoral hat es doch außer Zweifel gesetzt: Fingieren
wir ein Wesen, das gleichsam gefühlsblind ist, so wie wir Wesen kennen, die
farbenblind sind, dann verliert alles Moralische seinen Inhalt, die moralischen Begriffe werden zu Worten ohne Sinn.
45 Zum Wesen des praktischen Gesetzes gehört es, ein Imperativ zu sein, ein
Sollen auszudrücken; das haben wir soeben vorausgesetzt. Es ist eine schiefe
Behauptung Kants, daß solch ein Gesetz nur für ein endliches Wesen die

Imperativform annehme. Gewiß: Gott kann nicht anders als gut handeln, er ist absolut vollkommen, also tut immer und notwendig das Gute. Seine naturgesetzliche Einrichtung gleichsam schließt das Anders-Handeln aus. Aber: Seine Willensdetermination besteht darin, daß er notwendig das Gute
5 will, weil er es als gut erkennt, und das letztere heißt doch wieder dasselbe, daß er es als das Gesollte erkennt, es heißt, daß die Regel seines Handelns nicht ein beliebiges Naturgesetz ist, sondern ein Sollensgesetz, dessen Imperativ aber naturgesetzlich eine beständige Erfüllung findet. Es braucht niemand zu kommen und Gott die Forderung des Guten vorzuhalten. Er beugt
10 sich nicht einer widerwillig übernommenen Pflicht, sondern überall erkennt er das Gute als gut, das Gesollte als gesollt, und danach tut er *eo ipso,* seiner Natur folgend. Also praktisches Gesetz ist das Gesetz seines Handelns nur darum, weil es ein Sollen, einen Wert, ein Gutsein ausspricht, und Gott ist der absolut Gute, weil er in Vollkommenheit, ohne Widerstand, aus seiner
15 Natur heraus ⟨ihm⟩ folgt.

Ist nun jedes praktische Gesetz Imperativ, schließt jedes wirklich die Idee eines Sollens, eines Wertes, eines Unterschieds von gut und schlecht ein, dann ist es zweifellos, daß wirklich die Gemütsseite des Bewußtseins zum Inhalt des Imperativs, jedes Imperativs, also auch des moralischen, die ihm
20 wesentlichen Vorstellungen beistellen muß.

Gibt es überhaupt ein gültiges praktisches Gesetz, dann hat die Vernunft bei ihm eine ganz analoge Funktion wie bei allen anderen nicht rein intellektuellen, also nicht rein logischen und mathematischen Gesetzen. Sie hat aufgrund einer gewissen „Materie" Begriffe zu bilden und über den Zusam-
25 menhang der Begriffsgegenstände zu entscheiden. Wenn in unserem Fall apriorische Gesetze bestehen sollen, so müßten die in Beziehung auf gewisse Gemütsbetätigungen gebildeten Begriffe evidente Notwendigkeitszusammenhänge fundieren, ähnlich wie wir dies bei den Farben, Tönen etc. erkannt haben.

⟨b⟩ Die Analogie zwischen praktischen Gesetzen
30 und Wahrheitsgesetzen⟩

Wir knüpfen hier eine allgemeine, zum Teil die bisherige Erörterung vertiefende, zum Teil sie weiterführende Betrachtung an. Nehmen wir an, daß solche Gesetze bestehen, und zwar Gesetze, die nicht den Charakter von Naturgesetzen des Fühlens, Begehrens, Wollens ausdrücken, sondern Nor-
35 men, Sollensgesetze, die in ihrer Gültigkeit *apriori* einleuchten, dann wäre das Verhältnis dieser Gesetze zum Gemüt des Menschen analog wie das Verhältnis der Wahrheitsnormen zum Intellekt. Die Wahrheitsgesetze sind nicht beliebige Gesetze der Natureinrichtung unserer Seele, sondern Gesetze für jene Übereinstimmungen und Nicht-Übereinstimmungen, die wir Wahr-
40 heiten und Irrtümer nennen. Und speziell sind Wahrheitsnormen, die wir rein logische Gesetze nennen, die Gesetze für die Möglichkeit der Wahrheit, die im allgemeinen Wesen der betreffenden intellektuellen Aktarten gründen, so daß jedes Wesen überhaupt, das diese Aktarten überhaupt erlebt, an sie gebunden ist, und nicht bloß das zufällige Subjekt oder die zufällige Spezies.
45 Die materialen Wahrheitsgesetze sind aber nicht minder vom zufälligen urteilenden Subjekt unabhängig. Auch an sie ist jedes intelligente We-

sen gebunden oder vielmehr nur jedes intelligente Wesen, das nicht bloß
überhaupt Verstand hat, sondern welches überhaupt die betreffenden Erkenntnismaterien zu vollziehen imstande ist. Zum Beispiel, zum Begriff oder
Sinn der Tonqualitäten gehört die eindimensionale Ordnung. Das gilt nicht
5 nur für den Menschen, sondern überhaupt. Aber wie können wir so kühn
sein, anderen Wesen hier Vorschriften zu machen? Die Antwort ist klar. Es
gehört zum allgemeinen Sinn der Töne, das heißt, wir haben die Evidenz,
daß ein Ton gar kein Ton mehr wäre, wenn dergleichen nicht gälte. Ein h,
das einmal nicht zwischen a und c stände, sondern etwa vor a, das wäre gar
10 kein h mehr. Ein Ton ohne Intensität ist kein Ton, ist widersinnig usw. Also
können wir ganz allgemein sagen: Wenn überhaupt ein intelligentes Wesen
Töne zu empfinden fähig ist, so muß es nach Maßgabe dieser apriorischen
Urteile urteilen; tut es das nicht, so urteilt es eben falsch, es behauptet etwas
über Töne, was der Idee des Tones als eines solchen widerstreitet.
15   Wollen wir nun einen klaren Begriff von reinem Verstand bilden, so
werden wir ihn definieren, und nur definieren können durch die Gesamtheit
der rein logischen und mathematischen Gesetze als derjenigen, die sich auf
die reinen Formen des Denkens beziehen, und somit auf jede Intelligenz
überhaupt Beziehung haben, wie immer es mit seiner Sinnlichkeit beschaffen
20 sein, wie weit oder eng er in seiner möglichen Erkenntnismaterie begrenzt
sein mag. Genau so würde es nun unter Annahme apriorisch normativer
Gemütsgesetze vielleicht reine Gesetze geben, nämlich Gesetze, die rein in
der Form, im allgemeinen Wesen der betreffenden Arten von Gemütsakten
gälten; so daß dann jedes fühlende Wesen überhaupt, ob es nun Mensch
25 heißen mag oder Engel, an diese Gesetze gebunden wäre. Den Übereinstimmungen und Nicht-Übereinstimmungen, die auf logischem Gebiet Wahrheiten heißen und die auf gewisse im reinen Wesen der konzeptiven und intuitiven Akte gründende Beziehungen hindeuten, müßten hier entsprechen gewisse noch aufzusuchende Übereinstimmungen oder sonstige Beziehungen
30 zwischen Gemütsakten, und zwar solche, die nicht zufälliger Art sind nach
Analogie empirisch sinnlicher Tatsachen, auch nicht notwendiger Art sind,
aber durch eine besondere Gefühlsmaterie, durch besondere, nach besonderen sinnlichen Materien sich richtende Gefühlsspezies begrenzt, sondern
viel allgemeinerer Natur sind, apodiktisch geltend, aber zugleich rein von
35 aller Materie, sofern sie im allgemeinen Wesen der betreffenden Aktformen
gründen. Wie die rein logischen Gesetze die Gesetze möglicher Wahrheit
sind, Gesetze, die den Sinn der Wahrheit umgrenzen, die nicht verletzt werden dürfen, ohne daß man die Wahrheit eo ipso verfehlt (weil man jenen
Sinn verfehlt), so müßten die jetzt fraglichen Gesetze Gesetze des möglichen
40 Wertes sein, Gesetze, die zur Idee, zum Sinn oder Wesen des Wertes als
solchen gehören. Es wären Gesetze, die also zum „reinen Gemüt" gehörten,
die jedes Wesen überhaupt angingen, das überhaupt fühlt, begehrt, will, möge
es nun diese oder jene materiellen Besonderungen von Gemütsakten besitzen
oder nicht.
45   Kant erwog Möglichkeiten, erwog das, was Bedingung der Möglichkeit
praktischer Gesetze ist. Aber er verfiel von vornherein in Irrtümer. Er nahm

als im Begriff des praktischen Gesetzes selbstverständlich beschlossen an,
was darin gar nicht beschlossen ist. Auch wir erwägen Möglichkeiten, aber
Sie sehen, es ergeben sich uns ganz andere Möglichkeiten, Möglichkeiten, die
nichts weniger ⟨als⟩ zu jenem extremen und fast absurden Rationalismus
5 führen, den Kant gewählt hat.

⟨c⟩ Zu Kants Leugnung von apriorischen Gefühls- und Begehrungsgesetzen.
Die Objektivität der Gefühlsprädikate und der Unterschied zwischen
adäquaten und inadäquaten Gefühlen. Die in den Gefühls- und
Willensformen gründenden rein praktischen Gesetze⟩

10   Gehen wir zu einem neuen Punkt über. Das erste Argument, um dessen
willen Kant den Ursprung eines praktischen Gesetzes in die „reine Vernunft" verlegt hatte, lag in der vorausgesetzten Geltung des Gesetzes für
jedes Vernunftwesen überhaupt. Ein zweites ist im Lehrsatz I ausgesprochen:
Alle praktischen Prinzipien, die eine Materie, ein Objekt des Begehrungsver-
15 mögens als Motiv des Willens voraussetzen, sind empirisch und können
keine praktischen Gesetze abgeben. Ist das Begehrungsobjekt das bestimmende, so wird der Wille, genauer zu reden, bestimmt durch die an die Vorstellung von der Verwirklichung des Objekts sich knüpfende Lust oder Unlust. Apriori kann aber von keinem Objekt erkannt werden, ob es mit Lust
20 oder Unlust verbunden oder gar indifferent sein wird. Der eine fühlt so, der
andere anders; daß er gerade so und nicht anders fühlt, ist eine bloße Tatsache.
    Hier stellt Kant, so könnte man einwenden, Behauptungen auf, die bestrit-
ten werden können und die jedenfalls dem entgegenstehen, was große Denker
25 in alten und neueren Zeiten angenommen haben.
    Die Gefühlsmoralisten haben allerdings selbst gemeint, daß das Gefühl an
der besonderen Konstitution der menschlichen Gattung und zum Teil sogar
des menschlichen Individuums hänge. Aber nur eine nähere Analyse kann
lehren, ob dies alle Gefühle trifft. Von vornherein selbstverständlich ist dies
30 nicht. So haben viele Denker angenommen, daß wir von Natur aus eine
Freude an der Einsicht haben und eine Unfreude am Irrtum. Sollte dieses
Gefühlsverhalten nicht zur wesentlichen Ausstattung eines jeden intelligen-
ten und zugleich fühlenden Wesens gehören? Liegt nicht in der Bestätigung
einer Meinung, in der Erfüllung einer Vorstellungsintention an sich ⟨und⟩
35 unabtrennbar Lustcharakter beschlossen, sofern wir den Fall als reinen annehmen, also von Einmengungen anderer Gefühle aus anderen Quellen
abstrahieren? Ebenso verhält es sich mit der Lust selbst, sofern sie eine reine
Lust ist, oder vielmehr mit der Anschauung der reinen Lust.
    Wenn wir reine Lust empfinden, sei es woran immer, dann knüpft sich an
40 sie ein Gefallen. Genauer: Im Hinblick auf diese Lust, d. h. in der Erschauung der Lust in innerer Wahrnehmung, knüpft sich ⟨daran⟩ ein Gefallen, an
die Unlust ein Mißfallen. Nicht an jede Lust: Wir verabscheuen ja auch
manche Lust, z. B. die Lust an einer Gemeinheit, Häßlichkeit, Grausamkeit.
Aber dann ist die Lust hier keine reine Lust, sie knüpft sich mit an die
45 Anschauung einer Unlust. Ich frage: Ist das Gefallen aufgrund der Anschau-

ung einer einfachen und reinen Lust nicht ein notwendiges Gefallen, das
Mißfallen aufgrund der Anschauung einer einfachen und reinen Unlust nicht
ein notwendiges Mißfallen, notwendig für jedes fühlende Wesen überhaupt?
Ich habe hier vorausgesetzt die Lust aufgrund der Anschauung, und zwar der
5 inneren Anschauung einer reinen Lust. In der Anschauung erfaßten wir ein
Sein, ist uns das Sein gegeben. Die Lust zweiter Stufe ist also Gefallen am
Sein der Lust. Offenbar ist dieses Gefallen nicht notwendig bezogen auf
die Ichvorstellung. Im bloßen Hinblick auf die reine Lust konstituiert sich
das Gefallen und somit gilt es allgemein, ob es sich um meine Lust oder die
10 eines anderen handelt. Die Anschauung der Lust irgendjemandes, einer reinen Lust, begründet ein Gefallen, und ein notwendiges Gefallen, wie denn
auch die Gefühlsmoralisten, ich erinnere an Hume, ein ursprüngliches Wohl-
wollen angenommen, nur daß sie es, willkürlichen Vorurteilen nachgebend,
als Ausfluß der menschlichen Konstitution angesehen haben.
15   Wir werden natürlich nicht annehmen, daß diese primitiven Fälle das
Gefühlsapriori vollständig ausmachen. Es kommt dann die Sphäre der Ge-
fühlsvermittlungen und Gefühlsmischungen, die Fälle, wo aufgrund der Zusammenhänge, etwa aufgrund der Beziehungen der Kausalität und der
dinglichen Einheit, Gefühle sich an solches anknüpfen, was an sich nicht
20 Gefühle fundiert, und nun das Gefühl als ein durch solche Beziehungen
motiviertes empfunden wird; wie z. B. der Freund, so wie er ist, sozusagen
mit Haut und Haar gefällt aufgrund des intensiven Gefallens an seinen schönen und edlen Gemütseigenschaften oder so, wie ein Objekt aufgrund der
gefälligen Wirkungen gefällt usw.
25   Es kommen ferner die Gefühle in Betracht, die sich aufgrund psychologisch unbewußt wirksamer dieser und anderer Beziehungen herausstellen und
sich schon an die symbolischen Vorstellungen der Objekte anknüpfen, wie
wenn uns jemand unsympathisch ist und der eigentliche Grund, ohne daß
wir dessen klar bewußt sind, etwa der Name, sagen wir Eveline oder Eulalie
30 ist, der vielleicht in irgendeinem Roman eine abscheuliche Intrigantin re-
präsentierte. Auch an diese Verhältnisse mögen sich nun apriorische Ge-
fühlsgesetze anknüpfen genau so wie auf theoretischem Gebiet an die unklar
vorgestellten und vollzogenen verbalen Urteile. Es kämen hier vor allem die
apriorischen Gesetze in Betracht, die im Willensgebiet das Verhältnis von
35 Mittel und Zwecken beherrschen usw.
      Kant läßt sich in allen diesen Beziehungen gar nicht auf eine nähere Unter-
suchung ein. Er geht von dem Vorurteil aus, daß *apriori* nicht erkannt werden könne, ob ein Objekt Lust oder Unlust fundieren werde und daß darum
auch keine apriorischen Gefühls- und Begehrungsgesetze möglich seien. Was
40 ihn dabei leitet, ist offenbar die Sphäre des sinnlichen Geschmacks.
Dieselbe Speise schmeckt dem einen und ist dem anderen widerwärtig. Das
ist eine Tatsache, das hängt an der zufälligen Konstitution des betreffenden
schmeckenden und fühlenden Wesens. Nun ist aber schon in diesen Fällen
zu unterscheiden zwischen dem Objekt an sich selbst, dem Objekt für das
45 Subjekt, den sich phänomenal daran knüpfenden Wirkungen und dem Gefühl. Das Objekt kann dasselbe sein und braucht nicht jedem Subjekt in
derselben Weise zu erscheinen, und das Gefühl kann gerade ⟨an⟩ der

Erscheinungsweise hängen: was z. B. ästhetisch in Frage käme. Ferner: Das
Objekt kann in gleicher Weise erscheinen, aber das Gefühl, um das sich der
Streit dreht, ist gar nicht unmittelbar ein Gefühl, welches durch den phänomenalen Gehalt des Objekts fundiert ist, sondern fundiert ist durch gewis-
5 se daran sich schließende phänomenale Folgen. Das Objekt selbst erhält
dann seine Gefühlsfärbung erst vermöge der Übertragung. Je nach der
„Stimmung" meiner Geschmacksorgane schmeckt mir dieselbe Zigarre vorzüglich oder scheint mir reizlos. Der Geschmack ist hier nicht fundiert durch
die Zigarre, wie sie mir sonstwie erscheint, der Geschmack hängt unmittelbar
10 an dem die Geschmacksorgane reizenden Rauch oder vielmehr noch gar
nicht am Rauch, sondern an der durch ihn (nach unserem unmittelbaren
Urteil erregten) Geschmackswirkung. Wäre der Geschmack wirklich voll
und ganz derselbe, dann würde uns wohl auch die Zigarre gleich gut schmek-
ken. Aber vielleicht müssen wir noch weitergehen. Der Geschmack allein
15 fundiert das Gefühl nicht. Vielleicht erregen das Nikotin und die sonst im
Geschmacksorgan gelösten Stoffe die Nerven, und zwar nicht nur die Ge-
schmacksnerven bald in dieser, bald in jener Weise, und es werden hierdurch
neue, bald sehr lustbetonte, bald unlustbetonte Empfindungen erregt, nicht
Geschmacks-, sondern Gemeinempfindungen. Dann würde das Gefühl auch
20 an diesen Empfindungen und gar nicht ausschließlich an den Geschmacksempfindungen hängen, und die phänomenale Zigarre erhielte ihren Gefühlswert erst sehr mittelbar durch Übertragung. Oder ein anderes Beispiel: Dem
Ochsen schmeckt Gras vorzüglich, uns erscheint es unschmackhaft. Aber die
verschiedenen Gefühle knüpfen sich hier nicht an das Gras, sondern an die
25 Geschmacksempfindungen, die eben beiderseits verschieden sein werden, an
die zur Sättigung und Verdauung gehörigen Gemeinempfindungen, das, was
man die Magenfreuden nennt und dergl.

Danach könnte es doch sehr wohl sein, daß die Evidenz, die dem sinnlichen Geschmacksurteil anzuheften scheint, gar nicht so unberechtigt ist und
30 daß die Täuschung hier nur aus der Übertragung entspringt, aus derselben
Quelle, aus der sonst Evidenztäuschungen ihre Erklärung finden. Wir erleben, wenn wir das Wohlgefühl erleben, eben auch die Empfindungsgrundla-
gen, die eine Lust notwendig fundieren. Indem uns aber die theoretische
Apperzeption das phänomenale Objekt erscheinen läßt, und dieses als Aus-
35 strahlungspunkt dieser Empfindungen, so erscheint nun dieses als gut und
sogar als evident gefällig; während das Objekt in sich nicht das Gute ist,
dasjenige, was durch sich selbst und notwendig Lust fundiert, sondern jene
darauf bezogenen Empfindungen oder allenfalls das Objekt als Träger der
Empfindungen. Da aber das Objekt als identisch apperzipiert wird nicht ver-
40 möge dieser Empfindungen, da diese ihm nicht konstitutiv sind, erwächst die
Relativität der Geschmackslust.

Übrigens kommen natürlich als Quelle von Gefühlsprädikaten, die Objekten in zufälliger und uneigentlicher Weise anhängen, auch die zufälligen
Assoziationen in Betracht. In jedem Fall ist das Gefühlsprädikat zum Objekt
45 eben objektiv gehörig, wenn das angeschaute, wirklich in der Intuition gegebene Objekt an und für sich das Gefühl trägt, wenn in der adäquaten
Anschauung das Gefühl als zu diesem angeschauten Inhalt an sich selbst

gehörig durch ihn notwendig fundiert erscheint. Das Gefühlsprädikat gehört
aber nicht zum Objekt wesentlich, es ist kein wahrhaft objektives, ihm notwendig anhängendes Prädikat, wenn das Gefühl zu dem, was das Objekt
seinem Inhalt nach konstituiert, nicht gehört, wenn also die volle Anschau-
5 ung des Objekts unter Abstraktion von allem sonst, zu dem das Objekt in
Beziehung steht, das Gefühl nicht fundiert. Wir haben das Objekt voll und
ganz vor Augen, aber das Gefühl schmiegt sich ihm nicht als etwas zu diesem
Angeschauten wesentlich Gehöriges an, vielmehr zeigt der Übergang zu
anderen Objekten, die Erinnerung an erfahrungsmäßige Beziehungen, an
10 zufällige Zusammenhänge des Objekts mit anderen Objekten, daß das Gefühl
ein ganz anderes Fundament hat. Das Objekt gefällt, weil es mit einem in
sich selbst Gefälligen etwa öfter zusammen gegeben war oder weil es öfter
gefällige Wirkungen übte usw. Wie auf rein intellektuellem Gebiet der Rückgang auf die Anschauung die uneigentliche, unvollkommene und indirekte
15 Vorstellung realisieren muß, so auf dem Gefühlsgebiet und in analoger Weise
der Rückgang auf die Objektanschauung und auf das darauf sich gründende
eigentliche, d.i. direkte Gefühl, auf das durch den wirklich gegebenen Objekt-
inhalt fundierte Gefühl.

So wie es in der Wahrnehmung oder sonstigen Erscheinung ein uneigent-
20 liches Erscheinen gibt, in dem die Vorstellungsintention über das in der
Empfindung Gegebene hinausgreift, und wie dadurch der Schein erwächst,
als ob das ganze Objekt wahrgenommen sei, während dies im eigentlichen
Sinn gar nicht statthat, so greift auch das Gefühl über das Gegebene hinaus.
Das Gefühl knüpft sich an die Erscheinung, und ihr Objekt erscheint als
25 Wert; aber näher besehen merken wir oft den Unterschied, wir merken, das
Gefühl gehört nicht dem Objekt selbst zu, gründet nicht in dem, was das
Objekt in sich selbst ist, in seinen konstitutiven Eigenschaften, sondern es
gefällt um irgendeiner Beziehung willen. Diese Beziehung begründet eine
Gefühlsübertragung, und zwar bald eine zufällige, bald eine notwendige. Das
30 Gefühl ist berechtigt, wenn die Beziehung eine notwendige Gefühlsübertragung in realisierender Anschauung fundiert; während es als unberechtigt, als
gar nicht zugehörig gilt, wenn eine zufällige Gefühlsübertragung vorliegt,
wenn der Rückgang auf die realisierende Anschauung das Gefühl als nicht
durch die Beziehungsanschauung und nicht durch die bezogenen Objekte
35 selbst notwendig fundiert, als zu ihnen notwendig gehörig erscheinen läßt.
Aber die Berechtigung kann natürlich auch dadurch verlorengehen, daß die
urteilsmäßig vorausgesetzte Beziehung in Wahrheit gar nicht besteht oder
nicht mehr besteht und somit das Objekt selbst im Grunde gar nicht trifft.
Was kann die arme Eulalie dafür, daß ich einen Roman einmal gelesen habe,
40 in dem ein Scheusal von Frauenzimmer Eulalie hieß? So wie der Rückgang
auf die Anschauung das theoretische Vorurteil als solches enthüllt, so auch
das Gemütsvorurteil, das unpassende Vorgefühl und Nachgefühl. So wie der
Unterschied zwischen uneigentlichen und eigentlichen, inadäquaten und
adäquaten Vorstellungen ein phänomenologisch gegebener ist, so auch der
45 Unterschied zwischen inadäquaten und adäquaten Gefühlen. Der alte Unterschied der klaren und verworrenen Ideen ist ein Unterschied klarer und ver-

worrener Vorstellungen und ein zweiter Unterschied klarer und verworrener Gefühle.

Wir sehen, wenn wir solchen Gedankengängen nachgehen, daß Objektivität der Wertprädikate allerdings wie diejenige der sachlichen Prädikate, der
5 eigentlichen Merkmale, auf Gesetzlichkeit beruht, aber nicht etwa auf einer intellektuell formalen im Kantischen Sinn, als ob das Gefühls- und Begehrungsobjekt gar nicht in Betracht käme. Dieses kommt vielmehr im selben Sinn in Betracht wie auf intellektuellem Gebiet das Urteilsvermögen. So wie das intellektuelle Objekt, das Objekt als existierendes, so und so beschaffe-
10 nes, ist, was es ist, nicht unangesehen seiner konstitutiv theoretischen Bestimmtheiten, sondern in diesen Bestimmtheiten, so ist das praktische Objekt, das Wertobjekt, das Objekt als gutes und schlechtes, als schönes und häßliches, nicht unangesehen seiner konstitutiven Wertbestimmtheiten und Gutbestimmtheiten, sondern in diesen. Konstitutiv für den Wert sind die
15 Wertprädikate, die in gewissen sachlichen Prädikaten fundiert sind, und Fundierung bedeutet notwendige Zugehörigkeit der entsprechenden Gefühle zu den adäquat gegebenen oder in irgendeinem Bewußtsein überhaupt zu gebenden theoretischen Prädikaten des Objekts.

So wie denn weiter zum Wesen von Sein und Nichtsein überhaupt, zum
20 Wesen der Existenz und des richtigen, der Existenz angemessenen Denkens gewisse rein kategoriale Gesetze gehören, die rein formal sind, sofern sie den Sinn der Rede von „existierend" und „nicht-existierend", „so beschaffen" und „nicht so beschaffen", „wahr" und „falsch" und dergl. umgrenzen, ebenso gehören zu den Ideen Wert und Unwert, unmittelbarer Wert und
25 mittelbarer Wert, Zweck und Mittel und dergl. gewisse formale Gesetze, die rein formale sind und praktisch kategoriale, sofern sie, als zum bloßen Sinn der Wertkategorien und der ihnen entsprechenden Gefühls- und Willensformen gehörig, natürlich von dem zufälligen Inhalt, von der Materie des Fühlens unabhängig sind. So wie die rein logischen Gesetze nichts enthalten von
30 der Besonderheit eines Sachgebiets, so enthalten die rein praktischen Gesetze nichts von der Besonderheit eines Wert- und Gefühlsgebiets und somit auch nichts von der Besonderheit eines Sachgebiets, sofern an Sachen sich Gefühle knüpfen. Doch wie weit sind wir von der Kritik aus geführt worden! Statt bloß zu kritisieren, haben wir Ideen zu einer eigenen Theorie entwickelt.
35 Kehren wir zu Kant zurück!

⟨d⟩ Zu Kants Leugnung von qualitativen Unterschieden
im Gefühl⟩

Sein II. Lehrsatz lautet, daß alle materialen praktischen Prinzipien insgesamt von einer und derselben Art sind und unter das allgemeine Prinzip der
40 Selbstliebe oder eigenen Glückseligkeit fallen. Würde, meint Kant, ein praktisches Prinzip durch die Materie, also durch Lust und Unlust bestimmt sein, so wäre diese Lust doch die Lust des Begehrenden und Handelnden, also leitete ihn seine Selbstliebe. Die Selbstliebe aber führt zum Ziel der Glückseligkeit, unter welchen Titel das Glücksmaximum, ausgebreitet über das
45 ganze Leben, befaßt wird.

Hier ist zu entgegnen: Es ist nicht wahr, daß Lust als Motiv, weil sie Lust des Begehrenden ist, das Begehren als egoistisch charakterisiert. Das hatte schon Butler[1] deutlich gesehen. Wir können nach Hume nichts begehren, was uns nicht als gut erscheint, und dieses wieder besagt, es ist in sich lustvoll
5 oder es ist mittelbar lustfördernd oder unlustschwächend. Gleichwohl bekämpft er das System der Selbstliebe, er bekämpft den Satz, daß jedermann nur seiner eigenen Lust nachgehe. Was wir erstreben, erscheint als lustvoll, als gut, aber wir erstreben nicht die Realisierung der Lust, sondern die Realisierung des Objekts. Wir können auch nach Realisierung von Lust streben,
10 dann ist aber eine Lust zweiter Ordnung da; Lust zu besitzen, ist dann selbst als lustvoll vorgestellt, und die Lust, die da wertet, ist verschieden von dem, was hier gewertet wird, welches jetzt eine andere Lust ist. So würde auch Hume sagen, er würde dies jedenfalls als Interpretation seiner Ansicht anerkennen, denn er legt großes Gewicht darauf, daß wir ein unmittelbares Wohl-
15 wollen für andere haben, daß das Wohl anderer unser unmittelbares Lust- und Begehrungsobjekt sein kann. So gut irgendwelche anderen Dinge und so gut speziell die Realisierung eigener Lust Willensziel sein kann, so gut die Lust anderer. Das Gefallen an dieser Lust ist zwar mein Gefallen, aber nicht auf das Werten kommt es an, sondern auf das Gewertete. Egoismus ist der
20 Habitus, der mit Vorliebe eigene Lust und Unlust wertet (sofern er sich um Wohl und Wehe anderer nicht kümmert) oder der nur eigene Lust und Unlust auf sein Wollen wirksam werden läßt und vor allem andere schädigt um des eigenen Vorteils willen.

Man muß überhaupt sagen, daß Kant den Hedonisten viel zu sehr nach-
25 gibt. Kant entschließt sich zu seinem extremen Intellektualismus, weil er der Ansicht ist, daß wenn nicht reine Vernunft die Bestimmungsgründe des Wollens abgibt und diese vielmehr im Gefühl liegen, der Hedonismus, der egoistische Utilitarismus die einzig konsequente Lehre sei. Das betont er immer wieder. Indessen merken wir nichts von einer Widerlegung all der Argumen-
30 te, durch welche die fortgeschritteneren Gefühlsmoralisten gerade auf dem Boden einer analytisch tiefer fundierten Gefühlsmoral den Hedonismus als eine gänzlich verfehlte Lehre erwiesen. Für Kant ist es eine Selbstverständlichkeit, daß wenn die Bestimmungsgründe des Willens im Gefühl liegen, sie in der vom begehrten Objekt erwarteten Annehmlichkeit für den Begehren-
35 den liegen und daß dann einzig und allein die Größe dieser Annehmlichkeit das Entscheidende sein muß. Er stimmt ausdrücklich den Epikuräern bei, wenn sie die Vergnügungen der körperlichen Sinne und die sogenannten höheren, geistigen Freuden als qualitativ gleichartig erklären und nur eine Art Unterschiede zwischen Lust und Unlust anerkennen, die quantitativen.
40 Also nur auf die Intensität der Lust, auf ihre Dauer, auf die Leichtigkeit der Erwerbung, auf die Fähigkeit öfterer Wiederholung und dergl. komme es an. Er verspottet diejenigen, welche dem Unterschied zwischen sittlichen und niederen Motiven gerecht zu werden versuchen durch den Unterschied zwi-

---

[1] „Butler" Veränderung für „Hume"; dazu die Randbemerkung: „Hume? Hat er das irgendwo ausführlich erörtert?" — Anm. des Hrsg.

schen edlen und gemeinen Gefühlen. Er vergleicht sie mit denjenigen Meta-
physikern, welche den Unterschied des Geistigen vom Körperlichen dadurch
zu gewinnen glaubten, daß sie sich die Materie so fein, so überfein dachten,
daß sie darüber schwindlig werden möchten und sich nun vortäuschten,
5 damit die Geistigkeit gedacht zu haben.

Indessen haben so scharfsinnige und vorurteilslose Psychologen wie Hume
hier ganz anders geurteilt. Hume, der doch überall die stärkste Neigung zum
extremen Empirismus verrät und nicht durch intellektualistische und rigori-
stische Voreingenommenheit gehindert ist, die Moral des Hedonismus kühl
10 und rein sachlich zu prüfen, entscheidet sich für die Annahme qualitativer
Unterschiede im Gefühl. Ist man aber so weit, dann wird man auch leicht
geneigt sein, den Unterschied zwischen niederen und höheren Gefühlen auf
innere Gefühlsmomente zurückzuführen und nicht auf bloße Unterschiede
quantitativer Art, wie Intensität und Dauer (sei es der Gefühle selbst, sei es
15 der an sie geknüpften Gefühlsfolgen). Vergleichen wir z. B. die Lust an einer
Lieblingsspeise und diejenige an Beethovens „Eroika", nehmen wir also
einen Vergleich, wo Sittlichkeit gar nicht in Frage ist und die Sorge für die
Heiligkeit der Moral uns nicht von vornherein zu einer unbilligen Beurteilung verleiten wird, so werden wir doch nicht wie Kant sagen: Vergnügen ist
20 Vergnügen, es kommt nur darauf an, wie sehr die Sache vergnügt. Ob die
größere Intensität der Lust auf seiten der Symphonie steht, ist kaum zu
sagen. Wer wollte hier Intensitätsmessungen vornehmen? Hume hatte sehr
fein unterschieden zwischen stürmischen und stillen Gefühlen und rechnete
die ästhetischen zu den stillen. Aber den Wert der letzteren stellte er darum
25 nicht niedriger, sondern höher. Das Kunstwerk erhebt, beseligt, es vergnügt
nicht; wer darin sein Vergnügen sucht, der wird von der Kunst wohl gar
nicht bewegt. Den Unterschied in der Nachhaltigkeit der Lust, in der längeren Nachwirkung in der Erinnerung, in ihrer Reinheit von Unlust und dergl.
zu suchen, das trifft gewiß nicht das Richtige. Wer einen guten Magen hat
30 und klug genug ist, sich ihn durch Mäßigkeit zu erhalten, wer nicht in gemei-
ner Weise ißt, um sich den Magen zu füllen und die Gier des Hungers zu
stillen, sondern als Gourmand die Lust meistert, der hat es auch in seiner
Macht, sie durch Abwechslung intensiv zu erhalten, sie lange und vielleicht
länger als die ästhetische Freude zu erhalten; und wer sein Herz daran hän-
35 gen mag, kann dann in der Erinnerung nachschmecken und immerfort
schwelgen. Die Kunst im höheren Sinn hat ihren Vorzug in der Besonderheit
der Gefühle, die sie erregt; das „Höhere" und „Niedere" ist ein in den
Qualitäten gründender Unterschied, wenn es auch nicht unmittelbar ein
Unterschied der Qualitäten selbst ist: Mit dem letzteren meine ich, daß das
40 Hohe nicht eine eigene Qualität und das Niedere eine andere Qualität ist und
auch nicht eine Qualitätsgattung (wie etwa bei den visuellen Qualitäten Farbe
eine Gattung ist), sondern ein zweiter an die Qualitäten oder Qualitätsverei-
nigungen geknüpfter Unterschied, allerdings nicht zu vergleichen mit dem
Unterschied zwischen warmen und kalten, leuchtenden und stumpfen Farben
45 und dergl. Dieser Unterschied ist nicht ein Unterschied zwischen quantitativ
großer und geringer Lust schon darum, weil er sich über das ganze Gefühlsgebiet, auch über das der Unlust erstreckt. Es gibt eine edle Trauer, es gibt

eine edle Indignation und dergl. Selbstverständlich ist eine intensive oder
dauernde Unlust so wenig eine edle Unlust, so wenig eine intensive oder
sonstwie quantitativ große Lust eine edle Lust ist.

    Freilich ist dieser Unterschied auch nicht ohne weiteres geeignet, Sittlich-
5 keit vor Unsittlichkeit eindeutig zu charakterisieren. Alles positiv sittliche
Fühlen ist ein edles und schönes, aber nicht alles edle Fühlen ein sittliches.
Jedenfalls werden wir erwarten, daß dieser Unterschied für die praktische
Vernunft seine Rolle spielt und daß die vernünftige Bevorzugung nach diesem Unterschied sich richte. Die umfassende Allgemeinheit aber weist uns
10 hier wie überall darauf hin, daß die Moral, die es mit gewissen Prinzipien der
praktischen moralischen Vernunft zu tun hat, nur ein Teil ist der Ethik, unter
welchem Titel wir die Gesamtsphäre der praktischen Vernunft befassen,
erstreckt auf den Gesamtumfang des vernünftigen Handelns. Und dieser Disziplin wieder liegt zugrunde eine allgemeine Wertlehre, die es mit der Ver-
15 nunft nicht auf dem Gebiet des Begehrens und Wollens, sondern auf dem des
Fühlens zu tun hat. Wer recht handelt, tut das Richtige, das Gute; das Gute
ist insofern ein praktisch Gutes. Vorher muß es aber als gut, als Wert gelten,
und das tut es im „vernünftigen" Fühlen.

    Wir sehen, Kants Ethik hält sich zu sehr in Allgemeinheiten. Endgültige
20 Ergebnisse dürfen wir nur erhoffen, wenn wir eine Ethik von unten betreiben,
wenn wir in geordneter Stufenfolge die immanenten Erlebnisse deskriptiv
analysieren, in welchen die ethischen Grundbegriffe wurzeln, wenn wir aufgrund dieser Analyse den Ursprung der ethischen Begriffe nachweisen, ihnen
dadurch Klarheit und Deutlichkeit verleihen; wenn wir dann endlich die
25 fundamentalen Axiome, die aufgrund der geklärten Begriffe völlig evidenten
Prinzipien feststellen, auf denen alles vernünftige Werten und Wollen beruht
und welche die Rede von der „Vernunft" im Werten und Wollen, ihren
Sinn, umgrenzen.

        ⟨e) Kants kategorischer Imperativ kann kein Bestimmungsgrund
30   des Willens sein. Der wahre Gedanke in Kants Lehre:
              Objektive Geltung ist gesetzmäßige Geltung⟩

    Kehren wir nun wieder zu Kant zurück. Nur durch Ausschluß aller Mate-
rie des Begehrens, und damit allen Gefühls aus den Bestimmungsgründen des
Begehrens ist es möglich, daß ein vernünftiges Wesen seine Maximen als
35 praktische allgemeine Gesetze denken könne. Also muß die bloße Form einer
allgemeinen Gesetzgebung Bestimmungsgrund des Willens sein; oder: Entweder es ist überhaupt nicht möglich, daß ein Vernunftwesen seine jeweilige
Maxime zugleich als ein allgemein gültiges praktisches Gesetz denke, oder es
ist möglich, es schickt sich die Maxime zu einer allgemeinen Gesetzgebung,
40 und dann muß in dieser Schicklichkeit der Bestimmungsgrund des Willens
liegen.

    Es ist nun nach Kant in der Tat so, daß diese Schicklichkeit, die rein
formale Eignung einer Maxime zu einem allgemeinen Gesetz, ihr gesetzmäßige Gültigkeit verschafft, also den Rechtsgrund des ihr folgenden Handelns
45 ausmacht. Wo sie fehlt, da ist das Wollen unberechtigt und ⟨also⟩ unsittlich.

Es besteht als kategorischer Imperativ, und zwar als ein Faktum der reinen Vernunft, das synthetische Urteil *apriori:* „Handle so, daß die Maxime deines Willens jederzeit zugleich als Prinzip einer allgemeinen Gesetzgebung dienen könne!". Und dieses Grundgesetz der reinen praktischen Vernunft
5 wird mit dem Sittengesetz identifiziert; also wer anders handelt, wer nach einer Maxime handelt, die diese Schicklichkeit nicht besitzt, handelt auch unsittlich.

Da ergeben sich aber sogleich große Bedenken gegen diesen abstrusen Formalismus, Bedenken, die ganz absehen von den Irrtümern der Ableitung:
10 Also unsittlich ist jedes Handeln, das nach einer Maxime erfolgt, die sich nicht zu einer allgemeinen Gesetzgebung schickt; und das wieder soll heißen: Unsittlich ist es, wenn die betreffende Verallgemeinerung der Maxime rein formal genommen zu Widersprüchen führt. Wir armen Menschen! Eben habe ich Hunger und setze mich zu Tisch, ⟨um⟩ zu essen. Es gibt Kalbsbra-
15 ten. Darf ich überhaupt essen? Wenn ich ihn esse, dann liegt die Maxime zugrunde: Wer sich mit Hunger zu Tisch setzt, auf dem Kalbsbraten vorbereitet ist, der ißt ihn. Läßt sich das als ein allgemeingültiges Gesetz fassen? Offenbar nicht. Denn wie, wenn es intelligente Wesen gäbe, welche von Natur Pflanzenfresser sind? Die würden sich den Magen verderben und
20 zugrunde gehen; also in ein allgemeingültiges Gesetz läßt sich die Maxime nicht fassen, also ist es unsittlich, Kalbsbraten zu essen; da das für jede Speise gilt, müßten wir natürlich verhungern, um ja nicht das formale Gesetz der Sittlichkeit zu verletzen.

Nun könnte man ja die Maxime anders fassen, z. B.: Wer hungrig ist, der
25 mag essen. Aber da stoßen wir sofort auf ein mit dem formalen Charakter des Gesetzes und der Methode der Bestimmung der Fähigkeit zur Verallgemeinerung zusammenhängendes Gebrechen desselben: Offenbar läßt sich mit diesem Satz alles machen. Da man in jedem Fall die Maxime in verschiedenster Weise fassen, bald dies, bald jenes, bald allgemeinere, bald
30 weniger allgemeine Umstände in sie aufnehmen kann, so ergeben sich verschiedene und entgegengesetzte Möglichkeiten der Verallgemeinerung. Das zeigt sich auch in den Kantischen Beispielen, z. B. in dem vom Depositum. Formulieren wir die Maxime so: Niemand braucht sein Versprechen zu halten; dann mag man schließen: Also würde niemand mehr ein Versprechen
35 abgeben, also wäre das Gesetz aufgehoben. Aber wie, wenn wir formulieren: Niemand braucht ein Versprechen zu halten in Fällen, wo jeder schriftliche Nachweis für die Abgabe des Versprechens fehlt? Die Leute würden dann eben vorsichtiger sein und sich ihre Urkunden doppelt vorsichtig aufbewahren.

Übrigens ist es ja auch eine sonderliche Rede, daß das praktische Gesetz
40 aufgehoben wäre, wenn infolge desselben kein Fall möglicher Anwendung desselben mehr bestände. Ist ein Strafgesetz aufgehoben, wenn als Folge seiner Statuierung niemand mehr stiehlt, mordet usw.? Bewährt es dadurch nicht gerade am glänzendsten seine Wirksamkeit, und ist dies nicht das Ziel, dem es dienen möchte?
45 Daß man, wie schon Beneke in seinen ethischen Hauptschriften, in seiner *Physik der Sitten* von 1822 und in seinen *Grundlinien der Sittenlehre* von 1841 ausgeführt hat, nach dem Muster der Kantischen Deduktion selbst

Unmoralisches aus dem kategorischen Imperativ folgern könnte, zeigen passend gewählte Beispiele. Darf ich einem, der mich zu bestechen versucht, willfahren? Ich versuche es mit „nein", mit der Maxime, mich nicht bestechen zu lassen. Wird dies aber als ein allgemeines Naturgesetz gedacht, dann
5   wird niemand mehr einen Bestechungsversuch machen; folglich wäre das Gesetz ohne Anwendung. Die Maxime ist unmoralisch; die Achtung vor dem kategorischen Imperativ fordert also die Bestechlichkeit.[1]

Daß der kategorische Imperativ uns in so grotesker Weise im Stich läßt, wo wir durch ihn die Immoralität der gemeinsten Sache begründen sollen,
10 begreift sich aus seinem formalen Charakter nur zu gut. Was geht, würde ein Hume sagen, die Eignung einer Maxime, sich als ein allgemeines Gesetz widerspruchslos denken zu lassen, das Gefühl und damit das Begehren und Wollen an? Jeder natürlich Denkende wird hier zustimmen: Die Möglichkeit einer Verallgemeinerung zu einem Naturgesetz ist mir etwas völlig Gleich-
15 gültiges und bildet nie und nirgends einen Bestimmungsgrund meines Willens. Es bildet aber keinen Bestimmungsgrund des Willens, weil es das Gefühl völlig unberührt läßt. So wenig die Möglichkeit einer sonstigen widerspruchslosen Verallgemeinerung, der Verallgemeinerung einer beliebigen empirischen Tatsache oder eines mathematischen Verhältnisses, Gefühlswert
20 hat, so wenig diese der jeweiligen Maxime. Völlig unverständlich ist es für uns, wie Kant mit solcher Überschwänglichkeit von der feierlichen Majestät des kategorischen Imperativs sprechen kann, von seiner Herrlichkeit, an welcher man sich nicht satt sehen könne, von der Erhebung, die er unserer intellektuellen, von der Demütigung, die er unserer sinnlichen Natur zuteil
25 werden lasse usw. Die Erhabenheit und Majestät der sittlichen Forderung gestehen wir gerne zu, was aber dieses Gesetz, welches eigentlich nur eine Schablone der Verallgemeinerung ausdrücken soll, mit der Sittlichkeit zu tun hat, wie es überhaupt sittliche Bedeutung beanspruchen kann, das ist schlechterdings unerfindlich.
30   Offenbar wird sich Kant übrigens in seiner Lehre von den sittlichen Triebfedern selbst untreu, er wird, wie er es nicht anders kann, inkonsequent. Die reine Schablone oder die bloße Fähigkeit, sich allgemein denken zu lassen, soll der einzig sittliche oder gesetzmäßige Bestimmungsgrund des Willens sein. Aber Kant selbst merkt, ohne es sich eingestehen zu wollen, daß, wenn
35 das Gefühl nicht bewegt wird, wenn kein Interesse an der Befolgung des Gesetzes vorausgesetzt wird, auch von einer praktischen Wirkung desselben keine Rede sein könne.

Demgemäß hören wir auf einmal, die Achtung vor dem kategorischen Imperativ, dieses praktisch gewirkte Gefühl, sei die wahrhaft moralische Triebfeder. Also kann doch die pure Vernunft entgegen allen früheren Deduktionen für sich allein den Willen nicht zum Handeln bestimmen, und das Begehrungsvermögen muß mittun; nämlich diese Achtung vor dem kategorischen Imperativ muß das Begehrungsvermögen in Bewegung setzen. Aber

---

[1] ⟨Siehe F.⟩ Brentano, ⟨*Vom*⟩ *Ursprung* ⟨*der sittlichen Erkenntnis*⟩ (Leipzig, 1889), S.⟩ 49⟨f.⟩

es hieß doch, daß das Begehrungsvermögen ausschließlich auf Lust gerichtet ist, daß es ausschließlich der Selbstliebe dient, und daß, wenn der Wille dem Begehrungsvermögen Motive entnimmt, der Eudämonismus die einzig mögliche Lehre sei. Kant leugnet zwar, daß diese Achtung eine Lust sei, aber
5 gelegentlich sieht er sich doch wieder genötigt zuzugestehen, so in der *Metaphysik der Sitten,* daß sittliche Entscheidung auf einer Lustaffektion beruhe. Um das zu wollen, was die Vernunft vorschreibe, dazu gehöre ein Vermögen der Vernunft, ein Gefühl der Lust, des Wohlgefallens an der Erfüllung der Pflicht einzuflößen.[1] Aber freilich, von aller Inkonsequenz abgesehen, dieses
10 Gefühl wird jeder Unvoreingenommene entschieden leugnen, er wird leugnen, daß die Fähigkeit der widerspruchslosen Verallgemeinerung das geringste Interesse einflößen, geschweige denn eine erhabene Forderung von Pflicht irgendwie begründen könne.

Ein wahrer Gedanke steckt allerdings in Kants Ausführungen und in dem
15 Inhalt des von ihm abgeleiteten Gesetzes. Wenn es in der Sphäre der Sittlichkeit Normalität geben, wenn die sittliche Forderung nicht bloß individuelle Bedeutung, nicht bloß den Charakter einer an das zufällige Subjekt zufällig gestellten Forderung haben soll, sondern Geltung, d. i. Richtigkeit für dieses wie für jedes praktische Wesen, dann muß die Sittlichkeit unter Geset-
20 zen stehen. Das Individuum soll *hic et nunc* so handeln, darin liegt, wenn das „soll" einen objektiven Sinn hat, daß jedes Individuum überhaupt unter gleichen Umständen derselben Forderung unterliegt; unter den und den Umständen so handeln, ist eben überhaupt richtig handeln. Die Umstände müssen also Momente enthalten, die eine Verallgemeinerung zulassen. Na-
25 türlich hängt die Gesetzmäßigkeit an dem Spezifischen gewisser Momente, es gibt relevante und irrelevante Umstände; und Umstände, das heißt nicht bloß äußere Umstände, Verhältnisse der äußeren Lage des Handelnden, sondern innere Umstände, als da sind Motive und Gesinnungen, und im Allgemeinen der relevanten Umstände muß das Soll als ein allgemein gültiges
30 gründen. Kurzum: Zum Wesen des Normalen gehört auf sittlichem wie auf ästhetischem und logischem Gebiet objektive Geltung, und objektive Geltung, das ist gesetzmäßige Geltung. Also sicherlich ist es richtig, daß die Maxime des Willens sich irgendeinem Gesetz unterordnen, daß sie sich so allgemein fassen lassen muß, daß die Beziehung auf das Hier und Jetzt, auf
35 das Individuum mit seinen zufälligen Besonderungen in Wegfall kommt. Das trifft genau so das „Du sollst so oder so handeln" wie das „Du sollst so und so urteilen".

Aber die Verallgemeinerungsfähigkeit rein formal genommen ist etwas gänzlich Leeres. Anderwärts her müssen wir wissen, was relevant ist und was
40 nicht, anderwärts her müssen wir wissen, welche Motive richtig sind und welche nicht, damit wir die Maxime als richtig begründen, damit wir sie auf das sie rechtfertigende allgemeine Gesetz zurückleiten können. Das bloße Wissen, daß wenn die Maxime eine richtige ist, sie eine gesetzmäßige, also

---

[1] Vgl. ⟨J.⟩ Bergmann, ⟨*Geschichte der Philosophie,*⟩ II. ⟨*Band: Die deutsche Philosophie von Kant bis Beneke* (Berlin, 1893), S.⟩ 118.

auf ein reines Gesetz zu reduzierende ist, kann uns nimmer zu dem Gesetz selbst verhelfen, und völlig verkehrt wäre es, durch eine beliebige Verallgemeinerung eine Formel zu konstruieren, um dann zuzusehen, ob sie irgendeinen Widerspruch impliziert oder nicht. Einen Widerspruch womit, müßten
5 wir auch fragen. Doch nicht einen rein logischen Widerspruch, wie es nach manchem bei Kant scheint. Einen logischen Widerspruch wird eine Verallgemeinerung hier doch immer vermeiden können. Sollte es aber ein Widerspruch mit der Natur des Menschen oder mit der Natur der spezifischen Besonderungen der Gefühls- und Willensakte sein, so wäre ja der Formalis-
10 mus überschritten; und natürlich muß die Sphäre der reinen Form (die selbst im Unklaren bleibt) überschritten werden: Das Gesetz, das ästhetische, ethische, logische, muß uns durch die spezifische Natur der Ideen, in denen es gründet, mit Evidenz gegeben werden, damit wir den Einzelfall als normalen sollen beurteilen können. Die leere Möglichkeit der Verallgemeinerung be-
15 gründet keine logische oder ästhetische Richtigkeit, ebenso nicht die leere Möglichkeit der Verallgemeinerung die ethische Richtigkeit.

Nr. 4 〈Fragen zur Grundlegung der Ethik〉[1]

1) Ob eine Ethik ohne Voraussetzung des Gefühls als einer Grundfunktion des Bewußtseins möglich ist. Ob eine Ethik möglich wäre und einen Sinn
20 hätte ohne ein Gefühlsvermögen; ob eine Ethik möglich wäre und Sinn hätte ohne ein Verstandesvermögen.

2) Ob der Unterschied zwischen Tugend und Laster seine Quelle hat in unterschiedenen Gefühlen oder ob er in anderem seinen Ursprung hat, also noch bestehen könnte, wenn es keine Gefühle gäbe.
25 3) Ob die Vernunft entdecken kann, was in gegebenem Fall Tugend und Laster, was zu tun, zu unterlassen, was zu lieben und zu hassen ist.

4) Ob das Moralische, der Wert und Unwert, etwas ist, was sich in den „objektiven" Tatsachen und Verhältnissen *aposteriori* oder *apriori* entdekken läßt; also ob es in der „Natur der Dinge" liegt — Natur der Dinge völlig
30 für sich und abgesehen von den sich daran knüpfenden Gefühlen.[2]

5) Ob das Hinzutreten der Gefühle zu gewissen Sachverhalten eine empirische Tatsache ist, die den Wertgegenstand erschöpft, oder ob nicht die Gefühlsauffassung des Sachverhalts einen apriorischen Zusammenhang bildet, der zum allgemeinen Wesen des fühlenden Bewußtseins gehört derart,
35 daß diese Gefühlsauffassung bei Sachverhalten dieser Art möglich und eine entgegengesetzte unmöglich ist, während eine von beiden notwendig berechtigt ist (Billigung — Mißbilligung); notwendig, das heißt: Eine von beiden ist

---

[1] Wohl aus der Zeit der Vorlesung „Grundfragen der Ethik" vom Sommersemester 1902 — Anm. des Hrsg.

[2] Objektivität des Wertes gleich konstitutive Beschaffenheit der Objekte und Objektverhältnisse.

verträglich (im Falle der ἀδιάφορα, der Sachverhalte, die keiner ethischen
Beurteilung unterliegen, ist keine von beiden verträglich).

6) Ob es überhaupt Apriorität auf dem Gemütsgebiet gibt, und wenn dies,
ob es eine Apriorität ist oder ob es eine Apriorität gibt, die von der Materie
5 des Fühlens unabhängig, die bloße Form des fühlend-begehrenden Bewußtseins betrifft.

7) Ob mit Rücksicht darauf die Rede von Verstand und Vernunft nicht
doch einen über Hume hinausgehenden Sinn hat. Intellektuelle Bewußtseinsgesetze — die rein logischen Gesetze; praktische Bewußtseinsgesetze — die
10 reinen Wertgesetze. Das theoretische Bewußtsein entdeckt alle Gesetze; also
der Verstand entdeckt seine reinen Gesetze, die rein logischen; der Verstand
entdeckt die rein praktischen Gesetze.

Nr. 5 Geigers Einwand gegen den Summationsimperativ[1]

Ich habe es als ein Axiom hingestellt, daß von je zwei Werten ⟨in⟩ Ver-
15 gleichung gilt, daß jeder Wert in Relation zu jedem anderen entweder mehr
wert oder minder wert oder gleich wert ist. Das aber ist bestreitbar. Man
könnte sagen (und z. B. auch Geiger vertritt diese Ansicht), daß nicht alle
Werte miteinander vergleichbar sind. Demnach könnte dann auch das
„höchste praktische Gut" im Brentanoschen Sinn keine Idee sein, als das
20 nach Summation als höchster Wert zu bestimmende.

Nun habe ich in meinen Vorlesungen ausgeführt, daß der oberste Wert ein
thetischer Wert ist. Ich bin auf den Begriff eines thetisch Seinsollenden als
eines, das unbedingt realisiert werden soll, gestoßen. Kant hatte das im Auge,
als er von dem einen kategorischen Imperativ sprach im Gegensatz zu den
25 bloß hypothetischen Imperativen. Nur vermengte er zwei wesentlich verschiedene Verhältnisse, zweierlei Unterschiede von relativem und absolutem
Wert.

1) Relativer Wert gleich das Wertsein als Mittel (ist der Zweck ein thetischer, so wird das Mittel mittelbar thetisch); nicht-relativer Wert sein gleich
30 Wert sein als Wert in sich.

2) Im Vergleich zum höheren Wert: „relativ" Seinsollendes ist jeder
Wert. Nämlich jeder Wert in sich ist ein in sich Seinsollendes, aber nur
relativ, nämlich wenn nicht „Höheres" ⟨auf dem⟩ Spiel steht. Geiger
spricht, umgekehrt überlegend, von Werten, die absolute Zwecke sind (ich
35 weiß nicht seine Ausdrücke), die unbedingt zu realisieren sind. Er scheint
wohl auch anzunehmen, daß da, wo bei solchen Werten Vergleichung möglich ist, der größere Wert der unbedingt zu realisierende ist? Doch fragt es
sich, was er da eigentlich meint. Jedenfalls kann man als eine Idee herausheben: Es gibt einen Wert (oder Werte), der von der handelnden Person
40 jeweils realisiert werden soll, absolut, thetisch, unbedingt.

Es fragt sich nun, ob dieser kategorische Imperativ m a t e r i a l bestimmt ist,
nämlich ⟨so⟩: Es gibt gewisse „Materien", gewisse Handlungen inhaltlich

---

[1] Juli 1909.

bestimmter Art, die gefordert sind kategorisch. Brentano (und ich ihm folgend) nimmt einen formalen kategorischen Imperativ an. Hier erfordert es neue große Studien.

Nr. 6 Ethik und Moralphilosophie. ⟨Die Aufopferung
5 ### von Werten und die Tragik des Opfers⟩[1]

Immanente und transiente Gefühle. Personwertungen und Sachwertungen. Hinsichtlich der Personwertungen selbstische und altruistische Wertungen. Nähere Analyse des auf andere und auf ⟨sich⟩ selbst bezogenen Fühlens.

Wann ist man rücksichtslos? Inwieweit ist das bestimmt durch Klarheit
10 oder Unklarheit der Einfühlung? Man meidet oft den Anblick oder die klare Vorstellung des Leides, um sich nicht zu etwas Nicht-Egoistischem hinreißen zu lassen. Man will gleichsam Egoist sein. Andernfalls tut es einem nachträglich noch leid, daß man der Nächstenliebe geopfert hat.

Inwiefern ist Wert in der Sphäre des „mein" und Wert in der Sphäre des
15 „dein" und des „alter" überhaupt gleichberechtigt? Gibt es keine Grenzen der Gleichwertigkeit oder ist zu unterscheiden zwischen Gleichwertigkeit hinsichtlich der Werte selbst und praktischer Gleichwertigkeit hinsichtlich des realisierenden Wollens? Inwiefern ist eine gewisse Bevorzugung der selbstischen Werte für ihre praktische Realisierung nicht nur faktisch unvermeid-
20 lich, sondern auch geboten?

Tragik des Willens. Aufopferung, Preisgabe edler Werte, an denen das Herz mit Recht hängt, „zugunsten" anderer; z. B. Preisgabe unzweifelhaften altruistischen Wohles zugunsten einer eigenen Lebensaufgabe. Auflösung solcher tragischen Dissonanzen in der Idee einer sozialen Teleologie. Umschrei-
25 bung des echten Begriffs von moralischem Opfer. Verfehlte, unmoralische Opfer und moralische; „gottgewollte Opfer". Die ethische Pflicht zu opfern, ethische Grenzen für Opfer. Moralphilosophie ⟨als⟩ die Philosophie des sich aufopfernden Handelns, auch in der egoistischen Sphäre.

Jemand hungert und leidet um eines höheren Zweckes willen, aber nicht
30 eines altruistischen Zweckes willen: um Wissenschaft treiben und in der Wissenschaft vorwärtskommen zu können, um Musik treiben und seine schöpferischen Gaben darin ausbilden zu können. Jemand opfert seine musikalischen Freuden, unterläßt die Ausbildung seiner musikalischen Gaben, um in der Wissenschaft ausnehmende Gaben entwickeln, ausnehmende Er-
35 kenntnisse erringen zu können. Inwieweit mit Recht? Aufopferung altruistischer Werte zugunsten eigener: Die Gelegenheiten zur Förderung anderer sucht man nicht, um seine Arbeit „der Wissenschaft widmen zu können". Inwieweit mit Recht? Wo ist von „Opfer" überhaupt in ausgezeichnetem und wertvollem Sinn die Rede?
40 Ich wähle zwischen zwei Stücken Braten und nehme das, was ich für das schönere halte. Opfere ich da das andere? Gewiß nicht, wenn ich an dem

---

[1] Gelegentliche Meditation 16.12.1909.

einen genug habe und das hinreichend und voraussichtlich befriedigende
gewählt habe. Es fehlt mir dann nichts. Ich finde zwei Stücke Gold. Sie sind
zu schwer, als daß ich sie heimschleppen könnte. Voraussichtlich geht das
eine verloren, wenn ich das andere nehme. Ich muß eines „opfern". ⟨Ein⟩
5 Jäger, der zwei schöne Hirsche zum Schuß bekommt; aber es schmerzt ihn,
daß er nicht beide haben kann; einen muß er „opfern".

Also, wo ich mehreres haben möchte und das mehrere in der Einheit des
Habens allgemein verträglich ist; ⟨demgegenüber⟩, wo das mehrere Gegen-
stand des Begehrens ist und nur eines erreichbar ist.
10 Niedere und höhere Werte als geopferte. Wo liegt die Tragik des Opfers?
Wo sind freudige Opfer möglich, erforderlich und doch tragisch? Moralische
Opfer. Auf welche Güter kann man nie derart verzichten, daß man ihren
Mangel nicht als Leid empfinden müßte, auch wenn man sie opfern sollte
und mit ethischem Recht geopfert hat?

15 Nr. 7 ⟨Verschiedene Arten von Wertabsorption⟩[1]

Ob die Summationsgesetze in unbedingter Allgemeinheit gelten, könnte
man fragen. In einem Gespräch mit Kaufmann fiel mir ein, ob es nicht
unendliche Unwerte geben kann in dem Sinn, daß in Summation mit ihnen
alle anderen Werte oder mindestens alle Werte abgrenzbarer Wertgruppen
20 Adiaphora sind (unendlich klein werden). Gibt es nicht ebenso unendliche
positive Werte, für deren Wert unendliche Mengen von Werten bestimmt
abgrenzbarer Klassen etc. gleichgültig sind, neben ihnen verschwindend?
Verschwinden nicht endliche Werte neben der Gottheit (für den Religiösen)?
Oder ein fürchterlicher Mord, ein Abgrund der Niedertracht? Es gibt doch
25 viele annehmliche Folgen, die neben ihm verschwinden. Aber was ist das für
eine Absorption, wie ist sie zu verstehen? Gibt es gegenüber der formalen
Absorption materiale Absorptionen? Der Begriff der Absorption muß dabei
besagen, was das „Bild" vom Unendlichen hier eigentlich besagt. Ein Beispiel wäre etwa: Die Werte, die wir als „sinnliche" bezeichnen, sind neben
30 Werten der „geistigen" Stufe, den „höheren" Werten, Nullen, sofern sie
nicht Vorbedingungswerte für diese sind. Aber nein, das geht doch nicht.
Haben wir zwei „gleich" geistige Werte, so gibt die Verbundenheit mit sinnlichen Werten doch einen Überschlag des Gewichts. Nur in der diesbezüglichen Wahl werden sinnliche von den höheren absorbiert.
35 Aber ein anderes Beispiel, das zugleich eine eigene Richtung der Wertung
anzeigt: Eine Mutter habe die Wahl zwischen der Rettung ihres Kindes und
eines nach ihrer Überzeugung außerordentlichen Menschen von höchstem
Persönlichkeitswert. Muß man da nicht vernunftgemäß sagen: Sie als Mutter
hat besondere Verantwortungen für ihr Kind; ihre Pflicht ist, das Kind zu
40 einem vollen und möglichst physisch-geistig wertvollen Menschen zu erzie-

---

[1] Wohl 1914 – Anm. des Hrsg.

hen. Sie hat nicht abzuwägen wie ein Fremder, der recht daran täte, den bedeutenden Menschen dem Kind bei der Rettung vorzuziehen.

Wie aber, wenn es sich um höchste Interessen derart wie das Wohl des Vaterlandes handelt? Wie aber, wenn es sich um einen Christus handelt, um
5 die Erhaltung eines Mannes, der berufen erscheint, die Menschheit auf eine höhere Stufe zu erheben, und nicht bloß in einer untergeordneten Sphäre wie der Wissenschaft etc., um einen Wert, der als einmaliger und vielleicht nie wiederkommender gewertet wird?

Dann kann die Mutter sich sagen: Ich übernehme die Verantwortung; ich
10 gebe das Kind preis; ich opfere es selbst und das Beste, was aus ihm werden kann, auf dem Altar des Wertes, der so groß ist, daß dieser Wert daneben verschwindet. Ich kann die Verantwortung übernehmen, denn das Kind selbst, wenn es zum Erwachsenen herangereift wäre, könnte mir das nicht verzeihen, daß ich es erhalten statt geopfert habe. Zum besten erziehe ich das
15 Kind dann, wenn es selbst bereit ist, sich für ein so Hohes preiszugeben. Der Vormund stellt sich pflichtmäßig auf diesen Boden: Er vertritt das „wahre Interesse" des Bevormundeten. Hier ist das wahre Interesse das Opfer.

Die Kasuistik hat ihre Schwierigkeiten, wie man sieht. Aber auch, wo ein einzelner Fall seine besondere Entscheidung fordert, sieht man doch, daß er
20 unter Prinzipien steht. Was von dieser Mutter gilt, gilt von jeder in einer analogen Lage, und der Fall ist immer schon allgemein in der Kasuistik gedacht.

Nr. 8 Logik, Ethik (Praktik), Axiologie: Analogien[1]

1) Das objektivierende Meinen, betrachtende, seinssetzende, Sein entneh-
25 mende; ⟨ein⟩ Subjekt meinen, ein Etwas meinen, eins und das andere zusammen meinen, eins oder das andere meinen; voraussetzen und daraufhin setzen usw. Das objektivierende Begreifen, etwas setzen und es als etwas erkennen, das Etwas als so und so Erkanntes setzen. Das logische Verhalten: a) das setzende Meinen, es meinen ⟨als⟩ etwas, ⟨als⟩ ein Identisches;
30 b) das Begreifen, das ⟨etwas⟩ als unter einem Begriff stehend Erfassen, ⟨es⟩ als ein A erkennen etc.

2) Unterlage: Gewahren (Erfahren) — Erfahrungsobjekt; Werten, Erwerten — Wert; Wollen, Erzielen.

Passives Empfinden und Erfahren; aktives Erfahren: mit dem Passiven
35 verbindet sich, es beseelend, ein objektivierendes Meinen, ein Betrachten, Herausmeinen, In-bezug-darauf-Meinen, dann auch Begreifen und Erkennen etc.

Passives Fühlen — aktives Wertmeinen. Da fragt es sich, ob das objektivierende Meinen sich als werterfassendes bloß mit dem passiven Fühlen, es
40 beseelend, verbindet; ob nicht vielmehr noch vorausgesetzt ist für die Wertobjektivierung ein Wertmeinen? Ebenso für ⟨die Wunsch- und Willensob-

---

[1] Etwa 1914 — Anm. des Hrsg.

jektivierung⟩, in Wunsch und Wille sich einlebend (das Gut und das Ziel
objektivierend), ein Wunschmeinen, Willensmeinen. Also hätten wir zu fragen: Haben wir verschiedene Regionen des Bewußtseins, in jeder Region
Unterschiede der Passivität und Aktivität (Rezeptivität und Spontaneität)?
5 In der ersten Sphäre, der „Erfahrungssphäre", hätten wir das passive
Empfinden und passive Hintergrunderfahren, Hintergrundvorstellen und als
Aktivität das aktive Erfahren, das Betrachten, das Herausmeinen, das Den-
Blick-auf-etwas-Richten, ⟨auf etwas⟩, das passiv erfahren, passiv in verworrener Weise vorstellig ist. Dieses schlichte Meinen geht dann über in synthe-
10 tisches Meinen. Objektivierender Akt. Darauf baut sich dann das „denkende
Meinen" als „begreifendes" (ausdrückendes); das spezifisch Logische. Ausdrücken Bedeutung gebender logischer Akt.
Zweite Sphäre, die axiologisch-thetische Sphäre. Das passive Fühlen (Gefühlssinnlichkeit) (setzt aber voraus Erfahrungssinnlichkeit, aber immer?),
15 das aktive Fühlen (gefallende Zuwendung, Sich-Hingeben, mißfallende Ab-
wendung: der Gefühlsakt, der als solcher in die Sphäre der Vernunft gehört).
Gefallende Zuwendung, der Gefallensakt, setzt einen objektivierenden Akt
voraus. Das kann dann Unterlage eines objektivierenden, nicht nur auf die
gefallende Sache, sondern auf ihr Wertsein Hinblickens, eines objektivieren-
20 den Meinens sein und wieder in höherer Stufe eines Begreifens und logischen
Fassens.
Dritte Sphäre, die praktische (die Seinsollens- und Tatsphäre), die kompli-
zierteste. Nicht bloß passiv Vermissen, von praktischen Reizen, von praktischen Tendenzen, von Erregungen berührt werden, sondern sich wünschend
25 zuwenden, sich fliehend abwenden. Wollend Setzen. Aufbau dieser Akte auf
Akte unterer Stufe. Andererseits: Ein „erfahrender" objektivierender Blick
richtet sich auf das Seinsollende, auf das Ziel; logische Akte daraufgebaut.
Der Materie nach wären folgende Möglichkeiten denkbar: 1) Die Spontaneität bezogen auf Sinnlichkeit; 2) reine Spontaneität, rein auf sich selbst
30 bezogen.
ad 1) a) Erfahrende Vernunft, Natur konstituierende; b) erfahrend-wer-
tende, Kulturwerte konstituierende; c) erfahrend-fordernde und schaffende.
Kultur konstituierend ist eigentlich nur die letztere aufgrund der Wertung
fordernde und schaffende Vernunft. Denn unter Kultur verstehen wir von
35 vornherein eine Schöpfung der Menschen. a α) Reine Naturwissenschaft;
β) empirische Naturwissenschaft; b α') reine Kultur-Wertwissenschaft;
β') empirische Kulturwissenschaft: Aber was hier steht, das ist nicht empirische Kulturwissenschaft im gewöhnlichen Sinn, sondern die Wissenschaft
von der Durchführung der Prinzipien reiner Kulturwissenschaft in Anwen-
40 dung auf die gegebene Naturwirklichkeit; also Konstruktion der idealen
Möglichkeiten von Werten in der gegebenen Natur. c α'') Reine Kultur-
Schöpfungswissenschaft; β'') empirische Kultur-Schöpfungswissenschaft —
Disziplin von der Realisierung reiner Kulturideale in der gegebenen Wirklichkeit.
45 ad 2) Reine Erkenntnis der Erkenntnis unter Ausschluß aller Sinnlichkeit,
das wäre doch analytisch logische Vernunft. Reine Wertung reiner Erkenntnis, das wäre reine Wertung des analytisch Logischen. Reine Wollung reiner

Erkenntnis, das wäre Erkenntniswille gerichtet auf reine Mathesis. Reine
Wertung gerichtet auf reine Wertung: Was ist das? Reine Wertung gerichtet
auf reine Wollung usw.

Rezeptivität: 1) Empfindungssinnlichkeit, 2) Gefühlssinnlichkeit, 3) Be-
5 gehrungs- und Wollungssinnlichkeit; dazu die „Apperzeptionen", die Auffassungen (Assoziationen).

Spontaneität: 1) das objektivierende Meinen und das darin gründende
logische Erkennen, 2) das wertende Meinen, 3) das fordernde und realisierende Meinen.

10   Wie verhält sich Rezeptivität zu Spontaneität? Spontaneität setzt Rezeptivität voraus. Es setzt Objektivation, mindestens physische Sinnlichkeit
(Empfindung), voraus? Setzt jede Wertung (wertendes Meinen) Gefühlssinnlichkeit voraus? Zum Beispiel, wenn reine Erkenntnis gewertet ist, wo ist da
die Gefühlssinnlichkeit? Liegt in der Erkenntnisfreude auch sinnliche Lust,
15   und wesentlich? Liegt in der Freude an einer sittlichen Tat sinnliche Lust
mitbegriffen?

Erfahrungssphäre ist die Sphäre der Objektivationen, denen Empfindungen
und Empfindungsauffassungen zugrundeliegen. Die Erfahrungssphäre ist eine
Sachsphäre für wertende Akte und darauf gegründete Wertobjektivationen,
20   sofern in der Empfindung und Empfindungsauffassung Gefühlssinnlichkeit
gegründet und Gefühlsapprehension vollzogen ist. Und analog für Erfah-
rungswollungen: die Erfahrungssphäre als Sollenssphäre, als Gütersphäre der
praktischen Tätigkeit und schöpferischen Gestaltung. Das objektivierende
Meinen übergreift die bloße Erfahrungssphäre, die bloße Erfahrungswert-
25   sphäre (Sphäre der Naturwerte), die bloße Erfahrungsgütersphäre (Naturpra-
xis). Jedes wertende Meinen kann Unterlage eines objektivierenden sein,
ebenso jedes Willensmeinen.

Analogie (das ist Wesensverwandtschaft zwischen allen Grundarten des
„Meinens", der Spontaneität):

30   1) Das objektivierende Meinen, das schlichte Herausmeinen, Objektivieren: zum Objekt-worüber machen und darauf gegründet das synthetische
Meinen. Dann die höhere Stufe des begreifenden Meinens, des ausdrücken-
den und urteilenden. Zum allgemeinen Wesen desselben, abgesehen von der
Bewußtseinsunterlage (denn jedes Objektivieren setzt schon Bewußthaben
35   voraus, ein Bewußtsein, aus dem herausgemeint wird) gehören gewisse Formen, Formen des begreifenden Objektivierens bzw. seiner Korrelate. Die
analytische Logik, die analytisch logische Vernunft.

2) Das wertende Meinen. Auch hier Unterschiede zwischen Form und
Materie. Analytische Wertlehre: analytisch-axiologische Vernunft. Alle Ver-
40   nunft ist zugleich begreifend. Ein begreifendes Objektivieren entnimmt den
Wertungen ihr Wesen, das Wesen ihrer Formen, die zum Wesen ihrer Formen gehörigen Gesetze.

3) Ebenso für die Sphäre der fordernden und realisierenden (handelnden
und schaffenden) Spontaneität. Analytisch-postulierende und praktische
45   Vernunft.

TEXTKRITISCHER ANHANG

ZUR TEXTGESTALTUNG

Der vorliegende Band gliedert sich in Haupttexte und Ergänzende Texte. Den Haupttexten sind jeweils Beilagen beigefügt. Es handelt sich dabei um Texte, die, sei es von Husserl selbst einem Haupttext als Ergänzung, selbstkritische Stellungnahme oder Inhaltsangabe zugeordnet wurden, sei es sich eindeutig oder zumindest mit hoher Wahrscheinlichkeit auf einen jeweiligen Haupttext beziehen lassen. Mit Ausnahme der Beilage X zum Haupttext C, deren Datierung etwas unsicher ist, dürften alle anderen Beilagetexte mit hoher Wahrscheinlichkeit während oder im unmittelbaren Anschluß an die betreffenden Vorlesungsmanuskripte entstanden sein. Alle Texte, die im vorliegenden Band zur Veröffentlichung gelangen, stammen aus Edmund Husserls Nachlaß, der im Husserl-Archiv in Leuven aufbewahrt wird.

Der Haupttext A gibt die Vorlesung, die Husserl im Sommersemester 1914 in Göttingen unter dem Titel „Grundfragen zur Ethik und Wertlehre" gehalten hat. Das stenographische Manuskript der Vorlesung liegt im Nachlaß in den Konvoluten F I 24 (I., II. und IV. Abschnitt) und F I 21 (III. Abschnitt). Der Text der Vorlesung von 1914 stellt eine Erweiterung und Überarbeitung des Hauptteils der Vorlesung über „Grundprobleme der Ethik und Wertlehre" von 1911 dar; wobei dieser Hauptteil der Vorlesung von 1911 wiederum aus einer Erweiterung und Überarbeitung des ersten Teiles der Vorlesung „Grundprobleme der Ethik" von 1908/09 hervorgegangen ist. Husserl hat den Text der Vorlesung von 1914 weder durch Überschriften noch nach einzelnen Vorlesungen gegliedert.

Der Haupttext B gibt die „Einleitung" und das „Schlußstück" der Vorlesung, die Husserl im Sommersemester 1911 in Göttingen unter dem Titel „Grundprobleme der Ethik und Wertlehre" gehalten hat. Das stenographische Manuskript der „Einleitung" liegt im Konvolut F I 14, das stenographische Manuskript des „Schlußstücks" im Konvolut F I 24. Die Texte der „Einleitung" und des „Schlußstücks" sind von Husserl weder durch Überschriften noch nach einzelnen Vorlesungen gegliedert.

Der Haupttext C gibt den zweiten Teil der Vorlesung, die Husserl im Wintersemester 1908/09 in Göttingen unter dem Titel „Grundprobleme der Ethik" gehalten hat. Das stenographische Manuskript des zweiten Teiles der Vorlesung von 1908/09 liegt in den Konvoluten F I 24 (§ 1a), F I 23 (§ 1b–§ 10) und F I 11 (§ 11 u. 12). Husserl hat den Text der Vorlesung von 1908/09 weder durch Überschriften noch nach einzelnen Vorlesungen gegliedert.

Die Ergänzenden Texte wurden vom Herausgeber nach sachlichen und historischen Gesichtspunkten ausgewählt. Sie umfassen einerseits drei Frag-

mente aus Husserls früheren ethischen Vorlesungen von 1897 und 1902, andererseits fünf kurze Texte zur Grundlegung der Ethik, zum Problem der Wertabsorption und zur Analogie zwischen Logik, Ethik und Axiologie. Das stenographische Manuskript des Textes Nr. 1 stammt aus dem Konvolut F I 20. Es handelt sich um ein Fragment aus dem Einleitungsteil der Vorlesung über „Ethik und Rechtsphilosophie", die Husserl im Sommersemester 1897 in Halle gehalten hat. Außer diesem Fragment ist von der Vorlesung im Nachlaß kein Manuskriptmaterial erhalten. Die Texte Nr. 2 und 3 sind Fragmente aus Husserls Göttinger Vorlesung „Grundfragen der Ethik" vom Sommersemester 1902. Die stenographischen Manuskripte dieser Texte liegen im Konvolut F I 20. Bei den Ergänzenden Texten Nr. 4–7 handelt es sich jeweils um ein Einzelblatt. Der Ergänzende Text Nr. 4 stammt aus dem Konvolut F I 20. Er schließt thematisch deutlich bei der Vorlesung von 1902 an. Die Ergänzenden Texte Nr. 5 aus dem Konvolut F I 21, Nr. 6 aus dem Konvolut F I 20 und Nr. 7 wiederum aus dem Konvolut F I 21 sind wichtige Reflexionen zum Problem der Wertvergleichung und der Wertentscheidung (siehe hierzu die Einleitung des Hrsg., S. XLVIf.). Der Ergänzende Text Nr. 8 stammt aus dem Konvolut A VI 6. Er gibt eine schematische Übersicht über die analogen Bewußtseinsstrukturen des logischen, praktischen und axiologischen Bewußtseins.

Alle Texte werden im laufenden Drucktext in der von Husserl hergestellten l e t z t e n F a s s u n g gegeben. Ausnahmen von diesem Prinzip werden an der entsprechenden Stelle in den Textkritischen Anmerkungen verantwortet. Als ungültig wird solcher Text in den Textkritischen Anhang verwiesen, der von Husserl durchgestrichen oder mit einer Null am Rande versehen ist. In den laufenden Drucktext aufgenommen sind alle die Textpassagen, die Husserl in eckige Klammern gesetzt hat. Diese vor allem im Haupttext A zum Teil zahlreich auftretenden eckigen Klammern werden in den Textkritischen Anmerkungen vermerkt. Sie bedeuten wahrscheinlich, daß Husserl die betreffenden Passagen in der Vorlesung nicht vortrug, ohne sie aber als fehlerhaft zu verwerfen. Was spätere Einfügungen und Randbemerkungen betrifft, so dürften sie wohl alle aus der Zeit der Vorlesungen stammen, also nicht später als 1914 entstanden sein.

Die G l i e d e r u n g der nachstehenden T e x t k r i t i s c h e n A n m e r k u n g e n entspricht derjenigen des Lesetextes in H a u p t t e x t e A, B und C sowie E r g ä nz e n d e T e x t e. Die Anmerkungen zu den Haupttexten A, B und C werden jeweils eingeleitet durch eine allgemeine Kennzeichnung des dem betreffenden Haupttext zugrundeliegenden Manuskripts und der Konvolute, in denen das Manuskript im Nachlaß aufbewahrt wird. Bei der Angabe der Korrekturen wird unterschieden zwischen V e r ä n d e r u n g e n, E i n f ü g u n g e n, E r g ä nz u n g e n und R a n d b e m e r k u n g e n. V e r ä n d e r u n g e n sind jene Textbearbeitungen, die zur Ersetzung eines vorherigen Textes bestimmt sind. E i n f üg u n g e n sind Zusätze, für die Husserl die Stellen angegeben hat, an denen sie in den Text einzurücken sind. E r g ä n z u n g e n sind Zusätze, für die eine solche Angabe von Husserl fehlt und die daher nach Einsicht des Hrsg. in den Text eingerückt wurden. R a n d b e m e r k u n g e n sind Kommentierungen des Textes, die als A n m e r k u n g e n wiedergegeben werden.

Rein äußerlich und formal weist bereits der Gebrauch eines Schreibmittels, das von dem bei der Niederschrift des ursprünglichen Textes benutzten unterschieden ist, auf eine mögliche spätere Entstehungszeit der jeweiligen Veränderung, Einfügung, Ergänzung oder Randbemerkung hin. Entsprechend dient in den folgenden Textkritischen Anmerkungen die Angabe des Schreibmittels (mit Bleistift, mit Rotstift, mit Tinte etc.) als Hinweis auf eine gegenüber dem ursprünglichen Text mögliche spätere Entstehungszeit der Veränderung, Einfügung, Ergänzung oder Randbemerkung. Wird kein Schreibmittel angegeben, dann gleicht das Schriftbild der Veränderung, Einfügung, Ergänzung oder Randbemerkung dem des ursprünglichen Textes. Das Grundschreibmittel ist in den abgedruckten Manuskripten beinahe ausnahmslos Tinte — die Ausnahmen werden an entsprechenden Stellen in den Textkritischen Anmerkungen angegeben. Während sich im Manuskript der Vorlesung von 1914 bei den Veränderungen, Einfügungen, Ergänzungen und Randbemerkungen mit Tinte in der Regel deutlich bestimmen läßt, ob sie vom Schriftbild des ursprünglichen Textes abweichen — in einem solchen Fall wird in den Textkritischen Anmerkungen das Schreibmittel „ mit Tinte" angegeben — oder nicht, ist dies bei den übrigen Manuskripten nicht der Fall. Hier wird in den Textkritischen Anmerkungen nur dann das Schreibmittel „ mit Tinte" angegeben, wenn ein deutlich erkennbarer Unterschied zum Schriftbild des ursprünglichen Tintentextes besteht.

Veränderungen und Einfügungen, die Husserl deutlich während der ursprünglichen Niederschrift vorgenommen hat, sind in den Textkritischen Anmerkungen nicht erwähnt, wenn es sich um bloß grammatische oder stilistische Veränderungen und Einfügungen handelt. Als stilistische Veränderungen und Einfügungen werden alle sachlich offensichtlich irrelevanten und nur der besseren und genaueren Formulierung dienenden Veränderungen und Einfügungen angesehen. In den Textkritischen Anmerkungen vermerkt sind alle Veränderungen, Einfügungen oder Randbemerkungen, die möglicherweise nicht im Zusammenhang mit der ersten Niederschrift des Textes entstanden sind.

Nur in wenigen Fällen mußten im Text Verschreibungen oder eine fehlerhafte Syntax Husserls korrigiert oder ein fehlendes Wort eingefügt werden. Die Hrsg.-Korrekturen sind an entsprechender Stelle in den Textkritischen Anmerkungen verzeichnet. Vom Hrsg. eingefügte Worte sind im Text durch spitze Klammern ⟨...⟩ gekennzeichnet. In solche Klammern sind auch alle vom Hrsg. formulierten und eingefügten Titel gesetzt. Zeichensetzung und Rechtschreibung wurden stillschweigend nach den gegenwärtigen Bestimmungen des Duden angepaßt. Die Unterstreichungen in Husserls Manuskripten sind sehr zahlreich. Ihre vollständige Berücksichtigung wäre sinnlos. Der Hrsg. hat sich für eine sehr beschränkte Übernahme von Unterstreichungen entschieden. Die übernommenen Unterstreichungen sind im Text durch Sperrdruck wiedergegeben.

Wo in den folgenden Manuskriptbeschreibungen nichts anderes vermerkt ist, handelt es sich immer um in Tinte geschriebene Stenogramme (Gabelsberger System) auf Blättern vom Format 21,5 × 17 cm („ Normalformat").

In den *Textkritischen Anmerkungen* werden folgende Abkürzungen
verwendet: *Bl.* = *Blatt oder Blätter; V.* = *Veränderung; Einf.* = *Einfügung;
Erg.* = *Ergänzung; Rb.* = *Randbemerkung; Kl.* = *Klammer; Rd.* = *Rand;
Z.* = *Zeile; gestr.* = *gestrichen; geschr.* = *geschrieben; mit Bleist., mit Rotst.
etc.* = *mit Bleistift, mit Rotstift etc.; Anm.* = *Anmerkung.*

TEXTKRITISCHE ANMERKUNGEN ZUM HAUPTTEXT A:

Vorlesungen über Grundfragen zur Ethik und Wertlehre 1914
(S. 3-159)

Das dem Haupttext A zugrundeliegende stenographische Ms. liegt in den beiden Konvoluten F I 24 (I., II und IV. Abschnitt) und F I 21 (III. Abschnitt). Das Konvolut F I 24 umfaßt einschließlich des braunen Packpapierumschlags 235 Bl. Auf der Vorderseite des Umschlags steht mit Rotst.: Ethik 1911, 1920, 1922/3; *darunter mit Blaust.:* Vorlesungen. *Auf die Vorderseite des Außenumschlags folgt ein Titelbl., das die folgende Aufschrift mit Blaust. trägt:* S/S 1911 formale Ethik und Probleme der ethischen Vernunft 1920 und W/S 1922/23; Lustwert als absoluter Wert, absolutes Sollen; Seinswerte und ästhetische Werte.

Die Bl. des Konvoluts sind in sechs Bündel unterteilt, denen noch drei Einzelbl. voranliegen. Die Einzelbl. sowie die Mss. des zweiten, dritten und vierten Bündels stammen wohl alle aus den frühen zwanziger Jahren. Sie stehen sachlich in Zusammenhang mit Husserls ethischer Vorlesung von 1920 und seinen anderen ethischen Mss. aus der ersten Hälfte der zwanziger Jahre. Das erste Bündel (Bl. 5-25) enthält die oben als Beilage XII wiedergegebene Inhaltsangabe zum zweiten Teil von Husserls ethischer Vorlesung von 1908/09 (siehe hierzu unten S. 508). Das sechste Bündel enthält Darstellungen zur Geschichte der englischen Ethik des 17. und 18. Jahrhunderts, die aus Husserls frühen ethischen Vorlesungen, möglicherweise der Vorlesung von 1902, stammen. Das umfangreichste vierte Bündel (Bl. 92-223) schließlich enthält das Ms. zum Haupttext A. Auf der Vorderseite des Umschlagbl. dieses Bündels steht folgende Aufschrift mit Blaust.: formale Ethik (,, Grundprobleme der Ethik "), Sommer 1911, unter Zugrundelage der Wintervorlesungen von 1908/09 von p. 39-123; p. 1-38 behandelte die Idee der Philosophie und die Austeilung der Ontologien; *nach* Sommer 1911 *hat Husserl mit Bleist. hinzugefügt:* u⟨nd⟩ So⟨mmer⟩ 1914.

Der I., II. und IV. Abschnitt des Haupttextes A fußen auf den Bl. 94-193 und 218. Die Zugehörigkeit von Bl. 218 zum Vorlesungstext ist durch seine Lage im Konvolut etwas zweifelhaft. Vom Schriftbild und Inhalt her scheint es jedoch zur Vorlesung zu gehören. Den Blättern voran liegt ein Einzelbl. zur Idee einer formalen Wertlehre und Ethik, das nach Aussehen und Inhalt zur Vorlesung gehört, sich aber in den Vorlesungstext nicht einordnen läßt. Auf dem Rd. der Vorderseite des Bl. steht mit Blaust. der Titel: formale Ethik; *der*

Text auf dem Bl. lautet: Gingen wir den besonderen praktischen Gebieten nach, so hätten wir besondere Kunstlehren oder, wie man auch sagt, Künste, die Erziehungskunst, die Wissenschaftskunst, die Feldherrnkunst, die Dichtkunst usw. Aber sie alle übergreifend eine auf die obersten und höchsten menschlichen Werte als Zwecke gerichtete Kunstlehre oder auf den obersten Zweck, falls einer ausweisbar ist, der alle anderen unter sich befaßt und ihnen seine untergeordnete Stelle anweist. Die oberste Kunstlehre heißt traditionell die ethische Kunstlehre.

Nun können wir in allen diesen Beziehungen zu apriorischen Prinzipien aufzusteigen suchen und zuletzt zu einer Art höchster und formaler Allgemeinheit. Wir nehmen nicht den Menschen und die gegebene Welt. Wir denken uns irgendein Subjekt überhaupt oder miteinander in Gemeinschaft stehende Subjekte überhaupt, die in reiner Allgemeinheit als nicht nur vorstellende, sondern wertende und praktisch gestaltende Subjekte gedacht sind. Wir fragen dann nach den apriorischen Normen, unter denen vermeinte Werte und Wertverhalte notwendig gedacht werden müssen, damit sie sollen wahrhafte Werte sein können. Wir fragen nach den apriorischen Formen möglicher Werte und möglicher Bildung von neuen Werten aus gegebenen bestehenden ⟨*im Ms.:* bestehen⟩, nach den weiteren formalen Normen der Wertsteigerung und Wertminderung, der Wertübertragung, der möglichen Entwertung, Wertvernichtung usw. Daß es solche formalen Gesetze gibt, ist an Beispielen klarzumachen. Es sei A ein Gut ⟨*im Ms.:* sei A ein Gut ist⟩ und B ein anderes, aber höheres Gut; beide seien für mich jetzt erreichbar; dann ist die praktische Wahl des Minderen eine schlechtere als die des Besseren. Aber nicht nur das; sie ist ethisch ein Schlechtes. Das kann offenbar in formaler Allgemeinheit als Prinzip ausgesprochen werden. Es erwächst so die Idee einer formalen Wertlehre und Ethik, die die obersten formalen Prinzipien behandelt, die in jeder sachhaltigen Ethik ihre Verwendung finden müssen.

Die Bl. 195–203 liegen einem Teil des Haupttextes B, dem Schlußstück der ethischen Vorlesung von 1911, zugrunde (siehe hierzu unten S. 479). Die Bl. 204–211 liegen dem oben als Beilage IX wiedergegebenen Schlußteil des ersten Teiles der ethischen Vorlesung von 1908/09 zugrunde (siehe hierzu unten S. 507). Bei den Bl. 212–217 und 219 handelt es sich um einzelne Forschungsnotizen zum unterschiedlichen Wert des Wollens, zum Schön- und Gutwerten, zur Wertabsorption und zum praktischen Bereich. Die Bl. 220–222 liegen dem § 1a des Haupttextes C, dem zweiten Teil der ethischen Vorlesung von 1908/09, zugrunde (siehe hierzu unten S. 497).

Der Haupttext A, die Vorlesung über „Grundfragen der Ethik und Wertlehre" von 1914 ist eine Erweiterung und Überarbeitung eines Teiles der Vorlesung über „Grundprobleme der Ethik und Wertlehre" von 1911. Diese Vorlesung von 1911 ist selbst bereits eine Erweiterung und Überarbeitung des ersten Teiles der Vorlesung „Grundfragen der Ethik" von 1908/09 (siehe hierzu auch die Einleitung des Hrsg., S. XIIIf.). Im vorliegenden Ms. sind demnach die Textstufen von 1908/09, 1911 und 1914 zu unterscheiden. Die im Nachlaß erhaltene Textanordnung entspricht der Ausarbeitungs- und Bearbeitungsstufe von 1914. Dieses Vorlesungsms. von 1914 ist im Gegensatz zu den *Vorlesungsmss. von 1911 und 1908/09 mit Ausnahme des ersten Bl. von Husserl nicht eigens paginiert worden. Die in das Vorlesungsms. von 1914 aufgenommenen Bl. aus den Vorlesungmsss. von 1911 und 1908/09 lassen sich durch ihre unterschiedliche Paginierung leicht unterscheiden. Die aus dem Vorlesungsms. von 1908/09 in das Vorlesungsms. von 1911 aufgenommenen Bl. tragen zwei verschiedene Paginierungen. (Es gibt keine Bl. aus 1908/09, die unmittelbar in das Vorlesungsms. von 1914 aufgenommen wurden, ohne bereits zum Vorlesungsms. von 1911 gehört zu haben.) Die Paginierung von 1911 läuft durchgehend von „ 44 "-„ 100 ". Sie schließt damit an die Paginierung „ 1 "-„ 42 " des Ms. der Einleitung zur Vorlesung von 1911 (Haupttext B) im Konvulut F I 14 an. Die Paginierung von 1908/09 springt von „ 11 " nach „ 13 " und läuft dann durch bis „ 41 ". Zum Vorlesungsms. gehören auch noch das Bl. mit der Paginierung „ 46 ", ursprünglich „ 43 ", und das Bl. „ Beilage zu 49 ", das wohl ebenfalls ursprünglich zum Vorlesungsms. von 1908/09 gehörte. Die vermutlichen Bl. „ 6 " und „ 7 " sind oben als Beilage VIII zum Haupttext C abgedruckt (siehe unter S. 506). Die übrigen Anfangsbl. der Vorlesung von 1908/09 konnten nicht zurückgefunden werden.*

*Aus 1914 stammt der gesamte Text von S. **99**, 34 bis zum Vorlesungsende auf S. **153**. Aus 1914 stammen ebenfalls die folgenden Textstücke: S. **3**, 4–10, 36; S. **40**, 12–**46**, 17; S. **58**, 31–**64**, 2; S. **65**, 4–**71**, 7; S. **91**, 16–**92**, 32. Die folgenden Textstücke sind 1911 entstanden: S. **11**, 1–**17**, 23; S. **18**, 17–**20**, 30; S. **29**, 4–**38**, 26; S. **81**, 16–**86**, 14; S. **86**, 36–**91**, 16; S. **92**, 32–**94**, 4; S. **95**, 5–**99**, 33. Die übrigen Textstücke gehörten ursprünglich zum Vorlesungsms. von 1908/09; sie sind dann in das Vorlesungsms. von 1911 und schließlich in das Vorlesungsms. von 1914 aufgenommen worden. Es handelt sich um die folgenden Textstücke: S. **17**, 24–**18**, 16; S. **20**, 31–**29**, 3; S. **38**, 27–**40**, 8; S. **46**, 17–**58**, 27; S. **64**, 3–39; S. **71**, 8–**81**, 15; S. **86**, 14–33; S. **94**, 5–38.*

Die Textstücke aus 1914 sind nur wenig überarbeitet. Husserl hat sich mit dem Vorlesungsms. somit nach 1914 wohl nicht mehr intensiv beschäftigt. Die Textstücke aus 1908/09 und 1911 sind mit Tinte, Bleist. und Blaust. überarbeitet. In den Textstücken von 1908/09 treten vor allem mehr Streichungen auf als in den Textstücken von 1911. Ein Teil dieser Streichungen läßt sich ziemlich sicher sei es auf 1911, sei es auf 1914 datieren, da diese Streichungen offensichtlich zur Einpassung der Bl. von 1908/09 in die Vorlesungsmss. von 1911 bzw. von 1914 dienten. Auch was Einfügungen, Ergänzungen und Unterstreichungen betrifft, sind die Bl. aus 1908/09 im allgemeinen mehr bearbeitet als die Bl. aus 1911. Mit Gewißheit läßt sich bei diesen Einfügungen, Ergänzungen und Unterstreichungen in den Textstücken von 1908/09 nicht sagen, ob sie bereits bei der Überarbeitung von 1911 oder erst bei derjenigen von 1914 entstanden sind. Da aber die Textstücke von 1911 nicht sehr intensiv überarbeitet sind, ist zu vermuten, daß ein großer Teil vor allem der Einfügungen und Ergänzungen in den Textstücken von 1908/09 bereits 1911 entstanden ist.

Das Ms. zum III. Abschnitt des Haupttextes A liegt im Konvolut F I 21, in dem sich auch die Mss. der Beilage IX und der Ergänzenden Texte Nr. 5 und 7 befinden. Das Konvolut umfaßt 73 Bl. Auf der vorderen Innenseite des

Außenumschlags — auf der Außenseite des Umschlags befindet sich ein Schreiben der Universität — steht mit Blaust. geschr. und mit Rotst. gestr.: Einige Vorlesungen S/S 1914 über Grundprobleme der Ethik, noetisch. *Dieser Titel bezieht sich offensichtlich auf die Bl. 60–72 am Ende des Konvoluts, die dem III. Abschnitt der Vorlesung von 1914 zugrundeliegen.*

Die übrigen Bl. des Konvoluts liegen in einem Innenumschlag. Die Vorderseite dieses Umschlags trägt den Titel mit Tinte: zum Teil sehr wichtig: Beilagen zu den Grundproblemen der Ethik (insbesondere der formalen Ethik), Winter 1908/09 und Sommer 1911. *Darunter steht mit Bleist. der Literaturhinweis:* Literatur vgl. B. Lemcke, Arch⟨iv⟩ f⟨ür⟩ s⟨ystematische⟩ Ph⟨ilosophie⟩, XII ⟨1⟩, über apriorische Willensätze. *(Es handelt sich um den Artikel „De voluntate. Metaphysische Axiome einer Empfindungslehre" von B. Lemcke, 1906, S. 33–54.) Bei den Texten in diesem Innenumschlag handelt es sich um eine Vielzahl kleinerer Texte, oft Einzelbl., von denen die meisten aus den Jahren 1908-1911 stammen. Es befinden sich auch einige ältere Bl. darunter, zum Teil von vor 1900, zum Teil aus der Zeit von Husserls ethischer Vorlesung von 1902. Die Texte in diesem Innenumschlag handeln von axiologischen und willenstheoretischen Themen. Da sie meistens den Charakter von wenig ausgearbeiteten Forschungsnotizen haben, wurden nur drei dieser Texte in den vorliegenden Band als Beilage und Ergänzende Texte aufgenommen.*

Die Bl. 10, 54 und 55 tragen die Husserlschen Paginierungen „51", „48" und „47". Es handelt sich hier wahrscheinlich um drei Bl. aus dem Vorlesungms. von 1908/09, die nicht in die späteren Vorlesungsmss. von 1911 und 1914 aufgenommen wurden. Das Bl. mit der Paginierung „48" ist noch mit der zweiten Paginierung „ad 90" versehen. Diese Paginierung verweist auf das Vorlesungsms. von 1911. Die drei Bl. werden unten in den Textkritischen Anmerkungen zum Haupttext A an der ihrem Platz im Vorlesungsms. von 1908/09 entsprechenden Stelle wiedergegeben.

Die dem dritten Abschnitt des Haupttextes A zugrundeliegenden Bl. am Ende des Konvoluts F I 21 sind nicht paginiert und ebenso wie die anderen Textstücke aus 1914 nicht sehr intensiv überarbeitet. Die im Konvolut vorliegende Reihenfolge der Bl. stimmt, was den Anfang des Vorlesungsabschnitts betrifft, nicht mit dem Textverlauf überein. Der Abschnitt beginnt mit der Rückseite von Bl. 58; darauf folgt die Vorderseite von Bl. 58. Der Text setzt sich dann auf der Vorder- und Rückseite von Bl. 62 fort, daran schließen sich die Bl. 59–61 sowie 63–72 an.

3, 4–**10,** 36 *von* Traditionell *bis* lassen *aus 1914* ‖ **3,** 4 *Paginierung und Datumsangabe am Rd. mit Bleist.* 1, Sommer 1914 ‖ **4,** 19 *vor* Was die Logik anbelangt *gestr. Einf.* Traditionell werden Wahrheit, Güte und Schönheit als koordinierte philosophische Ideen hingestellt und ihnen entsprechend drei normative philosophische Disziplinen angenommen, die Logik, Ethik und Ästhetik. ‖ **4,** 38 methodologischen *Einf.* ‖ **5,** 4–6 *von* Selbstverständlich *bis* Psychologie *Einf.* ‖ **5,** 7 psychologisch fundierten *Einf.* ‖ **5,** 18 *nach* die *gestr.* von einem Zweck geleitet sind, der außerhalb der theoretischen Einheit eines zu erforschenden Gebiets liegt. ‖ **5,** 22 *von* und zwar *bis* „formalen" *Einf.* ‖

5, 24–25 *von* und damit *bis* ausschalten *Einf.* ‖ **5,** 28–29 *von* die das *bis* aus-macht *Einf.* ‖ **6,** 22–26 *von* Bei allen *bis* habe *Einf.* ‖ **6,** 30 psychologistische *Einf.* ‖ **7,** 12 und ihre Urteilsakte *Einf.* ‖ **7,** 30 als die höhere Stufe *Einf.* ‖ **7,** 34–36 *von* Daran *bis* usw. *Einf.* ‖ **8,** 23 formalen *Einf.* ‖ **8,** 24–25 *von* auf-grund *bis* Form *Einf.* ‖ **8,** 26 *statt* den *im Ms.* die ‖ **8,** 29 formalen *Einf.* ‖ **8,** 30–31 *von* die in sich *bis* enthält *Einf. mit Bleist.* ‖ **8,** 35 jeder *V. mit Bleist. für* ein ‖ **8,** 35–36 *von* und daß *bis* ist *Einf.* ‖ **9,** 8 formale *Einf.* ‖ **10,** 22–27 *von* Zu beachten *bis* macht *Einf.* ‖ **11,** 1–17, 23 *von* Unser eigenes Handeln *bis* Persönlichkeitswerten usw.? *aus 1911* ‖ **11,** 19 schönen und guten *V. für* har-monischen ‖ **11,** 24–25 so sehr *Einf. mit Bleist.* ‖ **11,** 32 *von* sei es *bis* material *Einf.* ‖ **11,** 33 Also *Einf. mit Bleist.* ‖ **11,** 34–35 auch in der Ethik *Einf. mit Bleist.* ‖ **12,** 4 Der Idealist wird sagen *Einf. mit Bleist.; am Rd. doppelt mit Bleist. angestr.* ‖ **12,** 18–19 *Kl. Einf. mit Bleist.* ‖ **12,** 34–35 *statt* Zahlen sein können sollen *im Ms.* sollen Zahlen sein können ‖ **12,** 37 reinen *Einf.* ‖ **12,** 38 entschlüsse und *Einf.* ‖ **13,** 3–4 *von* in Analogie *bis* Ethik *V. für* der reine Gegensatz ‖ **13,** 6 *bei* Biologismus *endet die Vorderseite von Bl. 100; darunter in der unteren Ecke Rb. mit Blaust.* zweite S⟨eite⟩; *auf der Rückseite des Bl. befinden sich zwei mit Tinte gestr. Textstücke; das erste entspricht ungefähr dem Text auf der Rückseite des voranliegenden Bl. 99 (11, 33–12, 11); das zweite beginnt gleichlautend wie der Anfang der Vorlesung. Der Text auf der oberen Hälfte der Seite lautet:* Die Analogie mit der Sachlage in der Logik springt in die Augen. Auch hier braucht man die Nützlichkeit, ja Notwen-digkeit einer Kunstlehre nicht zu leugnen, aber dafür einzutreten, daß die wesentlichen theoretischen Fundamente der Kunstlehre statt in der Psycho-logie der Erkenntnis- und Gemütsfunktionen vielmehr in gewissen apriori-schen Gesetzen und Theorien liegen, die ihrem eigentümlichen Sinn gemäß dazu berufen sind, als Normen der ethischen wie der logischen Beurteilungen und als Leitsterne für eine vernünftige Praxis zu fungieren. So wie die Idee der Wahrheit nicht der Psychologie des Erkennens, so könne die Idee der moralischen Güte, der praktischen Triftigkeit überhaupt, der Zielrichtigkeit der Wollungen, der Handlungen und Gesinnungen nicht etwa der Psycholo-gie der betreffenden praktischen Funktionen entnommen werden. Aus Tatsa-chen seien keine Ideen zu entnehmen, und sowie wir die Ideen beiderseits ausschalten, verlieren die normativen und praktischen Disziplinen, die wir Ethik wie Logik nennen, ihren eigentümlichen Sinn. *Der auf dem Kopf stehende Text auf der unteren Hälfte der Seite lautet:* Traditionell werden Wahrheit, Güte, Schönheit als parallele Ideen hingestellt und ihnen entsprechend drei normative philosophische Disziplinen ange-nommen, Logik, Ethik und Ästhetik. Wir wollen für die Parallelisierung die Ethik bevorzugen. Ich erinnere also daran, daß nach der weitaus vorherr-schenden Tradition einerseits die Logik angesehen wird als die Kunstlehre der Erkenntnis, insbesonders als die Methodologie der wissenschaftlichen Erkenntnis. Es ist ferner bekannt, daß sich an die Definition der Logik und an die Frage, ob der Gesichtspunkt der Kunstlehre der einzige sei, unter dem die Logik zu definieren sei bzw. dem sich die seit Aristoteles als in spezifi-schem Sinn logisch genannten Prinzipien und Theorien unterordnen, von alters her Streitigkeiten knüpfen. ‖ **13,** 17–18 *vor* Begriffe *spitze Kl. mit*

Blaust. || **13,** 24–27 *von* Sie drücken *bis* angehören. *in eckigen Kl. mit Bleist.* ||
13, 29 *vor* Konsequenz *mit Bleist. gestr.* reine || **13,** 29–30 *nach* faktischer Gel-
tung *mit Bleist. gestr.* alles bezieht sich auf theoretische und praktische Vernunft als menschlich-empirisches Vermögen. *; Anführungszeichen Einf. mit*
Blaust. || **13,** 31–32 *von* aus *bis* Gründen *Einf.* || **14,** 6 metaphysische *Einf. mit*
Bleist. || **14,** 7 die *V. mit Bleist. für* das absolute Sein der || **14,** 20 nur *Einf.*
mit Bleist. || **14,** 22 *bei* Offenbar *beginnt die Vorderseite des Bl. 102; oben am*
Rd. ein abwärts weisender Pfeil mit Blaust. || **14,** 31 1) *Einf. mit Blaust.* ||
14, 34–35 *Kl. Einf. mit Blaust.* || **15,** 2 erkennbar seien *Einf. mit Bleist.* || **15,** 3
desgleichen für *V. mit Bleist. für* ebenso erkennbar seien in || **15,** 6–7 *von* in
seinem *bis* fest *V. mit Bleist. für* handelnd in dem Sinn an ethischen Prinzi-
pien || **15,** 15–16 *Kl.* ursprünglich *mit Tinte, dann mit Blaust. nachgezogen* ||
15, 21 im Glauben *Einf. mit Bleist.* || **15,** 22 wertende *Einf. mit Bleist.* ||
15, 30–38 *am Rd. untereinander drei Kreuzchen mit Blaust.* || **15,** 30–32 *am*
Rd. mit Bleist. angestr. || **15,** 32 der Einsicht *Einf. mit Bleist.* || **15,** 39 2) *Einf.*
mit Blaust. || **16,** 27–31 *von* Man wird *bis* usw.? *in eckigen Kl. mit Bleist.* ||
16, 32 empiristische gleich *Einf.* || **16,** 37 ethischen *V. mit Bleist. für* morali-
schen*; dazu die als Anm. 1 wiedergegebene Rb.* || **17,** 9–18 *von* Das ,,scio
meliora...‟ *bis* supponieren *V. mit Bleist. für* Das Unmoralische als das
negativ Moralische gibt es für ihn und den Stand seiner Einsicht ebensowenig
wie das positiv Moralische. Es besteht ja in einem Verstoß gegen solch positiv Moralisches,keine einzusehenden Pflichten einzusehen als wirklich bin-
dend. || **16,** Anm. 1 *Rb. mit Bleist.* || **17,** 24 *vor* Sein Analogon *mit Bleist. wohl*
1911 gestr. In der Tat, die höchsten praktischen Fragen, die nach der erhabenen Würde von Tugend und Pflicht und nach den letzten Persönlichkeitswerten, hängen mit jenem Streit zwischen psychologischer und reiner Ethik
zusammen. *Über diesem gestr. Text und am Rd. ausradierte und nicht mehr*
völlig lesbare Einf. mit Bleist.; die Einf. über dem Text beginnt mit den Wor-
ten Wir haben uns in der letzten Vorlesung davon überzeugt, ...; *vor* Sein
Analogon *doppelt mit Rotst. angestr.* || **17,** 24–**18,** 16 *von* Sein Analogon *bis*
Logik und Ethik. *aus 1908* || **17,** 24 *vor* Analogon *mit Bleist. gestr.* genaues ||
17, 30 *statt* um das *im Ms.* nach dem || **18,** 16 *nach* Ethik *mit Bleist. wohl*
1911 gestr., da die Fortsetzung des gültigen Textes auf dem folgenden aus
1911 stammenden Bl. eine Variation des gestr. Textes darstellt. Der gestr.
Text lautet: Der Absolutismus andererseits ⟨*gestr.* der jederzeit zugleich
Apriorismus ist, obschon der Sinn dieses Apriorismus ein sehr verschiedener
ist⟩, der die unbedingte objektive oder absolute Geltung des Logischen und
Ethischen vertritt und, um sie vertreten zu können, auf ein Apriori zurückgeht, das sich nicht in Zufälligkeiten der Erfahrung soll auflösen lassen ⟨*von*
und um sie *bis* lassen *in eckigen Kl. mit Bleist.*⟩ blickt auf Konsequenzen der
psychologistischen Lehre hin und sucht in ihren Unzuträglichkeiten kräftige
indirekte Argumente für seinen eigenen Standpunkt.

Wie die Leugnung der echten absoluten Geltung des Ethischen die ethische
Praxis in anti-ethischem Sinn ⟨in anti-ethischem Sinn *Einf. mit Bleist.*⟩
amoralistisch aufhebt, so hebt die parallele Leugnung in der logischen Sphäre
die logische Praxis in anti-logischem Sinn ⟨in anti-logischem Sinn *Einf. mit*
Bleist.⟩ auf. ⟨*Erg. am Rd.* Dem Amoralismus entspricht ein Alogismus.⟩

Das heißt, konsequenterweise müßte der Psychologist alle Leistungen der logischen Praxis entwerten, und somit müßte er alle Wissenschaften als Einheiten objektiver Wahrheit preisgeben. Besagt logische Triftigkeit oder Geltung nichts weiter, als daß menschliche Natur faktisch so geartet ist und unter gegebenen biologischen Verhältnissen so erwachsen ist, daß wir Menschen ⟨Menschen *Einf. mit Bleist., dannn mit Tinte nachgeschrieben*⟩ dergleichen Grundsätze, Lehrsätze, Beweise und Theorien in auszeichnender Weise als „wissenschaftlich" billigen und andere „unwissenschaftlich" genannte mißbilligen, so mag die weitere Entwicklung darin Änderungen bringen, etwa so, daß wir dann alle logischen ⟨logischen *Einf. mit Bleist., dann mit Tinte nachgeschrieben*⟩ Wertungen umkehren; sind also alle Wertungen empirisch relativ, so haben wir gar keinen Grund mehr, von einer wirklich gültigen Wahrheit zu sprechen und damit von einem wirklich gültigen Sein als dem Korrelat der Wahrheit. || **18**, 17–**20**, 30 *von* Der Absolutismus *bis* Skeptizismus. *aus 1911* || **18**, 21–22 *von* geschieht *bis* durchlaufen haben. *V. mit Bleist. für* wird hier zunächst auf die höchst anstößigen praktischen Konsequenzen hingewiesen, die eine Leugnung der absoluten Geltung des Ethischen mit sich bringen müßte. || **18**, 22 *nach* Es wird *mit Bleist. gestr. also* || **18**, 30–**19**, 2 *von* Besagt *bis* Ziel. *in eckigen Kl. mit Bleist.* || **19**, 6 *vor* Skeptizismus *gestr.* logischen wie ethischen || **19**, 12–13 logischer Negativismus *V. für* Relativismus || **20**, 2 zunächst *V. mit Bleist. für* jetzt || **20**, 16–17 *nach* Meinungen *mit Bleist. gestr.* der Menschen || **20**, 17–19 *von* Mag *bis* im Wesen seiner *Einf. und V. mit Bleist. für* In der Tatsache dieser || **20**, 20 überhaupt *Einf. mit Bleist.* || **20**, 27 *vor* dem *im Ms. zwischen* || **20**, 31–**29**, 3 *von* Der Typus *bis* Widersinns. *aus 1908* || **20**, 35 einem gewissen logischen Typus *V. mit Tinte für* solcher Art || **20**, 36 und wenn die Sachlage nun die ist *Einf. mit Tinte* || **20**, 39–**21**, 1 *von* und was *bis* begründet *Einf. mit Tinte* || **21**, 2 Also *V. mit Bleist. für* Überhaupt können wir sagen: ; Skeptisch sind *Einf. mit Tinte; statt* alle *im Ms.* jede *als Einf. mit Bleist.* || **21**, 3 irgendwelche *Einf. mit Bleist.* || **21**, 5 skeptisch sind *Einf. mit Tinte* || **21**, 8–11 *von* und so dann *bis* sinnlos wären *Einf. mit Tinte* || **21**, 35 *vor* Erfahrungsprinzipien *gestr.* allgemein || **21**, 35–36 *Vor* Erfahrungswissenschaften *mit Tinte gestr.* ganz allgemein || **22**, 1 u. 3 Humesche *jeweils Einf. mit Tinte* || **22**, 9–12 *von* Nun könnte man *bis* liegt *in eckigen Kl. mit Bleist.* || **22**, 12 *bei* Indessen *endet die Rückseite von Bl. 107; unten am Rd. steht noch folgender, auf dem Kopf stehender gestr. Text:* Bei diesen Argumenten aus den Konsequenzen ist, wie wir bemerken können, die Logik in einer wesentlich günstigeren Lage als die Ethik. || **22**, 14 und zumal *Einf. mit Tinte* || **22**, 15 allgemein gehaltenen *Einf. mit Tinte* || **22**, 15–19 *von* wie sie vorliegt *bis* psychologische Gesetze. *Einf. mit Tinte* || **22**, 19 des skeptischen Widersinns *Einf. mit Tinte* || **22**, 20 *nach* leicht. *folgt ein Textstück mit einer Null mit Bleist. am Rd.; das Textstück steht in eckigen Kl. mit Rotst. und nach einer öffnenden Kl. mit Blaust.; es ist vom folgenden Text noch durch einen Querstrich mit Blaust. abgetrennt. Der ungültige Text lautet:* Seitdem Aristoteles sich durch die unvergleichliche Schöpfung seiner Analytik den Ehrennamen eines Vaters der Logik erworben hat, besitzen wir eben in dieser Analytik einen Fonds von logischen Prinzipien und Gesetzen, an deren Gültigkeit kein Vernünftiger je gezweifelt hat.

Sie bildeten seit Jahrtausenden einen so festen Bestand aller Logik, daß noch
Kant urteilen konnte, durch Aristoteles sei die Logik in den Gang einer
festen Wissenschaft gebracht worden, und so weit hat er sie gebracht, daß sie
seitdem keinen Schritt zurück hat tun können, aber auch keinen Schritt vor-
wärts. Und auch einige Jahrzehnte später urteilt Hegel ebenso. Man hat also
dieses feste (obschon, wie wir heute meinen, keineswegs unverbesserliche)
System der Aristotelischen Syllogistik, und dieses aufgebaut auf den fundamentalen Denkprinzipien vom Widerspruch und vom ausgeschlossenen
Dritten. Auch die Psychologisten, an ihrer Spitze Mill, erkennen diese Prinzipien und die darauf gebauten Theorien (deren Verbesserungen nicht ihren
wesentlichen Kern treffen und treffen wollen) voll und ganz als Wahrheiten
an. Nur interpretieren sie diese Gesetze insgesamt psychologisch; sie tun es,
geleitet von der vermeintlichen Selbstverständlichkeit, daß Denkgesetze eben
Gesetze des Denkens, also psychologische Gesetze seien. Zum Beispiel, der
Satz vom Widerspruch besagt: Von zwei kontradiktorischen Aussagen bzw.
Urteilen ist eine wahr und eine falsch. Das wird etwa so interpretiert: Zwei
kontradiktorische Urteile können nicht zugleich in einem Bewußtsein vollzogen werden, oder mindestens kein Mensch von normaler intellektueller Konstitution kann zugleich urteilen „So ist es" und „So ist es nicht". Der
Widersinn tritt aber zutage, wenn wir erwägen, daß die menschliche Natur in
ihrer physischen wie psychischen Ausstattung ein bloßes Faktum ist, das
auch anders sein könnte. Und in der Tat hat sich die menschliche Natur
biologisch in dieser Ausstattung im Kampf ums Dasein und durch natürliche
Zuchtwahl (oder, wenn man nicht Darwinianer ist, nach irgendwelchen anderen biologischen Entwicklungsprinzipien) entwickelt, und da die Entwicklung
nicht zu Ende ist und die Spezies *homo* nicht in absoluter Starrheit verbleiben wird und verbleibt, so mögen sich aus ihr neue und immer wieder neue
Spezies von höheren Wesen entwickeln. Das betrifft die physische und eben-
so auch die psychische Ausstattung. || 22, 29–35 *von* Sie will *bis* ihren Sinn
Einf. mit Tinte || 22, 39 überhaupt *Einf. mit Bleist.* || 23, 2 solche *Einf. mit
Bleist.* || 23, 1 behauptende *Einf. mit Bleist.* || 23, 2 *nach* seinem Sinn nach
mit Bleist. gestr. wenn er wahr sein will || 23, 8 *vor* die *gestr.* die auf gegebene
Wahrheiten || 23, 8–9 als Wahrheit *Einf. mit Tinte* || 23, 9–10 oder nicht gel-
ten müßte *Einf. mit Bleist.* || 23, 12 *der mit* So kann *beginnende Text vom
vorhergehenden Textstück durch einen Querstrich mit Blaust. abgetrennt* ||
23, 17 *nach* hebt sie auf *mit Bleist. gestr.* der Widerstreit zwischen dem, was
diese Theorien, sei es überhaupt als Theorien, sei es als Theorien ihres
bestimmten Typus voraussetzen, und dem, was sie in thesi begründen wol-
len. || 23, 22 *von* und durch *bis* formalen *Einf. mit Bleist.* || 23, 26–27 dann
aber auch in seinen *V. mit Tinte für* und || 23, 29–31 *von* Sie stellt *bis* damit
Einf. mit Tinte || 23, 37 ethische *Einf. mit Tinte* || 24, 1 praktisch *Einf.* ||
24, 2–3 *von* Wir *bis* Konsequenz *Einf. mit Tinte* || 24, 4–7 *von* Eine Theorie
bis Theorie. *in eckigen Kl. mit Bleist.* || 24, 5 das Interesse daran verliert *Einf.
mit Tinte* || 24, 7 Sie ist völlig unannehmbar *V. mit Tinte für den folgenden,
nicht mehr sicher rekonstruierbaren Text* Daß sie falsch ist, das ist uns auch
sicher, weil wir uns zur Anerkennung gedrängt fühlen oder vielleicht ⟨es⟩ als
Notwendigkeit einsehen, daß die hier geleugneten Wertwahrheiten bestehen. ||

24, 11 formaler *V. mit Bleist. für* wirklicher || **24,** 19–20 extremen *Einf. mit Tinte* || **24,** 28 *nach* unternimmt *mit Bleist. gestr.* manch || **24,** 32–33 *von* Hier bis Redenden *V. mit Tinte für einen ausradierten, nicht mehr lesbaren Text* || **25,** 14 *von* und nicht *bis* weil er *V. mit Tinte für* nicht weil er || **25,** 20–25 *von* Die Münsterbergsche *bis* Widerlegung. *V. mit Tinte für folgenden mit Blaust. und teilweise mit Tinte gestr. Text:* Es scheint mir nun, daß es überhaupt unmöglich ist, die ethisch-skeptische These durch Nachweisung eines Widersinns in derselben Weise zu widerlegen, wie es bei der logisch-skeptischen These möglich ist. Und doch gibt es parallele Widerlegung und Parallelen des Widersinns. Deutlicher gesprochen, beschränken wir uns auf das ethische Gebiet, verstanden als Gebiet des Moralischen, dann fehlt der Widersinn. Die Behauptung „Es gibt keine Pflicht" hebt sich in sich nicht auf. Anders steht es, wenn man die Gesamtsphäre der praktischen Vernunft nimmt, also die Gesamtsphäre des Handelns überhaupt. || **25,** 30–33 *von* Solche *bis* bieten will. *Einf.* || **25,** 34 formalen *Einf. mit Bleist.* || **26,** 7 formalen *Einf. mit Bleist.* || **26,** 8 *von* sie *bis* leugnet, *V. mit Tinte für ausradierten und nicht mehr lesbaren Text;* wenn er irgendwelche *Einf. mit Bleist.* || **26,** 8–9 *von* mit der *bis* und als *Einf. mit Tinte* || **26,** 9–10 hoch bewerteten *Einf. mit Tinte* || **26,** 14 *von* als *bis* Wirklichkeit *Einf.* || **26,** 17 erfahrungs *Einf. mit Tinte* || **26,** 19–20 als erfahrungswissenschaftliche *Einf. mit Tinte* || **26,** 20 erfahrungs *Einf. mit Tinte* || **26,** 20–21 Erkenntnis *V. mit Tinte für* speziell psychologischer Erkenntnis || **26,** 23–24 objektiven Gültigkeit *Einf. mit Tinte* || **26,** 39 gültigen *Einf. mit Tinte* || **27,** 4 beschränkten *V. mit Bleist. für* prägnanten || **27,** 12 *von* als formale *bis* Praxis *Einf. mit Bleist.* || **27,** 21–22 *von* dem *bis* nach *Einf. mit Tinte* || **27,** 23 *von* nicht nur *bis* nach *Einf. mit Tinte* || **27,** 25 praktischen Werte *V. mit Tinte für* Vernunft || **27,** 28–30 *von* daß sich *bis* muß *Einf. mit Bleist.* || **27,** 30 echte *Einf. mit Bleist.;* in der praktischen Sphäre *Einf. mit Bleist.* || **27,** 32–33 generell *Einf. mit Tinte* || **27,** 33 *nach* preisgeben *mit Bleist. gestr.* so z. B. wenn der Skeptiker nicht bloß theoretisch behauptend, sondern fordernd sagt: *; bei* sagt: *endet die Rückseite von Bl. 111 (Archivpaginierung), dessen Husserlsche Paginierung von 1908 „17" ist. Der ursprüngliche Text von 1908 setzt sich fort auf der mit Bleist. gestr. Rückseite von Bl. 119, die die Paginierung „18" trägt. Der Text von* **27,** 34–**29,** 3 *steht auf Bl. 112 mit der ursprünglichen Paginierung „19". Husserl hat dieses Bl. dann aber noch 1908 als „Beilage zu 18b" (119a Archivpaginierung) umbestimmt. Bl. 120 trägt die Husserlsche Paginierung „20" von 1908. Was die Textanordnung von 1911 betrifft, so erhielten die Bl. 119 und 120 beide die Paginierung „64", wobei auf beiden Bl. unter der Paginazahl die Rb. alt steht. Da der Text auf Bl. 119 mit der Husserlschen Paginierung „64" von 1911 nicht unmittelbar anschließt an den Text des vorangehenden Bl. 118, Husserlsche Paginierung „63", und da auch der Text auf Bl. 121, Husserlsche Paginierung „65", nicht unmittelbar anschließt an Bl. 120, Husserlsche Paginierung von 1911 ebenfalls „64", gehörten die beiden Bl. 119 und 120 wohl schon 1911 nicht in den fortlaufenden Text. Es folgt jetzt der Text in seiner ursprünglichen Anordnung von 1908, beginnend mit der Rückseite von Bl. 119, die, wie bereits erwähnt, mit Bleist. gestr. ist:* Laß dir nicht vorreden, daß es so etwas wie ein an sich Gutes gibt. Das einzig Gute ist, daß du das tust, was dir im gegebenen

Fall angenehm ist oder was dir im gegebenen Fall als gut erscheint. Im Grunde ist das der Sinn des Protagoreischen Satzes. Hier ist das an sich Gute, d. h. das praktisch Vernünftige, als solches geleugnet. Es ist gesagt, daß es keine Vernunft in der Praxis, also auch keine vernünftige praktische Forderung gibt, und zugleich wird eine praktische Forderung mit dem Anspruch der einzig vernünftigen ausgesprochen. Würde der Skeptiker bloß theoretisch aussagen „Es gibt keine Vernunft im Praktischen", so würde er sich nicht in Widersinn verwickeln; die bloße Behauptung in sich ist nicht widersinnig. Sowie er aber weitergehend sagt „Da es dergleichen nicht gibt, da es kein gut und recht an sich gibt, so tut jedermann recht daran, gut daran, zu handeln, wie es ihm paßt", ist der Widerspruch da. Er ist hier logischer Widerspruch, sofern Recht geleugnet und Recht implizit behauptet ist. Er ist aber zugleich praktischer Widersinn. Das letztere tritt reiner heraus, wenn bloß gesagt wird: Erkenne keine Forderung ⟨Forderung *Einf. mit Bleist.*⟩, Regel als gültig für dein Handeln an! Der Widersinn ⟨ist⟩ offenkundig! Denn während in thesi gefordert wird, keine Regel, Forderung ⟨Forderung *Einf. mit Bleist.*⟩ anzuerkennen, wird eine Regel aufgestellt und im Sinn einer Aufstellung einer Regel überhaupt, die kein sugg⟨estiver⟩ Imperativ sein will ⟨*von* die kein *bis* will *Einf. mit Bleist.*⟩, liegt die Zumutung, daß diese Regel gültig sei.

Der Widerspruch ist da nicht ein bloß logischer, denn nicht werden hier Prinzipien verletzt, die zum Sinn der Wahrheit und überhaupt zum Sinn von Logischem als solchen gehören, vielmehr Prinzipien, die zum Sinn von Forderungen gehören, sofern eben auch Forderungen ihre „Vernunft" haben wollen, und nur sofern sie es haben, in den hier fraglichen Zusammenhängen der Rede ausgesprochen werden. Ebenso ist es, wenn ausgesprochen wird nicht bloß hinsichtlich des Handelns, sondern überhaupt: Erkenne keine Norm als gültig an! Denn auch das ist eine Norm und erhebt, indem sie ausgesprochen wird, sinngemäß als Forderung den Anspruch gültig zu sein und, sofern sie anderen gegenüber ausgesprochen wird, von ihnen als gültig anerkannt zu werden.

Bei werden. *endet der gestr. Text auf der Rückseite von Bl. 119. Unten am Rd steht die Bemerkung mit Bleist. in Kl. mit Blaust.* Beilage*; auf dem oberen Rd. der Vorderseite von Bl. 119 steht mit Blaust. ebenfalls die Bemerkung* Beilage. *Husserl verweist hier offensichtlich auf den Text des Bl. 112 (***27,** 34–**29,** 3 *im Haupttext oben). Auf diesem Bl. steht oben am Rd. mit Bleist.* Beilage zu 18b*; die Vorderseite von Bl. 119 trägt die Husserlsche Paginierung* „64" *von 1911. Der Text lautet:* Hier haben wir also die genauen Parallelen. Es gibt extrem skeptische Forderungen, Normen, die sich analog durch Widersinn aufheben wie extrem skeptische „theoretische" Aussagen; die einen tun es durch normativen ⟨normativen *Einf. mit Bleist.*⟩ Widerspruch zwischen dem Inhalt der Norm und dem, was schon die Form der Norm sinngemäß voraussetzt, die anderen durch logischen ⟨logischen *Einf. mit Bleist.*⟩ Widerspruch zwischen dem Inhalt der Aussage und dem, was jede Aussage als solche sinngemäß voraussetzt. ⟨*von* Hier haben wir also *bis* vorausgesetzt. *mit Bleist. gestr., die Streichung später aber wieder ausradiert*⟩

Gleichwohl fehlt in dem traditionellen Streit mit dem ethischen Skeptizismus die ganze Schicht der Diskussionen, die die Parallele bietet mit dem Streit gegen den logischen Skeptizismus und zumal gegen den Psychologismus. Nicht nur, daß der extreme ethische Skeptizismus nicht in der eben versuchten Parallele mit dem extremen logischen Skeptizismus bekämpft zu werden pflegt ⟨ *nach* pflegt *doppelte Trennungsstr. mit Bleist.*⟩, es fehlen auch alle die Diskussionen, die sich als Parallelen zu den psychologistischen Interpretationen des Gehalts der traditionellen Logik darbieten müßten. Der extreme Skeptizismus ist keine so große Gefahr wie ⟨keine so große Gefahr wie *V. mit Bleist. für* keine Gefahr, vielmehr⟩ der sich so wissenschaftlich dünkende Psychologismus, der sich zumeist ⟨zumeist *Einf. mit Bleist.*⟩ selbst vom extremen Skeptizismus weit abrückt und glaubt, eine gültige Logik und Ethik nach seinen psychologistischen Grundauffassungen vertreten und aufbauen zu können. Psychologismus ist unbewußter Skeptizismus, der, wenn man ihn wirklich als Widersinn brandmarken kann, zeigt, daß er seine Absichten völlig verfehlt, daß er also statt Logik und Ethik wissenschaftlich aufbauen zu können, ihren wissenschaftlichen Bau vielmehr unmöglich macht. Und da ist es nun doch ein Nachteil auf der Seite der Ethik, daß sich die Widerlegung des Psychologismus nicht so radikal ausführen lassen konnte wie auf logischer Seite ⟨ *nach* Seite *mit Bleist. gestr.* und zwar⟩ bei der psychologistischen Interpretation der traditionellen formalen Logik. Denn da ließ sich die Widerlegung so reinlich und scharf gestalten, wie in bezug auf den extremsten Skeptizismus, also so reinlich, daß man geradezu sagen kann: Psychologistische Interpretation der Logik und der fundamentalen Logik vor allem, die wir analytische Logik nennen, ist nur noch da möglich, wo eingewurzelte Vorurteile den Psychologisten unfähig machen, das Klare und Gegebene so hinzunehmen, wie es eben klar gegeben ist. Schließlich, wer nicht sehen will, den kann man zum Sehen nicht zwingen; genug, daß man sichtbar und voll und ganz sichtbar machen kann.

Bei machen kann. *endet die Vorderseite von Bl. 119. Der Text wird fortgesetzt auf der Vorderseite von Bl. 120, die von Husserl 1908 mit „ 20 “, 1911 mit „ 64 “ paginiert wurde. Der Text lautet:* So günstig aber liegt die Sache, wie gesagt, für die Ethik nicht; und einfach aus dem Grunde, weil wir uns hier vergeblich nach der sozusagen analytischen Ethik umsehen, die wir als Analogon der analytischen Logik ansprechen könnten. Aristoteles war der Vater der Logik, und was war hier seine größte Leistung? Nun, abgesehen von seiner Herausarbeitung der Grundbegriffe, die Formulierung des Satzes vom Widerspruch und ausgeschlossenen Dritten, die Formulierung der syllogistischen Grundsätze und der Bau der Syllogistik auf diesen Grundsätzen. Man mag über den praktischen Nutzen solcher Sätze und Theorien noch so abschätzig sprechen, wie es zeitweise Mode war, die Größe der theoretischen Leistung konnte kein wissenschaftlicher Kopf leugnen; und ebensowenig, daß hier ein Fonds absoluter Wahrheiten vorliege, der das Fundament für jede mögliche allgemeine Logik bilden muß. ⟨ *von* und ebenso *bis* muß. *V. mit Tinte für* und vor allem die absoluten Wahrheiten dieser echten Fundamentalsätze für jede mögliche allgemeine Logik⟩ Leider war Aristoteles, so viel er sich mit der Ethik beschäftigt hat und so Schönes seine Nikomachische Ethik auch bieten mag, nicht im selben Sinn der Vater der Ethik; und er war es nicht, weil er ⟨*nach* weil er *mit Bleist. gestr.* ihren Rahmen nicht weit genug spannte⟩ von vornherein auf die Materie des Handels und sein höchstes Ziel die Forschung richtete, statt zunächst die allgemeine Frage, die formale, nach den formalen Bedingungen der Möglichkeit vernünftigen Handelns überhaupt zu erwägen. Das aber lag wieder daran, daß kein gefestigter Inbegriff von ethischen Wahrheiten und Wertgegebenheiten vorlag, auf ethischer Seite kein Analogon der theoretischen Wissenschaften, so daß das Interesse sich auf bloße Form hätte lenken können. ⟨*von* Das aber *bis* können. *Einf. mit Tinte*⟩ Schon vor vielen Jahren habe ich in meinen Vorlesungen auf diesen Punkt hingewiesen, also darauf hingewiesen, daß hier ein großes Manko besteht, dessen Ausfüllung übrigens durchaus nicht aussichtslos ist. Es handelt sich um ein durchaus notwendiges Desiderat. ⟨*nach* Desiderat. *mit Blaust. gestr.* Nun wie immer. Der Aristoteles der Ethik, der Lehrer vom vernünftigen Handeln überhaupt, ist bisher nicht erschienen.⟩ Es ist dabei zu betonen: ⟨Es ist dabei zu betonen: *Einf. mit Tinte*⟩ Was man ethische Prinzipien nennt, hat nichts weniger als Analogie mit logischen Prinzipien. Dies uns klar zu machen, blicken wir hin auf die formale Logik, verständigen wir uns über ihr Wesen und den Sinn, der in ihr unter dem Titel logische Prinzipien auftretenden Sätze.

Der ursprüngliche Text von 1908 setzt sich fort auf Bl. 123, Husserlsche Paginierung von 1908 „21 ", oben im Haupttext **38**, 27 ‖ **27**, 34 *vor* Erkenne *gestr.* Erkenne keine logischen Regeln als bindend für deine Urteilstätigkeiten an! ‖ **28**, 21–22 die und die *Einf. mit Tinte* ‖ **28**, 25–26 *statt* daß so zu handeln, wie jene Regel fordert, sei nicht vernünftiges Handeln *im Ms.* das So-Handeln, wie jene Regel fordert, sei nicht vernünftiges Handeln ‖ **28**, 26–27 kontradiktorisch entgegengesetzte *Einf. mit Tinte* ‖ **28**, 29–30 *von* vernunftgemäß *bis* sei *V. mit Tinte für ausradierten und nicht mehr lesbaren Text* ‖ **29**, 3 *bei* Widersinns. *endet die Rückseite von Bl. 112; unten auf der Seite steht die Bemerkung mit Blaust.* zurück, Ende Beilage. *Das verweist offensichtlich auf den ursprünglichen Textzusammenhang von 1908, siehe oben S. 439f.* ‖ **29**, 4– **38**, 26 *von* Welcher Art *bis* formale sei *aus 1911* ‖ **29**, 28 *oben am Rd. des Bl. die Zeitangabe* Pfingsten ‖ **29**, 35 *nach* ethischen *mit Bleist. gestr.* und axiologischen ‖ **31**, 11 *nach* aufprägen? *gestr.* Daß eine anti-ethische, anti-moralische Theorie eine anti-moralische oder, sagen wir deutlicher, amoralistische Praxis mit sich führen müßte, mögen wir zugestehen. Aber warum sollte darin ein Widersinn liegen? ‖ **31**, 28 *statt* noch *im Ms.* und ‖ **31**, 32 völlig extreme *Einf.* ‖ **32**, 38 hätten wir anzunehmen *Einf. mit Bleist.* ‖ **33**, 2 extremen *Einf.* ‖ **33**, 17–19 *von* wenigstens *bis* herauszustellen. *Einf. mit Bleist.* ‖ **33**, 23–25 *von* Wenn wir *bis* korrespondiert? *am Rd. mit Blaust. angestr.* ‖ **33**, 28 u. 29 oder vernünftige *jeweils Einf.* ‖ **33**, 31 also *Einf. mit Bleist.* ‖ **33**, 32 *vor* der Vernunft *mit Bleist. gestr.* also ‖ **33**, 35 *nach* überhaupt *mit Bleist. gestr.* und im strengen Sinn ‖ **33**, 36 *bei* Praxis. *endet die Rückseite von Bl. 116, Husserlsche Paginierung „61 "; der Text auf der Vorderseite und der oberen Hälfte der Rückseite des folgenden Bl. 117, Husserlsche Paginierung „62 ", ist durch zwei Nullen mit Blaust. am Rand als ungültig gekennzeichnet. Der ungültige Text, der vom auf ihn folgenden Text auch noch durch einen Querstr. mit Blaust. abgetrennt ist, lautet:* Wir haben noch einen anderen Punkt zu betonen, der auch schon in der letzten Vorlesung bezeichnet war. ⟨*von* Wir *bis* war. *mit Bleist. gestr.*⟩ Wir müssen scheiden theoretische Sätze (Aussagesätze in einem prägnanten Sinn) und Forderungen, Sollenssätze. ⟨*vor* Wir müssen *mit Bleist. gestr.* Wir haben noch einen anderen Punkt zu erörtern, der auch schon in der letzten Vorlesung bezeichnet war.⟩ Die Ethik als normative Disziplin spricht Normen, Forderungssätze aus. Sie sagt: So sollst du handeln! Andererseits hat auch die Ethik einen theoretischen Gehalt, sie kann und muß darauf ausgehen, in Form theoretischer und begründeter Aussagen festzustellen, was das praktische Gut ist, unter welchen Wesensgesetzen es steht usw. Wenn nun der Skeptiker in theoretischer Form aussagt, es gibt kein an sich Gutes, es gibt keine unbedingte Pflicht, so darf man davon natürlich keinen logischen Widersinn, d. i. einen analytischen, erwarten, also nicht erwarten, daß damit Bedingungen einer Möglichkeit der Wahrheit überhaupt bzw. von Sachverhalten, von Sein überhaupt geleugnet werden. Ein solcher Widersinn liegt natürlich nicht vor. ⟨*nach* vor *mit Bleist. gestr.* und einen solchen darf man nicht fordern wollen⟩ Ein Widersinn kann dann ⟨dann *Einf. mit Bleist.*⟩ nur gesucht werden in dem spezifisch ethischen Gehalt solcher Sätze, ähnlich wie ein geometrischer Widersinn im spezifisch geometrischen Gehalt falscher geometrischer Behauptungen liegt. In einem prinzipiellen geometrischen Widersinn werden apriorische Bedingungen der Möglichkeit des räumlichen Seins und nicht des Seins überhaupt geleugnet, in einem real-ontologischen Widersinn Bedingungen der Möglichkeit des dinglichen Seins; in einem ethischen Widersinn, so wird man hier fortfahren können, werden geleugnet Bedingungen der Möglichkeit ethischen Seins, d. i. eben des objektiv Guten, des Korrelats des in vernünftigem Handeln zu Realisierenden als solchen. Aber da rangiert der ethische Widersinn eben als besonderer Fall eines materialen Widersinns gleich mit geometrischem, phoronomischem, chronologischem Widersinn und dergl., und eine Analogie mit dem analytisch-formalen skeptischen Argument gewinnen wir damit nicht. ⟨*von* Aber da rangiert *bis* damit nicht. *ursprünglich V. mit Bleist. — der Bleist.text wurde später beinahe vollständig mit Tinte nachgeschrieben — für* Aber das leugnet der Skeptiker eben, er sieht es nicht; und wenn wir es sehen, so mag es uns evident sein, daß die Leugnung gegen ein Wahrhaftes verstößt, eine Analogie mit dem sich aufhebenden skeptischen Argument gewinnen wir damit nicht.⟩

Anders, wenn wir davon ausgehen, daß der Skeptiker nicht nur Aussagen macht, und zwar solche, die ⟨die⟩ praktische Vernunft und ihre Korrelate leugnen, sondern daß er handelt, handelnd für seine praktischen Stellungnahmen Recht beansprucht und vor allem auch, daß er Forderungen, Sollenssätze ausspricht, die, wie sie sich geben, den Anspruch auf Recht und Vernunft erheben. In dieser Hinsicht können wir dem Skeptiker in ethischer Hinsicht ähnlichen Widersinn vorhalten, einen „formalen" ⟨einen „formalen" *Einf. mit Bleist.*⟩, als welchen wir ihm in der logischen Sphäre vorhalten durften. || **33,** 38 generell *Einf.* || **34,** 6 vernünftigen *Einf. mit Bleist.* || **34,** 16 praktisch *Einf. mit Bleist.* || **34,** 19 theoretisch *Einf. mit Bleist.* || **34,** 21 *nach* aus: *gestr.* „Es ist vernünftig, im Handeln keine Vernunftmotive anzuerkennen, wirksam werden zu lassen", so ist das kein skeptischer Widersinn || **34,** 24 in

forma *Einf. mit Bleist.* || **35**, 8 theoretischen *V. für* logischen || **35**, 21 *nach*
Logik *mit Bleist. gestr.* an formalen Gesetzen || **35**, 22–32 *von* Die radikale *bis*
Manko *in eckigen Kl. mit Bleist.* || **35**, 33–34 *bei* Erwägung *endet die Rück-*
seite von Bl. 118. Die beiden folgenden Bl. 119 und 120 sind oben S. 439ff.
wiedergegeben || **36**, 6 *vor* Wie in der *mit Bleist. gestr.* Rekapitulieren wir mit
wenigen Worten die Gedanken, die uns am Schluß der letzten Vorlesung
beschäftigten. || **36**, 22 *vor* Empirismus *mit Bleist. gestr.* extremen || **36**, 23
nun *Einf. mit Bleist.* || **36**, 26 extremen *Einf.* || **36**, 27 *weitere Einf.* || **36**, 34 *bei*
Es bedurfte dazu nur der *endet die Vorderseite von Bl. 121; auf der Rückseite*
befinden sich drei mit Blaust. gestr. Ansätze zu einem Vorlesungsanfang. Die
Textstücke lauten: Ich schloß die letzte Vorlesung damit, daß der Kampf
zwischen idealistischem Objektivismus und objektivistischem und anthropo-
logistischem Relativismus in der Ethik darum so viel ungünstiger...
Wir schlossen in der letzten Vorlesung mit folgendem Gedanken der radikalen Widerlegung des...
Rekapitulieren wir mit wenigen Worten die Gedanken, die uns am Schluß
der letzten Vorlesung beschäftigten. In dem ethischen wie dem logischen
Gebiet entbrennt immer ⟨wieder⟩ von neuem der Kampf zwischen Relativismus und Absolutismus, zwischen Empirismus und Idealismus. Der Empirismus hat beiderseits die gleichen allgemeinen Formen; er tritt als Psychologismus, Biologismus, Anthropologismus auf, geht man von der Logik aus,
und in allen diesen Formen führt er zuletzt auf einen Relativismus zurück,
der als Äquivalent... || **36**, 35 apophantischen *Einf. mit Bleist.* || **37**, 3–7 *von*
einer bloßen *bis* Interpretationen *V. mit Tinte für* des Nachweises des idealen
und absoluten Charakters der Gesetze und des Widersinns ihrer psychologi-
stischen Interpretationen. || **37**, 8 *vor* Logik *mit Bleist. gestr.* formalen || **37**, 9
absolut *Einf.* || **37**, 24 vernünftigen *Einf.* || **38**, 12 schon *vor* meinen Logischen
Untersuchungen *Einf. mit Bleist.* || **38**, 13 *nach* ich habe *mit Bleist. gestr.*
schon *vor* einem Jahrzehnt etwa || **38**, 14 Göttinger *Einf. mit Bleist.; seit*
1902 *Einf. mit Bleist.* || **38**, 23–26 *von* Was man *bis* formale sei *Einf. mit*
Tinte oben am Rd. des Bl. 123, das aus 1908 stammt || **38**, 27–**40**, 8 *von* In der
analytischen *bis* anzustreben sei. *aus 1908* || **38**, 27 apophantischen *Einf. mit*
Bleist. || **38**, 28 unmittelbar *Einf.* || **38**, 29 apophantisch *Einf. mit Bleist.* ||
38, 30 prinzipielle *V. mit Tinte für* die || **38**, 30–31 *von* ihnen abhängige
Gesetze und *Einf. mit Tinte* || **38**, 34 und zwar in formaler Allgemeinheit
Einf. mit Tinte || **39**, 9 *vor* Ein geometrischer *Absatzzeichen mit Bleist.* ||
39, 16 aus formalen Gründen *Einf. mit Tinte* || **39**, 39–**40**, 1 *von* und zwar *bis*
Weise *Einf. mit Tinte* || **40**, 6–8 *von* dasjenige *bis* anzustreben sei *Einf. mit*
Tinte. Die Rückseite von Bl. 123 endete 1908 mit sie suchten *(***40**, *6); der Text*
setzte sich dann fort auf Bl. 124. Dieses Bl. trägt die Paginierung „22" aus
1908 und „68" aus 1911. Oben auf dem Rd. des Bl. steht die Bemerkung mit
Bleist. altes Blatt. *Husserl hat den Text auf diesem Bl. 1914 sicher nicht vor-*
*getragen, da die Bl. 126 bis 128 (***41**, *18–***46**, *17), die aus 1914 stammen, eine*
Erweiterung und Ausarbeitung des Textes von Bl. 124 darstellen, wobei Hus-
serl Formulierungen des alten Textes z. T. wörtlich übernimmt. Deswegen
wird der Text von Bl. 124 hier wiedergegeben. Er lautet: M.a.W. in allgemeinster Weise suchte man festzustellen ⟨*von* M.a.W. *bis* festzustellen *V. mit*

Bleist. von 1911 für festzustellen, und zwar in allgemeinster Weise; *dieser letztere, ursprüngliche Text von 1908 schließt an bei* sie suchten (**40,** 5)⟩, was denn dasjenige Gute sei, das vernünftigerweise um seiner selbst willen und nicht bloß um anderes willen erstrebt zu werden verdiene und das eine so bevorzugte Stellung zu allem anderen, was vernunftgemäß ein praktisches Gut genannt werden könne, besitze, daß all diese anderen Güter nur Güter sind als dienende Mittel für jenes höchste Gut als den einzig vernünftigen Endzweck.

Die Logik überhaupt, und zumal die logisch-formale ⟨formale *Einf. mit Bleist.*⟩ Prinzipienlehre, entscheidet also nicht, was wahr ist in jeder möglichen Erkenntnissphäre. ⟨*von entscheidet bis Erkenntnissphäre. V. mit Tinte für* bestimmt also nicht, was wahr ist⟩ Die Ethik aber, und in Sonderheit die ethische Prinzipienlehre versucht immer wieder, ob mit Recht oder Unrecht, allgemeine Entscheidungen darüber zu treffen, was gut ist in jeder möglichen praktischen Sphäre. ⟨*von versucht bis Sphäre. V. mit Tinte für* bestimmt oder will bestimmen, was gut ist⟩ Um noch deutlicher zu sein: Der Ethiker sagte natürlich nicht und wollte nicht sagen, was im konkreten Einzelfall das praktisch Gute ist. Aber allgemeine Prinzipien suchte er in der Weise von überall anwendbaren Kriterien, an denen man das Gute des jeweiligen Einzelfalles ablesen ⟨ablesen *V. mit Bleist. für* messen⟩ bzw. mittels deren man es positiv bestimmen könne. Die Analyse des Falles und die richtige Ausführung der Subsumption mag noch so viele Schwierigkeiten haben, die Hauptsache ist, daß es auf Subsumption ankommen soll; daß Prinzipien gesucht sind, unter die Subsumption zu vollziehen ist, durch welche sich das Gute im gegebenen Fall wirklich herausstellt.

Beachten Sie wohl, daß es in dieser Hinsicht keinen Unterschied ausmacht, ob ethische Prinzipien als materiale oder als sogenannte ⟨sogenannte *Einf. mit Tinte*⟩ bloß formale gesucht und für möglich erachtet werden. Ob man als Prinzip Lust, allgemeine Wohlfahrt, Vollkommenheit und dergl. hinstellt oder ob man alle solche „materialen" Prinzipien für verwerflich erklärt und dafür mit Kant den kategorischen Imperativ als ein „rein formales Prinzip" hinstellt: Es ist einerlei.

Ein solches formales Prinzip hat keine Analogie mit den logischen Prinzipien, wenigstens nicht im entscheidenden Punkt. Denn Kant will damit das einzig echte, und zwar notwendige und ausreichende ⟨*von und zwar bis* ausreichende *Einf. mit Tinte*⟩ Kriterium der Sittlichkeit geben; er leitet uns selbst an, wie wir mit dem kategorischen Imperativ im gegebenen Fall verfahren sollen, um das, was in ihm pflichtgemäß ist, zu bestimmen bzw. wie wir den gegebenen Fall unter das Gesetz bringen können, wodurch sich das Ethische oder Unethische eindeutig entscheiden soll. ⟨Ethische oder Unethische *V. mit Bleist. für* Moralische und Unmoralische; *von* wodurch sich *bis* soll *Einf. mit Tinte*⟩ Wie formal das Prinzip also auch ist, und wie wenig es in sich selbst von der Materie des Wollens aussagt ⟨*von* und wie wenig *bis* aussagt *Einf. mit Tinte*⟩, es ist in materialer Hinsicht entscheidend ⟨in materialer Hinsicht *V. mit Tinte für* material⟩; nämlich die Entscheidung der formalen Richtigkeit gemäß dem Prinzip soll schon materiale Richtigkeit entscheiden und voll genügend. Eben das sei sogar das einzig Mögliche. ⟨*von* soll *bis* entscheiden *V. mit Tinte für* ist schon materiale Richtigkeit *; von* und voll *bis* Mögliche. *Einf. mit Bleist.*⟩ Andererseits aber ist formale Richtigkeit in der logischen Sphäre noch gar nicht materiale Wahrheit. Das würde aber auch dem Sinn der logischen Gesetze widerstreiten. Ihr Sinn ist es ja, bloß die in der Satzform gründenden Bedingungen der Möglichkeit der Wahrheit herauszustellen, deren Erfüllung selbstverständlich beliebige sachliche Verkehrtheiten nicht ausschließt. ⟨*nach* ausschließt. *Abschnittszeichen mit Blaust.*⟩.

Unsere Frage ist nun: ⟨Unsere Frage ist nun: *V. mit Tinte und Blaust. für* Sind wir soweit, dann drängt sich ⟨die⟩ Frage ⟨auf⟩; *vor* Sind wir soweit *gestr.* In diesem Sinn formal ist der kategorische Imperativ und jedes ähnliche Gesetz nicht,⟩ Muß es nicht auch in der Sphäre der Praxis ein Analogon dieser analytischen Logik geben? Vernunft im Urteilen ist gebunden an den Inhalt des Urteilens und zunächst ⟨*von* gebunden *bis* zunächst *Einf. mit Tinte*⟩ gebunden an den Sinn des Urteils überhaupt, d. h. ⟨überhaupt, d. h. *Einf. mit Tinte*⟩ an das im Wesen des Satzes als solchen generell ⟨generell *Einf. mit Tinte*⟩ Beschlossenen. Zum Wesen des Satzes gehören, wenn er wahrer Satz soll sein können, also Inhalt eines vernünftigen Urteilens ⟨Urteilens *V. mit Bleist. für* Urteils⟩ sein können soll, formale Bedingungen. Also es gibt formale Bedingungen möglicher Wahrheit überhaupt. ⟨*von* Also *bis* überhaupt *Einf. mit Tinte*⟩ Ist nicht auch ⟨auch *Einf. mit Tinte*⟩ Vernunft im Wollen und Handeln gebunden an den Sinn des Wollens und Handelns ⟨Wollen *und* Wollens *Einf. mit Tinte*⟩, sind nicht im Wesen des Willensinhalts bzw. in der Handlung als solcher ⟨des Willensinhalts bzw. in *Einf. mit Tinte*⟩ gewisse formale Bedingungen der Möglichkeit der praktischen ⟨praktischen *Einf. mit Tinte*⟩ Vernünftigkeit gegründet derart, daß ein Wollen und Handeln apriori unvernünftig wäre, aufgrund der bloßen Form des Willensinhalts ⟨Willensinhalts *Einf. mit Tinte*⟩, sofern es eben die formalen Bedingungen, die im Sinn der Handlung liegen, verletzte? Gibt es solche formalen Bedingungen möglicher praktischer Güte ⟨möglicher praktischer Güte *Einf. mit Tinte*⟩, dann betreffen sie alles und jedes Wollen ⟨Wollen *Einf. mit Tinte*⟩ und Handeln unangesehen des sachlichen Was der Handlung, soweit die Besonderheiten irgendeines ⟨irgendeines *Einf. mit Tinte*⟩ zu erreichenden Zieles und Weges in Frage sind. ‖ **40,** 12–**46,** 17 *von* Wir haben *bis* zu begründen wäre. *aus 1914* ‖ **40,** 14–15 *Kl. Einf. mit Tinte* ‖ **40,** 16 *nach* Form *mit Bleist. gestr.* apriori ‖ **40,** 31 gültiger *V. für* richtiger ‖ **40,** 37 *nach* überall. *gestr.* Gehen wir nun in die praktische Sphäre über. Hier hat man unter dem Titel ethische Prinzipien und weiterhin ethische Gesetze gerade allgemeine Normen zu formulieren gesucht, die in einer für alle möglichen bestimmten Fälle passenden Weise positiv aussagen, was gut ist, was vernünftigerweise anzustreben ist. ‖ **41,** 6 3+3 = 6 *V. mit Bleist. für* 2+2=4 ‖ **41,** 7 3 Äpfel und 3 Äpfel sind 6 Äpfel *V. mit Bleist. für* 2 Äpfel und 2 Äpfel sind 4 Äpfel ‖ **41,** 7–8 analytisch *Einf. mit Bleist.* ‖ **41,** 16 *nach* Termini *mit Bleist. gestr.* Die logischen Gesetze, die Bedingungen der Möglichkeit der Wahrheit bzw. Gesetzmäßigkeiten der Falschheit aussprechen, sind eben selbst Wahrheiten, und da sie algebraische Termini enthalten, so lassen sie sich durch materiale Besonderung derselben natürlich in Wahrheiten und

Falschheiten mit materialen Termini verwandeln, und das sind eben rein analytische Notwendigkeiten ‖ **41,** 16 will *Einf. mit Bleist.* ‖ **41,** 22 also *V. mit Bleist. für* eben ‖ **41,** 33 *nach* Form *in Kl. mit Bleist. und mit Bleist. gestr.* an der Form der Sätze bzw. der kategorialen Form gedachter Gegenständlichkeiten überhaupt ‖ **42,** 5–6 *von* was im *bis* Gute sei *V. für* was als das höchste vernünftige Ziel menschlichen Handelns anzustreben sei, was dasjenige höchste Gut sei ‖ **42,** 9 wenn überhaupt, so *Einf. mit Bleist.* ‖ **42,** 10–11 *nach* könnten *in eckigen Kl. und geschlängelt mit Bleist. gestr.* In einer allgemein gültigen, trotz der unbedingten Allgemeinheit für jeden empirisch aufzuweisenden Fall zureichenden Weise wollten sogenannte ethische Prinzipien uns positiv belehren, was wir tun sollen. ‖ **42,** 12 anderen *Einf. mit Bleist.* ‖ **42,** 19 und für jeden Einzelfall *Einf. mit Bleist.* ‖ **42,** 20 *statt* obwohl *im Ms.* trotzdem ‖ **42,** 21 *nach* Einzelfälle *gestr.* oder von möglichen Gattungen von Einzelfällen ‖ **43,** 1 ob in der historischen Tradition *Einf. mit Bleist.* ‖ **43,** 6 ablehnt *V. mit Bleist. für* für verwerflich erklärt ‖ **43,** 10 *nach* ist *mit Bleist. gestr.* sehr ‖ **43,** 19–20 *vor* allgemeine *gestr.* formal ‖ **43,** 23 *nach* Einzelfalls *gestr.* der also nichts von einer Materie hat, von sich aus wertbestimmend sein könnte vermöge materialer Wertprinzipien, die ihrerseits der Artung solcher Materien gesetzmäßig und apriori zugehörten. ‖ **43,** 29 dazu hörten wir: Es *Einf. mit Bleist.* ‖ **43,** 32–33 andererseits *Einf. mit Bleist.* ‖ **43,** 35 auch *Einf. mit Bleist.* ‖ **43,** 36 *nach* synthetisch *in eckigen Kl. und mit Bleistr. gestr.* Die ersteren sagen, welche Bedingungen die bloße Form erfüllen muß, damit das Urteil, der Satz sollen wahr sein können. Sie präjudizieren aber, wie wir ausführten, nichts in der materialen Sphäre, abgesehen von der Form der Sätze, die mit materialer Bestimmtheit sollen wahr sein können. ‖ **44,** 26 und reinen *Einf. mit Bleist.* ‖ **45,** 1 *statt* zum *im Ms.* dem ‖ **45,** 7–8 *von* Prädikate *bis* haben *Einf.* ‖ **45,** 11–14 *von* Wie in *bis* Wollen. *im Ms.* Wie in noetischer Hinsicht das Urteilen, so würde das Wollen korrelativ zu schätzen sein als richtiges und unrichtiges Urteilen bzw. Wollen. ‖ **45,** 22 *Anführungszeichen Einf. mit Bleist.* ‖ **45,** 25 *Kl. Einf. mit Bleist.* ‖ **45,** 31 formale *Einf. mit Bleist.* ‖ **45,** 34–35 formale *und* formalen *Einf. mit Bleist.* ‖ **45,** 34 wäre *V. mit Bleist. für* ist ‖ **46,** 4 vorgegebene *Einf.;* das Reich der *Einf.* ‖ **46,** 8 hatten wir *V. mit Bleist. für* gibt es ‖ **46,** 17–58, 27 *von* und dann müßte sich *bis* wertenden Vernunft *aus 1908;* und dann müßte sich *V. mit Bleist. für* und wenn dann; diese V. diente offensichtlich dazu, den folgenden Text, der ursprünglich aus 1908 stammt, an den vorangehenden Text aus 1914 anzuschließen; und wenn dann schließt an ein größeres Textstück aus 1908 an, das mit Bleist. gestr. ist. Das betreffende Bl. trägt die Husserlsche Paginierung „ 23 " aus 1908 und „ 69 " aus 1911; es setzt demnach den Text des oben S. 444ff. wiedergegebenen Bl. 124, Husserlsche Paginierung „ 22 " und „ 68 ", fort. Die Streichung des Textes erfolgte wohl erst 1914, da der Text mit Tinte und mit Bleist. überarbeitet ist und die Fortsetzung des gestr. Textes syntaktisch nicht anschließt an den Text von Bl. 124 mit der Husserlschen Paginierung „ 68 " aus 1911. Der gestr. Text lautet: In der konkret ⟨ konkret Einf. mit Tinte⟩ logischen Sphäre, der des Intellekts, entspricht der formalen Logik oder Analytik, die als Wissenschaft nur generelle Wahrheiten ausspricht ⟨von die als bis ausspricht Einf. mit Tinte⟩ das geschlossene unend-*

liche ⟨unendliche *Einf. mit Tinte*⟩ Gebiet der analytischen Wahrheiten. Sie sind dadurch charakterisiert, daß bei ihnen die Begründung des Urteils, d. i. der Ausweis seiner Vernünftigkeit, des Eingehens auf die materialen ⟨materialen *Einf. mit Bleist.*⟩ Besonderheiten eines Gebiets ⟨eines *V. mit Bleist. für des*⟩, auf welches das Urteilen sich beziehen läßt, nicht bedarf. ⟨*von* Urteilen *bis* bedarf *V. mit Bleist. für* Urteil sich bezieht, entraten kann⟩ Die sogenannte Urteilsmaterie im Sinne der traditionellen Logik ist für die Begründung der analytischen Wahrheit außerwesentlich. Das ist eben der Fall bei allen Wahrheiten, die aufgrund ihrer bloßen Form eingesehen werden können, also bei allen, die sich als singulärer Einzelfall von formal-logischen Gesetzen einsehen lassen. Ich erinnere an das vorher Gesagte: ⟨*von* Ich *bis* Gesagte *Einf. mit Tinte*⟩ Um einzusehen, daß ein geometrisches Gebilde nicht zugleich eine geometrische Eigenschaft A haben und dieselbe nicht haben kann, dazu brauche ich keine Geometrie; es wäre lächerlich, wenn man, um das zu begründen bzw. einzusehen, sich in das Wesen der betreffenden Gebilde und in die dafür gültigen Lehrsätze vertiefen wollte. Und ebenso ist es auch bei den mitunter sehr komplizierten analytischen Sätzen. ⟨*von* Die sogenannten *bis* Sätzen. *in geschweiften Kl. mit Bleist.; der Text in den geschweiften Kl. ist vom vorangehenden und vom folgenden Text auch durch einen Querstr. mit Bleist. abgetrennt.*⟩

In der Sphäre des Intellekts finden wir ferner ⟨ferner *Einf. mit Bleist.*⟩, abgesehen von dem geschlossenen Kreis der analytischen Wahrheiten, das unendliche Feld „synthetischer" Wahrheiten, und zwar idealer und empirisch-existenzialer ⟨empirisch *Einf. mit Tinte*⟩ Wahrheiten, wo überall die Begründung sich in das Sachhaltige der Urteilsbedeutung vertiefen und jenachdem den sachhaltigen ⟨sachhaltigen *Einf. mit Bleist.*⟩ Wesenszusammenhängen (den rein begrifflichen, den apriorischen) ⟨den apriorischen *Einf. mit Tinte*⟩ oder den empirischen ⟨empirischen *Einf. mit Tinte*⟩ Daseinszusammenhängen nachgehen muß. Was die praktische Sphäre anbelangt, so wäre die Analogie eine vollkommene, wenn sich auch hier eine Sphäre analytischer Praxis und eine solche synthetischer unterscheiden ließe; wenn also den formalen Bedingungen der Vernünftigkeit des Wollens bzw. Handelns entspräche ein geschlossenes Wollensgebiet, in dem die Vernünftigkeit rein formal begründbar wäre... ‖ **46,** 20–21 immanent und apriori *V. mit Tinte für* für sich ‖ **46,** 21–22 empirisch *Einf.* ‖ **46,** 25 also *Einf. mit Bleist.* ‖ **46,** 25–26 *nach* Parallelen *mit Bleist. gestr.* und vor allem ‖ **46,** 27 *zu* eine formale Praktik. *folgende mit Bleist. gestr. Rb.* Formale Ethik ist leider ganz mißverständlich mit Beziehung auf die formalistische Ethik der Kantischen Schule. ‖ **46,** 27–28 *von* Auch *bis* passend *Einf. und V. mit Tinte für* eine ethische Analytik ‖ **46,** 28–29 *vor* Ihre Prinzipien *mit Bleist. gestr. eckige Kl. mit Bleist.* ‖ **46,** 30 Wollung und *Einf.* ‖ **46,** 31 *nach* Form. *gestr.* als Wollung, die vernünftig sein will. ‖ **46,** 32 *von* wenn *bis* wäre *Einf. mit Bleist.* ‖ **46,** 36 den Inhalt des *V. für* das ‖ **46,** 37 *nach* vorleuchten soll. *mit Bleist. gestr.* So wie die formale Logik nichts weiter tut als gewissermaßen für Einstimmigkeit und Konsequenz ⟨Einstimmigkeit und *Einf. mit Bleist.*⟩ im Denken, und sogar nur für die formale Konsequenz zu sorgen, oder, was dasselbe ist, ⟨was dasselbe ist *V. mit Tinte für* wie man sagen kann⟩ dafür zu sorgen, daß der

Denkende in Übereinstimmung mit sich bleibe und sich nicht widerspreche (ganz abgesehen von der Besonderheit der Sachen, über die er denkt), so würde die formale Praktik nur dafür Sorge tragen, daß wir im Wollen und Handeln mit uns formal ⟨formal *Einf. mit Tinte*⟩ in Übereinstimmung bleiben, daß wir praktisch konsequent verfahren, unter Absehen von der Materie des Wollens, also unter Absehung von der Frage nach der Vernünftigkeit der jeweiligen besonderen Güter, die wir als Güter ansehen und uns als Ziel stellen. ⟨*von* Wollens *bis* stellen. *V. mit Tinte für* Handelns, die außer Spiel bleibt; *nach* stellen. *gestr.* Im prägnanten logischen Sinn inkonsequent sein, das ist in formalen Widersinn verfallen. In praktischem Sinn praktisch inkonsequent sein (oder formal-praktisch inkonsequent sein), das hieße in praktisch-formalen Widersinn verfallen.⟩ ⟨*unten am Rd. die ausradierte Bemerkung mit Bleist. Das Durchstrichene nur zu Zwecken der Wiederholung durchgestrichen.*⟩ || **47**, 5 *vor* Gebiet *mit Bleist. gestr.* allerweiteste || **47**, 5–7 *von* und es ist *bis* Axiologie *Einf. mit Tinte* || **47**, 7 überhaupt *Einf. mit Bleist.; nach* Soweit *mit Bleist. gestr.* eben || **47**, 12–13 *von* dieses Gebiet *bis* besteht *V. mit Bleist. für* diesem weitesten Gebiet, dem wir die Praktik nur als Teilgebiet einordnen, ⟨*von* dem *bis* einordnen *bereits mit Tinte gestr.*⟩ wirklich Einheit zukommt, eine Einheit || **47**, 16 *vor* Axiologie *mit Bleist. gestr.* allgemeinen; in einem erweiterten Sinn *Einf. mit Bleist.* || **47**, 17 *vor* Scheiden *Absatzzeichen mit Bleist.* || **47**, 17–18 *von* das Gebiet *bis* ausschließend *Einf. mit Bleist.* || **47**, 25 der Gattung Freude *Einf.* || **47**, 26 *nach* Übel. *Absatzzeichen mit Bleist.* || **47**, 29 das heißt *Einf. mit Bleist.* || **47**, 30 bzw. *V. mit Bleist. für* und || **47**, 35 aber *V. mit Bleist. für* und || **48**, 7–8 *von* Begehrungswerte *bis* Werte *V. für folgenden, z. T. ausradierten und nicht mehr vollständig lesbaren Text* und Willens... praktische Werte im engeren Sinn oder realisierbare Werte, wenn sie eben realisierbar sind, so || **48**, 9 apriori *Einf. mit Bleist.; Apriori gilt Einf. mit Bleist.* || **48**, 12 in der Regel *Einf.* || **48**, 14 *nach* praktisch gut. *gestr.* Es wäre auch gut, wenn es nur praktisch wäre || **48**, 16 schon *zunächst Einf. mit Bleist., dann mit Tinte nachgeschrieben* || **48**, 21 Kl. *Einf. mit Bleist.* || **48**, 23 große *Einf. mit Bleist.* || **48**, 24 gilt das für *Einf. mit Bleist.* || **48**, 24–25 die allgemeinste Kategorie *Einf.* || **48**, 33–**49**, 27 *von* Schließlich *bis* gründen. *Text der Vorderseite von Bl. 131, Husserlsche Paginierung von 1908 „25“, von 1911 „71“. Oben am Rd. der Seite steht eine Null mit Bleist., dahinter ein Fragezeichen mit Bleist. Der Text wurde im Haupttext wiedergegeben, da er von Husserl nicht eindeutig verworfen wurde.* || **48**, 33 möglichen *Einf.* || **49**, 3–5 *von* überhaupt *bis* mag. *Einf. mit Tinte* || **49**, 11-sätzen *Einf. mit Tinte* || **49**, 21 analytischen *Einf. mit Tinte* || **49**, 21–22 *von* d. h. *bis* gültige *Einf. mit Tinte* || **49**, 25 Allgemeinsten des *Einf. mit Tinte;* überhaupt *Einf. mit Tinte* || **49**, 34 entsprechend *Einf. mit Tinte* || **49**, 38 Willens- *von* Willensbedeutung *Einf. mit Tinte* || **49**, 38–39 praktischer Satz *Einf. mit Tinte* || **50**, 7–8 *Anführungszeichen Einf. mit Bleist.* || **50**, 12 *vor* Um den *Absatzzeichen mit Bleist.* || **50**, 13 *nach* Moment *gestr.* beim Willensgebiet. || **50**, 15–17 *von* den logischen *bis* Satz. *Einf. mit Tinte* || **50**, 17 Urteilen *V. mit Tinte für* Es || **50**, 19 das Wunsch- oder Willensbewußtsein *V. für* die „Willensmeinung“ || **50**, 19–20 Wunsch oder *jeweils Einf.* || **50**, 24 Entschließens des *Einf. mit Tinte* || **50**, 25–26 *von*

ebenso *bis* Wunsch *Einf. mit Tinte* || **50,** 27 Desgleichen *V. mit Blaust. für*
Ebenso || **50,** 31–32 *von* und korrelativ *bis* Vernünftigkeit *V. für* und so wie
auf dem intellektiven Gebiet den schlichten intellektiven Anschauungen,
Wahrnehmung und Erinnerung, Richtigkeit oder Unrichtigkeit zukommt ||
50, 32 kommen *Einf. mit Tinte* || **50,** 33 die Prädikate *Einf.* || **50,** 33–34 zu
oder Güte ⟨*im Ms.* gültig⟩ *Einf. mit Tinte* || **50,** 34 kommt zu axiologische
Einf. || **50,** 36 aber das Entschließen, der *Einf. mit Tinte* || **50,** 37–39 *von*
ebenso *bis* Gegenteil *Einf. mit Tinte* || **51,** 2 Gegenständlichkeit *V. mit Tinte
für* Gegenstand; Urteilen *V. mit Tinte für* Urteil || **51,** 3 das geurteilte Was
Einf. mit Tinte || **51,** 4–5 in Wahrheit *zunächst Einf. mit Bleist., dann mit
Tinte nachgeschrieben* || **51,** 9 praktische Gültigkeit und der praktische Wert
Einf. mit Tinte || **51,** 10–11 *von* axiologische *bis* ist. *Einf. mit Tinte; bei* ist.
*endet der Text auf der Vorderseite von Bl. 132, Husserlsche Paginierung von
1908 „26", von 1911 „72". Unten am Rd. der Vorderseite durch einen
Querstr. abgetrennt folgende Titel mit Tinte:* Vernünftigkeit des Wollens,
praktische Gültigkeit des Entschlusses, ethische Wirklichkeit (wirkliches ethisches Sein) des praktischen Wertes. *Auf der Rückseite steht nur der folgende
gestr. Satz:* Das praktische Urteilsbewußtsein weist zurück auf Akte schlich-
ter Anschauung, und zwar Wahrnehmung, Erinnerung und dergl. || **51,** 17
wirklich nachzuweisen *Einf. mit Tinte* || **51,** 21 *Rb. mit Blaust.* Kant || **51,** 23–
27 *von* „ Der Satz *bis* gedacht". *am Rd. mit geschweifter Blaust.-Kl. eingefaßt*
|| **51,** 31–32 *Kl. Einf. mit Blaust.* || **51,** 31 desjenigen *Einf. mit Tinte* || **51,** 35–
52, 4 *von* Das Wollen *bis* Bestimmung. *in ausradierter eckiger Kl. mit Bleist.* ||
51, 35–**52,** 2 *von* und das *bis* eigentlichem Sinn *durch zwei Kreuze mit Blaust.
eingefaßt* || **51,** 35–**52,** 2 *Kl. mit Blaust. nachgezogen* || **52,** 9–13 *von* obschon
bis zu sein. *in ausradierten eckigen Kl. mit Bleist.* || **51,** 14 *nach* Weg *mit
Bleist. gestr.* Soviel würde die Analyse sehr bald herausstellen. || **52,** 17 auch
Einf. mit Tinte; Anführungszeichen Einf. mit Tinte || **52,** 18 *Anführungszei-
chen Einf. mit Tinte* || **52,** 25 *Anführungszeichen Einf. mit Tinte* || **52,** 27
impliziert *Einf. mit Tinte; Anführungszeichen Einf. mit Tinte;* Aber *Einf. mit
Tinte* || **52,** 28 uneigentlich *möglicherweise V. mit Tinte für* eigentlich || **52,** 29
in der Tat *Einf. mit Tinte* || **52,** 32 als Erlebnissen *Einf.;* oder Erlebniskorre-
laten *Einf. mit Tinte* || **53,** 1–2 das Urteilen des Schlusses *Einf. mit Tinte* ||
53, 3 *nach* Zielwollens *mit Tinte gestr.* (nicht im Wollen selbst); *nach* ver-
nunftgemäß *mit Tinte gestr.* und sinngemäß || **53,** 4–5 *von* Aber nicht *bis*
Mittels *Einf. mit Bleist.* || **53,** 6 *bei* Doch *beginnt die Vorderseite von Bl. 134;
oben am Rd. die Bemerkung mit Rotst.* Sa⟨mstag⟩; *Husserl hielt seine ethi-
schen Vorlesungen mittwochs und samstags* || **53,** 6–8 *von* Was zunächst *bis*
vernünftiges *Einf. mit Tinte* || **53,** 10 *nach* Andererseits *senkrechter Str. mit
Rotst.* || **53,** 11 *nach* Schlußurteil *mit Bleist. gestr.* darin oder; Schlußurteilen
V. mit Tinte für Schlußurteil || **53,** 16 *nach* Phänomene *Kreuz mit Rotst.* ||
53, 19 offenbar *Einf. mit Bleist.;* Urteilsinhalte *mit Bleist. verändert in* geurteilte Sachverhalte; *die V. später wieder ausradiert; nach* Urteilsinhalte *mit
Bleist. gestr. Einf. mit Tinte* der objektiven Bedeutungen || **53,** 22 *nach* unver-
nünftig *gestr.* Und es ist nur ein gelehrter Ausdruck dieser einfachen Sachlage, wenn es heißt, „ logisch " ⟨*Anführungszeichen Einf. mit Bleist.*⟩ liege der
Schlußsatz in den Prämissen bzw. vernünftig oder logisch gefordert sei mit

dem Urteilen der Prämissen das des Schlußsatzes. || **53**, 23–24 *von* als dem
bis solchen *Einf. mit Bleist.* || **53**, 24–25 *von* wenn *bis* schließe *Einf. mit Tinte*
|| **53**, 38–39 *Anführungszeichen Einf. mit Tinte* || **54**, 1 als solcher *Einf. mit
Tinte* || **54**, 2 vermeinte *Einf. mit Bleist.* || **54**, 8–9 *nach* Schließen. *mit Blaust.
gestr.* Allerdings liegt im Verhältnis zwischen Mittel und Zweck ein Kausalverhältnis beschlossen, das in sich außerhalb der spezifischen Willenssphäre
liegt. Mittel und Zweck sind, wenn wir von den Willensbedeutungen ganz
absehen, Realitäten derart, daß das Realwerden des Mittels Ursache ist oder
Miturusache sein kann für das Realwerden des Zweckes. Das zu erfassen und
zu erkennen, ist Sache des rein logischen Vermögens, Sache des Intellekts,
ohne jeden Konkurs mit dem Willen. Aber so, wie reales Sein in sich noch
nicht Zwecksein und gar ethisch gültiges Zwecksein ist, so ist kausale Vorbe-
dingung für ein Realsein in sich noch nicht Mittelsein oder gültiges Mittelsein. Es kommt hier also etwas Neues herein, das offenbar wesentliche Beziehung hat zum Willen, zum aktuellen oder möglichen Wollen. Zweck und
Mittel, das sind Verhältnisbegriffe, die wesentlich auf ein wirkliches oder
mögliches Wollen hinweisen. Und dementsprechend hat auch die Rede von
Vernunft eine neue Bedeutung. Das Wollen des Zweckes impliziert, sagten
wir früher, nicht-psychologisch das Wollen des Mittels. Wir sehen jetzt, es
impliziert es auch nicht logisch im Sinne der logischen Vernunft oder vielmehr ⟨vielmehr *Einf. mit Tinte*⟩ der bloß logischen Vernunft, mag auch
Logisches mit im Spiel sein. Logisch, wenn auch nicht analytisch logisch,
kann ich eine Kausalität erkennend sagen, A muß eintreten, weil oder wenn
B eintritt; und zu urteilen, daß die Ursache wirksam ist und die Konsequenz
nicht eintritt, ist unvernünftig. || **54**, 11 *Anführungszeichen Einf. mit Bleist.* ||
54, 13–14 *von* Das tritt *bis* bringen. *Einf. mit Bleist.* || **54**, 21 logisch *Einf. mit
Tinte* || **54**, 28 unmittelbar *Einf. mit Bleist.* || **54**, 29 einen kausalen Weg zu Z
V. mit Bleist. für M || **54**, 30 *vor* realisieren *im Ms.* so || **54**, 30–31 *von* als eine
bis impliziert *Einf. mit Bleist.* || **54**, 37 Sollen *Einf. mit Tinte* || **55**, 5 logischer
Einf. mit Tinte || **55**, 7 Vernunft, also *Einf. mit Tinte* || **55**, 8 *Anführungszei-
chen Einf. mit Tinte* || **55**, 12 ja *Einf. mit Bleist.* || **55**, 11 *vor Einf. mit Bleist.* ||
55, 20 reale *Einf. mit Bleist.* || **55**, 20–21 *von* bei der *bis* Zweck *V. mit Tinte für
ausradierten und nicht mehr lesbaren Text* || **55**, 22 Auch *Einf. mit Bleist.* ||
55, 23–24 *von* mit dem *bis* geleistet, *Einf. mit Tinte* || **55**, 37 *bei* fordert, *endet
die Vorderseite von Bl. 136; die ganze Rückseite ist mit Blaust. gestr.
Ursprünglich war diese Rückseite wohl die Vorderseite, an deren Text sich der
Text der jetzigen Vorderseite von Bl. 136, der* **55**, 5 *mit* Wenn nun *beginnt,
anschloß. Der gestr. Text auf der Rückseite entspricht weitgehend dem Text
auf dem vorangehenden Bl. 135 (**54**, 9–**55**, 4). Da es sich hier um Bl. aus 1908
handelt, müßte die Str. der jetzigen Rückseite von Bl. 136 sowie ihre Neufas-
sung auf Bl. 135 aus 1908 stammen. Der gestr. Text lautet:* Vor allem ist das
ja ganz selbstverständlich, daß es sich bei dieser vernunftgemäßen Implikation des Mittels im Zweck bzw. der Mittelwollung in der Zweckwollung nicht
um ein analytisches Verhältnis handelt. Aus dem Satz „Ich will den
Zweck Z" und aus dem Satz „M ist ein notwendiges Mittel zu diesem
Zweck" kann niemand nach formal-logischen Prinzipien schließen: Ich soll
das M wollen. Es sei denn, daß er einschiebt den vermittelnden Satz: Wer

überhaupt den Zweck will, soll das notwendige Mittel dazu wollen. Daß dieser allgemeine Sollenssatz kein analytischer ist (und darum jener Schluß selbst kein analytischer ist), ist aber evident. ⟨gestr. Mittel und Zweck sind keine rein logische Begriffe, keine Begriffe, die zum Wesen des Urteils als solchen gehören. Es wäre eine falsche μετάβασις, wenn man aus analytischen Prinzipien einen Satz analytisch ableiten wollte, der⟩

Objektiv liegt beim Verhältnis von Zweck und Mittel vor ein Verhältnis kausal-existenzialer Abhängigkeit. Das Realwerden von M zieht nach sich das Realwerden von Z. Dazu kommt, daß ich, der Handelnde, Z ⟨im Ms. M⟩ nicht unmittelbar realisieren, nicht unmittelbar zum Handlungsobjekt machen kann, und daß ich M, aber keine andere Ursache von Z unmittelbar realisieren kann. Erwäge ich das, so schließe ich allerdings, ich „muß" (was aber keine psychologische Notwendigkeit ausdrückt, sondern eine Vernunftnotwendigkeit), ich muß M wollen. Aber analytisch ist der Schluß nicht, nämlich rein aus der Form solchen Urteils hervorgehend und in der bloßen Idee des Urteils als solchen gründend. Denn dann müßte er gelten, wenn ich die Begriffe Ursache, Wirkung, Wille, kurz alle nicht rein logischen Begriffe, durch unbestimmte substituieren würde. ‖ **56,** 4 *von* kann *bis* es ist *V. mit Bleist. für* ist ‖ **56,** 6 Für-Wahrhalten, Urteilen *V. mit Tinte für* Urteilsbewußtsein; Urteilsbewußtsein *bereits V. mit Bleist. für* Urteil ‖ **56,** 7–8 Bewußtseinszusammenhang *V. mit Tinte für* Bewußtsein ‖ **56,** 9–10 *Kl. Einf. mit Tinte* ‖ **56,** 11 *nach* Wahrheit *gestr.* die das Urteilen ⟨Urteilen *V. mit Bleist. für* Urteil⟩ zu erfassen meinte. ‖ **56,** 14–15 eben als kausal-reales Faktum *Einf. mit Bleist.* ‖ **56,** 20 matter of fact *V. mit Tinte für* kausale ‖ **56,** 39– **57,** 1 *von* eine Aussage *bis* Logisches *V. mit Tinte für* ein Satz ‖ **57,** 5 Wahrheiten *nach* analytische *Einf. mit Tinte* ‖ **57,** 13–14 urteilen *Einf. mit Bleist.* ‖ **57,** 19–39 *von* Logisch *bis* solches. *in doppelten spitzen Kl. mit Blaust.* ‖ **57,** 19 *vor* einmal *Einf. mit Bleist.* 1) ‖ **57,** 22–25 *von* ein ideales *bis* gemäß ist *der ursprüngliche z. T. ausradierte und überschriebene und deswegen nicht mehr rekonstruierbare Text mehrfach mit Tinte verändert und ergänzt* ‖ **57,** 26 Zielrichtigkeit auf *V. mit Tinte für ausradierten und nicht mehr lesbaren Text* ‖ **57,** 26 formale *Einf. mit Tinte* ‖ **57,** 27–29 *von* überhaupt *bis* auf *Einf. mit Tinte* ‖ **57,** 30 *vor* Logisch *im Ms.* 2), *diese mit Blaust. nachgeschrieben* ‖ **57,** 37 allgemeinste *Einf. mit Tinte* ‖ **57,** 39 als solches *Einf. mit Tinte* ‖ **58,** 4 oder Gelten *Einf. mit Bleist.* ‖ **58,** 8 oder Geltungen *Einf. mit Tinte* ‖ **58,** 17 gehöre als Art *Einf. mit Tinte* ‖ **58,** 26 eine Spezies *Einf. mit Tinte* ‖ **58,** 27 bei Vernunft. *endet der Text auf der Rückseite von Bl. 138; unten auf der Seite noch folgendes, auf dem Kopf stehendes gestr. Textfragment:* Wenn nun der Schluß kein analytischer Schluß, die in ihm waltende Vernunft nicht analytische Vernunft ist, ist sie im weiteren Sinn logische Vernunft. Ist sie etwa erfahrungslogische ‖ **58,** 31–**64,** 2 *von* Am Schluß *bis* ist es. *aus 1914* ‖ **58,** 34 logischen *V. für* theoretischen ‖ **59,** 26–27 oder fundamentalen Stellungnahmen *Einf.* ‖ **61,** 2 analytisch *V. für* wirklich ‖ **61,** 20 *vor* Schätzung *gestr.* Bewertung oder ‖ **61,** 24–28 *von* Daß jedes *bis* Unrichtigkeit. *Einf.* ‖ **61,** 28–30 *von* Apriori *bis* solchen *V. für* Apriori scheidet sich wieder also das Für-schön- und -gut-Halten in den Gemütsakten von dem Gemütsinhalt, ‖ **63,** 16 apriori *Einf.* ‖ **63,** 17–25 *von* So wird *bis* Feststellungen. *in eckigen Kl.* ‖

64, 3–39 *von* Beispielsweise *bis* scheiden. *aus 1908* || **64,** 3 *vor* Beispielsweise *wohl 1914 gestr.* Ich erinnere hier nur an die Rickertschen Theorien. Jedenfalls sprechen solche Auffassungen für eine axiologische Vernunft. Gerade ihre Eigenheit fällt manchen Forschern besonders stark auf, so daß sie die logische Vernunft ihr möglichst annähern wollen. Aber ganz mit ihr identifizieren kann man diese natürlich nicht.

Es scheint also nicht, daß die logische Fassung, welche in aller wissenschaftlichen Feststellung liegt und somit auch in der axiologischen, und desgleichen die beständige Verflechtung des Wertbewußtseins mit dem intellektiven, die schon darin gegeben ist, daß das Gewertete vorgestellt sein muß ⟨*von* und desgleichen *bis* sein muß *Einf. mit Tinte*⟩, die Bedeutung der Auflösung einer spezifisch axiologischen Vernunft haben muß, daß also eine Erweiterung des Vernunftbegriffs möglich sein muß. || **64,** 3–4 *von* Wollen *bis* Erkennen *V. mit Tinte für* nämlich logisch gesprochen || **64,** 6 und im Gleichnis gesprochen *Einf. mit Tinte* || **64,** 19 *von* das ein *bis* ist *Einf. mit Tinte* || **64,** 31 völlig *Einf. mit Bleist.*; *nach* Es sind *mit Bleist. gestr.* nur || **64,** 32–33 *von* bedürfen *bis* Analysen *V. mit Tinte für* vielleicht Wahrscheinlichkeiten || **64,** 39 *nach* scheiden *mit Bleist. gestr.* und die beiderseitigen Ideen von Vernunft zu scheiden; *danach folgt auf der Rückseite von Bl. 142 noch ein nicht gestr. Textstück. Es wurde nicht in den Haupttext aufgenommen, da es beinahe wörtlich am Ende der folgenden Rekapitulation aus 1914 (**70,** 6–20) wiederholt wird; außerdem schließt das folgende Bl. 143 aus 1914 syntaktisch nicht an das Bl. 142 aus 1908 an. Der nicht aufgenommene Text lautet:* Wir werden diesen Gedanken späterhin nachgehen. Vorläufig schließen wir die analogischen Betrachtungen in unserer Hauptlinie ab. Wir heben deutlich hervor, was sich da als Analogie herauszustellen schien, und zwar durch die Anknüpfung an jene Kantischen Stellen. Eine bestimmte Analogie ergab sich da, nämlich zwischen analytisch-logischem Denken (als formalem, bedeutungslogischem) wie in jedem Syllogismus und einem gleichsam analytisch-praktischen Wollen nach Verhältnissen von Mitteln und Zwecken.

So ⟨*vor* So *Absatzzeichen mit Bleist.*⟩ wie wir auf logischem Gebiet von analytischem Grund und analytischer Folge sprechen, so hätten wir hier zwischen analytisch praktischem Grund und analytisch praktischer Folge zu sprechen. In diesem Sinn gibt das Ziel den Grund für das Mittel oder der Zielentschluß den Grundsatz (Willensgrundsatz) ⟨satz (Willensgrundsatz) *Einf. mit Tinte*⟩ für den auf das Mittel bezüglichen Entschluß.

Normativ ⟨*vor* Normativ *Absatzzeichen mit Tinte*⟩ logisch heißt es hinsichtlich der Urteilsakte: Das Urteilen des Schlußsatzes ist vernünftig motiviert durch das Urteilen der Prämissen, notabene wenn der Schluß eben ein vernünftiger ist. Oder allgemeiner gesprochen: ⟨Oder allgemeiner gesprochen: *Einf. mit Tinte*⟩ … || **65,** 4–**71,** 7 *von* Rekapitulieren *bis* Willensrecht. *aus 1914* || **66,** 5–6 vorzuzeichnen *V. mit Bleist. für* bestimmen || **66,** 8–9 durch bloße Subsumption *Einf.* || **66,** 10 *vor* Nun *Absatzzeichen mit Bleist.* || **66,** 12 *nach* sollte, *gestr.* glaubte Kant selbst nicht an eine so weitgehende Gleichartigkeit der Struktur des theoretischen und praktischen Bewußtseins, daß || **66,** 13–14 durchgehenden *Einf. mit Bleist. für* notwendigen || **66,** 15 in radikaler Weise *Einf. mit Bleist.* || **66,** 17 *nach* Formen *gestr.* seiner „Inhalte ". Wir unsererseits machten uns nun in einigen Hauptpunkten den genauen Sinn dieser Analogie klar; wir wiesen auf beiderseits parallele Aktstrukturen hin wie auf das Verhältnis von Urteilen und Geurteiltem als solchem im Sinn des geurteilten Satzes und das parallele Verhältnis in der Wertungs- und Wollungssphäre. Und da wir hinsichtlich der Bewußtseinsstrukturen und ihrer Wesenskorrelate wirklich genaue Analogien finden, stärkte sich unsere leitende Vermutung, daß auch zugehörige parallele Gesetzesgruppen und Disziplinen sich würden konstituieren lassen. || **66**, 21–22 hatten versucht *V. mit Bleist. für* versuchten || **66**, 24–25 *von* Parallelstrukturen *bis* Gesetze *Einf. und V. mit Tinte für* parallele Disziplinen || **66**, 34 apophansis *Einf. mit Tinte* || **67**, 4–7 *von* Wir haben *bis* Ontologie *Einf. mit Tinte* || **67**, 8 *vor* Wir suchten *Absatzzeichen mit Bleist.;* in all diesen Beziehungen *Einf. mit Tinte* || **68**, 17 *vor* Der Deutlichkeit *eckige Kl. mit Tinte, die nicht geschlossen wird* || **68**, 28 Dafürhaltens *Einf.* || **68**, 29 *statt* unter *im Ms.* einer || **68**, 33 Gattung *V. für* Sphäre || **68**, 37 Schon das *Einf. mit Bleist.* || **71**, 8–**81**, 15 *von* Und all das *bis* Motivationslage. *aus 1908* || **71**, 8 *vor* Und all das *doppelt mit Rotst. angestr. Auf dem oberen Drittel des Bl. 147 ein mit Bleist. gestr. Textstück. Dieser Text schließt an beim Text auf der Rückseite von Bl. 142, der oben S. 453 wiedergegeben ist. Da beide Bl. 142 und 147 aus 1908 stammen, dürfte die Streichung von 1914 sein, um das Bl. 147 in das Vorlesungsms. von 1914 zu integrieren. Der gestr. Text lautet:* In der logischen Sphäre ist das Urteilen des Schlußsatzes theoretisch ⟨theoretisch *Einf. mit Bleist.*⟩ motiviert durch das Urteilen der Prämissen, und diese Motivation ist vernünftige oder nicht; sie unterliegt der theoretischen ⟨theoretischen *Einf. mit Bleist.*⟩ Rechtsfrage. Bei dieser Rechtsbeurteilung gelten die in der Form der Urteilsinhalte geltenden logisch ⟨logisch *Einf. mit Bleist.*⟩ formalen Gesetze als Normen für das vernünftige Urteilen überhaupt. ⟨überhaupt *Einf. mit Bleist.*⟩

Parallel heißt es in der praktischen Sphäre hinsichtlich der Zusammenhänge der Wollensakte: Das Wollen des Mittels ist praktisch ⟨praktisch *Einf. mit Bleist.*⟩ motiviert durch das Wollen der Prämissen. Der Urteilsmotivation entspricht hier die Willensmotivation, die ebenfalls die Rechtsbeurteilung über sich ergehen lassen muß und unter Regeln der praktischen ⟨praktischen *Einf. mit Bleist.*⟩ Vernünftigkeit steht. Auch diese Normen müssen in einem „Inhalt " ⟨*Anführungszeichen Einf. mit Blaust.*⟩ liegen. Die Rechtsbeurteilung expliziert nur Rechtsgründe, die im Wesen des Willens als das ihm eigentümliche Willensrecht liegen müssen. ⟨*von* Die Rechtsbeurteilung *bis* müssen. *Einf. mit Bleist., z. T. mit Tinte nachgeschrieben*⟩ || **71**, 14 überall *Einf. mit Tinte* || **71**, 20–22 *von* insbesondere *bis* abstrahieren. *Einf. mit Tinte* || **71**, 25 *vor* Hierbei *doppeltes Absatzzeichen mit Bleist.* || **71**, 29 *nach* Zweifel. *gestr.* Und in der Tat ist es klar, daß man die letzteren nicht wird ausschließen können. || **71**, 30 modale *Einf. mit Bleist.;* Urakten, *V. mit Tinte für* Akten. || **71**, 30–31 denen des gewissen Glaubens *Einf. mit Tinte* || **71**, 32 gewissen *Einf. mit Tinte;* Sicher *Einf. mit Tinte* || **71**, 33 Zunächst Beispiele dafür: *V. mit Bleist. für* wie z. B. || **71**, 35–36 *von* und so *bis* Gesetze *V. mit Bleist. für* und so für alle normativen Wendungen formal-logischer Gesetze. || **71**, 36–37 *von* Wir *bis* auch *Einf. mit Tinte* || **72**, 9 schon *Einf. mit Bleist.* || **72**, 10 „objektivierende " *in eckigen Kl. mit Bleist.;* die Anführungszeichen

Einf. mit Tinte; vor „objektivierende" *gestr.* und zwar speziell ‖ **72,** 14–16 *von* Und dieses *bis* fundiert *Einf. mit Tinte* ‖ **72,** 17–18 *von* Diese *bis* immer: *in eckigen Kl. mit Rotst.* ‖ **72,** 18 nur *Einf. mit Bleist.* ‖ **72,** 24 bzw. *V. mit Tinte für ausradiertes und nicht mehr lesbares Wort;* wesentlich *Einf. mit Tinte* ‖ **72,** 28 etwas *Einf. mit Tinte für ausradiertees und nicht mehr lesbares Wort* ‖ **72,** 32–34 *von* ebenso wenn *bis* vermutet". *Einf. und V. mit Tinte für z. T. ausradierten und nicht mehr lesbaren Text* ‖ **72,** 34 natürlich *Einf. mit Tinte* ‖ **73,** 2–4 *von* Knüpfen *bis* an. *Einf. mit Bleist.* ‖ **73,** 4–5 (ein Schön-werten) *Einf. mit Bleist.* ‖ **73,** 6 *Anführungszeichen Einf. mit Bleist.; nach* „Schöne" *mit Bleist. gestr.* (sozusagen) ‖ **73,** 15 irgendeinem *V. mit Bleist. für* seinem ‖ **73,** 19 das Urteil *Einf.* ‖ **73,** 20 eventuell *Einf. mit Tinte* ‖ **73,** 22 Apriori gilt dann *Einf. mit Tinte* ‖ **73,** 24 Furcht *V. mit Tinte für ausradiertes und nicht mehr lesbares Wort* ‖ **73,** 28 Bestimmen *nicht völlig sicher lesbare V. mit Bleist. für ein nicht mehr lesbares Wort;* näher *V. mit Bleist. für* weiter ‖ **73,** 34–35 das Bewußtsein *Einf. mit Tinte* ‖ **74,** 2–3 *nach* Wertungsakte. *mit Blau- und Bleist. gestr.* Wir werden noch weitere Fälle intellektueller Motive für Gemütsakte gleich kennenlernen. Es ist aber zunächst gut, ein Grundge-setz hervorzuheben: Jedem positiven Werten entspricht ein negatives glei-chen Inhalts. ⟨*gestr.* Ist das positive vernünftig, so ist das negative unver-nünftig. Evidenterweise hat jedes Werten einen Inhalt, der intellektuell vor-gestellt ist.⟩ Jedes Werten hat einen vorstellungsmäßig bewußten Inhalt: also einen Vorstellungsinhalt. Im übrigen kann das Werten gleichen Inhalts in sehr verschiedener Weise motiviert sein. Gleiche Motivationslage und glei-chen Inhalt vorausgesetzt, gilt das Gesetz, daß wenn das positive Werten vernünftig ist, so ist das negative unvernünftig und umgekehrt. Korrelativ heißt es: Gilt der Wert W(A), so gilt nicht der Wert W'(A), oder ist A ein positiver Wert, so ist A nicht ein negativer Wert und umgekehrt unter glei-chen Voraussetzungen, beiderseits absolute Werte oder beiderseits relative Werte gesetzt. ‖ **74,** 6–10 *von* Wir haben *bis* fungieren. *in eckigen Kl. mit Blaust.; der darauf folgende Text durch Querstr. mit Blaust. abgetrennt* ‖ **74,** 12 welche *V. mit Tinte für* die ‖ **74,** 13 (Wert e n) *Einf. mit Tinte* ‖ **74,** 14–15 *von* der auf *bis* Werte *im Ms.* der axiologische Sätze bzw. auf die Werte ‖ **74,** 14 axiologische Sätze bzw. *Einf. mit Bleist.* ‖ **74,** 17–21 *von* Wir sprachen *bis* kann. *in eckigen Kl. mit Blaust.* ‖ **74,** 18–19 *von* Wer *bis* fliehen *in eckigen Kl. mit Tinte* ‖ **74,** 19 fliehen *V. mit Tinte für* meiden wollen ‖ **74,** 20 eines Entschlusses *V. mit Bleist. für* eine Handlung ‖ **74,** 21–22 Wir sagten *V. mit Tinte für* Oder; *nach* sagten *mit Bleist. gestr.* vorhin ‖ **74,** 23 wem *Einf. mit Tinte* ‖ **74,** 23–24 Kl. *Einf. mit Tinte* ‖ **74,** 28 vernünftigen *Einf. mit Tinte* ‖ **74,** 29 Kraft *V. mit Tinte für* mit *Bleist. gestr.* Lebhaftigkeit ‖ **74,** 30 *vor* Sol-chen *mit Bleist. gestr. Einf. mit Tinte* Auch; *nach* Solchen *mit Blaust. gestr.* leicht noch zu ergänzenden ‖ **74,** 31 Korrelate *V. mit Tinte für* Bedeutung und Bedeutungsgeltungen ‖ **74,** 34–35 *von* Jetzt *bis* mehr. *Erg. am Rd. mit Tinte* ‖ **74,** 35 *vor* „Gut" *gestr.* Doch kehren wir zu unserem Wertgesetz zurück ‖ **75,** 3 gleich ein *Einf. mit Bleist.* ‖ **75,** 5 (erfreulich) *Einf. mit Bleist.* ‖ **75,** 6 Das Möglichsein und wieder *Einf. mit Bleist.* ‖ **75,** 7 *nach* sein *mit Bleist. gestr.* (überwiegend) ‖ **75,** 10–11 bedauerlich, ein Trauernswertes *V. mit Bleist. für* fürchtenswert ‖ **75,** 15 *statt* Ihr *im Ms.* Sein ‖ **75,** 15–16 *von*

Sein *bis* vernünftig *Einf. mit Tinte* || **75,** 18 *nach* objektiven *mit Bleist. gestr.* (den berechtigten, gültigen); Wunschwert *V. mit Bleist. für* Wunsch || **75,** 18– 19 *von* bzw. *bis* Wunschsatzes *Einf. mit Bleist.* || **75,** 19 *statt* Sein *im Ms.* Nichtsein || **75,** 20 bestehenden negativen Wunschwert *V. mit Bleist. für* gültigen Wunsch || **75,** 21 bzw. den negativen Wunschsatz *Einf. mit Bleist.* || **75,** 22–24 *von* Ziehen *bis* Akte. *Erg. mit Bleist.* || **75,** 24 neues *V. mit Bleist. für* anderes || **75,** 25–**76,** 27 W *jeweils V. mit Tinte für* B *mit Ausnahme von* **75,** 30, *dort V. mit Blaust.* || **75,** 27 vernünftigerweise die *Einf. mit Bleist.* || **75,** 31 *von* hypothetisch *bis* thetisch *Einf. mit Tinte* || **75,** 31–33 *von* Freut *bis* A *Einf. mit Bleist.* || **75,** Anm. 2 *Rb. mit Blaust.* || **75,** , Anm. 3 *Erg. mit Bleist.* || **76,** 2 Gesetzmäßigkeit *V. mit Tinte für ausradiertes und nicht mehr lesbares Wort* || **76,** 4 entsprechend *Einf. mit Tinte* || **76,** 4–8 *von* Die Werteigenschaft *bis* apriori *Einf.* || **76,** 9 Werttatsache *V. mit Tinte für* Wertsachlage || **76,** 16–17 beim theoretischen Schlußbewußtsein *Einf. mit Tinte* || **76,** 20–21 *von* Es liegt *bis* vor *V. mit Bleist. und Tinte für* eine Einheit liege vor || **76,** 22 wenn wir *Einf. mit Tinte* || **76,** 25–26 Anführungszeichen *Einf. mit Bleist.;* axiologische *Einf.* || **76,** 27 Anführungszeichen *Einf. mit Bleist.* || **76,** 28 Akt *Einf. mit Bleist.; nach* Akt *mit Bleist. gestr.* Wir wissen ja schon, daß W', wenn A' || **76,** 37 so bei Disjunktivis *Einf. mit Bleist.; nach* Disjunktivis *folgender mit Blaust. abgetrennter und gestr. Text:* Unter dem angegebenen Satz „Wenn W ein Wert ist und wenn gilt, daß wenn A ist, so W ist, ist auch A relativ dazu ein Wert" fällt als Folge beispielsweise dieser: Ist A nur möglich als Teil von B und ist A ein Wert, so ist mit Rücksicht auf jene Sachlage auch B ein Wert. Zum Beispiel, ist der Teil A erfreulich, so ist das Ganze relativ erfreulich. Ist der Teil Objekt eines (vernünftigen) Wunsches oder Willens, so muß das Ganze, ohne daß der Teil nicht zu haben ist, ebenso ⟨Teil eines (vernünftigen) Wunsches oder Willens sein⟩. Wieder: Ist B ein Wert, so ist in Erwägung davon, daß A eine ausreichende Ursache für B ist, auch A ein Wert. ⟨*nach* Wert *am Rd. die Bleist.bemerkung* f⟨olgende⟩ S⟨eite⟩; *der folgende Text durch Querstr. abgetrennt; unter dem Querstr. eine nicht sicher lesbare Bleist.bemerkung, vielleicht* N.B.⟩ Ebenso: Ist W ein Wert, so ist in Beziehung darauf, daß nur eins von W und V sein kann, W ein Unwert (überhaupt A und B entgegengesetzt im Wert). Die Existenz von etwas einen Wert Ausschließendem ist unwert: mit Beziehung auf diesen Ausschluß. Ebenso wenn wir Wert und Unwert vertauschen. Wieder: Jedes Subjekt einer wertvollen Eigenschaft ist selbst wertvoll, bzw. ist eine Eigenschaft wertvoll, so ist mit Beziehung darauf jeder Gegenstand, der diese Eigenschaft besitzt, wertvoll. Eine Veränderung eines Ganzen, die eine Werteigenschaft veränderte, ist von gegensätzlichem Wert. || **76,** 38 läßt *V. mit Bleist. für* bedarf || **76,** 39 Wir sagten *Einf. mit Bleist.* || **77,** 1–2 im Sinn von abgeleitet *Einf. mit Bleist.* || **77,** 2 derivierter Wert *Einf. mit Bleist.* || **77,** 6 *nach* wenn A *mit Bleist. gestr.* reales; reellen *V. mit Bleist. für* realen || **77,** 18 Nutzwert *V. mit Bleist. für* Wert || **77,** 22–23 einen Ableitungswert *V. mit Bleist. für* relativ einen Wert || **77,** 24 abgeleiteten *V. mit Bleist. für* relativen || **77,** 28 Momente bzw. *Einf. mit Bleist.* || **77,** 33 übertragen *V. mit Bleist. für* relativ || **77,** 34 *von* Ist eine *bis* wertvoll. *am Rd. mit geschweifter Kl. mit Tinte eingefaßt* || **77,** 35–38 *von* In Verbindung *bis* verleihen. *am Rand mit geschweifter Kl. mit Tinte eingefaßt* || **77,** 36 als Folge-satz *Einf. mit Tinte* || **77,** 37 abgeleiteten *V. mit Bleist. für* relativen; *dazu Titel am Rd. mit Bleist.* derivierte Werte || **77,** 38–78, 2 *von* Eine weitere *bis* haben. *am Rd. mit geschweifter Kl. mit Tinte eingefaßt* || **77,** 39 derivierte *jeweils V. mit Bleist. für* relative || **78,** 2 durch Veränderung *Einf.* || **78,** 6 speziell *Einf. mit Bleist.;* real *Einf. mit Bleist.* || **78,** 12 vermöge *V. mit Bleist. für* um … willen; derivierter *Einf. mit Bleist.* || **78,** 14 *nach* Wert *gestr.* Han-delt es sich statt um sozusagen positive, nämlich erzeugende Ursachen, um negative, um verhindernde, so modifiziert sich passend auch das Gesetz: das die Existenz eines Wertes Verhindernde ist relativ dazu auch ein Wert, aber ein Wert mit entgegengesetztem Vorzeichen. || **78,** 21–22 *von* Wenn *bis* Un-wertes. *am Rd. mit geschweifter Kl. mit Tinte eingefaßt* || **78,** 22–26 *von* Da ergibt *bis* Vorzeichen. *am Rd. mit geschweifter Kl. mit Tinte eingefaßt* || **78,** 25 in bezug auf *V. mit Bleist. für* relativ zu; Ableitungswert *V. mit Bleist. für* Wert || **78,** 27 unter der Voraussetzung *V. mit Bleist. für* mit Beziehung darauf || **78,** 28–29 *von* Wir *bis* nicht. *Einf. mit Bleist.* || **78,** 35–38 *von* Ist es *bis* Unwert. *am Rd. mit geschweifter Kl. mit Bleist. eingefaßt* || **78,** 39 mit *V. mit Bleist. für* in || **79,** 3 *bei* enthalten muß. *endet die Vorderseite von Bl. 152; auf der Rückseite befinden sich mit Bleist. gestr. drei beinahe gleichlautende Textansätze; der erste in eckigen Kl., die beiden anderen kurrentschriftlich in zwei Kolonnen nebeneinander. Der Text in eckigen Kl. lautet:* Zugleich ist aber zu bemerken, daß wenn wir hier logisch-analytische Verhältnisse her-einziehen in die Wertbegründung, das eigentlich relative Wertsein verloren geht. Ist, daß S P ist, ein Wert, so ist, mit Beziehung darauf, daß S P nicht ist, ein Unwert, aber nicht bloß relativ. || **79,** 6 *von* ohne *bis* Dinglichkeit *Einf. mit Bleist.* || **79,** 9–10 Wertsachlichkeit *V. mit Bleist. für* Wertsache; Wertsa-che *bereits V. mit Tinte für* Wertgegenstand || **79,** 11 derivierten *Einf. mit Bleist.* || **79,** 21 *von* eventuell *bis* Akte *Einf. mit Tinte* || **79,** 22–24 *von* Zu diesen *bis* ist. *am Rd. mit geschweifter Kl. mit Tinte eingefaßt* || **79,** 31–32 sozusagen *und die folgenden Anführungszeichen Einf. mit Bleist.* || **79,** 34–35 *von* man *bis* mit der *V. mit Tinte für* ausradierten und nicht mehr lesbaren Text || **79,** 35 nicht-derivierter *V. mit Bleist. für* absoluter || **79,** 36 auch schon *V. mit Tinte für* ausradierten und nicht mehr lesbaren Text || **80,** 4 zu vertre-ten versuchen *V. mit Bleist. für* vertreten || **80,** 15–18 *von* Es könnte *bis* mag. *V. mit Bleist. für* In der intellektiven Sphäre führt das auf den Widersinn des extremen theoretischen ⟨ theoretischen *Einf. mit Bleist.* ⟩ Skeptizismus, nicht aber in der Wertsphäre || **80,** 20 würde er sagen *Einf. mit Bleist.* || **80,** 21–23 *von* Worauf *bis* ausschließen. *Einf. mit Bleist.* || **80,** 23 *vor* Mit der *mit Bleist. gestr.* Nun gut, wir begnügen uns hier eben zunächst || **80,** 24 *von* sind *bis* zu Ende *Einf. mit Bleist.* || **80,** 31 *bei* Scheiden *beginnt das Bl. 154; oben am Rd. die ausradierte Bemerkung mit Bleist.* zu breit || **80,** 31 *nach* kennengelernt *gestr.* absolute relative Werte; *anstelle dessen ausradierte Einf. mit Bleist.* oder besser; *dazu die mit Bleist. gestr. Rb. mit Bleist.* „ Relativ " ist kein guter Ausdruck. Es sollte immer heißen „ abgeleitet ", da sich später „ relative Wer-te " in ganz anderem Sinn herausstellen *(siehe oben S. 353f. und 239)* || **80,** 33 Wertableitungen *V. mit Bleist. für* Wertrelationen || **80,** 34–35 *Kl. Einf. mit Tinte* || **81,** 1 *nach* können, in eckigen Kl. mit Blaust. und mit Bleist. gestr.*

Zwar gibt es keinen Sinn, daß Werte in sich miteinander kollidieren als Schönheitswerte. Aber wert ist entweder (das müßte eigentlich als Gesetz an der Spitze stehen) ein Gegenstand oder ein Sachverhalt, und die Existenz von Gegenständen, der Bestand von Sachverhalten, die wert sind, kann existenziale Unverträglichkeiten mit sich bringen, und damit hängen nach den Konsequenzgesetzen eventuell entgegengesetzte Wertungen und Ableitungswerte ⟨Ableitungswerte *Einf. mit Bleist. für* relative Werte⟩ zusammen. ‖ **81,** 2–8 *auf der Höhe des Textstücks von z. B. bis* gestoßen sind. *ausradierte Rb. mit Bleist.* unbrauchbar für die Vorlesung ‖ **81,** 2 z. B. *Einf. mit Bleist.* ‖ **81,** 3–4 aus anderen Gründen zunächst *Einf. mit Bleist., dann mit Tinte nachgeschrieben* ‖ **81,** 4 Überall *V. mit Tinte für* Also ‖ **81,** 11–13 *von* Ist A *bis* bezogen *am Rd. mit geschweifter Kl. eingefaßt* ‖ **81,** 13 *von* auf *bis* bezogen *Einf. mit Bleist.* ‖ **81,** 16 Wir können so sagen: *Einf. mit Bleist.; bei* sagen: *endet die Vorderseite von Bl. 154, Husserlsche Paginierung von 1908 „41", von 1911 „86". Im weiteren Vorlesungsms. von 1914 liegen nur noch zwei Bl. aus dem Vorlesungsms. von 1908/09. Es handelt sich um die Bl. 159, Husserlsche Paginierung von 1908/09 ursprünglich „43", dann verändert in „46", und 166, Husserlsche Paginierung von 1908/09 „Beilage zu 49". Vom Bl. „46" hat Husserl 1911 und 1914 nur die Rückseite übernommen, vom Bl. „Beilage zu 49" nur die Vorderseite. Im Konvolut F I 21 (zur allgemeinen Beschreibung dieses Konvoluts siehe oben S. 433f.) befinden sich auch noch die Bl. „47", „48" und „51" (Archivpaginierung 55, 54 und 10) aus dem Vorlesungsms. von 1908/09. Im Folgenden wird der Text auf diesen Bl. „46", „47", „48", „Beilage zu 49" und „51" wiedergegeben.*

*Die ursprüngliche Vorderseite von Bl. „46" ist im vorliegenden Ms. die Rückseite von Bl. 159; sie ist mit Blaust. gestr. Die Streichung stammt wohl aus 1911, da 1911 der gestr. Text durch den Text auf der Rückseite des im Konvolut voranliegenden Bl. 158 (**85,** 22–**86,** 14) ersetzt wurde und da die Vorderseite von Bl. 159 Bl. „90" des Vorlesungsms. von 1911 darstellt. Bl. „46" beginnt mit einem wohl bereits während der ursprünglichen Niederschrift von 1908 gestr. Textstück; dieses lautet:* ... in allen Fällen der Existenzialwertung spielen überhaupt. Wir sehen, wie hier und so überall in den Motivationszusammenhängen zwischen Schönheitswertungen und Existenzialwertungen aller Arten, intellektuelle Phänomene als motivierende auftreten für diese Gemütsphänomene. Weitere Motivationssätze wären: Wenn ein positives Existenzialurteil Freude motiviert, so motiviert das entsprechende negative Existenzialurteil Unfreude. Ist Freude, daß A ist, vernünftig, so ist Unfreude, daß A ist, unvernünftig. Ist eine gewisse Wertung...

Auf diesen bereits 1908 gestr. Text folgt der mit Blaust. wohl 1911 gestr. Text: In Beziehung auf dieses Gesetz könnte man den Einwand machen, daß es logisch selbstverständlich sei. Das z. B., daß ein A in bezug auf gewisse Umstände ein Gut sei und daß es unter denselben Umständen kein Gut sei, das sei selbstverständlich ⟨unmöglich⟩. Hier ist aber zweierlei zu entgegnen: Einmal, das Nicht-Gut-Sein und das Ein-Übel-Sein ist zweierlei. Daß, wenn A ein Gut ist, es nicht zugleich wahr sein kann, daß es nicht gut ist, das gilt für das Prädikat „gut" wie für jedes Prädikat nach dem Satz vom Widerspruch. Daß aber, wenn A ein Gut ist, es nicht ein Übel sein kann, das sagt dieser Satz sowenig, wie er sagen kann, daß, wenn etwas weiß ist, es nicht schwarz sein kann.

Fürs zweite ist wohl zu beachten, daß alle rein logischen Gesetze, die auf das Prädikat „wert" übertragen werden, durchaus Wertgesetze voraussetzen, nämlich diejenigen, welche es feststellen, daß wert als Prädikat behandelt werden könne. So z. B. machen es Gesetze der vorhin festgestellten Art, daß so etwas wie relativer Wert objektiv definiert werden kann. Gehen wir zunächst von der Tatsache des Wertens aus, so besagt sie gar nichts weiter, als daß wir lieben und hassen, Gefallen und Mißfallen haben, wünschen und uns abgestoßen fühlen, daß wir wollen und Widerwillen haben (falls bei Wünschen und Wollen negative Phänomene angenommen werden).

Es folgt nun der in die Vorlesungsms. von 1911 und 1914 aufgenommene Text von **86,** *14 (Wir objektivieren) bis* **86,** *33 (... können). Der daran anschließende Text auf der Vorderseite von Bl. 159 ist durch Querstr. mit Blaust. abgetrennt und mit Blaust. gestr.; über den Text ist mit Bleist. geschr. Ms. ausgearbeitet. Dies bezieht sich wahrscheinlich auf die Ausarbeitung im Vorlesungsms. von 1911. Der Text lautet:* Kehren wir aber wieder zu unserem Gesetz „Mit Beziehung auf dieselben Wertvoraussetzungen schließen sich entgegengesetzte Wertprädikate im gleichen Inhalt aus" ⟨*von* Mit *bis* aus *Einf. mit Tinte*⟩ zurück, und überlegen wir uns seinen Sinn für den Grenzfall, daß keine Wertableitung mitspielt, die Werte also absolute Werte, Werte in sich ⟨Werte in sich *Einf. mit Bleist.*⟩ sind. Dann würde das Gesetz besagen: Ist A in sich wert, so ist es nicht in sich unwert und umgekehrt. Und nehmen wir dazu den vorhin formulierten Identitätssatz für absolute Werte, ausgesprochen: Ist A in sich wert, so ist es nicht in sich nicht wert, kein Adiaphoron in sich. ⟨*von* Und *bis* in sich. *Einf. mit Tinte*⟩. Das sind fundamentale Gesetze. In der Tat: Die unbedingte Objektivität des Wertes ist ausgesprochen. Gelten sie streng und allgemein als apriorische Evidenzen, dann kann ich nicht sagen jetzt etwa „A ist in sich wert" und in einer Stunde vermöge irgendeiner neuen Stimmung meiner Seele: A ist in sich unwert oder es ist überhaupt kein Wert. Ich kann es nicht sagen, ohne der Wertvernunft ins Gesicht zu schlagen.

Der Text wird fortgesetzt auf Bl. 55 des Konvoluts F I 21, Husserlsche Paginierung „47". Dieser Text ist nicht gestr., aber über seine obere Hälfte ist ebenfalls mit Bleist. geschrieben Ms. ausgearbeitet. Der Text lautet: Es ist mit dem einen und anderen ⟨einen und anderen *Einf. mit Bleist.*⟩ Gesetz nicht gesagt, daß es einen Wert in sich gibt, sondern nur gesagt, daß, wenn etwas vernunftgemäß als in sich wert gewertet wird, also in sich wert ist, es vernünftigerweise nicht als wertlos, und wenn als positiv wert, in sich nicht als in sich unwert gewertet werden kann, und zwar in unbedingter Allgemeinheit: Das ist, was der eine als in sich wert mit Recht wertet, kann ein anderer nicht als in sich unwert wieder mit Recht werten und ein Dritter ⟨ein Dritter *Einf. mit Bleist.*⟩ nicht als Adiaphoron.

Eine Reihe weiterer Wesensgesetze betreffen die Rangverhältnisse von Werten, und hier können wir an Brentano anknüpfen, der solche Gesetze ⟨*mit Bleist. gestr.* als apriorische⟩ zuerst formuliert hat, wie dann Brentanos geniale Schrift über den „Ursprung der sittlichen Erkenntnis" vom Jahr

1889 überhaupt ein Anstoß zu meinen Versuchen über eine formale Ethik gegeben hat. Brentano steht freilich selbst auf psychologischem Boden und hat ebensowenig wie die Idee der rein idealen Bedeutungslogik so nicht die einer idealen Bedeutungsethik erkannt. Und doch liegen in Brentanos Lehren die fruchtbaren Keime für alle weiteren Entwicklungen, und ich betrachte es als schönste Frucht meiner „Logischen Untersuchungen", daß man nun endlich anfängt, diesem außerordentlichen Denker gerecht zu werden.

Auf der Rückseite von Bl. 55, Husserlsche Paginierung „47", steht noch folgender gestr. Textansatz: Die Gesetze der Wertrelationen. Nachdem wir in der letzten Vorlesung die Gesetze der Wertableitungen kennengelernt haben und dabei auch die Sätze vom Widerspruch und ausgeschlossenen „Vierten" etc. ... Gilt bei gleicher Materie positive und negative Qualität...

Das folgende Bl. „48" des Vorlesungsms. von 1908/09 trägt die Archivpaginierung 54 und liegt wie das vorangehende Bl. im Konvolut F I 21. Dieses Bl. trägt noch die zweite Paginierung „ad 90", die höchstwahrscheinlich auf Bl. „90" aus dem Vorlesungsms. von 1911 verweist. Dieses Bl. „90" ist die ursprüngliche Rückseite des oben S. 458f. wiedergegebenen Bl. „46" aus dem Vorlesungsms. von 1908/09. Der Text auf Bl. „48" bzw. „ad 90" lautet: Zwischen Werten können Steigerungsverhältnisse bestehen, und zum Wesen aller solcher Verhältnisse gehören die drei Möglichkeiten: „gleich" ⟨*Anführungszeichen Einf. mit Bleist.*⟩, mehr oder minder. Es liegt an der Natur der Unterscheidung zwischen nicht-existenzialen und existenzialen Werten, als Werten, die zu bloß Vorgestelltem als solchem gehören, und Werten, die zu Wirklichem gehören (oder zu Wirklichem unter Hypothese gehören) ⟨*Kl. Einf. mit Bleist.*⟩, daß sich die Steigerungsverhältnisse auf jede dieser Kategorien für sich beziehen. Überhaupt ist es nicht ohne weiteres klar, wie die Grenzen der Wertvergleichung laufen, auch wenn wir die besonderen Wertkategorien, Werte der Freude, Werte des Wunsches und Willens in Rechnung ziehen. Ich würde es vorläufig jedenfalls nicht wagen, als Gesetz aufzustellen, daß je zwei Werte entweder gleich wert sind oder in einem Verhältnis von mehr oder ⟨*im Ms. und*⟩ minder zueinander stehen, und zwar verstanden: zwei beliebige Werte bezogen auf beliebige Inhalte, der eine auf diesen, der andere auf jenen. Demgemäß ist immer zu beachten, daß Abwesenheit einer Relation des „mehr" und „minder" (weder mehr noch minder) noch nicht „gleich" besagt. Andernfalls ist damit nicht behauptet, daß es isolierte Werte geben kann, vielmehr gilt sicher das Gesetz, daß jeder Wert in eine Wertreihe einzuordnen ist nach „höher" und „minder wert". ⟨*von* Andernfalls *bis* wert *Einf. mit Bleist.*⟩ Soweit nun aber sinnvoll von solchen Verhältnissen gesprochen werden kann, soweit gelten natürlich die zur allgemeinen Idee der Steigerung gehörigen Axiome wie $a=b$, $b=a$; $a>b$, $b<a$; $a>b>c$ ⟨dann⟩ $a>c$; insbesondere auch: Besteht irgendeine Wertrelation, so bleibt sie erhalten, wenn für einen Wert ein gleicher gesetzt wird.

Bei Brentano finden wir nun zunächst den Satz: Ein Gutes und als gut Erkanntes sei einem Schlechten und als schlecht Erkannten vorzuziehen. In unserer objektiven Fassungsweise würden wir sagen: Jedes in sich Schöne ist wertvoller als jedes in sich Unschöne; und allgemeiner: Jedes Schöne ist wertvoller als jedes Unschöne; wobei die Motivationslage festzuhalten ist:

Das heißt, in der Beziehung, in der das relativ Schöne schön ist, ist es wertvoller als ein Unschönes, wieder in seiner Beziehung genommen, in der es unschön ist. ⟨von Das heißt bis ist. am Rd. mit geschweifter Kl. eingefaßt⟩

Der folgende Text auf der Rückseite des Bl. ist mit Blaust. gestr.: Oder auch: Es ist das Schöne als solches wertvoller als das Unschöne als solches. Natürlich kann das Objekt, das in einer Beziehung schön ist, in einer anderen Beziehung unschön sein, und das müßte berücksichtigt werden.

2) Ist ein Schönheitswert S_1 besser als ein anderer Schönheitswert S_2 (gleichgültig wie ihre Vorzeichen sind), so ist die Existenz von $S_1 > E(S_2)$ und die Nicht-Existenz ⟨von⟩ $S_2 > N(S_1)$. ⟨*Erg. am Rd. mit Tinte* Daß die Existenz eines Schönen gut und die Existenz eines Unschönen übel sei, wissen wir aus früheren Axiomen⟩ Brentano hat nun das spezielle Gesetz ausgesprochen, das seine und des vorigen Satzes Folge ist: nämlich daß die Existenz eines Schönen besser ist als die Existenz eines Übels; und umgekehrt mit der Nicht-Existenz.

⟨*gestr.* 3) Eine weitere Folge ergibt sich, wenn wir in einer solchen Steigerungsrelation für ein Glied ein gleichwertiges substituieren. Ist $W_1 > W_2$ und ist $W_1' = W_1$, so ist auch $W_1' > W_2$ und ebenso im anderen Glied. Das gehört zum allgemeinen Wesen...⟩

Ein in der Vorstellung gewertetes Schönes können wir auch als G bezeichnen, insofern als es, wenn es wäre, dann ein Gutes wäre. Brentano stellt dann den Satz auf $G > G + S$, wo beiderseits dasselbe Gute steht. Er spricht dabei von Beimischung des Schlechten zum Guten. Ich ziehe es vor, die Mischungen, die Zusammensetzungen im eigentlichen Sinn, zunächst auszuschalten.

Die Aufschrift „Beilage zu 49" auf Bl. 166 des Konvoluts F I 24 wurde ausradiert und in die Paginierung „96" verändert. Die Vorderseite des Bl. wurde so in das Vorlesungsms. von 1911 und dann von 1914 eingeordnet. Es handelt sich um den Text von 94, 5 (Die Summationsgesetze...) bis 94, 38 (... erwägen.). Der Text auf der Rückseite ist wahrscheinlich schon bei der ursprünglichen Niederschrift 1908 gestr.. Dieser gestr. Text lautet: Dieses Gesetz ist Spezialfall eines allgemeineren. Es seien 2 G_1, G_2 realisierbare Güter, d. i. Güter, die als mögliche Willensziele in Erwägung stehen können. Dann ist jedes dieser Güter an und für sich betrachtet ein relativ vernünftiges Willensziel. Der Wille eines Guten ist selbst gut, nämlich in dieser Relation. Weiter ist dem Wert der Güter entsprechend der Wille eines Besseren auch besser als der Wille des relativ Schlechteren nach dem vorhin ausgesprochenen Gesetz. Diese Wertvergleichung hat statt, ob Wille gerichtet auf G_1 und Wille gerichtet auf G_2 sich auf dasselbe Willenssubjekt beziehen oder auf verschiedene. Wo nun aber die beiden Güter in einer Wahl konkurrieren, wo beide Güter für ein und dasselbe Willens⟨subjekt⟩ zu gleicher Zeit realisierbar sind, da gilt das Gesetz: Die Willensentscheidung für das minder Gute ist unvernünftig. Der aktuelle Wille des minder Guten ist unter diesen Umständen schlecht, oder der Wille des minder Guten büßt unter diesen Umständen seinen Wert ein. Wir könnten auch sagen: Der Wille des minder Guten, obschon als Wille zu einem Guten etwas Gutes, ist als Wille eines minder Guten nicht nur etwas relativ Minderes, sondern etwas Schlechtes, sofern dieser Unwert, der in der Wahl des Minderen liegt, unter allen Umständen überwiegt den Wert des minderen Guten selbst.

Schließlich ist noch Bl. „ 51 " aus dem Vorlesungsms. von 1908/09 erhalten. Es liegt im Konvolut F I 21 und trägt die Archivpaginierung 10. Die ganze Vorder- und die erste Hälfte der Rückseite sind mit Bleist. gestr.; dieser gestr. Text lautet: ... und vielleicht als solcher wertvoller sein als der gründende Wert in jener Wertrelation. Hierher gehört nun beispielsweise das Gesetz, daß es verkehrt ist, ein bloßes Mittel höher zu werten als seinen Zweck: obschon das in praxi oft genug geschieht. ⟨*von* Hier *bis* Zweck *am Rd. mit geschweifter Kl. eingefaßt*⟩

Ein weiteres Hauptgesetz ist dieses: Ist A relativ wert zu W, A′ relativ wert zu W′, so ist, wenn $W > W′$ auch $A > A′$. ⟨*von* Ist *bis* A′ *am Rd. mit geschweifter Kl. eingefast*⟩ Darunter fällt der Satz: Ist M_1 Wert als Mittel zu W_1 und M_2 Wert als Mittel zu W_2, so ist, wenn $W_1 > W_2$, auch $M_1 > M_2$. ⟨*von* Ist *bis* M_2 *am Rd. mit geschweifter Kl. eingefaßt*⟩ Desgleichen: Ist $G_1 > G_2$, besser $W_1 > W_2$, so ist auch Wunsch oder Wille gerichtet auf W_1 besser als Wunsch oder Wille gerichtet auf W_2. ⟨*von* Desgleichen *bis* W_2 *am Rd. mit geschweifter Kl. eingefaßt; dahinter Rb. mit Bleist.* Ebenso statt G_2 ein Adiaphoron, also der Wille eines Guten ist immer besser als der Wille eines Gleichgültigen. Ferner statt Wille: Entschluß und Handlung⟩ Also die Realisierung eines Besseren ist besser als die Realisierung von minder Gutem, oder von zwei realisierbaren Gütern ist das Bessere auch das praktisch Bessere.

Es sind nun weiter sehr wichtige Gesetze aufzustellen: G_1 und G_2 seien realisierbare Güter, also Güter, die als mögliche Willensziele in Erwägung stehen können. Dann ist jedes dieser Güter an sich betrachtet ein relativ vernünftiges Willensziel. Denn der Wille eines Guten ist selbst gut, nämlich in dieser Relation betrachtet. Weiter ist nach dem vorhin ausgesprochenen Gesetz der Wille des Besseren von beiden auch besser als der Wille des minder Guten. Diese Wertvergleichung hat statt, ob die Wollungen, die sich auf G_1 und auf G_2 richten bzw. als gerichtet gedacht werden, auf dasselbe Willenssubjekt bezogen werden oder sich auf verschiedene Subjekte verteilen.

Nehmen wir nun an, daß beide Güter in einer Wahl konkurrieren, also beide realisierbare Güter sind für ein und dasselbe Willenssubjekt und zu gleicher Zeit, da gilt das Gesetz: Die Willensentscheidung für das minder Gute ist nicht nur minder gut als die Willensentscheidung für das Bessere, sondern sie ist selbst schlecht. Der Wille gerichtet auf minder Gutes, während zugleich ein Besseres realisierbar ist, ist ein schlechter Wille, sein Ziel ein schechtes Ziel. ⟨*von* sein *bis* Ziel *Einf. mit Tinte*⟩ Er büßt, kann man sagen, unter diesen Umständen seinen Wert, den er als Wert zu einem Guten hat, ein. Wir könnten auch so sagen: Der Wille eines minder Guten ist zwar als Wille zu einem Guten etwas Gutes, aber zugleich als Wille eines minder Guten darum nicht nur etwas relativ Minderes, sondern etwas Schlechtes, weil der Unwert, der in der Wahl des Minderen als solchen liegt, unter allen Umständen überwiegt über den Wert der Wahl des minder Guten, sofern ⟨es⟩ doch noch Gutes ist.

Es folgt der nicht gestr. Text auf der Rückseite des Bl.: Daran schließt sich
weiter als Folge ⟨als Folge *Einf. mit Tinte*⟩ das Gesetz an, welches das
höchste Gesetz der formalen Ethik ist: Gilt für das gegebene Subjekt zu
gegebener Zeit eine vollständige Disjunktion sich ausschließender und für
dasselbe überhaupt erreichbarer Güter und ist eins unter ihnen, Z, das beste,
so ist dieses nicht nur das beste praktische Gut, sondern es ist das einzige
praktische Gut. Es ist das einzige aktuelle vernünftige Willensziel, nur der
darauf gerichtete Entschluß ⟨Entschluß *V. mit Bleist. für* Wille⟩ ist wirklich
vernünftig. Ich habe das mitunter auch so ausgedrückt: Es hat der Wille zum
Z nicht nur hypothetischen Willenswert, sondern, und zwar dieser einzig und
allein, thetischen. Hypothetisch erwogen steht jedes Gut an und für sich
gedacht als Willensgutes da, wenn es als realisiert gedacht wird, aber als
Glied einer Disjunktion erreichbarer Güter hat nur das Beste aktuellen, thetischen ⟨thetischen *Einf. mit Bleist.*⟩ Wert, alle anderen als praktische Ziele
sind ihrem Wert nach als Null einzusetzen. ‖ **81,** 16–**86,** 14 *von* Wir können
bis und dergl. *aus 1911* ‖ **81,** 16 *vor* Bei gleicher *doppelt mit Rotst. angestr.;
der auf der Vorderseite und der oberen Hälfte der Rückseite von Bl. 155 vorangehende Text wohl 1914 mit Bleist. gestr.; dieser Text lautet:* Wir haben in
den letzten Vorlesungen die zu den Verhältnissen der Wertableitung gehörigen Gesetze zu formulieren gesucht. Abgeleitete oder übertragene Werte sind
Werte um schon vorgegebener Werte willen, die also in Relation zu ihnen die
Rolle von Grundwerten spielen. Je nach den Wertrelationen, je nach der
Möglichkeit, eine und dieselbe Wertsachlichkeit auf verschiedene Grundwerte zu beziehen und ihr mit Beziehung auf diese Wertprädikate zuzumessen,
kann es kommen, daß solche ⟨*im Ms.* diese solche⟩ Sachlichkeit entgegengesetzte, bald positive, bald negative Wertprädikate erhält. Wert und unwert,
schön und Häßlich, gut und schlecht schließen sich also nicht schlechthin
aus; es gibt hier eben die Unterschiede des in einer Beziehung gut, in anderer
schlecht. Das hindert nicht, daß unter Festhaltung der gewerteten Sachlichkeit und der Weise, wie sie als aufgefaßte und bestimmte für das Werten in
Betracht kommt, sich gesetzmäßig die sozusagen „kontradiktorischen Wertprädikate" ausschließen.

Die Worte „Werten" und „Wert" nehmen wir jetzt in einem ungeheuer
extendierten Sinn. Jedes Gefallen, Wünschen, Wollen und ihren Gegenfall
rechnen wir darunter, mögen sich auch bei näherer Untersuchung noch
wesentliche Demarkationen in dieser zusammengenommenen Sphäre herausstellen, insbesondere was die Eigentümlichkeiten des Wollens anlangt und
der auf das Wollen bezogenen Vernunft. Überall unterscheiden wir korrelativ
in noetischer wie in ontischer Hinsicht zwischen „Materie" oder „Inhalt"
im Gegensatz zur Qualität, z. B. zwischen Wunschinhalt und Wunschquali-
tät, Gefallensinhalt und Gefallensqualität, und derselbe Inhalt, etwa ein pro-
positionaler, kann ebensowohl Inhalt eines positiven oder negativen Wunsches, als auch positiver und negativer Gefallensinhalt, aber auch Urteilsinhalt, Vermutungsinhalt usw. sein. Daß S p sei, kann Inhalt eines Begehrens
und Fliehens, eines Gefallens und Mißfallens, eines Anerkennens und Ver-
werfens usw. sein. Wir können dann in noetischer Hinsicht, d. i. in Hinsicht
auf die wertende Vernunft — die Vernunft im Schönheitswerten, im Gutwer-

ten, im Werten in Form ästhetischen Gefallens, in Form des Sich-Freuens, des Wünschens usw. — sagen: || **81,** 17 derselben Qualitätsgattung *Einf.* || **81,** 19 *nach* ausschließen *mit Bleist. gestr.* Ein Werten gleicher Materie kann in verschiedener Weise motiviert sein. || **81,** 26 *von* In dem *bis* wir *V. für* dann lautet || **81,** 27 *nach* Motivationslage *mit Bleist. gestr.* gleiche motivierende Prämissenwertungen || **81,** 31 kontradiktorisch *Einf.* || **81,** 33–34 ein axiologischer Widersinn *Einf. mit Bleist.* || **81,** 37–38 *die schließende Kl. im Ms. nach Anführungszeichen* || **82,** 4 ergänzend *Einf.* || **82,** 4–5 ausgeschlossenen Dritten *V. für* Widerspruch || **82,** 8–9 *von* hat *bis* des *V. mit Bleist. für* ist hier kein anderes Bestimmtes als das; Bestimmtes *war bereits Einf. mit Bleist.* || **82,** 8–9 *Im Ms. zwischen* so *und* schlechthin *ein Ausrufezeichen; nach* schlechthin " *mit Bleist. gestr.* und kann nicht mit ihm streiten. || **82,** 11 *nach* vom *gestr.* Widerspruch und || **82,** 13 Hier muß *V. mit Bleist. für* Jedenfalls sehen wir bald das || **82,** 14 *nach* sein *mit Bleist. gestr.* muß; es ist klar *Einf. mit Bleist.* || **82,** 20 *von* Also *bis* ist *V. mit Bleist. für* Besteht beiderseits die Analogie insofern || **82,** 22 so ist es doch *V. mit Bleist. für* aber es ist das || **82,** 27 gibt *V. mit Bleist. für* gilt || **82,** 35–36 *von* Im *bis* steht: *Einf. mit Bleist.* || **82,** Anm. 1 *Rb. mit Bleist.* || **83,** 6 *vor* Inhalts *mit Bleist. gestr.* vorhin ausgesprochenen || **83,** 17–18 *von* Zudem *bis* auszusprechen *V. mit Bleist. für* und dazu noch || **83,** 19 *nach* Negativität *gestr.* und kein Drittes || **83,** 21 und wert *Einf.* || **84,** 4 ja *Einf. mit Bleist.* || **84,** 24 *vor* allem den Begriff der Materie *Einf.* || **84,** 26 möglichen *Einf. mit Bleist.* || **84,** 28 logischem *Einf.* || **84,** 32 *nach* negativen *mit Bleist. gestr.* logischen Satzes || **84,** 33 satzes *V. für* verhalts || **84,** 38 *nach* sein *gestr.* eventuell ⟨eventuell *V. für* bzw.⟩ Materie eines gültigen ⟨gültigen *Einf.*⟩ Wertheitssatzes ⟨Wertheitssatzes *V. für* Wertverhalts⟩ sein; und eventuell *Einf.* || **85,** 2 axiologischen Satzes *V. für* Wertverhalts || **85,** 2–3 einer axiologischen Gleichgültigkeit *V. für* eines Adiaphoron || **85,** 6 ein Adiaphoron *Einf.* || **85,** 11 im engeren Sinn *Einf.* || **85,** 12 Inhalt eines *Einf.* || **85,** 24 Werthaftigkeit *V. mit Bleist. für* Wert | **85,** 37 äquivoke *Einf. mit Bleist.* || **86,** 7 *vor* wert *mit Bleist. gestr.* relativ || **86,** 12 *statt* wir *im Ms. mit Bleist. gestr.* was || **86,** 14–33 *von* Wir objektivieren *bis* können. *aus 1908* || **86,** 29 *von* Akt *bis* Bewußtseins *V. mit Tinte für* ausradierten und nicht mehr lesbaren Text || **86,** 29–31 *von* (intellektiv *bis* evidenten Gegebenheit *Einf.; statt* runde Kl. *im Ms.* eckige Kl. *als Einf. mit Tinte* || **86,** 33 *auf* können. *folgt der gestr. Text, der bereits oben S. 459 wiedergegeben wurde* || **86,** 36–**91,** 16 *von* Wir haben *bis* tut: *aus 1911* || **86,** 36–**87,** 9 *von* Wir haben *bis* Wertfreiheit. *in eckigen Kl. mit Bleist.; zu diesem Abschnitt Titel am Rd.* Formulierung der Analoga des Satzes vom Widerspruch und ausgeschlossenen Dritten || **87,** 4–5 *von* und *bis* Adiaphorie *Einf.* || **87,** 12 und *V. mit Bleist. für* Komma || **87,** 14 jetzt *V. mit Bleist für* ausradiertes und nicht mehr lesbares Wort || **87,** 18 *nach* dem Gesagten *V. mit Bleist. für* um es ausdrücklich zu sagen || **87,** 26–34 A *jeweils V. mit Bleist. für* V, B *jeweils V. mit Bleist. für* W || **88,** 11 *statt* Strenge *könnte es dem Stenogramm zufolge auch* strenge *heißen* || **88,** 12 *nach* ausgesprochen *gestr. Einf.* nur daß wir axiologisch jetzt beschränken und das Wollen in dubio lassen bzw. Begrenzungen offen lassen, für die gerade in der Willenssphäre eine eigentümliche Gesetzmäßigkeit aufzukommen hat. || **88,** 13 eine beliebige *V. mit Tinte für* *ausradierten und nicht mehr lesbaren Text; nach* beliebige *gestr.* wertungsfähige Materie ist, in sich identisch genommen und alles enthaltend, was Wertbarkeit im engeren Sinn || **88,** 16 objektives *jeweils V. für* an sich || **88,** 17 *statt* positives oder negatives Wertsein *im Ms.* $\pm$ || **88,** 21 in sich *Einf.* || **88,** 24 *von* (objektiv *bis* unabhängig) *Einf. mit Bleist.* || **88,** 26 *nach* wert ist. *gestr. Erg. mit Tinte in eckigen Kl. mit Tinte* Die Willenswerte aber sind hier sämtlich miteingeschlossen, sofern sie immer fundiert sind in anderen Werten. || **88,** 30 *nach* Wertableitung *mit Blaust. gestr.* oder vielmehr Unwertableitung || **88,** 29–30 *statt* positiven oder negativen Werten *im Ms.* $\pm$ || **88,** 32 *Anführungszeichen Einf. mit Blaust.* || **89,** 5 *Kl. Einf. mit Blaust.* || **89,** 7 objektiv *Einf.* || **89,** 26 *bei* verhalten. *endet die Rückseite von Bl. 161, Husserlsche Paginierung von 1911 „92"; das folgende Bl. „93" (Archivpaginierung 162) hat Husserl umbestimmt zur „Beilage A" zum folgenden Bl. „94" (Archivpaginierung 163). Die Paginierung „93" wurde mit Bleist. verändert in „zu 94". Der Anfang der Seite wurde mit Bleist. und Blaust. gestr.; der gestr. Text lautet:* Wir haben in der letzten Vorlesung das Gesetz besprochen, daß bei gleicher Wertungsmaterie und mit Beziehung auf eine axiologische Kategorie sich unter denselben axiologischen Voraussetzungen positive und negative Wertungsqualität geltungsmäßig ausschließen. Das entsprach in der intellektiven Sphäre dem Satz vom Widerspruch, daß sich Wahrheit und Falschheit ausschließen.

Der folgende Text in eckigen Kl. mit Tinte; zu diesem Text oben am Rd. die Bemerkung mit Bleist. Beilage A*; darunter die Rb. mit Bleist.* diese Beilage gesprochen zu A ⟨gesprochen zu A *mit Bleist. gestr.*⟩ *Der Text der Beilage wurde oben S. 89 als Anm. 1 wiedergegeben* || **89,** 32 *nach* behandeln. *Bemerkung mit Bleist.* hier Beilage A lesen*; am Rd. des folgenden Abschnitts noch die ausradierte Bemerkung mit Bleist.* dazu Beilage A || **90,** 4 *vor* Wir gehen *Abschnittszeichen* || **90,** 6–7 *Kl. Einf. mit Blaust.* || **91,** 4 -formen *V. mit Bleist. für* -relate || **91,** 16 *der auf* tut, *folgende Text auf der Rückseite von Bl. 163 ist durch Querstr. mit Blaust. abgetrennt und mit einer Null am Rd. versehen; der Text lautet:* „Es ist vernünftig, ein Für-gut-Gehaltenes einem Für-schlecht-Gehaltenen vorzuziehen." Die Vernünftigkeit des Vorziehens ist hier aber bedingt durch die prätendierte Vernünftigkeit der Gut- und Schlechthaltungen. Sie ist unbedingt, wenn es sich um an sich ⟨an sich *Einf. mit Bleist.*⟩ vernünftige Guthaltung und Schlechthaltung handelt; und dann entspricht dem korrelativ das ont⟨ologische⟩ Gesetz, daß wir zunächst für in sich Wertes, in sich Schönes, in sich Gutes aussprechen. Wir sagen: || **91,** 16– **92,** 32 *von* „Es ist *bis* Bevorzugung: *aus 1914* || **91,** 24 *statt* vorzuziehen *im Ms.* den Vorzug zu geben || **91,** 25 motiviert *V. für* bestimmt || **92,** 20 *nach* müssen. *gestr.* Doch ist hier schon dies ein Gesetz, daß, und schon innerhalb der Konsequenz, die entsprechende Umwandlung der Überzeugung (also ohne Einsicht) es fordert, daß || **92,** 25 *statt* ein ... einem *im Ms.* einem ... ein || **92,** 26 wollend und handelnd *Einf.* || **92,** 32–**94,** 4 *von* Jedes *bis* besitzt. *aus 1911* || **92,** 32 *bei* Jedes *beginnt die Vorderseite von Bl. 165; oben am Rd. die folgenden Zeitangaben mit Bleist.* Mi⟨ttwoch⟩ 4^h, Do⟨nnerstag⟩ 8^h, Fr⟨eitag⟩ 10^h || **92,** 35 bezogen *Einf. mit Bleist.* || **93,** 25–27 *von* Ferner *bis* Null *Einf.* || **93,** 28 *vor* Güter *mit Tinte gestr. Einf. mit Bleist.* gleichwertigen ||

93, 32 gleichwertigen *Einf. mit Bleist.* || 94, 5-38 *von* Die Summationsgesetze *bis* erwägen. *aus 1908, siehe hierzu oben S. 461* || 94, 6-9 *von* Koexistenz *bis* beziehen. *Einf. mit Tinte* || 94, 12 wiederum *V. mit Bleist. für* wieder || 94, 13 analogisch *Einf.* || 94, 14 der Form nach *Einf mit Tinte* || 94, 20 *vor* ebenso *Absatzzeichen mit Tinte* || 94, 25 *vor* Natürlich *Absatzzeichen mit Tinte* || 94, 25-38 *der Text von* Natürlich *bis* erwägen. *steht unten auf der Vorderseite von Bl. 166, das aus 1908 stammt. Nach Schriftbild und Inhalt ist der Text aber wohl eine Zufügung von 1911, die dazu diente, das Bl. in das Vorlesungsms. von 1911 zu integrieren. Die Rückseite von Bl. 166 ist gestr.; der gestr. Text wurde bereits oben S. 461 wiedergegeben* || 95, 5-99, 33 *von* Die Verhältnisse *bis* schränkt sie ein. *aus 1911* || 95, 5 *vor* Die Verhältnisse *mit Bleist. gestr.* Anstatt das bloße Zusammensein, das kollektive Sein von Gütern bzw. Übeln zu werten, betrachten wir nun verschiedenartige Verbindungen von Gütern und Übeln, zunächst irgendwelche Ganze, die sich aus Werten aufbauen, sei es aus Gutwerten oder aus schlechten. || 95, 11-12 *von* und *bis* wirksam ist *Einf.* || 95, 22 *vor* Andererseits *Absatzzeichen mit Tinte* || 95, 27-33 *von* Wertkomponenten *bis* Eigenschaften. *Einf.* || 95, 29 und könnten *Einf. mit Bleist.* || 95, 38 allgemeine *Einf.* || 96, 1 Also *Einf. mit Bleist.* || 96, 12-13 der Wechselbeeinflussung *Einf.* || 96, 38 usw. *Einf. mit Blaust.* || 97, 10 formal *Einf.* || 97, 10-11 nach Wertkollektionen *ausradierte Einf. mit Bleist. (Wertkoexistenzen)* || 97, 21 *Kl. Einf. mit Bleist.* || 98, 1 *statt* als *im Ms.* in || 98, 22 *nach oder vor* Wertbestimmungen *noch ein in die unterste Ecke sehr klein geschriebenes und deshalb unlesbares Wort* || 98, 34 *von* oder *bis* gleich *Einf.* || 99, 12 ausschließlich *Einf.* || 99, 34 *von* Ein Hauptgesetz *bis zum Schluß der Vorlesung aus 1914* || 100, 24-29 *von* Man muß *bis* Wertabwägung. *Einf.* || 101, 3-4 die Hintansetzung − der Hintansatz *V. für* Nachteil || 101, 5 *nach* umgekehrt. *gestr.* Natürlich kann auch das Bevorzugen gewertet werden; wie jeder Akt und wie jeder vernünftige Akt in sich wertvoller ist als der entsprechende unvernünftige, so auch hier. || 101, 8 *bei* derselben. *endet die Rückseite von Bl. 171; es folgt im Ms. ein halbiertes Bl. mit der Aufschrift mit Blaust.* herausgenommen einige Vorlesungen zur Phänomenologie des Willens (Phänomenologie der Willensaffirmation und -negation, Modalitäten des Wollenss, Willensfrage), *die hier nicht hereingehören; sie liegen in „Pf".* Husserl verweist hier auf den folgenden III. Abschnitt der Vorlesung, dessen Ms. im Konvolut F I 21 liegt, siehe hierzu oben S. 433f.* || 102, 13-23 *von* Für *bis* bringen. *in eckigen Kl.* || 102, 13 sicheres Herausarbeiten *V. für* vollständiges Erkennen || 102, 13-14 *von* wäre *bis* Beste *V. für* erfordert es meines Erachtens || 102, 15-19 *von* sich damit *bis* Gemütssphären. *V. für* bloß nach Ergänzungen zu den allgemein axiologischen Gesetzen zu suchen. || 103, 8 „wohl möglich" *V. für* eine Möglichkeit || 103, 20-21 *von* sondern *bis* haben *V. und Einf. für* wobei wir schon einen Unterschied zu machen hätten || 103, 24 handelnden *V. für* ausführenden || 103, 25-27 *von* z. B. *bis* Aktsphären. *V. für* wie es in der Handlung lebt. Diese ist selbst konkrete Wollung, sofern das Wollen das den Handlungsvorgang Beseelende, ihn gegenüber einem bloßen Vorgang als Handlung Charakterisierende ist || 103, 34 *bei* Zunächst *beginnt die Vorderseite von Bl. 62; oben am Rd. die Bemerkung mit Bleist.* gelesen || 103, 36 Streben *Einf.* || 104, 20 *nach* positiver. *mit Bleist.*

gestr. Dem „Ich will" im Sinne „Ich entschließe mich" liegt notwendig zugrunde ein „Ich kann es" und näher „Ich kann es sicher", „Ich kann es wahrscheinlicherweise", „Ich kann es möglicherweise". „Ich kann es vielleicht, vielleicht auch nicht", das genügt schon; ich kann mich darum doch entscheiden für das „Ich will es", „Ich strebe es an". Die vernünftige Willenskonsequenz fordert es dann und bringt es praktisch mit sich, daß ich bei Gelegenheit zugreife, die im Sinne dieses Strebens liegenden und sich gegebenenfalls darbietenden Mittel realisiere, dadurch die Möglichkeiten eventuell in Wahrscheinlichkeiten verwandle und mich so überhaupt dem Ziel annähere.

Bei weiterer Betrachtung ergeben sich große Schwierigkeiten der Analyse. Wie steht es mit dem Bewußtsein des „Ich kann"? Muß es jedem Wollen vorangehen? Und ist es nicht selbst ein Willensmodus, der des praktischen Möglichkeitsbewußtseins? Wir müssen hier scheiden. Sich zu etwas als praktische Möglichkeit Vorschwebendem entschließen, ist sozusagen ein willentliches Sich-Entscheiden, Jasagen. Es ist einigermaßen analog mit dem Vorkommnis der Urteilssphäre (Glaubenssphäre), demgemäß sich etwas als seiend oder soseiend anmutet und ich dann im Hinblick darauf mein doxisches Ja sage, mich im Glauben dafür entscheide. Im schlichten Tun aber ist es anders. Nicht jedes Wollen ist ein willentliches Sich-Entscheiden, ein Willensbejahen in bezug auf eine praktische Zumutung. || **105,** 13 *statt* Man sagt *im Ms.* Sagt man || **105,** 14–15 *von* ist es *bis* willen. *Einf.* || **105,** 38 *vor* Der Wille *Absatzzeichen mit Bleist.* || **106,** 1 u. 5 im voraus *jeweils Einf. mit Bleist.* || **106,** 10 Satzes und *Einf.* || **106,** 11 *nach* Wunsch *im Ms.* auch || **106,** 36–37 *Kl. Einf. mit Bleist.* || **107,** 11–12 *statt* gewissermaßen nicht: „Es wird sein *im Ms.* gewissermaßen: Nicht wird es sein || **107,** 19 *vor* In bezug auf *Absatzzeichen mit Bleist.* || **107,** 23–24 *Kl.* und also *Einf. mit Bleist.* || **108,** 21 *bei* Gewiß *beginnt die Vorderseite von Bl. 61; oben am Rd. die Bemerkung mit Bleist. gelesen 8.7.14; das Bl. ist ebenfalls mit Bleist. oben am Rd. mit* „a" *gekennzeichnet* || **108,** 30 die Thesis *V. für einen Pfeil des* || **109,** 18 *bei* Dabei setzt *beginnt das im Vorlesungszusammenhang auf Bl. 161 folgende Bl. 163; dieses ist oben am Rd. mit Bleist. mit* „b" *gekennzeichnet* || **109,** 29–30 einen Vorsatz ausführendes Handeln *V. für* eines vorgängigen Handlungswillens || **109,** 30 *vor* Der ausführende *doppelter Trennungsstr. mit Blaust.* || **109,** 31–33 *von* im Ablauf *bis* war, *in eckigen Kl. mit Blaust.* || **109,** 32 *vor* bestimmte *gestr. Einf.* relativ || **109,** 34 *vor* War in der *am Rd. doppelt mit Blaust. angestr.* || **110,** 6 *nach* des *gestr.* kontinuierlich handlungsmäßig Gewollten || **110,** 13 vorgesetzte *Einf.* || **111,** 13–14 *von* schöpferisch *bis* Vorgangs *V. für* die jeweilige Phase des zu schaffenden Vorgangs || **111,** 22–25 *die ursprünglich runden Kl. mit Blaust. in eckige Kl. verändert* || **112,** 9 *nach* bleiben. *mit Bleist. gestr.* Ich sprach wiederholt von Willensmodalitäten gemeint als Analoga von Urteilsmodalitäten. So würde ich, was man Willensneigung nennt, und zwar nicht als Habitus, sondern als Akt, eine Willensmodalität nennen, die analog ist der Urteilsneigung, des Sich-angemutet-Fühlens in dem Sinne „Etwas mutet sich als seiend an", ohne daß ich doch in Gewißheit glaube, daß es ist. Ebenso mutet sich etwas als praktisch Seinsollendes an, ohne daß ich das praktische „Es soll", „Es werde" vollziehe, das seinerseits als Willensgewißheit zu bezeichnen wäre. Ebenso gibt es einen Willenszweifel gegenüber dem theoretischen Zweifel und was, wie mir scheint, einerlei ist: ⟨*von* gegenüber *bis* ist: *V. und Einf. für* bzw.⟩ eine Willensfrage ⟨*gestr.* die ein Willensmodus ist⟩ gegenüber der theoretischen Frage. Ein A mutet sich an als zu realisierend; ein B ebenso. Ich schwanke wollend zwischen A und B. ⟨*von* Ich *bis* B. *V. für* Ich zweifle, soll ich A oder soll ich B.⟩ Im Willen selbst vollzieht sich das Unentschieden-auf-das-eine-oder-das-andere-bezogen-Sein; die Zwiespältigkeit liegt im Willen, und das Ziel kann als Willensziel bezeichnet werden gegenüber dem Seinsziel: Ich schwanke zwischen A und B. ⟨*von* Ich *bis* B. *V. für* Ist A oder ist B; *Erg.* im Glauben impliziert, daß eins von beiden ist.⟩ Die Frage zielt auf eine Willensantwort. Wie die theoretische Frage impliziert, daß irgendetwas hier ist oder nicht ist — nur weiß ich nicht, was —, so impliziert die Willensfrage, daß ich schon überhaupt etwas will, nur bin ich unentschieden, was. Die Antwort liegt in einer festen Entscheidung für oder gegen die Fraglichkeiten, und das ist hier ein positiver oder negativer Wille.

Ich habe nicht gesagt, daß Frage und Zweifel einerlei sind, und das schon darum nicht, weil nicht jede Frage eine disjunktive ist. Zudem: Im bloßen Schwanken ist noch nicht ⟨*gestr.* notwendig⟩ beschlossen die Intention ⟨die Intention *V. für* eine eigene, obschon oft mitverflochtene Intention⟩ auf Entscheidung. Das bloße Schwanken ist nicht gerichtet auf eine sogenannte „Antwort". Aber die Frage ist in sich selbst gerichtet auf eine Antwort. Zwar sofern jede Urteilsneigung eben Neigung zum Urteil ist, liegt in ihr eine Tendenz auf ein entsprechendes Urteil, und somit auch in jedem disjunktiven Bewußtsein, in jedem Schwanken zwischen zwei Anmutlichkeiten (Möglichkeiten), eine Verbindung mehrerer Tendenzen gerichtet auf das Sein des einen oder auf das Sein des anderen. Aber etwas Weiteres und Neues ist z. B. bei der an einen anderen Menschen gerichteten Frage, einer Anfrage, die Erwartung der Antwort, d. i. hier die Erwartung auf den Empfang einer Mitteilung, die im Gewißheitsglauben aufgenommen das eine Glied, die eine Neigung, ihrem Ende zuführt, sie in entsprechende Gewißheit verwandelt und so dem Schwanken ein Ende setzt. So auch bei der einsamen Frage „Ist es so oder ist es so?". Es besteht da nicht ein bloßes Schwanken der Urteilsneigungen, sondern eine intentionale Tendenz geht auf eine Antwort; auf dem Schwanken baut sich oder durch es geht hindurch eine einheitliche Intention, die ihre Erfüllung findet in einer der entsprechenden Gewißheiten. Diese Intention kann wie im vorigen Beispiel als Erwartung einer Entscheidung auftreten, einer gewissen Erwartung, einer Vermutung und dergl. Aber es braucht nicht Erwartung zu sein. Es kann auch ein Wunsch sein, und wirklich sind viele Fragen Wunschfragen und schließen dabei oft in Form der Hoffnung auf Antwort auch die Erwartung ein. Aber so groß die Versuchung ist, die fragende Intention als Wunschintention aufzufassen, so scheint mir bei näherer Betrachtung auch der Rekurs auf den Wunsch nicht auszureichen. Das Schwanken und der bloße Wunsch nach einer Gewißheit, die eine der disjungierten Möglichkeiten auszeichnet, kann nicht die Frage ausmachen. So wie das Schwanken hier als Zweifel eine eigentümliche Einheit des Bewußtseins ist, in der die Möglichkeiten den Charakter von Zweifelhaftigkeiten annehmen, so ist das Fragen eine demgegenüber neue Einheit des Bewußtseins, in dem sich die Möglichkeiten als Fraglichkeiten konstituieren. || **112**, 15–16 *Husserl verweist hier auf den in der vorangehenden textkritischen Anm. wiedergegebenen gestr. Text* || **112**, 16–17 *früher ganz Einf. mit Bleist.* || **112**, 17–19 *die Parallelen … hervorhoben V. mit Bleist. für auf die Parallelen … hinzuweisen hatten* || **114**, 17–19 *Kl. Einf. mit Bleist.* || **114**, 21 *nach* wollender *gestr.* als gesollter || **115**, 2 *vor* Ich will A *mit Bleist. gestr.* Entweder || **115**, 4 *und V. mit Bleist. für Komma* || **115**, 19 *im Ms.* steht *nach* nach Reihe || **115**, 22–23 doxisches *Einf.* || **115**, 24 theoretisch zweifeln kann *V. mit Bleist. für* zweifle || **115**, 25–26 kann *und* zweifeln *Einf. mit Bleist.* || **116**, 13 *statt* die Ergänzung *im Ms.* die der Ergänzung || **116**, 31 reell *Einf.* || **116**, 36 hypothetischer oder *Einf. über* disjunktives || **116**, 37 konjunktiver *Einf. unter* disjunktiver || **118**, 6–7 wo nicht gar Befehl *Einf.* || **118**, 18–21 *von* Ist das *bis* Frage. *Einf.* || **118**, 29–**119**, 2 *von* An eine *bis* ausweist. *Einf.* || **118**, 36 disjunktiven *Einf. mit Bleist.* || **119**, 5 sagten wir *Einf. mit Bleist.* || **119**, 5–6 *nach* Willenszweifel *gestr.* auch die Willensfrage || **119**, 12–13 *von* über *bis* Gesolltheiten *Einf.* || **119**, 19–21 *von* Was der *bis* Analysen. *mit Bleist. gestr., die Streichung dann aber ausradiert; nach* Analysen *mit Tinte und Bleist. gestr.* Jedenfalls ist es klar, daß man die puren Willensakte und die auf sie gebauten doxischen Ausdrücklichkeiten nicht identifizieren darf. Uns interessiert hier natürlich das in Reinheit gefaßte, das pure Willensfragen, das ich innerlich vollziehen kann, ohne in den Vollzug, der den eventuell aussagenden 〈den eventuell aussagenden *Einf. mit Bleist.*〉 doxischen Fragen zugrundeliegt, 〈zugrundeliegt *Einf. mit Bleist.*〉 und gar der ausdrücklichen doxischen Fragen überzugehen. || **119**, 25 vorbereitet *V. für* vollzogen || **119**, 26 der Wahl bzw. *Einf.* || **119**, 26–27 *vor* praktischen *gestr. Einf.* theoretischen und **119**, 29 *von* sondern *bis* folgend *Einf.* || **119**, 30 und Ergänzungen *Einf.* || **119**, 33–34 Willens *Einf. mit Bleist.* || **119**, 35–36 *von* das praktische *bis* Fragen *Einf.* || **120**, 1 disjunktive *Einf.* || **120**, 4 eventuell *Einf.; nach* Wahlentscheidung *mit Bleist. gestr.* und natürlich ebenso wird das Verbum „wollen" gebraucht. || **120**, 10 *Anführungszeichen Einf. mit Bleist.* || **120**, 12 *nach* Frage ist. *gestr.* und dessen Wesen auch in Erfüllungsvorgängen besteht, die der Erzielung einer Antwort dienen sollen. || **120**, 16 Hier *V. mit Tinte für* Dies || **120**, 19 wobei *Einf. mit Bleist.* || **120**, 22 *nach* Frage *gestr.* in der praktischen Wahl*; nach* überall. *mit Bleist. gestr.* Eben diese Parallelitäten bringen es mit sich, daß wir gelegentlich überall auch von Wahl, überall auch von Frage und Antwort sprechen, obschon mit fühlbaren Übertragungen. Das Wort „Frage" ist speziell zugeordnet dem doxischen Gebiet, das Wort „Wahl" dem praktischen Gebiet. *Von* Hier *bis* Gebiet, *in eckigen Kl. mit Tinte; die öffnende Kl. vor* Hier *gestr.* || **120**, 39 *von* Ich *bis* Partei *Einf.; nach* Partei *mit Bleist. gestr.* Aber die Überlegung braucht keine Einsicht zu sein 〈*von* Aber *bis* sein *Einf. mit Bleist.*〉, eventuell bleibt es bei vagen Anmutungen; immerhin 〈immerhin *Einf. mit Bleist.*〉, das A mutet sich mehr an als die anderen, und ich bevorzuge es. 〈*von* und *bis* es *Einf. mit Bleist.*〉 || **121**, 3–4 *von* mehr *bis* Gewichte *V. und Einf. für* klar die der Gewichte || **121**, 4–5 *von* die Überlegung *bis* an. *V. für* ich vollziehe nicht bloß eine Überlegung, sondern eine „Erwägung". || **121**, 7–8 *von* Nach *bis* mich *Einf.* || **121**, 14–18 *von* Die Erwägung *bis* Auseinanderlegung *Einf.* ‖ **121, 26** phänomenologischen *Einf.* ‖ **121,** 35–36 aber es sein kann *Einf.* ‖ **121,** 36–37 *von* in einer *bis* A B C *Einf.* ‖ **122,** 4 entschiedenes *V. für* kat⟨egorisches⟩ ‖ **122,** 4–5 *nach* negatives *gestr.* dann ein entschiedenes Ablehnen. ‖ **122,** 18 entschiedenen *V. für* kat⟨egorischen⟩ ‖ **122,** 21 urteilenden *V. für* gewissen ‖ **122,** 26 assertorischen *V. für* kat⟨egorischen⟩ ‖ **122,** 29–30 *von* das *bis* haben. *V. für* sie ist es nicht entschieden, sondern nur vermutlich. ‖ **122,** 30–36 *von* Das aufgrund *bis* Wahrscheinlichkeitsaussagen. *in eckigen Kl. mit Tinte* ‖ **123,** 9 *nach* Scheinfragen *gestr.* Wo ich schon „weiß", d. i. fest überzeugt bin, eventuell gar Einsicht habe, kann ich nicht fragen. Was nur nicht ausschließt, daß ich mich in ein Fragen hineindenken kann. ‖ **123,** 16–19 *von* wie es *bis* Umwertung. *in eckigen Kl. mit Tinte* ‖ **124,** 19 ältere *V. für* bisherige ‖ **124,** 21 Phänomene, und zwar *Einf.* ‖ **124,** 23–24 *von* und vermengt *bis* Bejahung. *Einf.* ‖ **124,** 27 Position *V. für* Affirmation ‖ **124,** 38 u. **125,** 1 *statt* Ausdruck *im Ms.* jeweils Wort ‖ **125,** 5–12 *von* d. i. hier *bis* Privation. *Einf.* ‖ **125,** 23–24 *von* ein mittelbar *bis* ist. *V. für* kein mittelbares Wollen ist. ‖ **125,** 27 *statt* wie *im Ms.* so wie ‖ **125,** 33 *nach* usw. *gestr.* Merkwürdig ist hier, daß das Wollen des Wollens eines A gleichwertig ist mit dem Wollen des A und in der Vernunftbeurteilung gleichsteht. Ist das schlichte Wollen wert, so das Wollen zweiter Stufe und umgekehrt. So für Entschließen und Handeln. Ferner ist die Unterlassung der Unterlassung gleichwertig mit der Realisierung überhaupt, das Nicht-Wollen des Nicht-Wollens eines A gleichwertig mit dem Wollen ⟨*im Ms.* Nicht-Wollen⟩ dieses A. Doch solche Gesetze sind aber nicht Gesetze der Wertvergleichung hinsichtlich der Fragen ⟨nach⟩ höher und minder wert. Das „gleichwertig" sagt bloß, daß die gleich bezeichnenden Wertprädikate beiderseits zu stehen haben.

Ich nannte dieses Verhältnis merkwürdig, nämlich: Wir haben ⟨*im Ms.* Haben wir⟩ keine rechte Parallele im Glaubensgebiet. Ist der Glaube, daß ich ein A glaube, richtig, so ist nicht der Glaube des A selbst richtig. Ein Glauben des Glaubens eines A ist nicht gleichwertig mit dem Glauben an A. Soviel über die Willensmodalitäten. ⟨*von* Ich *bis* Willensmodalitäten *Einf.*⟩

⟨*Das Folgende bis* fruktifizieren *in eckigen Kl.*⟩ Überhaupt ist es die Aufgabe, alle Willensmodalitäten durchzugehen und die bezüglichen formalen ⟨formalen *Einf.*⟩ Vernunftgesetze (und sie alle stehen unter solchen) zu fixieren. Zum Beispiel, jeder möglichen Realisierung entspricht eine mögliche Unterlassung bei gleicher Materie und umgekehrt. So allgemeiner für positive und negative Wollung. Ist nun die positive Wollung vor der Vernunft positiv zu werten ⟨*von* vor *bis* werten *V. für* vernünftig⟩, so die negative negativ zu werten, ist jene negativ zu werten, so diese positiv. Hierher würde das Analogon des Satzes vom Widerspruch in der speziellen Fassung für Willensakte gehören bzw. für Willenskorrelate. Es ist unmöglich, daß dasselbe praktisch gefordert sei als zu wollen und praktisch gefordert als zu unterlassen; und wäre das positiv Gewollte (als positiv gewollt Angesetzte) praktisch gefordert zu unterlassen, so wäre dasselbe als negativ Gewolltes Angesetzte praktisch gefordert als zu wollen.

Man müßte die hier und überall sich hineindrängenden hypothetischen

Willensmodalitäten, ferner die Willensdisjunktionen und Willenskonjunktio-
nen und so alle formalen Abwandlungen durchgehen und für die formale
Gesetzgebung fruktifizieren. || **126,** 17 Praktik *V. für* Willensdisziplinen ||
126, 28–29 ist *im Ms. vor* die || **127,** 22 *nach* Vorsatz) *gestr.* und die vorge-
setzte Handlung || **127,** 34 axiologisches *Einf.* || **127,** 35 Tun *V. für* Vorsatz ||
127, 36 axiologisch betrachtet *Einf.* || **128,** 1 Vorsatz *V. für* Willen || **128,** 6
nach gehalten war. *Absatzzeichen am Rd.* || **128,** 15 willentlicher *Einf.* ||
128, 20 *nach* richtig. *gestr.* Auch dies: Wo die willentliche Bejahung eines
positiven Willensansatzes (Willenshypothese) richtig ist, da ist die Bejahung
des entsprechenden negativen Ansatzes unrichtig; und umgekehrt: Wo die
Verneinung eines positiven Willensansatzes richtig ist, da ist die Verneinung
des entsprechenden negativen Ansatzes unrichtig. Wo ein Wollen, Tun richtig ist, da ist das Ablehnen eines angesetzten Nicht-Tuns, Nicht-Wollens
ebenfalls richtig usw. Zum Teil handelt es sich hier um Wendungen bzw.
Anwendungen eines Analogons des Satzes vom Widerspruch. || **128,** 23–24
nach selbst richtig. *gestr.* Und ebenso kann man auch nicht Ähnliches für
Iterationen im Werten sagen. Ich kann ein Werten werten. Aber ist das Werten eines Wertens richtig, so braucht darum nicht das Werten selbst richtig
zu sein. Ich werte ja nicht immer die Richtigkeit. || **129,** 37 innerhalb *Einf.* ||
130, 13–21 *von* Mit Rücksicht *bis* überhaupt. *in eckigen Kl. mit Tinte* ||
130, 14 verallgemeinert gedacht *Einf.* || **130,** 17 *statt* Schlechteres *im Ms.*
Schlechtes || **130,** 17–20 *von* das Wollen *bis* Schlechteren *Einf.* || **130,** 23 Ein
Grundgesetz: *Einf.* || **131,** 36 *nach* Kräfte *im Ms.* die || **131,** 39 *vor* Gehen wir
Absatzzeichen mit Bleist. || **132,** 9–36 *von* Überhaupt *bis* fruktifizieren. *in
doppelten eckigen Kl. mit Tinte* || **132,** 12 in der Existenz *Einf.* || **132,** 17
relativ *Einf.* || **132,** 33 *statt* es *im Ms.* so || **133,** 38 beliebig gesteckten *Einf.* ||
134, 8 *statt* eines unter ihnen ist nicht *im Ms.* keines unter ihnen ist || **134,** 22
nach aufzuwerfen. *in eckigen Kl. mit Tinte und mit Bleist. gestr.* Sowie aber
mindestens ein positiver Wert, ein Gut, in den Bereich der Wahl tritt, haben
wir ein Neues; wir haben einen Vorzug für eine positive Entscheidung; und
treten mehrere Güter auf, so kommt das frühere Gesetz in Betracht, so wie es
ausgesprochen worden ist. Wir sehen aber, daß dies eines Zusatzes bedarf.
Die Entwertung der minderen Güter als ausschließlich zu realisierender ist
doch zu ergänzen durch die relative Vorzugswertung des Besten. Sagen wir
auch nicht, es sei wirklich zu realisieren, so fällt darauf doch eine bevorzu-
gende Entscheidung, die freilich noch ihre vernünftigen Vorbehalte macht. ||
134, 22–25 *von* Treten *bis* berücksichtigen. *Einf.* || **134,** 34 *nach* gleichgültig
gestr. Es spricht also für ihn keine Forderung. || **134,** Anm. 1 *Rb.* || **135,** 10
nach richtet. *gestr.* Es sind das die parallelen Verhältnisse der Konvenienz
des positiven bzw. affirmativen Urteils zum bestehenden Sachverhalt ||
135, 11 *am Rd. dieses Abschnitts nach unten weisender Pfeil mit Rotst. unter
der in Anm. 1 wiedergegebenen Rb. mit Rotst.* || **135,** 12 erwogene *Einf.* ||
135, 15 objektiv *jeweils Einf.* || **135,** 25 *statt* unter Voraussetzung, daß *im Ms.*
nach Voraussetzung, ohne daß || **136,** 22 *bei* könnten wir *endet die Vorderseite
von Bl. 179; die Rückseite ist mit Tintenstr. und Schreibübungen überkritzelt;
der Text auf der Rückseite, der eine ungültige Variante, möglicherweise eine
Vorstufe zum Textstück von* **132,** 28 *(*Sind die beiden...*) bis* **133,** 30 *(*... ver-

kehrt wäre.) *ist, lautet:* Sind die beiden guten praktischen Möglichkeiten wechselseitig unverträglich in der Koexistenz, so würde die Realisierung des Besseren die des weniger Guten zwar verhindern und insofern einen abgeleiteten Unwert mit sich führen; aber nicht nur daß ein positiver Wert übrigbleibt, so tritt auch in der Entscheidung dafür eben der Wert der Wahl des Besseren hinzu. Alle solche Verhältnisse sind in einer systematischen Deduktion der Praktik zu berücksichtigen.

Das Gesetz, das wir ausgesprochen haben für zwei Glieder, überträgt sich selbstverständlich auf beliebig viele Glieder. Treten in einer Wahl n Güter auf als praktische Möglichkeiten, und zwar derart, daß jede von ihnen ausschließlich gewählt, also zugleich jede andere praktisch abgelehnt werden kann, und ist dann unter diesen n Gütern eines das Beste, so ist die Wahl jedes anderen als des Besten nicht nur von minderem Wert, sondern schlechthin unwert. Es ist eine falsche Wahl. Die praktischen Minderwerte werden, können wir auch sagen, durch die praktischen Höherwerte absorbiert, sie büßen neben diesen ihren positiven Wert ein. Doch bedarf das noch der Begrenzung. Es ergibt sich da noch nicht, daß in einer vernünftigen Wahl, wo immer eine Wertüberlegung unter den paarweise verglichenen Werten einen Minderwert herausstellt, dieser wegzustreichen ist; vielmehr gilt das nur dann, wenn das minder Gute (obschon positiv Gute) mit dem höher Guten nicht zusammen realisiert werden kann. Denn sind (unter gleichen Voraussetzungen) die in dem Feld der Wahl stehenden praktischen Güter vereinbar in der Realisation, so bestimmen sie nach dem Summationsgesetz in ihrer Gütersumme ein höheres praktisches Gut als jedes einzelne der summierten Güter; es tritt also wieder unser Gesetz in Aktion. Eines der Summenglieder allein zu realisieren, wäre unbedingt verkehrt, also ist nach dem Analogon des Satzes vom Widerspruch und dem darin ausgesprochenen Gegenverhältnis von Tun und Unterlassen das Unterlassen dieser entwerteten Glieder das Richtige. || **136,** 38 *nach* bei *gestr.* Einf. jeder möglichen || **137,** 8–9 *von* Unsere *bis* hat uns *V. für* Sie sehen aus unserer, wie wir wohl sagen dürften, radikalen Erwägung, daß wir || **137,** 11 *nach* Imperativs. *mit Blaust. gestr.* Es ist für uns anders orientiert als bei Kant. Wir dürfen es wohl behaupten, daß nur unsere und nicht die Kantische Erwägung radikal, streng und korrekt ist. Bei uns tritt der kategorische Imperativ nicht in dem falschen Gegensatz zu jenen hypothetischen Imperativen Kants auf, zu jenen Imperativen, die nur unter Voraussetzung eines schon gesteckten Zieles die vernunftmäßig geforderten Mittel angeben. Vom Mittel und Zweck ist in unserer Darstellung keine Rede gewesen. || **137,** 14 *bei* Unsere *beginnt die Vorderseite von Bl. 181, oben am Rd. mit Rotst. die Bemerkung* 1. August 1914 (Erklärung des Kriegszustands) || **137,** 32–33 aus apriorischen Gesetzesgründen *Einf.* || **137,** 34–35 aus apriorischen Gesetzesgründen vorgezeichnet. *V. für* etwas Objektives. || **140,** 13 *statt* zu im Ms. *für* || **140,** 29 Vernunftsphäre *V. für* Aktsphäre || **140,** 34 *nach* Akte *gestr.* sinnlicher Anschauung || **141,** 16–17 *statt* eine Lehre... entspricht *im Ms.* entspricht eine Lehre || **141,** 18 logischen *Einf.* || **141,** 30 richtigen *Einf.* || **141,** 30 und einsichtigen *Einf.* || **142,** 7 *vor* Noetik *gestr.* materialen || **142,** 7–8 *statt* übergeht *im Ms.* macht || **142,** 21 vollkommener *V. für* höchster || **142,** 22 *statt* nicht die *im Ms.* nach || **144,** 31 *statt* gilt *im Ms.* ist || **145,** 18 *bei* Wir hatten *beginnt die Vorderseite von Bl. 186; oben am Rd. die Bemerkung mit Bleist.* Note 4.8.14; ursprünglicher Entwurf für die Schlußvorlesungen: Aber es war nicht Zeit, das auszuführen und es wurde daher nicht vorgetragen. || **146,** 6–8 *von* mit Beziehung *bis* Willensfrage *Einf.; statt* hinsichtlich des gesamten Bereichs *im Ms.* den gesamten Bereich || **146,** 36 *nach* wählt, *gestr.* seine disjunktiven Willensfragen aufwirft || **147,** 17 Richtige, das objektiv *Einf.* || **147,** 20 *nach* Besten *gestr.* Objektiv bestimmt ist nun für jeden erdenklichen einzelnen Willensakt bzw. für jeden erdenklichen Vorsatz, ob er ⟨*gestr.* an und für sich und unabhängig von dem betreffenden Subjekt⟩ konvenient ist oder nicht. Diese Richtigkeit gehört zum Wesen des Willensaktes in sich selbst und ist völlig unabhängig von dem Subjekt des Willens. Wer immer z. B. sich wollend durch reine Erkenntnisfreude bestimmen läßt, will richtig. Diese Richtigkeit der Konvenienz ist das Analogon der Wahrheit im logischen Gebiet; die Wahrheit geht den Satz an, den Sinnesgehalt des Urteils, und der Satz, der wahr ist, ist nicht wahr für das Subjekt, sondern wahr an sich unabhängig von dem Subjekt. Das Sich-Richten des Urteils nach der Sache könnte man analogisieren mit dem Sich-Richten des Willens nach dem Wert. ⟨*von* Das Sich-Richten *bis* Wert. *in eckigen Kl.*⟩ Die Analogie geht aber verloren, wenn wir beobachten, wie im Willensgebiet die Konvenienz (die Richtigkeit) noch über sich hat die Gesolltheit, die ihrerseits uns nur zur Gegebenheit kommt in Fällen der Wahl, weshalb das Hineinziehen der Wahl eben kein Zufall war. Aber ob sie zur Gegebenheit kommt oder nicht, sie hat ebenfalls ihre, obschon neuartige, Objektivität, neuartig gegenüber der bloßen Konvenienz. || **147,** 32–35 *von* Schließlich *bis* nicht. *in eckigen Kl.; bei* nicht. *endet die Vorderseite von Bl. 188. Auf der Rückseite Bleist.notizen aus einem thematisch anderen Zusammenhang zur Phänomenologie des Reproduktionsbewußtseins* || **148,** 31 objektiven *Einf.* || **149,** 3–9 *von* Konvenienz *bis* Konvenienz. *am Rd. mit Blaust. angestr.* || **149,** 11 *nach* Wahrheitsgebiet. *gestr.* Wir nehmen im voraus als gültig den Satz, daß objektiv für jedes Ich entschieden ist, was für es erreichbar ist. Das Ich bezieht sich mit seinem Willen auf eine Zukunft, und diese ist objektiv von bestimmtem Gehalt. Aber offenbar liegt im Wesen des jeweiligen Willensaktes selbst keine Vorzeichnung für die Zukunft derart, daß ihm die Zukunft abgelesen werden könnte. Es ist apriori einzusehen, daß verschiedene Ich verschiedene Zukunftshorizonte haben können und in der Gegenwart denselben Willen.

Bei Willen. *endet die Vorderseite von Bl. 190; die Rückseite ist beinahe bis zur Unleserlichkeit mit Tinte überkritzelt; der Text auf der Rückseite lautet:* Das eben Gesagte deutet schon an, daß ich es für nötig halte, mich in der letzthin vorgeschlagenen Terminologie zu korrigieren, um in prägnanter Weise den Unterschied, auf den es jetzt ankommt, markieren zu können. Letzthin definierte ich das Sollen durch die bloße Konvenienz. Aber besser ist es, dem Sprachgefühl entsprechend, den Ausdruck der höheren Stufe der Rechtmäßigkeit zu reservieren, die wir jetzt klären wollen. Um uns terminologisch zu helfen, können wir, da wir auch Namen für die Korrelate der konvenienten Akte brauchen, etwa so uns ausdrücken: Ein Vorsatz, der in einem konvenienten Wollen vorgesetzter ist, ist ein angemessener, ein Vorsatz in einem inkonvenienten Wollen ist ein unangemessener. Der vorgesetzte Sachverhalt, das vorgesetzte Sein oder Sosein ist im Fall der Angemessenheit (einschließlich der Erreichbarkeit) ein praktisches Gut. Für negative Vorsätze haben wir allerdings keine entsprechenden Namen. Aber wir brauchen solche auch nicht. || **149,** 35 *nach* Wirkungssphäre *gestr.* in ihrer Vollkommenheit || **149,** 36-37 *der im Ms. auf* Zeitpunkt. *folgende Text ist durch Querstr. mit Blaust. abgetrennt; über diesem Querstr. am Rd. die Bemerkung mit Blaust. Beilage* ξ *Husserl verweist hier auf den Text der Vorderseite des folgenden Bl. 192, der oben am Rd. ebenfalls mit Blaust. als* Beilage *gekennzeichnet ist; unten auf der Vorderseite steht nochmals mit Blaust.* Beilage *! Da die Beilage durch ihren Schlußsatz in den fortlaufenden Text eingeordnet ist, wurde sie in diesen aufgenommen* || **149,** 38-**150,** 20 *von* Übrigens *bis* weiter! *eingeschobener Text der Beilage auf Bl. 192, siehe die vorangehende Textkritische Anmerkung* || **150,** 8 *statt* nach dem *im Ms. für den* || **150,** Anm. 1 *Text auf der Rückseite des Bl. 193, den der Hrsg. aus sachlichen Gründen als Anm. auf den Text der Vorderseite von Bl. 192 bezogen hat* || **151,** 1 *nach* „gegenstandslos" *ist. gestr.* Denn wirklich gesollt ist nicht überhaupt jeder auf ein praktisches Gut gerichtete Vorsatz, sondern nur der auf das jeweilig höchste praktische Gut gerichtete. Da die praktischen Bereiche zweier Individuen nicht identisch sein können, so ist von vornherein nicht einzusehen, daß das höchste praktische Gut für einen jeden dasselbe sein könne. Kann rein formale Erwägung lehren, ob es für jedes Ichsubjekt überhaupt ein praktisches Gut und somit für jedes ein höchstes, ein praktisch Gesolltes geben muß? Man wird wohl sagen können, es sei apriori zum Wesen des Ich überhaupt gehörig, daß es in seinem von irgendeinem Jetztpunkt auslaufenden Zeithorizont irgendwelche praktischen Güter als Möglichkeiten hat, zwischen denen es wählen könnte. || **151,** 3 *nach* Willen *gestr.* dessen Korrelat das im eigentlichen Sinn Gesollte ist || **151,** 9-10 irgendeines Moments *Einf.* || **151,** 22-23 *Kl. Einf. mit Tinte* || **151,** 37-**152,** 3 *von* Hinsichtlich *bis* sind. *in eckigen Kl. Einf. mit Tinte.* ||

Beilage I (S. 154-157)

Der Text fußt auf den Bl. 197-200 des Konvoluts A VI 30. Dieses Konvolut zählt einschließlich des braunen Packpapierumschlags 240 Bl. Auf dem Umschlag findet sich folgende Aufschrift mit Tinte aus Wollen, Werten, Fühlen 1920/25, cf. *Inhaltsverzeichnis von Landgrebe; darunter mit Blaust. darin auch über Egoismus. Das Konvolut ist in mehrere Bündel unterteilt. Die ersten drei Bündel stammen aus der ersten Hälfte der zwanziger Jahre; sie enthalten Ausführungen zu den verschiedenen Bewußtseinsstrukturen der Rezeptivität und Spontaneität. Das vierte Bündel enthält einige Bl. aus 1912 über Leervorstellung, sinnliche und kategoriale Anschauung. Das fünfte Bündel enthält verschiedene axiologische und ethische Texte, die mit der Ausnahme eines Bl., das aus 1910 stammt, etwa in der Zeit von 1916 bis Anfang der zwanziger Jahre entstanden sind. Es folgen zwei Bündel aus der ersten Hälfte der zwanziger Jahre zur Phänomenologie des Gemüts und des Wertens.*

Die Bl. 189–216, zu denen auch der Text der Beilage gehört, stammen wohl alle aus den Jahren 1908–1914. Es handelt sich dabei um Einzelbl. und kürzere Mss. zu verschiedenen willens- und wertphänomenologischen Themen. Zusammen mit den Bl. 189, 201–206, 209 und 211–214 gehören die Bl. 197– 200 zum „Pfänder-Konvolut"; zu diesem Pfänder-Konvolut siehe unten S. 495. Am Ende des Konvoluts A VI 30 liegt noch ein Bündel mit Bl. aus Ms. zusammenstellungen zu den Themen „Werten und Wert" und „objektivierende und wertende Akte" aus den Jahren 1909/1910.

Die Bl. 197–200, die der Beilage zugrundeliegen, sind von Husserl mit Bleist. von „1"–„4", von Landgrebe von „41"–„44" paginiert. Auf der Vorderseite des Bl. 197 steht oben am Rd. mit Rotst. Beilage θ 1–4; dahinter mit Blaust. wohl 1914: neben dem Titel links am Rd. die Bemerkung mit Rotst. N.B., rechts am Rd. nochmals mit Bleist. θ. Der Text weist zahlreiche Unterstr. mit Tinte, Bleist., Rotst. und Blaust. auf.

154, 17 *nach* Gutwerten *gestr.* Ich kann zum Sein oder Nichtsein des Erscheinenden, Vorgestellten Stellung nehmen und nun sagen: Es wäre gut, wenn die Frauengestalt wäre (diese „schöne", „herrliche"). Ich „denke" mir die Frauengestalt als seiend, setze sie als das an, und dieser Ansatz, dieses Denken des Seins widerstreitet gegebenem Sein. Ebenso: Ein wirkliches Ding werte ich. Eine Person gefällt mir, eine „Inhaltswertung" (Schönheitswertung, aber nicht ästhetisch) wertet sie als gut, und nun werte ich auch ihr Dasein: Es ist gut, daß dieses „Schöne" ist, und wenn das Schöne nicht ist, so wäre es eben gut, gesetzt, daß es wäre.

Ziehen wir Sein und Nichtsein in die Gemütsstellungnahme hinein, so kann das Verhalten dabei ein verschiedenes sein. Ich kann ein als wirklich Dastehendes werten, und zwar als Seiendes, und sage dann etwa: Daß A ist, ist gut. A ist ein Inhalt, der einer „Inhaltswertung" unterliegt (einer Schönwertung). Das mit dem Inhalt A Vorgestellte als solches ist „schön". Daß ein Schönes ist, ist gut. Und wenn das Schöne nicht ist? Ich kann hier zweierlei sagen: Wenn A existierte, so wäre ein Schönes, und so wäre es gut. Was heißt das, „es wäre gut"? Wir können auch sagen, es wäre erfreulich.

Wir haben ein Gemütsverhalten, das „an der Existenz interessiert ist": Daß A ist, ist erfreulich. Wenn A wäre, so wäre es also erfreulich usw. Daß A war, das ist erfreulich; daß A sein wird, ist erfreulich. Daß A nicht ist, ist bedauerlich... Daß A sei, das ist wünschenswert und wollenswert. Aber da ist sorgsam zu scheiden.

Ich kann mir ein A vorstellen, einen Gegenstand des Inhalts A, und Gefallen daran haben (schönwerten). Ich kann mir dann vorstellen, daß der Gegenstand dieses Inhalts nicht existiere, ich „denke" mir das und muß dann die Nicht-Existenz von A als unwert finden. Urteile ich, es existiert nicht wirklich, so ist diese Nicht-Existenz ein Unwert. Ich kann ein Existierendes und als existierend Bewußtes einer Seinswertung unterziehen und sagen, es ist wertvoll, daß das ist, wie es ist. Das ist aber keine Freude. Ebenso ⟨besagt⟩ die Wertung „Daß A nicht ist, ist ein Unwert (in anderen Fällen, daß A' ist, ist unwert)" nicht „Es ist traurig"; das Bewußtsein davon ⟨ist⟩ keine Trauer. ⟨*im Ms.* Ebenso ist die Wertung... besagt nicht „Es ist traurig", das Bewußtsein davon keine Trauer.⟩ ‖ **155,** 10–12 *von* Ich neige *bis* sei. *am Rd. mit Bleist. angestr.* || **155,** 14 *vor* „ Denke " *senkrechter Str. mit Blaust.; Anführungszeichen Einf. mit Bleist.* || **155,** 24 u. 25 *Anführungszeichen Einf. mit Blaust.* || **155,** 27 bzw. dasjenige *V. mit Bleist. für* das || **155,** 32–33 *von* Freude *bis* Akt; *am Rd. mit Bleist. angestr.* || **155,** 34 langenden *V. mit Bleist. für* Langen || **155,** 34–36 *von* Immerhin *bis* Freude *Einf. mit Bleist.* || **155,** 38 Froh- *Einf. mit Bleist.* || **155,** 39–40 *von* als *bis* Langens *Einf. mit Bleist.* || **155,** 40–41 *von* Das *bis* Wünschens *am Rd. mit Bleist. angestr.* || **155,** 40 *Anführungszeichen Einf. mit Bleist.* || **155,** 43–44 *von* Die ersteren *bis* Werten *Einf. mit Bleist.* || **156,** 9 *von* (nur *bis* abzielend) *Einf. mit Bleist.* || **156,** 15 *von* (und *bis* Gefühl) *Einf. mit Bleist.* || **156,** 17 *Anführungszeichen Einf. mit Blaust.* || **156,** 18 (am Sein) *Einf. mit Bleist.* || **156,** 19 am Sein *Einf. mit Bleist.* || **156,** 23–24 *von* Auch *bis* dabeiseiend. *Einf. mit Bleist.* || **157,** 5–15 *von* Haben *bis* Gefühle *am Rd. mit Rotst. angestr.* || **157,** 6 *Anführungszeichen Einf. mit Rotst.* || **157,** 8–10 *von* Urteile *bis* Seinsollens). *am Rd. mit geschwungener Kl. eingefaßt* || **157,** 10 Also *Einf. mit Bleist.* || **157,** 11–12 *von* (als *bis* „ Stellungnahmen ") *Einf. mit Bleist.* || **157,** 16 dann *Einf. mit Bleist.* || **157,** 20 Korrelativ hätten wir *Einf. mit Blaust.* ||

Beilage II (S. 157–159)

Der Text basiert auf den Bl. 217 und 219 des Konvoluts F I 24 (zur allgemeinen Beschreibung des Konvoluts siehe oben S. 431). Das Bl. 217 ist von Husserl mit Blaust. mit „ 1 " paginiert. Die Zusammengehörigkeit der beiden Bl. ist nicht völlig gesichert. Zwischen ihnen liegt Bl. 218, das möglicherweise das Schlußbl. der Vorlesung von 1914 ist (siehe hierzu oben S. 431). Nach dem Schriftbild und dem Inhalt sind diese Bl. zur Zeit der Vorlesung von 1914 entstanden. Der Text weist zahlreiche Unterstr. mit Tinte und Blaust. auf.

158, 1 überwiegende *Einf.* || **158,** 1–2 *von* das heißt *bis* halten *Einf.* || **158,** 23 *bei* Wie habe ich *beginnt die Rückseite von Bl. 217; oben am Rd. der mit Blaust. gestr. Titel* Reflexion || **158,** 36 *nach* Vorsatz *gestr.* und das, was ihm gemäß geschieht || **159,** 18 *bei* in Betracht. *endet die Vorderseite von Bl. 219; auf der Rückseite ein stichwortartiger Text, der stark mit Tinte überkritzelt und mit Blaust. gestr. ist; der Text lautet:* Das Beste unter dem Erreichbaren. Der Willensbereich als Gesamtbereich des praktisch Erreichbaren. Das Beste dieses Willensbereichs. Einsichtig auf das Beste dieses Bereichs gerichtet sein. A, B, C... Güter; was ist das, Güterlehre? Was sind praktische Güter? Güter, die gewollt werden sollen, deren Wolllung gut ist. Güter, Gegenstände, die gewertet werden sollen, Gegenstände, die in sittlicher Weise wertbar sind. Gibt es auch Erfülltheit im Wollen? Im Wollen ist etwas als praktisch sein sollend bewußt. Nein, als willentlich sein sollend und hic et nunc für das Ich, das Willenssubjekt. Hier spielt doch das Ich eine ganz andere Rolle als im Urteilen. Gesetz: Folge Deinem Gewissen! Die Überzeugung, etwas sei das Beste. Im Vermuten spielt es schon eine Rolle; es ist ja ein Wissen und Nicht-Wissen. Es ist ein Bestand an Anmutungen und praktischen Möglichkeiten vorausgesetzt, eine Einheit des Bewußtseins, für welches gewisse reale

Möglichkeiten konstruiert sind, und diese sind es nur für ein Ich. Auch für das empirische Urteilen spielt das Ich mit dem hic et nunc seine Rolle.

Die Willenserwägung. Ich erwäge wie in einer Wahrscheinlichkeitserwägung das Gute, das vermeintlich Gute. Überzeugung, es sei A wert, B wert etc. Überzeugung, x sei das Beste unter dem Erreichbaren. Ist A das Beste, so ist das Wählen des A ohne Überzeugung, es sei das Beste, unter allen Umständen schlechter als die mit der Überzeugung, es sei A im Werten gewertet als positiv. Das Gewollte motiviert durch das Werten. Überzeugung sagt nicht gerade theoretische Überzeugung. Wo A gewollt ist aufgrund der Überzeugung, daß A wert ist als das Beste ... ist besser als ohne das Wollen. Ist A vor B bevorzugt, so ist die Bevorzugung aufgrund einer Erwägung des Wertes besser als die ohne, selbst, wenn die Erwägung falsch wäre.

TEXTKRITISCHE ANMERKUNGEN ZUM HAUPTTEXT B

Einleitung und Schußstück der Vorlesung über
Grundprobleme der Ethik und Wertlehre 1911
(S. 163-233)

*Das Ms. der Einleitung liegt in den Konvoluten F I 14 (§ 1-6) und F I 20
(§ 7 und 8). Das Konvolut F I 14 besteht einschließlich des Packpapierumschlags aus 49 Bl. Auf dem Außenumschlag finden sich die folgenden Aufschriften: mit Rotst. F I 14; mit Blaust.* Idee der philosophischen „Disziplinen", Idee der Philosophie; *am Rd. mit Rotst.* von besonderem Interesse,
obschon unvolkommen; *mit Blaust.* vorgetragen als Einleitung in die Grundprobleme der Ethik, Sommer 1911 Göttingen, p. 1-38; *dazu zerstreute Blätter. Vorne im Konvolut liegen zwei Einzelbl. Das erste Bl. zur Wissenschaftstheorie wurde oben als Beilage III zum Haupttext B wiedergegeben. Das zweite Bl., eine Disposition, ist in Husserliana III, 2 als Beilage 13 veröffentlicht.
Nach diesen Einzelbl. folgen die beiden der Beilage V zugrundeliegenden Bl.
In einem eigenen Binnenumschlag befindet sich dann das Ms. der § 1-6 der
Einleitung. Auf der Vorderseite des Umschlags steht die Aufschrift mit Blaust.*
Idee der Philosophie und Versuch einer Entwicklung der philosophischen
Disziplinen; aus den Grundproblemen der Ethik SS 1911, p. 1-38; *mit Bleist.*
rückwärts die Beilagen dazu, beachte ⟨?⟩ neuere ⟨?⟩. *Am Schluß des Konvoluts liegen noch die beiden Bl., die oben als Beilage VIII zum Haupttext C
wiedergegeben sind (siehe hierzu unten S. 505). Die im Konvolut F I 14 liegenden Bl. des Ms. der Einleitung sind von Husserl mit Bleist. von „ 1 " bis
„ 38 " paginiert.*

*Das Ms. der §§ 7 und 8 der Einleitung liegt im Konvolut F I 20. Dieses
Konvolut zählt einschließlich des braunen Packpapierumschlags 111 Bl. Auf
dem äußeren Umschlag steht die Aufschrift mit Rotst.* Ethisches aus Ethik-
vorlesung SS 1902. *Das Konvolut ist in vier Bündel unterteilt. Das erste Bündel, das die Bl. 2-5 umfaßt, enthält das Ms. der §§ 7 und 8 der Einleitung
sowie das dem Ergänzenden Text Nr. 6 zugrundeliegende Bl. Das zweite und
weitaus umfangreichste Bündel enthält Fragmente aus Husserls frühen ethischen Vorlesungen, vor allem aus der Vorlesung von 1902. Die Mss. zu den
Ergänzenden Texten Nr. 1-3 stammen aus diesem Bündel (siehe hierzu unten
S. 513f. u. 516). Im dritten, nur aus drei Bl. bestehenden Bündel liegt neben
einem zweiblättrigen Ms. zur Auseinandersetzung mit Brentanos Ethik das
dem Ergänzenden Text Nr. 4 zugrundeliegende Bl. (siehe hierzu unten*

*S. 518f.). Das letzte Bündel enthält einige Bl. mit „Noten" und „Exzerpten"
zur Ethik „aus den neunziger Jahren".*

Auf dem Umschlag des ersten Bündels steht die Aufschrift mit Blaust.
Ethik; *mit Rotst.* vgl. über Ethik den großen Konvolut über Werte etc., Neigung, Pflicht etc., auch formale Ethik. *Die zum Ms. der Einleitung gehörigen
Bl. folgen auf vier Einzelbl., von denen das erste Bl. dem Ergänzenden Text
Nr. 6 zugrundeliegt. Die drei folgenden Bl. enthalten Ausführungen zum
Ursprung der moralischen Unterscheidungen, zum kategorischen Imperativ
und praktischen Bereich. Das Ms. der §§ 7 und 8 der Einleitung besteht aus
den Bl. 7–9 und 11–14. Die Bl. 7–9 und 11 sind von Husserl mit Bleist. von
„39" bis „42" paginiert. Oben am Rd. der Vorderseite von Bl. 12 steht mit
Bleist. die Bemerkung* wohl nicht gelesen; *die Bl. 12–14 sind dann auch von
Husserl nicht mehr paginiert und ihnen fehlt auch der Husserls Vorlesungsmss. äußerlich kennzeichnende Mittelknick. Da der Text dieser Bl.
jedoch nicht gestr. ist und an den Text der vorangehenden Bl. anschließt,
wurde er oben in den Haupttext aufgenommen. Der Text der Einleitung ist
von Husserl weder durch Überschriften noch nach einzelnen Vorlesungen
gegliedert. Das Ms. der §§ 1–6 ist teilweise recht intensiv, vor allem mit Bleist.
überarbeitet und mit zahlreichen Unterstreichungen mit Tinte, Blaust., Rotst.
und Bleist. versehen. Das Ms. der §§ 7 und 8 ist abgesehen von Unterstr. mit
Blaust. und Tinte so gut wie nicht überarbeitet.*

*Das Schlußstück der Vorlesung fußt auf den Bl. 195–203 des Konvoluts
F I 24 (zur allgemeinen Beschreibung des Konvoluts F I 24 siehe oben S. 431).
Der Abschnitt b) des Schlußstücks, dem die Bl. 197–203 zugrundeliegen,
schließt der Husserlschen Paginierung zufolge nicht unmittelbar an den Abschnitt a) an. Die beiden dem Abschnitt a) zugrundeliegenden Bl. 196 und 197
sind von Husserl mit „103₃" und „103₄" paginiert, die Bl. 197–203 von
„106" bis „112".*

*Der dem Schlußstück vorangehende Vorlesungstext ist bis Bl. „100" (Ar-
chivpaginierung 170), d. i. im Haupttext A bis S. 99, 33 erhalten (siehe hierzu
oben S. 432f.). Es fehlen demnach der Husserlschen Paginierung zufolge aus
dem Ms. der Vorlesung von 1911 mindestens die Bl. „101", „102", „103₁",
„103₂" bis zum Einsatz des Schlußstücks und zwischen den Abschnitten a)
und b) des Schlußstücks zumindest die Bl. „104" und „105". Im Abschnitt a)
des Schlußstücks finden sich einige Unterstr. mit Tinte und Blaust.; im
Abschnitt b) zahlreiche Unterstr. vor allem mit Tinte, auf den letzten Bl. auch
mit Blaust.*

Einleitung. Die Idee der Philosophie (S. 163–212)

163, 5 *Titel am Rd. mit Bleist.* Einleitungsvorlesung zur Ethik 1911 SS ||
163, 18 *vor* Es wäre *spitze Kl. mit Blaust.* || **164,** 13–17 *von* Wir können *bis*
wird *mit Rotst. am Rd. angestr.* || **164,** Anm. 1 *Rb. mit Bleist.* || **165,** 3 *am Rd.
dieses Absatzes nach unten weisender Pfeil mit Blaust.* || **165,** 3–5 *von* Man *bis*
Interesse *am Rd. durch Kl. mit Rotst. eingefaßt* || **165,** 5 rein *Einf. mit Blaust.*
|| **165,** 6 *vor* Die Tendenz *mit Blaust. gestr.* Denn || **165,** 7 u. 9 a) *und* b) *Einf.*

mit Blaust.; a) *im Ms. vor* im Sinn || **165,** 14 *nach* durchlaufen, *gestr.* von dem Allgemeinen zur Reihe subordinierter und in der Subordination koordinierter Besonderheiten übergehen, allseitig den Zusammenhängen nachgehen || **165,** 16 *nach* weiter. *gestr.* Dabei wird es über den engeren Kreis der unmittelbaren oder zuerst erfaßten Gegenständlichkeiten hinaus geführt, um so in systematischer Weise Erkenntnis mit Erkenntnissen zu verknüpfen und dem Ziel einer Vereinheitlichung verstreuter Erkenntnisse und der theoretisch einheitlichen Einkristallisierung neu zu findender Erkenntnis in infinitum nachzugehen. || **165,** 28 *von* oder *bis* ist *Einf.* || **165,** 32–37 *zum Satz* Die Gegenständlichkeiten … angemessen sind. *Rb. mit Bleist. Cf.* SS 1912 (21f.)*; Husserl verweist hier auf das Ms. zu seiner Vorlesung „Einleitung in die Phänomenologie" (Ms. F I 16, 41ff.)* || **165,** 35 *nach* Bedürfnissen, *gestr.* der Selbsterhaltung || **165,** 39 „theoretisches" *Einf. mit Blaust.* || **166,** 33–34 *von* befriedigt *bis* ihrer *V. mit Tinte für* ist ein Trieb zu || **166,** Anm. 1 *Rb. mit Bleist.* || **167,** 10 *vor* Aber *Absatzzeichen mit Tinte* || **167,** 11 ganz *Einf. mit Tinte* || **167,** 15–16 *Kl. Einf. mit Tinte* || **167,** 17–19 *von* oder *bis* usw. *Einf.* || **167,** 25 Erkennens *V. für* Denkens || **167,** 25–26 und *und* das Gedankliche selbst des Denkens *Einf. mit Bleist.* || **167,** 27–28 der Gedanken als *Einf. mit Bleist.* || **167,** 31 motivierend durch anderes *V. für* gründend in anderem || **167,** Anm. 1 *Rb. mit Bleist.* || **168,** 1 *nach* Frage, *gestr.* ob ein Urteilen, ein Vermuten und dergl. || **168,** 6 *Rb. mit Bleist. cf.* S. 8 Rekap⟨itulation⟩*; auf dem Bl. mit der Husserlschen Paginierung „8" (S.* **171,** 35–**173,** 21*) findet sich keine Rekapitulation. Möglicherweise will Husserl auf den Anfang der folgenden Vorlesung (***170,** ,5ff.) verweisen. || **168,** 6–7 (Denken und Gedanken) *Einf. mit Bleist.* || **168,** 7 und Geltungsgehalt *Einf.* || **168,** 23 *von* dann *bis* etc. *Einf. mit Bleist.* || **168,** 26 *von* sozialen *bis* Erfahrung *Einf. mit Bleist.* || **168,** 28–29 *nach* Naturwissenschaften *gestr.* und von den etwa auf sie bezogenen Reflexionen und theoretischen Untersuchungen mathematisch-logischer Art || **168,** 29 Geisteswissenschaften *Einf. mit Bleist.* || **168,** 35 *Anführungszeichen Einf. mit Blaust.* || **169,** 9 formulierten *Einf. mit Bleist.* || **169,** 28–29 *von* daß *bis* sind. *V. mit Tinte für* nach ihren eben in den Naturwissenschaften theoretisch zu erforschenden Natureigenschaften, sondern nur sofern sie gewertet und bald richtig, bald unrichtig gewertet werden, mit Rücksicht auf eben diese Wertsetzungen und die von ihnen betroffenen physischen Eigenschaften. || **169,** 29 *nach* sind. *mit Blaust. und Bleist. gestr.* Der natürliche Weg ist auch hier der von dem Konkreten zum Allgemeinen. Das Nächste ist das Faktum, daß Menschen die und die Dinge als Güter des Genusses, der sinnlichen Notdurft, als Quellen ästhetischer Freude werten, oder die und die menschlichen Eigenschaften, Handlungen, Gesinnungen, sozialen Beziehungen usw. als sittlich, als moralisch usf., während erst in weiterer Folge die Forschung auf das Allgemeine und Formale gerichtet sein kann, auf wertende Akte überhaupt nach ihren allgemeinsten Charakteren der Vernünftigkeit und deren Bedingungen oder auf Werte und Wertformen überhaupt und die in den Wertvermeintheiten liegenden Formen der Gültigkeit. || **169,** Anm. 1 *Rb. mit Bleist.* || **169,** Anm. 2 *Rb. mit Blaust.* || **170,** 8 das Fortschreiten der Erkenntnis *V. mit Blaust. für* ihr Fortschreiten || **170,** 15 *vor* Das besagt *mit Blaust. gestr.* Und || **170,** 27–32 *von* Ich sagte *bis* Philosophie.

möglicherweise Einf., da der Anfang des gestr. Textes auf dem folgenden Bl.
ähnlich lautet; von In all *bis* Philosophie *am Rd. mit Blaust. angestr.; vor* In
all *zwei senkrechte Str. mit Blaust.* || **170,** Anm. 2 *Rb. mit Bleist.* || **171,** 1 *vor*
Philosophie *mit Bleist. gestr.* In all diesen flüchtig beschriebenen Fortschritten der Erkenntnis waltet in gewisser Weise ein verborgener philosophischer
Zug, in diesen Fortschritten von einzelnen Erfahrungsgegebenheiten zur sy-
stematisch-theoretischen Erkenntnis von wissenschaftlichen Gebieten, in den
Fortschritten von der systematischen Erforschung einzelner solcher Gebiete
zur Erforschung der über sie hinausgreifenden Verflechtungen zu höheren
Einheiten und wieder im Fortschritt von der Erforschung der Sachen zu derjenigen der Gedanken, nämlich zur Erforschung der Erkenntnis selbst und
dessen, was sie, um echte Erkenntnis zu sein, voraussetzt, wie sie da auf
Erfahrung gegründet sein muß und wie nach den verschiedenen Gebieten die
Erfahrung aussehen muß, wie sie als mittelbare Erkenntnis in anderen
Erkenntnissen motiviert sein muß usw.; und ebenso in Hinsicht auf Erkennt-
nisbedeutung und den in ihr liegenden Bedingungen der Geltung. ⟨*von* nämlich *bis* Geltung. *in ausradierten eckigen Kl. mit Bleist.*⟩ In all dem, sage ich,
waltet schon ein philosophischer Zug, aber sozusagen unbewußt, nicht in
klarer Richtung auf das oberste Ziel, nicht in Form der Philosophie. || **171,** 1
am Rd. abwärts weisender Pfeil mit Blaust. || **171,** 4 *nach* heißt *mit Bleist.*
gestr. innerhalb der jetzt bevorzugten Linie der Betrachtung || **171,** 4–5 *the-*
matisch Einf. mit Bleist. || **171,** 5 *Anführungszeichen Einf. mit Bleist.* ||
171, 5–6 theoretisch wie sachlich *in eckigen Kl. mit Bleist.* || **171,** 7 *allervoll-*
kommenster Einf. mit Bleist.; bei Zur Philosophie *beginnt die Rückseite von*
Bl. 13, oben am Rd. nach unten weisender Pfeil mit Blaust.; vor Zur Philo-
sophie *mit Bleist. gestr. Einf. mit Rotst.* 1) || **171,** 8 und fürs Erste *Einf. mit*
Bleist. || **171,** 9 andererseits *Einf. mit Bleist.* || **171,** 30 und -domänen *Einf.*
mit Bleist. || **171,** 35 *bei* Philosophisch *beginnt die Vorderseite von Bl. 14;*
oben am Rd. nach unten weisender Pfeil mit Blaust. || **171,** Anm. 1 *Rb. mit*
Bleist. || **172,** 6 Regionen und *zunächst Einf. mit Rotst., dann mit Bleist.*
nachgeschrieben || **172,** 9–10 *nach* erforscht. *senkrechter Str. mit Bleist.* ||
172, 12 *nach* Disziplinen *mit Bleist. gestr.* auf deren Idee ich hier nicht näher
eingehen kann || **172,** 13 (1910/11) *Einf. mit Bleist.* || **172,** 17–18 Korrelate
und *Einf.* || **173,** 27–28 mögliche Welten *Einf. mit Bleist.* || **174,** 14–16 *von* in
anderer *bis* Theorie *zunächst Einf. mit Bleist., dann mit Tinte nachgeschrie-*
ben || **174,** Anm. 1 *oben am Rd. der mit* In den Ontologien (**173,** 21) *begin-*
nenden Rückseite von Bl. 15, Husserlsche Paginierung „9", steht die Rb. mit
Bleist. cf. zu 9 Beilagen ⟨zu 9 Beilagen *in eckigen Kl.*⟩. Bl. „9" *endet bei*
entwickelt, (**175,** 8). *Mit den Beilagen sind wahrscheinlich die drei als Beila-*
gen IV–VI wiedergegebenen Texte gemeint. || **174,** Anm. 2 *Rb. zunächst mit*
Bleist., dann mit Tinte nachgeschrieben || **175,** 15–16 Personalität *V. mit*
Bleist. für Bewußtseins || **175,** Anm. 1 *Erg. mit Bleist.* || **176,** 18–19 *bei* nicht
mehr. *endet die Vorderseite von Bl. 17; die Rückseite ist mit Bleist. gestr. Die*
Rückseite war ursprünglich Vorderseite; ihr Text entspricht weitgehend dem
der jetzigen Vorderseite vorangehenden Text auf der Rückseite von Bl. 15 und
*der Vorderseite von Bl. 16 (***174,** 8–**175,** 20). *Der gestr. Text lautet:* Des weiteren kann man fragen, welche wohl unter diesen möglichen Welten unter

dem Gesichtspunkt anderer Wertungsrichtungen zu vollziehen wären. Ein erkennendes Bewußtsein ist zugleich wertendes und wollendes, und indem das Werten das Erkennen selbst wertet und der Wert der Erkenntnis sich abhängig zeigt von der Art der Theoretisierbarkeit des Erkannten, erwächst die erste Wertungsrichtung, in der eine besonders schön theoretisierbare Natur erkenntnismäßig als die relativ vollkommenste erscheint. (Was aber nicht mehrere solche Formen ausschließt.) Die Natur kann aber auch schöner und minder schön sein mit Beziehung auf das Werten, das auf sie selbst bezogen ist und nicht auf ihre Erkenntnis bezogen ist. Je mannigfachere Werte sie realisieren würde, je höhere, umfassendere, sich steigernde usw., um so besser ist sie. Sie kann ferner vom Gesichtspunkt der Willenshaltung aus besser und schlechter sein, ein je günstigeres Feld sie für schöpferisches Handeln ist und je höhere praktische Werte, Güter sie zu realisieren gestattet. Gesetzt, das Apriori der Werte- und Gütersphäre bzw. das normative Apriori des Wertens und Begehrens und Wollens wäre entwickelt, so würden auch in dieser Hinsicht apriorische Konstruktionen und Auswertungen derselben bzw. Auswahl nach höchsten Wertgesichtspunkten möglich sein. Diese ganze Bestrebung muß also kulminieren in einer konstruktiven und auswertenden Gestaltung einer obersten Idee, der Idee einer apriori vollkommensten der möglichen „Welten", und was damit, wie man sich überzeugen kann, in korrelativen Verhältnissen steht: der Idee eines vollkommensten Bewußtseins, eines vollkommensten Lebens, das als solches apriori Beziehung fordert auf einen denkbar vollkommensten Lebensinhalt und damit auf eine denkbar vollkommenste Wirklichkeit als Feld vollkommenster Erkenntnis, vollkommenster Schönheitswertung, vollkommenster Willensbetätigung. ‖ **176**, 24–27 *von* daß *bis* führt. *am Rd. mit Rotst. angestr.; nach* führt. *senkrechter Str. mit Bleist.* ‖ **177**, 1–4 *von* die auf *bis* Güter auf; *am Rd. mit Bleist. angestrichelt* ‖ **177**, 12 *nach* Ideen *gestr. bzw.* Ideale ‖ **177**, 17 einer *nach* Idee *V. mit Bleist. für der* ‖ **177**, 17–18 einer apriorisch philosophischen Prinzipienlehre *Einf. mit Bleist.* ‖ **177**, 19 *von* in *bis* gedachten *Einf. mit Bleist.* ‖ **177**, 20 also *Einf. mit Bleist.* ‖ **177**, 25–39 *von* Doch *bis* natürlich nicht *in ausradierten eckigen Kl. mit Bleist.; der auf* natürlich nicht *folgende Text durch Querstr. mit Bleist. abgetrennt* ‖ **178**, 10–11 faktische Gesamt *Einf.* ‖ **178**, 11–12 *von* auf die faktische Menschheit *bis* Kultur *V. für* mit den sie faktisch aufbauenden Elementen, mit ihren faktischen Konstellationen und faktischen Naturgesetzen ‖ **178**, 21 *Titel am Rd. mit Bleist.* Wissenschaftstheorie und Philosophie ‖ **179**, 4 und aktuellen *Einf.* ‖ **179**, 5–7 *Kl. Einf. mit Tinte* ‖ **179**, 22–28 *von* Das aber *bis* sein können. *am Rd. mit Blaust. angestr.* ‖ **179**, 35 scheint es *Einf.* ‖ **180**, 23 *vor* Die physische Natur *spitze Kl. mit Rotst.; am Rd. nach unten weisender Pfeil mit Rotst.* ‖ **181**, 2–4 *von* nämlich *bis* Ideale. *am Rd. mit Blaust. angestr.* ‖ **181**, 4 *bei* Kann überhaupt *beginnt die Vorderseite von Bl. 23; oben am Rd. nach unten weisender Pfeil mit Blaust.* ‖ **181**, 6–7 *Kl. Einf. mit Tinte* ‖ **181**, 19 aller *V. für* absolut ‖ **182**, 12–13 *von* Aber auch *bis* sein. *Einf.* ‖ **182**, 22 *vor* Sie sehen *Absatzzeichen zunächst mit Tinte, dann mit Blaust. nachgezogen;* Sie sehen *V. für* Zugleich ‖ **182**, 25 *statt* erstens *im Ms.* 1) als *Einf. mit Bleist.* ‖ **183**, 2 *bei* Unsere *beginnt die Vorderseite von Bl. 27; oben am Rd. Titel mit Blaust.*

Neue Betrachtung ‖ **183,** 2–3 und gerade darum *V. mit Tinte für* eben ‖
183, 21 *von* nun *bis* Bewußtseinsakte *V. mit Tinte für* also die Bewußtseinsakte ‖ **184,** 3–4 absolut vollkommener Persönlichkeit überhaupt *Einf. mit
Bleist.* ‖ **184,** 9 *statt* alle *im Ms.* als ‖ **184,** 20 absoluten *Einf.* ‖ **184,** Anm. 1
*Rb. mit Bleist.; Husserl verweist in der Rb. auf das Bl. 31, Husserlsche Pagi-
nierung „24", das er selbst als ungültig aus dem Vorlesungszusammenhang
ausgeschieden hat. Der Text von Bl. 31 ist unten auf S. 485f. wiedergegeben* ‖
185, 13 *nach* vorzuleuchten *gestr.* und sich unter dem Titel Philosophie in
ein System von Wissenschaften auszubreiten ‖ **185,** 35 ganz unerläßliche *eine
nicht völlig gesicherte Transkription* ‖ **186,** 3 logischer *V. für* methodischer ‖
186, 10 in theoretischer Einstellung *Einf. mit Bleist.* ‖ **186,** 18 den gültigen
Einf. ‖ **186,** 22 Vernunft *Einf.* ‖ **186,** 37–38 der natürlichen Wissenschaften *V.
für* des natürlichen Denkens ‖ **187,** 14 *bei* aufheben. *endet der Text auf der
Rückseite von Bl. 29; am Rd. die Bemerkung mit Bleist. gleich 25; damit ist
Bl. 32, Husserlsche Paginierung „25" gemeint. Bl. 30 mit der Husserlschen
Paginierung „23" trägt auch noch die Paginierung mit Bleist. „2". Das Bl.
stammt dem Schriftbild nach ursprünglich aus einem anderen Zusammenhang. Anfang und Ende des Textes schließen auch syntaktisch nicht an den
vorangehenden und folgenden Vorlesungstext an. Das folgende Bl. 31, Husserlsche Paginierung „24", ist auf der Vorder- und Rückseite durch eine Null
mit Bleist. am Rd. als ungültig gekennzeichnet. Der Text auf den beiden Bl.
lautet:* ⟨*mit Blaust. gestr.* in Verlegenheiten, Unklarheiten, Widersprüchen.
Die Versuche, sie mit den natürlichen begrifflichen Kategorien zu lösen, führen immer wieder auf Theorien, die sich durch Widersinn, durch offenen
oder versteckten, aufheben. Die Beziehungen, von denen hier die Rede ist,
sind die zwischen Sein und Bewußtsein.⟩ Das natürliche Denken faßt Bewußtsein als psychisches, als Erlebnis erlebender Menschen oder Tiere:
Bewußtsein, d. i. Wahrnehmen, Erinnern, Erwarten, Phantasieren, Symboli-
sieren, Prädizieren, Schließen, aber auch Sich-Freuen oder -Betrüben, Gefal-
len- oder Mißfallen-Haben, Für-wert-Halten oder -unwert-Halten, Vorziehen
oder Hintansetzen, Begehren und Verabscheuen, Wollen und Fliehen usw.
Dem natürlichen Denken gelten alle diese Akte eben als Akte von irgendjemand, sie gehören der Wirklichkeit an, der Natur. Die Natur enthält Menschen, und die Menschen haben Erlebnisse, sie vollziehen Akte, sie geraten in
die und die „inneren Zustände". Wie die Menschen so sind ihre Zustände
und Akte (im Sinn von wirklichen Tätigkeiten) Vorkommnisse der Wirklichkeit, nach ihrem Kommen und Gehen unter Naturgesetzen stehend: den
Gesetzen der psychischen und psychophysischen Natur. Die ⟨*vor* Die *spitze
Kl. mit Bleist.*⟩ Schwierigkeiten, von denen wir sprachen, werden nun in der
Überlegung fühlbar, daß jederlei Objektitäten, alles, was irgend⟨wie⟩ unter
dem Titel Natur, aber auch unter dem Titel Wahrheit, Satz, Gesetz, ideale
Norm ⟨ideale *Einf. mit Blaust.*⟩ des Richtigen usw. zu natürlicher Gegebenheit kommt, eben nur im Bewußtsein dazu kommt; das heißt, ganz selbstverständlich ist, daß wenn ich sage: Ein Ding, ein Baum ist, ist mir gegeben,
besteht in Wirklichkeit und dergl., so habe ich eine Wahrnehmung des Baumes oder eine Erinnerung oder einen sonstigen Denkakt, zumindest den Akt
der Aussage. ⟨*mit Blaust. gestr.* Blicke ich auf dieses Erlebnis hin, so finde

ich es vor⟩ und so scheint es, daß wir überall, wo wir irgendetwas anderes
vorfinden, das nicht Bewußtsein ist, immer auch ein Bewußtsein vorfinden
oder vorfinden können, das sich auf dieses Gegenständliche bezieht, es wahrnimmt, es beurteilt und dergl. ⟨von und so scheint es bis und dergl. am Rd.
mit Blaust. angestr.⟩

Aber haben wir wirklich zweierlei? Das Ding wahrnehmen, das ist das
Bewußtsein der unmittelbaren dinglichen Gegenwart. Haben wir darin wirklich das Ding, haben wir es neben dem Bewußtsein oder als wirkliches
Bestandstück „im Bewußtsein"? Reflektieren wir auf die Wahrnehmung, so
haben wir in dieser Reflexion das zweifellose Bewußtsein vom Sein der
Wahrnehmung. Wir mögen unfähig sein, sie korrekt zu analysieren, aber sie
selbst ist ein Absolutes und Zweifelloses. Wie steht es aber mit dem wahrgenommenen Ding? Wir wissen alle, daß Wahrnehmung täuschen kann, daß
Wahrnehmung sich als Illusion herausstellen kann und daß in keiner Weise
davon die Rede sein kann, daß das Ding im eigentlichen Sinn ⟨im eigentlichen Sinn Einf. mit Tinte⟩ in der Wahrnehmung oder im Bewußtsein ist, wie
ein Apfel in einem Sack.

Dinge sind gegeben, das heißt, sie werden von irgendeinem Ich erfahren;
Dinge sind Wirklichkeiten, das scheint nicht auf die aktuelle Erfahrung
zurückzugehen, denn Dinge können sein, ohne daß irgendjemand je erfährt
oder erfahren hat, je denkt oder gedacht hat. Wo immer aber Wissenschaft
oder vorwissenschaftliches Denken sagt, „Ein Ding ist in Wirklichkeit", da
liegt aber doch eine Beziehung auf aktuelles Denken vor: Nämlich eine Aussage liegt vor, und die Aussage muß sich ausweisen, und nur wenn sie sich
ausweisen läßt, ist es eben wahr, und ist es kein leeres Gerede, daß ⟨von und
ist es bis daß Einf. mit Tinte⟩ das Ding wirklich ist. Und somit werden wir
zurückgeführt auf ausweisende Gedankengänge, und damit auf irgendein
aktuelles Bewußtsein. Steckt nicht in jedem individuellen und als Wirklichkeit gesetzten Ding das hic et nunc, und kann die idealste Naturwissenschaft
Raum- und Zeitbestimmung vollziehen ohne bestimmtes Koordinatensy-
stem und damit ohne Voraussetzung eines hic et nunc? In diesem aber steckt
die Subjektivität, die Beziehung auf das Bewußtsein, ohne daß jede Rede von
hier und jetzt keinen Sinn hat. ⟨von Steckt nicht bis Sinn hat Einf. mit Tinte⟩
Das gilt nun für jederlei Ansetzung von Gegenständen, die nicht Bewußt-
seinsdaten selbst sind, also für sogenannte transzendente oder transiente
Gegenstände.

Gegenstände sind wahrgenommen, beurteilt, erschlossen, aber sie selbst
sind nur in Form dieser Akte „gegeben", sie sind nicht diese Akte. Sie sind
auch, wenn die betreffenden Akte nicht sind, und doch sind sie nicht neben
den Akten gegeben, sondern nur als in Akten gedachte, eventuell richtig
begründete gegeben. Das gilt von allen Gegenständen, also von der ganzen
Welt, einschließlich meines Ich und anderer Ich; wesentliche Beziehung zu
Bewußtsein besteht aber, wenn auch in anderer Art oder nicht immer in
derselben Art ⟨von wesentliche bis Art V. mit Tinte für und das gilt⟩ nicht
nur von den Gegenständen im Sinn der realen Natur, sondern auch von
anderen Gegenständen, die niemand als Realitäten ansehen wird, wie z. B.
Gesetze der Dinge, soziale Ordnungen, Rechtsnormen, aber auch logische

Normen, ethische Normen, ästhetische Normen; ferner auch für 〈auch für *Einf. mit Tinte*〉 Gegenstände derart wie die Werte es sind, deren Transzendenz allerdings leicht verkannt wird. Bleibt man nun im Habitus des natürlichen Denkens, bleibt man 〈bleibt man *Einf. mit Tinte*〉 dabei Bewußtsein, das sich in seiner Sphäre als Bewußtsein von Menschen und sonstigen psychischen Dingen gibt, zu realisieren, als reale Naturtatsache zu behandeln und mit in Rechnung zu ziehen 〈*von* und mit *bis* ziehen *V. mit Tinte für* und demgemäß〉, während man...

Bei während man *endet die Rückseite von Bl. 30, Husserlsche Paginierung „23". Am Rd. der Vorderseite des folgenden Bl. 31 die Datumsangabe mit Tinte 13.5.1911; unter der Paginazahl „24" steht die Bemerkung mit Bleist. gleich 25. Der Text auf diesem Bl. lautet:* In der letzten Vorlesung begann ich eine Reihe von Darlegungen, deren Ziel es ist zu zeigen, daß d i e P h ä n o - m e n o l o g i e d i e i n d e m k a r d i n a l s t e n S i n n e r s t e P h i l o s o p h i e i s t; daß nur dureh Beziehung auf sie, durch die methodische Hereinziehung der Erkenntnisse eigener Dimension, die sie bietet, alle andere Wissenschaft zu philosophischer Wissenschaft erhoben und somit dem Ziel 〈*gestr.* absolute Erkenntnis erreicht werden kann; absolute *möglicherweise irrtümlich gestr.*〉 〈absoluter〉 Erkenntnis entgegengeführt werden kann.

Rekapitulieren wir die wesentlichen Gedanken, sie noch etwas verschärfend. Jede der historisch erwachsenen Wissenschaften ist eine Etappe auf dem Weg zur absoluten Erkenntnis. Philosophie als Idee, letzte Philosophie wäre nichts anderes als absolute Wissenschaft überhaupt. Philosophische Disziplinen im prägnanten Sinn sind auf der einen Seite diejenigen Wissenschaften, die aus wesentlichen Gründen dazu berufen sind, allen anderen Wissenschaften die methodischen Prinzipien, die rein methodischen Normen für ihren Fortgang zu vollkommener Erkenntnis zu bieten; sie sind die Wissenschaften, die überhaupt alle letzten Prinzipien jeder Wegleitung zur absoluten Erkenntnis in sich bergen. Wir könnten sie auch charakterisieren als die Disziplinen, welche die Idee der absoluten Erkenntnis und die ihrer korrelativen Idee möglicher Gegenständlichkeit überhaupt allseitig entfalten. Und wir nennen auf der anderen Seite „philosophische Disziplinen" diejenigen, welche in Ansehung der historisch erwachsenen Wissenschaften sozusagen auf der anderen Seite des Weges zur absoluten Erkenntnis stehen, nämlich diejenigen Disziplinen, welche durch Auswertung der natürlich erwachsenen Disziplinen aufgrund der rein philosophischen Disziplinen erwachsen. Wir können auch sagen: Wissenschaft geht auf Wissen; Wissen ist Erkenntnis aus dem Grunde; Erkenntnis aus dem Grunde ist Erkenntnis des zu Erkennenden als notwendig Seienden; Notwendigkeit aber hat ihre Quelle in reinen Ideen und reinen Gesetzen. Die reinen Wissenschaften, die Idealwissenschaften, sind die absolut normgebenden für alle Erkenntnis, und sie sind es, weil alles Sein unter Ideen steht, und sofern es das tut, in den verschiedenen, prinzipiell möglichen Richtungen Prinzipien seiner Notwendigkeit und Gesetzlichkeit hat. Also genau soweit, als natürlich erwachsene Wissenschaft diesen Normen gemäß ist, ist sie Wissenschaft im vollkommenen Sinn, eben im Sinn der reinen Idee. Keine natürliche Wissenschaft ist das aber von vornherein, für jede besteht das Ziel der Auswertung, ihrer systematischen

Normierung und fortschreitenden Vervollkommnung in jeder möglichen Hinsicht, also ihrer Verwandlung zur philosophischen Wissenschaft. Vorangegangen muß dabei aber sein die systematische Ausbildung der Idealwissenschaften als der normgebenden und ihre Ausbildung in solcher Art, daß sie selbst, abgesehen von ihrer extensiven Vollständigkeit, den Charakter absoluter Wissenschaft haben, also den in ihnen selbst entwickelten Normen absolut gemäß sind.

Nun ⟨*vor* Nun *spitze Kl. mit Rotst.*⟩ liegt aber im Wesen menschlicher Erkenntnis eine eigentümliche Entwicklung der Wissenschaften begründet, wonach sie sich zwar in fortschreitendem Maß vervollkommnen, sich immer exakter ausgestalten, sich in Form immer weitergreifender, immer allgemeinerer Theorien entwickeln, daß aber diese ganze Ausbildung und Vervollkommnung sich sozusagen in einer Ebene bewegt, während eine ganze Dimension von Problemen, die jeden dieser Schritte betreffen und so alle möglichen, in diesen eben zu vollziehenden Entwicklungen betreffen, unberührt bleiben. ‖ **187,** 32–**188,** 1 *von* Freilich *bis* könnten. *in eckigen Kl. mit Bleist.; von* Freilich *bis* mögen. *geschlängelt mit Bleist. gestr.* ‖ **187,** Anm. 1 *die Rb. mit Bleist.* ‖ **188,** 3 *bei* andere *endet die Vorderseite von Bl. 32; die Rückseite, deren Text nicht an den der Vorderseite anschließt ist gestr.; der Text lautet:* ... und daß wir prinzipiell nicht dem Gegenstand begegnen können anders als in Form solcher auf ihn bezogenen Bewußtseinsweisen; und das Auf-ihn-bezogen-Sein ist nur ein Charakter dieser Bewußtseinsweisen. Das betrifft nicht nur irgendwelche besonderen Beschaffenheiten von Gegenständen, sondern alles und jedes von ihnen und sie selbst, bis hin in ihr pures Sein. Hat die Rede von Sein einen Sinn, so weist sie sich rein innerhalb des Zusammenhangs des Erkenntnisbewußtseins aus, und scheidet man zwischen dem Sein des Bewußtseins selbst und dem äußeren Sein, dem der Außenwelt, der Natur, mit den Nebenmenschen usw., so scheint nun plötzlich diese ganze Welt problematisch zu werden. Das Sein des Bewußtseins selbst, wird man geneigt sein zu sagen, ist absolut zweifellos, da ist Bewußtsein auf sich selbst bezogen. Dagegen wenn es etwas Transzendentes, etwas, was nicht Bewußtsein ist, sich selbst gegenüber setzt, wenn es in betreff dessen Unterschiede richtiger und falscher Erkenntnis macht, richtiger und falscher Vorstellung, wenn es Systeme richtiger Erkenntnisse zusammenschließt zu einer Wissenschaft einer sogenannten Natur, so sind all das doch nur Vorkommnisse der Bewußtseinssphäre, gewisse Verknüpfungen und geregelte Anordnungen ihrer eigenen Akte. Gibt es also wirklich etwas an sich Seiendes? Kann ein Außensein in das Bewußtsein hinein? ‖ **188,** 22 psychologische *oder Einf.* ‖ **188,** 26 allgemeinsten *Einf.* ‖ **188,** 34–36 *von* Die Möglichkeit *bis* mußte. *am Rd. mit Blaust. angestr.* ‖ **189,** 3–4 naturwissenschaftliche *Einf.* ‖ **189,** 24–28 *von* Man *bis* stellen; *am Rd. mit Bleist. angestr.* ‖ **190,** 16 *vor* Es handelt *gestr.* Das Bild von einer neuen Dimension ist darum treffend, weil es sich um Probleme handelt, die auf jeden Punkt der natürlichen Wissenschaft notwendig Beziehung haben, jeden ihrer Schritte in seinem Erkenntniswert bestimmen. ‖ **190,** 18 nämlich *V. mit Bleist. für* also auch ‖ **190,** 23–**191,** 6 *am Rd. dieses Absatzes zwei nach unten weisende Pfeile mit Blaust.* ‖ **190,** 23 *vor* eben *mit Bleist. gestr.* für die Erkenntnis; *mögliche Einf. mit*

Bleist. || **190**, 24–28 *von* Alles *bis* viel: *in eckigen Kl. mit Bleist.; dazu gehört die als Anm. 1 wiedergegebene Rb.* || **190**, 24 *vor* Alles *mit Bleist. gestr. Also* || **190**, 26 an sich *Einf. mit Bleist.* || **190**, 27–28 *von* und darin *bis* viel: *V. mit Bleist. für* das soll sagen: || **190**, Anm. 1 *Rb. mit Bleist.* || **191**, 12–13 *von* einmal in *bis* sein *Einf. mit Bleist.* || **191**, 15 *nach* Wahrnehmungen *mit Bleist. gestr.* in der oder jener Abschattung || **191**, 15–16 *von* heißt *bis* zu sagen: *Einf.* || **191**, 17–21 *von* Von Wahrnehmung *bis* etc. *am Rd. mit Blaust. angestr.* || **191**, 17–18 *von* nach *bis* wahrnehmend *Einf. mit Bleist.* || **191**, 21 *von* es hätte *bis* etc. *Einf. mit Bleist.; vor* es sei der *eckige Kl. mit Bleist., die nicht geschlossen wird* || **191**, 33 *bei* und daß prinzipiell *beginnt die Vorderseite von Bl. 36; oben am Rd. nach unten weisender Pfeil mit Blaust.* || **191**, Anm. 1 *Rb. mit Bleist.* || **192**, 9 *vor* Freilich *Absatzzeichen mit Tinte* || **193**, 3 *vor* Verstehen *Absatzzeichen mit Tinte* || **193**, 16 Erkenntnis *V. für* Existenz || **193**, 35 naiver *Einf.* || **193**, 36–**194**, 6 *von* in derjenigen *bis* sei. *mit Querstr. mit Blaust. zaghaft durchstr., dazu am Rd. Fragezeichen mit Bleist.* || **194**, 13 *statt* welche *im Ms.* als welche || **194**, 24–**195**, 6 *von* In der *bis* Skeptizismus. *in eckigen Kl. mit Blaust.* || **194**, 26–27 allerlei Selbstverständlichkeiten *Einf.* || **194**, 27–28 *von* die Stufe *bis* Vorgegebenheiten *Einf.* || **194**, 33–34 *von* Die theoretische *bis* Wissenschaften *Einf. und V. für* zur Ausbildung von Wissenschaften führt || **195**, 3 *nach* Standpunkt aus *gestr.* mit naiven Vorausahnungen, deren Selbstverständlichkeit zunächst außer Frage bleibt || **195**, 8 vernunftkritische *Einf.* || **195**, 19 *nach* Natur *gestr.* und sogar physische Natur || **195**, 28 die Probleme *Einf.* || **195**, 32–33 Problematik der *Einf.* || **195**, 35 *nach* logischen. *gestr.* Die letzteren Erkenntnisprobleme bleiben eigentlich ganz außer Behandlung. || **196**, 4–6 *Kl. Einf. mit Tinte* || **196**, 10–11 *von* all die *bis* verdanken. *am Rd. mit Blaust. angestr.* || **196**, 34–35 *von* Naturgesetze *bis* Naturgesetze, *V. für* oder bloße Folgen erkennenden Bewußtseins oder, wenn sie nicht primitiv sind, bloße Folgen primitiver Naturgesetze des seelischen Lebens, || **197**, 3–4 und aller Wahrheiten *Einf.* || **197**, 9 *nach* Interpretation *gestr.* der Beziehung zwischen Erkenntnis und Erkenntnisgegenständlichkeit; *nach* Prinzipien *gestr.* die ihn fortlaufend || **197**, 14 *Titel am Rd. mit Blaust.* Lehre von den Leitfäden || **197**, 16 *nach* Prinzipienwissenschaften, *senkrechter Str. mit Rotst.* || **197**, 19 *nach* Logik. *senkrechter Str. mit Bleist.* || **197**, 24 folgende Überlegung anstellen *V. mit Tinte für* sagen || **197**, 31–33 *von* die phänomenologische *bis* suchen. *am Rd. mit Bleist. angestr.* || **197**, 35 *nach* Wissenschaftsstufe *gestr.* fallen, die vor der Philosophie im letzten und spezifischen Sinn || **197**, 39–**198**, 1 absolute *Einf. mit Tinte* || **198**, 7 *nach* haben. *senkrechter Str. mit Tinte* || **198**, 10–11 formalen *und* logisch *Einf. mit Tinte* || **198**, 11 Gegenstand *V. mit Tinte für* Ding || **198**, 12–13 das erkenntnistheoretische Wesen eines Dinges *Einf. und V. mit Tinte für* ein Ding || **198**, 14 beliebigen *V. mit Tinte für* bestimmten || **198**, 15 *vor* Ding *mit Tinte gestr.* bestimmtes || **198**, 15–16 als solches *Einf. mit Tinte* || **198**, 19 irgendein beliebiges *V. mit Tinte für* ein || **198**, 22 Es gilt, sich *V. mit Bleist. für* und || **198**, 22–27 *von* dabei *bis* sein soll *am Rd. mit Rotst. angestr.* || **198**, 31–37 *von* Die erkenntniskritischen *bis* Normen. *am Rd. mit Rotst. angestr.* || **198**, 38 *vor* Daß sich *Absatzzeichen mit Tinte* || **198**, 38–**199**, 4 *von* und sich *bis* gehört. *am Rd. mit Rotst. angestr.* || **199**, 3 regionen *ohne Kl. und Bindestr.*

Einf. mit Bleist. || **199,** 12 *statt* zeitlich *im Ms.* zeitlichen || **199,** 13 *nach* Ding-Ontologie *gestr.* der Ontologie der physischen Natur || **199,** 19 erkennenden *Einf.* || **199,** 19–20 *nach* Dingbewußtsein *gestr.* der Dingerkenntnis || **199,** 23 *Kl. Einf. mit Tinte* || **199,** 27 *bei* bezieht. *endet der Text auf der Vorderseite von Bl. 41; unter dem Text Titel mit Bleist.* zur Lehre von den Leitfäden || **200,** 6 *Kl. Einf. mit Tinte* || **200,** 7–9 *Kl. Einf. mit Blaust.* || **200,** 18 reinen *Einf. mit Bleist.* || **200,** 20–24 *von* in ihrer *bis* usw. *V. für* gleichsam des Niederschlags der theoretischen Erkenntnisbemühungen, in denen sich alle Resultate der theoretischen Bemühungen ausprägen || **200,** 22–23 *von* der Bedeutungen *bis* überhaupt *Einf.* || **200,** 23–24 *nach* Seinsformen *gestr.* wie Gegenstand, Beschaffenheit || **201,** 3–4 Neigungen zu *V. für* naiven || **201,** 37 *nach* umzudeuten. *in eckigen Kl. mit Blaust. und mit Blaust. gestr.* dem entspricht eine widersinnige naturalistische Erkenntnistheorie, die einerseits aus dieser Neigung erwächst, andererseits vermöge der natürlichen Motive, die ihr entgegendrängen, sie befördert. || **202,** 7 *vor* Hätte sich *spitze Kl. mit Rotst.; nach* Hätte sich *mit Blaust. gestr.* was vermöge der im Wesen der Erkenntnis begründeten Schichtung || **202,** 12–20 *von* Wie die Dinge *bis* zu machen *am Rd. mit Blaust. angestr.* || **202,** 12 *vor* Wie die Dinge *eckige Kl. mit Blaust.; vor* bedarf es einerseits *Einf. mit Blaust.* 1) || **202,** 15 *vor* auch *Einf. mit Blaust.* 2) || **202,** 18 Ontologien als *Einf.* || **202,** 21 reinen und vollkommenen *Einf.* || **202,** 25–27 der absoluten Vernunft *Einf.* || **202,** 26–32 *von* Da die *bis* sind. *am Rd. mit Rotst. angestr.* || **202,** 38–**203,** 17 *von* Damit *bis* Klärung. *in eckigen Kl. mit Blaust. und vom folgenden Text durch Querstr. mit Blaust. abgetrennt; am Rd. dazu möglicherweise leicht ausradiertes Deleaturzeichen mit Blaust.* || **203,** 5 Bewußtseinsarten *V. für* Vernunftarten || **203,** 10 *vor* Obschon *senkrechter Str. mit Blaust.* || **203,** 12–13 *statt* weil aufgrund der Erfahrung eine Wissenschaft sagt, was Natur ist *im Ms.* weil, was Natur ist, aufgrund der Erfahrung eine Wissenschaft sagt || **203,** 18 *vor* Die analytische *mit Blaust. gestr.* Mit anderen Worten || **203,** 28 *vor* Psychologismus *mit Blaust. gestr.* material-mathematischen || **203,** 28–29 *von* in Hinsicht auf *bis* Disziplinen *Einf. mit Blaust.* || **203,** 29 *vor* nicht *mit Blaust. gestr.* ja || **203,** 33 *von* nur *bis* hat *V. mit Bleist. für* in der Tat fehlt || **204,** 3–4 der weiteren *V. mit Bleist. für* dieser || **204,** 10 also *Einf. mit Bleist.* || **204,** 21–22 *von* Ich *bis* Unterscheidung *Einf.* || **204,** 23 oder objektivierenden *Einf.* || **205,** 6 sondern *V. mit Blaust. für* als || **206,** 34–35 *von* und ist *bis* würde *Einf.* || **207,** 1–2 apriorische *V. mit Bleist. für* mit *Blaust. gestr.* reine || **207,** 3 *nach* etabliert hat; *mit Bleist. gestr. Einf.* der Allgemeinheit, die ihr Beziehung auf alle mögliche Objektivation verleiht || **207,** 12 *Kl. Einf. mit Bleist.* || **208,** 6 *bei* Gemütsbewußtseins. *endet der Text auf Bl. 9 des Konvoluts F I 20, Husserlsche Paginierung „46"; das folgende Bl. 10 ist nicht paginiert. Seinem Inhalt und Schriftbild zufolge gehört es zum Ms. dieser Einleitungsparagraphen, aber es läßt sich in den Textzusammenhang nicht genau einordnen. Der Text auf diesem Bl. lautet:* Nehmen wir nun Akte schlechthin, so brauchen sie nicht ihre Gründe in sich zu haben. Sie können unbegründet sein. Es braucht dabei aber auch keine Intention auf Begründung vollzogen zu sein. Es braucht, spezieller gesprochen, kein Wunsch, kein Wille auf Begründung dazusein. Die Gründe und die Begründung brauchen nicht vermißt zu sein,

also auch keine fragende Intention gerichtet auf „wahr oder falsch" oder auf
das „Wie wäre das zu begründen, auszuweisen, eventuell zu berichtigen?".
Akte können vollzogen sein und in sie kann hineingehen eine Intention auf
das „Sich-die-Sachen-näher-Bringen", auf Auseinanderlegung, Klärung, Ak-
tivierung, auf Vollzug der entsprechenden eigentlichen, deutlichen statt verworrenen, klaren statt dunklen Akte bzw. Aktimplikate. Aber diese Tendenz
braucht kein Wunsch, kein Wille zu sein. Es kann eine bloße Intention sein,
ein Fortgezogensein, wie etwa eine Tendenz im Fortgang der Ass⟨oziation⟩
waltet.

Es kann aber auch eine Vorstellung des Zweifels da sein, ein Abzielen auf
klare Herausstellung des Vermeinten, auf das Vermeinte im Modus der
Gegebenheit und als Erfüllung. Abzielen auf Selbst„erfassen", leibhaft Erfassen der Wahrheit. Ich folge diesem Abzielen, das eine Tendenz mit einem
Ziel, einem vorgestellten Ziel ist. Ich habe ein Streben, ein Absehen auf
Wahrheit: Ich vollziehe Überlegungen, Erwägungen, die zwischen dem Streben und seiner aktuellen Erzielung vermitteln und mittels deren sich die
Begründung, sei es Schritt für Schritt aufbaut, sofern nur Schritt für Schritt
die Gründe zur Gegebenheit kommen, sei es mit einem Schritt herausstellt,
sofern ⸗as möglich ist. Dieses Streben ist das Vernunftstreben, die Betätigungen Vernunftbetätigungen, die im diesem Streben Folgen ⟨im Ms. im
Folgen diesem Streben⟩ auftreten. Im speziellen Sinn sind die Begründungs-
akte verstanden als die den Grund findenden und die Gründe gebenden,
Grund herausstellenden und ihn wirklich in sich tragenden Akte, in ihrem
Zusammenhang Vernunftakte der jeweiligen Vernunftsphäre || **208**, 17 onti-
scher und noetischer *Einf.* || **209**, 19 *vor* Urteilen *gestr.* Prädikatives*; nach*
glaubend Meinen *gestr.* Überzeugtsein || **209**, 34 *nach* Urteilsinhalt *gestr.* im
Aussagen ist etwas ausgesagt || **210**, 21 *nach* Meinung. *gestr.* oder deutlicher
als der identische Sinn. Das letztere Wort hat den Vorzug, daß es nicht die ||
210, 24–25 Aktvermeintem oder Satz *V. für* Sinn (oder Satz) || **210**, 27 iden-
tischen Satzinhalt *V. für* Satz || **210**, 28–29 *von* oder *bis* Qualifizierung) *Einf.* ||
210, 34 „Inhalt" *V. für* Sinneskorrelat || **210**, 36 propositionalen Sinn *V. für*
Satzmaterie || **211**, 6 Sinnen *V. für* Materien ||

Schlußstück. Die formale Idee der vernünftigen Wahl (S. 213–224)

213, 5 *bei* Der Wählende *beginnt Bl. 195 des Konvoluts F I 24, Husserlsche
Paginierung „ 103₃" (zur allgemeinen Textbeschreibung des Schlußstücks siehe oben S. 479). Dem Inhalt und Schriftbild zufolge könnte auch das im
Konvolut voranliegende Bl. 194 zum Schlußstück gehören. Husserl hat auf
den Rand der Vorderseite mit Blaust. geschrieben „ ad 103?". Am Rd. der
Rückseite, die mit Tinte gestr. und vielfach überschrieben und überkritzelt ist,
steht die Paginierung mit Bleist. „ ad 103". Der Text auf Bl. 195 schließt
allerdings nicht direkt an den des Bl. 194 an, weswegen letzterer hier in den
Textkritischen Anmerkungen wiedergegeben wird. Am oberen Rd. der Vorderseite steht der Titel* Der kategorische Imperativ Kants ⟨Kants *Einf. mit
Blaust.*⟩; *der Text lautet:* Die Frage „Soll ich A oder B?" kann sich natür-

lich auch auf Mittel beziehen, und das bessere Mittel absorbiert das schlechtere. Aber unsere Frage geht auf die Konvenienz oder Inkonvenienz jedes Gliedes. Die Konvenienz hinsichtlich eines Mittels aber schließt apriori die hinsichtlich des Zweckes, für das es Mittel ist, in sich. Hier haben wir zu unterscheiden die Konsequenzrichtigkeit, die Angemessenheit des Mittels, und die Richtigkeit schlechthin, die zugleich Konsequenzrichtigkeit und Richtigkeit des Endzweckes einschließt. ⟨gestr. Aber dann ist klar, daß die relative Richtigkeit der Konsequenz, die Richtigkeit der Wahl des Mittels für den Zweck, nicht gleichwertig ist mit der Richtigkeit der Wahl des Mittels schlechthin.⟩ Mit der ersten Richtigkeit ist die letztere nicht gegeben. Das passende Mittel ist ein an und für sich praktisch Richtiges, ein richtig zu Wollendes, nur dann, wenn sein Zweck ein richtiger ist. ⟨Erg. am Rd. Wir haben hier eben das Ich heranzuziehen. Willensbereich ist ein Begriff, der eine wesentliche Beziehung zum Zeitpunkt und zum Ich hat. Jedes Ich hat einen anderen Willensbereich, und der Willensbereich ändert sich für jedes Individuum von Zeitpunkt zu Zeitpunkt.⟩

Haben wir die Verhältnisse von Zwecken und Mitteln nach ihren Konsequenzgesetzen fixiert und die Gesetze aufgestellt, welche das Verhältnis zwischen Konsequenzrichtigkeit (und -unrichtigkeit) und Richtigkeit schlechthin regeln, dann erst fängt unsere Betrachtung überhaupt an. Sie geht auf Richtigkeiten schlechthin, mögen es Richtigkeiten von Endzwecken sein, die eben zu erwägen sind nach ihrem Recht, oder Richtigkeiten von Mitteln, aber erwogen nicht nach ihrer Zielrichtigkeit, sondern nach der Richtigkeit schlechthin. ⟨Titel am Rd. Das falsche Sollen und das echte Vernunftsollen⟩ Das „kategorisch" ist zweideutig. Einmal haben wir den Gegensatz in der hypothetischen Richtigkeit des Mittels, das andere Mal den Gegensatz im Verhältnis von praktisch Besserem und minder Gutem, ein Gegensatz, der mit Unterschieden von Zweck und Mittel nichts zu tun hat.

⟨Titel am Rd. des gestr. Textes der Rückseite: Noten; der gestr. und überkritzelte Text lautet: Es gehört hierher aber auch das Axiom, daß Nichttun als Privation des Tuns gleichwertig ist mit Unterlassen, und daß objektive Unterlassung gleichwertig ist mit nicht-realisierter praktischer Möglichkeit. Ebenso werden in diesen Fragen die Axiome eine Rolle spielen, daß Unterlassung einer Unterlassung gleichwertig ist mit Realisierung, Realisierung einer Realisierung gleichwertig einer schlichten Realisierung. Ob ich etwas einfach tue oder ob ich dieses Tun zum Objekt eines Tuns mache, das ist an sich gleichwertig.

Vom übrigen Text auf der Rückseite ist nur noch der Schluß lesbar. Er lautet: Das alles ist noch zu ergänzen und näher auszuführen. Formaliter ist es gut, den Willensbereich in einen positiven und negativen zu sondern, wobei dasselbe, was im positiven auftritt, im negativen auftritt. ‖ 213, 12–28 von Freilich bis kann. in geschwungenen Blaust.kl.; am oberen Rd. dieses Absatzes ein nach unten weisender Pfeil mit Bleist. ‖ 214, 20–21 und exklusive Einf. ‖ 214, 21–22 nach Möglichkeiten gestr. bestimmt und geordnet als eine zugleich vollständige und exklusive Disjunktion. ‖ 214, 22–23 Anführungszeichen Einf. mit Blaust. ‖ 214, 35–36 von Die Unterlassung bis schlecht Einf. ‖ 215, 2 nach Disjunktion mit Blaust. gestr. nur eine vollständige und exklusive || **215,** 16 relativ *Einf.* || **215,** 27–33 *von* Aber *bis* möge? *Erg. mit Tinte* || **215,** 36 *vor* Wo für *mit Bleist. und Rotst. gestr.* Zwischen positiven praktischen Möglichkeiten (nämlich Realisierbarkeiten) ⟨ *Kl. Einf. mit Tinte*⟩ und negativen praktischen Möglichkeiten, nämlich Unterlassungen oder vielmehr Unterlaßbarkeiten, besteht axiomatisch ein merkwürdiger Unterschied, mit dem es zusammenhängt, daß Tun und Unterlassen in den formalen Gesetzen nicht durchaus dieselbe Rolle spielen. ⟨ *von* nicht *bis* spielen. *Einf.*⟩ Alles praktisch Mögliche (sc. für den Wollenden) „kann" gewollt werden, und dieses „kann" drückt ein „kann" der praktischen Vernunft aus, das aber noch nichts besagt über praktischen Wert oder Unwert; und alles praktisch Mögliche kann auch im selben Sinn unterlassen werden. Während es aber praktische Möglichkeiten geben kann, die zusammengenommen in der Einheit einer Realisierung ⟨ *von* die zusammengenommen *bis* Realisierung *V. für* die sich kollektiv in der Existenz⟩ unverträglich sind, ⟨ *nach* sind *gestr.* und die eine Einheit der Handlung, die auf die Summe geht, objektiv ausschließen⟩ verhält es sich anders hinsichtlich der Unterlassungen. Unterlassungen sind immer kollektiv vereinbar; nur nicht die reflexiven: A unterlassen und die Unterlassung von A unterlassen. ⟨ *von* nur nicht *bis* unterlassen *Einf.*⟩ Auch wo ich nicht beide zusammen (sei es auch nacheinander) ⟨ *von* nicht *bis* nacheinander) *Einf.*⟩, ⟨ sondern⟩ nur eins von A und B tun kann, kann ich doch beides unterlassen: mag es mit dem Wert der Unterlassung wie immer stehen. || **215,** 36–37 *von* mehreres *bis* kann *Einf.* || **216,** 1 absorption die bekannten Gesetze *V. und Einf. für* herabdrückung || **216,** 6–7 kollektive *Einf.; vor* Mehrheit *gestr.* kollektive || **216,** 7–8 *von* oder *bis* Allheit *Einf. für ausradierten und nicht mehr lesbaren Text* || **216,** 11 *statt* mindestens eines *im Ms.* eines mindestens || **216,** 19–24 *von* Sind *bis* aus. *in eckigen Kl. mit Tinte* || **216,** 20 kollektive *Einf.* || **216,** 27 *der auf* verbessert. *folgende Text durch Querstr. mit Blaust. abgetrennt* || **217,** 23–24 *von* in Erwägung *bis* zu ziehendes *Einf.* || **218,** 4 normalerweise *Einf. mit Bleist.* || **218,** 11–12 *von* selbst *bis* Frage ist *Einf.* || **218,** 13 *vor* Ein Wille *doppelte spitze Kl. mit Blaust.* || **218,** 14 bouletisch *V. für* volunt⟨aristisch⟩ || **219,** 13 und wertlos *Einf.; nach* wertlos. *gestr. und in eckigen Kl.* Und da kamen wir ins Gedränge mit dem Axiom, daß wenn eine Wollung vernünftig ist, die Unterlassung unvernünftig ist und umgekehrt, als ob wir es einschränken müßten auf den Fall, daß es überhaupt Realisierbarkeiten gäbe. || **219,** 14–20 *von* Wir sehen *bis* Axiom. *in eckigen Kl. mit Tinte* || **219,** 19 vernünftiger *Einf.* || **219,** 29–30 in die Wahl *Einf.* || **219,** 36–37 *von* Auch *bis* werden. *Einf.* || **220,** 16–17 *von* daß ein *bis* hat. *Einf.* || **220,** 17 praktischen *Einf. mit Blaust.* || **220,** 21 nach den Summationsgesetzen *Einf.* || **220,** 24 daneben praktischen *Einf.* || **220,** 29–31 *von* oder vielmehr *bis* Unterlassung *Einf.* || **221,** 24 *bei* Vernunft. *endet die Rückseite von Bl. 200, Husserlsche Paginierung „109". Das folgende Bl. 201, Husserlsche Paginierung „110", hat Husserl oben am Rd. als Beilage II bezeichnet. Auf dem folgenden Bl. 202, Husserlsche Paginierung „111", verweist Husserl nach Summationsgesetze. (221, 35) am Rd. auf Beilage II. Da der Text der „Beilage II" von Bl. 201 sich an der von Husserl bezeichneten Stelle gut einpaßt, wurde er in den fortlaufenden Haupttext aufgenommen.* || **222,** 3 *nach* Möglichkeiten *gestr.* die positiven Realisierbarkeiten, wie wir offenbar ohne Einschränkung sagen || **222**, 4 ansehen als *V. mit Bleist. für* methodisch gliedern in*; nach* Disjunktion *gestr.* von Gruppen praktischer Möglichkeiten*;* || **222**, 25–26 *von* und daß *bis* gehört. *Einf. mit Bleist.* || **222**, 34 zugrundeliegt *V. mit Bleist. für* zugrunde zu legen ist || **223**, 7 algebraisch *Einf.* || **223**, 14 Eigen *Einf.* || **223**, 33 vermittelten *V. für* vermittelnden || **223**, 35 vermittelnden *V. für* andere || **223**, 38 bestimmten *Einf.* || **224**, 10–11 wirklichen oder hypothetischen *Einf.* || **224**, 19 *vor* darin *mit Bleist. gestr.* gesetzmäßig || **224**, 20–21 an und für sich *Einf.* || **224**, 21–25 *von* der selbst *bis* extendiert. *in doppelten eckigen Kl. mit Bleist.* || **224**, 22 praktische Realisieren *V. mit Bleist. für* Dasein || **224**, 23 *nach* Voraussetzung *mit Bleist. gestr.* daß in der Realität schon Güter da sind, so daß || **224**, 28 *nach* spielt, *gestr.* sofern es sich ja um eine Sphäre der Realität handelt. || **224**, 29 also *Einf. mit Bleist.* || **224**, 33 *nach* ist *mit Blaust. gestr.* zeitlich || **224**, 35 *Rb. mit Bleist.* bis hier gelesen || **224**, Anm. 1 *Rb. mit Bleist.* ||

Beilage III (S. 225)

Der Text der Beilage befindet sich auf Bl. 2 des Konvoluts F I 14 (zur allgemeinen Beschreibung des Konvoluts siehe oben S. 478). Oben am Rd. der Vorderseite steht die Verweisung mit Bleist. „ad 3ff.“, womit die Bl. „3ff.“ des Vorlesungsms. gemeint sind. Ebenfalls am Rd. der Vorderseite steht die Bemerkung mit Blaust. gehört in den Konvolut Wissenschaftstheorie. Husserl verweist hier möglicherweise auf Mss., die im Umkreis seiner wissenschaftstheoretischen Vorlesung „Logik als Theorie der Erkenntnis“ von 1910/11 entstanden sind und die in der Mappe A I 8 aufbewahrt werden. Das Bl. dürfte wahrscheinlich 1911 entstanden sein.

225, 14–33 *von* Das psychische *bis* Wirklichkeit. *am Rd. mit Blaust. angestr.* || **225**, 34–37 *von* Bloße *bis* fehlen. *z. T. kurrentschriftliche Erg.* || **225**, 37 *nach* fehlen. *gestr.* Ja: Aber wozu das? Es genügt, daß psychische Wesen sind. Zu ihrem Wesen gehört es zu streben und ⟨zu streben und *Einf. mit Bleist.*⟩ zu wollen. Das Wollen kann nicht immerfort sein Ziel verfehlen. Ein psychisches Wesen macht ja Erfahrungen und sein Wollen selbst geht schon aus Erfahrungen, aus dem triebhaften Streben hervor. ⟨*von* und sein *bis* hervor *Einf. mit Bleist.*⟩

Beilage IV (S. 225–226)

Der Text dieser Beilage fußt auf den Bl. 18 und 19 des Konvoluts F I 14 (zur allgemeinen Beschreibung des Konvoluts siehe oben S. 478). Die Bl. sind mit Bleist. mit „1“ und „2“ paginiert. Auf der Vorderseite von Bl. 18 steht oben am Rd. mit Bleist. Beilage, zu lesen aber bei 11; darunter in eckigen Kl. mit Blaust. Einleitung in die ethischen Vorlesungen 1911. Auf der Vorderseite des Bl. 19 steht ebenfalls oben am Rd. mit Bleist. Beilage zu S. 11. Der Text ist höchstwahrscheinlich gleichzeitig mit dem Vorlesungstext entstanden. Er weist einige Unterstr. mit Tinte, Blaust. und Rotst. auf

225, 41 *nach* Lebens *mit* Bleist. gestr. (Bewußtseins) ‖ **226,** 15–16 *bei* ob zum Wesen *endet die Vorderseite von Bl. 18; die Rückseite ist mit Blaust.* gestr. *Der Text ist zunächst gleichlautend mit dem Text auf dem folgenden Bl. 19 bis* gehört. *(***226,** 25*). Der Text auf der gestr. Rückseite fährt dann fort:* Kausalität gehört zum Konstituiertsein, ist also eine Form der Teleologie. Aber wie regelt die Idee als eine ideale Form die „Materie" des Bewußtseins, das Stoffliche, das den Inhalt des Seins und der Seinsform bestimmt?

Der folgende Text durch einen Querstr. abgetrennt: Idee des allervollkommensten Seins; die Wissenschaften von dem, was diese Idee voraussetzt. Die Ontologien, die formalen und materialen; darauf gegründet: Die Konstruktion der vollkommensten Welt oder Wirklichkeit. Philosophie 1) als Wissenschaft der Idee des allervollkommensten Seins und der allervollkommensten Erkenntnis; 2) als philosophische Tatsachenwissenschaft, Daseinswissenschaft, als Metaphysik, die den historisch erwachsenen Wissenschaften von der physischen Natur, von menschlichen und tierischen Geistern, vom faktisch geschichtlichen Leben und den tatsächlichen Gestaltungen der Kultur durch Rückgang auf die letzten Erkenntnisquellen, d. i. die Erkenntnisnormen der reinen Philosophie, letzte theoretische Vollendung gibt. Der Titel Natur, Natur im weitesten Sinn, befaßt die Gesamtheit der Wirklichkeit, das Wort in dem Sinn genommen, der alle Rücksicht auf Fragen des Wertes ausschließt. Werden diese Fragen gestellt und damit auch die praktischen Vernunftfragen, werten wir also Natur und Kultur und treiben wir wertende Wissenschaften, wie dies historisch in vorphilosophischer Weise allzeit geschehen ist in Form der Ästhetik, Ethik, Pädagogik, der Kunstlehre, der wertenden Kulturwissenschaften jeder Art, so ist auch in bezug auf diese auf die faktische Wirklichkeit bezogenen Wissenschaften das Ziel der letzten Vertiefung, Klärung, Einsichtigmachung, kurzum Vervollkommnung zu stellen; und in dieser Hinsicht bieten uns die normierenden Prinzipien die rein philosophischen Wissenschaften, die zu den Ideen Wert und praktisches Gut gehören.

Unten am Rd. noch folgender auf dem Kopf stehender Text: Endlich gehört zur faktischen Wirklichkeit … die Idee der Philosophie in einer anderen Richtung zu vertiefen und die Richtung zu bezeichnen, in der sich vor allem natürlich erwachsene Wissenschaft von philosophischer unterscheidet. ‖ **226,** 37–40 *von* Philosophie *bis* Metaphysik. *am Rd. mit Blaust.* angestr. ‖ **226,** 40 *nach* Metaphysik. *mit Blaust. und Bleist.* gestr. Erg. *mit Bleist.* Gott und die Idee und die Idee des allervollkommensten Lebens. Gott als Idee, als Quelle der wirklichen Welt, als Prinzip der Auswahl unter möglichen Welten, als „Regent" der Welt, als ποιούν — als „Vernunft", aller Seelen Seele, aller Leben Leben, aller Vermögen Vermögen, aller Vernunft Vernunft. Das Machen in einer Welt. Das Sein der Welt und des Bewußtseins, das sie konstituiert, in dessen „Vermögen" sie entspringt. Die idealen Möglichkeiten hierbei, die jeweilige Wirklichkeit als unvolle Verähnlichung der idealen Möglichkeit, μίμησις. Das liebende Nachahmen, die verborgene Tendenz. Potenzialität der Richtung auf das Göttliche als Idee. Die scheinbare Erfüllung, die vorläufige, ich merke nichts Unerfülltes. Die wirkliche Erfüllung: außer Zusammenhang — im Zusammenhang. Das isolierte Ziel, das isoliert Erreichte und in der Isolierung voll Befriedigende; das Ziel in der Verflechtung. Der Irrtum in der Auffassung der Verhältnisse. Basieren auf Wahrscheinlichkeiten; die Erwartungen erfüllen sich aber nicht; Unsicherheit der Befriedigung — die Tendenz der Vernunft. Die Natur (physische Natur) in ihrer Rationalität. Entwickelt sich diese Rationalität? Anpassung der physischen Natur an die Entwicklung des Psychischen: biologische Entwicklung. Das Walten Gottes — die Idee im absoluten Bewußtsein — das Vereinheitlichende aller „Geister", aller Monaden, vereinheitlichen im Sinne der Idee. || **226,** Anm. 1 *Rb. mit Bleist.* ||

Beilage V (S. 227–229)

Der Text der Beilage basiert auf den Bl. 4 und 5 des Konvoluts F I 14 (zur allgemeinen Beschreibung des Konvoluts siehe oben S. 478). Die beiden Bl. sind von Husserl mit „ 1 " und „ 2 " paginiert, zunächst mit Tinte; dann darüber mit Blaust. Oben am Rd. der Vorderseite des ersten Bl. steht mit Bleist. nachlesen zu 9; *darunter mit Blaust.* N.B. *und weiter unten am Rd. wiederum mit Blaust.* Vorlesung zur Ethik 1911. *Auf dem zweiten Bl. steht oben am Rd. der Vorderseite mit Bleist.* Beilage ev⟨entuell⟩ zu 9. *Der Text ist höchstwahrscheinlich gleichzeitig mit dem Vorlesungsmanuskript entstanden. Er weist zahlreiche Unterstr. mit Tinte und einige mit Rotst. und Blaust. auf.*

227, 6 Grundarten von *Einf.* || **227,** 7 Ich- und *Einf. mit Bleist.* || **227,** 8 nach vollkommenen *mit Bleist. gestr. Einf. mit Blaust.* Ich; Bewußtseins *mit Bleist. unterstrichelt; dazu die als Anm. 2 wiedergegebene Rb.* || **227,** 26–27 Guten im weiteren Sinn *V. für* Werten überhaupt || **227,** 27–28 *von* wie es *bis* usw. *V. für* möge es theoretisch realisierbar sein oder nicht usw. || **227,** 31 Subjekte, Monaden überhaupt *V. mit Bleist. für* Bewußtsein überhaupt || **227,** Anm. 2 *Rb. mit Bleist.* || **227,** Anm. 3 *Rb. mit Bleist.* || **228,** 1–2 *von* möglichen *bis* Persönlichkeiten und *Einf.* || **228,** 3–4 *am Rd. nach unten weisender Pfeil mit Blaust.* || **228,** 7 *von* auf reine *bis* ferner auf *Einf.* || **228,** 19 Politik *Einf.* || **228,** 22–26 *von* sondern *bis* sich. *am Rd. mit Blaust. angestr.* || **228,** 32 Inhalt *Einf.* || **228,** 34 Vernunft *Einf.* || **228,** 34–35 *von* und *bis* Inhalten *Einf.* || **228,** 45 axiologischen *Einf.* || **229,** 5–9 *von* Die Erforschung *bis* Idealen. *am Rd. mit Rotst. angestr.* || **229,** 6–9 *von* Dem Streben *bis* Idealen. *mit Blaust. angestr.* || **229,** 7 Philosophie *V. mit Bleist. für* sie ||

Beilage VI (S. 229–230)

Der Text dieser Beilage fußt auf den Bl. 25 und 26 des Konvoluts F I 14 (zur allgemeinen Beschreibung des Konvoluts siehe oben S. 478). Bl. 25 ist mit

Bleist. mit „17", Bl. 26 mit „19" paginiert; die beiden Bl. gehörten also ursprünglich zum Vorlesungsmanuskript. Ob ein Bl. „18" bestanden hat und herausgenommen worden ist oder ob ein Zählfehler vorliegt, läßt sich nicht mit Sicherheit sagen. Auf der Vorderseite von Bl. 25 findet sich oben am Rd. zweimal die Aufschrift Beilage, *einmal mit Bleist. und einmal mit Blaust.; darunter steht mit Bleist.* Rekap⟨itulation⟩. *Auf der Vorderseite von Bl. 26 steht am Rd. ebenfalls mit Blaust.* zur Rekap⟨itulation⟩. *Der Text weist zahlreiche Unterstreichungen mit Blaust., Rotst. und Tinte auf.*

229, 13 *vor* Wir sind *eckige Kl. mit Blaust.* || **229,** 19–22 *von* 1) *bis* Faktizität: *am Rd. mit Blaust. angestr.;* 1) *Einf. mit Blaust.* || **229,** 25 2) *Einf. mit Blaust.* || **229,** Anm. 2 *Rb. mit Bleist.* || **230,** 1 1) *Einf. mit Rotst.; vor* Absolute *eckige Kl. mit Blaust.* || **230,** 9–10 Titel *am Rd. mit Bleist.* das außerwertliche Dasein || **230,** 9 des Daseins *V. für* der Natur; Natur *bereits V. für* Wirklichkeit || **230,** 12 2) *Einf. mit Rotst.;* die Daseinswirklichkeit *V. mit Tinte für* Naturwirklichkeit || **230,** 13 des Daseins *V. mit Tinte für* der Wirklichkeit || **230,** 17–18 *Kl. Einf. mit Blaust.* || **230,** 24 3) *Einf. mit Rotst.* || **230,** 30 *nach* bezogen *gestr.* auf die letzte und die höchste Einheit der gesamten Wirklichkeit || **230,** 34 *nach* passend, *gestr.* Es handelt sich auf dieser Seite um die Idee einer absoluten Wirklichkeitswissenschaft. ||

Beilage VII (S. 230–233)

Der Text der Beilage gründet auf den Bl. 58–61 des Konvoluts A VI 3, die von Husserl mit Blaust. von „1" bis „4" paginiert sind. Das Konvolut A VI 3 umfaßt einschließlich des Umschlags 83 Bl. Auf der Vorderseite des Umschlags findet sich folgende Aufschrift: mit Rotst. von Landgrebe nicht verwertetes Material (Reste) zur II. Studie (Gemüt und Wille), *mit Blaust.* zum Teil wichtig. *Die Aufschrift verweist auf Ludwig Landgrebes Ausarbeitung aus der zweiten Hälfte der zwanziger Jahre von Husserlschen Mss. vor allem aus den Jahren 1908–1914 zur „Struktur des Bewußtseins". Das Konvolut A VI 3 enthält zahlreiche Bl. aus dem „Pfänder-Konvolut". Zum Pfänder-Konvolut vgl. die Einleitung des Herausgebers, oben S. XXX, Anm. 1. Bl. 4 des Konvoluts A VI 3 ist das Titelbl. zum „Pfänder-Konvolut". Es trägt die folgenden Aufschriften mit Blaust. am Rd. „Pf"; mit Tinte* Juli 1914; zunächst Auseinandersetzung mit Pfänders Abhandlung aus den Münchener Abhandlungen, dazu eine Reihe anderer, davon unabhängiger Untersuchungen; auch die Parallelen zwischen Urteilsbegründung und Willensbegründung, Urteilseinsicht, -wahrheit und Wollenseinsicht, -wahrheit; das Subjekt der urteilsvernünftigen Stellungnahme, das Subjekt der willensvernünftigen Stellungnahme; zugleich als Ergänzungen zu den Untersuchungen aus Anlaß der Vorlesungen über formale Ethik; *mit Blaust.* Wille; *mit Bleist.* Willensüberlegung, Willensfrage. *Die Bl. 58–61 aus dem Konvolut A VI 3, die der Beilage VII zugrundeliegen, gehören nicht zum „Pfänder-Konvolut". Auf der Vorderseite des ersten Bl. steht oben am Rd. mit Bleist.* Beilage, *mit Blaust.* ad Ethik 103, 4 Blätter.

Der Text dürfte in zeitlicher Nähe zur Vorlesung entstanden sein. Er weist nur Unterstr. mit Tinte auf.

231, 5 *Titel am Rd. mit Bleist.* Wollensfragen ‖ **231,** 12–15 *von* In jedem *bis* Wert. *in eckigen Kl.* ‖ **231,** 13 *nach* realisierter Wert *gestr.* (willentlich realisierter, als Endpunkt einer Handlung von mir) ‖ **231,** 19–20 im Wollen das Gewollte *Einf.* ‖ **231,** 24 *von* es ist *bis* Sollens *V. für* es ist selbst ein Sollen ‖ **231,** 25–26 *statt* aus betrachtet *im Ms.* bezeichnet ⟨?⟩ ‖ **231,** 27 vermeintlich *Einf.* ‖ **231,** 28 *von* (das *bis* ist) *V. für* (das ein Seinsollen ist) ‖ **232,** 25 *vor* Glied *eine öffnende Kl., die nicht geschlossen wird* ‖ **232,** 28–33 *die ursprünglich runden Kl. in eckige Kl. verändert; der eingekl. Text am Rd. mit Blaust. angestr.* ‖ **232,** Anm. 1 *Rb.* ‖ **233,** 34–38 *von* Aber *bis* ist. *am Rd. angestr.* ‖

TEXTKRITISCHE ANMERKUNGEN ZUM HAUPTTEXT C

II. Teil der Vorlesungen über Grundprobleme der Ethik 1908/09
(S. 237-378)

*Das dem Haupttext C zugrundeliegende Ms. liegt in den Konvoluten F I 24,
F I 23 und F I 11. Der Text des § 1a fußt auf den Bl. 220–222 des Konvoluts
F I 24 (zur allgemeinen Beschreibung dieses Konvoluts siehe oben S. 431). Die
Bl. tragen die beiden Husserlschen Paginierungen „61“–„63“ und „121“–
„123“. Die erste Paginierung ordnet die Bl. in das Vorlesungsms. von
1908/09 ein, die zweite in das von 1911. Die im Vorlesungsms. von 1908/09
vorangehenden Bl. mit der Husserlschen Paginierung „53“–„60“ (Archivpaginierung 204–211 im Konvolut F I 24) sind oben als Beilage IX (S. 348–
355) zum Haupttext C wiedergegeben. Es handelt sich dabei um das Schlußstück des ersten Teiles der Vorlesung, das Husserl am Anfang des zweiten
Teiles, dem § 1a, wiederholt hat. Auch dieses Schlußstück trägt eine zweite
Paginierung, die von „113“–„120“, die es in das Vorlesungsms. von 1911
einordnet. Auf der Vorderseite des ersten Bl. dieses Schlußstückes des ersten
Teiles, dem Bl. 203, Husserlsche Paginierungen „53“ und „113“, hat Husserl jedoch oben an den Rd. mit Bleist. vermerkt aus 1908/09, 1911 nicht
gelesen. Die drei Bl., die dem § 1a zugrundeliegen, sind kaum bearbeitet und
weisen einige Unterstreichungen mit Blaust. und Tinte auf.*

*Der Text der §§ 1b–10 fußt auf den Bl. des Konvoluts F I 23. Das Konvolut
F I 23 umfaßt einschließlich des Umschlags 53 Bl.; die Bl. im Konvolut sind
von „64“–„111“ durchpaginiert. Auf dem Außenumschlag steht die Aufschrift mit Blaust.* Aus der Vorlesung Grundprobleme der Ethik 1908/09. *Das
zweite Bl. des Konvoluts ist ein Titelbl. mit folgendem Inhaltsverzeichnis: mit
Blaust.* Phänomenologie als allumfassende Wissenschaft 125 ⟨*S. 332*⟩; Vorzugsstellung der Urteilsakte; phänomenologische Aufklärung der Urteile
gleich phänomenologische Aufklärung, Konstitution aller Gegenständlichkeiten. „Grundprobleme der Ethik“ W.S. 1908/09, II. Teil Januar–März 1909;
mit Tinte Erkenntnistheorie (in bezug zur Gemütstheorie) 67ff ⟨*S. 245ff.*⟩;
phänomenologische Reduktion 68 ⟨*S. 248*⟩; psychologische und phäno-
nologische Betrachtungsweise 80 ⟨*S. 264*⟩; sie wird nicht erschöpft durch
Kritik der psychologistischen Absurdität. Das Erkenntnisproblem 84–86
⟨*§ 6*⟩; die Rede von „Vernunft“ 81 ⟨*S. 264*⟩ (bzw. Verstand), auch Beilagen. Konstituierender Akt und Konstitution 87 ⟨*S. 275*⟩. Objektivierende
und wertende Akte: ihr verschiedenes Gerichtetsein (vgl. auch den Umschlag

Akt etc.). Phanseologie 110⟨*S. 306ff.*⟩, besonders 123 ⟨*S. 329f.*⟩; Rekapitulation 122 ⟨*S. 328ff.*⟩. ⟨Rekapitulation 122 *mit Blaust.*⟩Meinung und Erscheinung 112–115 ⟨*§ 11a*⟩; Meinung und Bedeutung 116ff., 122 ⟨*S. 317ff.* und S. *328f.*⟩; Bedeutung etc. bei intuitiven Akten; axiologische Meinung und Bedeutung 121 ⟨*S. 327*⟩. Exkurs 93–95 ⟨*die Bl. „94" und „95" fehlen im Ms.*⟩ über die Subjektivierung der nicht als Natur gesetzten empirischen Gegenstände. *Mit Blaust.* Gewißheit, Anmutung, Vermutung, Frage etc. im Verhältnis zu den axiologischen Akten 120ff. ⟨*S. 325ff.*⟩. Allumfassende Transzendentalphilosophie 124 ⟨*S. 330*⟩, Phänomenologie und letzte Seinswissenschaft 125 ⟨*S. 331*⟩. *Das Ms. ist nur mäßig überarbeitet, weist aber zahlreiche Unterstreichungen mit Tinte und Blaust. auf.*

Dem Text der §§ 11 und 12 liegen die Bl. des Konvoluts F I 11 zugrunde. Das Konvolut F I 11 zählt einschließlich des Umschlags 24 Bl.; die Bl. im Konvolut sind mit Bleist. von „112"–„132" durchpaginiert. Auf dem Umschlag finden sich folgende Aufschriften mit Blaust. Göttinger Vorlesungen 1908/09 Grundprobleme der Ethik S. 112–132: 1) Erscheinungslehre (Wesenslehre der Erscheinungen, ontisch); 2) Phanseologie, Forschungsrichtung, die auf das Erscheinen. Allgemeines über Erscheinung — Meinung — Bedeutung; Wunschbedeutung 119 ⟨*S. 324*⟩ ⟨Wunschbedeutung 119 *Einf. mit Bleist.*⟩. 124 ⟨*S. 330f.*⟩ ⟨124 *mit Rotst.*⟩: Über die allgemeine Idee einer Transzendentalphilosophie als absolute Ontologie; noch immer in einigem lesenswert. *Mit Tinte* Ringen um die Unterscheidung zwischen objektivierenden und wertenden Akten; wichtig die Einlage aus dem nächsten Jahr Seite 136. ⟨*Im Ms. findet sich keine solche „Einlage"; da das Vorlesungsms. mit Bl. „132" schließt, muß sich die Seitenangabe auf die „Einlage" beziehen.*⟩ Es dringt schon die Erkenntnis durch, daß es nur eine Vernunft und eine Logik gibt, es wird auch schon von Domänen gesprochen etc. *Das Ms. ist nur mäßig überarbeitet, weist aber Unterstr. mit Tinte und Blaust. auf.*

Der Text des Haupttextes C ist von Husserl weder mit Überschriften noch nach einzelnen Vorlesungen gegliedert.

237, 16–19 *von* im einen *bis* Gesetzen. *Einf.* || **239,** 11 *Anführungszeichen mit Blaust.* || **239,** 15–16 Gefallens *Einf.* || **239,** 16 Gefallen *V. für* Werten || **239,** 19 konveniente *V. für* richtige || **239,** 32 sozusagen gut *V. für* positives || **240,** 3 *vor* Werten *gestr.* jedes richtige || **240,** 15–20 *Kl. Einf. mit Tinte* || **240,** 17 nicht-existenzialen *Einf.* || **241,** 16–17 *von* Wertungsmeinung *bis* Erfüllung *V. für* Wertungsgründen und Begründetem || **241,** 28 *nach* Gesetze *gestr.* ethische Normen. Zunächst sind wir hier im Besitz absoluter Werte, mit deren Hilfe wir hypothetischen Wertgesetzen einen thetischen Inhalt geben können. || **241,** 30–31 einsichtige *jeweils Einf.* || **241,** 31 und selbst einsichtige *Einf.* || **241,** 32 Einsichtiges und uneinsichtiges *V. für* Richtiges und unrichtiges || **241,** 33 Einsichtiges *V. für* Richtiges || **241,** 34–35 *von* und *bis* Mindere. *Einf.* || **242,** 32–33 Unvollständiges *Einf.* || **243,** 6–7 *von* Mit dieser *bis* Freilich *Einf.* || **243,** 27–28 Fundamental *Einf.* || **244,** 4 Formulierung und *Einf.* || **244,** 5 in den höheren Stufen *Einf.* || **244,** 19–20 *von* die rechten *bis* hat *V. für* und unerschöpflicher Fruchtbarkeit sich systematisch fortentwickelt || **245,** 7 *nach* wiederholt. *gestr.* Wir sprachen davon, daß so mancher Widersinn sich auch parallel bei der psychologistischen Interpretation der formalen Ethik ergibt. || **245**, 38-39 *von* Überlegen *bis* Intellekts *Einf. mit Tinte; dazu Titel am Rd. mit Blaust.* a) in der Sphäre des Intellekts || **246**, 11 *Rb. mit Blaust.* α || **246**, 36-38 *von* das Ding *bis* reell nicht *V. mit Tinte für* doch etwas Subjektives ist und somit in ihr psychologisch nicht || **247**, 13-15 *von* wenn auch *bis* doch wissenschaftliche Erkenntnis *Einf. mit Bleist.* || **247**, 24 *Rb. mit Blaust.* β) || **247**, 28-34 *Titel am Rd. mit Tinte* Naturwissenschaft im Gegensatz zum naturwissenschaftlichen Erkennen. „Die" Naturwissenschaft als System von Aussagen bzw. Aussagebedeutungen || **248**, 4-5 *von* zu den *bis* Falschheit *Einf. mit Tinte* || **248**, 9-10 *von* und in weiterer *bis* sind *Einf. mit Tinte* || **249**, 6-9 *von* daß *bis* erwachsen *V. für* und was vom einen Problem gefunden worden ⟨ist⟩, auf die Fragestellung des anderen übertragen wird || **249**, 10 eben die verschiedenen Formen *V. für* die eben || **249**, 19 *Rb. mit Blaust.* B || **249**, 21 allerdings *Einf. mit Tinte* || **249**, 29-30 *von* oder *bis* beziehen *Einf. mit Tinte* || **249**, 31 in ihnen *Einf. mit Tinte* || **250**, 16-17 *von* zumal *bis* Erfahrung. *Einf.* || **250**, 19-20 fast möchte man sagen *Einf.* || **250**, 22 wahren *Einf.; ideale Einf.* || **250**, 33-34 *von* wie *bis* besonders *Einf.* || **251**, 2-3 problematische *Einf.* || **251**, 5 der Funktionen, die der „Verstand" *V. für* der „Verstandesfunktionen" || **251**, 20-22 *von* Nur *bis* verehren. *in eckigen Kl. mit Bleist.* || **251**, 35-36 *von* nur *bis* haben *Einf.* || **252**, 15-18 *von* Zum mindesten *bis* Wahrheit. *Einf. und z. T. V. für frühere ausradierte und nicht mehr lesbare Einf.* || **252**, 26-27 als Bild oder *Einf.* || **252**, 34 oder mitgründen *Einf.* || **252**, 36 Sphäre der praktischen Vernunft *Einf. mit Bleist.* || **252** Anm. 1 *Rb. mit Tinte* || **253**, 28 *nach* Verstandes *Einf. zeichen mit Blaust.; dazu Rb. mit Blaust.* Beilage. *Husserl verweist hier auf das im Konvolut folgende Bl., das er oben am Rd. der Vorderseite als* Beilage zu 72 *bezeichnet hat. Dem Einfügungszeichen folgend und da der Schluß der „Beilage" syntaktisch mit dem Haupttext verbunden ist, wurde die Beilage hier in den Haupttext eingeordnet.* || **254**, 19-20 *von* Wie fungiert *bis* in ihr? *Einf.* || **254**, 23-24 *von* ja beide *bis* verstehen *Einf.* || **254**, Anm. 1 *Rb. mit Bleist.* || **255**, 15 *statt* lassen *im Ms.* legen || **255**, 23-29 *von* Wir müssen *bis* engeren Sinn: *Einf.* || **255**, 36 *nach* die ihm *in eckigen Kl. und gestr.* mit der Wertfrage, Wertfassung, Wertschätzung, Werterkenntnis erst zukommen. Das meint natürlich nicht, daß der zufällige subjektive Akt der Wertschätzung hinzukomme und der Wert || **256**, 24-29 *von* Werte sind *bis* so *in eckigen Kl. mit Bleist.* || **258**, 9-10 *von* und normative *bis* überhaupt *Einf.* || **258**, 21-22 logisch-prägnanten *V. mit Tinte für* spezifischen || **259**, 21 *Rb.* b⟨is⟩ h⟨ier⟩ || **259**, 36-39 *von* Es gibt *bis* zu. *V. für* Dagegen gibt es mancherlei anhängende Bestimmungen, die ihm zufällig sind, aber doch zeitweilig ihm als Objekt zukommen und aus naturgesetzlichen Gründen notwendig zukommen. || **260**, Anm. 1 *Rb. mit Bleist.* || **261**, 2 *Anführungszeichen Einf. mit Bleist.* || **261**, 7 Form *Einf.* || **261**, 11 formallogischen *Einf.* || **261**, 29 *vor* Das letztere *Absatzzeichen mit Blaust.* || **262**, 5-6 *statt* dann noch eine volle Objektivität behalten *im Ms.* behalten dann noch eine volle Objektivität || **262**, 20 oder theoretisch *Einf.* || **262**, 24-26 *von* und die Natur *bis* Werte. *Einf.; nach* Werte. *folgt noch der Verweis* cf. 83; *dieser Verweis ist mit dem in der als Anm. 1 wiedergegebenen Rb. identisch* || **262**, Anm. 1 *Rb. bis* Vorlesung *mit Tinte;*

der Seitenverweis mit Blaust., der übrige Text mit Bleist. || **264,** 2 *statt* abzu-
trennen *im Ms.* abzutreten || **264,** 31 *bei* Also *beginnt die Vorderseite von
Bl. 22; oben am Rd. nach unten weisender Pfeil mit Blaust.* || **265,** 8–9 *von*
genannt *bis* Objekt *V. für* in einem Bewußtsein || **265,** 22 *bei* den Objektitäten
*beginnt die Rückseite von Bl. 22; oben am Rd. nach unten weisender Pfeil mit
Blaust.* || **266,** 2 *nach* stehen. *Abschnittszeichen mit Blaust.* || **266,** 5 *am Rd.
nach unten weisender Pfeil mit Blaust.* || **266,** 13 *vor* daß es *Einf. mit Bleist.* 1)
|| **266,** 15 *nach* andererseits *Einf. mit Blaust.* 2) || **266,** 25 *Anführungszeichen
Einf. mit Blaust.* || **267,** 15–16 Aufklärung *V. für* Begrenzung || **268,** 34 *statt*
nicht *im Ms.* nichts || **268,** 39–**269,** 10 *von* Andererseits *bis* können. *in eckigen
Kl. mit Tinte* || **269,** 30 *nach* überhaupt. *Abschnittszeichen mit Blaust.* ||
269, 33 *vor* Ganz *spitze Kl. mit Blaust.* || **270,** 20 faktisches *Einf.* || **270,** 20–23
von Man pflegt *bis* Erkenntnisakt *Einf.* || **270,** 23 erkannte *Einf.* || **270,** 24–26
von Aber der Erkenntnisakt *bis* Original. *V. für* Das Bild ist ja wieder ein
Objekt. || **270,** 30–35 *von* zur Verständlichmachung *bis* selbst ist. *V. für* Viel-
mehr wäre es doch wieder das Bewußtsein, daß in sich selbst als Bild
anschauendes alles in sich schon beschlösse, nämlich das Objekt, das an sich
ist, in sich durch das Bildbewußtsein meint. || **270,** 36 überhaupt *V. für* viel-
mehr || **271,** 6–7 *Kl. Einf. mit Tinte* || **272,** 8–11 *von* Vielerlei *bis* vor allem
Einf. mit Tinte || **273,** 9 gedachten *Einf. mit Tinte* || **273,** 30 apriori *Einf.* ||
273, Anm. 1 *Rb. mit Tinte* || **274,** 24–25 *von* oder auch *bis* transzendental
Einf. mit Tinte || **274,** 24 *nach* phänomenologisch *gestr.* (bzw. phanseolo-
gisch) || **274,** Anm. 1 *Erg. mit Bleist.* || **275,** 7 gattungsmäßig *Einf. mit Tinte* ||
275, 14 *nach* irgendeinem *im Ms.* welchen || **275,** 20 in gültiger Weise *Einf.* ||
275, 26–29 *von* die zu den *bis* bringen *am Rd. mit geschwungener Blaust.kl.
eingefaßt und mit Blaust. angestr.* || **275,** 34 *bei* wußte. *endet der Text auf der
Vorderseite von Bl. 29; unter dem Text Titel mit Tinte* Thema: Schwierigkeiten, die für eine Theorie der Vernunft das Hereinziehen der axiologischen
Vernunft mit sich bringt. || **275,** Anm. 1 *Rb. mit Tinte* || **275,** Anm. 2 *Rb. mit
Tinte* || **276,** 1–2 *von* von verschiedener *bis* beleuchten *V. mit Tinte für*
zunächst kurz besprechen || **276,** 30 Denken und *Einf.* || **277,** 1–6 *von* Schlie-
ßen *bis* Vorhandenes *Einf. mit Tinte* || **277,** 6–9 *statt* sie sind in der psycho-
logischen Sphäre, welche alles reell zu Akten Gehörige umfaßt, unter dem
Titel Gemütserlebnis nicht zu finden. *im Ms.* sie sind in der psychologischen
Sphäre unter dem Titel Gemütserlebnis nicht zu finden, als welche alles reell
zu Akten Gehörige erforscht. || **277,** 10 der Anschauung *Einf.* || **277,** 13 *von*
nicht *bis* auch *Einf.* || **277,** 20 ebenso unabweisbar *Einf.* || **277,** 24 in der
Weise des Denkens *V. für* denkend || **278,** 31–33 *von* und in der *bis* bleibt.
Einf. || **280,** 17–18 *von* der Richtigkeit *bis* den Unterschied *Einf. mit Tinte* ||
280, 19–20 richtiges Wollen und *Einf. mit Tinte* || **280,** Anm. 1 *Rb. mit Tinte*
|| **281,** 7–8 *von* Es muss doch *bis* ein Wahrnehmen *Einf.* || **281,** 12 Ding *V. für*
Wahrnehmungs || **281,** 14 *von* oder *bis* Phantasieanschauen *Einf.* || **281,** 18
statt des *im Ms.* nach dem || **281,** 29 *unter* finden. *Abschnittszeichen mit
Blaust.* || **281,** Anm. 1 *Rb. mit Bleist.* || **281,** Anm. 2 *Rb. mit Bleist.* || **283,** 7–
13 *von* von Gegenständlichkeiten *bis* geben. *am Rd. doppelt mit Blaust.
angestr.* || **283,** 10 phänomenologischen *Einf.* || **283,** 25 *bei* lösen. *endet die
Rückseite von Bl. 33, Husserlsche Paginierung „92“. Das folgende Bl. 34 ist*

nicht paginiert; oben am Rd. fragt Husserl mit Bleist. Wohin gehört dieses einzelne Blatt? *Nach Inhalt und Schriftbild könnte es durchaus zum Vorlesungsms. gehören. Das folgende Bl. 95, Husserlsche Paginierung „93" — im Gegensatz zu allen anderen Paginazahlen ist „93" nicht mit Bleist., sondern mit Tinte geschrieben — beginnt ähnlich wie das unpaginierte Bl.; der Text des unpaginierten Bl. lautet:* Wir können diese Demarkationsprobleme hier natürlich nicht gleich lösen. Klar ist es aber, daß unsere Frage nach theoretischer gegenüber axiologischer Vernunft auf eine solche Demarkation abzielt. So wie etwa physische und psychische Gegenstände sind doch auch Werte Gegenstände, und wer sie nicht wird vermengen wollen mit psychischen Gegenständen und sich mit uns ihr eigentümliches Fundiertsein überlegt hat, wird gern geneigt sein zu sagen, sie bildeten Gegenstände einer völlig neuen Dimension oder Region. Aber inwiefern stoßen wir hier auf eine eigene erkenntniskritische Problematik, inwiefern bestehen hier grundwesentlich neue Eigenartigkeiten in der Konstitution dieser Wertobjektitäten gegenüber denjenigen anderer Gebiete? Inwiefern wird man gerade durch diese Gegenständlichkeiten in besonders empfindliche Verlegenheiten und Schwierigkeiten gestürzt? Kommt man von den theoretischen Wissenschaften her, insbesondere von den die neuere Erkenntniskritik beherrschenden mathematischen Naturwissenschaften, so liegt es nahe, theoretische Vernunft im Sinne dieser besonderen Wissenschaften mit theoretischer Vernunft im weitesten Sinn zu vermengen und dann den Pfad zu verlieren, der zu den Problemen der Konstruktion der spezifisch axiologischen Gegenständlichkeiten hinführt. Ja eigentlich ist die Tendenz dieser Vermengung die, den Blick für das Eigenrecht der axiologischen Gegenständlichkeiten zu trüben und zu ihrer psychologistischen Interpretation zu führen.

Am nächsten liegt es nämlich, auf die zunächst sich darbietenden theoretischen Gegenständlichkeiten, die nicht-axiologischen, hinzublicken und durch sie die allgemein erkenntniskritischen Fragestellungen und Untersuchungen bestimmen zu lassen. Natürlich wollen diese als allgemeine nicht an ein besonderes Gegenstandsgebiet gebunden sein; aber man blickt doch auf solche besonderen Gebiete hin, und man orientiert sich nach den nicht-axiologischen Gegenständlichkeiten. Das ist nicht gleichgültig. Man sagt sich etwa: Das Erste ist das Urteil, sprachlich formuliert die Aussage, und dem Urteilen steht an der Seite das bloße Sich-Denken und im Zusammenhang des Urteilens treten verschiedene Formen von Denkakten auf, das Voraussetzen, das Als-Folge-Setzen, das nominale Vorstellen, das adjektivische Vorstellen, das Konjungieren und Disjungieren usw.

Das Urteilen mit allen seinen Gestaltungen und allen in sie eingehenden Teilakten des Denkens ist im allgemeinen ein bloßes Meinen; es gibt aber noch viele andere Akte, die ein Meinen sind, und es gibt Akte, die nicht den Charakter des Denkens und denkenden Bedeutens haben, sondern den Charakter entsprechenden Anschauens. Solche Akte treten oft, aber nicht immer als Begleiter der Denkakte auf, bald lose angeknüpft, nur äußerlich mitgegeben, bald innerlich eins, den Denkakten Fülle gebend. Dieses Fülle-Geben kann dann Verschiedenes besagen, bald die bloße Veranschaulichung, bald die erkenntnismäßige Bewährung, die Bewährung im begründenden Denken.

⟨*von* Dieses *bis* Denken. *Einf.*⟩ Also insbesonders in dem begründenden Denken spielen sie eine wesentliche Rolle: Was bloß gedacht und gemeint war, wird in der jenachdem schlichten oder stufenweisen Erfüllung durch entsprechende evident machende Anschauung zur Gegebenheit gebracht. Das kann in verschiedenen Vollkommenheitsgraden geschehen und im Wesen der hier liegenden und näher zu studierenden Zusammenhänge liegt die konstituierende Gegebenheit. Die Erforschung hier zur Funktion berufener Aktarten und ihrer Wesensverhältnisse klärt alle zur Gemeintheit und Gegebenheit gehörigen Probleme auf. Das ist ein ganz rohes Schema, das den Anfänger freilich nicht ahnen läßt, welche Mengen von Unterschieden hier gemacht, wieviele und schwierige Analysen hier vollzogen werden müssen, um auch nur dem allgemeinsten nach und im rohen Grundzug ein solches Forschungsziel durchführen zu können.

Im Zusammenhang damit stieß ich nun auch auf den Begriff des objektivierenden Aktes. In Denkakten werden Gegenstände und Sachverhalte gedacht, in Erkenntnisakten werden sie erkannt. In den Akten, die zur intuitiven begründenden Funktion berufen sind, dazu berufen, die bloße Denkmeinung in erkenntnismäßig erfüllte, ausgewiesene Denkmeinung überzuführen, ich sage, in diesen intuitiven Akten sind auch Gegenständlichkeiten und dieselben Gegenständlichkeiten bewußt, in der Wahrnehmung sind sie wahrgenommen, in Erinnerung erinnert usw. Auch innerhalb der intuitiven Sphäre haben wir Unterschiede zwischen unvollkommener Meinung und Erfüllung oder, wie es mindestens scheint, ganz analoge Unterschiede; also sind alle die Akte, die hier in Erkenntniseinheit stehen, von einem und demselben Gattungscharakter, alle Akte, die in der Begründung ein eigentümliches Einheitsverhältnis... ‖ **283,** 31 *vor* Wir müssen *eckige Kl., die nicht geschlosssen wird* ‖ **284,** 7 *bei* Akte. *endet die Vorderseite von Bl. 35, Husserlsche Paginierung „93"; unter dem Text steht der Hinweis* Nun folgt ein Exkurs gegen den axiologischen Psychologismus 93–95. Die Blätter sind herausgenommen. *Die fehlenden Bl. konnten im Nachlaß nicht gefunden werden.* ‖ **284,** 26 *Anführungszeichen Einf. mit Bleist.* ‖ **285,** 10–11 *von* notabene *bis* Prolegomena *Einf.* ‖ **285,** 30 *nach* umgrenzt sind. *gestr.* Andererseits gehört hierher all das, was abgesehen von der Form des Bedeutungsgehalts zum allgemeinen Wesen des urteilenden Erkennens als solchen gehört. ‖ **285,** 38–39 *von* natürlich *bis* Urteil. *Einf.* ‖ **286,** 4 *statt* gehört *im Ms.* steht ‖ **286,** 11–13 *von* Urteile *bis* zurückführt *V. für* selbst sich hält ‖ **286,** 24 allgemeinsten *V. mit Blaust. für* allgemeinen ‖ **286,** 28–29 *Kl. Einf. mit Tinte* ‖ **286,** Anm. 1 *Rb. mit Blaust.* ‖ **286,** Anm. 2 *Rb. mit Bleist.* ‖ **286,** Anm. 3 *Rb. mit Bleist.* ‖ **287,** 14 *nach* Intellekt. *zwei senkrechte Str. mit Blaust.* ‖ **287,** 17 *bei* Wir haben *beginnt die Vorderseite von Bl. 38; oben am Rd. die Bemerkung mit Bleist.* Rek⟨apitulation⟩ ‖ **288,** 10–13 *von* Der Ausweis *bis* und dergl. *am Rd. mit Blaust. doppelt angestr.* ‖ **288,** 15 wie man allgemein annimmt *Einf. mit Bleist.* ‖ **289,** 3–4 *von* und im Zusammenhang *bis* Problemformulierungen *Einf.* ‖ **289,** 20–21 *von* hängen *bis* empfinden *folgte ursprünglich auf* gelten zu lassen (289, 26); *durch Kl. mit Bleist. an der jetzigen Stelle eingefügt* ‖ **289,** 36–38 *von* Davon *bis* beschäftigen. *Einf.* ‖ **290,** 35–37 *von* In naturgemäßer *bis* universalis. *Einf.* ‖ **291,** 22–23 wahrhaft seiender *Einf.* ‖ **291,** Anm. 1 *Rb. mit Bleist.* ‖

292, 34 *vor* Wie hängen *senkrechter Strich mit Bleist.; am Rd. noch ein horizontaler Str. mit Bleist.* ‖ **292,** Anm. 1 *Rb. mit Bleist.* ‖ **293,** 19 *nach* sind *in eckigen Kl. und gestr.* in Zusammenhängen, Mannigfaltigkeiten konstituierender Akte ‖ **293,** 33–34 *von* und daß *bis* herstellen *Einf. mit Tinte* ‖ **296,** 5 im Umfang *Einf. mit Bleist.* ‖ **297,** 9 analytisch *Einf.* ‖ **297,** 10–11 *von* mittels *bis* Kategorien *Einf.* ‖ **297,** 35–36 *Kl. Einf. mit Tinte* ‖ **298,** 20 sachhaltige *Einf.* ‖ **298,** 24 Geltungs *Einf.* ‖ **299,** 32–33 *Kl. Einf. mit Tinte* ‖ **299,** Anm. 1 *Rb. mit Blaust.* ‖ **300,** 19–20 *Kl. Einf. mit Tinte* ‖ **300,** 21 Gemeintheiten und *Einf.* ‖ **300,** 22 transzendentalen *Einf.; nach* Konstitution. *in eckigen Kl. mit Tinte und gestr.* Alle rein logischen Begriffe müssen verdeutlicht und geklärt werden, das heißt, es muß auf ihnen entsprechende Bewußtseinsweisen der Gegebenheit und Gemeintheit zurückgegangen werden. ‖ **300,** 23 der allgemein logischen Termini *Einf.* ‖ **300,** 24–25 erkenntnistheoretisches *Einf.* ‖ **300,** 25 *statt* denen *im Ms.* in denen ‖ **300,** 28 Gemeintheits- und *Einf.* ‖ **300,** 29 *nach* entsprechen *gestr.* und um die Möglichkeit der Normierung von bloß meinendem Denken in Hinblick auf die ihm wesentlich zugehörigen Ausweisungsmöglichkeiten, in denen Wahrheit der entsprechenden Typen sich realisiert und Gegenständlichkeiten der betreffenden Typen eben zur erfüllenden Gegebenheit kommen, die sich ja aufklären soll. ‖ **300,** 31–36 *von* Also *bis* liegen. *am Rd. geschlängelt mit Bleist. angestr.* ‖ **300,** 36 *nach* liegen. *gestr.* Wir überschreiten nun die Problemkreise der transzendentalen Analytik, denen der rein mathematischen Vernunft, wenn wir an die Probleme der Möglichkeit sachhaltiger Erkenntnis, der Realitätserkenntnis im weitesten Sinn, herantreten. ‖ **301,** 3 a) *Einf. mit Blaust.* ‖ **301,** 7 b) *Einf. mit Blaust.* ‖ **301,** 16 Das Entspringen besagt: *Einf. mit Bleist.* ‖ **301,** 33 *nach* Spaltung. *Abschnittszeichen mit Blaust.* ‖ **302,** 14 und gesetzlichen *Einf.* ‖ **303,** 23 *nach* Reales. *gestr.* Der apriorischen Ousiologie im allgemeinsten Sinn, die sozusagen eine objektive Logik der Realität überhaupt ist, entspricht nun eine Transzendentalphilosophie, die transzendentale Ousiologie. ‖ **304,** 12–15 *von* Es folgt *bis* Sinn, *auf einem Stück Papier, das auf die obere Hälfte des Bl. 48, Husserlsche Paginierung „ 108 " geklebt ist. Der überklebte Text ist mit Bleist. und Blaust. gestr.; der gestr. Text lautet:* ... bildet eine eigene Region von Gegenständlichkeiten, und die auf sie bezügliche Wissenschaft ist die Phanseologie. Auch in bezug auf diese Sphäre haben wir das durchgreifende Allgemeine, das durch alle Teilgebiete hindurchgeht, und das Apriorische im höheren Sinn von dem Besonderen zu unterscheiden; also sozusagen von einer Logik der phänomenologischen Sphäre zu sprechen; wir könnten geradezu sagen Phänomenologik oder allgemeine phanseologische Seinslehre. Dahin gehörte z. B. der Satz, daß jedes phanseologisch Individuelle seine quasi-zeitliche Ausbreitung hat, seinen Bewußtseinsfluß, in dem es schwebt und verschwebt und dergl. Natürlich korrespondiert dann der Phanseologie eine transzendentale Phanseologie, denn auch hier sind die Probleme der Konstitution aufzuwerfen und die Fragen der transzendentalen Möglichkeit zu formulieren und zu lösen. Sie sind besonders radikal darum, weil die transzendentalen Probleme alle sich auf dieses Gebiet der Phansis zurückbeziehen. ⟨ *Rb. mit Bleist. (ausradiert) und mit Tinte* Beilage⟩ ‖ **305,** 5 *statt* macht *und* bildet *im Ms.* machen *und* sie bilden ‖ **305,** 6 ontologischen *Einf.* ‖ **306,** 2 ja

vielfältig unendliche *Einf.* || **306,** 6-7 eingesehen werden *V. für* gelten ||
306, 11 *Rb.* mit *Tinte* darüber ein Manuskript M*; mit Bleist.* liegt bei Mai,
Juni 1910 || **306,** 22-24 *von* Aber reicht *bis* verstehen? *im Ms.* Aber reicht
seine Lösung für die Möglichkeit aposteriorischer Erfahrungsurteile, darunter
aller empirisch-naturwissenschaftlichen Urteile aus? || **306,** 29 *nach* kann.
Abschnittszeichen mit Blaust. || **306,** Anm. 1 *Rb. mit Bleist.* || **308,** 29 *bei*
Dabei *beginnt die Vorderseite von Bl. 51; Husserls Paginierung „111" ist
eine V. für die Kennzeichnung* Beilage ad 109 ⟨*S.* **305,** 29-**306,** 29⟩ || **308,**
Anm. 1 *Rb. mit Bleist.* || **308,** Anm. 1 (Zeile 3) *statt* nicht *im Ms.* nein ||
310, 24 *statt* immer es *im Ms.* es immer || **311,** 13-17 *von* auf Gemütsakte *bis*
anzusehen *am Rd. mit Bleist.* angestrichelt || **311,** 28 und Wirklichkeit assu-
miert *Einf.* || **312,** 6 gemeint ist bzw. *Einf. mit Bleist.* || **312,** 15-17 *von*
Erscheinung ist *bis* letztere: *Einf.* || **312,** Anm. 1 *Rb. mit Bleist.* || **313,** 9 *von*
abgesehen *bis* Nicht-Existenz *Einf.* || **313,** 13-16 *von* Gemeintes *bis* eben Mei-
nen *am Rd. leicht mit Bleist.* angestrichelt || **313,** 17 also *Einf. mit Bleist.* ||
313, 27 *vor* Indessen *doppelte eckige Kl. mit Tinte* || **314,** 9-10 zeitlichen *Einf.*
|| **314,** 16 seiner Darstellungen *Einf.* || **314,** 18-19 der Empfindungsdaten *Einf.*
|| **314,** 20-22 *von* und das ist *bis* Bewußtsein. *Einf.* || **314,** 31-36 *von* Vielmehr
bis können. *am Rd. ausradiertes Fragezeichen mit Bleist.* || **315,** 2-4 *von* und
diesen *bis* usw. *Einf.* || **315,** 6 immanente *und* transzendente *Einf. mit Bleist.* ||
315, 11-12 *von* die nachher *bis* wird *Einf. in eckigen Kl.* || **315,** 18 Unglaube,
Zweifel *V. für* freie Einbildungen || **315,** 19 *statt* keine *im Ms.* nicht || **315,** 23-
24 *von* (aber *bis* muß) *Einf.* || **315,** 24 *statt* in entsprechender Modifikation
auftreten kann *im Ms.* kann in entsprechender Modifikation auftreten || **315,**
Anm. 1 *Rb. mit Bleist.* || **316,** 9 abgeschlossene *Einf.* || **316,** 15-16 *von* (welche
bis implizieren) *Einf.* || **316,** 35 schlichten *V. für* einzelnen || **317,** 29 *statt* gehe
ich rechts oder links um ihn herum *im Ms.* trete ich rechts oder links von
ihm || **318,** 5-8 *Titel am Rd.* Bedeutung und intuitive Akte || **318,** 13 *nach*
überhaupt. *zwei Abschnittszeichen am Rd.* || **318,** 31-35 *von* Da nun *bis* Seite.
Einf. || **319,** 23-24 *runde Kl. in eckige Kl. verändert* || **320,** 2-3 *von* Lassen *bis*
Urteil. *Einf.* || **320,** 23 *nach* „ dasselbe". *im Ms.* Auch so können wir sagen: ||
320, 24-29 *von* Wir können *bis* treten können. *vom vorangehenden und folgenden Text durch Querstr. mit Blaust. abgetrennt und in eckigen Kl. mit
Tinte* || **320,** Anm. 1 *Rb. mit Bleist.; statt* im folgenden Absatz *im Ms.* auf der
folgenden Seite*; die folgende Seite im Ms. ist der folgende Absatz im Haupt-
text* || **321,** 3-25 *von* Genauer *bis* eingehen. *vom folgenden Text durch Querstr.
abgetrennt und in eckigen Kl. mit Tinte* || **321,** 28 *statt* daß wir *im Ms.* daß es,
daß wir || **321,** Anm. 1 *Rb. mit Bleist.* || **323,** 23 oder deutlicher, im Wünschen
Einf. || **323,** 24 bloß *Einf.* || **324,** 22 *bei* Bedeutung. *endet der Text auf der
Vorderseite von Bl. 10; am Rd. mit Bleist. die Bemerkung mit Bleist.* b⟨is⟩
h⟨ier⟩. *Oben am Rd. der Rückseite die Bemerkung mit Bleist.* Nicht mehr
gesagt, aber später in anderem Zusammenhang wiederholt und benutzt. ||
324, 26 nicht-objektivierenden *Einf.* || **324,** 36 *statt* fragten *im Ms.* fragen ||
325, 12-13 *von* wenn auch *bis* implizite. *Einf. mit Bleist.* || **325,** 18 *Titel am
Rd. mit Blaust.* zur Urteilstheorie || **327,** 19-22 *von* Jedenfalls *bis* gegenüber-
stellen. *am Rd. mit geschwungener Blaust.kl. eingefaßt* || **327,** 24 *nach* axio-
logische. *mit Bleist. gestr.* Somit haben wir in großen Zügen das Feld der

Phänomenologie durchwandert, wir haben die Hauptgruppen von merkwürdigen Gegenständlichkeiten einer nicht-realen Art kennengelernt, die der Titel Erscheinung im weitesten Sinn befaßt. Sie stehen in wesentlicher Beziehung zu den phanseologischen Gegenständlichkeiten; Erscheinung ist das Was des Erscheinens. Greifen wir in eins zusammen alles und jedes, was als Erscheinen, als φάνσις zu charakterisieren ist, so gehört zum Wesen jedes Erscheinens, daß es einen Inhalt hat, nämlich eine Erscheinung, die in ihm das Bewußte ist; jedoch so, daß die Erscheinung kein Teil, keine Seite, kein Moment der φάνσις selbst ist. || 327, 25–328, 3 *von* Erscheinungen *bis* Stufe. *in eckigen Kl. mit Tinte; dazu die Rb. mit Bleist.* nicht gelesen || 328, 3 *nach* Stufe. *mit Bleist. gestr.* Bei den innigen Zusammenhängen zwischen Erscheinen und Erscheinung bzw. Bedeutung ist es klar, daß Phanseologie und Phänomenologie nicht zu trennende Wissenschaften sind. Andererseits ist es nicht minder klar, daß wir notwendig den allgemeinen Titel Phänomenologie, der ursprünglich beides zusammenfaßte, differenzieren müssen, indem wir die ⟨*im Ms. für*⟩ spezifisch auf das Erscheinen und seine Momente bezügliche Untersuchungen terminologisch sondern müssen von den auf die Erscheinungen und Bedeutungen bezüglichen, so daß also nötig ⟨?⟩ ⟨sind⟩ der Titel Phanseologie und andererseits Phänomenologie im prägnanten Sinn. Natürlich entspricht der Phänomenologie wieder eine transzendentale Phänomenologie, und das ist nichts weiter als der Titel für die Probleme, die sich auf die phänomenologische Konstitution der phänomenologischen Gegenständlichkeiten im engeren Sinn beziehen. Es ist dabei zu beachten, daß die allgemeinen Probleme der phänomenologischen Konstitution jetzt, nachdem wir die Welt der Erscheinungen im prägnanten Sinn zu unterscheiden gelernt haben, überall nicht bloß auf das Phanseologische gegenständlicher Gemeintheit und Gegebenheit sich beziehen, sondern zugleich auf das spezifisch Phänomenologische, auf Meinung, Erscheinung, Bedeutung. Sofern aber Erscheinungen und Bedeutungen jeder Art selbst wieder Gegenstände sind, die zur Gemeintheit und Gegebenheit kommen können, betreffen auch sie Probleme der Konstitution. || 328, 8 *bei* Wir haben *beginnt die Vorderseite von Bl. 13; oben am Rd. die Bemerkung mit Blaust.* Rek⟨apitulation⟩ || 328, 14–15 *Anführungszeichen Einf. mit Blaust.* || 328, 15–16 Perzeptionale, etc. *Erg. am Rd. mit Blaust.* || 328, 27–329, 19 *von* Jeder Akt *bis* sein kann. *in eckigen Kl. mit Tinte* || 329, 9–10 *Anführungszeichen Einf. mit Blaust.* || 329, 20 *am Rd. nach unten weisender Pfeil mit Blaust.* || 329, 35–330, 6 *von* Es ist dabei *bis* gehören. *am Rd. mit geschwungener Blaust.kl. eingefaßt* || 329, Anm. 1 *Rb. mit Blaust.* || 330, 10 kontinuierliche *Einf.* || 330, 24–25 Titel *am Rd. mit Blaust.* allumfassende Transzendentalphilosophie || 330, 26 Die erweiterte Phänomenologie *V. für* Sie || 330, Anm. 1 *Erg. mit Bleist.* || 332, 5 *bei* Danach *beginnt die Vorderseite von Bl. 16; die Bleist.paginierung „125" ist eine V. für die Bleist.paginierung „123"; oben am Rd. nach unten weisender Pfeil mit Blaust.; vor* Danach *gestr.* … eigene Natur fordert, dann bietet sie den Gesamtinbegriff der Prinzipien, um alle bestimmten Wissenschaften, insbesondere die unter den allgemeinen ontologischen Disziplinen liegenden besonderen physiologischen und axiologischen Wissenschaften phänomenologisch zu reduzieren, und das heißt, auf die letzten absoluten

Gründe zurückzuführen und damit in absolutem Sinn auszuwerten. ‖ **332,** 12 wahren *Einf. mit Bleist.* ‖ **332,** 12–13 (nach Form und Materie) *Einf. mit Blaust.* ‖ **332,** 28–31 *von* für eine bloße *bis* Konstitution *am Rd. mit Blaust. angestrichelt* ‖ **333,** Anm. 1 *Rb. mit Blaust.* ‖ **333,** Anm. 2 *Rb. mit Blaust.* ‖ **334,** 27 *am Rd. nach unten weisender Pfeil mit Blaust.* ‖ **334,** 28 intentionalen *Einf. mit Blaust.* ‖ **334,** Anm. 1 *Rb. mit Bleist.* ‖ **339,** 1 *nach* Bewußtsein. *in eckigen Kl. mit Blaust. und gestr.* Vollziehen wir eine sogenannte phänomenologische Reflexion, so wird das Was dieses Bewußtseins, es wird die objektivierende Meinung zum immanenten Objekt: Die Reflexion ist selbst Objektivation, ist phänomenologische Wahrnehmung, und ihr Objekt ist eine objektivierende Meinung: Wahrnehmung, Erinnerung, Urteil als Phänomen. Auch bei den wertenden Akten können ⟨wir⟩ solche phänomenologische Reflexion vollziehen und als immanentes Objekt ihr Was herausheben: z. B. die Freude darüber, daß A ist, der Wunsch, daß A sein möge und dergl. Aber was wir da herausheben, das sind nicht Objektivationen. ‖ **339,** 38–**340,** 1 *von* wenn auch *bis* Sinn *Einf.* ‖ **340,** 2 und Nicht-Sein *Einf.* ‖ **340,** 2–3 und Unwahrheit *Einf.* ‖ **340,** 9–11 *von* so, wenn *bis* teleologisch-normatives. *Einf.* ‖ **340,** 16 gewissen *Einf.* ‖ **341,** 14 auch *und* des Zweifels *Einf.* ‖ **341,** 21 (oder negativ: Entgründung) *Einf.* ‖ **341,** 30–31 (bzw. Bewußtsein der Absurdität) *Einf.* ‖ **341,** 37–38 bzw. negativ: entgründet *Einf.* ‖ **343,** 4 und überhaupt intellektiven *Einf.* ‖ **343,** 8 *statt* axiologisch *im Ms.* axiomatisch; bzw. axiomatisch *Einf.* ‖ **343,** 14 *nach* Richtigkeit ist. *gestr.* Die Erforschung der hier vorliegenden Verhältnisse ist besonders gehemmt worden durch die vom eigentlichen Bahnbrecher der phänomenologischen Studien, von Brentano Verwechslung der ‖ **343,** 28 *von* bzw. *bis* Entwertung. *Einf.* ‖ **343,** 30 (und Unrechtsausweisung) *Einf.* ‖ **345,** Anm. 1 *Rb. mit Bleist.* ‖

Beilage VIII (S. 345–348)

Der Text dieser Beilage fußt auf den Bl. 47 und 48 des Konvoluts F I 14 (zur allgemeinen Beschreibung des Konvoluts siehe oben S. 478) Die beiden Bl. sind von Husserl mit Bleist. mit „6" und „7" paginiert. Am oberen Rd. der Vorderseite steht mit Blaust. N.B. aus Vorlesungen; darunter der Titel mit Blaust. Logik und Ethik. Nach Schriftbild und Inhalt zu urteilen, dürften die zwei Bl. zum Anfang der Vorlesung von 1908/09 gehören. Ein anderer Ort kommt für diese Bl. kaum in Frage. Die beiden Bl. sind recht intensiv überarbeitet und weisen Unterstr. mit Tinte und Blaust. auf.

345, 9–10 *vor* logische Disziplinen *mit Bleist. gestr.* vorphilosophische ‖ **345,** 10–11 *von* niederer *bis* Stufe *Einf. mit Bleist.* ‖ **345,** 13 *nach* von *mit Bleist. gestr.* natürlich gegebenen und ‖ **345,** 13 und axiologischen *Einf.* ‖ **345,** 20–21 *von* die Forschung *bis* zu drängen. *V. mit Tinte für* in eine gewisse „neue Dimension" der Forschung einzutreten ‖ **345,** 24 der Analogie nachgehend *Einf. mit Bleist.* ‖ **345,** 29 *von* oberflächlicher *bis* ist *V. mit Tinte für* der Naivität schwebt ‖ **345,** 30 *vor* wirklich entwickelter *mit Bleist. gestr.* mindestens; wirklich entwickelter *Einf. mit Bleist.* ‖ **345,** 31–32 *von* läßt *bis* übrig *zunächst V. mit Bleist., dann mit Tinte nachgeschrieben, für* steht freilich auch noch ziemlich tief || **345,** 33 Natur *V. zunächst mit Bleist., dann mit Tinte nachgeschrieben für* exakten || **346,** 9 *vor* Logik *mit Bleist. gestr.* induktiven und Erfahrungs || **346,** 10 und gar Axiologie *Einf.* || **346,** 18 *vor* theoretischem *mit Bleist. gestr.* rein || **346,** 18–19 *von* und entwickelt *bis* ist. *V. mit Bleist. für* Und so kann auch Ethik als Wissenschaft nur durch ⟨es⟩, unter Ausschluß aller ethischen Anteilnahme erwachsen. || **346,** 23 *vor* eine konkrete *mit Bleist. gestr.* nämlich; konkrete *Einf.* || **346,** 26 der strengen Wissenschaften *Einf. mit Bleist.* || **346,** 32 *am Rd. nach unten weisender Pfeil mit Blaust.* || **346,** 33–34 oder eines der Analoga *Einf. mit Bleist.* || **346,** 38 bedeutungsmäßig *Einf. mit Bleist.* || **346,** 41 logisch im prägnanten Sinn *Einf. mit Bleist.* || **346,** 42 im weiteren Sinn *Einf. mit Bleist.* || **347,** 5 *von* nicht *bis* Ausprägung *V. zunächst mit Bleist., dann mit Tinte nachgeschrieben für* das vielmehr || **347,** 6–8 *von* Das Naturrecht *bis* worden. *Einf. und V. zunächst mit Bleist., dann teilweise mit Tinte nachgeschrieben für* das vielmehr nur postuliert geblieben ist || **347,** 10–11 *von* in systematisch *bis* Ausgestaltung *Einf. mit Tinte* || **347,** 16 systematische *Einf. mit Bleist.* || **347,** 18–19 *von* und der *bis* Weisheit *Einf. mit Bleist.* || **347,** 19–21 *von* Die Schule *bis* durch. *Einf. mit Tinte* || **347,** 23 als Wissenschaft *Einf. mit Tinte* || **347,** 27 praktischen *V. mit Bleist. für* Alltags || **347,** 44 und durchführt *Einf. mit Tinte* || **348,** 4 logischen *Einf. mit Tinte* || **348,** 5 axiologischen *Einf. mit Tinte* || **348,** 6 konnten *V. mit Bleist. für* würden ||

Beilage IX (S. **348–355**)

Der Text der Beilage fußt auf den Bl. 204–211 des Konvoluts F I 24 (zur allgemeinen Beschreibung des Konvoluts siehe oben S. 431). Die Bl. tragen eine zweifache Bleist.paginierung von Husserl, zum einen die zum Vorlesungsms. von 1908/09 gehörige von „ 53 "–„ 60 ", zum anderen die zum Vorlesungsms. von 1911 gehörige von „ 113 "–„ 120 ". Auf der Vorderseite des ersten Bl. steht allerdings oben am Rd. mit Bleist. aus 1908/09, 1911 nicht gelesen. Bei dem Text handelt es sich um den Abschluß des ersten, vor den Weihnachtsferien gehaltenen Teiles der Vorlesung von 1908/09. Der Text weist Unterstreichungen mit Tinte und wenige mit Bleist. und Blaust. auf.

348, 12–15 *von* Man *bis* befindet. *Einf. mit Tinte* || **348,** 21 *nach* Mensch *gestr.* da er Mannigfaches werten kann und aktuell wertet und noch viel mehr werten kann, aber nicht alles tun kann, was er jeweils tun || **348,** 31–32 disjunktiven *vor* Wahl *Einf. mit Bleist.* || **349,** 13–14 Kl. *Einf. mit Bleist.* || **349,** 17 wird erwogen *Einf. mit Tinte* || **349,** 21 formalen *Einf. mit Bleist.* || **349,** 33 *nach* axiologischer *gestr.* analytischer; *nach* Konsequenz *gestr.* und von analytischen Gesetzen || **349,** 38 *nach* wenn wir *gestr.* werten, was analytisch im Werten liegt || **350,** 23 *vor* Akte *mit Tinte gestr.* Prämissen || **350,** 26 formalen *Einf. mit Tinte* || **350,** 35 *bei* Mit den *beginnt die Vorderseite von Bl. 206; oben am Rd. die Datumsangabe mit Bleist.* 15.12. || **350,** 37 thetisch *Einf.* || **350,** 38–43 *von* scheinen *bis* ausspricht. *V. für* Sicherlich könnte man die Deduktion eines obersten formalen Willensgesetzes, also eines obersten Formalgesetzes der Ethik, formaler ausgestalten. Doch || **351**, 2–3 *nach* zu bessern ist. *ausradierte und nicht mehr lesbare Einf. von einigen Worten mit Bleist.* || **351**, 4 *von* in den *bis* Gesetzen *Einf.* || **351**, 12 herauszustellen *Einf. mit Bleist.* || **351**, 39 *nach* Willensgesetzen *gestr.* analytisch || **352**, 1–2 *von* z. B. *bis* Willensbedeutungen: *Einf.* || **352**, 20 *nach* Prämissen *mit Bleist. gestr.* (der unmittelbaren Motivate) || **352**, 22 *bei* sprechen.) *endet die Vorderseite des Bl. 207; der Text auf der Rückseite ist mit Blaust. gestr. Der Text auf der Vorderseite des folgenden Bl. 208 beginnt gleichlautend mit dem gestr. Text; dieser lautet:* Damit ist klar, daß ⟨wir⟩ mit bloßen Gesetzen der Konsequenz niemals ein kategorisches Wertgesetz gewinnen — ein Gesetz, das sagt und positiv fordernd sagt; So sollst Du werten — und in der Willenssphäre ein kategorisches Willensgesetz, das sagt: Allgemein und notwendig ist so wollen das einzig richtige. In der Tat, was ergibt sich durch bloße normative Wendung des formalen Gesetzes vom praktisch Guten? Das Gesetz selbst besagt: In einer einheitlichen und gegebenen Sphäre praktischer Möglichkeiten ist das in Erwägung aller Wege und Folgen Beste das einzige praktisch Gute. Demgemäß besagt die normative Wendung nur dies: Hat jemand in irgendeinem Moment seine gesamte praktische Sphäre in Erwägung gezogen und erscheint ihm in derselben ein Gut als das beste Erreichbare in dem beschriebenen Sinn, so fordert es die vernünftige Konsequenz, daß er diese beste Welt auch ⟨*im Ms.* und⟩ zur Realisierung bringt. Dies gilt unbedingt für jeden und in jeder Situation. Das ist aber kein kategorischer Imperativ. Einen solchen spricht aber die Brentanosche Formel aus: Tue das Beste unter dem Erreichbaren in der deiner vernünftigen Einwirkung unterworfenen Sphäre. || **352**, 32 axiologische *Einf.* || **352**, 39–46 *von* Wenn *bis* gesprochen ist. *am Rd. mit Bleist. angestr.* || **352**, 42 *Kl. Einf. mit Bleist.* || **353**, 9 überhaupt *Einf. mit Bleist.* || **353**, 23 *nach* unnütz sei, *mit Bleist. gestr.* ja noch gar || **353**, 38–40 *von* Wir können *bis* Wert. *am Rd. mit geschwungener Bleist.kl. eingefaßt* || **353**, 40 *nach* Gemütsphänomen *gestr.* relativ zu G || **353**, 42–43 *von* Wir können *bis* wert. *am Rd. mit geschwungener Bleist.kl. eingefaßt* || **353**, 44 überhaupt *Einf. mit Bleist.* || **353**, 45–**354**, 1 relativ *unterstrichelt; siehe dazu die als Anm. 1 wiedergegebene Rb.* || **354**, 2 beurteilte *Einf.* || **354**, 8–11 *von* Verbinden *bis* Wert ist, *am Rd. mit geschwungener Bleist.kl. eingefaßt* || **354**, 14–16 *von* Jedem *bis* umgekehrt. *am Rd. mit geschwungener Bleist.kl. eingefaßt* || **354**, 35 einsichtigen *Einf.* || **354**, 35–37 *Kl. Einf. mit Bleist.; wenn er nur V. mit Bleist. für* ja selbst weil er || **354**, 38 statt *den im Ms.* das || **354**, 41–42 *von* in sich *bis* äußerlich *V. für* ein absoluter || **354**, Anm. 1 *Rb. mit Tinte* || **355**, 11 einsichtigen *Einf.* || **355**, 13 und gar einsichtig *Einf. mit Bleist.* || **355**, 37–38 *von* Dann *bis* sein *Einf. mit Tinte* || **355**, 41 in unserem Beispiel *Einf. mit Tinte* ||

Beilage X (S. 356–357)

Der Text dieser Beilage fußt auf dem Bl. 12 des Konvoluts F I 21 (zur allgemeinen Beschreibung des Konvoluts siehe oben S. 433f.). Die Datierung

*dieses Einzelbl. ist nicht gesichert. Der Knick in der Mitte des Bl. weist darauf
hin, daß Husserl es bei einer Vorlesung gebraucht hat. (Husserl knickte seine
Vorlesungsmss., um sie in die Tasche stecken zu können.) Der Text weist auf
seiner Vorderseite einige Unterstr. mit Tinte, auf der Rückseite einige Unterstr. mit Blaust. auf.*

356, 5–6 *von* Ein richtig *bis* richtiger. *am Rd. mit geschwungener Kl. eingefaßt*
|| **356,** 8–9 *ist allgemein jeweils Einf.* || **356,** 20 Werten *Einf.* || **357,** 7–15 *von*
Frage: *bis* Willen. *Erg. mit Tinte* ||

Beilage XI (S. 357–358)

*Der Text der Beilage basiert auf dem Bl. 4 im Konvolut F I 23 (zur allge-
meinen Beschreibung des Konvoluts siehe oben S. 497). Oben am Rand auf
der Vorderseite des Bl. steht mit Blaust.* ethische Vorlesungen 08, ad 64. *Nach
Schriftbild und Inhalt ist der Text gleichzeitig mit dem Vorlesungsms. entstanden. Der Text weist einige Unterstr. mit Tinte und eine Unterstr. mit
Blaust. auf.*

357, 37 *vor* Jede *spitze Kl. mit Bleist. und davor gestr.* Jedes ontologische
Gesetz impliziert wie || **357,** 38 objektive *und* impliziert *Einf.* ||

Beilage XII (S. 358–376)

*Der Text der Beilage fußt auf den Bl. 6–23 des Konvoluts F I 24 (zur allge-
meinen Beschreibung des Konvoluts siehe oben S. 431). Die Bl., die von Husserl mit Bleist. von „1"–„18" durchpaginiert sind, liegen in einem eigenen
Innenumschlag, auf dessen Vorderseite sich die folgende Aufschrift befindet:*
1909, Analyse des Gedankengangs des II. Teiles der ethisch-vernunftkritischen Vorlesungen 1909 Januar-März; theoretische Vernunft und wertende
Vernunft; mit wesentlichen Ergänzungen. *Die Verweise im Ms. auf die Ori-
ginalpaginierung wurden durch die Seitenzahlen der Ausgabe ersetzt. Mit
Ausnahme von zwei Bl. des Ms. findet sich auf jedem Bl., meist oben am Rd.,
ein Blaust.kreuzchen, ein Teil davon ist mit Blaust. umkreist.*

358, 15 *am Rd. Blaust.kreuzschen im Blaust.kreis* || **358,** 37 *der folgende Text
durch Querstr. mit Blaust. abgetrennt* || **359,** 36 „theoretischen" *Einf.; dazu
gehört die als Anm. 1 wiedergegebene Rb.* || **359,** Anm. 1 *Rb.* || **360,** 2 *am Rd.
Blaust.kreuzchen im Blaust.kreis;* theoretische Vernunft *und* theoretische
Einf. || **360,** 12 *als* Theoretisches *Einf.* || **360,** 15 *als* Theoretisches *Einf.* ||
360, 17 theoretischen *Einf.* || **360,** 19–20 *von* Vgl. *bis* Wiederholung) *Einf.* ||
360, 30–43 *Kl. Einf. mit Bleist.* || **361,** 9–10 *Titel am Rd.* Allgemeines über
„Verstand" und „Vernunft" || **361,** 17 *am Rd. Blaust.kreuzchen im
Blaust.kreis* || **361,** 37–38 logischen Akten *mit Bleist. unterstrichelt* || **361,** 41
statt ihr *im Ms.* ihnen || **362,** 2 *im Ms. fehlen die Anführungszeichen vor*

axiologischer || **362**, 3 *am Rd. Blaust.kreuzchen im Blaust.kreis* || **362**, 45 *am Rd. zwei Blaust.kreuzchen nebeneinander; eins davon im Blaust.kreis* || **363**, 18 *am Rd. Blaust.kreuzchen* || **363**, Anm. 1 *Erg. am Rd.* || **363**, Anm. 2 *Erg. am Rd.* || **364**, 14 *der auf* Probleme. *folgende Text durch Querstr. mit Blaust. abgetrennt* || **364**, 15 *zum Folgenden am Rd. nach unten weisender Pfeil mit Bleist. und Rb. mit Bleist.* sehr gut || **364**, 30–32 *von* Zur Idee *bis* gehört. *Erg.* || **364**, 34–36 *von* Scheidungen *bis* entsprechend die *Einf.* || **364**, 39–40 *von* Vgl. *bis* ⟨S. 288⟩ *Erg.* || **364**, Anm. 1 *Rb.* || **364**, Anm. 2 *Rb. mit Bleist.* || **365**, 3–5 *von* Anschauungen *bis* Anschauen? *am Rd. mit geschwungener Bleist.kl. eingefaßt* || **365**, 7 *statt* ihr *im Ms.* sein || **365**, 35–36 Gegebenheit *der Einf.* || **365**, Anm. 1 *Erg. am Rd.* || **366**, 7–8 *von* Richtigkeit *bis* nämlich *Einf.* || **366**, 31–33 *von* während *bis* Gegebenheit. *Einf.* || **366**, Anm. 1 *Rb. mit Bleist.* || **367**, 4 *am Rd. Blaust.kreuzchen im Blaust.kreis* || **367**, 15 *am Rd. nach unten weisender Pfeil mit Bleist.* || **367**, 21–22 *von* und damit *bis* Untersuchungen *Einf.* || **367**, 28 *am Rd. Blaust.kreuzchen* || **368**, 3 *am Rd. Blaust.kreuzchen* || **368**, 6–7 Kl. *Einf. mit Tinte* || **368**, 17–21 *von* Wie steht *bis* Einheit. *am Rd. mit geschwungener Bleist.kl. eingefaßt* || **368**, 23 Anführungszeichen *Einf. mit Bleist.* || **368**, 30 und begründeten *Einf.* || **368**, Anm. 1 *Rb. mit Bleist.* || **369**, 4 *am Rd. Blaust.kreuzchen* || **369**, 19–21 Anführungszeichen jeweils *Einf. mit Blaust.* || **369**, 34 *am Rd. des mit* Einmal *beginnenden Satzes Rb. mit Bleist.* besser ausdrücken || **369**, 35 und zu begründen *Einf.* || **369**, 38 *statt* denen *im Ms.* die || **369**, Anm. 1 *Erg. am Rd.* || **369**, Anm. 2 *Rb. mit Bleist.* || **370**, 2 zweiten *Einf. mit Bleist.* || **370**, 2–3 *von* in eben *bis* durch die *am Rd. mit Bleist. angestr.* || **370**, 6 Also *V. mit Bleist. für* Danach heißen || **370**, 9 *bei* sind. *endet der Text auf der Rückseite von Bl. 16; unten am Rd. die Bemerkung mit Blaust.* b⟨is⟩ h⟨ier⟩ || **371**, 3–9 *von* Nota bene *bis* Erfahrung. *Erg.* || **371**, 10 *bei* Versuch *beginnt die Vorderseite von Bl. 18, Husserlsche Paginierung „13"; oben am Rd. Blaust.kreuzchen im Blaust.kreis; darunter groß mit Bleist.* N.B. 13ff. || **371**, 18 1) *Einf. mit Blaust.* || **371**, 23 2) *Einf. mit Blaust.* || **371**, 33 *am Rd. mit Blaust.* transzendentale Analytik || **371**, Anm. 2 *Rb.* || **372**, 11 formal-analytische *Einf. mit Bleist.* || **372**, 15 *am Rd. Blaust. kreuzchen im Blaust.kreis* || **372**, 29 Gegebenheit *Einf. mit Blaust.* || **373**, 2 analytischen *Einf. mit Blaust.* || **373**, 7 *Titel am Rd.* natürliche Stellung vor 1) und 2) || **373**, 13 *am Rd. Blaust.kreuzchen im Blaust.kreis* || **373**, 17 Leitfaden *Einf.* || **373**, 26 *nach* etc. *Abschnittszeichen* || **373**, 31 *nach* Disziplinen. *Abschnittszeichen* || **373**, Anm. 1 *Rb.* || **373**, Anm. 2 *Rb.* || **373**, Anm. 3 *Rb.* || **373**, Anm. 3 (Zeile 1 u. 2) logischen *und* (von 1908/09) *Einf. mit Bleist.* || **374**, 10 *nach* Ousiologie. *Abschnittszeichen* || **374**, 19 *am Rd. Blaust.kreuzchen im Blaust.kreis* || **374**, 21 *vor* als Erkenntnis *runde Kl., die nicht geschlossen wird* || **374**, 24 *nach* etc. *im Ms. noch der Hinweis* vgl. Manuskript M*; nach* Manuskript M *Absatzzeichen* || **374**, 27 *bei* Ausarbeitung *beginnt die Vorderseite von Bl. 21; die Husserlsche Paginierung „17" ist mit Bleist. gestr.; am Rd. Blaust.kreuzchen im Blaust.kreis* || **375**, 16 *der auf* unzureichend! *folgende Text durch Querstr. mit Blaust. abgetrennt* || **375**, 33 *am Rd. Blaust.kreuzchen* || **375**, 43 *am Rd. Blaust.kreuzchen* || **375**, 47 *am Rd. Blaust.kreuzchen* || **376**, 4 *nach* Untersuchungen *mit Blaust. gestr.* die ich nicht mehr exerpieren konnte*.; über Einf. mit Bleist.* || **376**, 5 *bei* Sphäre.

endet der Text der Vorderseite von Bl. 23; auf der Rückseite steht noch der folgende, nicht unmittelbar zur „Analyse des Gedankengangs" gehörige Text: Warum man jede prinzipielle Ontologie eine Logik nennen kann. ⟨*von* Warum *bis* kann. *mit Blaust.*⟩ Die phänomenologische Aufklärung der Möglichkeit aller wahren Urteile, der Möglichkeit aller Erkenntnis, nämlich in prinzipieller Hinsicht: die grundwesentlich verschiedenen Erkenntnisklassen entsprechend den Regionen. Ist die Logik die Wissenschaft von den λόγοις, die Wissenschaft von den letzten Prinzipien des Urteilens als wahren Urteilens, so kann das alles so verstanden werden: Sie ist der Komplex der Ontologien (der formalen Logik und Mathematik und der regionalen Prinzipienlehren) und der Komplex der transzendentalen Disziplinen, die zu ihnen gehören. ‖

Beilage XIII (S. 376–377)

Der Text der Beilage gründet auf dem Bl. 50 des Konvoluts A I 18. Das Konvolut umfaßt einschließlich des Umschlags 92 Bl. Das Konvolut enthält Material zur Umarbeitung der VI. Logischen Untersuchung von 1913/14. In der ersten Innenmappe liegen das Ms. der 4. Umarbeitung des 1. Kapitels der VI. Logischen Untersuchung aus März-April 1914 sowie vier Beilagen dazu. In der zweiten Innenmappe liegt der Umarbeitungstext zum 5. Kapitel aus dem Frühjahr 1913. Darauf folgen im Konvolut von Husserl bearbeitete Druckfahnenbl. und Kurrentbl., aus denen E. Stein 1917 den Abschnitt „Möglichkeit und Möglichkeitsbewußtsein" zusammenstellte. Bl. 50 des Konvoluts ist oben am Rd. von E. Stein mit Bleist. als Beilage II *zur Umarbeitung des 4. Kapitels gekennzeichnet. Während die anderen drei Beilagentexte wohl im Zusammenhang mit der Umarbeitung 1914 entstanden sind, ist Bl. 50 von Husserl selbst oben am Rand auf 1908 datiert. Nach Inhalt und Schriftbild zu urteilen, ist das Bl. wahrscheinlich in zeitlicher Nähe zum entsprechenden Teil der Vorlesung von 1908/09, also 1909 entstanden. Das Bl. weist einige Unterstr. mit Tinte auf.*

376, 6–7 *Titel oben am Rand der Vorderseite mit Bleist.; ebenfalls oben am Rand nach unten weisender Pfeil mit Bleist.* ‖ **376,** Anm. 2 *Rb. mit Tinte* ‖ **377,** 2 *nach* Sein? *mit Blaust. gestr.* ad 5) ⟨ad 5) *Einf. mit Tinte*⟩ haben wir etwa unter dem Titel Glaube Folgendes zu unterscheiden: a) das einfache impressionale Vorstellungsbewußtsein, z. B. in der immanenten „Wahrnehmung"; b) Glauben im Sinn, in dem sich nebenordnet Glaube, Unglaube, Vermutung, Glaubensneigung, Zweifel. M. a. W. hier besagte ⟨*von* M. a. W. *bis* besagte *Einf. mit Tinte*⟩ Glaube gleich Einstimmigkeitsbewußtsein. Eine transiente Vorstellung, sei sie ⟨*im Ms.* es⟩ auf Empfindungen (Impressionen) oder auf Modifikationen aufgebaut ⟨*im Ms.* aufbaut⟩, hat den Charakter eines Komplexes der Einstimmigkeit: darin eine transiente (impressionale) Setzung, das wäre eine transiente Vorstellung von impressionalem Charakter, „durch" Umgebungsintentionen von eben solchem Charakter bestätigt und ohne Gegenintentionen, die „sie aufheben"; aber all das in einer zusammengeflossenen Einheit. Unglaube, Unstimmigkeit: ⟨Unstimmigkeit *Einf. mit Tinte*⟩ statt der Einstimmigkeit Widerstreit. Der Widerstreit wie die Einstimmigkeit ein impressionales Phänomen. Besser: Eine Vorstellung erhält durch die „Zusammenstimmung" mit impressionalen Vorstellungen einen Charakter, den des „Es stimmt", und das ist der Glaubenscharakter; also ein neuer Charaker. Ebenso Charakter des „Es stimmt etwas nicht". Zum Glauben gehört auch, daß keine Gegentendenzen in Form von Gegen-Glaubensneigungen bestehen.

Beilage XIV (S. 377–378)

Der Text der Beilage fußt auf dem Bl. 3 des Konvoluts F I 11 (zur allgemeinen Beschreibung des Konvoluts siehe oben S. 498). Oben am Rand der Vorderseite steht die Bemerkung mit Blaust. Beilage ad 112ff., Ergänzung zu den Vorlesungen. Das Bl. ist intensiv überarbeitet und weist zahlreiche Unterstr.mit Blaust. und Tinte auf. Der Text dürfte in zeitlicher Nähe zum Vorlesungsms. entstanden sein.

377, 10 leer *Einf.* ‖ **377**, 10–11 *von* wiedergegeben *bis* verbildlicht *Einf.* ‖ **377**, 14 Anführungszeichen *Einf. mit Bleist.* ‖ **377**, 17 Meinens *V. mit Bleist. für* Meinung ‖ **377**, 18–21 *von* Zum Wesen *bis* Gegenstände. *in eckigen Kl.* ‖ **377**, 22 bloße *Einf.* ‖ **377**, 23 Erlebnissen des Meinens *Einf.* ‖ **377**, Anm. 2 *Rb. mit Tinte* ‖ **377**, Anm. 3 *Bemerkungen unten auf der Rückseite, nach dem Ende des Textes; von* Noch *bis* zureichend, *mit Bleist.* ‖ **377**, Anm. 4 *Rb. mit Bleist.* ‖ **378**, 9 Nichtseinsmeinungen *V. für* Scheinmeinungen ‖ **378**, 19 (Bedeutung) *Einf. mit Bleist.* ‖ **378**, Anm. 1 *Rb. mit Tinte* ‖

TEXTKRITISCHE ANMERKUNGEN
ZU DEN ERGÄNZENDEN TEXTEN

Ergänzender Text Nr. 1 (S. 381–384)

Der Ergänzende Text fußt auf den Bl. 24–26 des Konvoluts F I 20 (zur allgemeinen Beschreibung des Konvoluts siehe oben S. 478f.). Die Bl. 24–26 liegen in der zweiten und umfangreichsten Innenmappe des Konvoluts. Auf dem Umschlagbl. der Mappe stehen folgende Aufschriften: mit Rotst. aus den Grundproblemen der Ethik, zunächst mit Rotst., dann mit Blaust. nachgeschrieben (Kritisches gegen Hume, Kant, Brentano), *aus der Ethik-Vorlesung SS 1902* ⟨*von* aus *bis* 1902 *in spitzen Kl.*⟩ *mit Blaust. „Grundprobleme der Ethik". Die Bl. 18–32 sind Fragmente aus Husserls frühen Ethik-Vorlesungen von vor 1900. Welche Bl. zusammengehören und aus welcher Vorlesung sie stammen, läßt sich nicht immer mit Sicherheit bestimmen. Die drei als Ergänzender Text Nr. 1 wiedergegebenen Bl. bilden jedoch offensichtlich einen zusammenhängenden Text. Sie stammen, wie aus dem Inhalt deutlich wird, aus einer ethischen und rechtstheoretischen Vorlesung, zu der Husserl parallel eine Vorlesung über die Freiheit des Willens hielt. Das entspricht Husserls Lehrveranstaltungen im SS 1897. Das zweite der drei Bl., Bl. 25, stammt ursprünglich aus einem anderen Zusammenhang. Anfang und Ende des Textes auf dem Bl. sind gestr., um es in den neuen Zusammenhang einzupassen. Das Bl. ist mit blauer Tinte beschrieben, im Gegensatz zu den beiden anderen, die mit schwarzer Tinte beschrieben sind. Oben am Rd. der Vorderseite von Bl. 24 steht die Husserlsche Paginierung mit Bleist. „ 3 ". Der Text weist einige Unterstr. mit Tinte und Rotst. auf und ist recht intensiv überarbeitet.*

381, 10 erwähne ich *Einf. mit Rotst.* ‖ **381,** 10–12 *von* die Labilität *bis* wurde *Einf. mit Tinte* ‖ **381,** 14–15 *von* die in dem *bis* prävalierenden *Einf. mit Tinte* ‖ **381,** 20 *von* wie *bis* religiösen *Einf.* ‖ **381,** 20–21 *von* nicht *bis* Volk *Einf. mit Bleist.* ‖ **381,** 27–**382,** 1 *von* In den *bis* bedrohte. *Einf. mit Tinte* ‖ **382,** 4 *nach* Standpunkte. *mit Blaust. gestr.* Die durch lebendige Darstellungen bekannt gewordene Not der sozial benachteiligten Volkskreise erregte die Teilnahme der edler Denkenden unter den Gelehrten und Laien. ‖ **382,** 14 *vor* Gibt *mit Tinte gestr.* … und speziell ethischen Skeptizismus, der nach dem Zusammenbruch der idealistischen Philosophie in Deutschland das unbewohnte Terrain sich leicht zueigen machte. Und diese Skepsis durchsetzte die Ethik bis in ihre tiefsten Wurzeln. ‖ **382,** 16 willkürliche Setzung *V.*

mit Tinte für Willkür || **382,** 24–35 *von* und somit *bis* Stiel". *Einf. mit Tinte* || **383,** 11 *nach* Ziele *mit Bleist. gestr.* oder nicht || **383,** 12 Materialismus *V. mit Tinte für* Nihilismus || **383,** 17–18 *von* nach einer *bis* Untersuchung *Umstellung mit Rotst. für* nach einer wissenschaftlichen Untersuchung, nach einer gesicherten Entscheidung || **383,** 18 *nach* empfinden. *mit Blaust. gestr.* Und auch noch ein anderer Umstand verdient hervorgehoben zu werden. Der moralische wie auch der religiöse Skeptizismus hat in den letzten Jahrzehnten in einer höchst beunruhigenden Weise die tieferen, weniger widerstandsfähigen Schichten unserer Nation ergriffen und hier natürlich in einen moralischen Nihilismus umgeschlagen, der zu den betrübendsten Erscheinungen unserer Zeit gehört. Wie sollte es aber besser werden, wenn auch die höheren Volkskreise der sich gebildet nennenden Stände einer festen ethischen Haltung, weil einer festen ethischen Überzeugung ermangeln? Von ihnen ist das Unheil gekommen und nur von ihnen kann, wie die Sache steht, auch nur ... || **384,** 3–5 *von* Die Ethik *bis* Handelnden eine *am Rd. mit Blaust. angestr.* || **384,** 25–30 *von* Eins *bis* Aristoteles *Einf.* || **384,** 29 *nach* aus. *gestr.* wenigstens nicht, wenn wir Wissenschaft in einem weiteren Sinn nehmen. ||

Ergänzender Text Nr. 2 (S. **384–402**)

Dieser Text gründet auf den Bl. 34–48 des Konvoluts F I 20 (zur allgemeinen Beschreibung des Konvoluts siehe oben S. 478f.). Er liegt zusammen mit den Mss. der Ergänzenden Texte Nr. 1 und Nr. 3 in der zweiten und umfangreichsten Innenmappe des Konvoluts (zum Umschlagbl. dieser Innenmappe siehe oben S. 513). Im Konvolut geht der Hume-Kritik der Bl. 34–38 eine kurze Zusammenfassung der Argumente für eine Gefühlsmoral in Humes „Prinzipien der Moral" auf den Bl. 30–31 voran. Diese Bl. sind aber, nach dem Schriftbild zu urteilen, früher, d.h. wohl vor 1900 entstanden. Die auf die Bl. 34–49 folgenden Bl. 50–68 enthalten eine umfangreiche Darstellung von Humes Überlegungen im „Traktat über die menschliche Natur" zum „Anteil von Vernunft und Gefühl an der prinzipiellen Fundierung der Moral", von Humes Tugendlehre und seiner Lehre von der Sympathie. Husserl geht hier auf den 3. Abschnitt des dritten Teiles des zweiten Buches und aus dem dritten Buch vor allem auf den ersten Teil, vom zweiten Teil auf den 1.–3. Abschnitt und vom dritten Teil auf den 1. Abschnitt ein.

Die Bl. 34–48, die dem Ergänzenden Text Nr. 1 zugrundeliegen, sind nur mäßig überarbeitet; sie weisen viele Unterstr. mit Tinte und zahlreiche Unterstr. und Anstr. mit Rot- und Blaust. auf. Die Bl. 47 und 48 sind mit Bleist. geschrieben. Bl. 47 endet mit ausgehen kann. (**400,** 37); *Bl. 48 beginnt mit* Wir sehen (**401,** 13). *Dazwischen geschoben wurde oben im wiedergegebenen Text der Text von Bl. 49. Diese Reihenfolge ist nicht gesichert. Die Bleist.bl. 47 und 48 scheinen zusammenzugehören. Das Problem ist, daß Bl. 49 weder gut an Bl. 48 noch an das den Bleist.bl, vorangehende Bl. 46, das bei* Unrichtige. (**399,** 31) *endet, anschließt. Deswegen entschied sich der Hrsg. für die vorliegende Textanordnung.*

384, 34 *Titel am Rd. mit Blaust.* Kritik angelehnt an den „Essay" || **385,** 27–41 *am Rd. dieses Absatzes nach unten weisender Pfeil mit Rotst.* || **385,** 42–**386,** 3 *von* So wie *bis* Ethik. *am Rd. mit Blaust. angestr.* || **386,** 17 *vor* Die objektive *doppelte spitze Kl. mit Bleist.* || **386,** 18 inneren *Einf.* || **386,** 19 faktisch *Einf.* || **386,** 20 *am Rd. nach unten weisender Pfeil mit Rotst.* || **386,** 23 *vor* Man muß *spitze Kl. mit Bleist.* || **387,** 17 *vor* die Allgemeinheit *spitze Kl. mit Bleist.* || **387,** 24–25 *von* aber *bis* gebaut ist *Einf.* || **387,** 24 praktische *V. für* reinste || **387,** 24–25 *von* in ihren *bis* Ausprägungen *V. für* in allen ihren Formen || **387,** 46–**388,** 2 *von* Es ist *bis* Märchen. *am Rd. mit Rotst. angestr.* || **388,** 4–9 *von* Die sittliche *bis* gut. *Einf.* || **388,** 46–**389,** 2 *von* Biologisch *bis* Welt. *am Rd. mit Rotst. angestr.* || **389,** 7–8 *von* Christus *bis* hätte? *am Rd. mit Rotst. angestr.* || **389,** 12–14 *von* Und wieder *bis* etc.? *Einf. mit Bleist.* || **389,** 34–35 *von* eine besondere *bis* Tugend *Einf.* || **390,** 1–4 *von* Die Würde *bis* Scheinwerte, *am Rd. mit Rotst. angestrichelt; dahinter Fragezeichen mit Rotst.* || **390,** 8 *nach* gewesen. *gestr.* und dieses Motiv ging sogleich in ein besonders starkes teleologisches Motiv über. Wenn das ethische Urteil im Gefühl gründet und das Gefühl mit der zufälligen Ausstattung der menschlichen Spezies zusammenhängt, dann könnte |||| **390,** 9 *am Rd. doppelt mit Rotst. angestr.* || **390,** 28–31 *von* Aber wenn *bis* zu sprechen. *V. für* Gott ist das Ideal aller Ideale. Wir legen also Gott moralische Attribute bei aufgrund unserer moralischen Einsicht. Ist aber, was wir gut nennen, nur gut, weil Gott es will? || **390,** 34–35 *von* die sich *bis* konstituiert *Einf.* || **390,** 35–36 *von* Muß *bis* konstituieren? *Einf.* || **390,** 36–40 *von* Ist es *bis* hat? *am Rd. mit geschwungener Rotst.kl. eingefaßt* || **391,** 7 absoluten Geltung *V. für* Objektivität || **391,** 17 Verstandes- und *Einf.* || **391,** 18–20 *von* Hat *bis* können? *am Rd. mit Rotst. angestr.* || **391,** 29–32 *von* Humes *bis* Funktion. *am Rd. mit geschwungener Rotst.kl. eingefaßt* || **391,** 32 *nach* Funktion. *gestr.* Hier kommt aber zweierlei nicht zu klarer Scheidung: || **391,** Anm. 1 *Rb.* || **392,** 3–7 *von* „Ob *bis* gründe." *am Rd. mit Blaust. angestr.* || **392,** 8 *nach* Moral *gestr.* oder Ethik; Moral oder Ethik *V. für* moralische Wissenschaft || **392,** 14–15 wissenschaft *Einf. mit Bleist.* || **392,** 19 und speziell moralischen *Einf.* || **392,** 23 oder Mißbilligung *Einf.* || **392,** 26 irgendwie in „Beziehung" *V. mit Bleist. für* in Reflexion; dazu gehört die als Anm. 3 wiedergegebene Rb. || **392,** 30 *nach* ableiten. *Absatzzeichen* || **392,** 34–**393,** 2 *von* und diese *bis* mit *Einf.* || **392,** Anm. 1 *Rb.* || **392,** Anm. 3 *Rb. mit Bleist.* || **393,** 2 In Reflexion *in eckigen Kl. mit Bleist.* || **393,** 6–8 *von* oder ob *bis* empirisch. *Einf.* || **393,** 9 *Anführungszeichen Einf. mit Bleist.* || **393,** 25 *statt* würde *im Ms.* wäre || **393,** 27 aus bloßen Begriffen *Einf.* || **393,** 31 1) *Einf.* || **393,** 32–34 *von* 2) *bis* fragt. *Einf.* || **394,** 30–33 *von* ob *bis* Betracht. *in Blaust.kl.; von* Es ist *bis* Betracht *Einf.* || **394,** 34–37 *von* Während *bis* liegt. *am Rd. mit Rotst. angestr.* || **394,** 39–40 *von* nämlich *bis* Gesetze. *Einf.* || **394,** 40 *bei* Hat die *beginnt die Vorderseite von Bl. 43; oben am Rd. nach unten weisender Pfeil mit Rotst.* || **394,** 46 rein begriffliche *Einf.* || **395,** 3–4 *von* wenn sie *bis* ausdrücken, *Einf.* || **395,** 15–18 *von* Diesen *bis* Mathematik. *am linken Rd. mit eckiger Rotst.kl. eingefaßt* || **395,** 22 apodiktischen *V. für* apriorischen || **395,** 23–25 *von* Gleichwohl *bis* Urteil *am Rd. mit Blaust. angestr.* || **395,** Anm. 1 *Rb. mit Bleist.* || **396,** 12 *bei* Die Frage *beginnt die Vorderseite von Bl. 44; oben am Rd. nach unten weisender Pfeil mit Rotst.; eventuellen Einf.* || **396,** 19–23 *von* Ganz *bis* kann. *V. für* In der Moral hingegen wird nicht bloß deduziert. Solange nicht alle Verhältnisse klargelegt, solange nicht die Sachlage verstandesmäßig bekannt ist, || **396**, 36–41 *von* Richtig *bis* Rede. *am Rd. geschlängelt mit Bleist. und gerade mit Blaust. angestr.* || **396**, 41–**397**, 1 *von* Was aber *bis* Wertverhältnisse *am Rd. geschlängelt mit Bleist. angestr.; z. T. über diese Anstr. ein nach unten weisender Pfeil mit Blaust.* || **397**, 8 *von* Der bloße *bis* nicht. *Einf.* || **397**, 9 *nach* anders. *gestr.* Die bloße Billigung macht es nicht aus. || **397**, 20 *nach* dergl. *im Ms. kein Komma* || **397**, 23 *bei* Es ist *beginnt die Vorderseite von Bl. 45; oben am Rd. nach unten weisender Pfeil mit Blaust.* || **397**, 36–38 *von* Die falsche *bis* betreffen. *Einf.* || **397**, 36 *statt* begründet *im Ms.* gründet || **398**, 16–19 *von* Geben *bis* Gebiet *am Rd. mit Blaust. angestr.* || **397**, Anm. 1 *Rb.* || **398**, 41–42 *von* und *bis* moralische *Einf.* || **398**, 43–46 *von* Und darauf *bis* verbindlich sein. *am Rd. doppelt mit Bleist. angestr.* || **398**, 46 apriori *Einf.* || **399**, 8–11 *von* Im Gegenteil *bis* folge. *Einf.* || **399**, 14–17 *von* Der Rationalismus *bis* könnte. *am Rd. mit Blaust. angestr.* || **399**, 32–**400**, 37 *von* Noch *bis* kann. *Text des Bl. 47 mit Bleist.; oben am Rd. der Vorderseite von Bl. 47 nach unten weisender Pfeil mit Bleist.* || **400**, 12–17 *von* Es meint *bis* Wertung. *am Rd. mit Bleist. angestrichelt* || **400**, 24 *vor* Ein Wesen *doppelt mit Rotst. angestr.* || **400**, 46–**401**, 2 *von* Dieses Argument *bis* anwendbar. *am Rd. mit Bleist. angestr.* || **401**, 5 *Titel am Rd. mit Bleist.* Ergebnis! || **401**, 9–12 *von* Tugend *bis* Seele. *am Rd. mit geschwungener Blaust.kl. eingefaßt* || **401**, 13–**402**, 16 *von* Wir sehen *bis* Seele. *Text des Bl. 48 mit Bleist.* || **401**, 20 Gründung der Moral auf *V. für* bloße || **401**, 30 *nach* instinktiv *gestr.* ohne Kampf und Streit || **401**, Anm. 1 *Rb. mit Tinte* || **401**, Anm. 2 *Rb. mit Bleist.* || **402**, 10–12 *von* Aber *bis* ist! *Erg. am Rd.* ||

Ergänzender Text Nr. 3 (S. 402–418)

Der Text fußt auf den Bl. 79–93 des Konvoluts F I 20 (zur allgemeinen Beschreibung des Konvoluts siehe oben S. 478f.). Er liegt zusammen mit den Mss. der Ergänzenden Texte Nr. 1 und Nr. 2 in der zweiten und umfangreichsten Innenmappe des Konvoluts (zum Umschlagbl. dieser Innenmappe siehe oben S. 512). Die Bl. 79–93 sind mit Blaust. von „ 11 “–„ 25 “ paginiert. Die ihnen im Konvolut voranliegenden Bl. 69–78 sind mit Blaust. von „ 1 “–„ 10 “ paginiert. Sie enthalten eine teilweise paraphrasierende Darstellung des Kantischen Gedankengangs in den §§ 1–8 des I. Hauptstücks des ersten Buches des ersten Teiles der „ Kritik der praktischen Vernunft “. Vor der Wiedergabe des Inhalts der II. Anmerkung zum IV. Lehrsatz in § 8 hat Husserl die Darstellung der Lehre von den Triebfedern der reinen Vernunft aus dem III. Hauptstück des ersten Buches eingeschoben. Husserl hat diese ausführliche Zusammenfassung des Inhalts der „ Analytik der reinen praktischen Vernunft “ weitgehend unverändert in seine späte ethische Vorlesung von 1920 übernommen (siehe F I 28, 159b–167a). Der Text ist mäßig überarbeitet und weist Unterstr. mit Tinte, Bleist. und Blaust. auf.

402, 17 *Titel oben am Rd. mit Blaust.* Kritik der Kantischen Lehre, *darüber nochmals Titel mit Rotst.* Kritik; praktisches Gesetz *V. für* Maxime || **403**, 1 aber *V. mit Rotst. für* also || **403**, 18 *statt* den Tönen *im Ms.* ihnen || **403**, 32–33 und reinen *Einf.* || **404**, 16–17 und Denkmaterien *Einf.* || **404**, 27–28 *von* etwa *bis* Vermögen. *Einf.* || **404**, 29 rein *Einf.* || **405**, 10–12 *von* sondern *bis* Also *Einf.* || **405**, 18 Bewußtseins *V. für* Menschens || **405**, 31–32 *von* Wir *bis* an. *Einf.* || **405**, 34 *vor* Naturgesetzen *gestr.* psychologische, also || **405**, 37 Wahrheits *jeweils V. für* logischen || **405**, 40–41 *von* Wahrheitsnormen *bis* nennen, *Einf.* || **405**, 42 intellektuellen *Einf.* || **405**, 44–**406**, 3 *von* und nicht *bis* Zum Beispiel *Einf. und V. für* Das hat natürlich nichts Verwunderliches. Solche Gesetze haben wir ja auch auf dem Sinngebiet. || **406**, 3–4 Begriff oder Sinn *V. für* Wesen || **406**, 7 allgemeinen Sinn *V. für* Wesen || **406**, 10–14 *von* Also *bis* widerstreitet. *Einf.* || **406**, 18–21 *von* und somit *bis* mag. *Einf.* || **406**, 21 normativer *Einf.* || **406**, 27 konzeptiven *V. für* begrifflichen || **406**, 34 apodiktisch *V. für* apriori || **406**, 42–44 *von* die jedes *bis* nicht. *Einf.* || **407**, 10 *am Rd.* 1) || **407**, 12 vorausgesetzten *Einf.* || **407**, 35–37 *von* sofern wir *bis* abstrahieren? *V. für* Nein, könnte man sagen: Vielleicht gibt es doch Verrückte, die sich nicht daran freuen; aber gilt uns diese Freude nicht apriori als eine berechtigte. Dies weist darauf hin, daß vielleicht die Berechtigung ... || **407**, 40–41 *vor* Erschauung *gestr.* direkten adäquaten || **407**, 44 mit *Einf. mit Bleist.* || **408**, 2 einfachen und reinen *Einf.* || **408**, 3 *nach* überhaupt? *gestr.* Und gilt dasselbe nicht für das Gefallen an solch einem Gefallen. || **408**, 7 notwendig *Einf.* || **408**, 21 *nach* motiviertes *gestr.* oder nicht-motiviertes || **408**, 24 *nach* gefällt *mit Bleist. gestr.* vielleicht auch da, wo sie diese Wirkungen nicht ausübt || **408**, 26 dieser und anderer *Einf. mit Bleist.* || **408**, 28–29 *von* ohne *bis* sind *Einf.* || **408**, 33 *vor* allem *Einf. mit Bleist.* || **408**, 34 apriorischen *V. für* Vernunft || **409**, 16–17 *von* und *bis* Geschmacksnerven *Einf. mit Bleist.* || **409**, 18–19 *von* nicht *bis* Gemeinempfindungen *Einf.* || **409**, 25–27 *von* an die *bis* und dergl. *Einf.* || **409**, 39–41 *von* Da aber *bis* Geschmackslust. *Einf.* || **410**, 3 *nach* zu dem *mit Bleist. gestr.* eben || **410**, 17 Gefühl, auf das *Einf. mit Bleist.* || **410**, 27–29 *von* sondern *bis* notwendige *V. für* sondern es gefällt um irgendeiner mehr oder minder zufälligen Beziehung willen oder auch um einer notwendigen Beziehung willen, derart daß || **410**, 29–38 *von* Das Gefühl *bis* trifft. *Einf. und V. für* Und wieder ist dieses Gefühl berechtigt, wenn die Beziehung wirklich noch besteht, während es als unberechtigt gilt, wenn die Beziehung nicht mehr besteht oder wenn die Beziehung das Objekt selbst im Grunde gar nicht trifft. || **410**, 41 theoretische *Einf.* || **411**, 4 sachlichen *V. für* objektiven || **411**, 6 intellektuell *Einf. mit Bleist.* || **411**, 8 intellektuellem *V. für* theoretischem; Urteils *V. mit Bleist. für* Vorstellung || **411**, 9 intellektuelle *V. für* theoretische || **411**, 10 theoretischen *Einf. mit Bleist.* || **411**, 13–14 und Gutbestimmtheiten *Einf.* || **411**, 15 sachlichen Prädikaten *V. für* objektiven Bestimmtheiten || **411**, 20 *von* und des *bis* Denkens *zunächst V. mit Bleist., dann mit Tinte nachgeschrieben für* und der geltenden Sachverhalte || **411**, 30 Sach *V. für* Wissenschafts || **411**, 31 Wert- und *Einf. mit Bleist.* || **412**, 3 Hume *V. mit Bleist. für* ihm || **412**, 8 *nach* erstreben nicht *mit Blaust. gestr. Einf. mit Bleist.* immer || **412**, 11 *vor* die Lust *mit Blaust. gestr.* wieder ist; ist *nach* wertet *Einf. mit Bleist.* || **412**, 12–14 *von* So würde *bis* anerkennen, *V. für* das hat Hume zwar nicht ausgeführt, aber er würde dies als Interpretation seiner Ansicht anerkennen, || **412**, 23 *nach* willen. *gestr.* Fürs zweite: Mit der Einordnung der eigenen Lust unter das Prinzip der eigenen Glückseligkeit erkennt Kant implizite an, daß es apriorische Gesetze im Gefühlsgebiet gibt, || **412**, 24–32 *von* Man *bis* erwiesen. *Erg.* || **412**, 36 *nach* muß. *gestr.* Er übersieht, daß die Rede von Bestimmungsgründen eine zweideutige ist. || **412**, 38–39 eine Art Unterschiede *V. mit Bleist. für* einen Artunterschied || **412**, 39 die *V. mit Bleist. für* den || **412**, 42–413, 5 *von* Er *bis* haben. *in mit Blaust. gestr. eckigen Blaust.kl.* || **413**, 6 und vorurteilslose *Einf.* || **413**, 9 Hedonismus *V. für* Egoismus || **413**, 13 Gefühlsmomente *V. für* Unterschiede || **413**, 14–15 *Kl. Einf. mit Blaust.* || **413**, 45–46 *von* quantitativ *bis* Lust *V. für* höherer und niederer Lust oder allgemeiner || **414**, 1–2 oder dauernde *Einf.* || **414**, 4–5 Sittlichkeit vor Unsittlichkeit *V. mit Bleist. für* sittlich vor unsittlich || **414**, 10 gewissen *Einf. mit Bleist.* || **414**, 21 immanenten *V. für* psychischen || **414**, 35 *nach* könne. *gestr.* und so kann solches Gesetz nichts von der Materie vom Objekt des Begehrens enthalten, sondern der Bestimmungsgrund des Willens muß statt in der Materie der Maxime in der bloßen Form liegen. || **414**, 35–38 *von* Also *bis* oder *Einf.* || **414**, 41 *nach* liegen. *gestr.* Nun könnte man diese Schlußweise selbst gar wohl anfechten. || **414**, 45 *nach* ausmacht. *gestr.* Diese Eignung macht den vernünftigen Bestimmungsgrund des Willens aus, und || **415**, 10 *nach* Also *im Ms. kein Satzzeichen* || **415**, 11–13 *von* Und *bis* führt. *Einf. mit Bleist.* || **415**, 26–27 *von* und der *bis* Verallgemeinerung *Einf. mit Bleist.* || **415**, 40 infolge desselben *Einf. mit Tinte* || **415**, 41–42 als Folge seiner Statuierung *Einf. mit Tinte* || **416**, 4 Natur *Einf.* || **416**, 7 *nach* Bestechlichkeit *gestr.* So kämen wir in beständigen Widerspruch in unseren moralischen Urteilen, der jeden praktischen Verkehr unmöglich machte. || **416**, 18 beliebigen *Einf. mit Bleist.* || **416**, 19–20 *nach* Gefühlswert hat, *gestr.* und praktischen Wert hat || **416**, 40 pure *Einf. mit Bleist.* || **416**, 42 *vor* Begehrungsvermögen *gestr.* Gefühls- und*;* nämlich *Einf. mit Bleist.* || **416**, Anm. 1 *Rb.* || **417**, 11 *bei* daß die *beginnt der gültige Text auf der Vorderseite von Bl. 93; davor folgender gestr. und nicht in den unmittelbaren Zusammenhang gehörige Text:* Durchstreichung der immer neuen Antriebe des natürlichen Egoismus würde ein immerfort wachsender leidenschaftlicher Hang zur ausschließlichen Selbstbevorzugung erwachsen. Die Theorie ist also schon aus psychologischen Gründen gänzlich verfehlt. Indessen, hier liegt nicht der einzige und nicht der größte Mangel der Theorie. || **417**, 18–19 Richtigkeit für dieses wie *V. für* allgemeine Geltung || **417**, 27 bloß *Einf.* || **417**, 28–30 *von* und im *bis* gründen. *Einf. mit Bleist.* || **417**, 35–37 *von* Das trifft *bis* urteilen". *Einf.* || **417**, 41–418, 11 *von* damit wir *bis* überschritten werden: *Einf.* || **417**, Anm. 1 *Rb.* ||

Ergänzender Text Nr. 4 (S. **418–419**)

Der Text gründet auf der Vorderseite des Bl. 98 des Konvoluts F I 20 (zur allgemeinen Beschreibung des Konvoluts siehe oben S. 478f.). Auf der Rückseite befindet sich ein kurzer Text zu Humes Moralphilosophie, der eine Art Skizze zu Husserls Hume-Darstellung in der Vorlesung von 1902 darstellt (zur Hume-Darstellung siehe oben S. 514). Das Bl. liegt zusammen mit den Bl. 96 und 97, in einem Innenumschlag, auf dem sich die folgende Aufschrift mit

Bleist. befindet: Stücke Vorbereitung zur Vorlesung „Grundprobleme der Ethik", Sommer 1902; über ethischen Skeptizismus, für Vorlesungszweck brauchbar. *Die Bl. 96 und 97 dürften vor 1900 entstanden sein; Husserl behandelt in ihnen „Differenzpunkte gegen Brentano". Bl. 98 stammt nach Inhalt und Schriftbild aus der Zeit der Vorlesung von 1902. Der Text ist nicht überarbeitet und weist einige Unterstr. mit Tinte auf.*

418, Anm. 2 *Rb.* ‖ **419,** 12 *bei* Gesetze. *endet der Text auf der Vorderseite. Der Text zu Humes Moralphilosophie auf der Rückseite lautet:* Die Prinzipien. Hume spricht von der „allgemeinen Grundlegung der Moral", ob die Moral aus der Vernunft oder aus dem Gefühl abzuleiten sei: ob wir zur moralischen (ethischen) Erkenntnis durch eine Kette von Argumentationen und Beweisen und durch Induktion oder durch unmittelbares Gefühl und einen feineren inneren Sinn ⟨kommen⟩?
Die Tugend: 1) Wie kann die Vernunft apriori bestimmen, daß die Tugend liebenswürdig sein muß? 2) Wie kann die Moral ein praktisches Studium sein, wie kann sie dahin wirken, unser Verhalten zu regeln, uns innerlich ⟨bestimmen⟩, das eine zu suchen, das andere zu fliehen, wenn unser Gefühl nicht spricht, wenn das, was sie uns als ehrenvoll, schön etc. darstellt, sich nicht unseres Herzens bemächtigt?
a) Die Objekte unserer ethischen Schätzung: Tugend und Laster. Zum Wesen der Tugend: Tugend soll (muß) Liebe erwecken. Kann das die Vernunft ausrechnen? Nicht in der Vernunft kann es seinen Grund haben, sondern in unserer Konstitution, welche so geartet ist, gerade diese Gefühle aufgrund gewisser Betätigungen zu empfinden. b) Die ethischen Normen den Willen zum tugendhaften Handeln bestimmend.

Ergänzender Text Nr. 5 (S. **419–420**)

Dieser Text basiert auf dem Bl. 5 des Konvoluts F I 21 (zur allgemeinen Beschreibung des Konvoluts siehe oben S. 433f.). Oben am Rd. steht die Aufschrift und Datierung Note zur Ethik, 1909, Juli. *Der Text weist Unterstr. mit Blaust. auf.*

419, 13 *Titel oben am Rand mit Blaust.* ‖ **419,** 28 1) *Einf. mit Blaust.* ‖ **419,** 31 2) *Einf. mit Bleist.; Anführungszeichen Einf. mit Blaust.* ‖

Ergänzender Text Nr. 6 (S. **420–421**)

Der Text fußt auf dem Bl. 3 des Konvoluts F I 20 (zur allgemeinen Beschreibung des Konvoluts siehe oben S. 478f.). Oben am Rd. der Vorderseite steht mit Blaust. die Bemerkung N.B. *Der Text weist einige Unterstr. mit Blaust. auf.*

420, 38 *Anführungszeichen Einf. mit Blaust.* || **420,** Anm. 1 *Bemerkung oben am Rd.* || **421,** 12 *vor* Auf welche *Anstr. mit Blaust.* ||

Ergänzender Text Nr. 7 (S. 421–422)

Der Text gründet auf dem Bl. 6 des Konvoluts F I 21 (zur allgemeinen Beschreibung des Konvoluts siehe oben S. 433f.). Da Fritz Kaufmann seit 1913 bei Husserl studierte, dürfte das Bl. wohl in zeitlicher Nähe zu Husserls ethischer Vorlesung von 1914 entstanden sein. Das Bl. weist eine Unterstr. mit Tinte und zwei mit Blaust. auf.

421, 25 *vor* viele *gestr.* unendlich ||

Ergänzender Text Nr. 8 (S. 422–424)

Dieser Text fußt auf den Bl. 5–7, Husserlsche Bleist.paginierung „ 1p "– „ 3p ", des Konvoluts A VI 6. Dieses Konvolut besteht einschließlich des Pack- papierumschlags aus 27 Bl. Auf der Vorderseite des Umschlags finden sich folgende Aufschriften mit Blaust.: meist alt; Werten und Wert; Gut, Wert als Schönwert; Neigung, Pflicht; Tugend; Trieb (Leidenschaft); Genuß, Habe; Probleme des Egoismus; Sympathie; Ästhetik und Phänomenologie; Freude am Schönen. *Die als Ergänzender Text Nr. 8 abgedruckten Bl. liegen zusam- men mit den Einzelbl. 3 und 4 in einem unbeschrifteten Innenumschlag. Bl. 3 handelt vom Wollen und von Willenskraft, Bl. 4 von Instinkt und Trieberfül- lung. Vor allem Bl. 4 ist sicher nach 1914, vielleicht sogar erst Anfang der zwanziger Jahre entstanden. Eine annähernd genaue Datierung der Bl. 5–7 ist schwierig. Wahrscheinlich sind die Bl. aber am Ende von Husserls langjähri- gen Untersuchungen zu den Strukturen des Bewußtseins, also um 1914 ent- standen. Ansonsten befinden sich im Konvolut A VI 6 noch eine Reihe von Einzelbl. und kleinerer Mss. zu wert- und willensphänomenologischen The- men.*

422, 24 *am Rd. mit Blaust.* N.B. || **423,** 10–12 *von* Darauf *bis* Bedeutung gebender *am Rd. angestr.* || **423,** 11 *nach* Meinen " *mit Blaust. gestr.* ($\delta\acute{o}\xi\alpha$); ausdrückendes *Einf. ohne Kl. über* begreifendes || **423,** 13 thetische *Einf. mit Bleist.* || **423,** 14 *von* (setzt *bis* immer?) *Einf.* || **423,** 17–18 *von* Gefallende *bis* voraus. *Einf.* || **423,** 31 ad *Einf. mit Blaust.* || **423,** 36 Wert *Einf.* || **423,** 45 ad *Einf. mit Blaust.* || **424,** 4 *bei* Rezeptivität *beginnt die Vorderseite von Bl. 7; oben am Rd. zweimal mit Blaust.* N.B. ||

NACHWEIS DER ORIGINALSEITEN

In der linken Kolonne findet sich die Angabe von Seite und Zeile im gedruckten Text, in der rechten Kolonne die des Manuskriptkonvoluts und der Blattzahlen im Manuskript nach der offiziellen Signierung und Numerierung des Husserl-Archivs.

1–101	F I **24**, 94–118, 121–123, 125–171
102–125	F I **21**, 58b/a, 62, 59–61, 63–72
126–153	F I **24**, 173–193, 218
154–157, 33	A VI **30**, 197–200
157, 37–**159**	F I **24**, 217 + 219
163–204, 6	F I **14**, 7–17, 20–24, 27–29, 32–45
204, 10–**212**	F I **20**, 7–9, 11–14
213–224	F I **24**, 195–203
225, 3–37	F I **14**, 2
225, 40–**226**, 40	F I **14**, 18 + 19
227, 3–**229**, 9	F I **14**, 4 + 5
229, 13–**230**, 38	F I **14**, 25 + 26
230, 41–**233**	A VI **3**, 58–61
237–242, 16	F I **24**, 220–222
242, 19–**309**	F I **23**, 5–33, 35–51
310–345, 2	F I **11**, 2, 4–23
345, 5–**348**, 6	F I **14**, 47–48
348, 11–**355**	F I **24**, 204–211
356–357, 15	F I **21**, 12
357, 18–**358**, 11	F I **23**, 4
358, 12–**376**, 5	F I **24**, 6–23
376, 6–**377**, 2	A I **18**, 50
377, 4–**378**, 24	F I **11**, 3
381–384, 30	F I **20**, 24–26b/a
384, 34–**402**, 16	F I **20**, 34–36, 48, 47
402, 19–**418**, 16	F I **20**, 79–93
418, 18–**419**, 12	F I **20**, 98
419, 14–**420**, 3	F I **21**, 5
420, 6–**421**, 14	F I **20**, 3
421, 16–**422**, 22	F I **21**, 6
422, 24–**424**	A VI **6**, 5–7

NAMENREGISTER

Aristoteles 4f., 19f., 22, 31, 36–38, 66, 176, 182, 207, 226, 291, 302, 384, 435, 437f., 441f., 514
Beethoven 27, 413
Beneke 22, 415
Bergbohm 382
Bergmann 417
Berkeley 193
Brentano 90f., 93, 97–99, 221, 302, 337, 344, 351, 392, 396, 416, 419f., 459–461, 506, 508, 513, 519
Butler 412
Descartes 193
Euklid 173, 268, 360
Fichte 63
Geiger 419
Gorgias 20
Hegel 438
Hume 21f., 26, 193, 195, 252, 268, 305, 360, 384f., 387, 390–392, 395–401, 408, 412f., 416, 437, 513–515, 517–519
Kant 12, 22, 26, 40f., 43, 65–67, 136, 138f., 163, 172, 195, 203, 244, 250, 257f., 261, 264, 269, 274, 291f., 295, 304f., 347, 360, 394, 402, 404, 406–408, 411–419, 437, 445, 448, 450, 453, 472, 489, 513, 516, 518
Kaufmann, Fritz 421, 520
Leibniz 9, 182
Lemcke 434
Locke 12
Marty 303, 345
Mill 22, 26, 438
Münsterberg 24f., 31, 439
Natorp 370f.
Nietzsche 382
Platon 19f., 23, 181, 226, 259
Protagoras 20, 34, 440
Pythagoras 7